BIOGRAPHIE

NOUVELLE

DES CONTEMPORAINS.

Les soussignés déclarent que les Exemplaires non revêtus de leurs signatures seront réputés contrefaits.

DE L'IMPRIMERIE DE PLASSAN, RUE DE VAUGIRARD, N° 15,
DERRIÈRE L'ODÉON.

BIOGRAPHIE NOUVELLE

DES

CONTEMPORAINS,

OU

DICTIONNAIRE

HISTORIQUE ET RAISONNÉ

DE TOUS LES HOMMES QUI, DEPUIS LA RÉVOLUTION
FRANÇAISE, ONT ACQUIS DE LA CÉLÉBRITÉ

PAR LEURS ACTIONS, LEURS ÉCRITS, LEURS ERREURS OU LEURS CRIMES,

SOIT EN FRANCE, SOIT DANS LES PAYS ÉTRANGERS;

Précédée d'un Tableau par ordre chronologique des époques célèbres et des événemens remarquables, tant en France qu'à l'étranger, depuis 1787 jusqu'à ce jour, et d'une Table alphabétique des assemblées législatives, à partir de l'assemblée constituante jusqu'aux dernières chambres des pairs et des députés.

PAR MM. A. V. ARNAULT, ANCIEN MEMBRE DE L'INSTITUT; A. JAY;
E. JOUY, DE L'ACADÉMIE FRANÇAISE; J. NORVINS, ET AUTRES
HOMMES DE LETTRES, MAGISTRATS ET MILITAIRES.

ORNÉE DE 300 PORTRAITS AU BURIN,
D'APRÈS LES PLUS CÉLÈBRES ARTISTES.

TOME ONZIÈME.

A. PÉTER,
Directeur de pensionnat.

PARIS,
A LA LIBRAIRIE HISTORIQUE ET DES ARTS ET MÉTIERS
D'ÉMILE BABEUF,
HÔTEL D'ALIGRE, RUE S¹.-HONORÉ, N° 123; ET A BRUXELLES, MÊME MAISON,
RUE DE LA MONTAGNE, N° 307.
1823.

Le M.al Lannes
Duc de Montebello.

BIOGRAPHIE
NOUVELLE
DES CONTEMPORAINS.

LANN

LANNES (Jean), duc de Montebello, maréchal de l'empire, grand-cordon de la légion-d'honneur, etc., naquit à Lectoure, département du Gers, le 11 avril 1769. Il faisait ses études au collége de cette ville, lorsqu'il fut obligé de les cesser, par la perte de la petite fortune de son père qui ayant cautionné un fermier, dont les affaires se dérangèrent, se vit dans la nécessité de vendre une métairie, sa principale ressource. Le jeune Lannes fut mis en apprentissage chez un teinturier, et il y était encore lorsque, en 1792, nos frontières menacées, par les armées de la coalition, réclamèrent les secours de tous les Français en état de porter les armes. Il partit l'un des premiers, en qualité de sergent-major, pour l'armée des Pyrénées-Orientales. Son zèle, son intelligence, sa bravoure lui firent obtenir un avancement rapide, et en 1795, il était déjà chef de brigade. Il fut pourtant compris, après le 9 thermidor, dans le nombre des officiers que le conventionnel Aubry fit destituer pour cause d'incapacité Sans emploi dans l'armée, il se détermina à servir comme volontaire, et s'attacha en cette qualité, en 1796, à l'armée d'Italie. Le général en chef eut bientôt occasion de le remarquer, et il se rappela qu'à la journée du 13 vendémiaire an 4 (18 octobre 1795), où la convention nationale fut attaquée par les insurgés des sections de Paris, Lannes avait été sous ses ordres. Le combat de Millesimo, qui eut lieu le 25 germinal de la même année (14 avril 1796), où Lannes se distingua, lui fournit l'occasion de lui donner une noble marque de souvenir, et il le fit colonel du 25ᵐᵉ régiment, sur le champ de bataille même. Le nouveau colonel justifia son avancement par des prodiges de valeur, au passage du Pô, au pont de Lodi, le 21 floréal (10 mai); au combat de Bassano, le 22 fructidor (8 septembre), où il s'empara de 2 drapeaux ennemis. Ce dernier trait mérite d'être rapporté. Il était déjà porteur d'un drapeau, et il allait s'emparer du second lorsque son cheval est tué. Au même moment 12 cuirassiers autrichiens fondent sur lui; aussi prompt que l'éclair, Lannes saute sur la croupe du cheval de l'officier ennemi, tue cet officier, saisit son enseigne, et se fait jour au travers des 12 cuirassiers, dont il tue ou blesse plusieurs. Lannes mérita les éloges les plus flatteurs à l'assaut de Pavie, où il gagna le grade de général de brigade; au siége de Mantoue, où il s'empara, à la baïonnette, du faubourg de Saint-Georges; aux combats de Fombio et de Governolo, où il fut grièvement blessé, et à la bataille d'Arcole (25 brumaire an 5—15 novembre), à laquelle il voulut prendre part, malgré son état de souffrance, et où il fut blessé derechef. L'armée se dirigeant sur Rome, Lannes s'empara d'Imola. Ce succès détermina le souverain pontife à traiter de la paix, et le général Lannes lui fut envoyé pour en régler et signer les conditions. De retour à Paris, après le traité de Campo-Formio, signé le 26 vendémiaire an 6 (17 octobre 1797), ce brave guerrier devait prendre un commandement dans l'armée d'Angleterre; mais le général Bonaparte l'ayant jugé plus nécessaire à l'armée d'Egypte, il l'emmena avec lui. Constamment aux avant-gardes, le général Lannes se distingua sous les murs d'Alexandrie, aux différens combats qui eurent pour résultat la prise du Caire, au siége de Saint-Jean-d'Acre et à la bataille d'Aboukir. A cette bataille, sa division causa une telle épouvante à l'ennemi qu'il prit la fuite de toutes parts, et préféra se jeter à la mer que de tomber sous les coups des Français. Le général Lannes investit Aboukir, et en s'emparant de la redoute et des retranchemens qui défendaient la ville, il fut grièvement blessé. Il fut un des 7 officiers-généraux qui revinrent avec le général Bonaparte, et l'un de ceux qui lui rendirent le plus de services, lors des événemens du 18 brumaire an 8 (9 novembre 1799). Nommé au commandement des 9me et 10me divisions militaires, dans lesquelles se trouvait la ville où il était né, il sut, par sa fermeté, comprimer les factions que les ennemis du nouveau gouvernement s'efforçaient d'y entretenir, en même temps qu'il sut ranimer la confiance des bons citoyens. A son retour à Paris, il fut nommé commandant de la garde consulaire, et eut ordre d'accompagner le premier consul qui se rendait en Italie, où la guerre venait de se rallumer. Il eut le commandement de l'avant-garde, poste d'honneur et de confiance qu'il avait déjà occupé, et dans lequel il se signala de nouveau. Il marcha, une seconde fois, sur Pavie, traversa le Pô, s'empara de Stradella, position extrêmement avantageuse, et montra des talens supérieurs au combat de Casteggio, et à la bataille de Marengo, où il reçut un sabre d'honneur. Le premier consul le nomma, en 1801, ministre plénipotentiaire à Lisbonne; il y fit respecter le nom français, par sa dignité personnelle et par sa fermeté à soutenir les droits de la nation. Mais il fut rappelé, à la suite de difficultés survenues à l'occasion des droits qu'il prétendait avoir de faire entrer, francs de tous droits, dans le Tage des bâtimens chargés de marchandises. Le 29 floréal an 12 (19 mai 1804), il fut fait maréchal de l'empire, et quelque temps après, chef de la 9me cohorte et grand-officier de la légion-d'honneur. Il reçut ensuite le titre de duc de Montebello. Dans la campagne de 1805 contre l'Autriche, commandant de l'avant-garde de la grande-armée, il pénétra en Bavière, et prit une part glorieuse au combat de Wertingen, à la défaite de Mack, à la prise d'Ulm, et plus particulièrement encore à Hollabrunn, en ordonnant une charge de cavalerie qui décida la victoire en notre faveur. Il commandait l'aile gauche de la grande-armée à Austerlitz. Ses manœuvres savantes et ses mouvemens rapides contribuèrent puissamment au gain de cette célèbre bataille, où il eut 2 aides-de-camp tués à ses côtés. Dans la campagne de Prusse, en 1807, il soutint sa brillante renommée: Iéna, Eylau et Friedland le virent aussi intrépide et non moins heureux. A Eylau, il mérita l'estime et l'admiration de l'armée. En Espagne, où il accompagna l'empereur, il commanda un corps d'armée à la bataille de Tudela, et dirigea le siège de Saragosse. Après avoir obtenu différens succès dans cette guerre, à tant de titres si funeste à la France, il revint dans sa patrie, et goûtait au sein de sa famille, dans la belle terre de Maisons qu'il possédait près de Paris, un repos acheté par de nombreuses fatigues, lorsque, en 1809, la guerre éclata de nouveau entre l'Autriche et la France. De funestes pressentimens lui rendirent singulièrement pénible le moment où il se sépara de sa femme et de ses enfans. Enfin il partit, et retrouva, à la tête de ses troupes, la victoire qui lui avait toujours été fidèle. Ce fut ainsi qu'il s'empara de Ratisbonne, et qu'il obtint des succès non interrompus jusqu'à la bataille d'Esling, où un boulet de canon lui enleva la jambe droite tout entière, et la gauche un peu au-dessus de la cheville. L'inquiétude que l'on eut pour sa vie le fit transporter, sur-le-champ, près de l'empereur. Ce prince, alors occupé à donner des ordres qui assuraient le gain de la bataille, éprouva la plus vive émotion. «Il fallait, s'écria-t-il douloureu-»sement, que dans cette journée »mon cœur fût frappé par un coup »aussi sensible, pour que je pus-»se m'abandonner à d'autres soins »qu'à ceux de mon armée.» Le maréchal était alors sans connaissance. Lorsqu'il revint à lui, apercevant l'empereur, il lui dit, en lui serrant la main : «Dans une »heure vous aurez perdu celui qui »meurt avec la gloire et la con-»viction d'avoir été votre meilleur »ami.» Cet illustre guerrier succomba le 31 mars 1809, après 9 jours des plus cruelles souffrances, produites par la double amputation, qu'il eut encore le courage de supporter. Ses restes furent d'abord transportés à Strasbourg, où ils restèrent déposés pendant une année; ils furent ensuite transportés à Paris, et déposés avec solennité au Panthéon français, le 6 juillet 1810. Le fils aîné du maréchal a été créé, le 17 août 1815, pair de France, sous le nom de duc de Montebello. Le maréchal Lannes a été l'*Ajax* moderne. Napoléon a dit, que c'était *un pygmée quand il l'avait pris, et un géant quand il l'avait perdu*. Si Lannes fut un géant à sa mort, il ne fut jamais un *pygmée*. Il fut un héros dès qu'il saisit les armes.

LANNES (François-Joseph), était avocat à Saint-Pôl, département du Pas-de-Calais, et appartenait à une famille estimée. Il adopta avec modération les principes du nouvel ordre de choses, et après avoir rempli diverses fonctions municipales, entre autres celle de procureur-syndic du district où il avait son domicile, il vint à Paris, et fut adjoint au ministre de l'intérieur, après le 31 mai 1793. Il remplit les mêmes fonctions à la commission de police civile des tribunaux, qui succéda au ministère de la justice. Il fut arrêté après la journée du 9 thermidor an 2 (27 juillet 1794), accusé d'être un des complices de Robespierre, et traduit au tribunal révolutionnaire, en même temps que Fouquier-Tinville (*voy.* ce nom); condamné à mort, il périt le 16 floréal an 3 (5 mai 1795).

LANNOY (François-Ferdinand de), maréchal-de-camp, naquit à Lille, département du Nord, vers 1732. Il entra au service de très-bonne heure, et se distingua dans plusieurs campagnes. Il devint colonel du régiment provincial d'Artois en 1772, et maréchal-de-camp en 1780. Il a publié quelques ouvrages, parmi lesquels on cite des *Mémoires sur la guerre de 1756*, des *Réflexions sur la constitution militaire de 1776*, le *Portrait des gentilshommes français,* des *Élémens des langues italienne et anglaise*, des *Contes moraux*, etc. Ces différentes productions annoncent un homme instruit, d'un esprit distingué et d'un mérite peu commun. Le général de Lannoy mourut le 20 janvier 1790. M. Soreau a publié, en 1801, in-8°, Paris, une *Notice sur F. F. de Lannoy*.

LANNOY (Chrétien-Joseph-Ernest-Grégoire, comte de), fils du précédent, ancien membre du sénat et commandant de la légion-d'honneur, fut nommé, en 1789, par la noblesse de Lille, député aux états-généraux, où il se fit peu remarquer. Il traversa la révolution dans une obscurité à laquelle il dut sans doute sa conservation, et ne reparut sur la scène politique qu'à l'une des époques les moins orageuses. Nommé membre du sénat-conservateur, le 1er floréal an 12 (21 avril 1804), il devint bientôt commandant de la légion-d'honneur, et néanmoins vota, le 1er mars 1814, la déchéance de l'empereur et l'établissement d'un gouvernement provisoire. M. de Lannoy ne fit point partie de la chambre des pairs formée par le roi après la première restauration, ni de celle créée par Napoléon pendant les *cent jours*. Il vit entièrement éloigné des affaires publiques.

LANOT, député à la convention nationale. Il embrassa avec chaleur les principes de la révolution, et fut nommé, en 1793, député du département de la Corrèze à la convention nationale, où il vota la mort de Louis XVI. En 1793 il fut un des commissaires chargés d'opérer la levée en masse. Le 6 novembre 1794, longtemps après la chute de la *Montagne*, on le vit se prononcer avec force contre la proposition de décréter qu'aucun membre de la convention, aucun fonctionnaire public ne pourrait être affilié aux Jacobins. En 1795 il fut décrété d'arrestation, et traduit à la barre de l'assemblée; on l'accusait d'avoir livré au pillage et à la dévastation les départemens où il avait été envoyé en mission. Il se défendit avec calme et sang-froid, et fut, après une longue détention, compris dans l'amnistie du 4 brumaire an 4 (26 octobre 1796). Depuis cette époque, Lanot est rentré dans l'obscurité; il est mort, il y a quelques années, au sein de sa famille, dans son département.

LANTEIGNE - LOGIVIÈRE (N.), ancien maire de la ville de Caen, où il est né, en 1771, appartient à une famille recommandable. Après avoir été employé dans les administrations militaires, il revint à Caen, et y exerça successivement les fonctions d'adjoint municipal, et, en 1807, celles de maire de la ville. Il fut un des premiers à souscrire pour la fondation d'un collége; mais l'établissement n'ayant pas eu lieu, M. Lanteigne-Logivière proposa à ses cosouscripteurs, par une circulaire, d'employer les avances qu'ils avaient faites à ériger une statue au chef du gouvernement. Cette proposition n'eut pas de suite. En 1811, le prix excessif des grains causa une émeute à Caen. Le préfet, M. le baron Méchin, et M. Lanteigne-Logivière, comme premier magistrat de la ville, se présentèrent avec beaucoup de courage à cette multitude égarée. Ils ne purent ni la calmer, ni l'effrayer par la menace d'un châtiment sévère. Leur autorité paternelle fut méconnue, leur caractère public insulté, et eux-mêmes furent menacés. Les mutins se dirigèrent ensuite sur un moulin qu'ils pillèrent. La garde nationale parvint cependant à dissiper la foule. Le lendemain l'effervescence était calmée; mais les magistrats qui, vu le caractère de l'émeute, devaient craindre des mouvemens plus graves, avaient dû faire sur-le-champ leur rapport à l'autorité. Des détachemens de la garde impériale et un train d'artillerie partirent de Paris : leur secours ne fut pas nécessaire. Les prévenus, au nombre de 21, furent traduits devant un conseil de guerre, qui en condamna huit, parmi lesquels se trouvaient trois femmes, à la peine de mort, et six aux travaux forcés. Les autres furent envoyés à Paris, et déposés à la prison de Bicêtre. Après la première restauration, en 1814, M. Lanteigne-Logivière n'oublia pas ces malheureux; il sollicita près de M. le duc de Berri, et ce prince obtint du roi leur mise en liberté. Cette même année (1811), lors du passage de l'empereur à Caen, ce magistrat reçut de sa munificence une pension de 6000 francs. Au mois d'octobre 1813, il fit parvenir à l'impératrice Marie-Louise, au nom du conseil municipal et des habitans, une adresse, dans laquelle il exprimait l'attachement et le dévouement les plus sincères. Au mois de mai 1814, M. Lanteigne-

Logivière fut présenté au roi, et adressa à ce prince un discours, dans lequel il rappela la fidélité que la ville de Caen avait toujours montrée à ses rois. Néanmoins il reçut sa démission en 1816. Depuis cette époque, il vit étranger aux affaires publiques.

LANTHENAS (François), exerçait la profession de médecin à l'époque de la révolution : il en embrassa la cause avec chaleur, et devint chef de division au ministère de l'intérieur, sous Roland. Élu député du département de Rhône-et-Loire à la convention nationale, dans le procès du roi il exprima ainsi son vote : « La mort » avec sursis, jusqu'à ce que nos » ennemis nous laissent en paix, » et que la constitution soit parfai- » tement assise ; la proclamation » de ce décret, avec appareil, dans » la république et dans toute l'Eu- » rope ; l'abolition de la peine de » mort, le lendemain du jour qui » suivra la décision de la conven- » tion, en exceptant Louis, si ses » parens et ses prétendus amis en- » vahissent notre territoire. » S'étant montré favorable au parti des *Girondins*, il fut d'abord compris dans la liste de proscription dressée contre eux, le 2 juin 1793. Mais Marat, lié avec Lanthenas, ne trouvant pas d'autre moyen de le sauver, le fit effacer de la liste fatale, comme un *pauvre d'esprit*, qui ne méritait pas que l'on songeât à lui. Le 12 germinal an 3 (1ᵉʳ avril 1795), effrayé des progrès que faisait la réaction, il demanda avec force que l'on rassurât, à cet égard, les vrais républicains ; et, 5 jours après, il fut nommé secrétaire ; il prit la défense de Lesot, que l'on poursuivait comme complice de Robespierre. Après la session, il passa au conseil des cinq-cents ; il y demanda, en mars 1796, que la liberté de la presse fût limitée provisoirement. Il s'attacha ensuite aux opérations financières du directoire, et les combattit constamment. Il sortit de l'assemblée, en mai 1797, et rentra dans la vie privée en reprenant l'exercice de sa profession de médecin. Obligé de quitter la France, en 1816, il se réfugia en Italie. Il publia, au mois d'août 1791, un ouvrage *sur la Liberté indéfinie de la presse*, ainsi que la traduction de la *Théorie-Pratique des droits de l'homme*, par Thomas Payne ; au mois de juin 1793, il fit imprimer la *Déclaration des devoirs, des principes et des maximes de morale universelle*. On a encore de Lanthenas un *Traité sur les inconvéniens du droit d'ainesse*.

LANTIER (G. F. DE), littérateur, membre de plusieurs académies, chevalier de Saint-Louis, est né à Marseille, département des Bouches-du-Rhône. Il a publié, dans divers genres, un assez grand nombre d'ouvrages ; mais le principal et le plus remarquable est celui qui a pour titre : *Voyage d'Anténor en Grèce et en Asie*, dont nous parlerons plus bas. Nous citerons parmi les différentes productions de M. de Lantier : 1° *l'Impatient*, comédie en 1 acte et en vers, 1778, in-8° ; 2° *le Fuquir*, conte, 1780, in-8° ; 3° *le Flatteur*, comédie en 5 actes, 1782, in-8° ; 4° *Réflexions philosophiques sur le plaisir, par un célibataire*, 1783, in-8° ; 5° *Travaux de l'abbé Mou-*

ehe, 1784, in-12; 6° *les Coquettes rivales*, comédie en 5 actes et en vers, 1786; 7° *l'Inconséquent*, comédie en 3 actes et en vers, 1788; 8° *Herminie*, poëme en 3 chants, 1788, in-12; 9° *Voyages d'Anténor en Grèce et en Asie*, 3 vol. in-8°, 1798; 2ᵐᵉ édition, même année; 3ᵐᵉ édition, 1800, 5 vol. in-18; 8ᵐᵉ édition, 1805, 3 vol. in-8°; 11ᵐᵉ édition, 1810, 5 vol. in-18. L'auteur des *Voyages d'Anténor* paraît avoir eu pour but de donner une sorte de complément au célèbre ouvrage de l'abbé Barthélemy. L'intention était louable, et quoique M. Lantier soit bien loin d'offrir dans son ouvrage, entre autres mérites, « le tableau vivant, » aussi bien peint que bien dessi- » né, des mœurs, des faits histori- » ques, des sciences, des beaux- » arts et des belles-lettres, dans le » siècle le plus brillant de la Grè- » ce » (*voy.* BARTHÉLEMY), on *Anténor* se fait lire avec plaisir : l'intérêt du sujet, des situations gracieuses, un style facile et généralement correct, quoiqu'un peu maniéré, des vues quelquefois profondes, une certaine indépendance dans les idées religieuses et politiques, justifient la vogue de l'ouvrage, ses nombreuses éditions, les contrefaçons qu'on en a faites, et la traduction que des étrangers en ont donnée : Muller l'a traduit en allemand, Brand en anglais, Calzava en espagnol, Vasconcellos en portugais, et Harow en russe. 10° *Contes en prose et en vers*, suivis de *Pièces fugitives*, et du poëme *d'Herminie*, 1801, 3 vol. in-18, réimprimés en 2 vol. in-8°, 1809; 11° *les Voyageurs en Suisse*, 1803, 3 vol. in-8°; nouvelle édition, 1817. Cet ouvrage a été traduit en anglais, en 6 vol. in-12. 12° *Voyage en Espagne du chevalier de Saint-Gervais, officier français, et les divers événemens de son voyage*, 1809, 2 vol. in-8°. En tête du 1ᵉʳ vol., M. Lantier a mis son portrait. 13° *Correspondance de Mˡˡᵉ Suzette-Césarine d'Arly*, 1814, 2 vol. in-8°; 3 vol. in-12, 1815; 14° *Recueil de poésies*, 1817, in-8°.

LANUSSE (FRANÇOIS), général de brigade, né à Habas dans le département des Landes, en 1762, était négociant au commencement de la révolution. Il quitta le commerce pour prendre les armes, en 1792, et partit comme simple volontaire pour l'armée des Pyrénées-Orientales. Sa bonne conduite, son intrépidité et ses talens lui procurèrent bientôt un avancement rapide. Devenu chef de brigade, il fut envoyé avec le régiment qu'il commandait à l'armée des Alpes. Il s'y distingua de nouveau et fut nommé adjudant-général, peu de temps avant l'arrivée du général Bonaparte en Italie. Ce nouveau chef reconnut bientôt le mérite du brave Lanusse, et l'employa de préférence en plusieurs entreprises, qui furent aussi hardiment exécutées qu'habilement conçues. Honorablement cité, pour sa conduite, à la bataille de Dego, le 26 germinal an 4 (15 avril 1796), et à celle de Fombio, le 10 floréal suivant (8 mai), où il culbuta l'ennemi sur la chaussée de cette ville, et contribua beaucoup à la victoire, Lanusse fut nommé général de brigade. Après le traité de paix de Campo-Formio, qui termina si glorieusement pour la France cette première guerre d'Italie, Lanusse accompagna le général Bonaparte en Égypte, et seconda avec habileté toutes les opérations de l'armée au débarquement devant Alexandrie. Il eut depuis une part brillante à toutes les victoires que les Français remportèrent en ce pays; mais celle d'Aboukir lui devint funeste. Après avoir fait des prodiges de valeur, il y reçut plusieurs blessures graves, dont il mourut peu de temps après, à Alexandrie, à l'âge de 37 ans, vivement regretté de ses chefs et de toute l'armée.

LANUSSE (Pierre Robert, baron de), lieutenant-général, commandant de la légion d'honneur et chevalier de Saint-Louis, est né le 2 novembre 1768. Il embrassa la carrière militaire, dès le commencement de la révolution, et se fit bientôt remarquer de ses chefs par sa valeur et ses talens. Le général Murat se l'attacha en qualité d'aide-de-camp, et il fit avec lui les campagnes d'Allemagne, se distingua en plusieurs occasions, et fut nommé, le 27 décembre 1805, colonel du 17ᵐᵉ régiment de ligne. Il commanda ce corps pendant les campagnes suivantes, et fut promu au grade de général de brigade en 1808. Il passa depuis au service de Naples, et obtint de son ancien général, devenu roi de ce pays, le titre de grand-dignitaire des Deux-Siciles. En 1812, le général Lanusse fut employé à la grande-armée de Russie, et après plusieurs beaux faits d'armes, il fut nommé commandant de la légion-d'honneur et général de division. Après le retour du roi, il fut créé chevalier de Saint-Louis, par ordonnance du 29 juillet 1814. Il commanda, en 1815, la 3ᵐᵉ division militaire, et se trouve encore au nombre des lieutenans-généraux en activité.

LANZI (l'abbé Louis), savant antiquaire italien, naquit, en 1732, à Monte-del-Olmo, près de Macerata. Après avoir terminé des études remarquables, il fut admis dans l'ordre des jésuites, et professa pendant plusieurs années la rhétorique, en même temps qu'il se faisait connaître comme littérateur. La suppression de son ordre lui permit de se livrer exclusivement aux sciences et aux lettres, et il reçut, en 1773, du grand-duc de Toscane, Léopold, sa nomination à la place de sous-directeur de la galerie de Florence. En 1776, il devint conservateur de ce dépôt. Chargé de diriger les améliorations que ce prince avait ordonnées, et de créer le *cabinet étrusque*, l'abbé Lanzi publia, en 1782, dans le *Journal des Savans* de Pise, le *Guide de la galerie de Florence*, qui réunit au mérite de l'exactitude et d'un ordre parfait, la clarté et l'intérêt d'un style toujours pur et élégant. Un *Essai sur la langue étrusque* parut quelques années après, et fixa l'attention des savans, qui regardèrent l'abbé Lanzi comme l'inventeur de cette partie de l'érudition, à peine remarquée avant lui. Eckhel, Visconti, Heyne et l'abbé Barthélemy y ajoutèrent leur puissant suffrage; et l'abbé Marini lui donna le surnom du *Varron* du 18ᵐᵉ siècle. Jaloux de justifier de plus en plus l'estime générale, l'abbé Lanzi publia son *Histoire de la peinture en Italie*.

Elle parut pour la première fois à Florence, en 1792, et fut réimprimée avec de nombreuses et importantes augmentations, à Bassano, en 1796. Cet ouvrage reçut, jusqu'à la mort de l'auteur, des corrections et des améliorations journalières de toute espèce. L'*Histoire de la peinture en Italie* est divisée par écoles; et les artistes florentins, à partir du 13ᵉ siècle, sont, aux yeux de ce savant, les véritables conservateurs des beaux-arts en Italie. Il suit, jusqu'à nos jours, la marche de ces arts, et développe avec une grande sagacité les causes des vicissitudes qu'ils ont éprouvées dans les siècles postérieurs, de manière que le goût le plus sévère ne peut qu'applaudir à ses jugemens, ainsi qu'à ses comparaisons entre le style des poètes et le talent des peintres. Il avait projeté de publier un ouvrage sous le titre de *Opuscoli di accademici italiani relativi a Storia antiquaria e lingue antiche*, et ne donna néanmoins que trois *Dissertations* sur les *vases étrusques*, sur les *bacchanales*, et sur un vase recueilli à Girgenti, représentant *Thésée terrassant le minotaure*, qui sont regardées comme des modèles de discussions savantes. Il fit insérer dans les feuilles publiques d'Italie nombre d'inscriptions latines sur des événemens publics ou privés, et les recueillit en un volume qui parut en 1807 avec différentes pièces de vers. Il donna, peu de temps après, une traduction avec un commentaire du poème *des Travaux et des Jours* d'Hésiode. Il collationna son ouvrage sur les meilleures éditions et sur un très-grand nombre de manuscrits, dont plusieurs n'avaient jamais vu le jour. Cette édition est accompagnée d'une dissertation aussi savante que lumineuse sur la vie du poète grec, et d'une autre sur le poëme lui-même. L'abbé Lanzi termina une vie toute utile et toute laborieuse, le 31 mars 1810, laissant la réputation d'un savant des plus distingués, et d'un des hommes les plus vertueux de son siècle. Un monument lui a été élevé dans l'église de Sainte-Croix à Florence; et l'abbé Mauro-Boni, ainsi que M. Zannoni, sous-bibliothécaire de la Magliabecchiana, ont publié, le premier une *Notice* sur ce savant, et le second son *Éloge historique*. La *Notice* a été imprimée dans les *Annales encyclopédiques* (1817, tom. IV). On y trouve le portrait de Lanzi, son épitaphe en style lapidaire, et le catalogue de ses ouvrages dont, nous allons rappeler les principaux; ce sont: 1° *Saggio di lingua etrusca, e di altre antiche d'Italia, per servire alla storia de' popoli, delle lingue et delle arti*, Rome, 1789, 3 vol. in-8°. Cet ouvrage est accompagné de planches. 2° *De' vasi antichi dipinti, chiamati etruschi, dissertazioni tre; Opuscoli raccolti da accademici italiani relativi a storia antiquaria e lingue antiche che servono ad illustrarle*, Florence, 1806, in-8°; 3° *Illustrazione di due vasi fittili ed altri monumenti recentemente trovati in Pesto, communicata alla inclita accademia italiana de scienze, lettere ed arti*, Rome, 1809, in-fol.; 4° *Storia pittorica della Italia, dal risorgimento delle belle arti fin presso al fine del XVIII° secolo*, Bassano, 1809,

6 vol. in-8°. La troisième édition a été publiée par les soins de J. de Lazara et de B. Gamba. Il vient (janvier 1823) d'en paraître une édition française avec un grand nombre de gravures. 5° *Di Esiodo ascreo i Lavori e le Giornate, opera con 4 codici riscontrata, emendata la versione latina, aggiuntavi l'italiana in terze rime con annotazioni*, Florence, 1808, in-4°; 6° *Opere postume dell' abate D. Luigi Lanzi*, Florence, 1817, 2 vol. in-4°. (Consulter le *Catalog. Millin*, n° 931).

LA PÉROUSE (JEAN-FRANÇOIS GALAUP DE), que l'on écrit quelquefois LA PEYROUSE, naquit d'une famille noble, en 1741, à Albi, département du Tarn. Il entra fort jeune à l'école de la marine, et ses premiers regards se tournant vers les navigateurs qui avaient illustré leur patrie, il prit dès-lors la résolution de marcher sur leurs traces. Ayant été reçu garde de la marine en 1756, il servait en cette qualité sur le *Formidable*, qui faisait partie de l'escadre du maréchal de Conflans, lorsqu'elle fut jointe par l'escadre anglaise à la hauteur de Belle-Ile. Huit vaisseaux tant anglais que français coulèrent bas pendant l'action. Le *Formidable* se rendit après la plus vigoureuse défense, où La Pérouse fut grièvement blessé. Rendu à sa patrie, il fit avec distinction plusieurs autres campagnes, et son mérite commençant alors à fixer l'attention de ses chefs, il fut fait enseigne de vaisseau en 1764. Il commandait, en 1779, la frégate *l'Amazone* dans l'escadre du vice-amiral d'Estaing, lors de son combat avec la flotte de l'amiral Byron.

Pendant cette même campagne, il s'empara de la frégate *l'Ariel*, et contribua à la prise de *l'Experiment*. Sa bravoure dans ces différentes actions lui fit obtenir le grade de capitaine de vaisseau, auquel il fut promu en 1780. Le gouvernement ayant formé le projet de détruire les établissemens anglais de la baie d'Hudson, La Pérouse fut chargé de cette mission difficile. Il partit à cet effet du cap Français, le 31 mai 1782, ayant sous ses ordres un vaisseau et deux frégates. Après avoir surmonté les périls et les fatigues que lui opposaient les mers du Nord, livrées aux glaces et aux tempêtes, il prit et détruisit les forts du prince de Galles et d'York. Son humanité égala sa bravoure dans cette circonstance, et s'il fut obligé de se conformer à des ordres rigoureux, il n'oublia pas les égards que l'on doit au malheur. Instruit qu'à son approche plusieurs Anglais avaient fui dans les bois, et que la destruction des forts les exposerait, après son départ, à périr de faim ou à tomber entre les mains des Sauvages, il eut la générosité de leur laisser des vivres et des armes. La paix de 1783 termina cette campagne; mais La Pérouse ne jouit pas d'un long repos: il était destiné à commander l'expédition projetée autour du monde, et dont les préparatifs se faisaient à Brest, par les soins de M. le duc de Castries, ministre de la marine. Les travaux de La Pérouse, et ses succès constans dans la marine, où il avait fait 18 campagnes, l'avaient aguerri contre toute espèce de dangers, et le rendaient plus propre que

Lapérouse

personne à suivre la carrière pénible et périlleuse d'une longue navigation sur des mers inconnues et au milieu de peuplades sauvages. L'itinéraire ou le projet de la navigation de La Pérouse suivant l'ordre des découvertes qu'il s'agissait de faire ou de perfectionner; les opérations relatives à l'astronomie, à la navigation, à la physique et aux différentes branches de l'histoire naturelle; les précautions qu'il devait prendre pour conserver la santé de ses équipages; la conduite à tenir avec les peuples sauvages et les naturels des pays qu'il aurait occasion de visiter, tout fut indiqué dans un mémoire que Louis XVI lui remit écrit de sa propre main : les instructions qu'il renferme attestent les profondes connaissances et la haute philantropie de ce prince. La Pérouse appareilla de Brest, le 1ᵉʳ août 1785, avec les frégates la *Boussole* et l'*Astrolabe*. M. Monge qui s'était embarqué en qualité d'astronome, et dont la santé ne cessa dès-lors de s'altérer journellement, se vit contraint de rester à Ténériffe. C'est à cette circonstance imprévue que la France a dû la conservation d'un des savans qui l'ont le plus illustrée. De Ténériffe, l'expédition vint reconnaître la côte du Brésil, et, longeant la côte des Patagons, se trouva, le 22 juin 1787, en vue du cap des Vierges. Après avoir franchi le détroit de Lemaire et doublé le cap Horn, La Pérouse entre dans la mer du Sud, visite d'abord l'île de Pâques et celles de Sandwich, et se dirigeant ensuite vers le nord dans l'intention d'explorer la partie de la côte nord-ouest de l'Amérique, comprise entre le mont Saint-Élie et le port de Monterey, il vient relâcher au port des Français sur la côte d'Amérique. La Pérouse se félicitait sur son bonheur d'être parvenu à une si grande distance de l'Europe sans avoir perdu un seul homme, ni versé une goutte de sang. Un malheur impossible à prévoir l'attendait à ce terme. Le 13 juillet, 3 canots sous les ordres de M. d'Escures partirent pour aller sonder la baie des Français. Ses ordres lui défendaient de s'approcher de la passe pour peu qu'elle brisât; mais au moment où il s'en croyait encore éloigné, son canot s'y trouva engagé. MM. de La Borde frères, qui montaient une autre embarcation, n'hésitèrent pas à voler au secours de leurs camarades : tous eurent le même sort, tous furent engloutis, malgré les longs et courageux efforts de M. Boutin, qui commandait le 3ᵉ canot. Au nombre des naufragés, se trouvaient MM. d'Escures, de La Borde frères, Pierrevert, de Montarnal et Flassan. Émus, mais non découragés, La Pérouse et ses compagnons quittèrent ce pays qui leur avait été si funeste, après avoir érigé à la mémoire de leurs malheureux amis, un cénotaphe sur lequel M. de Lamanon traça l'inscription suivante : *A l'entrée du port ont péri vingt-un braves marins. Qui que vous soyez, mêlez vos larmes aux nôtres.* Continuant l'exploration de la côte d'Amérique, La Pérouse arriva à Monterey, en Californie, où il se pourvut des rafraîchissemens qui lui étaient nécessaires. De Monterey, il fit voile pour Macao, où il arriva en janvier 1787; toucha successivement à Manille, à Formose, et s'avançant dans la mer du Japon, reconnut les côtes de la Chine et de la Corée. Navigant vers le nord, il observa particulièrement la côte de Tartarie et de l'île Ségalien (l'Oku-Jesso), une des plus étendues du nord au sud, qui soient sur le globe; découvrit et traversa le détroit qui sépare le Jesso (île de Chica) de l'Oku-Jesso, et dissipa ainsi les ténèbres qui avaient enveloppé jusqu'alors cette partie du globe. Après avoir relâché au cap Crillon, il se dirigea vers l'île des États, passa devant le détroit d'Uriès, et vint mouiller dans la baie d'Avatscha au Kamtschatka, au mois de septembre 1787. La Pérouse obtint de M. Kalloff, gouverneur d'Okhotsk, la permission d'envoyer en France le journal de son voyage, par M. de Lesseps, aux soins particuliers duquel on doit la conservation d'une des parties les plus intéressantes de la relation, dont les matériaux ont servi à M. Milet-Mureau, pour la rédaction du texte de ce malheureux voyage, qui a été imprimé aux frais du gouvernement, et dont le produit a été offert à la veuve de La Pérouse. Dirigeant sa marche vers l'hémisphère sud, La Pérouse coupa la ligne pour la 3ᵐᵉ fois depuis son départ de Brest, et relâcha à Maouna, l'une des îles deNavigateurs, où M. de Langle, commandant de l'*Astrolabe*, de Lamanon, naturaliste, et 10 autres personnes des 2 équipages, furent inhumainement massacrés par les insulaires, le 10 décembre 1787. La Pérouse se hâta de quitter cette île,

et se rendit à Botany-Bay; il y mouilla le 26 janvier 1788, après avoir visité les îles des Amis. Par un hasard assez singulier, les Français arrivèrent à Botany-Bay presque en même temps que la flotte anglaise du commodore Philipp, qui venait fonder la colonie du port Jackson. Tel est l'aperçu de la navigation de l'infortuné La Pérouse. Une dernière lettre qu'il écrivit de Botany-Bay, le 7 février 1788, annonçait le projet de remonter aux îles des Amis, de s'assurer si la terre de la Louisiade de Bougainville fait ou non partie de la Nouvelle Guinée, de passer entre cette dernière et la Nouvelle-Hollande, de visiter la côte occidentale de cette contrée, et d'arriver à l'île de France vers décembre 1788. Le temps qui s'est écoulé depuis cette époque, ne permet pas de conserver le moindre espoir sur le retour de cet illustre infortuné. Les deux frégates ayant toujours marché à portée de la voix, il est probable qu'elles auront péri dans un même naufrage. En 1791, un décret de l'assemblée nationale ordonna que deux vaisseaux seraient envoyés à la recherche de La Pérouse. MM. d'Entrecasteaux, de Kermadec, et plus tard, M. du Petit-Thouars, furent chargés de cette expédition. Elle fut inutile. Les deux premiers ont succombé aux fatigues de leur navigation. Puisqu'il nous est impossible de faire connaître quelle a été la véritable destinée de La Pérouse, il est de notre devoir de transmettre à la postérité les noms des navigateurs infortunés qui, selon toutes les apparences, sont morts avec lui victimes de leur dévouement pour les progrès des sciences. On comptait sur la frégate la *Boussole*, que montait La Pérouse, MM. de Clonard, lieutenant de vaisseau ; Boutin, Colinet, enseignes ; de Roux-d'Arbaud et Broudou, gardes de la marine ; Monneron, capitaine au corps du génie ; Bernizet, ingénieur géographe ; Lepaute-Dagelet, de l'académie des sciences, astronome ; l'abbé Mongès, l'un des auteurs du *Journal de physique* ; Rollin, chirurgien-major ; Duché de Vency et Prévost, peintres ; Collignon, botaniste ; et 93 hommes d'équipage. Sur l'*Astrolabe* se trouvaient MM. de Monti, lieutenant ; de Vaujuas, d'Aigremont, Blondela, enseignes ; de Lauriston, Dupac, Le Gobien, gardes de la marine ; de Lamartinière, botaniste ; Dufresne, naturaliste ; le P. Receveur, aumônier ; Prévost oncle, dessinateur ; Lavaux, chirurgien ; et 100 hommes d'équipage. La Pérouse n'était pas seulement recommandable par ses talens militaires ; ses qualités personnelles lui avaient concilié l'estime de toutes les personnes qui l'ont connu. Sa funeste destinée a inspiré un des plus beaux morceaux du poëme de la *Navigation* d'Esmenard, et a fourni à M. d'Avrigny le sujet d'un poëme plein des plus nobles inspirations.

LAPI (N.), chambellan de l'empereur Napoléon, fut nommé successivement, par ce prince, gouverneur de l'île d'Elbe et général de brigade. M. Lapi, avait, en 1814, partagé volontairement l'exil de son souverain ; il resta à l'île d'Elbe, en qualité de gouverneur, lorsque Napoléon opéra son retour à Paris. Le 28 février 1815, il annonça, par une proclamation, aux habitans de l'île les pouvoirs qui lui étaient confiés. On remarque dans cette proclamation les paroles que Napoléon avait prononcées au moment de son départ. « Je quitte, dit-il, l'île d'El-
» be ; je suis satisfait de la conduite
» des habitans ; je leur confie la
» défense de ce pays, auquel j'at-
» tache la plus grande importance.
» Je ne puis leur donner une plus
» grande preuve de ma confiance,
» qu'en laissant ma mère et ma
» sœur sous leur garde. Les mem-
» bres de la junte et tous les habi-
» tans de l'île peuvent compter
» sur ma bienveillance et sur ma
» protection particulière. » M. Lapi reçut, lui-même, une nouvelle preuve de l'estime et de la confiance de Napoléon. Le 3 mai de la même année, il fut promu au grade de général de brigade. Peu de jours après la seconde restauration, une ordonnance royale annula cette nomination. Depuis ce temps, M. Lapi est resté éloigné de la scène politique.

LAPIE (N.), directeur du cabinet topographique du roi, chef d'escadron au corps royal des ingénieurs-géographes militaires, chevalier de Saint-Louis et de la légion-d'honneur, est cité parmi les plus célèbres auteurs de cartes géographiques. Il a su avec beaucoup d'habileté tirer parti des matériaux que des navigateurs et des militaires instruits ont mis à sa disposition, et les cartes qu'il a publiées jouissent d'une très-grande estime. On cite particulièrement : 1° la grande *Carte de la Méditerranée*, en 4 feuilles ; 2°

celle de l'*Empire de Russie*, en 6 feuilles; 3° celle des *Iles Britanniques*, en 6 feuilles; 4° celle des *États-Unis*, en 4 feuilles ; 5° *Carte de l'empire français et du royaume d'Italie* (avec M. Picquet), 1806; 6° *Carte de l'Europe avec les nouvelles divisions*, 1815; 7° *Nouveau globe terrestre*, 1815, 8° *Atlas classique et universel de géographie ancienne et moderne*, in-4°. Il y a eu une seconde édition en 1817. 9° *Mémoire sur le cadastre de la France*. L'auteur y indique les moyens de rendre cette opération plus simple, plus parfaite, et d'obtenir une diminution de 20 ans sur sa durée et de 100 millions sur sa dépense. « Ces » moyens, dit M. Lapie, consis- » tent à faire rentrer l'opération » dans sa première marche, qui » était celle qu'on suivait avec » succès avant la révolution pour » tracer le cadastre de la généra- » lité de Paris. » On a exprimé le regret que M. Lapie, que recommandent à l'estime générale des travaux aussi nombreux, ait eu une vie si constamment occupée qu'il n'ait pu acquérir dans les langues savantes une connaissance assez étendue pour s'élever au-dessus de la géographie moderne.

LAPISSE (N.), général de division et commandant de la légion-d'honneur, fut un des braves improvisés par la révolution, et qui durent leur fortune militaire à leurs talens et à leur courage. Il partit en 1792, comme simple soldat dans un bataillon de volontaires de son département; il s'éleva rapidement aux premiers grades des armées de la république, et gagna ces grades par de beaux faits d'armes sur le champ de bataille. Il était parvenu au rang de colonel, quand la paix avec le roi d'Espagne fut faite à la fin de l'an 3. Il fut appelé à l'armée d'Italie lorsque le général Bonaparte en fut nommé général en chef. Il était alors attaché comme colonel à la 57me demi-brigade, qui se couvrit de tant de gloire dans cette campagne; l'intrépide Lapisse mérita bientôt d'être nommé général de brigade, et il commanda en cette qualité au camp d'Utrecht. En 1806, il passa en Prusse, où il donna de nouvelles preuves de valeur. Il s'empara de Plosk, le 20 décembre de la même année, et peu de temps après, il devint général de division. Le haut rang auquel il avait été élevé ne changea point son caractère; il fut toujours affable et bon avec ses inférieurs, et l'ami le plus sincère et le plus dévoué des personnes qu'il avait jugées dignes de son estime. Son corps était criblé de blessures, toutes reçues par-devant; il avait été traversé de part en part d'une balle qui l'avait frappé au milieu de la poitrine. On ne pouvait concevoir, et les gens de l'art les premiers, qu'il eût survécu à un coup de feu pareil. Appelé à l'armée d'Espagne en 1808, après s'être signalé à la prise de Madrid, et à la bataille de Talavera de la Reyna, les 27 et 28 juillet, ce brave dont la mémoire est toujours chère à tous les héros qu'enfanta l'armée française, fut tué en chargeant à la tête de sa division. Interprète de la reconnaissance nationale, l'empereur

ordonna par un décret du 1ᵉʳ janvier 1810, que la statue du général Lapisse serait placée sur le pont de la Concorde.

LAPLACE (LE MARQUIS, PIERRE-SIMON), pair de France, l'un des plus célèbres géomètres de notre époque, né à Beaumont-en-Auge, département du Calvados, le 28 mars 1749, est le fils d'un simple cultivateur. Le goût ardent que dès sa jeunesse il montra pour les sciences, triompha des difficultés qui naissaient d'une éducation sans doute peu proportionnée aux vastes connaissances qu'embrassa son génie. Après avoir professé quelque temps les mathématiques à l'école Militaire, établie dans le bourg où il prit naissance, il se rendit à Paris, où les progrès qu'il avait déjà faits, et ses heureuses dispositions, lui procurèrent de puissans protecteurs. Ayant dédié le premier de ses ouvrages au président Saron, celui-ci le fit imprimer à ses frais, et cette publication commença avantageusement la réputation de M. Laplace, que ses connaissances dans la géométrie transcendante et dans l'analyse ne tardèrent pas d'achever. Il obtint la place d'examinateur du corps-royal d'artillerie, occupée précédemment par Bezout; devint membre de l'académie des sciences, et par suite, de l'institut et du bureau des longitudes. Ayant terminé son *Exposition du système du monde*, il en fit hommage, en 1796, au conseil des cinq-cents, et vint à la tête d'une députation, le 26 septembre de la même année, présenter à ce conseil un exposé des travaux de l'institut depuis sa création. Dans le discours qu'il prononça à cette occasion, en rappelant les noms des hommes dont le savoir avait honoré la France, il s'empressa de payer un juste tribut d'hommage à la mémoire du président de Saron, son bienfaiteur. Quoique M. de Laplace se soit montré, dès le commencement de la révolution, partisan des principes d'après lesquels elle s'opérait, il n'a rempli aucune fonction publique avant le 18 brumaire. Nommé ministre de l'intérieur à cette époque, il occupa cette place plutôt qu'il n'en remplit les fonctions, jusqu'à l'époque où Lucien Bonaparte y fut appelé. Napoléon caractérise ainsi les talens de M. de Laplace, comme administrateur : « Géomètre du premier rang, il » ne tarda pas à se montrer admi- » nistrateur plus que médiocre. » Dès son premier travail, les con- » suls s'aperçurent qu'ils s'étaient » trompés : Laplace ne saisissait au- » cune question sous son vrai point » de vue; il cherchait des subtilités » partout, n'avait que des idées » problématiques, et portait enfin » *l'esprit des infiniment petits* dans » l'administration. » Après avoir porté six semaines le titre de ministre, M. de Laplace, dans la personne duquel Napoléon se plaisait à honorer les sciences, fut appelé au sénat-conservateur, en décembre 1799. Vice-président de ce corps en juillet 1803, il en fut nommé chancelier le mois suivant, puis grand-cordon de la légion-d'honneur. Ce fut lui qui, en septembre 1803, fut chargé de faire au sénat, un rapport sur la nécessité d'abandonner le calendrier de la république, pour reprendre le grégorien. Il devint président de la société maternelle en 1811; reçut, en avril 1813, le grand-cordon de l'ordre de la Réunion; antérieurement, il avait été créé comte de l'empire. Tant de faveurs n'enchaînaient point son indépendance. En 1814, il vota la déchéance de Napoléon et l'établissement d'un gouvernement provisoire. Son courage fut récompensé. Le 4 juin suivant, il fut admis par le roi au nombre des pairs, et reçut le titre de marquis. Fidèle à sa nouvelle obligation, on ne le vit pas reparaître aux Tuileries pendant les *cent jours*. En 1816, ce géomètre fut nommé membre de l'académie française. Il est un des fondateurs de la *société d'Arcueil*, à laquelle appartenait aussi le modeste Berthollet, société composée de plusieurs savans qui consacrent aux progrès des sciences physiques, leurs travaux et même une partie de leur fortune. Parmi les ouvrages de M. de Laplace, on distingue les suivans: 1° *Théorie du mouvement et de la figure elliptique des planètes*, 1784, in-4°; 2° *Théorie des attractions des sphéroïdes et de la figure des planètes*, 1785, in-4°; 3° *Exposition du système du monde*, 1796, 2 vol. in-8°; 1799, in-4°, 4me édition; 4° *Traité de mécanique céleste*, 1799, 2 vol. in-4°; tomes 3 et 4, 1804-1805; 5° *Théorie analytique des probabilités*, 1812, in-4°; 1814, in-4°; 3me édition, 1816; 6° *Essai philosophique sur les probabilités*, 2 éditions; 3me édition, 1816, in-8°. Un grand nombre des mémoires de M. de Laplace se trouvent dans le *Journal de l'École Polytechnique*, et dans la collection des mémoires de l'académie des sciences et de l'institut. Pour bien apprécier ce savant, qui, par l'immensité de ses travaux, a beaucoup contribué à reculer les bornes d'une science sur laquelle tant d'hommes de génie s'étaient déjà exercés, il est nécessaire de lire le rapport de M. Delambre *sur le progrès des sciences*, du 6 février 1808. M. de Laplace est membre de presque toutes les sociétés savantes du monde civilisé.

LAPLAIQUE (Antoine), ex-membre de plusieurs assemblées législatives, et ex-président du tribunal civil d'Auch, exerçait les fonctions d'avocat au moment de la révolution. Ayant adopté les principes du nouvel ordre de choses, il fut nommé, au mois de septembre 1791, par le département du Gers, membre de l'assemblée législative, et l'année suivante, réélu par le même département à la convention nationale. Dans le procès du roi, il vota avec la majorité. Néanmoins les plus violens démagogues le firent accuser, par Chabot, le 6 août 1793, d'exciter, dans son département, la révolte contre le gouvernement républicain. Cette dénonciation n'eut pas de suites immédiates; mais le 3 octobre suivant, il fut décrété d'arrestation, comme ayant fortement improuvé les proscriptions des 31 mai, 1er et 2 juin. Il échappa à la surveillance des gendarmes chargés de sa garde. Dénoncé par Montaut, il fut mis hors la loi. Le calme un peu rétabli, sur la proposition de Chénier et de Merlin de Douay, M. Laplaique rentra à la convention, et passa au conseil des cinq-cents, d'où il sortit en 1798. Le gouvernement consulaire le nomma, en 1800, président du tribunal d'Auch, fonctions qu'il conserva pendant plusieurs années. M. Laplaique, compris dans la loi d'amnistie du 12 janvier 1816, rendue contre les conventionnels dits *votans*, a dû quitter la France. Il s'est retiré en Suisse, où on le croit encore.

LAPLANE (LE BARON JEAN-GRÉGOIRE-BARTHÉLEMI ROUGÉ), lieutenant-général et commandant de la légion-d'honneur, né le 13 octobre 1765. Il entra au service fort jeune, parvint rapidement au grade de colonel du 6ᵉ régiment d'infanterie légère, et fit, en cette qualité, les campagnes de 1805 et 1806. La valeur et les talens qu'il déploya dans cette dernière campagne lui valurent le grade de général de brigade, qu'il obtint en 1807. Il fit partie de l'armée d'Espagne, et fit des prodiges de valeur, le 28 juillet 1809, à la bataille de Talavera de la Reyna, qu'il décida en faveur de l'armée française. En 1810, dans la nuit du 12 au 13 avril, les Anglais ayant effectué une descente près de Santa-Cathalina, il marcha à leur rencontre à la tête d'un régiment, en tua un grand nombre, et força ceux qui restaient à se réfugier sur leurs vaisseaux. Rappelé à la grande-armée en 1812, il soutint sa réputation militaire en Russie, et vint s'enfermer, après nos désastres, dans la place de Glogau, qu'il défendit jusqu'à la dernière extrémité avec 6,000 hommes. Ayant été obligé de céder au nombre, il se retira en France en passant par la Bavière, et fut nommé commandant à Montauban par le roi, et peu de temps après chevalier de Saint-Louis. En 1815, il prit de nouveau les armes pour repousser l'invasion étrangère, et fut mis à la retraite après le second retour du roi. Depuis cette époque il n'a plus été compris dans la liste des lieutenans-généraux en activité.

LAPOINTE (LE BARON DE), maréchal-de-camp, officier de la légion-d'honneur, chevalier de Saint-Louis, et de l'ordre de Maximilien-Joseph de Bavière, se fit remarquer dans plusieurs campagnes, où il servit comme chef d'escadron, aide-de-camp du maréchal Mortier, duc de Trévise. Passé en Espagne, il se distingua de nouveau au passage du Tage, près de Talavera, et à la bataille d'Occana. Le 17 décembre 1809, il fut nommé adjudant-commandant-colonel. Il se conduisit avec une grande distinction à la bataille de Gebora, le 10 février 1811. Promu au grade de général de brigade, le 4 mai 1813, il reçut, quelque temps après, le commandement de la ville de Hambourg, où il montra autant de talens que d'activité. De retour en France au commencement de 1814, il adhéra le 8 avril à la déchéance de l'empereur, et reçut, le 13 août suivant, la croix de Saint-Louis; il était officier de la légion-d'honneur depuis 1807. M. de Lapointe est aujourd'hui (1823) employé dans la 15ᵐᵉ division militaire.

LAPORTE (ARNAULD DE), intendant de la liste civile, naquit, en 1724, d'une ancienne famille de robe. Il entra dès sa jeunesse dans la carrière administrative, et lorsque la révolution éclata, il remplissait les fonctions d'intendant de la marine à Toulon. Attaché par sa famille et par ses habitudes aux anciennes institutions, il désapprouva les nouveaux principes, et, quoique naturellement timide et modéré, il se rangea ouvertement parmi les ennemis de la révolution. Informé de son dévouement à sa cause, Louis XVI le nomma, en 1790, intendant de la liste civile. Le 21 juin 1791, Laporte se rendit à l'assemblée nationale, et lui présenta la déclaration par laquelle ce prince l'informait des motifs de son départ. Les murmures auxquels cette communication donna lieu ne l'intimidèrent point, et il se crut à l'abri de l'orage, n'en ayant point été sur-le-champ menacé. Sa tranquillité ne fut que momentanée. Le 28 mai 1792, il fut accusé d'avoir livré secrètement aux flammes 52 ballots renfermant la correspondance du comité autrichien. Il déclara que ces ballots ne contenaient autre chose que l'édition entière des *mémoires* de la comtesse de Lamothe contre la reine, par suite de l'affaire scandaleuse du collier (*voy.* LAMOTHE), et il échappa ainsi à la mise en accusation demandée contre lui. Les préventions à ce sujet n'étaient pas néanmoins dissipées; le 11 août, il fut incarcéré. Traduit au tribunal criminel, il fut mis en jugement et condamné à mort le 28, comme « un des agens de la » conspiration de Louis et de sa » famille contre le peuple français » dans la journée du 10 août. » Son sang-froid et sa fermeté ne l'abandonnèrent pas; ils frappèrent tellement Osselin, qui depuis fut membre de la convention nationale, et qui, dix-huit mois après, périt lui-même sur l'échafaud, qu'il lui dit avec émotion : « La-» porte, les juges qui viennent de » vous condamner auraient désiré » pouvoir vous absoudre; mais la » loi est précise, elle est plus puis-» sante qu'eux. » Les dernières paroles que Laporte prononça en se tournant vers la multitude furent nobles et touchantes : « Citoyens, » dit-il, je meurs innocent : puisse » mon sang rendre la paix à ma » patrie ! » Il avait été cité, dans le procès du roi, comme ayant fait passer par ordre de ce monarque de l'argent à plusieurs émigrés, et pour avoir écrit au roi des lettres en grand nombre, dans lesquelles il lui exprimait son inviolable attachement.

LAPORTE (LE BARON ARNAUD-FERDINAND DE), évêque de Carcassonne, officier de la légion-d'honneur, est né à Versailles département de Seine-et-Oise le 27 septembre 1756. Il entra dès sa jeunesse dans l'état ecclésiastique ; fut nommé, par suite du concordat de 1802, évêque de Carcassonne, et sacré le 5 septembre de la même année. Ce prélat s'est toujours fait remarquer par sa sagesse et sa modération. Attaché, dans l'intérêt même de la religion, au gouvernement qui avait solennellement relevé les autels en France, il loua ainsi le vainqueur d'Austerlitz « Partir, arriver et vaincre, dit » M. de Laporte dans son mandement, et au milieu des triomphes » se montrer encore plus grand » que la victoire; embrasser l'e-

» nemi et lui donner la paix, tel » est le prince magnanime qui des » hauteurs d'Austerlitz se présente » à la postérité. » M. de Laporte remplit encore aujourd'hui (1823) ses fonctions épiscopales au siége de Carcassonne, avec les mêmes vertus, le même zèle pour la religion et le même dévouement au troupeau confié à ses soins.

LAPORTE (N.), curé de Saint-Martial - d'Hautefort, département de la Dordogne, fut député du clergé de la sénéchaussée de Périgord aux états-généraux, en 1789. Il ne se fit remarquer que par sa turbulente opposition, et ne parut jamais à la tribune, que lui interdisait l'absence de tout talent oratoire; il fut un des premiers à signer les protestations des 12 et 15 septembre 1791, contre les actes de l'assemblée constituante. Le curé Laporte s'est ensuite perdu dans l'obscurité de la vie privée.

LAPORTE (Sébastien de), membre de plusieurs législatures, exerçait les fonctions d'avoué au tribunal de Béfort, lorsque le département du Haut-Rhin le nomma, au mois de septembre 1791, membre de l'assemblée législative. Il y demanda d'abord la traduction à la barre de Jollivet père, par suite d'une lettre contre-révolutionnaire de son fils; il fit ensuite rejeter, comme dangereuse, la proposition de nommer huit commissaires pour visiter les frontières. Envoyé en mission près de l'armée du général Luckner, après le 10 août 1792, il annonça que le service public était entièrement désorganisé dans les différentes places où l'armée était répartie, et attribua à la trahison du pouvoir exécutif cette désorganisation. En septembre 1792, le département du Haut-Rhin lui donna de nouveau ses suffrages pour le représenter à la convention nationale. Laporte se réunit à la majorité dans le procès du roi, et, peu de temps après, fut chargé d'une mission près de l'armée des Ardennes. La garnison de Philippeville manquait de vivres, parce que les habitans ne voulaient pas recevoir les assignats en paiement de leurs denrées. Laporte, qui présidait le conseil de guerre, fit annoncer qu'il allait ordonner l'établissement sur les remparts de la ville d'une potence, où il ferait pendre ceux des habitans qui refuseraient des vivres à la garnison. La menace suffit, et les troupes furent approvisionnées. Il se rendit ensuite à l'armée qui assiégeait Lyon. Une biographie imprimée à l'étranger, mais rédigée à Paris, accuse Laporte d'avoir pris part avec ses collègues aux crimes qui se commirent alors dans cette ville, en déclarant néanmoins qu'on ne lui reproche aucun crime particulier. De retour à la convention, il fut élu secrétaire le 22 septembre 1794. Il demanda, quelques jours après, que les fonctionnaires publics conservés lors de la révolution du 9 thermidor an 2 (27 juillet 1794), et ceux nommés depuis, rendissent compte de leur conduite à cette époque et postérieurement. Il se plaignit avec force de ce que les individus qui se prétendaient seuls *patriotes*, traitaient d'*aristocrates* tous ceux qui n'étaient pas *terroristes*; système, disait-il, qui tend à désorganiser la convention, à diviser les citoyens et à entretenir les troubles. Il passa peu après au comité de sûreté générale, et devint membre du comité de salut public, dans le mois de mars 1795. Lors de l'insurrection des 1er, 3 et 4 prairial an 4 (mai 1795), dont il avait annoncé les symptômes, en même temps qu'il fit adopter un décret qui rendait la commune de Paris responsable de toute atteinte portée à la représentation nationale, il provoqua la mise hors la loi des chefs d'attroupement, des mesures de répression contre les factieux, et l'emploi de la force publique contre le faubourg Saint-Antoine, qui avait délivré et promené en triomphe l'assassin du malheureux Ferraud (*voy.* Ferraud). Adjoint à Barras à l'époque du 13 vendémiaire an 4 (18 octobre 1795), il concourut avec lui à diriger la force armée contre les sections insurgées. Après la dissolution de la convention, il fut réélu en l'an 5 au conseil des cinq-cents, où il fit un rapport sur la manière de poursuivre les administrateurs prévenus de quelque délit. Il présenta ensuite deux projets : l'un pour l'établissement d'un droit municipal sur les consommations; l'autre pour proroger l'impôt établi sur les billets de spectacle. En l'an 7, il fit une motion d'ordre tendante à faire affermer la partie des barrières qui concerne l'octroi de bienfaisance. Depuis ce temps, il a été perdu de vue. C'est donc à tort, et par erreur sans doute, que la biographie que nous avons citée, et les ouvrages de ce genre qui se sont copiés réciproquement, le confondent a-

vec un nommé Laporte, fournisseur de l'armée d'Italie en l'an 5, qui fut accusé de malversations, et même de disparution avec sa caisse.

LAPORTE (Jean-Baptiste de), ancien législateur et magistrat, fut nommé, au mois de septembre 1795, par le département des Côtes-du-Nord, membre du conseil des cinq-cents. Il s'y occupa plus particulièrement d'objets de police et d'administration. Au mois de mai 1799, il sortit du conseil, et fut nommé, en 1800, par le gouvernement consulaire, juge au tribunal, devenu cour d'appel de Rennes, dont il était président en 1807. M. de Laporte est aujourd'hui (1825) conseiller à la cour royale de la même ville.

LAPORTERE (N.), curé de Leiscour, dans la ci-devant province de Gascogne, aujourd'hui département des Landes, fut nommé, par le clergé de la sénéchaussée de Mont-de-Marsan, député aux états-généraux en 1789. Il se réunit l'un des premiers aux membres de son ordre qui passèrent à la chambre des communes, et il vota constamment avec le côté gauche. Le 31 décembre 1790, il prêta serment à la nouvelle constitution civile du clergé, et retourna, après la session de l'assemblée constituante, à ses fonctions pastorales.

LAPOTAIRE (L. J. G.), ancien législateur, remplissait les fonctions de commissaire près la municipalité de Lorient, lorsque le département du Morbihan le nomma, en 1798, député au conseil des anciens. Il ne s'y occupa que de quelques objets purement relatifs à son département, tels, entre autres, que de faire approuver la résolution relative aux mariages de l'île Grouais, dans le Morbihan, etc. Après la révolution du 18 brumaire an 8 (9 novembre 1799), il passa au corps-législatif, d'où il sortit en 1803. Cette même année, le collège électoral de son département l'avait nommé candidat au sénat-conservateur. Depuis ce temps, il a été perdu de vue.

LAPOULE (N.), membre de l'assemblée constituante, était, avant la révolution, avocat à Bordeaux. Député du tiers-état de Besançon aux états-généraux, en 1789, il s'y fit remarquer par son zèle à soutenir les nouveaux principes politiques. Il s'éleva fortement contre les droits féodaux, et dans la séance du 2 novembre 1789, il pressa l'assemblée de déclarer biens nationaux toutes les possessions du clergé. Lapoule signale le parlement de Besançon comme refusant d'enregistrer plusieurs décrets, dénonce l'exportation de blés qui a lieu par la Franche-Comté, et propose de rétablir des récompenses en faveur de ceux qui dénonceraient ou arrêteraient ces exportations clandestines. Il prit part à la discussion et au décret relatif aux droits de citoyen actif, et demanda qu'un député pût être membre de plusieurs comités à la fois. Le 27 mars 1790, il fut nommé secrétaire. L'année suivante, il émit son opinion sur le projet de régence. Après la session de l'assemblée, il rentra dans ses foyers, et reprit l'exercice de sa profession d'avocat.

LAPOYPE (JEAN-FRANÇOIS, MARQUIS DE), lieutenant-général, né à Grenoble le 13 octobre 1765, d'une famille noble; entra très-jeune au service, et devint officier dans le régiment des gardes-françaises. Il quitta ce corps en 1788, avec le grade de lieutenant-colonel. Depuis long-temps il prévoyait que de grands changemens allaient avoir lieu en France; il désirait être dégagé des liens qui l'attachaient à un corps privilégié, et avoir pleine liberté d'agir en conformité de ses propres opinions. Il venait d'épouser la fille du célèbre critique Fréron, jeune personne remarquable par son esprit et sa beauté; mariage qui déplut à la famille de M. de Lapoype, et le fit, selon quelques biographes, déshériter par sa mère. Ayant embrassé avec chaleur, dès le commencement de la révolution, la cause populaire, il entra, au mois d'août 1789, dans la garde nationale de Paris; fut nommé commandant du 4me bataillon de Seine-et-Oise, au mois d'octobre 1791; colonel du 104e régiment d'infanterie, le 6 juin 1792, et général de brigade, le 10 septembre de la même année. Lors de la retraite du camp de Maulde, il s'était distingué, à la tête de son régiment, en combattant avec valeur à l'arrière-garde, et en couvrant la marche de l'armée. Envoyé, en 1793, à l'armée des Alpes-Maritimes, en qualité de chef d'état-major sous les ordres du général Biron, il fut chargé de pourvoir à la défense de l'intérieur des montagnes, et, avec peu de monde, il demeura inébranlable dans cette position importante qui couvrait toute la province. Le grade de général de division, qu'il reçut au mois de mai 1793, fut la récompense du zèle et de la bravoure qu'il n'avait cessé de déployer. Le général Lapoype fut, bientôt après, chargé d'aller prendre le commandement de Toulon, et s'y rendit, mais sans forces suffisantes pour maintenir l'ordre. Il courut les plus grands dangers, ainsi que les députés Barras et Fréron, son beau-frère, lorsque cette ville se rendit aux Anglais, et lors de l'insurrection de la municipalité de Pignans. Sa femme, qui retournait à Paris, fut arrêtée avec ses enfans, et retenue prisonnière à Toulon par les Anglais, pendant toute la durée du siége. Un mois après cet événement, il commandait sous Toulon la division de l'Est, et il se rendit maître de la montagne de Pharon, position hérissée de forts et de redoutes qui dominait la ville. A cette époque, il succéda au général Carteaux dans le commandement en chef de l'armée sous Toulon; mais, dénoncé au comité de salut public comme ayant des communications avec cette place, où sa femme était prisonnière, l'assemblée, tout en rendant justice au patriotisme et au talent du général Lapoype, crut cependant devoir mettre le commandement entre les mains du général Dugomier. Le général Lapoype, réintégré dans ses fonctions de commandant de la division de l'Est, rendit d'éminens services jusqu'à la fin du siége, et coopéra d'une manière brillante à la reprise de Toulon. Quelque temps après, il fut dénoncé une seconde fois, et mandé à la barre de la convention, où il réduisit à l'absurde les accusations que l'on portait contre lui. Complétement justifié, il retourna à l'armée des Alpes. En 1796, le comité de salut public le destitua sous de vains prétextes, et ce n'est que long-temps après qu'on le rétablit dans son grade, et qu'il fut employé à l'armée du Rhin, dont le général Augereau avait le commandement en chef. Il passa ensuite à l'armée d'Italie, fut envoyé à Gênes pour commander les troupes destinées à défendre cette république, et se distingua à la bataille de Novi, où le général Joubert fut tué. Après la célèbre bataille de Marengo, il fut chargé du blocus de Mantoue; mais cette opération n'eut pas lieu, la ville ayant été rendue aux Français par suite du traité d'Amiens. En 1802, le général Lapoype, à qui le premier consul avait donné le commandement de la 12me division militaire à Nantes, demanda à être employé dans l'armée envoyée à Saint-Domingue. Cette expédition lui fournit de nombreuses occasions de développer sa valeur reconnue, et ses talens comme tacticien; mais l'armée française réduite aux dernières extrémités, après de sanglans combats et la perte d'une foule de braves, moissonnés par les maladies de ce climat dévorant, se vit enfin forcée, sous les ordres du général Rochambeau, de capituler avec le chef noir Dessalines. Le général Lapoype s'étant alors embarqué pour retourner en France, fut fait prisonnier de guerre par les Anglais, au sortir de la rade du Cap, et conduit à la Jamaïque, et de là en Angleterre. Au bout de plusieurs années, il obtint du gouvernement anglais la permission de revenir en France sur parole, et commanda une division de l'intérieur jusqu'à son échange, qui n'eut lieu qu'en 1812. Il s'empressa, à cette époque, de demander du service à l'empereur, et fut envoyé en qualité de gouverneur à Wittemberg, ville importante sur les bords de l'Elbe, et qui coupe la grande route de Berlin à Léipsick. Cette place était alors totalement dépourvue de fortifications, et pas même à l'abri d'un coup de main. Il y fit exécuter les travaux de première nécessité, et fut, bientôt après, cerné de toutes parts par les armées russe et prussienne. C'est là qu'il a soutenu, à deux reprises différentes, un siége qui lui a fait tant d'honneur, et qui est justement regardé par tous les militaires expérimentés, comme un des plus beaux faits d'armes de nos dernières guerres. Après le gain de la bataille de Lutzen, l'empereur arriva à la hauteur de Wittemberg, et détacha un corps d'armée qui contraignit l'ennemi à lever le blocus. Cette place fut cernée de nouveau à la suite de la bataille de Léipsick. Le général Lapoype et les siens firent la plus vigoureuse résistance, forcèrent l'ennemi à exécuter tous les travaux qu'on ne fait ordinairement que devant les villes de guerre les mieux fortifiées, et n'entrèrent en négociation qu'à la dernière extrémité. La capitulation qu'ils venaient de conclure fut violée, et l'ennemi les fit conduire en Prusse et en Russie. Le général Lapoype rentra en France après la restauration, et fut nommé, par le roi, au poste peu important de commandant d'Agen, et décoré de la croix de Saint-Louis. A son retour de l'île d'Elbe, Napoléon, qui n'avait pas oublié la brillante défense du général Lapoype à Wittemberg, lui donna le commandement de Lille. Ce général publia, le 30 mai 1815, une proclamation énergique adressée aux habitans de cette ville. Lors du second retour du roi, il fut mis à la retraite, et depuis cette époque il s'est livré à la culture des lettres et des arts et aux soins de l'agriculture. L'arrondissement de Villefranche l'a choisi pour son représentant à la chambre des députés, lors des élections de 1822. Le général Lapoype s'est déjà honorablement distingué dans cette assemblée; il a paru plusieurs fois avec succès à la tribune, et tout fait présumer qu'il saura défendre l'honneur national et les libertés publiques, avec autant de courage qu'il a défendu les places assiégées et combattu les ennemis de la patrie.

LAQUEILLE (LE MARQUIS DE), maréchal-de-camp avant la révolution, fut nommé, par la noblesse de Riom, député aux états-généraux en 1789. Il y manifesta une opposition extrême à la destruction des institutions féodales, et lorsque l'assemblée eut atteint le but qu'elle s'était proposé, le marquis de Laqueille déclara que ses pouvoirs étaient expirés, et demanda en vain l'insertion de sa déclaration dans le procès-verbal. Il protesta alors contre tous les actes de l'assemblée, les déclarant impies, et se retira à Bruxelles, où les frères de Louis XVI, au rapport des auteurs d'une biographie française imprimée à Breslau, l'avaient nommé commissaire près du gouvernement des Pays-Bas, et commandant d'une partie des nobles réunis sur ce point. Dans une lettre qu'il adressa au roi, le 27 octobre 1791, il rendit compte à ce prince des motifs qui l'empêchaient de rentrer en France, lui et les autres émigrés. Le 2 janvier 1792, l'assemblée législative porta contre le marquis de Laqueille, un décret par lequel elle le déclarait prévenu d'attentat et de conspiration contre la sûreté du territoire français. Il commanda en qualité d'adjudant-général de M. le comte d'Artois, dans la campagne de 1792, le corps de la noblesse d'Auvergne. Le marquis de Laqueille mourut en pays étranger.

LAQUEILLE (LE VICOMTE DE), major du régiment de Royal-Picardie cavalerie, fit également partie de l'assemblée des états-généraux, où la noblesse du Limousin l'avait nommé son député. Le vicomte de Laqueille resta inconnu dans cette assemblée. Il ne signa point les protestations des 12 et 15 septembre 1791, et après la session, il rentra dans la vie privée.

LARCHER (PIERRE-HENRI), savant helléniste, membre de l'institut, classe d'histoire et de littérature ancienne, membre de la légion-d'honneur, professeur de grec à l'académie de Paris, etc., naquit à Dijon, département de la Côte-d'Or, le 12 octobre 1726, d'une famille ancienne et distinguée dans la magistrature. Par les soins de son père, conseiller du bureau des finances de Dijon, il fit de très-bonnes études, qu'il termina au collège de Laon, à Paris, et qu'il avait commencées à Dijon, et continuées chez les jésuites, à Pont-à-Mousson. La langue anglaise, qu'il apprit avec une grande facilité, lui fit naître le désir, étant encore au collége de Laon, de faire un voyage en Angleterre, entreprise qu'il effectua à l'insu de sa famille, pour se perfectionner dans cette langue, en l'étudiant et en la parlant à Londres même. Il se lia dans cette ville avec le chevalier Pringle, médecin distingué, et traduisit l'ouvrage que ce savant et habile praticien avait publié sous le titre d'*Observations sur les maladies des armées*. Il donna aussi successivement une traduction du *Discours* de Pope sur la pastorale, et du même auteur, la satire contre les érudits, intitulée : *Martinus Scriblerus*; différens morceaux extraits des *Transactions philosophiques*, insérés dans la *Collection académique*; une traduction des deux ouvrages de Home, l'*Essai sur le blanchiment des toiles*, et l'*Essai sur le sénat romain*; enfin il revit le texte de l'*Hudibras*, publié avec la traduction française de Townley, et y ajouta différentes notes. L'étude de la langue anglaise ne l'avait pas empêché de cultiver la langue grecque, pour laquelle il avait éprouvé la même passion. Sa première traduction fut celle de la tragédie d'*Électre* d'Euripide, imprimée dans le *Théâtre bourgeois* du libraire Duchesne : son extrême médiocrité la fit aussitôt oublier. Sa traduction du roman grec de *Chariton* fut plus heureuse; elle a été reimprimée dans la *Bibliothèque des romans grecs* : elle y occupe les tomes VIII et IX. Les travaux scientifiques de Larcher furent un peu ralentis par ses imprudentes discussions avec Voltaire. Bien qu'attaché au parti philosophique et lié intimement avec plusieurs de ses plus intrépides soutiens, Larcher composa sans réflexion, à l'instigation jésuitique de l'abbé Mercier-Saint-Léger, en réponse à la *Philosophie de l'Histoire*, de l'illustre chef des philosophes, le *Supplément à la Philosophie de l'Histoire*, qui parut, en 1767, deux ans après l'ouvrage qu'il devait réfuter. D'Alembert, affligé d'une discussion qui prenait un caractère sérieux, voulut en arrêter les suites. Il écrivit à Voltaire : « Larcher, qui » vous contredit sur je ne sais quel- » les sottises d'Hérodote, est un ga- » lant homme, tolérant, modéré, » modeste. » . Son zèle officieux n'opéra point le bien qu'il s'en promettait. Le grand philosophe était homme et auteur : la science et le sang-froid de Larcher avaient excité sa bile, qu'avaient eu soin d'échauffer les ennemis des deux partis. Voltaire répliqua, et *La défense de mon oncle*, satire peut-être un peu trop violente, piqua vivement Larcher, qui essaya de mettre les rieurs de son côté, en attaquant de nouveau Voltaire dans un pamphlet, sous le titre de *Réponse à la défense de mon oncle*. Cette fois, il fut tout-à-fait malheureux. Le ton plaisant qu'il veut prendre le rend lourd, diffus, insipide; et Voltaire sortit de cette lutte, comme de toutes celles qu'il était incessamment obligé de soutenir avec ses innombrables antagonistes, sans effort et toujours avec gloire. Néanmoins l'honneur que Larcher avait obtenu de fixer l'attention de son immortel adversaire, le mit dès-lors en évidence, et répandit quelque éclat sur son nom. Il renonça sagement aux discussions polémiques, et retourna à ses occupations savantes. Avant cette noble et sage résolution, un homme pour qui Voltaire n'avait pas eu plus de ménagemens que pour Larcher, vint proposer à ce dernier d'unir leur ressentiment. « Celui-ci, dit Palissot, lui mit sous » les yeux quelques plaisanteries » excellentes, lui en fit remarquer » le sel et la grâce, en rit lui-même en les relisant, et congédiant » son homme : Vous voyez bien, » lui dit-il, que je ne me sens pas » assez offensé pour me plaindre. » C'était avec honneur sortir de la lice, et cette fois, contre Voltaire, Larcher eut raison. Chargé de revoir la traduction manuscrite d'Hérodote par l'abbé Bellanger, l'imperfection de ce travail lui donna l'idée de le refaire entièrement. Pendant sa convalescence d'une maladie grave, il composa, en 1775, pour le concours ouvert par l'académie des belles-lettres, un *Mémoire sur Vénus*, qui obtint le prix. En 1778, Larcher fit paraître une traduction de la *Retraite des Dix-Mille*, de Xénophon, 2 vol. in-8°; et en 1786, une traduction complète d'Hérodote, 7 vol. in-8° et 9 vol. in-4°. Ces deux ouvrages confirmèrent les droits que Larcher avait acquis d'homme savant, mais le firent juger de nouveau comme un très-médiocre écrivain. La traduction d'Hérodote doit être considérée comme un des monumens les plus précieux de l'érudition française. On ne saurait trop

y louer l'excellence de son commentaire, le nombre et l'importance des recherches de chronologie et de géographie. L'académie royale des inscriptions et belles-lettres s'était associé Larcher en 1778, en remplacement de Le Beau, célèbre historien, auteur de l'*Histoire du Bas-Empire*, et il a enrichi le recueil de ses *Mémoires* de dissertations savantes, sur les vases Théricléens, sur les vases Murrhiens; sur différentes époques des Assyriens; sur les fêtes des Grecs dont n'ont pas parlé Castellanus et Meursius ; sur l'expédition de Cyrus-le-Jeune; sur Phidon, roi d'Argos; sur l'archontat de Créon ; sur l'histoire de Cadmus; sur l'ordre équestre chez les Grecs; sur Hermias, ami d'Aristote; sur la noce sacrée; sur l'*Etymologicon magnum*, etc. Il a aussi fourni des articles au *Journal des Savans*, et l'on trouve de lui, dans le cahier de décembre 1785, une lettre sur le Sophocle de Brunk. La vie obscure de ce savant n'attira sur lui ni les regards de ses concitoyens qui auraient pu le porter à des fonctions publiques, comme Dupuis, Guyton-de-Morveau, Bosquillon, Dolomieu, etc., etc., ni l'attention funeste des proscripteurs, et il traversa les orages de la révolution sans en être atteint. Cependant, dit l'auteur d'une biographie, « il fut amené devant le co-
» mité révolutionnaire de sa sec-
» tion, et la visite de ses papiers
» ne causa pas peu d'embarras aux
» commissaires, tous gens peu
» chargés de grec et de latin; mais
» Larcher en fut quitte pour une
» sentinelle mise à sa porte pen-
» dant une nuit seulement. » Au rétablissement de l'instruction publique en France, et à la restauration des corps académiques, il fit partie de l'Institut national, classe de littérature et des beaux-arts. Ce corps savant ayant été réorganisé, Larcher fut appelé à la 3ᵉ classe, dite classe d'histoire et de littérature ancienne. Les *mémoires* de la 3ᵉ classe renferment de lui une dissertation sur les premiers siècles de Rome, une seconde dissertation sur le Phénix, une troisième sur la harangue de Démosthène en réponse à la lettre de Philippe, enfin une quatrième sur les observations astronomiques envoyées à Aristote par Callisthène. En 1802, il donna une seconde édition de sa traduction d'Aristote généralement améliorée sous le rapport de la science, et un peu sous celui du style, mais où l'auteur, alors âgé de 76 ans, a fait de grands changemens relativement aux idées religieuses. Il justifia à cette seconde époque de sa vie, comme il l'avait fait à la première, la marche trop ordinaire de l'esprit humain: audace ou doute dans la jeunesse; timidité ou pleine confiance dans un âge avancé. L'université impériale ayant été créée et M. de Fontanes nommé grand-maître, Larcher devint professeur de grec à l'académie de Paris : il avait alors 83 ans. C'était un titre d'honneur et non un emploi qu'on lui accordait, car la place fut constamment remplie par un suppléant, M. Boissonade, homme d'un mérite distingué, qui a publié, en 1815, en tête du catalogue de la bibliothèque de Larcher (que les lettres perdirent, le 22 décembre 1812

à la suite d'une chute légère, qui d'abord n'avait donné aucune inquiétude), une *Notice* sur la vie et les écrits de ce savant. Elle a été réimprimée dans le *Magasin encyclopédique* (n° de juin 1814), dans le *Classical Journal* (n° 19), et, en abrégé, dans le Ier volume des *Literarische analekten*, par M. Wolf. Le *Moniteur* des 6 et 8 septembre 1817 donne l'*Éloge historique de Larcher*, que M. Dacier avait prononcé à l'académie des inscriptions et belles-lettres.

LARDIZABAL (DON MIGUEL DE), ancien conseiller du tribunal suprême de Castille, membre de la régence, conseiller intime de Ferdinand VII, ministre des Indes, etc., se montra dès le commencement de sa carrière politique opposé au prince de la Paix (voyez GODOÏ), et éprouva sous Charles IV, esclave de ce favori, une disgrâce qui ne cessa qu'à l'avénement de Ferdinand au trône. Dévoué à ce prince, don Miguel de Lardizabal le suivit à Bayonne. Il y fut nommé membre de la commission formée par l'empereur Napoléon, en 1808, pour rédiger la nouvelle constitution destinée à l'Espagne, et fut un des 92 qui la signèrent au mois de juillet de la même année. Don Miguel de Lardizabal ne resta point étranger aux longues dissensions de sa patrie; il se montra même un des plus violens ennemis des cortès et de la liberté. En 1811, il publia à Alicante, une brochure sous le titre de : *le Gouvernement et la Hiérarchie d'Espagne vengés*. Cet écrit, où l'auteur attaquait violemment les cortès, et où il se montrait partisan déclaré du gouvernement absolu, fut accueilli avec enthousiasme par la noblesse dont il prenait la défense, et avec la plus grande improbation par les amis des cortès et de la constitution. Le mécontentement devint bientôt populaire ; il y eut des rassemblemens tumultueux, des scènes de désordres. Don Miguel de Lardizabal, qui eut plusieurs fois à craindre pour sa vie, fut enfin arrêté, et les scellés mis sur ses papiers. Transféré à Cadix, il fut livré à un tribunal dont les membres prirent, par dérision, le titre d'*altesses*. On suspendit momentanément les membres du conseil royal de Castille et des autres tribunaux soupçonnés d'être ses complices. La première séance du tribunal chargé de juger don Miguel de Lardizabal, eut lieu le 14 octobre 1811, et fut orageuse. Quelques cris de mort contre l'accusé se firent entendre et furent accueillis par les spectateurs au bruit des applaudissemens ; néanmoins dans les séances suivantes, l'effervescence se calma peu à peu, les juges se montrèrent moins sévères, et cette procédure, qui avait d'abord pris un caractère extrêmement grave, se termina par un jugement qui privait simplement don Miguel de Lardizabal de ses titres et fonctions. Il resta sans emploi et sans influence jusqu'à l'époque où le renversement du gouvernement impérial en France (1814) rendit Ferdinand VII au trône d'Espagne. L'un des premiers actes du gouvernement de ce prince, fut de faire rapporter le jugement du tribunal des cortès, et de nommer, par décrets des 14 et 16 mai 1814, don Miguel de Lardizabal ministre des Indes et conseiller-d'état. Ce ministre se hâta d'adresser, en cette qualité, une proclamation aux habitans du Pérou, dans laquelle il les engageait à se ranger sous les drapeaux du roi, et à étouffer tout esprit de dissidence qui pourrait les éloigner de l'obéissance qu'ils lui devaient. La marche du gouvernement d'Espagne était trop dans les principes de don Miguel de Lardizabal, pour qu'il ne le secondât pas de tout son pouvoir. Son administration contre les amis de la liberté constitutionnelle fut toute rigoureuse, et de nouvelles faveurs de la cour allaient en être la récompense, lorsque, en 1816, un incident assez singulier lui attira une disgrâce éclatante. Sa correspondance avec Abadia à Cadix, et celle d'Abadia avec son frère à Lima, saisies sur le vaisseau *le Neptune*, qui faisait voile pour Porto-Bello, avaient été portées à Carthagène quelque temps avant la prise de cette ville par le général Morillo. Ces correspondances révélaient des secrets d'état relativement aux mariages de Ferdinand et de son frère avec les princesses de Portugal, et renfermaient des détails sur la dépendance où se trouvait le cabinet de Madrid, sur les mesures projetées relativement aux affaires commerciales, etc. Le roi, indigné de ces coupables indiscrétions, ordonna sur-le-champ l'arrestation de Lardizabal et d'Abadia. Après avoir été relégué à Valladolid, confiné dans une cellule du couvent de Saint-François, le ministre disgracié fut enfin enfermé dans la citadelle de Pampelune.

LARDIZABAL (DON JOSÉ), général espagnol, de la famille du précédent, naquit en 1777. Il suivit dès sa jeunesse la carrière militaire, et se fit remarquer à la bataille de Sagonte. Il commandait sous les murs de Valence, au mois d'octobre 1811, la 1re division du corps d'expédition. Rentré dans cette place, et faisant partie de sa garnison, il y resta jusqu'à sa reddition, à l'armée d'Aragon, sous les ordres du maréchal Suchet, en janvier 1812. Transféré à Paris, et enfermé au château de Vincennes, il ne dut la liberté qu'aux événemens politiques de 1814. Six mois après son retour à Madrid, il mourut ayant à peine atteint sa 37 année. Il fut vivement regretté de ses concitoyens, autant pour son attachement à sa patrie que pour ses talens militaires.

LA RÉVELLIÈRE-LÉPAUX (LOUIS-MARIE), est né, le 25 août 1753, à Montaigu, département de la Vendée, où son père, homme d'un caractère et d'un esprit distingués, était maire et juge au siège des Traites. Il commença ses études dans sa ville natale, les continua au collége de Beaupréau, en Anjou, et les acheva à l'université d'Angers, où il se fit recevoir licencié en droit. Pour complaire à sa famille, il se décida à embrasser la carrière du barreau. Il vint, en conséquence, à Paris, et y prêta le serment d'avocat au parlement; mais entraîné, dès ses plus jeunes années, par un goût dominant pour les sciences morales et politiques, ne fit aucun progrès dans l'étude de la jurisprudence. De retour chez ses parens, il revint bientôt en Anjou, où un long séjour lui avait fait contracter de nombreuses liaisons, et y épousa Mlle Boyleau de Chaudoiseau, fille d'un propriétaire des environs d'Angers. Le goût de l'histoire naturelle commençait alors à se répandre. Mme La Révellière-Lépaux inspira à son mari celui de la botanique : il s'y appliqua, et déterminé par les instances de quelques amateurs, en donna un cours public à Angers. L'extrême facilité de son élocution lui attira bientôt un grand nombre d'auditeurs, et il continua à populariser cette science aimable, encore peu cultivée par les gens du monde. Depuis long-temps, M. et Mme La Révellière-Lépaux avaient formé le projet d'aller s'établir en Suisse, ou aux États-Unis d'Amérique, avec quelques amis. L'un d'eux, aujourd'hui membre de la chambre des députés (M. Pilastre, de Maine-et-Loire), avait déjà entrepris plusieurs voyages pour éclairer leur détermination commune. Mais la liberté fit entendre sa voix en 1789, et leur départ fut ajourné. M. La Révellière-Lépaux fut nommé, à l'unanimité, troisième député du tiers-état de la sénéchaussée d'Anjou aux états-généraux. Il s'y prononça pour la vérification des pouvoirs en commun, et y vota constamment dans le sens de la réforme politique, sans assujettir l'indépendance de ses principes à la marche d'aucun parti. La tendance républicaine de ses opinions fut cependant l'occasion de s'y manifester dans quelques discours, la plupart improvisés. Dès les premières séances de l'assemblée, il s'était lié intimement avec un vieillard respectable, député de Péronne, M. de Buire. Lorsqu'ils se séparèrent à la fin de leurs travaux législatifs, cet homme de bien lui dit : « De grands bouleversemens se préparent, je » connais ton courage : tu seras » proscrit. Promets-moi de venir » chercher un asile chez moi. » M. La Révellière-Lépaux promit. Appelé aux fonctions de juré près la haute-cour nationale, par le département de Maine-et-Loire, il n'eut que quelques acquittemens à prononcer. Successivement nommé membre de l'administration centrale, adjudant-général des gardes nationales du district de Vihiers, et député à la convention nationale, il se prononça dans cette assemblée pour l'incompatibilité de toute espèce de fonctions avec celles de législateur, et fit adopter la rédaction du décret portant que la nation française viendrait au secours de tous les peuples opprimés qui voudraient recouvrer leur liberté. Dans le procès du roi Louis XVI, il vota la mort, contre le sursis et l'appel au peuple. Les chefs du parti de la *Montagne* demandaient que l'on statuât, séance tenante, sur la question de sursis; l'humanité, d'après eux, voulant qu'on ne laissât pas languir un condamné. M. La Révellière-Lépaux combattit avec force cette proposition. « Ce n'est pas sans » horreur, dit il, que j'entends in- » voquer l'humanité avec des cris » de sang. » Au commencement de février 1793, M. La Révellière-Lépaux signala, avec une grande hardiesse, la marche et les desseins du parti désorganisateur, dans un article de journal, intitulé le *Cromwellisme*, inséré dans la *Chronique de Paris*, et reproduit quelques jours après dans le *Moniteur*. Ce morceau fit sensation, et fut peut-être la cause première de sa proscription. Le 10 mars de la même année, il réclama, sans pouvoir l'obtenir, l'appel nominal sur le projet de décret qui établissait le tribunal révolutionnaire, afin de constater son opposition à cette mesure. Le lendemain 11, pour compléter la victoire du parti anarchiste, Danton devait développer une motion tendante à ce que la convention se reconnût le droit de prendre le ministère dans son sein. Les chefs de la *Gironde*, instruits qu'on avait le projet de les égorger chacun séparément dans la nuit du 10 au 11 (*voyez* GUADET), l'avaient passée réunis ensemble et déterminés à se défendre. Ils s'étaient également rendus ensemble à la séance, et la consternation la plus profonde régnait dans la partie saine de l'assemblée, quand Danton développa sa proposition dans un discours insidieux et préparé. M. La Révellière-Lépeaux lui répondit : il attaqua à la fois Danton, Robespierre et le parti de la Commune, et les montra marchant à la tyrannie par une route de sang. Cette improvisation énergique releva les *Girondins* abattus ; l'ordre du jour fut appuyé avec chaleur; Danton déclara qu'il avait exprimé son opinion, mais qu'il n'avait pas entendu faire de proposition formelle; et malgré l'obstination de Robespierre, qui revint à la charge, la question préalable fut adoptée, et le dernier triomphe de l'anarchie fut reculé de quelques jours. M. La Révellière-Lépaux appuya la mise en accusation de Marat, et proposa de joindre au décret le numéro de son journal où il demandait un dictateur. Au 31 mai et au 2 juin, il défendit les membres de la *Gironde*, protesta contre l'arrestation des 27, déclara qu'il désirait partager le sort de ses collègues, et proposa, avec Vergniaud, la convocation des assemblées primaires. Chaque jour, depuis cette époque, M. La Révellière-Lépaux venait à la tribune réclamer l'appel nominal contre les délibérations de l'assemblée, afin de constater son vote; mais cette demande n'était accueillie que par des vociférations et des menaces : la majorité voulait que le procès-verbal portât que toutes les décisions avaient été prises à l'unanimité. Ses efforts pour se faire entendre au milieu d'un affreux tumulte fatiguèrent tellement sa poitrine, naturellement faible, que, crachant le sang, miné par une fièvre lente, il ne pouvait plus monter à la tribune que soutenu par ses deux amis, Pilastre et Leclerc, de Maine-et-Loire. Enfin, dans une séance du commencement d'octobre, après avoir inutilement encore renouvelé sa demande, il déclara qu'il se retirait, et qu'il cesserait d'assister aux séances, ne voulant pas qu'on pût croire que, par son vote ou même par son silence, il avait contribué aux mesures extravagantes ou atroces qu'on adoptait journellement. La *Montagne* répondit à cette déclaration par le cri : *Au tribunal révolutionnaire!* « Ne vous gênez pas, répondit-il; un crime de plus ou de moins ne doit pas vous coûter beaucoup. » Le président allait consulter l'assemblée sur la proposition, quand la voix d'un homme, qui sans doute voulait le sauver, s'éleva du milieu de la *Montagne*, et fit entendre ces paroles grossières : « Eh! ne voyez-vous pas que le b.... va crever! il ne vaut pas le coup. » « — Eh bien! crève donc tout seul, » crièrent d'autres voix. M. La Révellière-Lépaux sortit, et deux heures après, le comité de sûreté générale lança contre lui un mandat d'arrêt, aussitôt converti en mise hors la loi. Ne pouvant plus rien pour son pays, il chercha à dérober sa tête aux fureurs de la proscription, et trouva un premier refuge dans l'ermitage de Sainte-Radégonde, situé dans la forêt de Montmorency, où le courageux Bosc, aujourd'hui de l'académie des sciences, avait, étant proscrit lui-même, accueilli beaucoup d'autres proscrits, avec ce dévouement généreux dont il donna une dernière preuve, en accompagnant ses amis de la *Gironde* jusqu'au pied de l'échafaud. M. La Révellière-Lépaux était là depuis quinze jours, quand son vieil ami de Buire lui fit rappeler la promesse d'aller lui demander asile. Sans argent, sans habits, réduit au marasme, M. La Révellière-Lépaux quitta la forêt de Montmorency, et arriva douze jours après au village de Buire, situé deux lieues au-delà de Péronne, ayant plusieurs fois échappé, non sans peine, aux proscripteurs. Pendant une année entière, M. et Mme de Buire exposèrent chaque jour leur vie pour le sauver. M. La Révellière-Lépaux éprouvait une incertitude cruelle sur le sort de sa femme et de sa fille, qui, réfugiées à Angers, y étaient sans cesse menacées de la prison et de la mort, soit par les terroristes, soit par les Vendéens. Le frère aîné de M. La Révellière-Lépaux, ancien conseiller au présidial d'Angers, et plusieurs autres de ses parens et de ses amis, étaient déjà tombés sous la hache fatale. Enfin le 9 thermidor arriva. M. La Révellière-Lépaux revint à Paris, et s'y réunit à sa famille; mais ils se trouvèrent sans moyens d'existence. Leur maison, construite peu d'années avant la révolution, avait été réduite en cendres dans la guerre civile de l'Ouest : leurs propriétés étaient occupées par les insurgés. Ils cherchaient une occupation qui pût les soustraire à ce sort déplorable, lorsqu'au mois de mars 1795, sur la motion de Thibault, du Cantal, M. La Révellière-Lépaux fut rappelé à la convention, où il n'avait pas été remplacé. Lors de la rentrée des proscrits, il s'établit dans l'assemblée un mouvement de réaction. On demanda la mise hors la loi de l'ancien président du comité de sûreté générale, parce qu'il s'était soustrait, par la fuite, au mandat d'arrêt décerné contre lui. M. La Révellière-Lépaux s'y opposa et motiva son avis. « Il n'en a pas cherché si long pour te proscrire, » lui cria-t-on. — C'est parce que j'ai senti le poids de son iniqui-

» té, répliqua-t-il, que je ne veux » pas qu'on soit inique, même en- » vers lui. » Nommé membre de la commission des onze, il fit différens rapports, et soutint la discussion de quelques-unes des parties du plan de constitution de l'an 3. Il rappela, à plusieurs reprises, à la convention, qu'elle n'avait été convoquée que pour donner une constitution à la France, et combattit les royalistes des sections, ainsi que les anarchistes, qui voulaient prolonger la dictature de l'assemblée, pour ressaisir le pouvoir que le 9 thermidor leur avait arraché. Les restes du parti de Danton s'étaient réunis aux royalistes, maîtres des sections au commencement de vendémiaire an 4; mais s'étant aperçus que dès qu'on avait cru pouvoir se passer d'eux, on les avait traités avec mépris, ils changèrent de marche et essayèrent, après la journée du 13 de ce mois, de se relever tout seuls, en s'opposant à la mise en activité de la constitution qui venait d'être décrétée. Ils demandèrent, dans un comité secret, qu'on mît en jugement Boissy-d'Anglas et Lanjuinais comme complices des sections. M. La Révellière-Lépaux les défendit avec force, attaqua corps à corps les anarchistes, et leur projet échoua. M. La Révellière-Lépaux fut un des derniers présidens de la convention, et le premier du conseil des anciens, où il rétablit l'ordre et la décence, trop long-temps bannis des débats législatifs. Porté le premier, à une grande majorité, sur la liste des candidats au directoire-exécutif par le conseil des cinq-cents, il obtint dans celui des anciens 216 suffrages sur 218 votans. L'état de la France était affreux, quand le directoire s'installa. Les caisses publiques et les greniers étaient vides, et cependant le gouvernement était chargé de nourrir les grandes villes. On trouva une chambre du château des Tuileries remplie de dépêches adressées des armées, des départemens et de l'étranger, qui n'avaient jamais été ouvertes. La nuit on imprimait les assignats qui, encore humides, devaient solder les dépenses du lendemain; enfin, le fil de l'administration était rompu et la dissolution était complète. Ce fut dans cet état de choses que les quatre premiers directeurs se rassemblèrent autour d'une petite table boiteuse. Un cahier de papier à lettres, un cornet à encre, quelques bûches qui leur avaient été prêtées par le concierge du Luxembourg, voilà tout le matériel des bureaux. Cependant ils eurent le courage d'annoncer aux conseils que le directoire-exécutif était constitué. L'effet de cette nouvelle fut immense : la France avait enfin un gouvernement. Pendant les six premiers mois de son existence, les directeurs entraient tous les jours au conseil à 8 heures du matin, et n'en sortaient qu'à 4 heures après midi. Ils y rentraient à 8 heures du soir, et ne se séparaient souvent qu'à 4 heures du matin. Au bout d'un an l'abondance était revenue, le numéraire avait remplacé le papier, et l'administration marchait. Lors de la formation de l'institut, M. La Révellière-Lépaux avait été nommé, par le premier tiers de ce corps savant, membre de la classe des sciences morales et politiques. Quand le directoire se divisa, il fut un des trois membres de la majorité : il était président au mois de fructidor an 5. Quelques jours avant la révolution du 18 de ce mois, il fit pressentir clairement les intentions du gouvernement, dans une réponse au général Bernadotte, qui présentait les drapeaux conquis par l'armée d'Italie. Après le coup d'état du 18 fructidor, les chefs de la nouvelle majorité des conseils auraient voulu qu'on décrétât une prolongation de pouvoirs des membres du directoire et des conseils. M. La Révellière-Lépaux opposa à ce plan une résistance énergique : il fut abandonné. Vers la fin de la convention nationale, la secte des théophilantropes s'était élevée ; elle avait eu des jacobins pour fondateurs ; mais adoptée plus tard par Dupont de Nemours, Lecoulteux de Canteleu, Goupil de Préfeln, et autres hommes respectables, cette institution commençait à prendre quelque consistance. Comme M. La Révellière-Lépaux avait souvent manifesté son éloignement prononcé pour les doctrines de l'ancien clergé dominant, qu'il regardait comme incompatibles avec les principes républicains, on imagina de le donner comme le chef de la nouvelle secte, bien que ni lui ni personne de sa famille ne parût à ces réunions. On alla même jusqu'à lui supposer le projet extravagant de parvenir par cette voie au pouvoir suprême. Des réflexions sur le culte, les cérémonies civiles et les fêtes nationales, qu'il avait lues dans une séance de l'institut, avaient servi de base à ces assertions. Le fait est que M. La Révellière-Lépaux était trop occupé des affaires publiques pour se mêler en rien de la théophilantropie; mais les premiers chefs de cette association religieuse prirent soin eux-mêmes de les démentir après le 30 prairial, en déclarant qu'il était faux que M. La Révellière-Lépaux eût été le promoteur ou le soutien du nouveau culte. Lors de cette dernière crise, pressé par beaucoup de membres des deux conseils de donner sa démission, parce que, disaient-ils, une plus longue résistance devait être le signal d'un massacre, il accorda à leurs sollicitations ce qu'il avait refusé aux menaces, et se retira dans une petite maison de campagne qu'il avait à Andilly, près de Montmorency. Bientôt de nombreuses dénonciations furent adressées aux conseils contre l'ancienne majorité du directoire. Le club des *Jacobins* fut rouvert sous un autre nom, le *Journal des Hommes libres* reparut, et les attaques les plus violentes furent chaque jour dirigées contre ceux qu'on appelait alors les triumvirs. M. La Révellière-Lépaux fit aux dénonciations une réponse vigoureuse, où l'on remarque cette phrase qui le caractérise fort bien : « Dans aucune circonstance de » ma vie, je ne plierai mon langa- » ge et mes actions au gré des » partis, ni pour obtenir leurs fa- » veurs, ni pour sauver ma tête. » Les dénonciations furent rejetées par le conseil des cinq-cents. Rentré à cette époque dans la vie privée, il continua d'assister assidûment aux séances de l'institut. Le défaut de fortune l'obligea bientôt à se défaire de sa maison d'Andilly et de ses livres. Quand Napoléon parvint au trône, l'institut, comme tous les autres corps, fut appelé à prêter serment de fidélité à l'empire. Deux collègues de M. La Révellière-Lépaux étant venus lui demander son avis, et savoir ce qu'il comptait faire : « Un con-» seil dangereux, leur dit-il, je le » prends volontiers pour moi; » mais je ne le donne jamais à per-» sonne. » Ne s'étant pas présenté, il reçut une lettre close du ministre de l'intérieur, qui lui indiquait le jour et l'heure où il devait prêter le serment; il refusa d'obtempérer à cet ordre, et se retira dans une petite propriété qu'il venait d'acheter en Sologne, aux environs d'Orléans : il s'y occupa principalement de l'éducation de son fils. Pendant six ans qu'il habita cette solitude, quelques amis vinrent le visiter. Le poète Ducis, qui lui était fort attaché, y vint passer trois étés. Ce fut là qu'il refit le premier acte de son *Hamlet*, et qu'il composa sa belle *Épitre à Gérard*. En 1809, M. La Révellière-Lépaux revint à Paris, pour achever l'éducation de son fils. En 1811, le gouvernement lui fit offrir une pension, dont on le laissait libre de fixer le taux. Il répondit à un ami, chargé de cette négociation, que n'ayant pas servi le gouvernement impérial, il n'avait aucun droit à ses faveurs. C'est la dernière fois que M. La Révellière-Lépaux se soit trouvé en rapport avec le pouvoir. N'ayant point pris de part aux évènemens des *cent jours*, il n'a pas été forcé de quitter la France : il a même toujours continué d'habiter Paris. Chaque année, ses affaires, sa famille et ses amis l'appellent pour quelque temps dans l'Ouest. La retraite où il vit convient à la modération de ses goûts. Il fréquente beaucoup le jardin des Plantes, où l'attrait de l'histoire naturelle et de longues relations d'amitié l'ont toujours attiré. Quelques mémoires lus à l'institut et quelques discours prononcés dans diverses occasions ont été recueillis par M. La Révellière-Lépaux en 1 volume, sous le titre d'*Opuscules moraux et politiques;* mais ce recueil ne se trouve que dans les bibliothèques. Il y a aussi plusieurs morceaux de lui dans les cahiers de la ci-devant académie celtique.

LARIBOISSIÈRE (N., COMTE DE), général de division, premier inspecteur-général de l'artillerie, grand-officier de la légion-d'honneur, grand'croix de l'ordre de la Couronne-de-Fer, etc., était déjà, à l'époque de la révolution, un officier d'artillerie d'un mérite supérieur. Embrassant avec toute l'ardeur d'un patriotisme pur la cause de la révolution, ce fut sur le champ de bataille qu'il voulut justifier son amour pour le nouvel ordre de choses et son dévouement à la patrie. Il parvint rapidement, toujours sur le champ de bataille, au grade de général de brigade, et fixa plus particulièrement l'attention de l'empereur dans la campagne d'Autriche en 1805. Ce prince lui témoigna son estime en le nommant général de division. Cette récompense, à une époque où il fallait, plutôt deux fois qu'u

Le Cte de Lariboissière.

ne, gagner ses grades, augmenta le zèle et le dévouement du général Lariboissière, qui, bientôt, fut chargé du commandement de l'artillerie au siége de Dantzick. Il dirigea, en 1809, à Essling et à Wagram, cette artillerie formidable qui assura le succès de ces célèbres batailles. En 1811, il fut nommé premier inspecteur de l'artillerie et chargé de préparer celle qui, dans la campagne de Russie, devait si puissamment seconder le courage de nos braves. Nos malheurs, à cette funeste époque, ne permirent pas de la ramener en France ; et le comte de Lariboissière eut le chagrin de la voir rester en Russie faute de moyens de transport. Sa douleur toute patriotique fut encore augmentée de la perte de son fils, qui périt glorieusement sous ses yeux à la bataille de la Moskowa. Une mélancolie profonde s'empara de ce brave guerrier; une maladie grave en fut la suite, et il mourut avant d'avoir repassé le Niémen, le 29 décembre 1812, regretté de tous ses compagnons d'armes et de toutes les personnes qui avaient été à même d'apprécier et son patriotisme et ses rares vertus. Il était alors premier inspecteur-général de l'artillerie, comte de l'empire, et décoré de différens ordres tant français qu'étrangers.

LARIGAUDIE (PIERRE-ANTOINE CHILLAUD, BARON DE), l'un des présidens de la cour royale de Bordeaux, membre de la chambre des députés, chevalier de la légion-d'honneur, ancien membre du corps-législatif, exerçait, avant la révolution, les fonctions de conseiller au présidial de Périgueux. Il devint successivement membre du directoire de cette ville et administrateur du département de la Dordogne. Arrêté au commencement de 1794, à la fois comme *royaliste*, et comme *fédéraliste*, il fut transféré à Paris, et allait être traduit au tribunal révolutionnaire lorsque la révolution du 9 thermidor an 2 (27 juillet 1794) mit fin à sa captivité. L'attachement qu'il continua à montrer au parti royaliste faillit lui devenir funeste lors des proscriptions du 18 fructidor an 5 (4 septembre 1797) : il fut même décrété d'arrestation au mois d'avril 1798; mais après les événemens du 18 brumaire an 8 (9 novembre 1799), il devint juge au tribunal civil de Périgueux, puis, en 1804, membre du corps-législatif, où il fut maintenu en 1809. Le gouvernement consulaire s'était montré tout favorable à M. de Larigaudie, en lui confiant des fonctions publiques, malgré ses principes politiques bien connus. Le gouvernement impérial fut plus bienveillant encore, et M. de Larigaudie lui dut une place de conseiller à la cour d'appel de Bordeaux, le titre de baron de l'empire, la décoration de l'ordre de la Réunion, enfin celle de la légion-d'honneur. Ces faveurs n'avaient point changé les opinions de M. de Larigaudie, et en 1814, il vota la déchéance de l'empereur, et se montra l'un des plus actifs partisans du gouvernement royal. Au corps-législatif, dans la discussion relative à la restitution aux émigrés de leurs biens non vendus, M. de Larigaudie, prétendant qu'une ordonnance du roi devait suffire pour l'exécution de cette mesure, on trouva que son zèle allait un peu loin, et à plusieurs reprises de vifs murmures d'improbation se firent entendre. Après le retour de Napoléon au 20 mars 1815, M. de Larigaudie cessa ses fonctions législatives; mais la seconde restauration le ramena à la chambre des députés, où l'avait nommé de nouveau le département de la Dordogne. Du parti ministériel en 1814, il fit partie en 1815 de la majorité, et se plaça en 1816 au côté droit. L'ordonnance royale du 5 septembre de cette année ayant dissous la chambre, il ne fut point alors réélu. M. de Larigaudie devint président de l'une des chambres de la cour royale de Bordeaux, le 24 janvier 1817; il est aujourd'hui (1823) membre de la chambre des députés, et continue de siéger parmi ses honorables amis du côté droit.

LARIVE (J. Mauduit de), le plus ancien de nos acteurs tragiques, est né en 1749, à la Rochelle. Il débuta à Lyon, et vint à Paris, où il parut, en 1771, au Théâtre-Français, sous les auspices de Mlle Clairon. Il était son élève, et elle semblait en être fière. Elle en avait fait le plus pompeux éloge. Le public, qui s'attendait à voir un prodige, ne trouvant pas Larive au niveau du bien qu'on en avait dit, le plaça beaucoup au-dessous de ce qu'il était réellement. Les désagrémens d'un pareil début n'étaient pas faits pour encourager le jeune comédien; son caractère fier et susceptible les supporta avec beaucoup d'impatience, et peu s'en

fallut qu'il ne renonçât à la carrière où il devait obtenir tant de succès. Il avait un physique si avantageux et des moyens si étendus, qu'on n'avait pu cependant lui refuser quelques encouragemens. Soit qu'il se fût corrigé de ses défauts, soit que le public ait fini par s'y accoutumer, il parvint à obtenir des applaudissemens. Admis à doubler Lekain, il partagea 6 ans avec lui le sceptre de Melpomène, qui, en 1778, lui fut abandonné tout entier par la mort de ce grand acteur. Sans rival pendant 10 ans, Larive acquit une grande réputation et une grande fortune. Se partageant entre le théâtre de la capitale et les théâtres de la province, il rapportait annuellement de grands bénéfices des principales villes du royaume, où il était allé porter le goût du bon et du beau. On ne peut qu'applaudir à une pareille spéculation. Quand la révolution éclata, Larive en adopta les principes, mais avec une sage modération. Le 12 février 1790, il fit au général La Fayette un présent qui fut d'un grand prix à ses yeux : c'était la chaîne qu'avait portée à son cou le chevalier Bayard. Le 14 décembre suivant, il vint, à la tête d'une députation du corps électoral de Paris, présenter à l'assemblée constituante et jurer, au nom des électeurs, soumission à la constitution et aux décrets de l'assemblée, et fut admis aux honneurs de la séance. Il fut arrêté, en 1793, avec une partie de ses camarades, et détenu jusqu'au 9 thermidor. Le bruit avait couru qu'un mariage l'unissait à Mlle de Sombreuil; il le démentit au mois de mars 1795, par une lettre rendue publique. Il fit preuve de justice et de générosité, en justifiant, à la même époque, Talma, son rival, que la malveillance accusait d'avoir contribué à l'arrestation des comédiens français. Larive, comme tous les acteurs célèbres, eut ses partisans et ses détracteurs. Voici le portrait qu'en fait Dazincourt, dans les Mémoires qu'on lui attribue : « Quand il paraît sur » la scène, je m'imagine voir Ba- » ron; que de noblesse dans sa phy- » sionomie! que d'aisance dans son » maintien! Il parle, c'est encore » Baron. L'énergie, la vérité qu'il » donne à l'expression de ses traits, » forment à tous momens de ces » tableaux faits pour servir de mo- » dèles aux plus grands peintres. » C'est Bayard, c'est Ninias, c'est » Montaigu. Le désordre de la dou- » leur ajoute encore à la beauté de » sa figure, etc. » Pour tenir la balance égale, nous opposerons à cet éloge le jugement, peut-être trop sévère, qu'a porté de cet acteur un ouvrage sur l'histoire du Théâtre-Français. « On a reproché à Larive » une déclamation emphatique et » souvent fausse. Il manquait de cet- » te sensibilité communicative, la » première qualité d'un tragédien. » Il criait quelquefois lorsqu'il fal- » lait pleurer, et sacrifiait souvent » la vérité d'une intention au désir » d'enlever les applaudissemens par » ces éclats qui séduisent toujours » la multitude. » L'éloge et le blâme sont exagérés ici : la justice se trouve entre ces deux opinions. Doué de plus de talent que de sensibilité, Larive faisait rarement illusion. L'acteur paraissait trop souvent sous le personnage. Dans ses effets les plus heureux, il étonnait plus qu'il n'entraînait, et ces effets résultaient plutôt de ses combinaisons que de ses inspirations. Enfin il approfondissait rarement ses rôles, et ne les concevait pas toujours avec justesse; mais on a peu vu d'acteurs aussi brillans, et malgré ses défauts, la réputation de Larive serait égale à celle des plus grands acteurs du 17me siècle, s'il n'avait pas paru entre les deux plus grands acteurs du 18me, et s'il n'avait pas été étouffé entre Lekain et Talma. Larive quitta le théâtre à une époque où il pouvait encore se promettre de longs succès. Les uns ont regardé sa retraite comme l'effet des critiques sévères de Geoffroy; d'autres l'ont attribuée, avec plus de vraisemblance, à un concours singulier de circonstances. Les comédiens français avaient tenté plusieurs fois de relever leur théâtre, soit à Feydeau, soit à Louvois, soit à l'Odéon, et ces essais n'avaient pas été heureux. Forcés de se réunir aux acteurs de la rue de Richelieu, ils se trouvèrent, relativement les uns aux autres, à peu près dans la position qu'ils occupaient avant leur première séparation : celle de Larive seule était changée. Talma remplissait son emploi, et avait créé une méthode nouvelle, que le succès avait consacrée. Il fallait donc, ou que Larive opposât à Talma les anciennes traditions, ou qu'il sacrifiât au goût dominant ses premières habitudes : il ne fit ni l'un ni l'autre. Il voulut prendre un terme moyen, et se livra à des écarts que la critique signala sans ménagement. Obligé de quitter la place et de la céder à Talma, Larive se retira alors à Monlignon, dans la vallée de Montmorency, où il possède un bien charmant, dont il a fait un séjour délicieux. Il exerça les fonctions de maire dans sa commune. Ses occupations champêtres et la dignité municipale ne lui firent pas oublier sa première profession. Tous les ans il faisait en province des voyages utiles à tous ses intérêts. En 1804, il ouvrit un cours de déclamation, dont il ne retira pas un grand avantage. En 1806, nommé lecteur de Joseph Napoléon, il se rendit à Naples pour remplir ses fonctions : elles consistaient à débiter devant le prince les plus brillans morceaux de nos tragédies, et la récompense était toujours proportionnée au mérite de la déclamation. Larive revint en France, quand Joseph fut appelé au trône d'Espagne. En 1816, à l'âge de 69 ans, après une absence de quinze années, il reparut sur le théâtre Italien, dans le rôle de *Tancrède*. Une intention de bienfaisance l'y rappelait. On n'eut pas besoin de ce motif pour justifier les éloges qu'il reçut: on le retrouva digne de lui-même. Malgré ce qu'il avait dû perdre pendant l'espace de trois lustres, on reconnut tous les traits qui caractérisaient son premier talent. En 1817, l'académie de Naples, dont il était membre depuis quelques années, le réélut son associé correspondant, et le roi des Deux-Siciles confirma son élection. Larive a droit aussi d'être inscrit parmi les auteurs. Il a composé : 1° *Pyrame et Thisbé*, scène lyrique, 1784, in-18; 1791, in-18; 2° *Réflexions sur l'Art théâtral*, 1801, in-8°; 3° *Cours de déclamation, divisé en douze séances*, 1804, in-8°; tomes II et III, 1810, in-8°. On trouve dans cet ouvrage, outre la partie didactique, des anecdotes curieuses qui le font lire avec intérêt.

LARIVIÈRE (Jean-Baptiste-Étienne), fut nommé juge-de-paix à Paris en 1790. Il s'était, dès le commencement de la révolution, montré un des plus chauds partisans de la cause populaire, et fut en conséquence choisi pour faire partie de la première municipalité de Paris. Chargé en cette qualité d'aller chercher à Compiègne l'intendant Berthier de Sauvigny, que le peuple y avait arrêté, Larivière devait le ramener à Paris, et le protéger en route. Mais une multitude égarée par quelques scélérats soudoyés et altérés de sang, attendait la victime devant l'Hôtel-de-Ville. Pour soustraire l'infortuné aux fureurs de ceux qui demandaient à grands cris sa tête, on résolut de le conduire en prison, et Larivière, avec une trop faible escorte, fut encore chargé de cette mission difficile. Il ne put résister à la violence des assassins qui lui arrachèrent son prisonnier, et le massacrèrent inhumainement à ses yeux. On a reproché, avec quelque injustice sans doute, à Larivière, de n'avoir pas montré assez de fermeté et de courage pour défendre le malheureux Berthier, dont il devait protéger les jours au péril même des siens. Blessé au vif de ces reproches, il résolut de faire preuve d'énergie dans les fonctions de juge-de-paix de la section de Henri IV, qui lui furent confiées en 1790, et parut même à cette époque avoir totalement changé de principes politiques. Larivière dénonça à l'assemblée législative le rédacteur d'un journal patriote, Carra, qui devint depuis député à la convention; l'accusa d'avoir calomnié la cour et les ministres du roi, en publiant qu'il existait un comité autrichien. Non content de cette dénonciation, il lança, le 19 mai 1792, en sa qualité de juge-de-paix, un mandat d'arrêt contre les députés Chabot, Bazin et Merlin de Thionville, qui avaient aussi, dans le sein de l'assemblée législative, soutenu l'existence du comité étranger. Dès le lendemain, Larivière fut décrété d'accusation pour abus de pouvoir, et pour avoir attenté à l'inviolabilité des représentans du peuple. Renvoyé d'abord pour être jugé par la haute-cour qui devait être établie à Orléans, il fut ramené vers Paris dans les premiers jours de septembre 1792; mais arrivé à Versailles, il y éprouva le sort funeste qu'il avait vu subir, quelques années auparavant, au malheureux Berthier. Larivière fut massacré dans les rues de Versailles, le 9 septembre 1792, avec tous les autres prisonniers envoyés à la haute-cour. Les mêmes scélérats qui avaient, quelques jours auparavant, égorgé tant d'innocentes victimes dans les prisons de l'Abbaye, de la Force et des Carmes à Paris, venaient d'être envoyés, par la même faction sanguinaire, pour commettre de pareils forfaits à Versailles. Leurs fureurs n'ont été que trop imitées, à une époque récente, dans le midi de la France. Marseille, Nîmes et leurs environs ont vu avec effroi se renouveler les mêmes scènes de carnage et d'horreur.

LARIVIÈRE (Pierre-François-Joachim-Henri de), né à Falaise en 1761, était avocat dans cette ville au commencement de la révolution, et parut alors embrasser avec chaleur la cause populaire, ce qui le fit nommer, en 1791, par le département du Calvados, député à l'assemblée législative. Lié avec les membres les plus distingués du parti dit de la *Gironde*, il vota constamment avec eux pendant cette session, ainsi que pendant la suivante. Dans la séance du 10 mars 1792, il attaqua vivement le ministère, appuya la demande d'un décret d'accusation contre Delessart, ministre des affaires étrangères, et sollicita un prompt rapport sur le dernier office de la cour de Vienne, afin de délibérer de suite sur le projet de déclarer la guerre à l'empereur d'Allemagne. Il rendit, à cette occasion, du haut de la tribune, grâce à la Providence qui avait délivré la France de deux grands ennemis, le ministre Delessart, et l'empereur Léopold, mort le 1er de mars. Il demanda, dans la séance du 4 avril suivant, qu'on observât toutes les formes de la justice, et qu'on accordât équitablement au ministre Duport du Tertre, communication de toutes les pièces ou chefs d'accusation présentés contre lui. Il dénonça, peu de jours après, les soldats suisses dont quelques-uns insultaient les citoyens paisibles dans le jardin des Tuileries. Le 26 mai, il prononça un discours éloquent, dans lequel, s'appuyant de l'autorité de tous les sages de l'antiquité, comme de celle des philosophes modernes, et citant particulièrement J. J. Rousseau (*Contrat social*), il prouvait que les opinions religieuses devaient être libres, et qu'on n'avait nul droit d'exiger à cet égard de serment d'aucun citoyen, prêtre ou laïque. Appelé de nouveau par le vœu de ses concitoyens à la représentation nationale, il se prononça, dès les premières séances de la convention, contre les abus de pouvoir de la commune usurpatrice de Paris, qui s'était instituée, de sa propre autorité, après la journée du 10 août. Le 31 du même mois, il fit mander à la barre de l'assemblée le président de cette commune pour rendre compte de sa conduite. Le 4 septembre suivant, dans la délibération sur le serment de haine à la royauté, il proposa d'ajouter «qu'aucun monarque français ou é-»tranger ne souillerait désormais »la terre de la liberté (*Moniteur*).» Il réclama ensuite avec énergie contre les cris et les violences des tribunes. Dans le procès du roi, il fit les plus grands efforts pour sauver ce monarque infortuné, vota pour l'appel au peuple, le bannissement à la paix, et enfin pour le sursis à l'exécution, seuls moyens de salut qui restassent encore, mais qui malheureusement se trouvèrent insuffisans. Le 18 mai, nommé membre de la commission des douze, il donna de nouvelles preuves de son désir de rétablir l'ordre et la tranquillité publique; mais n'y pouvant réussir, il donna, ainsi que ses onze collègues, sa démission le 28 du même mois. Décrété d'arrestation le 2 juin suivant, avec tous les membres de cette commission et les principaux orateurs du parti de la *Gironde*, il eut le bonheur de se soustraire à l'exécution de ce décret, et se retira dans le département du Calvados, avec les députés Lanjuinais, Pétion, Barbaroux, Guadet et Louvet. Sur la dénonciation de Thuriot, qui l'accusait de fomenter la guerre civile, et sur le rapport d'Amar, il fut mis hors la loi le 3 octobre. Il resta caché jusqu'après la journée du 9 thermidor, réclama alors contre sa proscription, et demanda à reprendre sa place dans l'assemblée, ce qu'il obtint enfin plus tard, le 17 ventôse (8 mars 1795), 3 mois après la rentrée des 73 députés incarcérés sous le règne de la terreur. Il poursuivit à son tour les membres de l'ancien comité de salut public, parla contre Robert Lindet et Carnot, et redoubla d'énergie lors de l'émeute du 4 prairial (20 mai), quand la convention fut attaquée par les anarchistes. Nommé membre du nouveau comité de salut public le 3 juin 1795, Henri Larivière adopta bientôt un système entièrement opposé à celui de la majorité de l'assemblée, abandonna les rangs des républicains, et devint un des plus véhémens orateurs du parti qui, sous le prétexte de punir les agens coupables de la faction vaincue le 9 thermidor, attaquait le gouvernement établi et sapait successivement toutes les bases des institutions républicaines. Après l'époque du 13 vendémiaire

(5 octobre 1795), lorsque les sections de Paris s'étaient insurgées contre la convention, il fut accusé d'avoir excité les troubles et d'entretenir des relations intimes avec les factieux. Il fut encore compromis dans la conspiration de Lemaitre, et de nouveau dénoncé à la convention; mais appuyé par un parti puissant, il surmonta tous les obstacles que les républicains opposaient à sa réélection, et entra triomphant dans le conseil des cinq-cents. S'attachant alors au parti dit de *Clichy*, il en fut bientôt regardé comme un des principaux chefs, et se prononça dans toutes les circonstances contre le directoire-exécutif, et contre toutes les mesures adoptées par le gouvernement et la majorité des conseils. Lorsque le ministre de la police dénonça la conspiration de Babeuf, Larivière soutint que c'était encore là une réaction de Tallien et des thermidoriens, mais qu'il fallait sévir contre tous ces factieux. Il profita de cette occasion pour interpeller vivement plusieurs de ses collègues, et pour leur reprocher avec amertume de ne voir d'ennemis de la république que dans les royalistes, et d'épargner les jacobins. Une nouvelle occasion de défendre les premiers, et de reproduire les mêmes reproches contre la majorité de la convention, se présenta bientôt. On découvrit une conspiration royaliste, à la tête de laquelle se trouvaient La Villeheurnois, Brottier et Duverne du Preles; Larivière fit tous ses efforts pour en diminuer l'importance et pour sauver les accusés. Il dénonça, peu de temps après, les opérations du directoire; assura qu'on allait confier un poste important à un ex-ministre de la justice, qu'il attaqua du haut de la tribune, et qui se hâta de lui répondre. Enfin, en 1797, lorsque la lutte entre le directoire-exécutif et une partie des deux conseils fut portée au dernier degré de violence, et que le recours aux armes ou à un coup d'état parut inévitable, il appuya vivement toutes les mesures proposées par Pichegru afin de donner au corps-législatif une force indépendante du pouvoir exécutif, et qui aurait bientôt fini par renverser ce dernier. Mais la journée du 18 fructidor an 5 (4 septembre 1797) assura le triomphe du directoire, et Larivière fut inscrit un des premiers sur les listes de déportation que le parti vainqueur, dans sa vengeance, se hâta de former. Proscrit pour la seconde fois, Larivière eut encore le bonheur de se dérober, par une prompte fuite, aux poursuites de ses ennemis, et aux déserts de Sinamary où périrent plusieurs de ses collègues. Il aborda heureusement en Angleterre, et y reçut des princes français l'accueil que lui méritaient les services qu'il s'était efforcé de rendre en dernier lieu à la cause royale. Chargé de plusieurs opérations que les relations intimes qu'il avait conservées avec des personnes influentes dans l'intérieur de la France lui permirent d'entreprendre, il s'en acquitta à la satisfaction des princes, et rentra dans sa patrie à la suite du roi après la restauration. Nommé, le 3 mars 1815, avocat-géné-

ral à la cour de cassation, il a exercé ce ministère public avec sagesse et modération pendant plus de 2 ans, et à une époque où l'esprit de parti et les fureurs réactionnaires entraînaient tant d'autres hommes en place aux plus blâmables excès. Appelé, en novembre 1818, aux fonctions de juge en la même cour suprême, il continua à s'honorer dans cette nouvelle carrière par son intégrité et par le zèle qu'il mit à faire obéir dans tous les jugemens à la lettre de la loi. Ce magistrat a publié différens écrits, parmi lesquels on cite : 1° *Lettres à MM. les députés composant le comité des finances dans l'assemblée nationale*, Paris, 1789, in-8°; 2° *Palladium de la constitution politique, ou Régénération morale de la France*, Paris, 1790, in-8°; 3° *l'heureuse Nation, ou Relation du gouvernement des Feliciens, peuple souverainement libre et heureux sous l'empire absolu des lois*. Il a aussi fait insérer, dans plusieurs ouvrages périodiques, des morceaux de poésie qui ont été justement appréciés. On a faussement attribué à Henri Larivière deux autres ouvrages intitulés : *l'Ordre des sociétés politiques*, 7 vol. in-12, et *de l'Instruction publique*, 1775, in-8°, qui sont de M. Lemercier de Larivière, ancien intendant de la Martinique.

LARMAGNAC (N.), membre du conseil des anciens et du corps-législatif, président du tribunal civil de Louhans, se montra, dès le commencement de la révolution, dévoué, mais avec modération, au nouvel ordre de choses. Après avoir rempli différentes fonctions municipales, il devint, en 1791, président de l'administration centrale du département de Saône-et-Loire. Son zèle et son attachement pour ses administrés, auxquels il en donna des preuves nombreuses pendant plusieurs années, lui méritèrent leur confiance pour représenter le département au conseil des anciens, où ils le nommèrent, au mois de septembre 1795. Il se fit remarquer, dans cette assemblée, par son dévouement aux institutions constitutionnelles, et on le vit attaquer, avec beaucoup d'énergie, le droit accordé au directoire-exécutif, de compléter les élections, prétendant que la crainte de réunir les électeurs n'était pas assez positivement fondée pour violer ainsi la constitution. Il montra la même énergie, lorsqu'il combattit ensuite la résolution dont l'objet était le partage des biens des parens des émigrés. Par ce même principe de justice et de probité politique, il s'opposa à l'expropriation des détenus, condamnés, ou prêtres déportés; il attaqua encore les mesures dirigées, soit contre les nobles, soit contre les parens d'émigrés. S'il ne réussit pas toujours à faire prévaloir ses vues, elles ne furent pas toujours dédaignées, et on lui doit d'utiles modifications dans les résolutions qu'il combattait. Il sortit du conseil, en 1798. L'année qui suivit la révolution du 18 brumaire an 8 (9 novembre 1799), M. Larmagnac fut nommé, par le gouvernement consulaire, président du tribunal civil de Louhans. Au mois d'août 1804, il fut appelé au corps-législatif, auquel le présentait le collége électoral de son département. Il sortit de l'assemblée quelque temps après, et reprit ses fonctions de président de tribunal, qu'il exerçait encore en 1816. Il n'a plus reparu sur la scène politique depuis cette époque.

LAROCHE (Casimir de), fils d'un chargé d'affaires de France auprès de la cour de Pologne et de la Porte-Ottomane, est né à Varsovie, en mars 1769. Il entra dans la carrière diplomatique à l'âge de 21 ans, en qualité de secrétaire de légation auprès de M. de Sainte-Croix, ministre plénipotentiaire pour la France, en Pologne. La Russie exerçant ensuite une influence exclusive sur la cour de Pologne, M. de Sainte-Croix se retira, et M. de Laroche resta seul chargé des affaires de la France. Il ne put pourtant pas les suivre long-temps, parce qu'il se refusa au serment que le grand-maréchal de la couronne voulut exiger de lui à raison de ce qu'il était né à Varsovie. « Je ne connais qu'un seul ser- » ment, dit au grand-maréchal » M. de Laroche, celui que j'ai » prêté à la France. » Il demanda ses passe-ports, et quitta la Pologne, après avoir déposé les archives de la légation entre les mains du consul-général. Rentré en France, il y fut protégé par le général Dumouriez, qui venait de remplir avec son père une mission auprès des confédérés de Bar. Dumouriez le fit entrer dans la légion des Ardennes, et le recommanda vivement au général Miazinski qui la commandait ; mais après quelques campagnes, ayant perdu son général, et Dumouriez étant passé à l'ennemi, il quitta la carrière des armes pour se livrer entièrement aux arts et aux belles-lettres. Dans ses délassemens littéraires, il traduisit une partie du principal ouvrage de Winkelman, et réunit des matériaux pour les *Fastes militaires* et pour une nouvelle édition de la *Bibliothèque des beaux-arts* de Théophile Murr. Après l'insurrection polonaise de 1794, il se rendit en Saxe pour être à portée de recruter des troupes de sa nation, et prit à son retour du service dans les armées françaises. Il devint chef de bataillon par suite des talens et du courage dont il donna des preuves nombreuses au passage du Mincio, aux batailles de Tann, Ratisbonne et Wagram. Il ne se distingua pas moins, en 1813, en soutenant avec une poignée de Français, de Polonais et de Bavarois, commandés par le général Zanun, le siège de Thorn contre des forces russes et prussiennes bien supérieures en nombre : cette belle défense lui valut de la part du prince Poniatowski la croix de l'ordre militaire de Pologne. Le roi de Bavière l'avait décoré en 1809 de l'ordre de Maximilien-Joseph, pour la bravoure et l'intelligence qu'il déploya dans le commandement de la place et de la tête du pont de Straubing. Ce brave officier supérieur a été mis à la demi-solde en 1814.

LAROCHE (N.), fut député du département de-Lot-et-Garonne à la convention nationale. Dans le procès de Louis XVI, il vota la détention et le bannissement à la paix. Pendant le régime de la terreur, il demanda un congé, et l'obtint; quelque temps après, il fut réputé démissionnaire par une fausse interprétation d'une loi du 14 juin 1793, portant que tout député absent pour autre cause que maladie, détention ou congé, serait déclaré tel. C'était une injustice facile à rectifier, et elle le fut par décret du 9 avril 1795 : la convention le rappela dans son sein. Il finit avec la session ses fonctions législatives, et ne passa point aux conseils.

LAROCHE (LE BARON DE), lieutenant-général, commandeur de la legion-d'honneur, etc. Il était officier dans le régiment Dauphin avant la révolution, et devint colonel de ce régiment en 1790; il fit, en cette qualité, la campagne d'Espagne en 1792. Employé dans l'armée des Pyrénées-Orientales comme général de brigade, il eut une grande part, en 1794, à la victoire remportée sur les Biscayens commandés par le général Ruby. Il dut à sa bravoure et à sa belle conduite, dans plusieurs affaires importantes, le grade de général de division. En 1799, il prit le commandement des quatre départemens réunis de la rive gauche du Rhin, qui n'eurent qu'à se louer de sa modération et des dégrèvemens dont il les fit jouir. Il passa de là au commandement de la 14me division militaire à Caen, d'où il fut successivement employé à l'armée et dans l'intérieur; mais à la nouvelle de l'invasion de l'ennemi en 1814, il partit pour Chambéry, et, de concert avec le général Dessaix, il défendit le département du Mont-Blanc, bien secondé des gardes nationales, qui se levè-

rent et se formèrent au premier appel. Après la restauration, le roi lui donna la croix de Saint-Louis; il comptait encore parmi les lieutenans-généraux en 1816.

LA ROCHEFOUCAULD, *voyez* ROCHEFOUCAULD.

LA ROCHE-JAQUELEIN, *voy.* ROCHE-JAQUELEIN.

LAROCHE-NEGLY (N. DE), député aux états-généraux, prieur de Saint-Honoré-de Blois bien avant l'époque de la révolution. Le clergé du bailliage de cette ville le nomma, en 1789, son représentant aux états-généraux. Il y soutint la cause du tiers-état, vota toujours avec le côté gauche, et prêta les sermens politiques et religieux qui furent successivement décrétés par l'assemblée constituante. Après la session de cette assemblée, il se retira et n'a plus figuré depuis sur la scène politique.

LAROMANA (LE MARQUIS DE), général espagnol, naquit dans l'île de Mayorque, d'une famille illustre, et était neveu du célèbre général Ventura-Caro. Son éducation fut très-soignée ; il possédait plusieurs langues, et montrait pour les sciences une passion et une aptitude dont les armes changèrent bientôt la direction. Il fit avec son oncle la campagne de 1793 contre les Français, et se distingua dans plusieurs occasions, entre autres, à la défense du poste de Biriatori; plus tard il fut blessé. En 1795, il concourut à la défense de la Catalogne. La paix lui permettant de voyager, il vint d'abord en France, et parcourut ensuite les principales villes de l'Europe. En 1807, l'empereur Napoléon ayant obtenu du roi Charles IV 15,000 hommes pour seconder dans le Nord les opérations de son armée, le marquis de Laromana en prit le commandement. Aussitôt l'arrivée de ces troupes à leur destination, plusieurs corps entrèrent en ligne, et rendirent d'importans services : la cavalerie surtout eut des engagemens très-brillans avec l'ennemi. Le marquis de Laromana était encore sous les drapeaux français dans l'île de Fionie, lorsqu'il apprit les événemens de Madrid, du 2 juin 1808, et en même temps, que les projets de Napoléon sur le trône d'Espagne avaient cessé d'être un mystère. Le marquis de Laromana résolut de rentrer dans sa patrie, et de se réunir aux défenseurs de l'indépendance nationale; mais il fallait négocier avec les envoyés espagnols à Londres et avec le gouvernement anglais, à l'insu du prince de Ponte-Corvo, aujourd'hui roi de Suède (*voy.* BERNADOTTE), commandant en chef de l'armée française. Il y parvint au moyen du capitaine de vaisseau don Raphael Lobo, qui faisait partie de l'escadre anglaise de la Baltique, et il fit embarquer secrètement toutes ses troupes, ne laissant que quelques centaines d'hommes en Zéeland et en Jutland, lesquels furent bientôt entourés et désarmés par les troupes danoises. De retour en Espagne, le marquis de Laromana se joignit aux insurgés. Ses talens et son courage ne purent éviter à son parti de nombreuses défaites; celle d'Espinosa fut des plus désastreuses. Néanmoins il ne perdit point courage. Vers la fin de cette année (1808), il rallia les corps dispersés dans le royaume de Léon, et en forma *l'armée de Gauche.* Au commencement de 1809, il eut une affaire très-vive avec un des corps français qui poursuivaient l'expédition anglaise en pleine retraite; il disputa le terrain avec une grande valeur, mais il perdit ses meilleures troupes. Les Anglais parvinrent enfin à se rembarquer; le marquis de Laromana se replia sur la province d'Orense, où il prit position, ce qui lui permit d'entraver les opérations de l'armée française, en la harcelant journellement dans sa marche. C'est en suivant ce système qu'il s'empara de Villafranca, et passa dans les Asturies, où il continua le même genre d'attaques. La province de Valence le nomma membre de la junte de Séville; il quitta alors son commandement militaire, et se rendit à sa nouvelle destination. Son expérience et ses lumières furent justement appréciées par ses collègues, et il contribua puissamment à toutes les mesures importantes qui furent prises à cette époque. En 1810, par suite de l'entrée de l'armée française en Andalousie, et du départ de Séville du gouvernement de la Junte, il alla prendre le commandement de l'armée stationnée sur les bords de la Guadiana, puis fit sa jonction avec le duc de Wellington, lorsque ce général se retira dans les lignes de Torres-Vedras. Le marquis de Laromana défendit ensuite, avec le général anglais Hill, la rive gauche du Tage, dont le maréchal Masséna, malgré ses habiles manœuvres, ne put s'emparer. Sa santé s'était beaucoup affaiblie par les fatigues de la guerre, et il mourut à Cartaxo, en Portugal, le 28 janvier 1811. Ses compatriotes, et les Français eux-mêmes rendaient justice à sa bravoure, à ses talens et à sa loyauté : les premiers l'ont placé au rang de leurs généraux modernes les plus distingués.

LAROMIGUIÈRE (PIERRE), ancien doctrinaire, professeur de philosophie au collége de Louis-le-Grand, conservateur de la bibliothèque de l'université, est né à Lévignac, département de l'Aveyron, vers 1756. Il passe pour un homme très-profond en idéologie. On lui doit : 1° *Paradoxes de Condillac*, in-8°, 1805 ; 2° *Leçons de philosophie, ou Essai sur les facultés de l'âme*, tome Ier, 1815, in-8° ; 3° M. Barbier lui attribue 2 cahiers, in-8°, d'*Élémens de métaphysique*, imprimés à Toulouse, en 1793.

LAROQUE (J. L., VICOMTE DE), général de brigade des armées de la république. Il naquit à Angles, en Languedoc; il était déjà parvenu au grade de capitaine au régiment de Mestre-de-camp-dragons, quand la révolution éclata. Il se prononça fortement pour le nouvel ordre de choses, et parvint rapidement aux grades de colonel et de général de brigade. C'est en cette dernière qualité qu'employé contre le roi de Sardaigne, il entra dans la Savoie à la tête de l'avant-garde de l'armée commandée en chef par le général Montesquiou, qui rendit le compte le plus favorable des talens et de la valeur du général Laroque. Malheureusement pour lui, il passa de cette armée à celle du Nord, où il se montra si ouvertement et si chaudement partisan du général Dumouriez, qu'après la fuite de ce général il fut accusé de trahison, arrêté, transféré à Paris, et condamné, par le tribunal révolutionnaire, à la peine de mort, le 2 mars 1794.

LAROUAIRIE (ARMAND, TUFFIN, MARQUIS DE), gentilhomme breton, servait, comme officier, dans les gardes-françaises à l'époque de la révolution. Il vint à Paris jeune encore, et se fit remarquer par des mœurs assez dissolues, des dépenses folles, et un esprit frondeur du gouvernement monarchique et des usages de la cour, qui nuisirent à son avancement. La guerre d'Amérique lui fournit l'occasion de réparer ses premières erreurs, en combattant pour la cause d'un peuple pur des vices des anciennes sociétés, et qui voulait avec honneur établir son indépendance. Le marquis de Larouairie suivit M. de Rochambeau, se distingua pendant la guerre, et revint dans sa patrie à la paix. Il s'était battu en Amérique pour la cause de la liberté ; en France, il devint un de ses plus violens ennemis. On a observé qu'il prit ce dernier parti, moins par zèle pour des institutions dont naguère il s'était peu montré l'approbateur, que parce qu'il était frondeur et turbulent par caractère. Quel que fût au reste le motif qui le dirigea, dès les premiers troubles de la révolution, il se prononça fortement pour les parlemens et la noblesse, et fut un des 12 députés bretons envoyés au roi en 1788. La conduite du marquis de Larouairie à cette oc-

casion le fit mettre momentanément à la Bastille. Rendu à la liberté en 1789, il s'opposa à ce que la noblesse bretonne envoyât des députés à l'assemblée des états-généraux. Dévoré d'ambition, et plein de confiance dans ses talens et dans les ressources de son esprit, il imagina le plan d'une association bretonne, destinée à combattre les nouveaux principes et la rapidité de leurs progrès. Voulant le mettre à exécution, il partit, en 1791, pour Coblentz, et obtint, dit-on, l'approbation des frères de Louis XVI. Chef alors de cette confédération qui n'existait encore qu'en projet, mais qui devait insurger à la fois les ci-devant provinces de la Bretagne, l'Anjou, le Poitou, afin de le rendre maître des deux rives de la Loire, le marquis de Larouairie fit des règlemens militaires et civils, prépara un grand nombre de commissions pour ceux qu'il appelait à le seconder, convoqua dans son château les principaux conjurés, et convint avec d'Elbée (*voy.* ELBÉE) de lever l'étendard de l'insurrection au moment même où les troupes des princes coalisés attaqueraient la France par ses frontières du Nord... Ces projets ayant été dévoilés au comité de surveillance de l'assemblée législative, le marquis de Larouairie fut obligé de se soustraire, par la fuite, à l'ordre expédié sur-le-champ de l'arrêter. Errant de château en château, mais y entretenant des intelligences, ainsi que dans tous les lieux où il pouvait être assuré de trouver des partisans, il se croyait au moment de voir donner le signal de la contre-révolution, lorsque les événemens du 10 août 1792, et le mauvais succès de la campagne de cette année contre la France, ajournèrent au printemps suivant l'exécution de ses projets. L'ordre de l'arrêter était toujours resté en vigueur. Pour s'y soustraire, il fut obligé de se cacher, avec plus de soin. Enfin ne pouvant plus résister à la fatigue, aux privations de toute espèce, il se rendit au château de Laguyomarais (*voy.* LAGUYOMARAIS), où après 14 jours de maladie, il mourut dans les accès d'une fièvre violente, le 30 janvier 1793. Son cadavre, enterré mystérieusement dans un bois voisin, fut exhumé par les ordres de Morillon, envoyé en Bretagne par le conseil exécutif pour déjouer la conspiration. « Le séjour » que Larouairie avait fait dans ce » château, disent les auteurs d'une » biographie étrangère, les papiers » qu'il y avait déposés, rien ne fut » ignoré, et ces circonstances de» vinrent, quelques mois après, la » cause de la mort de toute la mal» heureuse famille de Laguyoma» rais. » Une autre biographie imprimée aussi à l'étranger, mais rédigée à Paris, dit: « Le parti des » *chouans*, qui s'organisa vers la » fin de la même année, se com» posa des élémens de celui de » Larouairie. »

LARREY (DOMINIQUE - JEAN, BARON), né à Beaudeau, près Bagnères - Adour, département des Hautes-Pyrénées, en juillet 1766. Son nom, à qui d'immenses services rendus à l'humanité ont donné une illustration presque universelle, était déjà avantageusement connu en France, par l'auteur de l'*Histoire d'Angleterre*, de l'*Histoire de France sous le règne de Louis XIV*, et de l'*Histoire des Sept Sages de la Grèce*, ainsi que par la juste réputation de son oncle *Alexis*, chirurgien en chef de l'hôpital-général de Toulouse, professeur célèbre, sous lequel il fit l'apprentissage de cet art utile, où il a excellé depuis. Sa vie s'attache tout entière à la gloire de nos armées et à leur reconnaissance. Les champs de bataille et les hôpitaux furent, pendant toutes nos guerres, le théâtre de son infatigable activité, et l'école d'un des plus grands talens dans l'art chirurgical dont la France puisse s'honorer. Dans les derniers momens d'un grand homme, M. Larrey fut l'objet d'un souvenir particulier et d'un hommage devenu public, rendu aux rares qualités qui ennoblissent ses connaissances. Par cela seul il appartiendrait à l'histoire, si l'armée n'avait pas aussi ses souvenirs. Sa première campagne le fit partir de Brest, en 1787, sur la frégate *la Vigilante*, pour l'Amérique du Nord, en qualité de chirurgien-major. Il avait alors 21 ans. Après une navigation pénible et dangereuse, il fut assez heureux pour ramener sain et sauf tout l'équipage au port d'où il était parti. Rappelé à Brest, après avoir concouru à Paris pour une place vacante à l'hôpital des Invalides, il obtint la permission de revenir dans la capitale pour un nouveau concours. Cette circonstance l'attacha exclusivement au service de terre. Il fut nommé second chirurgien interne de l'hôtel des Invalides; et sous les auspices du célèbre *Sabatier*, chirurgien en chef, il se livra avec succès à l'étude de toutes les branches de la médecine. En 1798, ils furent tous deux appelés aux armées. Le maître fut attaché à celle du maréchal Rochambeau, et le disciple, comme chirurgien de 1ʳᵉ classe, à celle du maréchal Luckner. Le terrible spectacle du champ de bataille frappa vivement l'âme ardente du jeune Larrey, et son imagination s'empara tout-à-coup de la déplorable fatalité qui privait la patrie de tant de milliers d'hommes qui mouraient de leurs blessures, ou même des opérations qu'elles nécessitaient, faute de pouvoir apporter plus de promptitude à leur pansement et d'arrêter les hémorragies. A la prise de Spire, à celle de Mayence, cette vérité se présenta à lui dans toute son horreur. Ce fut alors que le génie de l'humanité lui inspira la création des *ambulances volantes*, qui furent approuvées par le général en chef Custines, et le commissaire-général Villemanzy. Il fut récompensé par le titre de chirurgien principal. C'était gagner bien noblement son avancement sur les champs de bataille. Les ambulances restèrent constamment attachées aux avant-gardes de l'armée, qui était commandée par l'illustre général Désaix. De cette époque date l'étroite amitié qui unit ces deux braves : car c'était à la tête de ces ambulances, que le chirurgien Larrey courait enlever les blessés sous le feu des batteries ennemies. Ces actions si courageuses étaient appréciées par l'armée et faisaient partie de sa gloire. L'humanité les avait inspirées, l'héroïsme véritable les exécutait. Le général en chef Beauharnais, qui remplaça le malheureux général Custines, dans le rapport de la bataille du 22 juillet 1793, rendit compte à la convention des importans services que le chirurgien Larrey avait rendus dans cette journée. Pendant cette campagne, M. Larrey se livra à des recherches rigoureuses pour reconnaître la véritable cause de la mort, qui frappe souvent les soldats, sans laisser à la surface de leur corps aucune trace de lésion. Il éclaira aussi plusieurs points de chirurgie militaire sur lesquels l'expérience n'avait pas encore prononcé. Il reçut à ce sujet, de l'académie de chirurgie, un accessit au grand prix. En 1794, M. Larrey âgé seulement de 28 ans, fut nommé chirurgien en chef de la 14ᵐᵉ armée de la république, destinée à l'expédition de la Corse. Il se rendit à Toulon. Ce fut là qu'il s'attacha à la plus glorieuse carrière militaire dont l'histoire fasse mention, à celle du général de brigade qui commandait l'artillerie de cette armée. L'expédition de la Corse échoua. M. Larrey fut appelé à l'armée des Pyrénées-Orientales, où il dirigea le service chirurgical aux siéges de Figuières et de Roses. Après la paix d'Espagne, il fut rappelé à Toulon pour la même expédition de Corse, qui échoua une seconde fois. Il fut chargé alors de l'inspection et de la direction des hôpitaux militaires de Toulon, d'Antibes et de Nice. Il profita de ce moment de repos pour établir à Toulon une école de chirurgie et d'anatomie, où se formèrent un grand nombre d'élèves. En 1796, il fut nommé professeur à l'*école militaire de santé* du Val-de-Grâce. Cette école était devenue la rivale de celle de la Faculté de médecine, et ses premiers professeurs, MM. Desgenettes, Gilbert, Larrey, etc., étaient encore envoyés aux armées pour contribuer par de nouvelles observations et de nouvelles expériences, à porter la chirurgie de la France au premier rang de cette science en Europe. Le général Bonaparte se souvint de M. Larrey. Il l'appela à son armée d'Italie, pour y organiser les ambulances légères. Mais à peine arrivé, la paix fut proclamée. Néanmoins sa présence ne fut pas inutile; car indépendamment de l'organisation de ces ambulances, il fut chargé de l'inspection des camps et des hôpitaux, dans la plupart desquels il établit des écoles de chirurgie, telles que celles de Padoue, de Milan, d'Udine. A la même époque, il rendit au pays un service local, dont il fut récompensé plus tard par l'ordre de la Couronne-de-Fer. Il arrêta les progrès d'une épizootie qui ravageait le Frioul vénitien. En 1798, les docteurs Desgenettes et Larrey furent attachés comme officiers de santé en chef à l'armée d'Angleterre, et bientôt après reçurent l'ordre de se rendre à Toulon pour la mystérieuse expédition, que les soldats et les savans français ont immortalisée en Égypte et en Syrie. La relation chirurgicale publiée par M. Larrey à son retour, les mentions honorables qu'ont faites de ses services les trois généraux en chef qui ont gouverné l'Égypte, le général Berthier, chef de l'état-major-général, les nombreux témoignages du commissaire-ordonnateur en chef M. d'Aure, des généraux, des soldats de cette brave armée, celui de M. Fourier dans sa belle préface du grand ouvrage sur l'Égypte, assurent à M. Larrey une gloire qui durera autant que celle de l'armée, à laquelle il a prodigué si utilement les secours de son art, et l'infatigable activité de ses services, et tant de fois au péril de sa vie. A Saint-Jean-d'Acre, par combien d'efforts presque surnaturels ne sauva-t-il pas les blessés de l'armée? Le général en chef Bonaparte, et le chirurgien en chef Larrey, se partagèrent ce soin généreux. Le général en chef donna tous ses chevaux, sans en excepter un seul, pour le transport des blessés, et marcha à pied à la tête de l'armée. M. Larrey donna tous ses soins, exposa sa vie même, car il fut blessé. Le général en chef lui donna une gratification de 2000 fr. A la bataille d'Aboukir an 7, le général Fugières fut opéré sous le canon de l'ennemi, d'une blessure dangereuse à l'épaule, par M. Larrey, et se croyant au moment de mourir, offrit son épée au général Bonaparte, en lui disant : « Général, » un jour peut-être vous envierez » mon sort. » Le général en chef fit présent de cette épée à M. Larrey, après y avoir fait graver le nom de M. Larrey et celui de la bataille. Cependant le général Fugières ne mourut point. Il fut sauvé par l'habile opération qu'il avait subie, et pendant 17 ans, il a commandé les invalides à Avignon. Au siège d'Alexandrie, M. Larrey trouva le moyen de faire de la chair du cheval une nourriture saine pour les blessés. Il donna lui-même généreusement l'exemple en faisant tuer ses chevaux. Dans l'hôpital de Jaffa, seulement, dans l'espace de 2 mois, moururent de la contagion 14 chirurgiens, 11 pharmaciens, 5 médecins, ainsi que tous les employés et sous-employés. Ainsi le péril sur cette terre meurtrière ne finissait pas au champ de bataille pour les officiers de santé de l'armée de Syrie. Au contraire, il commençait, et leur profession était un dévouement perpétuel. Honneur aux braves des hôpitaux! De retour en France, en 1802, M. Larrey fut nommé chirurgien en chef de la garde et de l'hôpital de la garde des consuls. En 1804, il reçut un des premiers la croix d'officier de la légion-d'honneur, à l'hôtel des Invalides, de la main du premier consul, qui lui dit : *C'est une récompense bien méritée.* En 1805, M. Larrey fut nommé inspecteur-général du service de santé des armées. Il remplit ces fonctions avec celles de chirurgien en chef de la garde impériale pendant les campagnes d'Allemagne, de Prusse, de Pologne et d'Espagne. A la bataille d'Eslingen, isolé de l'armée avec tous ses blessés dans l'île de Lobau, il se souvint d'Alexandrie, et fit faire, dans la cuisine des soldats, du bouillon avec de la chair de cheval, assaisonnée avec de la poudre à canon, à défaut de sel. Le maré-

chal Masséna vint manger cette soupe d'hôpital avec le chirurgien en chef. Il était difficile de faire un repas plus militaire. A la bataille d'Austerlitz, M. Larrey pansa les blessés au milieu même des combattans. Jamais son activité et son courage ne se montrèrent avec plus d'énergie et d'abnégation de lui-même qu'à la fameuse journée d'Eylau, où l'intensité du froid rendait son service si pénible et la condition des blessés si déplorable. Une attaque inattendue rendit bien périlleuse la mission du chirurgien en chef et la position de ses blessés. Il pourvut à leur salut, et fut récompensé par la croix de commandant de la légion. A Tilsitt, M. Larrey eut l'honneur de montrer à l'empereur Alexandre ses ambulances volantes, et reçut des marques de la satisfaction de ce souverain. En Espagne, après avoir assuré les secours de ses blessés sous le feu de l'ennemi aux batailles de la Somma-Sierra, Benevente, etc., il partagea ses soins avec les prisonniers anglais, au milieu desquels il contracta le *typhus nosocomial*. Ses services à la bataille de Wagram lui valurent le titre de baron, et une dotation de 5000 f. De retour à Paris, en 1811, il imprima 3 volumes de ses campagnes, où il a consigné un juste éloge de son maître, le docteur Sabatier. Cette même année, à la séance publique de la rentrée de l'école de Médecine, il reçut de M. le baron Percy un témoignage éclatant de sa noble conduite aux armées, et aussi de la reconnaissance particulière qu'il professait pour M. Sabatier. « Vous aussi, » lui dit M. Percy, chargé du dis- » cours de rentrée, vous que je » n'ai pas besoin de nommer, » l'honneur et l'exemple des chi- » rurgiens militaires, qui dans tou- » tes les régions où Napoléon por- » ta ses armes triomphantes, joi- » gnîtes à l'utilité du talent le zèle » de la philantropie, vous acquîtes » encore adolescent dans cette lice » désormais fermée à l'émulation, » le titre éternellement glorieux » de disciple de *Sabatier*, et l'inap- » préciable avantage d'être comp- » té parmi ses plus chers enfans. »
En 1812, M. Larrey fut nommé par décret, premier chirurgien de la grande-armée, qu'il ne quitta qu'à Fontainebleau, en 1814, à l'abdication de Napoléon. La relation qu'il a faite des campagnes de cette armée, fait connaître sa conduite envers nos blessés, nos malades, et envers ceux de toutes les nations qui à cette époque tristement mémorable, ont combattu successivement pour et contre la France. La bataille à jamais célèbre de la Moskowa vit se multiplier ses efforts en proportion des pertes successives qu'il avait faites chaque jour de ses collaborateurs. Les remarques de M. Larrey sur les effets du froid ont été appréciées par les gens de l'art (consulter le 4ᵐᵉ volume de son ouvrage.) Le succès de ses opérations pendant cette campagne fut d'autant plus merveilleux, qu'elles étaient pratiquées en plein air sous le froid le plus rigoureux. Le vice-roi actuel de la Pologne, le général Zayonscheck, vieillard de 85 ans, opéré au glorieux passage de la Bérésina, en

est un exemple bien frappant. M. Larrey n'était pas seulement à l'armée le dieu de la santé pour le soldat, il était aussi son protecteur, et son courage était le même pour le défendre que pour le sauver. Il y en eut un exemple mémorable après les batailles de Lutzen, de Bautzen et de Wurschen, où la calomnie la plus atroce trouva le moyen de se faire jour auprès de l'empereur, et d'accuser d'une mutilation volontaire les jeunes conscrits blessés qui venaient à ces mémorables journées, et, suivant la belle expression du Bulletin, *de relever la noblesse du sang français*. M. Larrey assembla un jury de chirurgiens supérieurs, et il fut prouvé que ces jeunes gens avaient tous été blessés au champ d'honneur. Après avoir lu le rapport du jury, Napoléon dit à Larrey : « Il serait à » désirer que je ne fusse entouré » que par des hommes tels que » vous. » M. Larrey reçut, à cette occasion, un présent précieux et une pension viagère de 3000 francs, dont le priva la loi sur les finances en 1817, et qu'une loi spéciale de la chambre de 1818 lui rendit. Dans toutes les grandes villes où la gloire de l'empereur conduisit les armées de la France, M. Larrey laissa de nombreux témoignages des séjours qu'il y fit, en y propageant, dans des leçons publiques, les préceptes de la chirurgie française. Aussi les souverains de la Russie, de la Prusse et de la Saxe l'ont-ils honoré des marques les plus flatteuses de leur gratitude et de leur estime. Les derniers services que M. Larrey a rendus à l'armée et à Napoléon furent à la bataille de Waterloo. Prévoyant que ce serait la dernière, il se dévoua, fut blessé et pris. Napoléon s'est souvenu dans son testament de celui qu'il appelait *le vertueux Larrey*. Les 4 volumes que M. Larrey a publiés sur ses campagnes peuvent seuls faire bien connaître la carrière qu'il a si honorablement parcourue. Cet ouvrage, traduit dans toutes les langues de l'Europe, est aussi un monument de la gloire française.

LARRIÈRE (Noel), né à Bazas en 1738, profond théologien, auteur de plusieurs ouvrages vantés dans son temps et tombés depuis dans l'oubli. Il a donné : 1° *Vie d'Arnauld*, rédigée d'après les mémoires du P. Bellegarde, 2 vol. in-4° et in-8°, Lausanne et Paris, 1775; 2° *Principes sur l'approbation des confesseurs*, in-12, 1785; 3° *Préservatif contre le schisme*, in-8°, Paris, 1791; 4° Défense de cet ouvrage contre le père Lambert, qui en avait donné un autre sous le titre de *Préservatif contre le schisme accusé et non convaincu de graves erreurs*, in-8°, Paris, 1791. Larrière se montra chaud partisan de la constitution civile du clergé. Il fit le voyage de son pays à Paris pour assister aux séances du premier concile national, et pour l'éclairer de ses lumières comme théologien. Il est mort en 1802. Il a laissé, dit-on, en manuscrit, un traité contre le contrat social de J. J. Rousseau, et la théologie du docteur Arnauld, en 6 volumes.

LARRIVÉE (Henri), célèbre chanteur de l'Opéra, naquit à Lyon le 8 septembre 1733. Il

Le Comte Lasalle.

Gros pinx.   Fremy del. et Sculp.

commença par être garçon perruquier. Rebel, directeur de l'Opéra, reconnut en lui de grandes dispositions et le fit entrer au théâtre. Aidé des conseils de Gluck, Larrivée parvint à donner plus de mouvement au récitatif, et à le rapprocher de la véritable déclamation tragique. Il jouait et chantait, d'une manière remarquable, les rôles d'Agamemnon dans *Iphigénie en Aulide*, et d'Oreste dans *Iphigénie en Tauride*. Il réunissait au plus haut degré toutes les qualités qui conviennent à son art: noblesse, dignité, énergie, taille avantageuse, voix sonore et brillante, déclamation juste et animée. Ce célèbre artiste, qui est resté 32 ans au théâtre, est mort au château de Vincennes le 7 août 1802.

LARROQUE-LABECÈDE (ANTOINE), fut nommé, au commencement de la révolution, administrateur du département du Tarn, et, au mois de septembre 1791, élu par le même département à l'assemblée législative, où il se fit peu remarquer; ce fut cependant sur sa proposition que l'assemblée rendit un décret, qui affectait une somme de 1,200,000 francs à l'entretien et à l'amélioration des routes. Le 4 juin 1792, Chabot dénonça M. Larroque-Labecède comme ayant signé un écrit tendant à provoquer le rétablissement de la royauté en France, écrit dans lequel on traitait l'assemblée législative de corps de 750 tyrans, et où l'on disait que: «s'il fallait choisir entre »la tyrannie d'un seul ou de plu-»sieurs, le problème était résolu »en faveur de la royauté absolue.»
Cette affaire parut d'abord devoir prendre un caractère grave; mais elle fut bientôt suivie, avec lenteur, et il n'en résulta rien de fâcheux pour M. Larroque-Labecède, qui sortit de l'assemblée quelque temps après les événemens du 10 août de la même année. Depuis lors il a été entièrement perdu de vue.

LASALLE (ANTOINE-CHARLES-LOUIS, COMTE DE), né le 10 mai 1775, à Metz, où son père était commissaire-ordonnateur des guerres, entra, en 1786, avec le grade d'officier dans le régiment d'Alsace, commandé alors par le prince Maximilien, aujourd'hui roi de Bavière. Les privilèges de sa naissance lui avaient ouvert la carrière des grades; la révolution vint lui ouvrir celle de la gloire. Renonçant à des épaulettes qu'il n'avait pas eu l'occasion de mériter, il s'engagea, comme simple soldat, dans le 23me régiment de chasseurs à cheval, et apprit à obéir pour se mettre en état de commander. Le jeune Lasalle ne tarda pas à réaliser les espérances que faisait concevoir un début aussi honorable. A l'armée du Nord, devenu fourrier dans son régiment, il s'empara, à la tête de quelques hommes, d'une batterie de canons. En récompense de cette action d'éclat, le général en chef lui proposa de le nommer officier; Lasalle ne se crut pas des droits suffisans à cette promotion, il la refusa, et continua de la mériter. Ce fut à 19 ans, après de longs et périlleux services, qu'il accepta l'honneur et la responsabilité d'un grade qu'il avait déjà possédé huit ans plus tôt. Durant la première campagne d'Italie, plusieurs actions d'éclat attirèrent sur lui les regards de ses chefs et ceux de toute l'armée. Un jour, entre autres, à la tête de 18 hommes, il attaque et met en fuite 100 hussards autrichiens. Emporté par son ardeur, il se trouve seul au milieu de quatre ennemis, les combat, les blesse, gagne les bord du Bachiglione, le traverse à la nage, et rejoint son détachement. A la bataille de Rivoli, par un acte d'intrépidité décisif pour la victoire, il enlève un plateau qui domine la plaine, et revient chargé des étendards ennemis. *Reposez-vous sur ces drapeaux, Lasalle, vous l'avez bien mérité*, lui dit le général en chef. Plus tard, il entre dans Valrozone, à la tête de 16 cavaliers des guides, attaque un escadron ennemi qui s'y trouve en position, et le poursuit au-delà du Tagliamento, qu'il le force à repasser. De pareils exploits semblent appartenir aux temps fabuleux de l'antiquité. Les dimensions de cet article ne nous permettent pas de citer tous les traits de bravoure par lesquels Lasalle se fit remarquer durant cette campagne. Il était alors chef d'escadron. Nous ferons toutefois observer que la franchise et la promptitude de son esprit égalaient celle de son courage. S'étant trouvé un moment prisonnier de Wurmser, « quel â- » ge a Bonaparte? s'écrie celui- » ci. — L'âge qu'avait Scipion, » lorsqu'il vainquit Annibal, » répond le jeune Français. La campagne d'Italie terminée, Lasalle passa en Égypte avec cette armée de citoyens qui, sous les drapeaux de la république française, vint au pied des Pyramides ressusciter l'aigle romaine. « Soldats, songez » que du haut de ces monumens » 40 siècles vous contemplent, » s'écria le vainqueur de l'Italie, et bientôt l'Égypte fut conquise. Ces paroles électriques enflammèrent tous les cœurs. Le succès de la bataille des Pyramides était d'une haute importance et fut long-temps disputé. Les divisions Desaix et Régnier, formant la droite de l'armée, occupèrent une position entre Djyzeh et Embaheh. Du moment que Mourad-Bey aperçut ce mouvement, il les fit charger par un corps d'élite qui, reçu à 50 pas au milieu d'une grêle de balles et de mitraille, se retira précipitamment sur un village en arrière de la division. Lasalle, par un mouvement habile, s'était emparé de ce village : les Mamelucks y furent accueillis par une fusillade qui acheva leur défaite et décida la victoire. C'est à la suite de cette affaire que Lasalle fut nommé colonel. Au combat de Salahyeh, dernier village d'Égypte sur les frontières de Syrie, Lasalle, à la tête du 22ᵐᵉ de chasseurs à cheval, laisse tomber son sabre au milieu d'une charge; mais par une adresse et une présence d'esprit remarquables, il parvient à le ramasser, et combat corps à corps un des Mamelucks les plus intrépides. Le combat de Salahyeh fut le premier où la cavalerie française lutta contre les Mamelucks sans le secours de l'infanterie. Aux combats de Souagy, dans la Haute-Égypte, à ceux de Soheidja et de Rahtah, Lasalle, qui commandait l'avant-garde de la cavalerie du général Davoust, exécute les charges les plus brillantes, et fait éprouver à l'ennemi des pertes considérables. A la bataille de Samhoud, Lasalle commande encore l'avant-garde. Au combat de Thèbes, il charge les Mamelucks, et les met en fuite après une longue mêlée, où il a son sabre cassé jusqu'à la monture. Les éloges de Desaix et de Bonaparte sont le prix de sa valeur : il est difficile d'obtenir de plus beaux suffrages de gloire militaire. Au combat de Thémé, Lasalle commandait en chef une colonne composée du 22me de chasseurs à cheval, d'un bataillon du 88me régiment d'infanterie et d'une pièce de canon. Avec son infanterie, il attaque les Arabes, retranchés dans le village de Thémé, les chasse de leur position, après une longue résistance, et les taille en pièces, à la tête de sa cavalerie, qu'il avait placée entre le village et le Désert. Lasalle continua de suivre, avec son régiment, tous les mouvemens du corps de cavalerie du général Davoust; et bientôt il fut opposé à Mourad-Bey, qu'il força de se jeter dans les Oasis. De retour au Caire, le 22me régiment de chasseurs à cheval fut placé à Belbeis. Le colonel Lasalle y commandait un camp formé d'infanterie et de cavalerie. Sa mission était de maintenir la tranquillité du pays, de porter des reconnaissances jusqu'à Suez, place occupée par une garnison française et menacée par l'ennemi ; enfin, d'assurer les communications entre Salahyeh et le Caire. Ayant quitté l'Égypte après la convention d'El-Arych, signée par le général Desaix et les plénipotentiaires turcs, Lasalle vint se créer de nouveaux titres d'honneur en Italie. Le 27 nivôse an 9, il eut trois chevaux tués sous lui, et rompit sept sabres dans une mêlée. Nommé général de brigade à Austerlitz, il ne tarda pas à se créer, dans les commandemens supérieurs, une réputation qui n'a plus cessé de croître avec sa fortune militaire. Le 29 octobre 1806, à la tête de deux régimens de cavalerie, il attaque Stetin, ville fortifiée, et s'en empare. Une garnison de 6,000 hommes, 100 pièces de canon et des magasins considérables tombent en son pouvoir. De pareils faits d'armes, tout à la fois si près et si loin de nous, paraîtraient incroyables, s'ils ne pouvaient être encore attestés par le témoignage même des vaincus. A la bataille d'Heilsberg, Lasalle se conduit avec son intrépidité ordinaire. Le grand-duc de Berg, depuis roi de Naples, est entouré par 12 dragons russes. Lasalle vole à son secours, tue l'officier qui commande le détachement, et met les onze dragons en fuite. Il ne se doutait guère que peu d'années après, ce guerrier, tant de fois invulnérable sur le champ de victoire, périrait en proscrit sous le plomb des Calabrois. Quoi qu'il en soit, Lasalle, se trouvant à quelques heures de distance dans un danger semblable à celui dont il avait sauvé le grand-duc, celui-ci accourt, délivre son libérateur, et lui dit, en lui serrant la main : *Général, nous sommes quittes.* Un ordre du jour de l'empereur cite Lasalle, qui devint général de division dans cette campagne, comme ayant puissamment contribué à la prise de plusieurs généraux, du prince de Hohenlohe, du prince Auguste de Prusse, du prince Schwerin, de 16,000 hommes d'infanterie, de 6 régimens de cavalerie, de 45 drapeaux et de 64 pièces de canon. Lasalle, pendant cette glorieuse campagne, ne cessa pas de commander l'avant-garde de l'armée; et les divisions intrépides qui le suivaient se multiplièrent pour braver tous les périls, et prendre part à toutes les victoires. Entre mille traits que nous pourrions citer, nous rappellerons celui-ci: un matin, Lasalle combat les Prussiens sous les murs de Kœnigsberg, les repousse dans cette ville, arrive le soir dans les plaines de Friedland, et se signale, dans le même jour, sur deux champs de bataille séparés par 14 lieues de marche. En Espagne, Lasalle poursuit sa brillante carrière. Envoyé par le duc d'Istrie contre les rassemblemens du royaume de Léon et des Asturies, à la tête de 800 hommes de cavalerie et de 6,000 d'infanterie, il attaque, à Torquemada, une armée espagnole forte de 27,000 hommes, lui prend son artillerie, et la force de fuir dans les montagnes; mais, non content de vaincre, il sait profiter de la victoire. Poursuivant les Espagnols l'épée dans les reins, il les joint à Cabeson, entre Valladolid et Palencia, et gagne une seconde bataille en vue de cette dernière ville, que défendait une rivière et une garnison nombreuse. Valladolid et Palencia tombent en son pouvoir. Lasalle, maître du pays qu'il vient de soumettre, se crée, comme administrateur, des titres non moins précieux que la gloire du guerrier; c'est triompher deux fois que de se faire aimer de ceux qu'on a vaincus. Cependant Cuesta et Black avaient rassemblé une armée de 40,000 hommes; le duc d'Istrie, avec 12,000 Français, les attaque à Medina-del-Rio-Secco. Le combat est terrible et douteux; Lasalle charge à la tête du 10me et du 22me régiment de chasseurs à cheval; les Espagnols se rompent, laissent 6,000 hommes sur le champ de bataille, et la victoire est aux armes françaises. C'est peu de jours après cette affaire que Lasalle, déjà décoré de plusieurs ordres, reçut le grand-cordon de la légion-d'honneur. Un mouvement rétrograde s'opère sur Vittoria: Lasalle, chargé du commandement de l'arrière-garde, contient l'ennemi par l'habileté et la sagesse de ses manœuvres. Lorsque la présence de Napoléon change l'état des choses, Lasalle, avec ses deux régimens de chasseurs, force Burgos, où une division ennemie s'était retranchée, et lui prend 17 drapeaux et 12 pièces de canon. A Villaviejo, 17 pièces de canon et 4 drapeaux sont le fruit d'un nouveau combat. A Médelin, Lasalle, suivi du 4me régiment de cuirassiers, enfonce les rangs ennemis; et c'est à lui particulièrement que la France doit l'honneur de cette journée mémorable. Rappelé en Allemagne, à l'époque de la glorieuse campagne de 1809, chaque jour ajoute un nouveau titre à sa réputation. A la tête de deux divisions, il marche sur Presbourg, pousse ses avant-postes jusqu'à Altembourg, assiége Raab, et, grâce à lui, cette place importante est bientôt au pouvoir des Français. Lasalle, officier de cavalerie, s'était montré capable de conduire un corps d'armée aussitôt que son grade le plaça sur la ligne des commandemens supérieurs ; au siége de Raab, il prouva que l'art des Cohorn et des Vauban ne lui était pas étranger. C'est à lui que l'on dut les ponts et les épaulemens qui contribuèrent si puissamment à la reddition de cette place. Lasalle avait combattu à Essling avec son audace et son bonheur accoutumés : les champs de Wagram furent le dernier théâtre de ses exploits. Ayant à peine 34 ans, le nombre de ses années de service, comptées doubles en campagne, excédait de beaucoup celles de son âge; sa réputation était faite à une époque où tant d'autres la commencent, et le bâton de Fabert, dont il était le parent, pouvait lui paraître une récompense prochaine de ses travaux : une balle qu'il reçut dans le front, au moment où la bataille de Wagram venait d'être gagnée, mit fin à sa glorieuse carrière. Cette nouvelle jeta un deuil profond dans toute l'armée, et l'ennemi lui-même rendit hommage à sa mémoire; mais Lasalle, dont la vie entière fut un modèle de bravoure et d'honneur, est moins à plaindre aujourd'hui que tant d'autres qui lui ont survécu. Il expira le soir d'une bataille, au milieu des triomphes de la patrie et sur un champ de victoire. Lasalle au cœur d'un soldat joignait l'âme d'un citoyen; il aimait l'empereur, mais il idolâtrait la patrie. Aussi bon que brave, il ne connaissait d'ennemis que sur le champ de bataille, et se faisait promptement chérir, même de ceux qui le craignaient. Peu fait pour la vie du grand monde, il aimait par-dessus tout la vie privée, et possédait le talent bien rare d'y être aimable. Plein d'un noble désintéressement, il n'avait d'autre fortune que les dotations qu'il tenait de la justice de l'empereur. Bon père, bon époux, bon ami, l'homme de famille n'a pas été moins pleuré en lui que l'homme célèbre. La ville de Metz se glorifie de lui avoir donné le jour ; une rue y porte son nom, et son portrait y figure dans la salle d'audience de la maison commune. Plus heureux en cela que ce général ex-républicain, qu'un boulet français a frappé à Dresde, dans les rangs des ennemis de la France, et dont la ville de Rennes n'a point accepté la statue en 1818. Lasalle était adoré de ses soldats ; il relevait leur courage, il partageait leurs privations. Dans les déserts de l'Afrique, on l'a vu refuser sa part d'une outre pleine d'eau qu'un soldat lui apportait, et la distribuer tout entière à sa troupe. Le colonel d'Estrées, atteint d'une blessure mortelle, était porté dans le désert par des Arabes; Lasalle, dont il était l'ami intime, ne veut pas l'abandonner, et seul lui sert d'escorte. Il s'éloigne un moment pour chercher de l'eau. Les Arabes, le croyant parti sans retour, se mettent en devoir d'enterrer le moribond. Lasalle revient, ils prennent la fuite; mais il les poursuit, les ramène l'un après l'autre, les contient seul, malgré leur nombre, et sauve son ami. Par une bizarrerie du cœur humain, Lasalle et d'Estrées étaient inséparables, et mettaient dix fois par jour le sabre à la main l'un contre l'autre; ils ne pouvaient s'aimer sans se battre. Lasalle a laissé trois fils adoptifs, nés du premier mariage de sa femme avec le général Léopold Berthier, et une fille charmante, qui se trouve l'héritière de l'un des plus beaux noms consacrés par les fastes de notre gloire nationale.

LASALLE (ANTOINE DE), ancien officier de marine et métaphysicien distingué, est né à Paris, en 1754. Il fut élevé dans la maison, par les soins et sous la tutelle du prince de Montmorency-Tingri, légataire universel du comte de Montmorency-Pologne, dont on le croit fils naturel. Orphelin de père et de mère dès sa plus tendre jeunesse, il fut, après la mort de ses parens, destiné par son tuteur à l'état ecclésiastique; il commença des études analogues, et porta même l'habit violet. Il achevait sa philosophie, lorsque l'insouciance qu'il avait montrée jusqu'alors pour cet état se changea tout-à-coup en une répugnance invincible. Son tuteur voulut lui faire suivre la carrière du commerce, et lui fit apprendre l'anglais, afin de le placer dans une maison de Londres: cette tentative fut encore inutile. A 16 ans, le jeune de Lasalle partit pour Saint-Malo, où on l'envoya étudier l'hydrographie. Il fit bientôt plusieurs voyages sur mer; le premier, en 1770, sur le bâtiment pêcheur *le Saint-Pierre*, envoyé au banc de Terre-Neuve; le second, en 1773, sur le navire *l'A-méricain*, destiné à la traite des Nègres; enfin le troisième, en 1776, sur *la Superbe*, vaisseau qu'une compagnie d'actionnaires avait équipé pour la Chine, et au nombre desquels M. de Lasalle se trouvait lui-même. Il revint en France en 1778, et quitta la marine par suite de passe-droits qu'il éprouva lorsqu'il voulut obtenir le commandement d'une frégate. M. de Lasalle se rendit en Italie, après avoir séjourné quelque temps en Suisse. Ayant encouru la disgrâce du prince de Tingri, son ancien tuteur, il résolut de se fixer à Paris, où il cultiva les sciences et les lettres, et devint un très-habile métaphysicien. La lecture du *Novum organum* de Bacon lui donna l'idée de se livrer à l'analyse, et il publia son premier essai dans cette partie, sous le titre du *Désordre régulier*, 1786, 1 vol. in-12, Berne (Auxerre), dont le *Journal de Paris*, rédigé alors par M. Garat, fit le plus grand éloge. Cet ouvrage est en effet remarquable par l'originalité des idées et du style. Buffon était peu ménagé dans l'opuscule de M. de Lasalle; le journal qui louait l'ouvrage fut seul la victime du mécontentement du célèbre auteur de l'*Histoire naturelle*, qui, par son crédit, le fit suspendre momentanément. Les causes de cette suspension connues, M. de Lasalle fut à la fois recherché par les amis et les ennemis de Buffon. Parmi les premiers se trouvait l'avocat-général Hérault de Séchelles, qui montra beaucoup de bienveillance à l'auteur, et fit imprimer à ses frais un second ouvrage qu'il lui avait dédié; *la*

Balance naturelle, 1788, 2 vol. in-8°, Londres (Paris). Ce livre, à l'attrait piquant du premier sous les mêmes rapports des idées et du style, joint celui d'avoir été écrit d'inspiration et avec une sorte d'enthousiasme. L'auteur y développe le système du monde, et démontre qu'en vertu d'une loi naturelle, tout, dans l'univers, *va et vient;* c'est dans ce livre que M. Azaïs (*voyez* AZAÏS) a puisé les principales données de sa loi des *Compensations.* Un troisième ouvrage, qui sert d'application à la *Balance naturelle,* parut en 1789, 2 vol. in-8°, Genève (Auxerre), sous le titre de *Mécanique morale.* Là se trouvent, par une conception assez singulière, un art de disposer son esprit, un art d'apprendre, un art de raisonner, un art de connaître les hommes, un art de disposer son caractère, un art de s'exprimer, un art d'agir et de déterminer les autres et soi-même, etc. M. Gence, ami de l'auteur, donna une analyse de cet ouvrage dans le *Journal Encyclopédique,* du mois d'octobre 1790. On prétend, et néanmoins nous n'avons pas cru devoir consigner dans l'article d'Hérault-de-Séchelles (*voyez* HÉRAULT-DE-SÉCHELLES), que la *Théorie de l'Ambition,* attribuée par M. Salgues à cet avocat-général, est de M. de Lasalle, qui la lui avait communiquée, et qui, n'ayant pu ravoir son manuscrit, le fit imprimer de mémoire dans la *Mécanique morale,* sous le titre de *Théorie du charlatanisme.* Ce fait nous semble assez important pour fixer l'attention des bibliographes. On prétend encore que M. de Lasalle a traduit le traité de Bacon, *de Augmentis Scientiarum,* et qu'il en confia le manuscrit à Hérault-de-Séchelles, qui le perdit, ce qui mit l'auteur dans le cas de le traduire une seconde fois. Les premiers orages de la révolution effrayèrent M. de Lasalle; il émigra en 1790, et perdit ainsi le peu de ressources pécuniaires qu'il avait. Il fixa son séjour à Rome, et y publia un *Examen critique de la constitution de* 1791, un opuscule intitulé *J. J. Rousseau à l'assemblée nationale,* plusieurs *Dialogues des Vivans;* enfin, une *Défense contre les légistes, publicistes et autres juristes.* Obligé de quitter Rome, il rentra en France en 1794, et y vécut dans l'obscurité, soit à Semur, département de la Côte-d'Or, soit à Paris. Il publia, dans cette dernière ville, des *Poésies,* des *Méthodes abréviatives de mathématiques,* des *Observations sur une période de grands hivers,* enfin une traduction complète des *OEuvres de Bacon,* qui parut à Dijon, en 1799-1802, 15 vol. in-8°. Cet ouvrage, où M. de Lasalle s'est montré bien pénétré de l'esprit de l'auteur qu'il traduisait, et dont il s'est fait assez heureusement le commentateur et le continuateur, n'a pas eu tout le succès qu'il devait s'en promettre. Presque septuagénaire, M. de Lasalle languit dans le dénûment le plus absolu.

LASALLE (ACHILLE-ETIENNE GIGAULT DE), ex-préfet de la Haute-Marne, membre de la légion-d'honneur, est né à Paris le 25 février 1772. Quoique retiré à la campagne et étranger aux affaires publiques, il fut arrêté, en 1792, comme suspect. L'obscurité dans laquelle il avait vécu lui sauva la vie, et il fut remis, peu de temps après, en liberté. Sous le gouvernement impérial, il obtint, en 1806, une place d'analyste des papiers anglais au ministère des relations extérieures, et prit part à la rédaction de la *Gazette de France*; devint, en 1807, référendaire de la cour des comptes qui venait d'être rétablie, et fut nommé, en 1810, censeur de la librairie. Employé du gouvernement, et littérateur, il attaqua le projet de distribution des prix décennaux, et censura amèrement les principes qui avaient servi de base à ce projet. Le 31 mars 1814 dégagea enfin M. de Lasalle de tout sentiment de reconnaissance envers le gouvernement dont il avait accepté les bienfaits, et, disent les auteurs d'une biographie, « avec sept » de ses collègues, il fit une déclara- » tion énergique, après avoir pris » une part active au mouvement » qui s'opéra à Paris dans la mati- » née du 31 mars pour le rappel » des Bourbons. » Après la première restauration, le roi le nomma membre de la légion-d'honneur. Ce prince ayant été forcé de se retirer à Gand, M. de Lasalle resta dans la capitale, et pendant les *cent jours*, il s'efforça de faire imprimer et de répandre un grand nombre d'écrits royalistes. Le roi, à son retour en juillet 1815, le nomma préfet de la Haute-Marne, fonction qu'il a cessé de remplir. M. de Lasalle est auteur d'un *Eloge de madame Elisabeth de France*, et de différens ouvrages d'histoire et d'antiquités. Il est éditeur du dernier ouvrage de Seroux d'Agincourt sur les terres cuites antiques.

LASALLE (HENRY), ancien avocat, ex-lieutenant-général de police dans les départemens de l'Est, est né à Versailles. Il adopta avec chaleur les principes de la révolution, mais resta toujours étranger aux excès dont elle fut le prétexte. Après les événemens du 18 fructidor an 5 (4 septembre 1797), il devint l'un des 3 commissaires du bureau central, qui, sous le gouvernement consulaire, prit le nom de préfecture de police. A cette époque, M. Lasalle passa à Brest, en qualité de commissaire-général de police; mais des difficultés d'attribution, survenues entre lui et les autorités locales de cette ville, donnèrent lieu à son rappel. Il resta alors sans fonctions. Le gouvernement autorisait la rentrée des émigrés, mais ne leur rendait pas leurs biens non aliénés. M. Lasalle publia à cette occasion une brochure, dans laquelle il démontrait l'injustice de ne pas restituer aux proscrits rappelés ceux de leurs bois qui n'avaient pas été vendus. Cette brochure ne pouvait manquer d'avoir du succès auprès de tous les bons esprits, parce qu'elle avait pour base un grand principe de justice. Le public l'accueillit avec beaucoup de faveur; mais elle déplut au gouvernement, à qui l'on ne chercha point à démontrer le danger et en même temps l'inhumanité de laisser privés de leurs biens des hommes qui n'avaient pas même le nécessaire. M. Lasalle n'occupa aucun emploi pendant toute la durée de l'empire. Après les *cent jours*, en 1815, Napoléon le rappela cependant de sa longue inactivité, et le nomma lieutenant-général de police dans les départemens de l'Est. Depuis la seconde restauration, M. Lasalle est rentré de nouveau dans la vie privée. Il a coopéré, à diverses époques, à la rédaction de plusieurs journaux, et publié : 1° *sur l'Arrêté des consuls du 24 thermidor, relatif aux lois des prévenus d'émigration*, 1801, in-8°; 2° *sur le Commerce de l'Inde*, in-8°, 1802; 3° *des Finances de l'Angleterre*, 1803, in-8°; 4° *Recherches sur l'origine, les progrès, le rachat, l'état actuel et la régie de la dette nationale de la Grande-Bretagne*, par Robert Hamilton, traduction de l'anglais sur la 2me édition, 1 vol. in-8°, 1817; 5° *sur le Concordat de* 1817, in-8°, 1818.

LASALLE (PHILIPPE DE), ancien manufacturier, chevalier de Saint-Michel, naquit à Seyssel, département de l'Ain, et fut, dès sa jeunesse, destiné à suivre la carrière des arts; il apprit le dessin à l'école de Sarrabert, peintre de Lyon; et vint se perfectionner à Paris, sous la direction de Boucher, qui le regardait comme son meilleur élève, quoiqu'il s'éloignât beaucoup de la manière de ce maître. Lasalle, voulant appliquer ses talens aux produits des manufactures de soie, retourna à Lyon, et entra chez un négociant, dont il devint successivement l'associé et le gendre. « Bientôt, disent les » rapporteurs du conseil du com- » merce de cette ville, Lasalle fut » le premier à répandre avec une » noble profusion et un choix » plein de goût, l'émail de nos » fleurs sur nos étoffes; les plan- » tes semblaient y conserver le » mouvement de la végétation par » l'élégance du jet et par la pureté » des formes; les oiseaux, les in- » sectes animaient ses composi- » tions. » Parmi plusieurs inventions utiles en mécanique, qui lui méritèrent, en 1773, le cordon de Saint-Michel, on remarque un métier ingénieux d'une grande facilité pour la main d'œuvre, et qui offre les moyens d'exécuter toutes les conceptions du dessinateur. Au commencement de la révolution, il se retira dans les environs de Lyon, où il mourut quelque temps après. Il avait fait don à cette ville de ses métiers et modèles, et d'un hamac exécuté d'après ses idées et sous sa direction : cette conception philantropique offrait l'avantage de présenter toutes les situations, tous les mouvemens que le chirurgien peut désirer dans le pansement des blessés.

LASALLE (N.), ancien lieutenant-général, résidait à Sarre-Louis, lorsqu'il fut nommé, par le tiers-état du bailliage de Metz, député aux états-généraux, en 1789. Après la session, il retourna dans ses foyers, et fut désigné au mois de décembre 1799 pour se rendre à l'armée d'Égypte, afin d'y remplacer l'administrateur - général des finances. Les causes qui l'ont empêché de remplir cette mission sont inconnues ; on ignore même s'il vit encore.

LASALLE D'OFFEMONT (LE MARQUIS DE), maréchal-de-camp, chevalier de Saint-Louis, ancien commandeur de Malte, est un des premiers gentilshommes qui se prononcèrent en faveur de la révolution. Le 14 juillet 1789, jour de la prise de la Bastille, il fut élu membre du comité permanent de l'Hôtel-de-Ville qui, très-peu de temps après, le nomma commandant de la force armée de Paris; M. de la Fayette devint commandant-général, et M. de Lasalle-d'Offemont commandant en second. Il eut le bonheur, dans une circonstance critique, de sauver la vie à l'ancien ministre de la guerre, M. de Montbarey. Plus tard, ayant donné l'ordre de sortir de l'arsenal un bateau de poudres avariées, il faillit devenir victime de son zèle. On persuada au peuple que l'on voulait enlever les munitions de la ville. M. de La Fayette, averti à temps, accourut, et pendant qu'il cherchait à détromper et à calmer les esprits, M. de Lasalle d'Offemont disparut dans la foule, et échappa ainsi au fatal réverbère qui déjà était descendu. Le lendemain il reparut, se constitua prisonnier, se justifia, et devint, dans la même année, maréchal-de-camp. Dans le courant de 1791, ses services furent mentionnés honorablement, et un décret lui accorda une pension. Il fut perdu de vue depuis cette époque jusqu'au 14 juillet 1795, que mandé à la convention nationale, il y reçut les félicitations du président, pour les services qu'il avait rendus au 14 juillet 1789. Le général de Lasalle a commandé pendant plusieurs années, en qualité de colonel, le 10me régiment de vétérans, en garnison à Paris. Depuis sa retraite, et malgré son état de souffrance habituelle, il cultive les lettres qu'il a toujours aimées. On lui doit, outre différentes pièces de théâtre, plusieurs romans qu'il a traduits de l'anglais, entre autres, *Clara Lennox* et *Andronica*.

LASALLE-ROQUEFORT (le marquis de), fut nommé, par la noblesse de la sénéchaussée de Mont-de-Marsan, député aux états-généraux, en 1789. M. de Lasalle-Roquefort fut un de ceux qui s'opposèrent le plus à la réunion de son ordre à la chambre des communes, et qui, sans occuper la tribune, où il ne parut jamais, firent le plus d'efforts pour s'opposer aux changemens qui détruisaient les priviléges, etc. N'ayant pu atteindre le but qu'il se proposait, il se hâta de signer les protestations des 12 et 15 septembre 1791, contre tous les actes de l'assemblée. Depuis ce temps, il a entièrement disparu de la scène politique.

LASAUSSE (l'abbé Jean-Baptiste), écrivain ecclésiastique d'une grande fécondité, est né à Lyon, le 22 mars 1740. Il a été successivement directeur du séminaire de la congrégation de Saint-Sulpice à Tulle et à Paris, et grand-vicaire de Lamourette (*voy.* Lamourette), évêque constitutionnel du département de Rhône-et-Loire. Ce fut l'abbé Lasausse qui accompagna à l'échafaud Châlier, surnommé le Marat de Lyon, (*voy.* Chalier), et lui fit baiser le crucifix quelques instans avant l'exécution. Il a publié, peu de temps après, un exposé des circonstances qui accompagnèrent la mort de Châlier, et la lettre qu'il en avait reçue à la suite de sa condamnation. Nous ne citerons que les principaux ouvrages de cet ecclésiastique, soit comme écrivain, soit comme éditeur, soit comme abréviateur, soit enfin comme traducteur : 1° *Cours de méditations ecclésiastiques*, in-12, 2 vol., Tulle, 1781; 2° *Cours de méditations religieuses*, Tulle, 2 vol. in-12, 1781; 3° *Cours de méditations chrétiennes*, Tulle, 2 vol. in-12, 1781; 4° *Dialogues entre 2 chrétiens instruits sur la fin de l'homme*, Saint-Brieuc, in-18, an XI de la république; 5° *Dialogues chrétiens sur la religion*, etc., Paris, 3 vol. in-8°, 1802; 6° *Cours annuels de sujets de piété*, Paris, 1805, 3 vol. in-8°; 7° *la Vie de Jésus-Christ, selon la concorde mise dans la bouche de Jésus-Christ*, 2 vol. in-12, Paris, 1806; 8° *la Doctrine de Jésus-Christ puisée dans les épitres des apôtres*, 2 vol. in-12; Paris, 1807; 9° *Entretiens instructifs et pieux sur la confession et la communion*, Paris, 1808, in-18; 10° *les Pécheurs pensant à l'éternité*, Paris, 1811, in-32; 11° *le Sage réfléchissant sur l'éternité*, etc., Paris, 1813, in-24; 12° *le fervent Ecclésiastique*, Paris, 1814, in-12; 13° *Explication du catéchisme, avec des traits historiques après chaque explication*, Paris, 1814, édition stéréotypée, in-12; 14° *l'Ami zélé, donnant des conseils à son ami chaque jour de l'année*, Paris, 1815, in-24; 15° *l'Ami des pécheurs, où, après de courtes explications, se trouvent des anecdotes*, Paris, 1817, in-12; 16° *Retraite du P. Cataneo*, traduction de l'italien, in-18, 1783; 17° *le vrai Pénitent*, traduction de l'italien, Tulle et Lyon, 1785, in-12; 18° *l'École du Sauveur*, traduite du latin, de l'ouvrage ayant pour titre *Scola Christi*, 7 vol. in-12, Paris, 1791; 19° *Homélies sur la liberté, l'égalité et la philosophie moderne*, traduction de l'italien de M. Turchi, évêque de Parme, le texte en regard, Paris, 1816, in-12; 20° *l'heureuse Année*, traduction de l'italien, de l'ouvrage sous le titre de *Diario spirituale*, Tulle et Rouen, 1814; 21° *OEuvres de Cormeaux, zélé missionnaire pendant la révolution*, Paris, 1796, 3 vol. in-12; 22° *le Guide spirituel*, par le P. Surin, suivi de *Dialogues sur la vie intérieure*, Paris, 1801, in-12; 23° *Doctrine spirituelle du P. Berthier, du P. Surin, de M. de Lamothe*, 1811, in-18 et in-12; cet ouvrage a eu plusieurs éditions.

LAS CASES (EMMANUEL COMTE DE), marquis de la Caussade, est issu d'une famille dont une branche, établie en Espagne, a produit le bon évêque de Chiapa, Barthélemy de LAS CASAS. Il était officier de marine avant la révolution. Cédant à l'impulsion que les nobles, en assez grand nombre, avaient donnée, M. de Las Cases émigra en 1791, fit la campagne de 1792 comme simple volontaire, et s'embarqua à Rotterdam, pour se rendre en Angleterre, après avoir parcouru à pied un pays fort étendu. En 1794, il reçut un grade d'officier dans le régiment de Dudresnay, et fut assez heureux pour échapper aux désastres de Quiberon. De retour en Angleterre, après tant de malheurs, il y publia, sous le nom de LESAGE, son *Atlas historique et géographique*. Rentré en France après le 18 brumaire an 8 (9 novembre 1799), il y fit pendant quelque temps le commerce de la librairie, et, en 1804, publia de nouveau l'*Atlas historique et géographique*, auquel il donna des développemens très-étendus, et qu'il porta à un degré de perfection qui en fait un des livres les plus utiles qu'on ait jamais publiés. S'étant attaché à Napoléon, il devint baron de l'empire en 1808, et demanda à faire, comme simple volontaire, la campagne d'Anvers et de Flessingue, en 1809; après cette expédition, M. de Las Cases fut nommé chambellan de l'empereur, puis maître des requêtes, section de la marine. Quelque temps après, il fut chargé d'une mission en Hollande, et présida, en 1811, le conseil de liquidation des dettes publiques des Provinces-Illyriennes. Après les événemens politiques de 1814, il se rendit momentanément en Angleterre, et de retour à Paris, il s'occupait du soin de ses affaires, quand, le 20 mars 1815, Napoléon reparut à la tête du gouvernement. Par suite des désastres de Waterloo, Napoléon ayant été forcé une seconde fois de quitter la France, M. de Las Cases sollicita la permission de l'accompagner, et le suivit à Sainte-Hélène, avec l'aîné de ses fils. Sa société fut d'une grande ressource pour le proscrit, à la consolation duquel il s'était si généreusement dévoué. Il lui enseigna la langue anglaise, et écrivit sous sa dictée plusieurs mémoires historiques. Après les plus mauvais traitemens, dont les causes ne peuvent être examinées ni développées dans cet ouvrage, M. de Las Cases fut arrêté, avec son fils, le 27 novembre 1816, par ordre de sir Hudson Lowe (*voyez* Hudson Lowe), et transporté au cap de Bonne-Espérance, où il resta dans une longue captivité. Enfin conduit en Angleterre, il fut rejeté sur le continent, où il erra quelque temps escorté comme un prisonnier. Arrivé à Francfort, la liberté lui fut enfin rendue par la protection de l'Autriche. Tranquille dès-lors, il séjourna deux années en Belgique. Il est rentré en France, où il s'est occupé dans sa retraite à mettre en ordre les documens qu'il avait apportés de Sainte-Hélène. Les deux premiers de ses mémoires ont paru en janvier 1823. Ils font plus d'honneur aux prisonniers de Sainte-Hélène qu'à leurs gardiens. On doit admettre cependant quelque distinction entre les hommes qui ont été chargés de les surveiller. Si l'on pouvait y mettre moins de sévérité que l'amiral Kocburn, on ne le pouvait faire avec plus de cruauté que sir Hudson Lowe. Ce gouverneur ayant cru pouvoir justifier ses violences par des imputations injurieuses, le fils de M. de Las Cases, persuadé que ce mode de justification n'était pas autorisé par le caractère dont sir Hudson avait été revêtu, est allé à Londres lui en demander raison. C'est par une citation portée par des huissiers que sir Hudson a cru devoir répondre à la proposition qui lui avait été adressée sans intermédiaire par un brave.

LASCOURS (le baron de), militaire avant la révolution, fit ses premières armes en Amérique, où il obtint la croix de l'ordre de Cincinnatus en servant la cause de l'indépendance. De retour en France, il fut nommé par le roi chevalier de Saint-Louis. Il servit avec distinction, pendant les premières campagnes de la révolution, dans l'armée des Pyrénées et dans celle des Alpes. Appelé au conseil des anciens en 1796, il devint, après le 18 brumaire, membre du corps-législatif, où il exerça les fonctions de questeur pendant plusieurs années. Depuis 1814, le baron de Lascours a été successivement préfet du Puy-de-Dôme, de la Vienne et du Gers. Nommé à la chambre des députés par le département du Gard, en 1818, il prit place au centre du côté de la gauche. Il a voté contre les lois d'exception, et pour le nouveau système électoral, modifié par quelques amendemens.

LASCY (LE COMTE DE), feld-maréchal au service d'Autriche, et l'un des généraux les plus en crédit auprès de l'empereur Joseph II, naquit, en 1724, d'une famille distinguée de la Belgique, qui le destina de bonne heure à la profession des armes, dans laquelle il donna souvent des preuves de talent et de courage. Il acquit la confiance de son souverain, et devint l'un des généraux qu'on appelait les *faiseurs militaires* de ce prince, parce que ce fut d'après leurs conseils qu'eurent lieu les améliorations opérées sous son règne dans les armées autrichiennes. En 1788, il fut chargé du commandement de l'armée destinée à agir contre les Turcs. Il obtint peu de succès, ce qui donna quelque prise sur lui aux envieux de la faveur dont il jouissait, et contribua sans doute à lui faire ôter le commandement au mois de février 1789. Dès ce moment, il entra dans le conseil aulique de la guerre, et lorsque Joseph II mourut, l'archiduc François l'autorisa à signer toutes les expéditions relatives à ce département, jusqu'à ce que Léopold, grand-duc de Toscane, vint prendre possession du trône impérial. Au mois de juin 1790, le commandement de l'armée contre les Turcs fut de nouveau remis au général Lascy, après la mort de Laudon. En avril 1794, l'empereur Léopold le chargea, par *interim*, de la direction des affaires de la guerre, et lui confia ensuite les fonctions de chancelier de l'ordre de Marie-Thérèse. Le feld-maréchal Lascy mourut à Vienne, le 30 novembre 1801. Il est juste de remarquer que ses avis furent souvent utiles dans les conseils, et que s'il fut rarement heureux à la guerre, il ne manquait ni de talens ni de bravoure. Il était le plus ancien des généraux de l'empire.

LASCY (N.), général russe, et chevalier de l'ordre de Saint-Wladimir, fit avec distinction la guerre contre les Turcs, et reçut, au mois de décembre 1790, une blessure assez grave à l'assaut d'Ismaïl. Il fit aussi la campagne de 1794 contre les Polonais. L'impératrice Catherine II, pour le récompenser de ses services, le nomma lieutenant-général, lui donna la décoration de l'ordre de Sainte-Anne, une terre et une épée garnie en diamans. En 1805, il se trouvait à Naples comme simple voyageur, lorsque les hostilités recommencèrent entre la France, l'Autriche et la Russie; il y prit le commandement des troupes russes, qui débarquèrent au mois de novembre, et occupèrent ce pays jusqu'à la paix de Presbourg. Il a ensuite été entièrement perdu de vue.

LASERNA-SANT-ANDER (CHARLES-ANTOINE), correspondant de l'institut de France, bibliothécaire à Bruxelles, naquit à Colindre, dans la Biscaye, en 1752. Il fit ses études chez les jésuites à Villegarcia (Vieille-Castille), et devint membre de leur société. A la dissolution de cet ordre fameux, il rentra dans sa patrie, d'où, après un court séjour, il passa à Valladolid pour y étudier la philosophie. Il paraissait devoir se fixer dans cette ville, lorsque son oncle, don Simon de Sant-Ander-y-Rada, qui habitait Bruxelles en qualité de secrétaire du roi d'Espagne, l'appela près de lui. Il s'y rendit, et là, par ses soins, ses économies, il forma une bibliothèque, qu'il mit généreusement à la disposition non-seulement des gens de lettres, mais encore des personnes qui avaient le goût de la lecture. L'oncle de Laserna, n'ayant pas d'enfans, lui légua tous ses biens; mais trop désintéressé pour jouir seul d'une fortune qu'il n'avait point acquise par son travail, il partagea le produit de la succession entre lui et ses frères, et se vit forcé, par suite, de vendre sa propre bibliothèque. Un libraire de Paris lui en offrit 100,000 francs; il les refusa, et en accepta 80,000 d'un riche particulier de Bruxelles, parce qu'il promettait de l'ouvrir, comme lui, au public, et de plus, de la laisser à la ville après sa mort. Laserna fut nommé, en 1795, conservateur de la bibliothèque de Bruxelles. Il était très-instruit dans la science de l'histoire littéraire et dans la bibliographie. Son zèle pour les sciences et pour l'utilité de ceux qui les cultivent en reçut un véhicule puissant. Mettant tous ses soins à l'augmenter en bons livres et en manuscrits précieux, il ouvrit des correspondances avec les savans les plus illustres de la France, de l'Espagne et de l'Italie. Il créa un jardin de botanique, un laboratoire de physique et un cabinet d'histoire naturelle. C'est encore à son zèle infatigable, à son goût éclairé, que Bruxelles doit en partie son musée, qu'il augmenta des plus belles productions des peintres de l'école française et des écoles d'Italie. La réputation de Laserna était européenne, et l'institut impérial de France venait de l'admettre au nombre de ses membres correspondans, lorsqu'il termina son honorable carrière en 1813, généralement regretté. On lui doit, entre autres ouvrages, une *Description bibliographique par ordre alphabétique des éditions les plus rares et les plus recherchées du 15me siècle*, 3 vol. in-8°. Le Ier contient une histoire critique de l'imprimerie. Cet ouvrage est estimé et passe pour classique.

LASOURCE (MARIE-DAVID-ALBIN), membre de la convention nationale, naquit en 1772, à Angles, département du Tarn, où il remplissait avant la révolution les fonctions de ministre protestant. Il embrassa avec chaleur la cause de la liberté, et fut, en 1791, nommé député à l'assemblée législative. Le 22 décembre, il prononça sur les dangers de la patrie un discours, dans lequel les émigrés n'étaient point ménagés. Le 19 mars, il vota pour l'amnistie en faveur des auteurs des massacres qui avaient eu lieu à Avignon dans la journée et dans l'affreuse nuit du 16 octobre précédent. Le 17 avril, il prétendit que la nation avait seule le droit de nommer un gouverneur au prince royal. Après le 10 août 1792, il demanda un décret d'accusation contre M. de La Fayette, ayant préalablement déclaré « qu'il venait briser » l'idole devant laquelle il avait lui- » même si long-temps sacrifié. » Il concourut également au décret d'accusation rendu contre l'ex-ministre Montmorin. Nommé, en septembre 1792, à la convention nationale, il siégea constamment avec le parti des *Girondins*. A l'époque du jugement de Louis XVI, Lasource remplissait, au nom de la convention, une mission dans le département du Var : il envoya dans une lettre son vote pour la mort. Revenu de sa mission, il reparut à plusieurs reprises à la tribune. Il tenta vainement de faire excepter de la loi contre les émigrés, les enfans emmenés par eux dans un âge où ils ne pouvaient avoir ni le discernement nécessaire pour savoir ce qu'ils faisaient, ni le pouvoir d'exécuter leur volonté de rester en France, s'ils l'avaient eue. Lasource devint membre des comités de sûreté générale et de salut public. Il demanda l'arrestation du duc d'Orléans et de Sillery, et dans les premiers jours du mois d'avril 1793, il attaqua Robespierre, à l'occasion d'une pétition des sections de Paris, dans laquelle on demandait la proscription de 22 députés au nombre desquels il se trouvait. Il fut nommé président de la convention le 18 du même mois : ce triomphe fut de courte durée. Enveloppé avec plusieurs de ses collègues dans la catastrophe du 31 mai, il fut arrêté le 2 juin, mis en accusation le 3 octobre, traduit au tribunal révolutionnaire, et condamné à mort le 30. Il était âgé de 31 ans. Lasource ne cessa pas de montrer le plus grand courage. Il dit aux juges qui venaient de le condamner : « Je meurs dans le moment où le » peuple a perdu sa raison; et vous, » vous mourrez le jour où il la » recouvrera. »

LASSALA (. L'ABBÉ MANUEL), jésuite espagnol, auteur dramatique, naquit à Valence en 1729. Après avoir terminé d'excellentes études, il entra dans l'ordre des jésuites et devint professeur à l'université de sa ville natale; il y enseigna les langues anciennes, l'histoire, l'éloquence et la poésie. Un *Essai sur l'histoire générale, ancienne et moderne*, le fit connaître à la fois comme savant et comme littérateur. Cet essai est encore regardé aujourd'hui en Espagne comme le meilleur ouvrage de ce genre; il fut suivi de la *Vie des poëtes espagnols et castillans*. Le succès qu'obtinrent les traductions qu'il publia de quelques auteurs dramatiques anciens lui donna l'idée d'essayer ses talens comme auteur tragique, et il composa *Joseph*, tragédie en 5 actes, jouée en 1762 et imprimée quelque temps après. A cette pièce succéda *Don Sancho Abarca*, tragédie en 3 actes, représentée et imprimée en 1765. La destruction de l'ordre auquel Lassala appartenait le détermina à se rendre en Italie. Il fixa son domicile à Bologne, et donna en italien une imitation de l'*Iphigénie en Aulide* d'Euripide et de Racine, *Ormisinda*, tragédie en 5 actes, et *Lucia Miranda*, tragédie dont le sujet appartient aux annales des Espagnols dans le Paraguay. Ces trois tragédies écrites en vers furent très-bien accueillies, et les feuilles italiennes en firent un grand éloge en exprimant l'étonnement où l'on était de voir un étranger composer en italien aussi bien qu'il le faisait dans sa propre langue. L'abbé Lassala est auteur de plusieurs poëmes latins. L'un des plus remarquables est celui où il peint les désastres occasionés à Bologne par l'effet des inondations du Rhône. Il a transporté de l'arabe dans la langue où il a composé ses poëmes, les *Fables de Locman*, dont il adressa la dédicace à son ami Francisco Perez Bayer, l'un des Espagnols les plus savans de son époque. Lassala mourut en 1798 à Bologne.

LASSÉE (N.), fut nommé administrateur du département de la Charente, au commencement de la révolution. L'estime qu'il avait inspirée à ses concitoyens, lorsqu'ils lui confièrent ces fonctions, s'accrut encore par la modération et la sagesse dont il fit preuve aux époques les plus difficiles, et lui mérita de nouveaux témoignages de la confiance de son département. En 1798, il fut élu au conseil des cinq-cents, et réélu au même conseil l'année suivante. Dans cette session, il vota contre le projet d'impôt sur le sel, et déclara qu'il préférait une augmentation sur les portes et fenêtres. Il appuya la résolution qui défendait aux fonctionnaires publics de s'intéresser dans aucune entreprise de fournitures. La révolution du 18 brumaire an 8 (9 novembre 1799) mit un terme à ses fonctions législatives. En 1800, il fut nommé, par le gouvernement consulaire, juge au tribunal criminel du département de la Charente, où il a continué de justifier le choix du gouvernement et de mériter la considération publique.

LASSONE (Joseph-Marie-François), médecin de Louis XVI et de Marie-Antoinette, membre de la société royale de médecine, dont il fut le fondateur, et de l'académie royale des sciences, naquit à Carpentras, en 1717. Son père, qui était médecin ordinaire du roi, présida à ses premières études, et lui fit d'abord apprendre la chirurgie. Ce fut sous le célèbre Morand, chirurgien en chef de l'hôpital de la Charité, que le jeune Lassone fit ses cours dans cet art, et il eut la gloire de partager avec l'illustre Lecat le prix double proposé par l'académie royale de chirurgie, pour l'extirpation de la mamelle cancéreuse. Moins heureux au concours suivant, et n'exerçant la chirurgie qu'avec une grande répugnance, il préféra accepter une chaire de médecine à l'université de Padoue, où Morgagni professait encore. Mais la crainte de s'éloigner d'un parent qui était à la fois son ami et son

P. Lassus.

Gérard pinx. Fremy del et Sculp.

bienfaiteur, le respectable Languet, curé de Saint-Sulpice, le fit renoncer aux avantages qu'il eût rencontrés en quittant sa patrie, et il se fit agréger à la Faculté de médecine de Paris. Bientôt il reçut une noble récompense de ses talens et des sacrifices qu'il faisait à sa famille. L'académie royale des sciences de Paris l'admit au nombre de ses membres : il avait alors un peu moins de 25 ans. Ce fut en faveur de ce jeune savant qu'un ami de son père, le professeur Winslow, homme d'un rare mérite, consentit à reprendre ses cours d'anatomie. Ces marques d'intérêt et de bonté de la part d'un vieillard qui avait tout-à-fait quitté l'enseignement, ranimèrent le courage de Lassone, et il reprit avec le plus grand succès un genre d'études qu'il ne tarda pas d'abandonner pour toujours, à la suite d'un événement qui mit sa sensibilité à une forte épreuve. En parcourant le caveau de l'Hôtel-Dieu, où l'on dépose les morts, il choisit un cadavre, et au moment où il va y porter le scapel, il croit lui reconnaître quelques signes de vie : il ne s'était pas trompé. Ses soins ranimèrent l'infortuné; il le fait transporter chez lui, parvient à lui rendre la santé, et pourvoit à ses besoins pendant plusieurs années. Lassone avait acquis une grande réputation, et était l'un des médecins les plus occupés de la capitale. Il devint médecin de la reine Leskzinska, et à la mort de cette princesse, médecin de la reine Marie-Antoinette et de Louis XVI. Comme premier médecin du roi, l'examen des remèdes secrets, la surveillance des eaux minérales et médicinales, la connaissance des épidémies, etc., ressortaient de ses attributions. Ne pouvant suffire à de si utiles et nombreuses occupations, il provoqua la fondation de la société royale de médecine, qui fut chargée de ces importantes inspections. Lassone mourut le 8 décembre 1788. Il s'était beaucoup occupé de chimie, et il a publié sur cette science, peu avancée de son temps, un grand nombre de mémoires, dont la société royale de médecine et l'académie royale des sciences ont enrichi leurs recueils. Vicq-d'Azyr a publié, en 1789, in-4°, l'*Eloge de Lassone*, et y a inséré une nomenclature générale de ses ouvrages. Nous ne citerons que les suivans, qui nous ont paru d'un intérêt plus général. 1° *Sur l'organisation des os* (mémoires de l'académie des sciences, 1751-1752); 2° *diverses Observations d'histoire naturelle*, faites aux environs de Compiègne (mêmes mémoires, 1770); 3° *Mémoire sur le zinc* (Ibid., 1772-1773); 4° *Mémoire sur les grès en général, et particulièrement sur ceux de Fontainebleau* (Ibid., 1774-1775); 5° *Méthode éprouvée pour le traitement de la rage*, Paris, 1776; 6° avec Cornette, *Mémoires sur une méthode nouvelle, facile, prompte et peu dispendieuse de préparer l'opium, pour en détruire les qualités nuisibles et en exalter les propriétés médicinales*, insérés dans le recueil de la société royale de médecine, 1782-1785.

LASSUS (Pierre), célèbre chirurgien, professeur de pathologie externe à l'école de Médecine et de Chirurgie, membre et bibliothécaire de l'institut de France, etc., naquit à Paris en 1741. Il fut dirigé dans ses études chirurgicales par son père, praticien distingué, et reçu maître en chirurgie le 1er juin 1765. Sa jeunesse s'opposa d'abord à ses succès comme praticien ; mais bientôt s'étant fait un nom recommandable dans l'enseignement particulier, puis comme chargé par l'académie de chirurgie des fonctions de démonstrateur, il obtint la confiance publique, et, en 1771, sur la présentation de Lamartinière, premier chirurgien du roi, la charge de chirurgien ordinaire de *Mesdames*, filles de Louis XV. Il lui arriva, dans l'exercice de cette charge, un incident assez singulier. Appelé pour saigner Madame Victoire, deux fois il piqua la veine sans pouvoir obtenir de sang. La princesse, qui honorait Lassus de son estime, voulut prévenir l'impression fâcheuse que pourrait faire à la cour et dans le public cette double et inutile tentative. Ne pouvant plus le garder, elle lui conserva son titre près d'elle, et lui fit donner, en 1779, la charge de lieutenant du premier chirurgien du roi. C'est en cette qualité qu'il réunit les attributions d'inspecteur des écoles, et de trésorier du collège et de l'académie de chirurgie. Il obtint, en 1781, la place de professeur d'opérations. Lassus suivit les tantes de Louis XVI lorsque, au commencement de la révolution, elles quittèrent la France pour se fixer en Italie. A son retour à Paris, il obtint, en considération des travaux auxquels il s'était livré en pays étranger, et dont il fit connaître les résultats intéressans, sa radiation de la liste des émigrés. A la réorganisation des corps académiques, il devint successivement professeur de l'histoire de la médecine et professeur de pathologie externe, dont il a rempli les fonctions jusqu'à sa mort arrivée le 17 mars 1807. M. le baron Desgenettes, dans une notice sur ce célèbre praticien, s'exprime ainsi : « Il enseignait cette science, » (la pathologie externe), avec une » méthode et une clarté remarqua- » bles, et des formes originales qui, » quoique parfois un peu triviales, » gravaient profondément ses le- » çons dans l'esprit de ses élèves. » Lassus qui, lors de la formation de l'institut national, avait été admis à en faire partie, devint secrétaire de sa classe, et enfin, bibliothécaire. Il a publié : 1° *Nouvelle Méthode de traiter les fractures et les luxations, par Pott, avec la Description des nouvelles attelles de Sharp pour le traitement des fractures de la jambe*, traduction de l'anglais, Paris, in-12, 1771, réimprimé in-8°, 1783; 2° *Dissertation sur la lymphe*, qui a remporté le prix proposé par l'académie de Lyon en 1773, imprimé en 1774; 3° *Mémoire sur les plaies du sinus longitudinal supérieur de la dure-mère, et Observations sur une hernie inguinale avec étranglement*, insérés dans les mémoires de l'académie de chirurgie, de 1774; 4° *Dissertation sur les maladies vénériennes, par Turner*, traduction de l'anglais, 2 vol. in-12, Paris, 1777; 5° *Essai ou Discours historique et critique sur les découvertes faites en anatomie par les anciens et les modernes*, Paris, 1783, in-8°; 6° *Manuel pratique de l'amputation des membres, par Alanson*, traduction de l'anglais, in-12, Paris, 1784; 7° *Traité élémentaire de médecine opératoire*, 2 vol. in-8°, Paris, 1795; 8° *Pathologie chirurgicale*, 2 vol. in-8°, Paris, 1805-1806. Ces deux derniers ouvrages sont les principaux et les plus estimés de ce savant praticien. En 1790, Lassus s'était associé M. Pelletan pour la rédaction des *Ephémérides de toutes les parties de l'art de guérir*, dont il ne parut qu'un volume, par suite des événemens de la révolution. On y remarqua plus particulièrement l'observation d'une hernie inguinale extraordinaire, et l'explication d'un passage de Duverney, relatif à la fracture de l'avant-bras. On trouve dans les *Mémoires de l'institut*, au tome Ier, un *Mémoire* de Lassus, *sur le prolongement de la langue hors de la bouche*, et au tome III, des *Recherches sur la cause de l'hernie ombilicale de naissance;* enfin, dans le *Journal de médecine* (an 9), l'*Observation d'un ulcère fistuleux de l'estomac*, traduction de l'anglais, et des *Recherches sur l'hydropisie enkistée du foie*. En l'an 12, il prononça, en qualité de président de l'école de Médecine, le discours de rentrée; il a été imprimé. Comme secrétaire de la 1re classe de l'institut, il a analysé et rendu compte d'une partie des travaux de la classe pendant les années 5 et 6. On lui doit encore les Éloges de *Pelletier* et de *Bayen*. MM. Thouret et Pelletan ont prononcé sur sa tombe son éloge historique, le premier au nom de l'école de Médecine, et le second au nom de l'institut. M. Sue lui a également payé le tribut dû à son mérite et à ses qualités personnelles dans une assemblée publique de l'école de Médecine ; son discours a été imprimé en 1808. Les mémoires de la classe des sciences mathématiques et physiques de l'institut, de cette même année, renferment l'éloge et la nomenclature des ouvrages de Lassus par M. Cuvier. Peint plusieurs fois par des artistes célèbres, Lassus l'a été avec une grande perfection par M. Gérard, premier peintre du roi.

LASTESIO ou DALLE-LASTE (JEAN), littérateur italien, naquit à Marostica près de Vicence, vers 1707. Après avoir professé les belles-lettres à l'université de Padoue, il se fixa à Venise, où il enseigna les belles-lettres et le droit. En 1756, il fut chargé, par le gouvernement vénitien, d'écrire l'histoire de l'université de Padoue, faveur qu'il obtint sur Facciolati, avec lequel il avait déjà travaillé aux corrections du *calepin*, et qui, à cette époque, lui avait suscité des désagrémens par suite desquels il cessa son travail : le gouvernement de Venise le vengea noblement de l'injustice dont il avait à se plaindre, en lui confiant une tâche qui appartenait à Facciolati par ancienneté d'emploi. Ce fut de concert avec le savant bibliothécaire de Saint-Marc, Jacques Morelli, qu'il entreprit d'écrire en italien l'histoire de l'université, en la commençant de l'époque de la réunion de Padoue à l'état de Venise. Plein d'instruction, mais modeste et timide, il n'osa point publier son travail, ce qui fit penser qu'il craignait de nouveaux désagrémens de la part de Facciolati. Cette circonspection lui fit perdre son emploi; néanmoins, pour l'en dédommager, on le créa censeur des livres de théologie, réviseur des brefs, etc., de la cour de Rome. Dans ces nouvelles fonctions, il sut, avec autant de discernement que de bonheur, concilier les intérêts du gouvernement qui l'employait et ceux du sacerdoce. On attribue l'antipathie que Facciolati, d'un caractère caustique et peu endurant, lui témoigna toujours, à l'esprit satirique et aux reparties vives et piquantes de Lastesio, soit dans leurs discussions journalières, soit dans d'autres circonstances, où les deux rivaux s'étaient réciproquement peu ménagés. Lastesio, qui était l'un des membres les plus distingués de l'académie des *Granelleschi* (*voy.* Gozzi), mourut à Venise le 21 janvier 1792. Il a publié, outre des *Oraisons funèbres* en latin généralement estimées : 1° *Laurentii Pataroli vita*, placée en tête des œuvres de Patarol, Venise, 1743, in-4°; 2° *De Museo Philippi Farsetti epistola ad cortonensium academiam*, Venise, 1764, in-4°; 3° *Instruction de saint Grégoire de Nazianze aux Vierges*, traduction du grec en vers italiens, Venise, 1754, in-4°, réimprimé en 1776, in-4°, à Padoue; 4° *Gratulationes*, etc., 1767, in-8°; 5° *Carmina*, Padoue, 1774, in-4°. On y trouve un poëme sous le titre de : *Apollo Vaticanus*, déjà publié ave une traduction italienne *in verso sciolto*, par Pagello, 1773, Bassano; 6° *Vita Francisci Algarotti*, in-8°, imprimée dans les *Vitæ Italorum* de Fabroni. Lastesio a concouru, avec Marco Forcellini, à l'édition et à la correction des ouvrages de Sperone Speroni, Venise, 1740, 5 vol. in-4°. Parmi les manuscrits qu'il a laissés, se trouvent : une traduction en vers libres non rimés de *l'Énéide* de Virgile et de *l'Art poétique* d'Horace, et un recueil intéressant de *Lettres*.

LASTEYRIE - DUSAILLANT (Charles - Philibert, comte de), l'un des fondateurs de la société d'encouragement pour l'industrie nationale, de la société philantropique et de celle d'instruction mutuelle ou élémentaire, est né à Brives-la-Gaillarde, département de la Corrèze, le 4 novembre 1759. Il commença ses études à Limoges et les termina à Paris. Né avec le goût des arts, le séjour de la capitale le fortifia; il y prit celui de l'histoire naturelle, en fréquentant les riches dépôts que Paris renferme. L'économie rurale captiva particulièrement son attention, et pour augmenter le nombre de ses connaissances dans ces différentes parties, il voyagea en Angleterre, en Italie, en Sicile, en Suisse et en Espagne. Il est le premier qui ait cherché à acclimater en France la race des *mérinos*, qui y est aujourd'hui naturalisée. Cherchant, avec une constante sollicitude, à faire jouir sa patrie des avantages que l'on pouvait retirer de l'industrie étrangère, après avoir visité les pays du Nord, en 1799, il se rendit à Munich, en 1812, afin d'apprendre l'art de la lithographie qu'il introduisit à Paris en 1815, et qui est aujourd'hui, pour les arts, une des plus agréables et des plus précieuses de nos conquêtes pacifiques. Infatigable explorateur des conceptions utiles de nos voisins, M. de Lasteyrie avait formé à Paris, à l'instar de la société qui existe à Londres, une *société pour les hommes de lettres*, dont le but était d'offrir aux savans et aux littérateurs infirmes ou pauvres, des secours qui les eussent mis à même de terminer ou de produire des ouvrages, que leur misère ne leur permettait pas d'achever ou de publier. Des fonds pour l'établissement de cette société étaient faits, les membres s'étaient réunis, des règlemens avaient été imprimés : le gouvernement impérial, par des motifs qui ne sont pas connus, ne permit pas que ce projet d'établissement, si philantropique et si digne d'encouragement, reçût son exécution. M. de Lasteyrie n'a pas eu depuis plus de succès dans une autre conception, où il montra également son amour pour son pays, et son désir invariable de se rendre utile. Il a formé, dans l'intérêt des agronomes, un cabinet et une bibliothèque, où sont réunis les objets et les ouvrages élémentaires de l'économie rurale. Il a proposé, plusieurs fois, d'en faire la cession gratuite au gouvernement, sous la condition, pure et simple, de le consacrer à un établissement public. Ce projet n'a point encore été adopté. On doit à M. de Lasteyrie, comme auteur ou traducteur, une foule d'ouvrages, au nombre desquels on remarque les suivans : 1° *Essai pour diriger et étendre les recherches des voyageurs qui se proposent l'utilité de leur patrie*, etc., traduit de l'ouvrage anglais du comte Léopold Berchtold, 2 vol. in-8°, Paris, 1797; 2° *Traité sur les bêtes à laine d'Espagne, leur éducation, leurs voyages, la tonte, le lavage et le commerce des laines, les causes qui donnent la finesse aux laines*, etc., Paris, in-8°, an 7 (1799); 3° *Traité des constructions rurales*, Paris, 1802, in-8°, et atlas in-fol. Cet ouvrage est une traduction de celui que le bureau d'agriculture de Londres a publié. M. de Lasteyrie y a ajouté des notes et fait des additions importantes. 4° *Du cotonnier et de sa culture, ou Traité sur les diverses espèces de cotonniers; sur la possibilité et les moyens d'acclimater cet arbuste en France*, etc., avec figures, Paris, 1800, in-8°; 5° *Constitution de la monarchie espagnole*, Paris, 1814, in-8°, traduction de l'espagnol; 6° *Catéchisme politique de la constitution de la monarchie espagnole, à l'usage des écoles primaires*, traduction de l'espagnol, Paris, 1815, in-8°; 7° *Nouveau système d'éducation pour les écoles primaires, adopté dans les quatre parties du monde; exposé de ce système; histoire des méthodes sur lesquelles il est établi; de ses avantages et de l'importance de l'établir en France*, Paris, 1815, in-8°; 8° un grand nombre de *Mémoires*, dans différens journaux, sur l'économie rurale, domestique et industrielle; 9° Il a été l'un des collaborateurs de l'abbé Rozier pour le *Cours d'Agriculture*. M. de Lasteyrie-Dusaillant, si recommandable par sa modestie, son mérite et ses vues toutes philantropiques, est gendre de l'un de nos plus honorables députés, M. de La Fayette.

LASTIC (Dominique), évêque de Conserans, d'une famille ancienne de la ci-devant province de Languedoc, naquit au château de Mendes, le 16 octobre 1742. Il entra fort jeune dans la carrière ecclésiastique, et parvint à l'épiscopat ayant à peine atteint sa 38ᵉ année. Élu, par le clergé de la sénéchaussée de Conserans, député aux états-généraux en 1789, il siégea constamment au côté droit, et signa les protestations des 12 et 15 septembre 1791 contre les actes de l'assemblée. Il quitta immédiatement après la France, et se retira en Espagne, où il mourut en 1800.

LASTOUR (le marquis de), membre de la chambre des députés, chevalier de la légion-d'honneur, est un riche propriétaire du département du Tarn, et l'un des apologistes de la grande propriété. C'est en 1815, à la chambre dite *introuvable*, qu'il a commencé sa carrière législative, en votant avec la majorité. L'ordonnance du 5 septembre 1816 ayant dissous la chambre, il fut réélu par le département du Tarn, et cette fois, il fit partie de la minorité. Les nouvelles lois d'élection remettant les choses sur l'ancien pied, M. de Lastour continua de siéger sur les bancs du côté droit. Cet honorable député, qui paraît s'occuper spécialement de matières de finance, présenta dans la séance du 20 janvier 1817, un long travail sur l'inégalité de la contribution foncière, qui, selon lui, existera tant qu'on n'adoptera pas pour base de l'impôt foncier, au lieu du revenu net, la valeur intrinsèque de la propriété. « Les » clauses des ventes, dit M. de » Lastour, sont connues; elles » sont palpables; elles offrent un » moyen d'appréciation plus posi- » tif que les baux et loyers, varia- » bles de leur nature. Personne » n'aurait à se plaindre : le luxe de » la propriété serait atteint, et le » petit propriétaire ménagé. » Il termine en demandant que le cadastre parcellaire soit continué, en ce qui touche la répartition intérieure de chaque commune. Dans la session de 1818 à 1819, il attaqua la partie du budget relative au cadastre, s'attacha à démontrer l'insuffisance des efforts faits jusqu'à ce jour pour parvenir à un bon système de cadastre, et proposa une suspension de toute opération de ce genre, jusqu'à ce qu'on eût réuni de nouveaux élémens d'une répartition générale. La discussion de la partie des voies et moyens lui fournit l'occasion de parler contre la création des malles-postes. « Elles » compromettent, dit-il, la sûreté » des dépêches. En nécessitant des » chevaux plus forts et par consé- » quent plus chers que ceux des » malles ordinaires, elles font » hausser d'autant le prix des che- » vaux propres à l'artillerie et à la » grosse cavalerie, et augmenter » ainsi considérablement la dépen- » se publique. Dans l'état actuel, » ajoute l'honorable député, tout » se trouve dénaturé et confondu. » M. le directeur-général des pos- » tes est entrepreneur des messa- » geries; les entrepreneurs de mes- » sageries sont maîtres de postes; » les malles sont des diligences; » les diligences font le roulage, et » les voitures, marchant à petites

» journées, ne sont plus que de « mauvaises charrettes. » M. de Lastour, qui a voté pour toutes les lois d'exception, fait partie de la 3ᵉ série qui doit être renouvelée en 1824.

LATAPIE (N.), ex-militaire, reprit du service en 1815 comme capitaine de corps franc. Après la seconde restauration, en 1816, il fut contraint de quitter la France, par suite de son inscription sur une des listes dressées à cette époque. Retiré à Bruxelles, il y devint l'objet constant de la surveillance de la police, pour s'être plaint avec amertume des mesures prises contre lui : bientôt même il fut arrêté, et conduit de force à Aix-la-Chapelle. Il parvint à s'échapper des prisons de cette ville; mais il fut repris sur la route de Liége, et allait être remis aux autorités françaises, lorsqu'il s'échappa de nouveau des mains des gendarmes. On croit qu'il est passé au Brésil.

LATAVE (Pierre-François), colonel du 10ᵐᵉ régiment de cuirassiers et commandant de la légion-d'honneur, né à Charny, département de la Meuse, en 1755, entra fort jeune dans le régiment de Royal-Gravate cavalerie. Sa bonne conduite le fit nommer brigadier le 19 octobre 1778, fourrier le 12 juillet 1781, et maréchal-des-logis en chef le 21 juillet 1784. La révolution, qui favorisa l'avancement de tant de braves, ne devait pas nuire à celui de Latave; il obtint le grade d'adjudant le 23 juillet 1789, et celui de porte-étendard le 20 août de la même année. Devenu sous-lieutenant en mars 1791, il fut fait lieutenant le 23 janvier 1792, et capitaine le 26 octobre suivant. Il se rendit en cette qualité aux frontières, et fit avec distinction toutes les campagnes de la liberté. Au mois de nivôse an 2, à l'affaire de Kirchenpolen, il fit preuve de la plus éclatante valeur en chargeant, à la tête d'un escadron, 400 hussards prussiens qu'il mit en déroute, après leur avoir fait un grand nombre de prisonniers. Dans une autre charge exécutée quelques mois après, aux environs de Nivelles, encore avec un seul escadron, sur trois escadrons des hussards de Barkau, il s'empara de beaucoup d'hommes et de chevaux, et fut blessé d'un coup de sabre à la joue gauche. Promu au grade de chef d'escadron le 10 messidor an 3, il se signala depuis en diverses occasions, et notamment le 17 frimaire an 4, dans la retraite près de Wurtzbourg, où, sous le feu d'une artillerie formidable, il enfonça, à la tête du régiment qu'il commandait alors, une ligne de cavalerie nombreuse. Le titre de colonel lui était bien dû; il l'obtint le 3 floréal an 5. En l'an 8, accompagné seulement de quelques cavaliers, il sauva, près d'Erback sur le Danube, deux pièces de canon près de tomber au pouvoir de l'ennemi. Toujours à la tête de son régiment, devenu le 10ᵐᵉ de cuirassiers, il continua de soutenir sa réputation de bravoure, obtint la décoration de la légion-d'honneur, peu de temps après l'établissement de cette institution, et mérita par sa belle conduite à la bataille d'Austerlitz, celle de commandant de la même légion, qui lui fut donnée par l'empereur en janvier 1806. Depuis cette époque on n'a aucun renseignement sur ce brave.

LATHAM (JOHN), médecin extraordinaire du roi d'Angleterre, président du collége royal de médecine, membre de la société royale de Londres, etc. Il fit ses études à l'université d'Oxford, et fut reçu docteur-médecin en 1787. S'étant fixé à Londres, il devint l'un des médecins de l'hôpital de Saint - Barthélemi. Son mérite comme praticien et comme savant lui acquit l'estime générale, qu'il avait déjà méritée par ses qualités personnelles. M. Latham a des connaissances très-étendues en histoire naturelle. Parmi un grand nombre d'ouvrages sur cette science et sur la médecine, qu'il a publiés, on remarque : 1° *Abrégé de l'histoire générale des oiseaux*, 1798, 3 vol. in-4°; 2° *Index ornithologicus*, 2 vol. in-4°, 1801. M. Éloi Johanneau en a donné une édition abrégée, en 1809, un vol. in-12, dans laquelle il a refondu les supplémens à leur place, réduit la synonymie et ajouté des notes, des tableaux synoptiques et des tables très-utiles. 3° *Traité sur le rhumatisme et la goutte*, 1796, in-8°; 4° *Pharmacopée d'Heulde*, corrigée et augmentée, in-8°, 1805; 5° *Plan d'une institution charitable qu'on pourrait établir sur les bords de la mer, en faveur des personnes dont les maladies les obligent à prendre des bains de mer*, in-8°, 1791; 6° *Oratio anniversaria in theatro coll. reg. med. Lond. ex Harveii instituto, habita octob.* 18, 1794: 7° *Faits et Observations sur les diabètes*, in-8°, 1809; 8° Différens morceaux de beaucoup d'intérêt dans les *Mémoires de la société Linnéenne*.

LATIERCE, maire de Varèze, département de la Charente-Inférieure. A la suite d'une émeute populaire dirigée contre le paiement des droits féodaux, il fut inhumainement massacré par des brigands, que l'espoir du pillage avait jetés parmi les insurgés. Un mois après l'événement, un décret de l'assemblée nationale ordonna des poursuites contre les assassins, et notamment contre le nommé Laplanche, violemment soupçonné d'être le véritable instigateur de cet assassinat. Par un autre décret, l'assemblée prit sous sa protection spéciale sa veuve et ses enfans.

LATIL (JEAN-BAPTISTE-MARIE-ANNE-ANTOINE DE), évêque de Chartres, premier aumônier de *Monsieur*, frère du roi, est né le 6 mars 1791, aux îles de Sainte-Marguerite et de Lerins, dont le commandement avait été confié à son père, chevalier de Saint-Louis. Le jeune de Latil, que sa famille destinait à parcourir la carrière ecclésiastique, fut admis au séminaire de Saint-Sulpice, à Paris, et ordonné prêtre en 1784. Attaché au clergé de cette paroisse, il était chargé spécialement de la distribution des aumônes, lorsqu'il fut nommé grand-vicaire de l'évêque de Vence, et chargé par ce prélat de le représenter à l'assemblée du bailliage, lors de la convocation des états-généraux en 1789. Deux ans après, M. de Latil refusa de prêter serment à la constitution civile du clergé, et quitta la France, où il revint en

792. Il fut arrêté à Montfort-Amaury, détenu quelque temps et remis en liberté. Il émigra de nouveau, passa en Allemagne, et se fixa à Dusseldorf, où s'étaient retirés les principaux émigrés. En 1794, M. le comte d'Artois, aujourd'hui *Monsieur*, appela près de sa personne M. l'abbé de Latil, et le fit son premier aumônier : il est rentré en France, avec ce prince, dès la première restauration. M. de Latil a été nommé d'abord évêque d'Amyclée *in partibus*, et sacré le 7 avril 1816, puis, en 1817, il est passé au siège épiscopal de Chartres. On assure que M. de Latil a une grande influence dans les affaires qui ont pour objet la restauration de l'église de France.

LATIL (N.), membre de l'assemblée constituante, était avocat avant la révolution. Il devint maire et premier consul de Sisteron, département des Basses-Alpes, et fut député du tiers-état de la sénéchaussée de Forcalquier, aux états-généraux en 1789. Il ne fut point remarqué dans cette assemblée, et après la session, il disparut entièrement de la scène politique.

LATOUCHE-TRÉVILLE (Louis-René-Madeleine Levassor de), vice-amiral, l'un des inspecteurs-généraux des côtes, grand-officier de l'empire, grand-officier de la légion-d'honneur, etc., naquit à Rochefort, département de la Charente-Inférieure, le 3 juin 1745. Destiné, par sa famille, à parcourir la carrière maritime, où plusieurs de ses membres s'étaient illustrés, il entra, à l'âge de 12 ans, dans les gardes de la marine, et fit la campagne de 1756. Des considérations particulières déterminèrent le père de Latouche-Tréville à lui faire obtenir, en 1768, une compagnie de cavalerie dans le service de terre. Quoique sa vocation se trouvât contrariée par cette disposition nouvelle, il céda au vœu de ses parens, qui bientôt lui laissèrent la liberté de retourner sur mer. La paix, qui ne devait être interrompue que lorsque la France se prononcerait en faveur de l'indépendance américaine, fut utile à son instruction, et il fut constamment occupé dans des escadres d'évolution, dans des voyages particuliers, ou dans des commandemens de missions lointaines. Lorsque les hostilités commencèrent, il commanda la frégate *l'Hermione*, de 32 canons, contre l'*Iris*, de même force. La frégate anglaise, après un combat opiniâtre, ne dut son salut qu'à la rapidité de sa marche. En 1781, de concert avec La Pérouse, depuis si célèbre et si infortuné (*voy.* La Pérouse), il livra un combat sanglant à 2 frégates et à 4 corvettes, et les força à la retraite. En 1782, chargé d'une mission importante, et ayant sous ses ordres les frégates *l'Aigle* et *la Gloire*, il rencontra, la nuit, dans les eaux de la Delaware, le vaisseau anglais *l'Hector*, de 74 canons. Il l'attaqua aussitôt, le désempara et le maltraita à tel point qu'il coula bas quelques jours après. La mission dont Latouche-Tréville était chargé, et qu'il devait remplir sans nul retard, put seule l'empêcher de sacrifier le temps nécessaire pour s'en emparer. Averti du succès du capitaine français, le commodore anglais Elphinston, à la tête de toute son escadre, joignit Latouche-Tréville avant l'entière réparation de ses frégates. Non-moins habile qu'intrépide, il mit en sûreté la frégate *la Gloire*, et serait parvenu également à sauver l'*Aigle*, si le pilote de cette frégate, par maladresse ou par perfidie, ne l'eût fait échouer sur un banc de sable. Latouche-Tréville ne se laissa point abattre par ce malheur. Il répondit au feu de toute l'escadre anglaise jusqu'à ce qu'il eût mis à terre ses dépêches, une somme considérable qu'il portait en Amérique, les officiers-généraux qu'il y transportait également et une grande partie de son équipage. Après la paix, il fut appelé par le ministre de la marine dans l'administration supérieure. C'est à ses connaissances, à ses observations et à son expérience que l'on doit l'ordonnance de 1786, regardée encore de nos jours comme le code maritime le plus complet de cette époque. Le duc d'Orléans le nomma, en 1787, chancelier de sa maison. Elu, par la noblesse du bailliage de Montargis, aux états-généraux en 1789, Latouche-Tréville fut un des premiers de son ordre à se réunir à la chambre des communes. Il prit une part honorable aux délibérations de l'assemblée, et demanda spécialement l'adjonction au code maritime d'un article qui porterait peine de mort contre tout officier qui, dans un combat, ne se trouverait pas à son poste. La guerre de 1792 le fit rappeler au commandement des vaisseaux de l'état. On lui confia celui d'une division dans l'armée employée aux expéditions de Cagliari, d'Oneille et de Nice. Envoyé avec une escadre à Naples, il y fit constamment, même dans les circonstances les plus délicates, estimer et respecter le caractère français, et l'honneur du pavillon national. Latouche-Tréville ne put éviter les persécutions de la funeste époque de 1793. Il fut destitué, arrêté et plongé dans un cachot, où il resta jusqu'au 9 thermidor an 2 (27 juillet 1794). Enfin rendu à la liberté, il demanda du service; on lui en refusa. Après la révolution du 18 brumaire an 8 (9 novembre 1799), il reçut le commandement de l'escadre de Brest. Il se rendit ensuite à Boulogne, où il réunit les élémens de cette flottille célèbre qui causa tant d'effroi à l'Angleterre. Les 17 et 27 thermidor an 9, il soutint avec gloire un combat contre l'amiral Nelson. Appelé au commandement de l'escadre dirigée contre Saint-Domingue, dès son arrivée il entra de vive force dans la rade du Port-au-Prince, soumit les forts, débarqua ses troupes, et préserva la ville des ravages de l'incendie. Latouche-Tréville commanda les forces navales, dans ces parages, jusqu'en brumaire an 12, et ne s'éloigna qu'après avoir rempli entièrement les ordres du premier consul Bonaparte. Le climat de l'Amérique et les fatigues de la guerre manquèrent, une première fois, de lui être funestes. Après une maladie dont la convalescence fut d'une longue durée, il obtint, en 1804, le commandement de l'escadre de la Méditerranée et le grade de vice-amiral. Son zèle, son activité, sa vigilance infatigable, le bon esprit que ses marins tenaient de ses exemples, de sa justice et de sa fermeté, ne permirent pas aux Anglais de rétablir le blocus de Toulon. Déconcertant tous leurs projets, et malgré leurs forces supérieures, il sut leur imposer, au point qu'aucun de leurs vaisseaux n'osa se présenter à l'ouverture de la rade. Ces nouvelles fatigues hâtèrent sa perte. Il tomba malade sur le *Bucentaure*, et lorsqu'on voulut le transporter à terre, où il aurait pu recevoir des secours peut-être plus efficaces, il s'y opposa. « Un officier de mer, dit-il, » doit mourir sous son pavillon. » Il y mourut en effet, le 20 août 1804, regretté de ses concitoyens, de ses frères d'armes et du chef du gouvernement, qui avait pour lui la plus haute estime.

LATOUR (ÉTIENNE-JEAN-BAPTISTE-LOUIS DES GALOIS DE), préconisé archevêque de Bourges, est né à Aix, département des Bouches-du-Rhône. Son père, premier président du département d'Aix, occupait en outre la place d'intendant de la généralité de Provence. Destiné à la carrière ecclésiastique, il fit des études analogues, et avant la révolution, il était grand-vicaire de l'évêque d'Autun, doyen de la collégiale de Saint-Pierre-de-Moulins, et official dans cette résidence. M. de Latour fut désigné pour le siége épiscopal de Moulins, du moment qu'il aurait été érigé ainsi que le projet en était arrêté. Il émigra au commencement de la révolution, et se retira en Italie, où il devint, à la mort de M. de Narbonne-Lara, évêque d'Évreux, premier aumônier de Madame Victoire de France, tante de Louis XVI, laquelle résidait à Rome, avec sa sœur Madame Adélaïde. Il accompagna cette princesse, lorsqu'en 1796 elle partit pour Naples, la suivit à Trieste, et à sa mort, arrivée le 8 juin 1799, lui rendit les derniers devoirs. Il passa ensuite en Angleterre. Lors du concordat de 1801, cinq évêques non-démissionnaires l'admirent à joindre sa signature à la leur, dans les différens actes qu'ils rédigèrent à cette occasion, quoiqu'il n'eût aucune juridiction et n'eût pas de titres à faire valoir. Il revint en France, à la suite de Louis XVIII, après la première restauration, et reçut de ce prince l'ordre d'aller chercher à Trieste les dépouilles mortelles de Mesdames Victoire et Adélaïde, mission dont il s'acquitta avec beaucoup de zèle. Le roi l'en récompensa en 1816, en le nommant à l'archevêché de Bourges. Cette même année, il se réunit aux cinq évêques non-démissionnaires de 1801, et signa la lettre qu'ils adressaient au souverain-pontife, pour le prier d'oublier le passé et pour lui promettre qu'ils seconderaient ses pieux désirs pour le bien de l'église de France. Préconisé à ces hautes fonctions épiscopales par le pape, dans un consistoire du 1ᵉʳ octobre 1817, M. de Latour ne paraît pas encore avoir reçu ses bulles. C'est M. de Fontenay qui occupe aujourd'hui (1823) le siége de Bourges.

LATOUR (LE COMTE BAILLET DE), feld-maréchal au service d'Autriche, naquit dans la Belgique, d'une famille noble, originaire de France. Il entra jeune au service; ses talens et sa bravoure le firent parvenir promptement aux premiers grades, malgré la jalousie des généraux autrichiens, qui se sont toujours difficilement accoutumés à compter dans leurs rangs un officier belge. En 1789 et 1790, il fut employé contre les Brabançons insurgés, en qualité de général-major. L'attachement qu'il devait avoir pour ses compatriotes ne l'empêcha pas d'exécuter fidèlement les ordres de son souverain, en s'emparant de Charleroy. Nommé lieutenant-feld-maréchal, il se distingua, en 1793, dans la guerre que la coalition faisait à la France, et contribua au succès de la bataille de Famars. On le cite comme le seul général autrichien qui résista à l'attaque de Vatignies par les Français, tandis que le général Jourdan dispersait et mettait en déroute les restes de l'armée autrichienne. Il obtint, en 1794, quelques avantages vers Landrecies, qui toutefois ne furent pas assez considérables pour l'empêcher de partager presque aussitôt le sort des alliés vaincus de toutes parts. A la tête de l'aile gauche, il éprouva successivement deux défaites, l'une sur l'Ourthe, le 18 septembre, et l'autre près de Duren, le 2 octobre. Nommé général d'artillerie au commencement de 1796, il remplaça le général de Wurmser dans le commandement de l'armée du Bas-Rhin. Ce dernier, qui venait de passer à l'armée d'Italie, avait emmené avec lui l'élite des troupes, de sorte qu'il ne restait au général Latour que bien peu de monde pour le Palatinat, lorsque les Français, commandés par Moreau, après avoir passé le Rhin à Kehl, chassaient les troupes des cercles fuyant devant eux avec la plus grande rapidité. Le feld-maréchal Latour crut pouvoir arrêter ce désordre en se portant sur Rastadt, où, de concert avec l'archiduc Charles, il livra plusieurs combats, qui furent également malheureux. Ne pouvant plus tenir contre un ennemi indomptable, il se retira en Souabe, et de là continua sa retraite jusque derrière le Leck, par la rive droite du Danube. Surpris à Friedberg, il éprouva encore une perte considérable ; mais enfin renforcé par quelques bataillons autrichiens, et le corps du prince de Condé, il occupa derrière Munich une position assez avantageuse pour résister pendant quelques jours aux attaques des Français. Battu de nouveau à Freysengen, et forcé d'abandonner cette ville, il n'eut de repos que lorsque Jourdan fut obligé à son tour d'abandonner la Franconie. La retraite de ce général ayant nécessité celle de Moreau vers le Rhin, le feld-maréchal Latour se mit à suivre ce dernier, mais sans oser l'inquiéter, en raison de la faiblesse du corps d'armée qu'il avait à ses ordres. Il se hasarda cependant une fois à attaquer près de Biberach l'arrière-garde de l'armée française. Il fut mis dans une déroute complète. Néanmoins il parvint à réunir les débris de son corps, dans l'Ortenau, à l'armée de l'archiduc Charles. Après avoir été d'une grande utilité à ce prince, qu'il seconda en plusieurs occasions importantes, il reçut de lui, à la suite de la reddition du fort de Kehl et de la tête du pont d'Huningue, le commandement en chef de l'armée du Rhin. M. de Latour était absent de son armée, lorsque les Français repassèrent ce fleuve en 1797. Les généraux de division chargés de le représenter, et qui, par envie, blâmaient habituellement toutes ses opérations, ne purent arrêter un seul instant la marche victorieuse des soldats républicains. La campagne se trouvant terminée par la trève conclue en Italie, le feld-maréchal Latour quitta le commandement des armées. Il revint alors à Vienne, où l'empereur le nomma gouverneur-général de la Styrie. En 1806, il passa de ce gouvernement à celui de l'Autriche antérieure. Il le quitta pour revenir occuper la place de chef de la section du conseil de guerre, et mourut peu de temps après.

LATOUR (LE COMTE BAILLET DE), frère du précédent, servit sous ses ordres en qualité de major-général, pendant la campagne de 1796. Il se distingua également en plusieurs occasions, fit preuve d'intelligence et d'activité. En février 1797, il fut élevé au grade de feld-maréchal-lieutenant; il avait signé, le 9 janvier précédent, la capitulation par laquelle les Français remirent aux Autrichiens le fort de Kehl. Le comte Baillet de Latour quitta peu de temps après le service d'Autriche, et se retira dans ses terres en Belgique. Mandé par Napoléon à Paris, il fut nommé lieutenant-général au service de France, et jouit aujourd'hui de la pension de retraite attachée à ce grade. Un autre BAILLET DE LATOUR, son neveu, fils du feld-maréchal, fut tué glorieusement près de Manheim, à l'assaut de la redoute du Necker, le 27 août 1795.

LATOUR (S. M.), littérateur, s'est fait connaître par des ouvrages qui annoncent un homme laborieux, plus occupé de se rendre utile que de rechercher les occasions d'obtenir des succès faciles. L'un de ses ouvrages les plus dignes d'estime, est sa traduction des *OEuvres complètes de Claudien*, dont le premier il a enrichi les lettres françaises (Paris, 1798, 2 vol. in-8°). On doit encore à M. Latour: 1° *Poésies de Némésien*, suivies d'une *Idylle de Fracastor*, sur les chiens de chasse (Paris, 1799, in-8°); 2° les *Sylves de Stace*, traduites d'après les corrections de J. Markland, avec le texte en regard et des *Notes* explicatives et littéraires (Paris, 1803, 3 vol. in-8°). M. Latour a été un des collaborateurs des *Soirées littéraires*, publiées par M. Coupé.

LATOUR-D'AUVERGNE (J. L. C. G. DE), dernier duc de Bouillon, mort à Paris, à l'âge de 56 ans, le 7 février 1802. N'ayant point d'enfans, il avait, par son testament, reconnu pour héritier de sa fortune, un officier anglais né à Jersey, d'une famille originaire de France. Cet officier éprouva de grandes difficultés lorsqu'il voulut recueillir l'héritage; il fut même arrêté à Paris en 1804, et ne recouvra la liberté que sur les réclamations de la cour de Londres.

LATOUR-D'AUVERGNE-CORRET. (*Voyez* AUVERGNE.)

LATOUR-D'AUVERGNE-LAURAGAIS (HUGUES-ROBERT-JEAN-CHARLES), évêque d'Arras, est né à Auzeville, département de la Haute-Garonne, le 14 août 1768. Il embrassa de bonne heure l'état ecclésiastique, et fut sacré évêque d'Arras, le 16 mai 1802, par suite du concordat de la même année. Au mois de janvier 1803, il ordonna un service solennel pour le général Leclerc, beau-frère du premier consul Bonaparte. En 1804, et dans les années suivantes, il publia sur les événemens politiques et militaires de la France, des mandemens où en payant un tribut d'éloges au chef du gouvernement, il montre cet amour de l'ordre, cet esprit de charité et de conciliation qui tendent à réunir les hommes et à éteindre les funestes dissensions civiles. Cette même année 1804, il fut nommé membre de la légion-d'honneur. Dix ans après, il adhéra, comme membre du sénat-conservateur, à la déchéance de l'empereur Napoléon. Pendant les *cent jours*, en 1815, il assista à la cérémonie du Champ-de-Mai. M. de Latour-d'Auvergne-Lauragais a été confirmé, au mois d'août 1817, dans la possession de l'évêché d'Arras.

LATOUR-D'AUVERGNE-LAURAGAIS (JOSEPH-DENIS-ÉDOUARD-BERNARD, COMTE DE), maréchal-de-camp, chevalier de Saint-Louis et de la légion-d'honneur, ex-membre de la chambre des députés, est frère du précédent. Déjà officier avant la révolution, il fut nommé maréchal-de-camp le 4 juin 1814. Admis, au mois de juillet de la même année, dans les chevau-légers de la maison du roi, en qualité de second lieutenant, il reçut, à la suppression de ce corps, le commandement du département des Landes, qu'il a conservé jusqu'à la fin de 1815. En 1815, le département des Pyrénées-Orientales l'avait nommé membre de la chambre des députés, où il vota avec la majorité. Après l'ordonnance du 5 septembre 1816, qui ordonna la dissolution de la chambre, il ne fut pas réélu. Il est aujourd'hui (1823) employé dans la 15ᵐᵉ division militaire.

LATOUR DE VOIVRE (CHARLES-DOMINIQUE, COMTE DE), d'une ancienne famille de la ci-devant province de Lorraine, fut destiné de bonne heure à la profession des armes, et admis en 1772, comme lieutenant, au régiment de Schomberg-dragons. Il quitta ce corps, en 1784, pour entrer dans celui de la gendarmerie, compagnie de *Monsieur*, en qualité d'officier supérieur. Il émigra avec les princes, et fit, en 1792, de grands sacrifices pour la réorganisation du corps qu'il commandait, et qu'il conserva jusqu'à l'époque du licenciement. M. de Latour de Voivre revint en France sous le gouvernement consulaire, et ne fut employé qu'après la première restauration, en 1814, comme commandant de la garde nationale de Nanci. Cette garde fut dissoute pendant les *cent jours*. Vers la fin de 1815, il fut élevé au grade de maréchal-de-camp, et décoré des ordres de la légion-d'honneur et de Saint-Hubert. Il était déjà chevalier de Saint-Louis.

LATOUR-DUPIN-GOUVER-

NET (Jean-Frédéric, comte de), lieutenant-général et ministre de la guerre sous Louis XVI, naquit à Grenoble, en 1728. Il fut élu par la noblesse de Saintes aux états-généraux, en 1789. Homme éclairé et homme de bien, il adopta les principes d'une révolution dont il n'espérait que d'heureux résultats; dans cette assemblée, il se rangea du parti de la minorité de son ordre, et fut un des premiers à se réunir aux communes, lorsqu'elles se constituèrent en assemblée nationale. Le 4 août de la même année, le roi le nomma ministre de la guerre. L'indiscipline des troupes frappa vivement son attention, et plusieurs fois il signala, à la tribune, les insurrections et les désordres qui avaient lieu journellement dans l'armée. Dénoncé comme tous les ministres, le 10 novembre 1790, par les sections de Paris, qui demandaient en même temps leur renvoi, il donna quelque temps après sa démission. La retraite dans laquelle il vécut ne le sauva pas de la proscription. Il fut arrêté le 6 mai 1793; mis en liberté, il fut arrêté de nouveau le 31 août suivant. Etant encore en état d'arrestation, il parut le 14 octobre, comme témoin, dans le procès de la reine. Son premier soin, en portant ses regards sur l'auguste accusée, fut de la saluer avec respect. Toutes ses réponses, aux interpellations du président, furent nobles et pleines de courage. Le 9 floréal an 2 (28 avril 1794), il parut, à son tour, comme accusé devant le redoutable tribunal, et, le même jour, il fut condamné et exécuté, ainsi que le marquis de Latour-Dupin, son frère aîné.

LATOUR-DUPIN-GOUVERNET (le marquis de), pair de France, est fils du précédent, et était colonel d'un régiment d'infanterie avant la révolution. Il servit, en 1790, sous M. de Bouillé à Nanci, et fut nommé, en 1791, ministre plénipotentiaire de France à la Haye; il en remplit les fonctions jusqu'au 10 août 1792. Il revint alors dans sa famille, qui était de Bordeaux. Les orages de la révolution l'effrayèrent. Il parvint, en 1793, à réaliser une somme d'environ 15,000 francs, et fut assez heureux pour s'embarquer avec sa femme sur un vaisseau américain, qui les transporta à Boston. Dans un pays étranger, sans amis, avec de faibles ressources pécuniaires, ils hésitèrent quelque temps sur le parti auquel ils devaient s'arrêter; enfin ils se déterminèrent à devenir agriculteurs; mais ils n'avaient aucune des connaissances propres à cet état. Un paysan du comté de New-York les reçut chez lui à titre de pensionnaires. En moins de 6 mois, ils apprirent de leur hôte, qui devint leur ami, les détails de l'exploitation d'une ferme, et la manière de cultiver la terre. Ils s'établirent sur les bords de la Delaware à peu de distance d'Albany. Deux négresses et un nègre esclave les aidèrent dans leur exploitation. M. de Latour-Dupin était tour-à-tour laboureur, bûcheron, architecte, maçon;... sa chaumière s'agrandissait; son domaine s'étendait... Sa femme, supérieure à sa position, ne se refusait à aucun des sacrifices que réclamait le bien-être commun. Elle portait au marché d'Albany les produits du jardin et ceux de la basse-cour; elle faisait elle-même le pain, et ne dédaignait aucun des détails du ménage. Leur habitation fut visitée par plusieurs de leurs compatriotes, comme eux fugitifs; et leurs secours, leurs conseils adoucirent plus d'une infortune. La révolution du 18 brumaire an 8 (9 novembre 1799) ramena le calme dans leur ancienne patrie, qu'il leur fut permis de revoir; ils quittèrent, non sans une vive émotion, la terre hospitalière où ils avaient trouvé un refuge, une vie honorable et la tranquillité, et arrivèrent à Paris. Peu après son retour, M. de Latour-Dupin fut nommé préfet du département de la Dyle; mais l'empereur, trompé sans doute par des ennemis de ce fonctionnaire, lui retira sa confiance et semblait déterminé à ne plus l'employer. Au rapport d'une biographie étrangère, les sollicitations de Mme de Latour-Dupin triomphèrent des préventions de ce prince. Appelé à la préfecture du département de la Somme, M. de Latour-Dupin a occupé cette place jusqu'en 1814. Si Napoléon a eu plus d'un préfet aussi habile, il n'en a pas eu de plus zélé. Au retour des Bourbons, M. de Latour-Dupin, rentré dans la diplomatie dès le mois de juillet de la même année (1814), fut adjoint à M. de Talleyrand. Il assista au congrès de Vienne, et fut nommé pair de France, par ordonnance du roi du 10 août 1815. En 1816, envoyé comme ministre de la cour de France auprès du roi des Pays-Bas, il arriva en cette qualité à Bruxelles, au moment même où quantité de Français, soit proscrits soit persécutés, cherchaient un refuge dans ces provinces, qui avaient été si long-temps françaises. Sa mission était difficile dans ces circonstances : si M. de Latour-Dupin ne la remplit pas à la satisfaction de tout le monde, probablement n'était-il pas en son pouvoir d'adoucir la situation des proscrits; autrement s'y serait-il refusé, lui qui avait été proscrit? Se serait-il exposé à s'entendre dire :

Vous fûtes malheureux et vous êtes cruel!

M. de Latour-Dupin ne fut pas au reste sans pitié pour tous les Français; il fit tenir des secours à un individu qui avait été mis en prison, comme complice d'une conspiration qu'il avait révélée. Quoique le tribunal de Bruxelles ait cru devoir flétrir depuis cet individu par un jugement, l'acte n'en est pas moins méritoire. Rappelé en France, M. de Latour-Dupin fut envoyé, en 1820, à Turin avec la qualité d'ambassadeur. Il s'y trouvait lors de la révolution qui agita le Piémont, en 1821, au moment où il en annonçait la tranquillité. Depuis que cette tranquillité est rétablie, M. de Latour-Dupin a repris, auprès du roi de Sardaigne, le poste qu'il occupait antérieurement et qu'il occupe encore aujourd'hui (1823).

LATOUR-DUPIN-MONTAUBAN (Louis-Apollinaire de), évêque de Troyes, ancien archevêque d'Auch, officier de la légion-d'honneur, naquit le 13 janvier 1744. Sa famille, que les armes ont illustrée, le destina à l'état ecclésiastique, et lui fit donner une éducation conforme à cet état. Il prit les ordres, et parvint rapidement aux dignités de l'église. Sacré évêque de Nanci en 1778, il passa cinq ans après, en 1783, au siége archiépiscopal d'Auch. M. de Latour-Dupin-Montauban ne fut point nommé aux états-généraux, en 1789. Lorsque les orages de la révolution le forcèrent de quitter sa patrie, il se rendit en Espagne, et y vécut dans la retraite. Le gouvernement consulaire ayant solennellement relevé les autels en France, ce prélat s'empressa de publier (février 1802), une Lettre pastorale dans laquelle il donnait son adhésion au concordat que le gouvernement venait de passer avec le saint-siége. Rappelé en France peu de temps après, il fut nommé à l'évêché de Troyes, et ensuite officier de la légion-d'honneur. Il mourut il y a quelques années.

LATOUR-ET-TAXIS (LE PRINCE C. A. DE), né vers 1733, épousa une princesse de Wurtemberg, qui est morte depuis plusieurs années. Les nombreux changemens occasionés par les chances de la guerre dans les différens états de l'Allemagne, ont causé de grandes pertes au prince de Latour-et-Taxis, notamment celles qui furent relatives à son emploi de directeur-général des postes de l'empire germanique; mais il a d'abord eu part aux indemnités accordées par le traité de Lunéville, et depuis il a obtenu d'autres avantages plus considérables. La maison Latour-et-Taxis est encore à la tête de la direction des postes dans une partie de l'Allemagne.

LATOUR-FOISSAC (DE), avait servi avec distinction dans les armées françaises, lorsqu'au commencement de la révolution il obtint le grade de général. Employé à l'armée du Nord, sous les ordres de Dumouriez, il fut honorablement cité, en 1792, pour sa conduite au siége de Namur. Le directoire lui confia, en 1796, le commandement de Paris, et le nomma, l'année suivante, à l'ambassade de Suède; mais il ne se rendit pas à ce poste, et préféra d'être employé à l'armée. En 1799, le général Moreau, commandant en chef de l'armée d'Italie, lui remit le commandement de la forteresse de Mantoue. Les Autrichiens vinrent, quelque temps après, former le siége de cette place importante. On s'attendait à une longue et opiniâtre résistance, d'autant plus qu'on avait publié que Mantoue se trouvait pourvue et approvisionnée pour plus de 8 mois; mais on apprit bientôt que cette place s'était rendue par capitulation, le 27 juillet même année, et que selon les conditions stipulées, le général et son état-major seraient conduits prisonniers en Autriche, tandis que le reste de la garnison obtenait la liberté de retourner en France. La capitulation de Mantoue assura de grands avantages à l'armée autrichienne en Italie, pendant le reste de cette campagne. Le général Bonaparte, revenu d'Égypte, le 16 octobre 1799, témoigna le plus vif ressentiment sur la perte d'une place qui lui avait coûté tant de peines à conquérir. Bernadotte, pendant qu'il

était ministre de la guerre, avait déjà ordonné la convocation d'un conseil de guerre pour juger la conduite du général Latour-Foissac, et celui-ci, à son retour en France, avait publié un mémoire justificatif, dans lequel il établissait qu'il s'était trouvé dépourvu de plusieurs objets de première nécessité pour soutenir un plus long siége; mais avant l'examen définitif de cette affaire par le conseil, le général Bonaparte, alors premier consul, prenant l'initiative, la termina par une ordonnance consulaire, qui fut des plus rigoureuses pour le général Latour-Foissac. En parlant de cette mesure, Napoléon dit depuis à Sainte-Hélène, selon les Mémoires du comte de Las Cases (3ᵐᵉ vol., pag. 112): « C'était un acte illégal, ty-
» rannique sans doute; mais ici
» c'était un mal nécessaire, c'était
» la faute des lois. Il était cent
» fois, mille fois coupable, et pour-
» tant *il était douteux que nous*
» *l'eussions fait condamner*. Nous
» le frappâmes donc avec l'arme
» de l'honneur et de l'opinion;
» mais, je le répète, c'était un ac-
» te tyrannique, un de ces coups
» de boutoir, nécessaires parfois
» au milieu des grandes nations, et
» dans les grandes circonstances. »
Le général Latour-Foissac se retira à la campagne, et mourut dans sa maison de Hacqueville, près de Poissy, en 1806.

LATOUR-FOISSAC (Henri de), maréchal-de-camp, commandant de la légion-d'honneur et de l'ordre de Saint-Louis, fils aîné du précédent, embrassa, dès sa jeunesse, la carrière des armes, et fit avec distinction les guerres d'Italie, d'Espagne et d'Allemagne. Malgré l'espèce de défaveur où sa famille était tombée sous le gouvernement consulaire et impérial, il obtint enfin, par ses talens militaires et par de beaux faits d'armes, un avancement dû à son seul mérite. Parvenu au grade de chef-d'escadron, il fut grièvement blessé, en Autriche, d'un coup de feu à travers la poitrine, et long-temps on le crut mort. Nommé, la campagne suivante, colonel d'un régiment de chasseurs à cheval, il se distingua de nouveau à la tête de ce corps, avec lequel, après les désastres de 1814, il couvrit habilement la retraite d'une division de l'armée, et arriva, sans avoir éprouvé d'échec, sous les murs de Paris. Cité, à cette époque, comme un des meilleurs officiers de cavalerie de l'armée française, il fut promu au grade de général de brigade dans cette arme. Après la première rentrée du roi, le général Latour-Foissac fut nommé officier supérieur des gardes-du-corps, et, lors du départ pour Gand, il escorta les princes jusqu'à la frontière, où son corps fut licencié. Il se retira alors à la campagne de Hacqueville, refusa les offres du ministre de la guerre et les diverses commissions dont on voulut le charger, déclarant que les derniers engagemens qu'il avait contractés l'empêchaient de reprendre du service. Après le second retour du roi, il fut nommé, par ordonnance du 9 septembre 1815, chef de l'état-major de la 2ᵐᵉ division de la garde royale. Il présida le conseil de guerre appelé pour juger le général Cambronne; modéra, en sa qualité de président, le zèle véhément du capitaine-rapporteur, dont les sévères conclusions ne furent point adoptées par le tribunal, et contribua de son vote à l'acquittement de l'accusé, qui était venu se constituer prisonnier. Le général Latour-Foissac fut nommé, quelque temps après, au commandement de l'école de cavalerie de Saumur, et fut mis ensuite à la tête d'un département du ministère de la guerre. Il commande aujourd'hui (1823) une division de la garde royale à l'armée d'Espagne.

LATOUR-FOISSAC (Victor de), frère du précédent, entra très-jeune au service, et se distingua en plusieurs occasions. Il parvint au grade de chef d'escadron, et fut nommé, par Napoléon, chevalier de la légion-d'honneur. A la rentrée du roi, il obtint la croix de Saint-Louis, et fut promu à un grade supérieur dans les mousquetaires gris. Après le licenciement de ce corps, et au second retour du roi, il devint colonel d'un régiment de cuirassiers, qu'il commande encore aujourd'hui.

LATOUR-MAUBOURG (Marie-Victor Fay, marquis de), lieutenant-général, pair de France, ancien ministre de la guerre, gouverneur de l'hôtel royal des Invalides, chevalier de l'ordre du Saint-Esprit, grand'croix de la légion d'honneur, commandeur de Saint-Louis, etc., d'une ancienne famille du Vivarais, est né le 11 février 1756. Il entra, en 1782, comme sous-lieutenant dans le régiment de Beaujolais infanterie, et devint, en 1786, capitaine dans le régiment d'Orléans cavalerie. Sous-lieutenant des gardes-du-corps en 1789, dans la journée du 5 octobre de la même année, il donna au roi, près duquel il était de service, des preuves de zèle et de dévouement. Il émigra à la suite des événemens du 10 août 1792, et ne rentra en France qu'après la journée du 18 brumaire an 8 (9 novembre 1799). Aide-de-camp du général Kléber dans l'expédition d'Egypte, il reçut ensuite le commandement du 22ᵉ régiment de chasseurs à cheval, à la tête duquel il fut grièvement blessé en défendant la place d'Alexandrie contre les Anglais, peu après leur débarquement sur la plage d'Aboukir. Sa belle conduite dans cette circonstance lui valut le titre d'officier de la légion-d'honneur. A Austerlitz, il reçut le grade de général de brigade. Dans les campagnes de Prusse et de Pologne, en 1807, il fut atteint d'une balle au bras au combat de Deypen, le 5 février. Nommé, le 10 juin, général de division par suite de sa brillante valeur à la bataille d'Eidelberg, il fut blessé de nouveau à Friedland. L'année suivante (1808), il commanda, en Espagne, la cavalerie de l'armée du Midi. Il eut une grande part aux affaires de Cuença, de Santa-Martha et de Villalba; au siège de Badajoz, à la bataille de Gebora, etc. Sa modération, la sagesse, l'intégrité qui distinguèrent l'administration de M. de Latour-Maubourg le firent estimer des Espagnols, et il en reçut les marques les plus flatteuses et les plus touchantes, notamment dans sa retraite de Cordoue. « La

»population, disent les auteurs
»d'une biographie étrangère, se
»porta hors de la ville pour jouir
»plus long-temps de sa présence.
»Il avait refusé de voyager avec
»escorte, pour prouver aux habi-
»tans la confiance qu'il avait en
»eux. Il trouva à la sortie de tou-
»tes les villes et bourgades, pen-
»dant une route de quarante lieues,
»des piquets d'Espagnols qui se
»présentaient volontairement pour
»lui faire honneur. On lui renvoya,
»sans les ouvrir, plusieurs paquets
»de lettres qu'il avait perdus en
»route. » Il quitta l'Espagne en
1812, pour passer à la grande-armée de Russie. A la bataille de
Mojaïsk, il fit des prodiges de valeur, et opéra dans le meilleur ordre la retraite de Russie à la tête
de son corps. Il reçut, en 1813, le
commandement du 1er corps de
cavalerie, et se couvrit de gloire
devant Dresde, le 27 septembre
de cette année, ainsi qu'à la bataille
de Léipsick (le 18 octobre), où un
boulet lui emporta la cuisse. L'empereur l'avait nommé successivement comte de l'empire et grand'
croix de la légion d'honneur. Lors
des événemens politiques de 1814,
il adhéra à la déchéance de Napoléon; fut nommé par *Monsieur*,
frère du roi, le 24 avril de la même année, membre d'une commission chargée de l'organisation
de l'armée, et par le roi, le 2 juin
suivant, membre de la chambre
des pairs. Il n'eut aucune activité
pendant les *cent jours*, en 1815,
et ne fit point partie de la nouvelle
chambre des pairs, formée par Napoléon. Le 3 mai 1816, il fut
nommé par le roi commandeur de
l'ordre de Saint-Louis, et plus

tard, chevalier de l'ordre du Saint-
Esprit. M. de Latour-Maubourg
chargé, en 1820, du portefeuille
de la guerre, est passé, après la
mort du maréchal duc de Coigny,
aux fonctions de gouverneur de
l'hôtel royal des Invalides, fonctions qu'il occupe encore aujour-
d'hui (1823).

LATOUR - MAUBOURG (LE
COMTE MARIE-CHARLES-CÉSAR FAY
DE), ancien membre de plusieurs
assemblées législatives, lieutenant-général, pair de France, etc.,
frère du précédent, est né le 22
mai 1758. Colonel du régiment de
Soissonnais avant la révolution, il
fut nommé, par la noblesse du
Puy-en-Vélay, député aux états-
généraux en 1789. Il fit partie de
la minorité de son ordre, et passa
l'un des premiers à la chambre du
tiers-état du moment qu'elle se fut
constituée en assemblée nationale.
Il renonça, le 14 août 1789, à son
titre héréditaire dans les états de
Languedoc, vota pour la réunion
du comtat d'Avignon à la France,
prêta serment de fidélité à la nation, et fut un des commissaires
nommés par l'assemblée constituante pour accompagner Louis
XVI à son retour de Varennes.
Il suivit M. de La Fayette en
qualité de maréchal-de-camp à
l'armée du centre, et fut chargé
du commandement de l'avant-
garde après la mort du général
Gouvion. Il revenait de l'armée a-
vec M. de La Fayette, lorsqu'il
fut arrêté ainsi que ce général aux
avant-postes autrichiens; il partagea sa captivité, et n'obtint qu'en
1797 sa liberté, qui fut une des
conditions du traité de paix conclu
entre le directoire-exécutif et le

gouvernement autrichien. M. de Latour-Maubourg, rappelé par le premier consul Bonaparte après la révolution du 18 brumaire an 8 (9 novembre 1799), devint, en 1801, membre du corps-législatif, et en 1806, membre du sénat-conservateur. Le gouvernement consulaire avait témoigné beaucoup de bienveillance à M. de Latour-Maubourg; le gouvernement impérial ne lui fut pas moins favorable. Il lui confia, en 1807, les fonctions de commissaire extraordinaire dans les départemens de l'Orne, de la Manche, du Calvados, de la Seine-Inférieure et de l'Eure, pour l'organisation de la garde nationale, et en 1810, les mêmes fonctions dans les départemens de la Loire-Inférieure, du Morbihan, du Finistère, des côtes du Nord et d'Ille-et-Vilaine. En 1813, il eut une nouvelle mission relativement à des mesures de salut public, dans les départemens où il avait été envoyé six ans auparavant. Il s'y conduisit avec une sagesse et une modération qui lui concilièrent à la fois l'estime et la reconnaissance du gouvernement et des citoyens au milieu desquels il s'était rendu. Le 8 avril 1814, il adressa son adhésion à la déchéance de l'empereur, et le 11, il déclara, dans un ordre du jour, que n'ayant pas reçu d'instructions du gouvernement provisoire, il cessait toute fonction, mais qu'il restait à son poste pour y être encore utile par ses conseils. *Monsieur*, alors lieutenant-général du royaume, le nomma commissaire extraordinaire à Montpellier, pour y contribuer au rétablissement de la maison de Bourbon. Le 4 juin suivant, le roi le nomma pair de France. Pendant la session de cette assemblée, M. de Latour-Maubourg s'est montré fidèle aux principes constitutionnels. Après le 20 mars 1815, il entra dans la chambre des pairs formée par Napoléon. Sous un autre gouvernement, ses principes furent les mêmes. Il demanda, dans la séance du 20 juin, que les ministres fussent tenus de fournir à la chambre le tableau des arrestations politiques, afin de rendre la liberté aux détenus pour délits imaginaires. Dans celle du 22, lors de la discussion qui suivit l'exposé de la situation des armées après la défense de Waterloo, il s'écria : « Ces nouvelles ont tout le carac- » tère de l'invraisemblance ; et je » demande que si les faits ne sont » pas vrais, le ministère soit mis » en état d'accusation. » Les 26, 27 et 28 du même mois, il parla en faveur de la liberté individuelle contre les commissions de haute police, et attaqua avec force le projet de loi relatif aux mesures de sûreté publique. Il dit sur le dernier projet : « Dans cette même » chambre autrement composée, » et où l'on regrette de ne pas voir » aujourd'hui une partie de ceux » qui y siégeaient, on a proposé, » sous un autre gouvernement, une » loi d'une nature pareille à celle » qui vous est soumise. Les mesu- » res en étaient très-sévères : mais » c'est moins sa sévérité que l'ar- » bitraire auquel elle pouvait don- » ner lieu, qui nous eût détermi- » nés, non pas à voter contre, car » elle n'a pas même pu être mise » en délibération; mais à la rejeter » par un mouvement tel, que l'on

» a demandé qu'il n'en fût pas fait » mention au procès-verbal. Si la » chambre l'avait laissée passer, » vraisemblablement on en aurait » fait usage contre elle, et plusieurs » de ses membres en auraient été » les victimes. Nous autres anciens » amis de la liberté, et ses défen- » seurs contre tous les partis, nous » ne pourrons jamais consentir à » des lois oppressives, soit d'un » parti, soit d'un autre. » Il avait été chargé, à la même époque, par M. Boissy-d'Anglas, en mission, de présenter une proposition ayant pour objet de concilier les garanties de la liberté individuelle avec la sûreté publique : la marche rapide des événemens ne permit pas de prendre en considération cette proposition qu'il avait mise sous les yeux de la chambre dans la séance du 27. On prétend que M. de Latour-Maubourg fut nommé, par le gouvernement provisoire, l'un des plénipotentiaires chargés de négocier la paix avec les puissances étrangères. Une ordonnance royale, du 24 juillet 1815, le priva de la pairie, qu'une autre ordonnance, celle du 5 mars 1819, lui a rendue.

LATOUR-MAUBOURG (LE MARQUIS DE), ambassadeur à Constantinople, officier de la légion-d'honneur, etc., est fils aîné du précédent. Il entra de très-bonne heure dans la carrière diplomatique, et fut d'abord nommé auditeur au conseil-d'état. Il se rendit, en 1806, à Constantinople, comme second secrétaire d'ambassade, et y demeura jusqu'en 1812, en qualité de chargé d'affaires. Il se fit remarquer dans toutes les occasions par sa sagesse et par sa fermeté, surtout lors de la révolution du 15 novembre 1808, qui renversa le vizir Mustapha Bayractar. Son hôtel servit d'asile à tous les étrangers qui avaient à craindre les mouvemens de la sédition, et sa protection leur fut de la plus grande utilité. Il revint en France en 1813, et en repartit bientôt comme ministre près de la cour de Wurtemberg ; il passa, en 1814, comme chargé d'affaires à Hanovre, où il résida comme ministre plénipotentiaire de Louis XVIII. Au mois de mars 1819, il fut nommé ambassadeur à Londres en remplacement du marquis d'Osmond ; mais il n'occupa que peu de temps ce poste. Il est aujourd'hui (1823) ambassadeur à Constantinople.

LATOUR-MAUBOURG (RODOLPHE, VICOMTE DE), maréchal-de-camp, chevalier de la légion-d'honneur et de Saint-Louis, frère du précédent et second fils de Marie-Charles-César, entra au service en 1806, en qualité de sous-lieutenant. Il mérita la croix de la légion-d'honneur à Iéna, fit la campagne de Pologne, et fut envoyé en Espagne, où il devint aide-de-camp du général Caffarelli. Il se distingua dans plusieurs circonstances, entre autres, dans celle-ci. Le général Caffarelli ayant voulu s'emparer d'une position, avait été atteint d'un coup de feu à la tête, et était resté étendu sur le champ de bataille. L'intrépide Latour-Maubourg s'élance seul vers lui, et malgré une vive fusillade, l'enlève et le charge sur ses épaules. Après les événemens politiques de 1814, M. de Latour-Maubourg est devenu chevalier de Saint-Louis, colonel des chasseurs à cheval de la

Meuse, et enfin, maréchal-de-camp. Il est aujourd'hui (1823) en disponibilité.

LATOUR - MAUBOURG (LE COMTE CHARLES FAY DE), frère des deux premiers, quitta la France avec eux en 1792, et fut également avec eux rappelé dans sa patrie en 1800. Il ne prit du service qu'en 1813, pour repousser l'invasion étrangère. Pendant son absence de France, il avait épousé la fille aînée de M. de La Fayette. M. de Latour-Maubourg fut nommé, en 1815, chevalier de Saint-Louis et lieutenant des gardes-du-corps (compagnie de Luxembourg). Il occupe encore aujourd'hui (1823) le même grade.

LATREILLE (P. A.), membre de l'institut (académie royale des sciences), professeur de zoologie au muséum d'histoire naturelle, chevalier de la légion-d'honneur, etc., est un de nos savans les plus distingués. Il a agrandi la sphère de nos connaissances en histoire naturelle, par diverses productions remarquables, entre autres, l'*Histoire des Testacées* et l'*Histoire des Insectes*, lesquelles réunies aux ouvrages de M. de Lacepède et de feu M. Daudin, sont une partie importante de la continuation de Buffon. La dissertation que M. Latreille a publiée sur les connaissances des anciens dans l'intérieur de l'Afrique, offre des détails d'un haut intérêt; on regrette seulement que l'auteur ne lui ait pas donné plus d'étendue. Il a publié: 1° *Précis des caractères génériques des Insectes*, Brives, in-8°, 1797; 2° *Essai sur l'histoire des Fourmis de la France*, Paris, 1798, in-8°; 3° *Histoire naturelle des Salamandres, précédée d'un Tableau méthodique des autres reptiles indigènes*, in-8°, 1800; 4° *Histoire naturelle des Singes*, 2 vol. in-8°, 1801; 5° *Histoire naturelle des Fourmis*, in-8°, 1802; 6° *Histoire naturelle des Salamandres de France, précédée d'un Tableau méthodique des autres reptiles indigènes*, in-8°, 1803; 7° *Histoire naturelle des Crustacées et des Insectes* (voir les articles BUFFON dans les *Dictionnaires historiques*); 8° *Genera Crustaceorum et Insectorum, secundum ordinem naturalem, in familias disposita*, 4 vol. in-8°, 1807-1809; 9° *Considérations générales sur l'ordre naturel des animaux composant les classes des Crustacées*, in-8°, 1810; 10° *Observations sur le système métrique des peuples anciens les plus connus, appliqué aux distances itinéraires*, 1817. M. Latreille est un des collaborateurs du *Nouveau Dictionnaire d'histoire naturelle* et des *Annales du muséum d'histoire naturelle*.

LATTANZI (JOSEPH), est né dans l'Etat romain vers 1762. Lattanzi, père, avait un emploi dans la maison du duc Braschi, dont le poète Monti était secrétaire; il y fit admettre son fils, qui, comme Monti, portait l'habit ecclésiastique. Les rapports du poète avec le jeune Lattanzi, dont le goût pour la littérature était déjà manifesté, ne furent, dès le commencement de leurs relations, rien moins que fraternelles; et ce dernier, soupçonné d'avoir composé un écrit latin sur les droits de l'empire et de l'église, dut quitter Rome sur-le-champ. Il se réfugia à Vienne, où le gouvernement pacifique de Joseph II (*voy.* Joseph II) lui permettait de trouver un asile tranquille. Le désir de revoir sa patrie le lui fit quitter, et à peine de retour à Rome, il y fut arrêté. Il brisa ses fers, et alla de nouveau chercher un asile à Vienne. L'empereur Joseph voulut qu'il se justifiât des calomnies qui attaquaient sa réputation, et il le recommanda à son ministre près de la cour de Florence. A cette époque, les esprits étaient assez vivement agités par la tenue du concile de Pistoia, au sujet des contestations de quelques priviléges des papes. M. Lattanzi fut occupé à rédiger un journal dans l'intérêt du concile et de Léopold, souverain de Florence, et qui n'était encore qu'archiduc. Le journal de M. Lattanzi déplut aux partisans de la cour de Rome; ils attaquèrent la feuille et l'auteur lui-même, qui répondit, le 20 septembre 1787, par une apologie de sa conduite, en forme de lettre au grand-duc Léopold. M. Lattanzi, qui avait mérité la bienveillance du prince, épousa une jeune et belle Florentine, et suivit l'archiduc lorsqu'il alla occuper le trône impérial vacant par la mort de Joseph II. Peu de temps après, M. Lattanzi partit pour Mantoue, où l'empereur l'envoyait en qualité de secrétaire-perpétuel de l'académie. Ses principes religieux déplurent à deux jésuites membres de l'académie, les PP. André et Bettinelli, qui dénoncèrent bientôt sa *Dissertation sur l'influence des opinions religieuses dans l'état*, aux gouverneurs de Mantoue et de Milan. Léopold venait de mourir (1792); la dénonciation produisit son effet, et il perdit non-seulement son emploi de secrétaire perpétuel de l'académie, mais encore une pension de 1,200 florins qu'il devait à la munificence du prince. La persécution ne fait pas de prosélytes, et lorsque les Français conquirent l'Italie, en 1796, M. Lattanzi se déclara en leur faveur, et fut employé, par le général en chef Bonaparte, d'abord à écrire en faveur de la nouvelle domination, ensuite comme officier municipal et administrateur de Mantoue. Cette ville le députa lors des négociations de Léoben, pour demander la réunion du pays Mantouan à la république Cisalpine. De plus grands intérêts ne permirent pas au général en chef d'accueillir alors, conformément à l'objet de sa mission, M. Lattanzi, qui se retira mécontent et commença à écrire contre la politique du général étranger. Son opposition fut de peu de durée; il se réconcilia avec lui; la réunion des deux pays s'opéra, et il devint membre du corps-législatif de la république Cisalpine. Le journal officiel français, le *Moniteur*, à la date du 19 messidor an 6, annonça (sous la rubrique de Milan) que c'était sur la motion de M. Lattanzi que le grand-conseil de la république Cisalpine arrêta l'érection d'un monument en pierre sur la place publique, en mémoire du grand jour où la république mère et la république fille avaient serré les liens indissolubles de leur réunion et de leur éternelle amitié. L'ancien gouvernement romain ayant été détruit, il se rendit à Rome, et y acquit des propriétés dont il fut dépouillé par suite de nouveaux changemens politiques. M. Lattanzi publia le recueil de ses observations sous le titre de *Voyage*, dont le *Moniteur* des 5, 6 et 8 nivôse an 8 (1799) donna des extraits intéressans. M. Lattanzi suivit les vicissitudes de nos armées. Il accompagna le général Championet à Naples, et revint avec lui à Rome. L'armée austro-russe ayant envahi une partie de l'Italie en 1798, il se réfugia à Gênes, où le général Davoust le prit en qualité de secrétaire. Fait prisonnier par les Anglais lorsqu'ils enlevèrent la frégate française qui était dans ce port, il fut, par suite de la capitulation qui suivit la bataille de Marengo, déposé à Antibes, d'où il se rendit à Milan. Il y devint juge, et fut envoyé par l'académie de Mantoue à la *consulta* italienne réunie à Lyon d'après le vœu du premier consul Bonaparte: son admission éprouva d'abord quelques difficultés ; mais le premier consul les leva bientôt, et il assista aux séances. M. Lattanzi retourna à Milan, où il publia un petit *Journal de littérature et de modes*, dans lequel il inséra un grand nombre de pièces de vers et différens écrits politiques. Le plus important de ses poëmes est consacré à célébrer les triomphes du chef du gouvernement français sur les puissances du Nord. Pour fixer davantage l'attention publique sur ce dernier ouvrage, qui le mettait en rivalité avec le poëte Monti, auteur du *Bardo della selva nera*, il le publia en quatre grands tableaux gravés. Doué d'une grande facilité pour la poésie, M. Lattanzi s'est fait un nom recommandable. Il a publié, il y a peu de temps, des vers en l'honneur de la célèbre cantatrice française Mme Catalani, et s'occupe aujourd'hui (1823), dit-on, d'alchimie. On distingue parmi ses productions en grand nombre : 1° *Lettere in risposta all' abbate Marchetti, e la Esposizione della dottrina de' protestanti da servire per conciliarli et riunirli alla communione della chiesa romana*, Florence, 1787; 2° *Lettere apologetica della condotta de Giuseppe Lattanzi al granduca Leopoldo*, Florence, 1787; 3° *Analisi della morale de' Gesuiti*, Mantoue, 1792; 4° *Funebre orazione dell'imperatore Leopoldo*, Vienne, 1792; 5° *Piano di pace con la repubblica francese, l'impero, la casa d'Austria, ed il rè di Sardegna*, Mantoue, 1795; 6° *Discorso storico-politico sul quesito : Quale de' governi liberi meglio convenga alla felicità dell' Italia* (sous le nom de *Publicola Tiberino*), Milan, 1796; 7° *Discorso sulla necessità di conservar Mantova alla repubblica*, Mantoue, 1797; 8° *Discorso e progetto di legge sulla necessità di reformare i theatri in Italia*, Rome, 1797; 9° *Passatempi melanconici*, en vers, Gênes, 1800; 10° *La Mascheroniana*, sur les mêmes rimes que celle du poëte Monti; 11° *Satire sui costumi della rivoluzione*, Milan, 1805. C'est le meilleur ouvrage poétique de M. Lattanzi; 12° *La guerra della terza lega nordica*, en quatre grandes tables, gravée et dédiée à l'année 1806, Milan, 1806 et 1807; 13° *Il Corriere delle dame*. Cette collection fut commencée en 1804.

LATTEUR (N.), ex-membre du conseil des anciens, et premier

président de la cour d'appel du département de la Dyle, commandant de la légion-d'honneur, etc., remplissait les fonctions de juge au tribunal civil du département de Jemmapes, lorsque le collége électoral de ce département le nomma, en 1799, député au conseil des anciens. Le 3 octobre de la même année, jour anniversaire de la réunion de la Belgique à la France, il exprima la reconnaissance de ses concitoyens pour une réunion dont ils appréciaient les nombreux avantages, et dont les malveillans s'efforçaient de faire suspecter la durée. M. Latteur cessa de faire partie du conseil, par l'effet de la révolution du 18 brumaire an 8 (9 novembre 1799); mais dès le mois de juillet 1800, il devint président du tribunal, depuis cour d'appel du département de la Dyle. Il fut nommé, sous le gouvernement impérial, commandant de la légion-d'honneur.

LATUDE. (*Voy.* MASERS DE.)

LATURBE (N.), habile mécanicien, s'est fait particulièrement connaître en 1816, par l'invention d'un procédé, dont les arts utiles et le commerce doivent retirer un avantage réel. Ce procédé consiste à faire remonter les bateaux contre les courans, au moyen d'un rouage semblable à celui d'une horloge : mécanique ingénieuse qui met les rames en mouvement et opère une action moins vive, mais non moins sûre que celle des bateaux à vapeur. Le procédé de M. Laturbe est préférable au halage ordinaire par les chevaux, et sans doute à l'emploi des bateaux à vapeur, en ce qu'il n'est point sujet aux incendies et aux explosions dont ces bateaux peuvent être frappés par l'effet du combustible qu'ils consument. L'invention de M. Laturbe, en attestant le progrès des arts mécaniques, est digne de l'observation des hommes amis des conceptions nationales et de l'utilité domestique.

LAUBADÈRE (GERMAIN-FELIX TENET DE), général de division, ancien chevalier de Saint-Louis, naquit à Bassonnes. Destiné par sa famille à l'état militaire, il prit du service en 1773, et partit pour l'Amérique avec le régiment de Gâtinais, où il était sous-lieutenant. Il se fit remarquer dans deux combats sur mer, à la prise des îles Turques, et aux siéges de Pensacola et d'York. De retour en France, il fut fait, en 1788, capitaine au 18ᵉ régiment d'infanterie de ligne, ci-devant Royal-Auvergne. Il était en garnison à Calais, lorsqu'il apprend que les grenadiers du régiment ont déserté avec armes et bagages. Laubadère, effrayé d'une si grande faute, et du dangereux exemple qu'elle peut donner aux troupes, rejoint les grenadiers à peu de distance de la ville, les questionne, et apprend qu'ils ne s'éloignent que pour se soustraire aux mauvais traitemens de leur major. Ne pouvant les faire changer de résolution : « Eh bien, leur dit-il, » puisque vous insistez, nous déser- » terons ensemble ; je ne consen- » tirai pas à me séparer de braves » gens tels que vous. » Il se met à leur tête, marche toute la nuit ; mais il a changé de route, et au point du jour il se retrouve avec eux sous les murs de Calais. Leur surprise égale leur mécontentement. « Mes amis, s'écrie Laubadère, 24 heures ne sont pas expirées ; nous pouvons encore revenir avec honneur sous les drapeaux : suivez moi; je vous donne ma parole qu'aucune punition ne vous sera infligée. » Pleins de confiance dans ses promesses, les soldats n'hésitent plus, et rentrent avec lui dans la place. Quelques jours après, le commandant reçut du ministre de la guerre une dépêche conçue en ces termes : « Le roi confirme la parole de M. de Laubadère, et me charge de lui témoigner sa satisfaction. » Deux émeutes éclatèrent à Calais en 1791. Laubadère, à la tête de ces mêmes grenadiers, se conduisit avec tant de prudence et de fermeté à cette occasion, qu'il rétablit l'ordre et se concilia l'estime des troupes et des habitans. Il reçut en récompense la croix de Saint-Louis. Nommé successivement dans la même année (1792), lieutenant-colonel du 12ᵉ régiment d'infanterie de ligne, et colonel du 30ᵉ régiment, il commanda en cette dernière qualité à l'avant-garde de l'armée de la Moselle. Devenu général de brigade, il fut demandé par les habitans de Calais, qui lui conservaient la plus vive reconnaissance, pour commandant de leur ville. Le ministre de la guerre leur répondit : « Le conseil exécutif pense que les talens militaires de cet officier-général sont plus utiles à l'armée, où il est employé d'une manière active. » Le 9 juin 1792, il fut grièvement blessé à l'affaire d'Arlon ; il y commandait une colonne d'infanterie. L'intrépidité qu'il avait montrée en chargeant à la tête de sa colonne, le fit nommer général de division. « Cette bataille, disent des militaires instruits, préluda pour ainsi dire à cette longue suite de victoires remportées par les Français. » Le général Pichegru lui fit donner le commandement de la 12ᵉ division militaire ; il s'y fit estimer par sa bonté et sa modération. Il mourut à Rouen le 7 août 1799. Cette ville et Calais, qui dans des temps différens avaient été toutes deux à même d'apprécier ses vertus, recommandèrent au gouvernement sa veuve et sa fille, qu'il laissait sans fortune. Les auteurs d'une notice où nous avons recueilli ces faits, annoncent qu'ils les tiennent des sources les plus pures, et que l'article consacré au général Laubadère dans la *Biographie Moderne*, édition de 1816, sont entièrement controuvés.

LAUBERDIÈRE (Louis-François-Bertrand du Pontenbevoye, comte de), lieutenant-général, d'une famille noble très-ancienne, est né le 28 octobre 1759, à Bocé près Baugé, département de Maine-et-Loire. Il entra, en 1773, à l'école Militaire de Paris; fut, en 1776, officier dans le régiment de Saintonge infanterie, avec lequel il se trouva, en 1778, à l'armée des côtes de la Manche et au camp de Vaussieux, et en 1779, à l'armée de débarquement assemblée à Saint-Malo. Nommé, en 1780, capitaine de cavalerie, il devint peu de temps après aide-de-camp du général, depuis maréchal de Rochambeau, son oncle, à l'armée duquel il a fait les quatre campagnes de la guerre d'Amérique de 1780 à 1783. Il fut, à la paix, placé dans le corps de l'état-major-général de l'armée, et décoré de l'ordre américain de Cincinnatus. En 1786, aide-major-général-des-logis des armées, titre militaire changé depuis en celui d'adjudant général; il fut employé en cette qualité jusqu'en 1790, époque où il reçut la croix de chevalier de Saint-Louis. Conservé à l'état-major-général de l'armée, à la réforme ou réorganisation qui se fit en juin 1791, sous le titre d'adjudant-général-colonel, il fut employé à l'armée du Nord en 1792, et reçut pour l'Irlande une mission du ministre de la guerre Duportail. Détenu comme prisonnier de guerre, en mai 1793, dans ce royaume, il fut de là transféré en Angleterre, où son échange n'eut lieu qu'en prairial an 8 (juin 1800). Remis, en pluviôse an 9, sur le tableau de l'état-major-général, comme adjudant-général, et en l'an 11 (1803), sur le tableau d'activité à la rupture de la paix avec l'Angleterre, il fut employé, en l'an 13, en Italie et à Milan, et en l'an 14 (1804), à l'état-major-général de la grande-armée d'Allemagne. Il se trouva au passage du Danube au corps du maréchal Ney, et à l'affaire glorieuse d'Elchingen; à la prise d'Ulm et à celle de Vienne, et fit ensuite la campagne de Moravie et d'Austerlitz. Le 14 octobre 1806, il fut présent à la bataille d'Iéna, à la prise de Halle, et reçut, le 25 octobre suivant, la commission de chef de l'état-major à Berlin, lors de l'entrée des Français dans cette ville. Il fut nommé chevalier de l'ordre militaire de Maximilien-Joseph de Bavière, en 1806. Appelé à la grande-armée en Pologne, il fut présent aux affaires de Golymin et de Pultusk, en décembre (1806). Chef de l'état-major de la cavalerie légère d'avant-garde, il se distingua à l'affaire de Deppen, sur la Passange, le 4 février 1807. Grièvement blessé par un boulet, dans une charge sur une batterie d'artillerie légère russe, il devint peu après général de brigade, et fut promu dans la légion-d'honneur. À la suite de la paix de Tilsitt, il passa avec la grande-armée en Espagne. En septembre 1808, il fut chargé de réarmer la citadelle de Saint-Jean-Pied-de-Port. Il passa les Pyrénées, descendit à Roncevaux, dans la Navarre, se maintint dans ce poste contre les forces supérieures espagnoles insurgées, et sauva la fonderie importante d'Orbaicetta. Appelé à la grande-armée dans la Castille, il fut nommé commandant de Madrid, à la prise de cette capitale, le 2 décembre 1808. Chargé, dans ce poste difficile, de détails très-importans et de l'exécution du mémorable décret d'abolition de l'inquisition, en date du 8 décembre 1808, il s'en acquitta avec honneur et fermeté, et contribua puissamment, conjointement et sous les ordres du lieutenant-général comte Belliard, gouverneur-général de la Vieille-Castille, à amener le moment du retour à Madrid du roi Joseph, le 21 janvier 1809. Employé dans la même année au corps du général comte Kellermann, il marcha avec lui dans les expéditions de la Galice, à la conquête des Asturies et sur Salamanque. En mai 1810, il fut nommé gouverneur du royaume ou province de Léon. Il releva les murs de la ville d'Astorga, démantelée par un siège récent, glorieux pour les armes françaises, et battit, le 21 juin, sous ces murs, le général espagnol Ménescès, qui manœuvrait en vue pour l'investir, et lui avait envoyé une sommation. Il maintint, par sa vigilance et ses attaques à propos, sa position à Léon et province jusqu'en juillet 1811, qu'il fut appelé sur la frontière de Portugal, et les rives du Duero, au commandement de la province de Zamora et de Toro. Rappelé d'Espagne en 1811, il fut employé, en 1812, en Westphalie, sur le Weser, et les côtes de la mer d'Allemagne; et en 1813, il fut nommé au commandement d'une brigade dans le 13ᵉ corps d'armée à Hambourg, aux ordres du maréchal prince d'Eckmühl. A la rupture de l'armistice de Dresde, en août 1813, le prince d'Eckmühl le détacha sur sa droite, et lui confia, avec le rang de général de division, le commandement de la ligne du Weser. Après divers événemens importans en Saxe et sur l'Elbe, Cassel avait été pris; Brême, inopinément attaqué, était tombé au pouvoir de l'ennemi le 15 octobre. Conformément à ses instructions, le général de Lauberdière fit sauter les ponts de Haya, de Nienbourg et de Minden; il marche ensuite rapidement sur Brême, l'attaque, et en chasse, le 21 octobre 1813, le corps russe et les Cosaques qui l'occupaient. Mais la perte de la bataille de Léipsick venait de décider du sort de la campagne et des armées françaises en Allemagne. Déjà débordé sur plusieurs points par l'ennemi, il se vit forcé d'évacuer Brême dès le 26 octobre, et quoique suivi et harcelé par une forte colonne de Cosaques, il fit à marches forcées, mais en bon ordre, une retraite de 60 lieues sur Wesel avec ses troupes. L'insurrection générale des pays anséatiques, de la Westphalie et de la Hollande, se déclarait en proportion de nos revers. L'avantgarde du corps prussien de Bulow était déjà sur l'Yssel. Presque partout sans troupes et sans munitions, nous n'étions plus nulle part en mesure. Appelé cependant par le maréchal duc de Tarente à la défense des rives du Bas-Rhin, du Waal et de l'Yssel, le général de Lauberdière s'y était porté avec intrépidité, et avait fait occuper Arnheim, Zutphen, et reprendre Doesbourg, déjà livré à l'ennemi, qui le reprit une seconde fois le même jour, et se porta sur Arnheim. Le pont de cette ville sur le Rhin était couvert par quelques lignes usées d'un ancien camp retranché. Le 29 novembre, les ennemis, sur cinq colonnes, se portèrent avec vigueur et attaquèrent le camp retranché qu'il défendait, soutenu par quelques troupes de la division du général Charpentier, du 11ᵉ corps d'armée ou du maréchal duc de Tarente. Le combat fut court, mais rude et sanglant. L'ennemi revenant en nombre supérieur, le camp fut forcé, le général Marie fut blessé et fait prisonnier. Les Français perdirent en tués, blessés, pris ou noyés dans le Rhin, environ 800 hommes: l'ennemi, de son aveu, en perdit 1100 tués ou blessés sur le fossé, le glacis et le parapet. Le général de Lauberdière, obligé de repasser le Rhin et le Waal, se retira en ordre sur Nimègue, d'où il fut appelé en hâte à Wesel, déjà menacé, pour y prendre le commandement de l'une des divisions d'infanterie du 11ᵉ corps d'armée. Dès le 10 décembre 1813, Wesel, dont le lieutenant-général comte Bourke venait d'être nommé gouverneur, fut livré à lui-même, et cette importante forteresse, ainsi que les forts qui en dépendaient, furent de suite bloqués et resserrés par un corps nombreux d'ennemis. Il commanda les diverses sorties, ordonnées pendant le blocus. Après la première restauration en avril 1814, le gouverneur et la garnison de Wesel, encore forte de 8,000 hommes, tinrent ferme devant l'ennemi, jusqu'à ce que les ordres du ministre de la guerre fissent connaître au gouverneur que Wesel avait été cédé à la Prusse, par suite du traité de Paris du 26 avril. Le général de Lauberdière, à la tête de la première colonne de 5,000 hommes, et d'une batterie de 10 pièces d'artillerie avec ses caissons, sortit de Wesel le 8 mai (1814); il traversa la Belgique, au milieu des corps ennemis d'occupation, et arriva à la fin de ce mois à Lille, où sa division fut dissoute. Le comte de Lauberdière fut alors nommé commandant de la légion-d'honneur, et confirmé dans le grade de général de division. En sa qualité de membre du corps-législatif, où le département de Maine-et-Loire l'avait élu en 1803, et de nouveau en 1808, il assista, le 4 juin (1814), à la séance royale, dans laquelle la charte fut donnée et jurée. En mars 1815, de Bordeaux où il se trouvait, il se rendit à Marseille, Aix et Nîmes pour y offrir, en sa qualité d'officier-général, ses services à M. le duc d'Angoulême. Mais la chambre des députés dont il était membre, fut convoquée sur ces entrefaites. Il quitta Nîmes, et se rendit à Paris d'après l'ordre du prince. Le ministère ayant porté le gouvernement du roi hors de France, et Napoléon occupant les Tuileries, le 17 avril (1815), le *général de Lauberdière* fut nommé au commandement de la 15ᵐᵉ division militaire, et, peu après, élu à la chambre des représentans par le département de Maine-et-Loire. L'issue de la bataille de Waterloo, et la seconde restauration en juillet (1815), mirent fin aux dispositions défensives de la France. Il reçut presque immédiatement après du ministre de la guerre, l'ordre de remettre le commandement de la 15ᵉ division militaire, et en même temps une lettre approbative de sa conduite dans le commandement de cette division. Le 1ᵉʳ janvier 1816, il fut admis à la retraite du grade de lieutenant-général, par suite des dispositions générales qui lui étaient applicables, sur les retraites du 1ᵉʳ août 1815. A la chambre des députés, le comte de Lauberdière a toujours émis les opinions et le vote d'un royaliste constitutionnel, franchement attaché aux principes consacrés par la charte.

LAUBERT (Charles-Jean), né à Naples, en 1762, l'un des chimistes les plus distingués de son pays. Après avoir terminé ses études classiques, il se livra à son goût pour les sciences, étudia la nouvelle théorie de Lavoisier, ouvrit des cours, et professa d'après cette méthode. Les vieux professeurs effrayés de l'insolence du jeune novateur, et jaloux de ses succès, n'oublièrent rien pour détruire ses doctrines en le perdant lui-même. En 1792, tout ce qui venait de France était suspect à Naples. Laubert recevait souvent de Paris des livres de chimie et de physique. On supposa qu'il entretenait avec les républicains une correspondance suivie. On le dénonça ; et dans ses malles ouvertes, on trouva la physique de *Brisson*. Ce nom ressemblait à *Brissot*. Laubert est accusé de conspirer avec ce conventionnel. On le persécute ; on l'obsède ; il a beau dire que *Brisson* n'a jamais manipulé que les gaz, et que *Brissot* agit sur les affaires politiques : les agens du pouvoir n'y regardent pas de si près ; et pour leur échapper, il est obligé de fuir un pays où la similitude des noms est si dangereuse. Il vient en France, prend du service dans les armées, et est envoyé à l'armée d'Italie en qualité de pharmacien. En 1798, Joubert le chargea d'une mission dangereuse auprès du général Championnet. Il l'exécuta, malgré tous les dangers qu'offrait alors sur tous les points la longue route qu'il avait à parcourir. Championnet, qu'il ne put rejoindre qu'aux environs de Capoue, lui ordonna de suivre le quartier-général, et à son arrivée à Naples, le nomma membre du gouvernement provisoire qu'il établit. Cependant M. Laubert donna bientôt sa démission volontaire, et reprit ses fonctions de pharmacien, qu'il a continué à remplir dans les armées, en Italie, en Hollande, en Hanovre, en France, en Espagne, en Russie. Renfermé dans Torgau, après la bataille de Leipsick, il fut nommé à Paris inspecteur-général du service de santé, en remplacement de Parmentier qui venait de mourir. Louis XVIII confirma cette nomination. Chevalier de la légion-d'honneur en 1814, officier en 1816, M. Laubert appartient à la plupart des sociétés savantes d'Europe. Il a publié dans divers journaux scientifiques, des traités remarquables sur plusieurs sujets ; un excellent codex des médicamens à l'usage des hôpitaux militaires, et une monographie du quinquina, très-estimée.

LAUDERDALE (LORD JAMES MAITLAND, COMTE DE), membre de la chambre des pairs d'Angleterre, est originaire d'Ecosse, où il est né en 1752. Sa famille est une des plus anciennes et des plus distinguées de cette contrée. Il fit de brillantes études à l'université de Glascow, suivit la carrière du barreau, où il se fit remarquer, et devint membre de la chambre des communes. Il se distingua, sous le nom de Maitland, parmi les membres de l'opposition, en combattant la plupart des projets du ministère ; en 1783, il soutint le bill de l'Inde présenté par le célèbre Fox. Il fut nommé, en 1787, membre de la commission chargée de diriger l'acte d'accusation contre l'ancien gouverneur-général du Bengale Waren Hastings (*voy*. HASTINGS). En 1789, il perdit son père, auquel il succéda dans sa fortune, ses titres et ses honneurs, et devint, peu de temps après, l'un des seize pairs d'Ecosse, malgré l'opposition secrète du ministère et la concurrence à cette dignité de rivaux également recommandables. Au mois d'avril 1791, il reprocha vivement aux ministres de saisir le prétexte de la prise d'Oczakoff, par le gouvernement russe, pour lui faire déclarer la guerre, ajoutant que le ministère s'efforçait de persuader à la nation que l'ambition de la Russie la porterait à envahir la Turquie, et à attaquer l'indépendance de la Prusse. Lord Lauderdale n'obtint, dans cette circonstance, d'autre triomphe que celui de prouver de nouveau ses talens et son indépendance. Un peu plus tard, il blâma avec amertume les mesures violentes prises à l'égard de Tippoo-Saëb, qui luttait, avec autant de courage que de mauvaise fortune, contre l'envahissement de ses états et la domination sans cesse croissante de l'Angleterre. Dans la discussion du bill relatif à la formation du jury pour les libelles, lord Lauderdale se fit encore remarquer par des idées sages et lumineuses, et par sa haine pour tout ce qui pouvait donner lieu à l'arbitraire. Il fut un des partisans les plus prononcés de la révolution française, et voulant juger les événemens sur le théâtre même où ils se passaient, il vint en France, au commencement de 1792, avec son ami le docteur Mawe. Les excès auxquels l'effervescence générale donna lieu, à cette époque déplorable, n'exercèrent point sur son esprit une influence désavantageuse à la cause de la véritable liberté. Il dégagea cette cause si pure de son horrible alliage, et, de retour dans sa patrie, il entretint des relations d'amitié ou de souvenir, avec quelques-uns des hommes les plus distingués de la capitale. «BRISSOT(*voy*. »ce nom), dit une Biographie »étrangère, parla souvent de lord »Lauderdale, dans son journal *le* »*Patriote français*, et même à la »tribune de l'assemblée législati- »ve et de la convention nationa- »le, comme d'un véritable ami de »la liberté.» Ce membre distingué de l'opposition anglaise avait, lors de son séjour en France, pris une connaissance approfondie des cahiers des trois ordres; il leur dut une connaissance plus particulière des abus de l'ancien ordre de choses, et il attribua, disent les mêmes biographes, «la »révolution française à la mauvai- »se administration des finances »et aux prodigalités de la cour.» Un de ses compatriotes, John Gifford, prétendit le réfuter, et l'accusa brutalement d'ignorance et de partialité. Gifford, lui-même, trouva dans les deux pays de puissans réfutateurs. Lord Lauderdale s'opposa avec force à l'incorporation et à l'armement de la milice, demandés dans le discours de la couronne; attaqua le bill de suspension de la loi d'*habeas corpus*, et les différentes mesures dont l'objet était de soutenir la guerre contre la France. Au mois de février 1793, il s'éleva de nouveau contre cette guerre, et présenta, à la fin de la même année, une pétition revêtue, disait-il, de plus de 50,000 signatures, pour réclamer la paix. En novembre 1795, il attaqua le bill, dont lord Grenville était l'organe, relativement aux moyens de mettre à l'abri des complots séditieux la personne du roi et le gouvernement, et compara ce bill à celui que Richard II avait fait déposer et qui avait causé sa mort. Il examina, et réduisit les conspirations que le ministère signalait, aux simples murmures du peuple fatigué d'une guerre ruineuse. Dans une autre occasion, il attaqua, avec la plus grande énergie, l'évêque de Rochester sur sa doctrine de l'obéissance passive. Plus tard, il s'éleva contre la traite des Noirs. Lord Lauderdale voulant être élu shériff, établit, en 1797, dans la cité de Londres, un commerce fictif. Cette tentative eut peu de succès; il n'obtint qu'un petit nombre de voix. Fox étant parvenu au ministère, lord Lauderdale, son ami, devint pair de la Grande-Bretagne, membre du conseil privé, et garde du grand-sceau d'Ecosse. Mais il perdit cette place, d'un revenu considérable, ainsi que ses autres emplois au changement du ministère. En juillet 1806, il fut envoyé, en qualité d'ambassadeur extraordinaire, près de l'empereur Napoléon pour traiter de la paix. Cette négociation ne put avoir le succès qu'il se promettait; il quitta Paris lorsque Napoléon partit pour la campagne de Prusse, en 1808. Au commencement de 1809, il signa, avec 6 de ses collègues de la chambre des pairs, la protestation à laquelle donna lieu l'adresse de félicitation de cette chambre relativement à l'expédition de Copenhague, blâmée de l'Europe entière. Lorsqu'en 1814, on demanda un secours de 500,000 livres sterling, en faveur des habitans de l'Allemagne qui avaient le plus souffert des désastres de la guerre, il s'opposa fortement à ce qu'il fût accordé pour cette destination. Il proposa, mais sans succès, de le répartir entre les habitans les plus pauvres des campagnes de l'Angleterre, que depuis 25 ans on accablait de taxes. Dans la séance de la chambre, du 8 avril 1816, il dit n'avoir pas la conviction de l'indispensable nécessité de détenir Napoléon à l'île de Sainte-Hélène, et ajouta qu'il ne pouvait pas concevoir ce qui s'opposait à ce qu'on le tînt sous bonne et sûre garde dans quelque endroit de la Grande-Bretagne. Il soutint l'opinion de lord Holland tendant à ce que la deuxième lecture du bill, relatif à cette détention, fût remise au 7 mai suivant, et conclut en opinant à ce que la question fût portée devant les juges. Lord Bathurst fit rejeter cette proposition. Dans le même mois, lord Lauderdale combattit la motion de lord Bulkeley, pour la création d'une taxe sur les Anglais qui en passant sur le continent échappaient ainsi à divers autres impôts. Il prétendait, pour motiver son opposition, que les capitalistes qui s'absentaient laissaient des propriétés assujetties aux contributions, et déclarait que si le plan proposé par les ministres était adopté, il détruirait la liberté du commerce qui, en Angleterre, faisait, en grande partie, la gloire et la législation de l'état.

Les explications que donna lord Liverpool firent écarter cette motion. Lord Lauderdale s'opposa de nouveau, en 1817, à la suspension de l'*habeas corpus*, et protesta énergiquement contre son adoption. Il a publié, comme publiciste et comme économiste, différens ouvrages, dont nous citerons les principaux ; ce sont : 1° *Lettres aux pairs d'Ecosse*, in-8°, 1794. Il se plaint avec énergie, dans cet ouvrage, de son exclusion, qu'il attribue aux ministres qui voulaient se venger de son opposition à leurs mesures. 2° *Discours sur les finances*, in-4°, 1796; 3° *Pensées sur les finances*, in-4°, 1796; 4° *Lettres sur les mesures de finances actuellement proposées, dans lesquelles on examine particulièrement le bill soumis au parlement*, in-8°, 1798; 5° *Recherches sur la nature et l'origine de la richesse publique*, in-8°, 1804; 6° *Avis aux manufacturiers de la Grande-Bretagne sur les conséquences de l'union de l'Irlande*, in-8°, 1805; 7° *Pensées sur l'état alarmant de la circulation et sur les moyens d'adoucir les souffrances pécuniaires de l'Irlande*, in-8°, 1805; 8° *Recherches sur le mérite pratique du système du gouvernement de l'Inde sous la surintendance de la commission du contrôle*, in-8°, 1809; 9° *Considérations sur la dépréciation du papier en circulation*, in-8°, 1812; 10° *Nouvelles considérations sur l'état de la circulation*, in-8°, 1812; 11° *Lettres sur les lois concernant les grains*, in-8°, 1814.

LAUDON (Gédéon-Ernest, baron de), feld-maréchal autrichien, généralissime des armées de l'Empire, naquit en 1716, à Tootzen, dans la Livonie, d'une famille noble, mais pauvre, originaire d'Écosse. Son éducation se bornait à une connaissance très-imparfaite des mathématiques et à des notions peu étendues de géographie. Néanmoins il parvint, par son ardeur au travail, ses talens et son courage, aux premiers grades militaires. Il entra comme cadet dans un régiment d'infanterie russe, en 1731, et commença à apprendre l'art de la guerre sous le maréchal de Munich. Le jeune Laudon se distingua dans la guerre de 1736 à 1739, contre la puissance ottomane, et quitta la Russie, après la paix de 1740, par suite d'un passe-droit. Il demanda du service à Frédéric-le-Grand. Ce prince, à la suite d'une audience de quelques minutes, le congédia, et dit, en se tournant vers ses officiers : « La figure de » cet homme ne me revient point. » Plus tard, il lui fit un accueil plus flatteur. Laudon travailla quelque temps dans les bureaux militaires de Berlin, pour subvenir à ses dépenses journalières. Il s'y déplut bientôt, et muni de lettres de recommandation de l'ambassadeur autrichien en Prusse, M. de Rosenberg, il se rendit à Vienne, où l'impératrice Marie-Thérèse, favorablement prévenue par les lettres de son ministre, l'accueillit très-bien, et lui donna une compagnie de Pandours. Il fit avec ces troupes les campagnes de 1743 et de 1744, et fut blessé dans la dernière d'une balle au bras ; cette blessure était légère, et fut la seule qu'il reçut pendant tout le temps qu'il passa au service. Ayant eu avec le baron de Trenck, commandant des Pandours, homme violent et sans éducation, une altercation des plus vives, il donna sa démission, et vécut à Vienne, dans l'étude et la retraite, avec la demi-solde de capitaine, qu'il n'obtint pas sans difficulté. Il fut rappelé en 1753, et nommé major dans un régiment des frontières de la Croatie. La guerre de *sept ans,* qui ne tarda pas à éclater, devait être plus favorable à sa gloire et à sa fortune. En vain le général Pettazzi, commandant supérieur de la Croatie, prétend, par pure malveillance, le retenir éloigné du théâtre des événemens; Laudon se rend à Vienne, se présente au prince de Kaunitz, le sollicite, l'intéresse, et obtient, par sa protection, malgré le conseil aulique, un brevet de lieutenant-colonel. Il part, pour l'armée de l'Empire, en Bohême, à la tête de 800 Croates. Des actions d'éclat lui font obtenir, en mars 1757, le grade de colonel, et celui de général-major au mois d'août de la même année. Il se fit remarquer surtout dans les escarmouches, qui, par sa prudence, son sang-froid, sa rare intrépidité, devenaient des affaires d'une haute importance. Il était considéré comme l'un des premiers chefs de partisans de l'armée. Le combat de Domstadt, dont tout l'honneur lui est dû, coûta à l'armée du grand Frédéric 2,700 hommes, et 1,800 charriots chargés d'argent, de munitions, de vivres, etc., et força Frédéric à lever le siège d'Olmutz. Ce brillant fait d'armes, dont Marie-Thérèse sut apprécier tout le mérite, valut à Laudon le grade de lieutenant-général. Il eut la plus grande part au gain de la bataille d'Hochkirch, le 14 octobre 1758 ; c'est lui qui traça le plan d'après lequel le feld-maréchal Daun exécuta les manœuvres qui décidèrent le succès en faveur des troupes impériales. Laudon poursuivit sa victoire en harcelant, à la tête de l'avant-garde, les troupes prussiennes dans leur retraite, et en les battant dans toutes les occasions, à Schoenberg, à Päffendorf, à Lauban, à Lavenberg, etc. Les deux armées prirent leurs quartiers d'hiver. Laudon, mandé à Vienne, y reçut, des mains mêmes de l'impératrice, la grand'croix de Marie-Thérèse et le diplôme de baron du Saint-Empire. Les hostilités recommencèrent en 1759. A la tête de 18,000 hommes, il traversa la Basse-Lusace, et s'avança vers la marche de Brandebourg. Le 12 août, il attaqua Frédéric à Kunnersdorff, et remporta sur lui une victoire complète, mais dont les résultats auraient été plus considérables, si le général russe Soltikoff, qui dirigeait en chef les opérations, et que Frédéric venait de battre, n'eût continuellement entravé ses projets. Laudon se sépara du général russe vers la fin de novembre, et regagna la Silésie autrichienne. Le 23 juin 1760, il remporta la victoire de Landshout, et le 25 juillet, il s'empara de Glatz. Il échoua devant Breslau, dont il leva le siège le 5 août, et perdit la bataille de Lignitz le 15 du même mois. Il fit sa retraite en bon ordre, et investit Kosel le 20 octobre; mais à l'approche des troupes prussiennes, il se retira dans le comté de Glatz, où il prit ses quartiers d'hiver. La perte de la bataille de Lignitz mit la mésintelligence entre les généraux Daun et Laudon. Pour en éviter les suites, Marie-Thérèse leur confia des commandemens séparés, et nomma Laudon général d'artillerie. Au mois de mars 1761, il prit le commandement de l'armée de Silésie forte de 60,000 hommes, et eut pour adversaire Frédéric-le-Grand. Les armées passèrent plusieurs mois à s'observer; enfin, Laudon s'empara le 1er octobre de Schweidnitz, événement qui termina la campagne, fit le plus grand honneur au vainqueur, et amena la paix qui fut signée au commencement de 1762. Laudon reçut en présent de sa souveraine la belle terre de Klein-Betschwaz, dont il se défit ensuite ainsi que de plusieurs autres propriétés, pour acheter le château d'Hadersdorf, situé à peu de distance de Vienne. Il obtint en 1770 le commandement général de la Moravie. Dans une entrevue de Joseph II et de Frédéric, Laudon, qui était présent, voulut s'asseoir à la dernière place. Frédéric le prit par la main et le fit placer près de lui, en disant: « Mettez-vous ici, mon- » sieur de Laudon; j'aime beaucoup » mieux vous voir à côté de moi » qu'en face. » Lorsque la mort de l'électeur de Bavière en 1778 parut devoir faire reprendre les hostilités, Laudon fut nommé feld-maréchal, et désigné pour commander l'armée de Silésie. Cette campagne se borna à de simples mouvemens militaires, et la paix fut conclue quelques mois après,

le 13 mai 1779. Laudon passa le long intervalle entre cette époque et l'année 1788, dans ses terres dont il se plaisait à diriger l'administration, ne paraissant à la cour que lorsque son devoir l'exigeait. La guerre avec la Turquie éclata cette année (1788); mais les prétentions de ses jeunes rivaux le firent tenir éloigné des armées, et l'on n'eut recours à ses services que lorsque la monarchie fut en danger *(voyez* JOSEPH II*)*. Sur la demande même du feld-maréchal Lascy, commandant de l'armée destinée à agir contre les Turcs, il partit de Vienne le 13 août, s'empara de Dubitza le 26 du même mois, le 4 octobre suivant de Novi, et le 10 juillet 1789 de Berbir. Mais la conquête qui sauva l'Empire, et lui rendit la paix, fut celle de Belgrade, le 6 octobre. Il reçut en récompense de l'empereur Joseph II, le titre de généralissime des armées autrichiennes. Cette dignité lui donnait le droit de régler les opérations militaires sans en référer au conseil aulique. L'alliance intime contractée entre l'Autriche et la Porte-Ottomane, détermina Laudon à se porter avec ses principales forces vers les frontières de la Prusse, et il dressa son plan de campagne en conséquence. Quoique Léopold, qui avait succédé à Joseph II, montrât les dispositions les plus pacifiques, Laudon établit son quartier général à Neustichen; mais de violentes douleurs causées par une rétention d'urine à laquelle il était sujet, depuis plusieurs années, l'enlevèrent presque subitement, le 14 juillet 1790, dans sa 75e année. Il fut regretté de toute l'armée, qui lui était dévouée, moins encore par devoir que par affection et reconnaissance, pour sa bonté, sa justice et sa vie simple au milieu de l'appareil du commandement et des honneurs. Son corps fut transporté, par Vienne, au château de Hadersdorf. De son vivant, il s'était fait ériger dans son parc un monument surmonté de sa statue, devant laquelle était un livre ouvert où on lisait cette inscription que lui-même avait choisie : *Commemoratio mortis optima philosophia.* Le célèbre Gellert, son ami, fait ainsi son portrait : « Le général Laudon est un » homme d'un grand caractère, » grave, modeste, mélancolique, » parlant peu, mais à propos, mais » avec précision; ne s'entretenant » jamais de ses faits d'armes, rare-» ment de la guerre, et prenant plai-» sir à faire parler les autres. Il est » d'une taille moyenne, mais bien » fait, assez maigre. Son regard » annonce un homme réfléchi, et » ses yeux bleus ou plutôt gris sont » profondément enfoncés dans sa » tête. Il a le nez tant soit peu re-» levé, la bouche belle et le souri-» re assez agréable quand il le » veut. » Sa vie a été écrite par M. Pezzl ; elle est plus particulièrement recommandable par son exactitude. L'auteur y dit « que le » feld-maréchal Laudon était na-» turellement tranquille, misan-» thrope, sombre et froid, lorsque » tout allait à son gré ; mais vif, » ardent, prompt et très-emporté » s'il éprouvait la moindre contra-» diction. » Frédéric le-Grand faisait un grand cas de ses talens et de son courage, qu'il avait plus d'une fois appris à connaître à ses dépens. A une époque un peu moins reculée, le général Custines cita, dans une discussion sur le rétablissement de la discipline en France, un trait de fermeté de ce général, qui pour arrêter une émeute, avait tué deux soldats de sa propre main. Laudon avait commencé, en 1788, à rassembler les notes et documens qu'il avait recueillis sur ses campagnes contre les Prussiens, et se disposait à composer des mémoires dans lesquels il aurait rectifié en plusieurs points importans ceux de Frédéric-le-Grand. La mort ne lui a pas permis d'exécuter cette entreprise qui eût été d'un grand intérêt pour l'histoire.

LAUDON (LE BARON DE), général-major autrichien, ne paraît pas être de la famille du précédent. Il fit, en 1795, sous Mayence, en qualité de colonel, la campagne contre les Français, et, devenu général-major, fut employé à l'armée d'Italie. Il y resta pendant les années 1796 et 1797, et y fit preuve d'activité et de courage. Au commencement de cette dernière campagne, le général en chef Bonaparte s'étant porté rapidement à la poursuite de l'archiduc Charles, le général Laudon se jeta dans le Tyrol avec un corps de troupes, qu'il augmenta des milices du pays. Il s'avança ensuite sur les derrières de l'armée française, et y obtint des avantages en s'emparant de Trente, Roveredo, Torbole, Riva, Vérone, etc. De concert avec les Vénitiens, il aurait augmenté la difficulté de la position des Français, si la trève conclue entre l'archiduc et le général en chef Bonaparte n'eût paralysé ses moyens. Son gouvernement ne l'en jugea pas moins digne d'une récompense, et il lui envoya la croix de l'ordre de Marie-Thérèse. Le général Laudon a été perdu de vue depuis 1800.

LAUGIER (J. M.), médecin, associé de différentes académies, est auteur des ouvrages suivans : 1° *Nouvelle découverte pour l'humanité, ou Essai sur la maladie vénérienne*, 1783; 2° *l'Art de faire cesser la peste ou les épidémies les plus terribles*, 1784; 3° *Parallèle entre le magnétisme animal, l'électricité et les bains médicinaux par distillation*, etc., 1785. A cet ouvrage se trouve joint l'art de conserver la santé et de guérir les maladies les plus rebelles par les exercices mécaniques, etc. 4° *Hydrographie nouvelle, ou Description des bains hydrauliques médicinaux de toutes les espèces*, 1785; 5° *Tyrannie que les hommes ont exercée dans presque tous les temps et tous les pays, contre les femmes*, 1788; 6° *le vrai patriotisme, ou services rendus à la patrie, avec les pièces authentiques qui le prouvent*, 1791. Le silence que M. Laugier a gardé depuis la publication de ce dernier ouvrage fait douter de son existence, qu'aucun événement quelconque, politique ou privé n'a d'ailleurs révélée.

LAUJACQ (N.), conseiller à la cour royale d'Agen, fut nommé, en 1797, par le département de Lot-et-Garonne, député au conseil des cinq-cents, où il s'occupa plus particulièrement de matières administratives et de législation civile. Il vota l'adoption du projet de résolution sur les mariages des enfans mineurs, demanda et obtint la radiation du nom de Tarbé, de l'Yonne, inscrit sur la liste des déportés de fructidor, fit arrêter qu'il y aurait des avoués près des tribunaux en France et dans les colonies, invoqua la question préalable sur le projet relatif à la contrainte par corps, émit successivement une opinion sur les effets de l'adoption en général, et des observations sur les dispenses militaires; présenta deux projets, l'un sur les soumissions de biens nationaux, et l'autre tendant à autoriser les renonciations aux soumissions de ces mêmes biens; présenta un rapport sur les parens des déportés qui auraient fui le lieu de leur déportation; enfin, réclama la réduction à 12,000 fr. de la somme de 50,000 demandée pour l'érection d'un monument à la mémoire du général Joubert. Peu de temps après la révolution du 18 brumaire an 8 (9 novembre 1799), M. Laujacq fut nommé juge au tribunal d'appel du département de Lot-et-Garonne, depuis cour d'appel d'Agen. Il est aujourd'hui (1823) conseiller à la cour royale de cette ville.

LAUJON (Pierre), membre de l'institut, naquit à Paris le 13 janvier 1727, d'un procureur qui le destinait à suivre la carrière du barreau; mais le jeune Laujon, séduit par quelques essais littéraires qui avaient eu du succès, refusa de se livrer à des études sérieuses. Sa pièce de *Daphnis et Chloé*, citée avec les plus grands éloges dans les salons de la haute société, le fit rechercher de MM. de Nivernais, de Bernis, d'Argental, d'Ayen, etc. Le duc de Clermont à qui

Laujon fut présenté, l'appela près de sa personne, d'abord comme secrétaire de son cabinet, et ensuite de ses commandemens. Chez ce prince, qui aimait avec passion les lettres et le théâtre, le jeune auteur put suivre son goût en liberté. Le duc de Clermont se rendit à l'armée, et se fit accompagner de Laujon, en qualité d'intendant militaire, ce qui lui fit obtenir la croix de Saint-Louis. Après la mort du prince, arrivée en 1770, Laujon devint secrétaire des commandemens du duc de Bourbon, fils du dernier prince de Condé, et se trouva chargé de la direction des fêtes de Chantilly. L'émigration des princes, au commencement de la révolution, rendit Laujon à une liberté qu'il ne désirait pas. Il perdit à la fois, dans cette circonstance, son logement au palais Bourbon, et ses emplois, traitemens et pensions. Quoique réduit à un état voisin de l'indigence, car il n'avait rien amassé, il supporta la mauvaise fortune sans se plaindre, n'importuna ni ses amis, ni les gens en place, et continua à faire des chansons. Lorsqu'il fut nommé membre de l'institut en 1807, à la place de M. Portalis qui venait de mourir, il avait près de 80 ans. L'honneur que l'on fit à Laujon dans cette circonstance, ne paraissait pas fondé sur des titres suffisans. Il en fut plus redevable en effet aux égards que l'on crut devoir à son âge, qu'à des droits fondés sur son mérite. *Laissons-le passer par l'institut*, dit avec autant d'esprit que de gaieté Delille, qui vint donner sa voix à ce vieillard. Ce poète aimable mourut le 14 juillet 1811. Il a fait un grand nombre d'ouvrages, parmi lesquels on cite : 1° *Daphnis et Chloé*, 1747; 2° *Églé*, 1751; 3° *Sylvie*, 1766; 4° *Ismène et Isménias*, 1770. Ces différentes pièces ont été représentées à l'Opéra. Il a donné aux Italiens : 5° *Armide*, parodie, 1762; 6° *l'Amoureux de quinze ans*, 1771, à l'occasion du mariage de M. le duc de Bourbon; 7° *le Fermier cru sourd, ou les Méfiances*, 1772; 8° *Matroco*, 1778; 9° *le Poète supposé*, 1782; 10° *la Nouvelle Ecole des mères;* 11° *l'École de l'amitié*, etc. Le Théâtre-Français lui doit : 12° *l'Inconséquent, ou les Soubrettes*, 1777; 13° *le Couvent*, 1790. Il a fait représenter sur le théâtre de Rouen, en 1806, *le Juif bienfaisant*. La Harpe s'exprime ainsi à l'occasion du *Couvent* : « Le » dialogue de cette petite pièce est » naturel et agréable; et le caille- » tage du couvent, à la vérité très- » facile à imiter, y est assez bien » rendu. » Et à l'occasion d'*Églé* et de l'*Amoureux de quinze ans* : « Ces deux pièces sont des baga- » telles agréables, bonnes pour » l'Opéra et la Comédie-Italienne; » mais une comédie en 5 actes est » bien au-dessus des forces de Lau- » jon, bel-esprit de société, chan- » sonnier de table, composant de » petites fêtes pour de grands prin- » ces, et faisant de petits vers dans » les grandes occasions. Il songeait » à l'académie, mais je crois qu'il » en est revenu. » Laujon publia, en 1771, le recueil de ses chansons, sous le titre d'*Apropos de société*, 3 vol. En 1811, l'année même de sa mort, il fit paraître ses *Œuvres*, en 4 volumes, qui se composent d'un choix de ses chansons, de ses pièces représentées, de celles qui n'ont pas paru sur la scène, et de ses opuscules les plus agréables.

LAUJON (A. P. M.), fils du précédent, a suivi la carrière administrative, et était, pendant les *cent jours*, en 1815, employé dans l'administration des contributions indirectes à Paris. M. Laujon fut, dit-on, le seul de cette administration avec M. Maffioli, qui y était également employé, qui signèrent *non*, lorsqu'on leur présenta l'acte additionnel aux constitutions de l'empire. M. Laujon n'en a pas moins été supprimé depuis. Il a publié: 1° *Précis historique de la dernière révolution de Saint-Domingue*, in-8°, 1805; 2° *Moyens de rentrer en possession de la colonie de Saint-Domingue, et d'y rétablir la tranquillité*, 1814, in-8°.

LAUMOND (Jean-Charles-Joseph, comte), conseiller-d'état, commandant de la légion-d'honneur, est né à Arras, département du Pas-de-Calais, en 1753. Il entra très-jeune dans la carrière administrative, et fut d'abord employé dans l'intendance de Flandre. Le duc d'Aiguillon, ministre de la guerre et des affaires étrangères sous Louis XV, proposa, en 1778, à M. Laumond de venir le rejoindre à sa terre d'Aiguillon, où il était exilé, pour l'aider à rédiger ses mémoires. M. Laumond fut pendant quatre ans occupé de ce travail. En 1784, il se rendit à Nanci, en qualité de secrétaire en chef de l'intendance de Lorraine; en 1790, il fut nommé l'un des quatre directeurs de la caisse de l'extraordinaire fondée par Necker, et, en 1793, il remplaça M. Amelot, qui venait d'être destitué et emprisonné par le comité de salut public, dans les fonctions de membre de la commission des revenus nationaux. Il n'accepta cette place que pour échapper à l'échafaud, dont on le menaçait en cas de refus, et il la remplit avec le plus louable désintéressement. En 1795, il donna sa démission au comité de salut public, qui le nomma consul-général à Smyrne. En 1797, cette ville fut dévastée par le plus terrible incendie dont on ait conservé le souvenir dans ce pays, où ce fléau est aussi fréquent que la peste et les tremblemens de terre. La maison consulaire et 4,500 autres devinrent la proie des flammes; 1,500 Grecs furent égorgés. Échappé au plus grand danger, M. Laumond fit un voyage à Constantinople, revint à Smyrne quatre mois après, et fut remplacé dans le consulat par Jean-Bon-Saint-André. Bonaparte venait de descendre en Égypte, et le consul de France à Smyrne fut envoyé aux Sept-Tours. M. Laumond parvint à se sauver sur un vaisseau ragusais, qui le conduisit à Athènes. Il examina dans le plus grand détail cet antique berceau des arts et des sciences, et il eut le bonheur de quitter cette ville célèbre, la veille même du jour où le commandant turc reçut l'ordre de faire arrêter tous les Français qui y séjournaient. De retour en France, on proposa à M. Laumond le consulat de Hambourg, qu'il refusa. Il remplit successivement ensuite les fonctions de commissaire du gouvernement près l'armée d'Italie, et celles d'administrateur des monnaies à Paris. En 1801, il fut nommé préfet à Strasbourg. Il se distingua dans cette place par son intégrité, son désintéressement, son zèle à secourir tous les malheureux, et surtout des victimes de la révolution qui languissaient encore dans les cachots. Les habitans de Strasbourg, en reconnaissance de ces services, lui firent présent d'un bas-relief en argent, représentant la Cathédrale. En 1802, il fut appelé au conseil-d'état, et nommé, l'année suivante, commissaire du gouvernement en Piémont, et commandant de la légion-d'honneur. En 1804, il se rendit à Aix-la-Chapelle, en qualité de préfet du département de la Roër, où il sut se faire chérir de ses administrés comme à Strasbourg. En 1806, il quitta la préfecture de la Roër pour celle de Seine-et-Oise; reçut, en 1808, le titre de comte, et fut nommé directeur-général des mines en 1810. En 1815, il perdit cette dernière place, qui fut réunie à celle des ponts-et-chaussées, et donnée à M. Molé. M. Laumond fut nommé conseiller-d'état par le roi, qui lui accorda aussi une pension de retraite, à laquelle les longs et utiles services qu'il a rendus à sa patrie lui donnaient d'incontestables droits. M. Laumond est du très-petit nombre d'hommes qui, par suite de leur utilité, recherchés et employés par tous les gouvernemens, se sont concilié, à toutes les époques, l'estime et l'affection de leurs administrés. Dans les places éminentes qu'il a remplies, il n'a jamais songé à accroître ses revenus, qui sont des plus modiques. Rentré dans la vie privée, il espérait consacrer le reste de ses jours à la culture des lettres, qu'il a toujours aimées; mais une maladie douloureuse et incurable lui enlève ce bonheur. La société de nombreux amis, qu'il doit à l'amabilité de son esprit et à l'aménité de ses mœurs, rend ses souffrances moins pénibles. M. Laumond est membre des sociétés d'agriculture de Paris, de Turin, de Versailles et de Strasbourg. Il a publié un ouvrage sous le titre de *Statistique du Bas Rhin*, et plusieurs *Discours* qu'il a prononcés en qualité de préfet.

LAUNAY (NICOLAS DE), graveur distingué, membre de l'académie royale de peinture et de l'académie de Copenhague, naquit à Paris en 1739. Élève de Louis Lempereur, il justifia les soins que ce maître lui avait donnés, et se fit bientôt une réputation qui lui a survécu. De Launay s'est montré habile dans tous les genres : histoire, portraits, paysages, il traite tout avec facilité et succès. Son burin est ferme sans être rude; il rend les chairs avec aisance et vérité; en général, son faire est agréable. *La marche de Silène*, d'après Rubens, est sa composition historique la plus capitale sous le rapport de la dimension et de l'exécution. On doit encore citer au nombre de ses meilleurs ouvrages, d'après Vœnix, *la Partie de Plaisir;* d'après Fragonard, *la bonne Mère* et *l'Escarpolette;* et d'après Aubry, *la première Leçon de l'amitié fraternelle.* Il a composé, dans ce qu'on appelle ouvrages de librairie, une foule de vignettes charmantes, parmi lesquelles on distingue plus particulièrement pour l'esprit, le goût et la finesse, celles d'après les dessins de C. N. Cochin et J. M. Moreau, destinées à orner les éditions de J. J. Rousseau, imprimées in-4° à Bruxelles; de Molière, in-8°, et de l'Arioste de Baskerville. De Launay, qui a fait lui-même plusieurs élèves distingués, en tête desquels on peut citer MM. Ponce, Fossoyeux et Dupréel, mourut à Paris le 2 avril 1792, cinq ans après sa réception à l'académie.

LAUNAY (ROBERT DE), frère et élève du précédent, a exercé avec beaucoup de succès l'art de la gravure, et son œuvre est recherché des amateurs. Ses principales compositions sont : *le Malheur imprévu*, d'après Greuze; *les Adieux de la nourrice* et *le Mariage rompu*, d'après Aubry, et *le Mariage conclu*, d'après Borel. Comme Nicolas de Launay, il a exécuté des vignettes très-estimées, d'après les dessins de Marillier, Moreau et Cochin, pour les éditions les plus remarquables de la Bible, de Voltaire et de Rousseau. Robert de Launay mourut en 1814; il était né en 1754, quinze ans après son frère.

LAUNEY (BERNARD-RENÉ JOURDAN DE), dernier gouverneur de la Bastille, connu sous le nom de *Marquis de Launey* ou *Launay*, naquit à Paris, au mois d'avril 1740, dans la Bastille même, dont son père était gouverneur, et embrassa l'état militaire. Comme il était trop jeune à la mort de son père pour lui succéder, le gouvernement de cette antique prison d'état, bâtie en 1383, fut confié au comte de Jumilhac de Cubjac. A la mort de celui-ci, arrivée en 1776, M. de Launey, alors âgé de 36 ans, obtint le gouvernement de la Bastille et le conserva jusqu'au 14 juillet 1789, époque de la destruction de cette forteresse par le peuple de Paris. C'est parce que le nom de M. de Launey se rattache à ce premier événement de la révolution qu'il est devenu historique. Né et élevé dans un château-fort, qui avait acquis la plus triste célébrité, M. de Launey y avait contracté un caractère de rudesse et d'inflexibilité qui fut cause de sa perte. Les procès-verbaux de l'Hôtel-de-Ville, dans lesquels tous les faits relatifs à ce grand événement ont été fidèlement recueillis, font connaître que le gouverneur avait pris la résolution de se défendre jusqu'à la dernière extrémité, de mettre le feu au dépôt des poudres et de s'ensevelir sous les décombres de la forteresse. Quinze jours environ avant la prise de la Bastille, trois individus, que leur mise et leur langage distinguaient de la classe populaire, l'abordèrent et lui demandèrent ce qu'il se proposait de faire s'il était attaqué? « Ma conduite, répondit M. de » Launey, est réglée par mes de- » voirs; je me défendrai. » En face de l'ennemi, sa réponse eût été toute française; dans sa position n'avait-il pas, avant de se déclarer, d'autres devoirs à remplir, des supérieurs à consulter? Au surplus, il n'a jamais été possible de découvrir de qui ces émissaires tenaient leur mission, ni qui ils étaient. Dans la nuit du 12 au 13 juillet, toutes les poudres, déposées dans les magasins de l'arsenal, furent transportées, par ordre du ministre de la guerre, à la Bastille, par des soldats du régiment suisse de Salis-Samade. Le 14 juillet au matin, on accordait encore des permissions de sortir aux soldats et aux sous-officiers, et plusieurs personnes en usèrent. M. d'Agay, lui-même, a déclaré qu'en quittant M. de Launey, son beau-père, à 9 heures du matin, il ne lui témoigna aucune crainte. En effet, les mouvemens, aux environs de la Bastille, ne se manifestèrent que vers les 10 heures. Ces mouvemens donnèrent lieu à plusieurs députations de la part de la municipalité au gouverneur, et l'une d'elles demanda que la garde de la forteresse fût confiée au peuple, afin de dissiper toutes les craintes. Thuriot, alors avocat et député du district de Saint-Louis, s'efforça de déterminer le gouverneur à faire démonter les canons placés sur les tours; il n'y put réussir. Le gouverneur se contenta de l'introduire dans la cour intérieure. Là, réunissant la garnison, composée de 82 invalides et de 32 soldats du régiment suisse de Salis, il fit la promesse et fit jurer à la garnison de n'employer ses armes qu'en cas d'attaque. Les tours étaient garnies de 15 pièces de canon destinées, disait-on, à ne servir que dans les réjouissances publiques. Mais d'un autre côté, on prétend qu'elles avaient une autre destination. On avait tiré du magasin d'armes, pour les placer dans le château, 12 fusils de rempart, du calibre d'une livre et demie de balles. Outre ces moyens de défense, la Bastille renfermait 400 biscaïens, 14 coffrets de boulets sabotés, 15000 cartouches et 125 barils de poudre. Pour prévenir le cas où les munitions seraient épuisées, et celui où les assaillans s'approcheraient assez pour n'être plus atteints par le canon, on avait versé sur les tours 6 charretées de vieux pavés, de vieux ferremens, boulets, chenets, etc. Dès le 13, on plaça des sentinelles dans tous les endroits jusqu'alors négligés, et 12 hommes furent envoyés sur les tours pour observer et rendre compte des mouvemens extérieurs. Sous le rapport militaire, ces dispositions étaient très-convenables. Cependant les députations se succédaient à de courts intervalles et étaient presque toutes admises dans la forteresse. L'une d'elles, la dernière, conduite par l'abbé Fauchet (*voy.* FAUCHET), refusa de dépasser la cour de l'Orme, quelque assurance qu'on lui donnât des dispositions pacifiques du gouverneur et de la garnison. Ce refus fit croire, mal à propos, à M. de Launey, que la députation ne venait pas de la Ville. « Le drapeau » que portent les députés, dit-il » aux soldats, aura été enlevé par » le peuple, et il s'en sert pour nous » surprendre. » Pendant ces pourparlers, le peuple, que tant d'hésitation et de lenteurs fatiguait, tentait de s'emparer de la Bastille. Le premier pont était déjà abattu et le second au moment de l'être: en vain les invalides criaient aux assaillans de se retirer, parce qu'on allait faire feu; le peuple ne tenait compte des avis ni des menaces. Alors le gouverneur donna ordre de tirer. Cette première décharge tua et blessa plusieurs individus. Le peuple se dispersa; mais bien-

tôt revenant avec plus de fureur, il se mit en devoir de briser à coups de hache les portes du quartier. Protégées par le feu des assiégés, elles ne purent être toutes enfoncées. Une partie de la multitude se porta alors sur les derrières de la Bastille et se précipita dans le quartier. Bientôt 3 voitures de paille arrivèrent; les assaillans y mirent le feu, et incendièrent le corps-de-garde avancé, l'habitation du gouverneur et les cuisines. M. de Launey fit jouer l'artillerie. La présence des gardes-françaises, qui arrivèrent dans la cour de l'Orme avec un mortier, 2 pièces de 4 et un canon garni en argent, enlevé au garde-meuble, intimida la garnison. Des officiers, désespérés de répandre le sang français, parlèrent de capituler. Le gouverneur et le commandant des Suisses, M. de Flue, repoussèrent cette proposition. Le premier qui, au commencement de l'action, s'était écrié : « Je n'o-
» serais jamais me représenter à
» mon corps si une forteresse, que
» le roi m'a chargé de défendre, se
» rendait sans qu'on eût tiré un
» coup de fusil, » n'était point satisfait de 4 heures de combat; il saisit la mèche d'une des pièces de canon, pour mettre le feu aux poudres: deux sous-officiers s'élancèrent sur lui, et la lui arrachèrent. Le tumulte allait toujours croissant. Dans cette position, M. de Launey assemble le conseil, et demande à la garnison quel parti elle veut prendre. « Moi, dit-il, je
» n'en vois pas d'autre que de re-
» monter sur les tours, continuer
» le combat, et se faire sauter plu-
» tôt que de se rendre. » Le commandant suisse se détermina à proposer une capitulation, et en fit la demande au travers d'un des créneaux, près le pont-levis. On refusa de laisser sortir la garnison avec les honneurs de la guerre. Il écrivit alors, au crayon, que si l'on promettait de ne pas égorger la troupe, il poserait les armes. « A-
» baissez le pont, il ne vous sera
» rien fait, » lui cria-t-on. Le papier de l'officier suisse contenait, en outre, cette menace : « Nous avons
» 20 milliers de poudre; nous fe-
» rons sauter la garnison et tout le
» quartier si vous n'acceptez pas
» nos propositions. » Ce papier fut reçu par un nommé Réole, qui pour l'avoir fut obligé de traverser une longue planche que l'on plaça sur le fossé. Il le remit à un chef des assiégeans nommé Élie, officier du régiment de la Reine. Celui-ci le lut à voix haute, et répondit par ces mots : « Foi
» d'officier, nous acceptons; bais-
» sez les ponts. » A peine les ponts sont-ils baissés que la multitude se précipita, comme par torrens, dans les cours, en demandant à grands cris le gouverneur. Le lieutenant du roi, M. Dupuget, qu'elle prenait pour M. de Launey, et qu'elle menaçait violemment, se hâta de le lui faire connaître. Sans cette circonstance, le gouverneur, vêtu d'une simple redingote grise, n'eût pas été reconnu, et eût pu vraisemblablement s'échapper. Un marchand de vin, de la rue des Noyers-Saint-Jacques, nommé Cholat, lui mit le premier la main sur le collet, et l'escorta jusqu'au Petit-Saint-Antoine. Conduit par deux gardes-françaises, le gouverneur fut mené à l'Hôtel-de-

Ville. Ce trajet fut affreux; l'indignation du peuple fit un martyr du malheureux gouverneur. Frappé de coups d'épée, de baïonnette et de bâton, il était couvert de blessures et de sang. Un de ses conducteurs s'apercevant qu'il avait la tête nue, ce qui le faisait remarquer de la multitude, lui mit son chapeau sur la tête. M. de Launey ne put souffrir qu'un acte d'humanité devint funeste à cet homme généreux, sur lequel les mauvais traitemens retombaient; il lui fit reprendre son chapeau. L'infortuné gouverneur, qui avait inutilement demandé, plusieurs fois pendant le chemin, qu'on achevât de lui arracher la vie, trouva enfin la mort près des marches de l'Hôtel-de-Ville. Sa tête, ainsi que celles du major de Losne-Salbray, de l'aide-major de Miray, du lieutenant des invalides Person et de M. de Flesselles, massacré dans la même soirée, furent promenées dans tout Paris. Les corps de ces victimes des fureurs populaires, hors celui de M. de Launey, qu'on ne retrouva pas, furent déposés à la Morgue. Vingt-deux invalides, de la garnison de la Bastille, ne durent leur salut qu'à la fermeté des gardes-françaises, qui les escortaient et les déposèrent dans une de leurs propres casernes. Un ouvrage biographique, très-favorable à M. de Launey, et fort peu au parti populaire, rapporte d'après M. le comte d'Agay, conseiller-d'état, l'un des gendres de M. de Launey, que 6 mois après la prise de la Bastille, un soldat inconnu remit à la famille de ce gouverneur, ses bijoux, sa montre et un cachet à ses armes;

mais, ajoutent les auteurs de l'ouvrage dont nous parlons, le soldat ne s'expliqua point sur la manière dont ces objets lui étaient parvenus. Il y a de la malveillance à rendre compte de cette manière d'une action louable. Puisqu'on attachait de l'importance à cette particularité de remise de bijoux, rien, ce semble, n'était plus facile que de l'éclaircir. Il eût été, de la part de ces auteurs, d'un bien plus haut intérêt de détruire les imputations renfermées dans d'autres biographies, notamment dans une imprimée à l'étranger. On y déclare que ce gouverneur « descendait d'un simple » officier de la justice de Saint-» Sauveur-le-Vicomte, dont le nom » était JOURDAN, et n'avait aucun » droit au titre de marquis; qu'il » servait depuis long-temps dans » des grades subalternes, lorsqu'il » obtint le gouvernement du châ-» teau de la Bastille, etc. » Nous n'avons point suivi les données de cette biographie, pour la rédaction de la notice que nous consacrons à M. de Launey. Nous devons seulement déclarer qu'elles sont loin de le représenter comme un homme de résolution et de courage. Nous transcrirons simplement ce que ces mêmes biographies disent de sa famille : « Sa veuve et ses enfans ar-» rêtés à Paris, à l'époque des » massacres de septembre 1792, » furent mis en liberté par l'inter-» cession du duc d'Orléans, et ont » vécu dans l'obscurité. Son fils é-» tait au service, en 1798, en qua-» lité de sous-officier. »

LA UNION (LE COMTE DE), général en chef de l'armée espagnole, issu d'une famille noble et distinguée, fut destiné dès sa jeunesse au métier des armes. En 1793, il était déjà officier-général. Chargé à cette époque du commandement de l'aile gauche de l'armée sous les ordres de M. de Ricardos, il y rendit de grands services. Il se distingua plus particulièrement encore, le 22 septembre de la même année, à la bataille de Tronillas, et le 26 novembre suivant près de Céret. M. de Ricardos fut tué, et M. Oreilly qui devait le remplacer, ayant aussi été tué peu de temps après, le comte de La Union prit, au mois de mars 1794, le commandement en chef de l'armée, dont il était chéri à cause de ses talens et de sa valeur chevaleresque. Le commandement général ne lui fut pas heureux. Il n'éprouva que des revers. Attribuant à la jalousie de ses rivaux la mauvaise contenance des troupes devant l'ennemi, il résolut de réorganiser l'armée, et donna, dit-on, l'ordre de décimer un corps de 6,000 hommes, lequel s'était mal conduit à l'attaque qui avait pour but de délivrer le fort de Bellegarde (*voyez* LAS AMARILLAS). Il survécut peu à ces différentes mesures; il fut blessé mortellement à la sanglante bataille de Figuières. Les Français y tuèrent un nombre considérable d'Espagnols, firent 5,000 prisonniers, s'emparèrent du fort et emmenèrent 100 bouches à feu.

LAUNOY (J. BARTHÉLEMY), fut nommé, en l'an 4 (1795), par le département de l'Aisne, député au conseil des anciens. Pendant cette session, il fit rejeter la proposition relative à l'ouverture des successions des prêtres déportés. En l'an 5, il propose, et le conseil adopte, une résolution concernant le choix des livres pour les bibliothèques publiques, ainsi qu'une autre résolution sur l'exportation des bois de construction en Hollande; en l'an 6 (1797), il est exclu des fonctions législatives, jusqu'à la radiation de son frère de la liste des émigrés. Quelque temps après la révolution du 18 brumaire an 8 (9 novembre 1799), il fut nommé juge au tribunal civil de Vervins, département de l'Aisne, dont il était président en 1807. Depuis ce temps il a été perdu de vue.

LAUNOY (LOUIS - GODEFROY - HENRI), maréchal-de-camp, frère du précédent, servait au commencement de la révolution. En 1792, il fut arrêté à Namur avec M. de La Fayette. Son inscription sur la liste des émigrés, malgré les protestations qu'il avait faites contre son arrestation, donna lieu à l'exclusion de son frère du conseil des anciens (voyez l'article précédent). Le général Launoy n'a plus reparu sur la scène politique.

LAURAGAIS (L. L. F. DE BRANCAS, COMTE DE), pair de France, est né à Paris le 3 juillet 1733. Aucun homme de la classe élevée à laquelle il appartient, n'a porté plus loin le goût des sciences, des lettres et de la philosophie. Aucun sacrifice ne lui a coûté pour favoriser leurs progrès. Au théâtre les deux côtés de la scène, livrés aux petits-maîtres de la cour, étaient obstrués par des banquettes d'où ces Messieurs avaient le privilége de narguer les spectateurs et de persifler les acteurs. M. de

Lauragais, en payant aux sociétaires du Théâtre-Français une indemnité, débarrassa la scène de ces comédiens postiches, et la rendit à ceux qui leur avaient vendu le droit d'y paraître. C'est à dater de cette époque que les chefs-d'œuvre de la scène furent représentés d'une manière plus convenable. Voltaire a constaté, par plus d'un remercîment, les obligations que les amis du théâtre ont à la générosité de M. de Lauragais. Tout en cultivant les lettres et particulièrement l'art dramatique, M. de Lauragais étudiait les sciences physiques et naturelles. Il s'occupa, avec passion, de la chimie et même de l'anatomie. Un grand rend service aux sciences dès qu'il les cultive ; il les sert de sa fortune si ce n'est de son génie. M. de Lauragais eut sans doute ce double droit à leur reconnaissance. Il fut admis comme honoraire à l'académie des sciences. M. de Lauragais ne fut pas témoin oisif des événemens importans qui se sont accomplis, soit à la fin du règne de Louis XV, soit pendant la durée de celui de Louis XVI. Observateur éclairé, il consigna ses opinions et ses réflexions dans des écrits qui furent distingués dans la foule de ceux qui abondent en semblable circonstance. Ces écrits respirent cet amour du bien public qui anime encore leur auteur. La révolution acheva la ruine de M. de Lauragais. que son extrême générosité avait déjà commencée. Elle lui enleva de plus ses priviléges et ses titres. Soutenant ces revers avec autant de philosophie qu'il en avait montré dans la prospérité, et souvent même trouvant dans sa nouvelle condition des sujets de plaisanterie, il traversa presque en riant le long intervalle qui sépare la révolution de la restauration. Appelé, en 1814, à la chambre des pairs, il s'y montra ce qu'il avait toujours été, éminemment Français, et conséquemment peu complaisant pour le ministère. M. de Lauragais, doué d'un esprit original, mais plutôt plaisant que caustique, est célèbre par un grand nombre de traits qui ne s'oublieront pas. Mlle Arnould, avec laquelle il fut intimement lié, ne fut pas plus féconde en saillies. Un fâcheux s'étant introduit dans leur intimité, et y ayant porté l'ennui, M. de Lauragais convoque une assemblée de médecins et lui soumet cette question : « Peut-on mourir » d'ennui ? » La possibilité du fait constatée, il accuse le nouveau venu d'assassinat prémédité, en se fondant sur la décision des docteurs. Cette singulière vengeance divertit tout Paris. Entre ses bons mots, citons celui-ci : Après avoir manqué deux ou trois fois de se rendre chez une dame où tout en dînant mal on médisait beaucoup, il cessa tout-à-fait d'y retourner. Quelqu'un lui en demandant la cause : « Je suis las, répondit-il, de » manger mon prochain sur du » pain sec. » M. de Lauragais a publié les ouvrages suivans : 1° *Clytemnestre*, tragédie, 1761, in-8°; 2° *Mémoire sur l'inoculation*, 1765, in-12; 3° *Observations sur le mémoire de M. Guettard, concernant la porcelaine*, 1766 ; 4° *Mémoire sur la compagnie des Indes*, in-8°, 1770 ; 5° *du Droit des Français*, 1771, in-4°; 6° *Jocaste*, tragédie en 3 actes, 1781, in-8°; 7° *Recueil de pièces historiques sur la convocation des états-généraux*, grand in-8°, 1788; 8° *Dissertation sur les assemblées nationales*, grand in-8°, 1788; 9° enfin, différens *Mémoires* et *Dissertations* dans le recueil de l'académie des sciences.

LAURAS (N.), l'une des trop nombreuses victimes de l'insurrection des Lyonnais contre la convention nationale, était, en 1793, négociant et habitant de Saint-Cyr, département du Rhône. Arrêté par ordre de Collot-d'Herbois, et traduit devant la commission militaire, il fut condamné à mort et exécuté. Il avait dix enfans, et sa femme était enceinte quand il fut mis à mort. Sa nombreuse famille resta dans la plus profonde misère. Terrible et commun résultat des dissensions intestines!

LAURENCE-VILLEDIEU (A. F.), membre de plusieurs législatures, fut nommé, au mois de septembre 1792, député à la convention nationale, où, dans le procès du roi, il vota d'abord l'appel au peuple, ensuite la mort, avec la condition : « de ne pas exécuter la sentence, si l'empereur » d'Autriche ne continuait pas la » guerre, et si le roi d'Espagne ne » la déclarait pas. » Il ajouta : «Suspendez votre jugement sur mon » opinion. S'il fallait, pour sauver » l'état, une victime, même innocente, il faudrait l'immoler. Mais » je crois qu'il faut commuer la peine, si elle peut épargner le sang » français. » Il fut de l'avis du sursis. Il signa la protestation du 6 juin 1793, contre les violences du parti montagnard au 31 mai, et fut un des 75 membres dont l'arrestation fut par suite ordonnée. Il rentra à la convention après la révolution du 9 thermidor an 2 (27 juillet 1794), et devint secrétaire le 4 février 1795. Il parla en faveur de la famille de Dietrick, premier maire constitutionnel de Strasbourg, immolé par le tribunal révolutionnaire de Paris. Lors de la réélection des deux tiers conventionnels, il passa au conseil des cinq-cents, d'où il sortit en mai 1798. Quelque temps après, il devint commissaire du directoire-exécutif. Par suite des événemens du 18 brumaire an 8 (9 novembre 1799), il cessa ces fonctions, et se perdit entièrement dans l'obscurité de la vie privée. Néanmoins il fut forcé de sortir de France, en vertu de la loi du 12 janvier 1816 contre les conventionnels dits *votans*. On le croit encore en Suisse, où il s'était réfugié au mois de février de la même année.

LAURENCIN (Aimé-François, comte de), chevalier de Malte et de Saint-Louis, ex-membre de la chambre des députés, littérateur-journaliste. Ennemi de la révolution, M. de Laurencin émigra en 1792, et servit à l'armée des princes et dans les corps à la solde de l'Angleterre. Le calme rétabli, il revint en France, et était adjoint au maire de Lyon en 1814. Il fut nommé avec Camille Jordan (*voyez* JORDAN) pour se rendre auprès de l'empereur d'Autriche, alors à Dijon. Les commissaires, bien accueillis par ce prince, revinrent à Lyon, et firent connaître au conseil qu'ils n'avaient pu remplir entièrement à leur gré la mission dont ils avaient été chargés. Le conseil ayant reconnu, par délibération du 8 avril, le gouvernement royal, M. de Laurencin fut un des députés envoyés à *Monsieur*, alors lieutenant-général du royaume, pour l'informer du résultat de la délibération. Nommé maire de Sens dans la même année, M. de Laurencin resta sans fonctions pendant les *cent jours*. Après la seconde restauration, le 8 juillet 1815, le département de l'Yonne l'élut à la chambre des députés, d'où il sortit à la fin de la session, et où il ne fut point réélu. Appelé comme témoin dans le procès du général Mouton-Duvernet, en 1816, il se fit remarquer par la noble franchise de sa déposition. « Il déclara que le général » ayant reçu l'ordre de l'arrêter, » lui et sa femme, il les avait fait » prévenir pour leur donner le » temps de mettre leurs personnes » en sûreté. » M. de Laurencin cultive la littérature, et s'occupe plus particulièrement de la grammaire française. Urbain Domergue le citait, sous ce rapport, avec de grands éloges. M. de Laurencin est un des rédacteurs de la *Quotidienne*, où ses articles se distinguent par un ton de décence et de modération, qui n'est pas ordinaire à ce journal.

LAURENÇOT (J. H.), membre de plusieurs législatures, adopta avec modération les principes que la révolution consacrait, et fut élu, au mois de septembre 1792, par le département du Jura, député à la convention nationale. Dans le procès du roi, il montra beaucoup de courage, en déclarant à la tribune « que les » menaces de la majorité ne par- » viendraient pas à lui faire croire » qu'il pût réunir les fonctions de » juge à celles de législateur. » Néanmoins il prit part au jugement, en votant la réclusion et le bannissement à la paix. Ce vote, son attachement au parti de la Gironde, et sa signature apposée aux protestations du 6 juin 1793, étaient des titres plus que suffisans à la proscription, et il fut arrêté, avec 72 de ses collègues. Il rentra à la convention après la révolution du 9 thermidor an 2 (27 juillet 1794). Ses opinions n'étaient point changées, et sa conduite fut digne d'éloge. Le 7 janvier 1795, il plaida avec chaleur la cause des émigrés des départemens du Haut et du Bas-Rhin. Le 3 août suivant, il devint secrétaire. Lors de la réélection des deux tiers conventionnels, il passa au conseil des cinq-cents, où il ne se fit point remarquer, et d'où il sortit en mai 1797. Rentré dans la vie privée, il a été entièrement perdu de vue.

LAURENT (Pierre), graveur, éditeur avec M. Robillard de la belle collection de gravures, connue sous le titre de *Musée français*, naquit à Marseille, département des Bouches-du-Rhône, en 1739. Après avoir pris des leçons d'artistes obscurs, il entra dans l'atelier de Balechou, où il resta peu de temps, mais où il fortifia ses heureuses dispositions. Il s'est fait connaître dans le genre du paysage et des animaux, genre qu'il affectionnait particulièrement, par des compositions remarquables d'après Berghem, Loutherbourg et Le Poussin. Le *Déluge*, traduit de l'admirable tableau de ce grand maître, est le chef-d'œuvre de

Laurent, et c'est en effet une gravure très-recommandable. La *Mort du chevalier d'Assas*, d'après Casanova, mérite également des éloges. On trouve dans le *Manuel des amateurs de l'art*, de MM. Rost et Huber, la nomenclature des principales pièces de cet artiste, dont le nombre s'élève à 18, sans y comprendre les 7 pièces qu'il a gravées pour le *Musée français*. Laurent, passionné pour son art, avait conçu le projet de reproduire, par le burin, les principaux tableaux de la galerie du Louvre. Cette entreprise, digne d'un véritable artiste, d'un ami des arts et de la gloire nationale, il la commença avec un grand courage et de faibles moyens de fortune; elle lui suscita de nombreuses contrariétés, le ruina presque entièrement et altéra sa santé. Il avait confié l'exécution de la traduction des tableaux, à des graveurs distingués; mais il eût été forcé de renoncer à terminer cet important travail, s'il n'avait trouvé dans M. Robillard un appui. La mort de Laurent, arrivée le 30 juin 1809, par suite d'une attaque d'apoplexie, ne lui permit pas de publier la seconde série de sa collection, qui a été terminée par Henri Laurent, son fils, artiste distingué, éditeur lui-même d'un ouvrage destiné à faire suite au *Musée français*, le *Musée royal*, qui paraît sous les auspices du roi. Pierre Laurent se livrait à la pratique de son art avec un zèle et un courage au-dessus de tout éloge. Constamment occupé, il répondait aux personnes qui l'engageaient à prendre du repos: « La vie du véritable artiste est » trop courte pour n'être pas remplie : les jours de travail sont » mes jours de fête. » En effet, ce fut un homme laborieux, un bon citoyen et un artiste très-estimable.

LAURENT (François-Guillaume-Barthélemy), lieutenant-général, commandant de la légion-d'honneur et chevalier de Saint-Louis, est né à Saint-Amand, département du Nord, le 24 août 1750. Simple soldat au commencement de la révolution, il sut, par le courage et les talens qu'il développa dans différentes occasions importantes, obtenir successivement tous les grades, et, en 1794, il était général de brigade. Il fit toutes les campagnes jusqu'en 1804, qu'il fut nommé commandant de la légion-d'honneur, et envoyé dans le département de Jemmapes; il y resta jusqu'en 1812. Pendant la guerre de Russie, il eut l'ordre de se mettre à la tête de la 3me brigade des gardes nationales du premier ban, et de se rendre avec ces troupes dans la place de Magdebourg, dont la défense fut confiée à son courage. Il y mérita le grade de général de division, que l'empereur lui conféra en juillet 1813. Après la première restauration en 1814, le général Laurent fut nommé chevalier de Saint-Louis et commandant militaire de Montmédy; il occupait encore cet emploi lors du retour de Napoléon de l'île d'Elbe. Après la seconde restauration, ce brave officier-général a été mis à la retraite par ordonnance du 9 septembre 1815.

LAURENT (Félix-Xavier), député aux états-généraux, évêque

constitutionnel du département de l'Allier, était curé de Cuiseaux, dans le Bourbonnais, à l'époque de la révolution. Il fut député à cette assemblée, en 1789, par le clergé de la sénéchaussée de Moulins, et, l'un des premiers de son ordre, il passa, le 16 juin 1789, à la chambre des communes lorsqu'elle se constitua en assemblée nationale. L'abbé Laurent appuya la suppression de la dîme et du salaire du clergé; le 17 décembre 1790, il prêta le serment civil et religieux exigé par la nouvelle constitution; et au mois de mars 1791, il fut nommé évêque constitutionnel du département de l'Allier. Ayant abandonné son évêché pendant les orages de la révolution, il ne fut point compris dans les nominations qui eurent lieu par suite du concordat de 1802. Ce prélat, depuis cette époque, a même été entièrement perdu de vue.

LAURENT (N.), membre de plusieurs législatures, exerçait la profession de médecin à Strasbourg au commencement de la révolution, dont il adopta les principes avec chaleur. Nommé, par le département du Bas-Rhin, au mois de septembre 1792, député à la convention nationale, il demanda, dans cette assemblée, pour cause de suspicion légitime, que le tribunal de Besançon fût substitué à celui de Strasbourg, relativement au jugement de Dietrick, maire de cette dernière ville (*voy.* DIETRICK). Dans le procès du roi il vota avec la majorité. Envoyé en mission près des armées du Rhin, du Nord et de Sambre-et-Meuse, il y montra beaucoup de bravoure. Il donna des détails sur la situation de l'arsenal d'Huningue, fit étendre aux administrateurs suspendus le décret qui ordonnait aux officiers démissionnaires de s'éloigner à 20 lieues de Paris; informa l'assemblée des résultats des opérations du général Ransonnet à l'armée du Nord; communiqua le détail de plusieurs belles actions civiles et militaires; annonça des succès près de Maubeuge, et différens avantages importans obtenus par les armées du Nord et de Sambre-et-Meuse; envoya à la convention les richesses recueillies dans les églises du département de Jemmapes; le 26 juillet 1794, il fit part de la prise d'Anvers; transmit l'instrument qui tenait enchaîné le député Drouet à Bruxelles; enfin donna des détails sur le courage et la mort de l'adjudant-général Legros, que le prince de Cobourg avait fait fusiller, pour n'avoir pas voulu crier *vive le roi!* De retour à la convention, il appuie la pétition contre l'effet rétroactif de la loi du 17 nivôse sur les successions, et demande la prohibition du commerce des grains pendant la nuit. En l'an 6, membre du conseil des cinq-cents par suite de réélection, il fait envoyer un message au directoire, pour lui demander quels sont les hôpitaux militaires à supprimer; insiste pour que les biens des cultes réformés soient mis en vente, et combat le projet de Bailleul qui établit un impôt sur le tabac, comme portant sur une denrée précieuse aux cultivateurs pauvres et aux soldats. En l'an 7, il vote pour que le principe du projet d'aliénation des biens du culte protestant soit mis aux voix. Élu secrétaire, il parle contre l'annullation des congés militaires proposée par Delbrel, enfin contre le projet de Grocassand, sur les comptes à rendre par les fournisseurs. Son opposition à la séance de Saint-Cloud, lors des événemens du 18 brumaire an 8 (9 novembre 1799), le fit exclure du conseil. Il mourut éloigné de toute fonction publique, dans le courant de 1814.

LAURENT (J. B.), membre de la convention nationale et du conseil des anciens. Député, au mois de septembre 1792, par le département de Lot-et-Garonne à la première de ces législatures, il n'y émit que des opinions sages et modérées. Sur sa demande, un décret déclara toute fonction incompatible avec celle de législateur. Dans le procès du roi, il vota l'appel au peuple, la réclusion et le sursis. Réélu, en l'an 4, au conseil des anciens, il ne parut qu'une fois à la tribune, pour y faire approuver la résolution qui réglait la répartition du droit de présence entre les juges. Il sortit du conseil à la fin de la session, et se perdit dans l'obscurité de la vie privée.

LAURENT (B.), membre de la convention nationale, où il fut nommé, en septembre 1792, par le département des Bouches-du-Rhône. Il n'a paru qu'une seule fois à la tribune à l'occasion du procès du roi. Il se déclara contre l'appel au peuple, pour la mort et contre le sursis. A la fin de la session conventionnelle, le directoire-exécutif le nomma son commissaire, dans le département qui l'avait élu à la convention. Il n'a plus reparu depuis sur la scène politique.

LAURENT - GOUSSE (Jean-Théodore), né à Toulouse, département de la Haute-Garonne, le 26 juin 1796. Officier de la garde nationale et attaché à l'administration des bibliothèques publiques de sa ville natale, il est l'un des principaux rédacteurs de la *Biographie toulousaine*. Il a fourni à cet ouvrage, dont l'utilité n'est pas purement locale, trois cents notices, parmi lesquelles on remarque celles sur Daleyrac, Doujat, Paul de Foix, Furgole, Favier, Laloubère, Tourreil, etc., etc. Ce dictionnaire se distingue essentiellement par l'exactitude des faits, et une impartialité qu'aucune considération n'a pu faire fléchir. Ce dernier mérite n'est peut-être pas commun à une époque où tant de plumes plient, où la vérité a tant de peine à se dégager des voiles dont on cherche à la couvrir. Il serait à désirer que les hommes de mérite fixés en province fissent, pour chaque département, ce qui vient d'être fait pour la ville de Toulouse. Ces notices particulières fourniraient d'utiles matériaux à l'histoire générale de toutes les personnes qui, par leurs fonctions publiques, leur carrière savante ou littéraire, leurs talens comme artistes, etc., ont droit à une honorable mention dans les grandes biographies ou dictionnaires universels. Elles offriraient encore un avantage précieux, celui de renfermer sur la jeunesse des hommes supérieurs, des détails qui, en éclairant la première partie de leur vie, serviraient à l'étude de l'homme et de ses mœurs.

Elles fourniraient aussi parfois à l'histoire anecdotique des traits que le lecteur le plus grave ne dédaigne pas toujours. La *Biographie toulousaine* forme 2 vol. in-8°. Elle est précédée d'un *Précis historique* et de *Tables chronologiques*, et suivie d'une *Topographie* de la ville. M. Laurent-Gousse, qui a bien mérité de ses concitoyens par cette entreprise patriotique, a su s'associer des collaborateurs profondément versés dans la connaissance de l'histoire de la ci-devant province du Languedoc, MM. LAMOTHE-LANGON et MÉGE (*voy.* ces noms). Il est auteur d'une comédie en 1 acte et en vers intitulée : *la Cousine dupée*, représentée sur le second théâtre Français.

LAURIN (M.), membre du conseil de la cité de Londres, est un de ces patriotes anglais singulièrement attachés au maintien invariable de leurs droits, qu'ils défendent avec une rare énergie contre les ministres et tous les autres agens du gouvernement. Les discours de M. Laurin sont tous empreints d'une âcreté populaire qui plaît beaucoup à la multitude, et avec laquelle les ministres ont de la peine à se familiariser, quelque accoutumés qu'ils soient à en supporter l'énergie. Dans une réunion du conseil de la cité, du 23 février 1816, tenue à l'occasion de la taxe sur les propriétés (*income-tax*), il déclara que « cette contribution, » abusivement comprise sous la » dénomination de *property-tax*, » et ajoutée au fardeau que l'on a- » vait graduellement imposé au » peuple anglais, était la plus gran- » de violation de l'obligation sa- » crée imposée au gouvernement, » de faire en faveur du peuple, et » de la manière la plus économi- » que possible, tout le bien qui é- » tait en son pouvoir ; que cette » taxe était si oppressive par sa na- » ture, qu'elle ne pouvait être con- » sidérée comme une mesure per- » manente pour une nation libre, » et qu'elle était odieuse surtout » dans celle de ses dispositions qui » faisait, en quelque sorte, de cha- » cun des commissaires de percep- » tion, un confesseur politique. » Un applaudissement général accueillit le discours de l'orateur, qui soutint avec non moins de fermeté la proposition de M. Wishart sur le même sujet. Les observations de M. Laurin exercèrent une grande influence sur la délibération du parlement lorsqu'il s'occupa de voter cet impôt.

LAURISTON (JACQUES-ALEXANDRE-BERNARD LAW, MARQUIS DE), lieutenant-général, etc., est fils du gouverneur-général des établissemens français au-delà du cap de Bonne-Espérance, et petit-fils du fameux Law, dont le système financier bouleversa tant de fortunes au temps de la régence. Né à Pondichéry en 1764, il entra au corps royal d'artillerie en 1784, et fut nommé colonel d'artillerie à cheval en 1795; c'est en cette qualité qu'il fit les premières campagnes de la révolution. Bonaparte, qui affectionnait particulièrement cette arme, devenu premier consul en 1800, nomma M. de Lauriston son aide-de-camp, et le chargea successivement de plusieurs missions importantes, au nombre desquelles on doit citer particulièrement sa coopération à la défense de Copenhague contre les Anglais, et la mission diplomatique qu'il remplit en Angleterre, où il fut chargé, en 1801, de porter la ratification des préliminaires de la paix d'Amiens. Il est bon de remarquer, à cette occasion, que cette paix, que le cabinet britannique devait rompre l'année suivante, fut alors accueillie avec tant d'enthousiasme par le peuple de Londres, qu'il dételа les chevaux de la voiture de l'envoyé français, et le conduisit en triomphe jusqu'à l'hôtel du premier ministre. A la fin de 1804, M. de Lauriston fut nommé commandant en chef de l'armée expéditionnaire, embarquée sur l'escadre de Toulon, aux ordres de l'amiral Villeneuve. Cette escadre, après avoir ravitaillé les colonies françaises, livra bataille, à son retour en Europe, à la flottille anglaise commandée par le contre-amiral sir Robert-Calder, et entra à Cadix. Trois semaines avant le funeste combat naval de Trafalgar, le général de Lauriston avait reçu l'ordre de rejoindre l'empereur; il ne se trouva donc pas à cette fatale journée, comme on semble l'indiquer dans une autre biographie. Après la victoire d'Austerlitz, il fut nommé commissaire impérial pour prendre possession de Venise, de la Dalmatie et des Bouches-du-Cattaro. Cette dernière opération rencontrant des obstacles, il eut ordre de s'emparer de Raguse, et de s'y maintenir avec 1200 hommes, seule force qu'il eût à sa disposition. A peine arrivé à Raguse, il y fut attaqué par 1,500 Russes et 3,000 Monténégrins ou Morlachs. Après avoir défendu le terrain pied à pied pendant 25 jours de combats partiels, pour assurer son approvisionnement d'eau, le général Lauriston eut à soutenir un combat général contre les forces réunies des Russes, des Monténégrins, des Morlachs et des Turcs, au nombre de 12,000 hommes. Dans l'impossibilité de tenir la campagne avec une aussi faible troupe, il s'enferma dans la ville, où sa garnison, augmentée d'un renfort de 600 hommes, ne s'élevait pas à 1,800 combattans. Les troupes ennemies étaient secondées par 6 vaisseaux de ligne russes, 3 frégates et 18 bricks ou chaloupes canonnières; Raguse se trouvait ainsi attaqué par terre et par mer. Le général français avait fait établir des retranchemens en pierres sèches dans l'île de la Croma, qui commande Raguse. Les troupes russes de terre et de marine donnèrent en vain plusieurs assauts à ces faibles ouvrages, à l'attaque desquels ils éprouvèrent de grandes pertes. Raguse fut bombardée pendant trois semaines, sans que le général de Lauriston cessât de faire des sorties, de ruiner les ouvrages des assiégeans, et de les harceler jusque sur les montagnes. Déjà la ville était un monceau de ruines, où il ne restait pas une maison qui n'eût été plus ou moins endommagée par les bombes, lorsque le général Molitor, qui commandait dans la Dalmatie, vint de son propre mouvement au secours de Raguse, et donna, dans cette circonstance, de nouvelles preuves de son dévouement à la cause de son pays, dont il n'a jamais trahi la gloire. L'empereur, qui connaissait toute l'importance du point militaire qu'occupait le général de

Lauriston, ne voulut pas lui donner l'autorisation de le rejoindre pendant la campagne de Prusse, et lui laissa le double soin de se maintenir dans la Dalmatie contre les Russes, et de soutenir les Turcs. Après la paix de Tilsitt, il prit possession des Bouches-du-Cattaro, dont Molitor s'était emparé, et peu de temps après, fut nommé gouverneur-général à Venise. Rappelé au commencement de 1808, le général de Lauriston fut un des deux aides-de-camp nommés pour accompagner l'empereur à Erfurth; de là, il passa à l'armée d'Espagne. L'année suivante, à l'armée d'Allemagne, il est cité de la manière la plus honorable à l'affaire de Landshut; il commande ensuite un corps destiné à flanquer l'armée du côté de Zeimmeringberg : il y attaque et disperse un corps d'Autrichiens qui s'y trouvait en position. Après la bataille d'Essling, ce fut lui qui opéra la jonction de la grande-armée avec l'armée d'Italie, au-delà du Zeimmeringberg. Cette jonction effectuée, le général de Lauriston entra en Hongrie par Holdembourg, réunit son corps à celui du prince Eugène, prit part à la bataille de Raab, et forma le siège de cette ville, régulièrement fortifiée, défendue par 3,000 hommes de troupes d'élite, par 30 ingénieurs chargés de former un camp retranché, et par un fossé de 10 pieds d'eau. Pour attaquer cette place forte, le général de Lauriston n'avait que 1,800 hommes de troupes badoises, quelques obusiers et 2 pièces de 18 qui ne purent être mises en batterie que la veille de la prise de la ville; en trois jours de temps, la tranchée avait été poussée jusqu'à l'escarpe, et le dixième jour, la place se rendit. Le brave général Lasalle contribua puissamment au succès de cette mémorable attaque. Immédiatement après la prise de Raab, l'empereur rappela le général de Lauriston, et lui confia le commandement de l'artillerie de sa garde. On sait, d'après les paroles mêmes de Napoléon, la part que cette arme héroïque eut au gain de la bataille de Wagram. Au moment décisif, l'artillerie de la garde se porta au galop sur l'armée autrichienne, la foudroya à portée de pistolet, et l'empêcha de suivre le mouvement du feld-maréchal Bellegarde. La campagne achevée, le général de Lauriston fut envoyé auprès de l'empereur d'Autriche, et six mois après, il accompagna en France l'archi-duchesse Marie-Louise, dont le mariage avec Napoléon semblait devoir établir une alliance éternelle entre la France et l'Autriche. Ce mariage releva dans toute sa splendeur le trône de François II, que la victoire venait d'abattre. Dix ans après, le monarque autrichien se mit à la tête d'une coalition européenne pour détrôner son gendre et rompre les nœuds sacrés qui l'unissaient à sa fille. Le général de Lauriston, après diverses autres missions de moindre importance, fut nommé ambassadeur en Russie; il y resta jusqu'à la déclaration de guerre, et rejoignit la grande-armée à Smolensk. Après la désastreuse campagne de Moscou, il fut envoyé à Magdebourg en qualité de général en chef du corps d'observation sur l'Elbe, à la tête duquel il a fait, de la manière la plus honorable, toute la campagne de 1813. Il s'empara de Léipsick le jour même de la bataille de Lutzen ; à Wessig, dans une affaire où donna le seul corps qu'il commandait, le général Lauriston battit les Russes et les Prussiens réunis; le lendemain, à Bautzen, commandant l'extrême gauche de l'armée, il parvint à déborder l'ennemi, et c'est alors qu'il commença sa retraite. Le corps de Lauriston, qui se trouvait former l'avant-garde de l'armée par suite des mouvemens qui venaient de s'opérer, se porta sur Breslaw, et après un combat assez vif en avant de cette ville, il y entra le lendemain. Après l'armistice, commandant, indépendamment du 5me corps, le 11me, resté momentanément sous ses ordres, il battit le général Blucher sur les hauteurs de Goldeberg, le 18 août 1813 ; il passa le Rober le 21 du même mois, et sortit vainqueur des combats de Jauer et de Wachau. Après avoir combattu vaillamment à Dresde et à Léipsick, le 19 octobre, jour même de la prise de cette ville, il se retirait par le pont de Lindenau; le trouvant rompu, il s'élança à cheval dans la rivière, et fut fait prisonnier sur l'autre bord. Conduit à Berlin, il y est resté jusqu'à la restauration. Ici commence pour le général de Lauriston la carrière des honneurs, où nous l'accompagnerons avec moins d'intérêt que nous ne l'avons suivi dans celle de la gloire qu'il a si glorieusement parcourue. Le comte, aujourd'hui marquis de Lauriston, fut nommé chevalier de Saint-Louis le 1er juin 1814, grand-cordon de la légion d'honneur le 29 juillet, et capitaine-lieutenant des mousquetaires gris après la mort du comte Nansouty. Retiré dans ses terres pendant les *cent jours*, aucune menace, aucune inquiétude ne vint y troubler sa sécurité. Au second retour du roi, il fut nommé président d'un collége électoral, commandant de la 1re division d'infanterie de la garde royale, et membre de la *commission* chargée d'examiner la conduite des officiers qui avaient servi depuis le 20 mars jusqu'au 8 juillet. Nommé commandeur de Saint-Louis le 3 mai 1816, il présida, quelques mois après, les conseils de guerre formés pour juger le contre-amiral Linois, le comte Delaborde, le colonel Boyer de Peyreleau, etc., etc., etc. M. le marquis de Lauriston est, en ce moment (1823), ministre de la maison du roi.

LAUSSAT (LE BARON PIERRE-CLÉMENT), d'une famille noble, de la ci-devant province de Béarn, est né à Pau le 23 novembre 1756. A l'époque de la révolution il occupait, dans l'intendance de sa ville natale, une place de receveur-général des finances. En 1793, détenu comme suspect pendant l'espace de plusieurs mois, il obtint sa liberté par l'intervention des commissaires de la trésorerie, et fut employé à l'armée des Pyrénées-Occidentales en qualité de payeur-général. Au mois de prairial an 5 (mai 1797), M. de Laussat, appelé à faire partie du conseil des anciens, chercha à tenir un juste milieu entre les partis. Plus tard, il se déclara contre le directoire, l'accusa de beaucoup de fautes, et lui reprocha surtout, dans la séance du 11 thermidor (29 juillet), d'avoir marqué trop peu de confiance au corps-législatif, en cherchant un appui dans le rétablissement des sociétés populaires. La destitution subite de tous les ministres qui jouissaient de quelque faveur fut aussi l'objet de ses plaintes ; il considérait cette mesure comme prise à dessein de braver le corps-législatif, lequel d'ailleurs il ne trouvait pas sans reproche. Au lieu d'avoir profité des communications établies entre les autorités pour amener des éclaircissemens, les membres de cette assemblée les avaient tournés en clameurs et en récriminations. Bien que M. de Laussat fût loin d'approuver les résultats du 18 fructidor, les républicains triomphans dans cette journée rendirent hommage à la pureté de ses intentions et à la franchise de son caractère; son nom enfin ne fut point inscrit sur les listes de déportation. Cependant une dénonciation eut lieu contre lui à la séance du 24 vendémiaire an 6 (15 octobre 1797). On prétendit que les dispositions de la loi du 3 brumaire devaient l'atteindre ; mais on passa à l'ordre du jour, et M. de Laussat n'en continua pas moins à s'opposer à toutes les mesures violentes proposées par le directoire. Il se prononça en faveur de la révolution du 18 brumaire an 8. Appelé à faire partie de la commission intermédiaire qui remplaça momentanément les deux conseils afin de préparer la constitution de l'an 8, il entra au tribunat créé par cette même constitution. En 1802, il fut nommé préfet colonial de la Louisiane, et lorsque cette colonie fut cédée au gouvernement des États-Unis, ce fut lui qui fut chargé d'en faire la remise. Il obtint ensuite la préfecture de la Martinique, où, par une administration sage, il sut mériter l'estime et la reconnaissance des habitans. En 1809, la colonie ayant été prise par les Anglais, M. de Laussat fut conduit comme prisonnier en Angleterre, et y demeura jusqu'au mois de décembre ; il fut échangé et revint en France. Pendant les années 1812, 1813 et le mois de janvier 1814, il occupa successivement les préfectures d'Anvers et de Mons, et ne quitta cette dernière ville que lorsque les alliés y entrèrent au commencement de février. Alors il se retira dans le département des Basses-Pyrénées. Pendant les *cent jours*, il reçut un nouveau témoignage de la confiance de ses compatriotes, qui le nommèrent à la chambre des représentans. On le vit rarement à la tribune; mais il approuva toutes les mesures qui paraissaient devoir assurer l'indépendance de sa patrie. Depuis la seconde restauration (juillet 1815), le baron de Laussat resta sans fonctions jusqu'au 16 mai 1819, qu'il fut appelé au commandement et à l'administration de la Guyane française.

LAUSSEL (N.), prêtre, ancien membre de la congrégation des Joséphistes, exerçait les fonctions sacerdotales à Lyon, long-temps avant que la révolution éclatât. Doué d'une élocution facile, et d'un talent peu commun pour écrire, il se lia avec les hommes les plus influens de la ville, et fut un des plus zélés propagateurs du nouvel ordre de choses. Il prêta, en 1791, le serment prescrit par la constitution civile du clergé, et plus tard, en 1792, renonçant tout-à-fait à l'état ecclésiastique, il se maria. Nommé procureur de la commune, il se lia, d'abord par des rapports de fonctions, et ensuite d'amitié, avec Chalier, président de l'administration du district de Lyon. Les auteurs d'une Biographie Française imprimée en 1806 à l'étranger, lui imputent des faits bien graves, et qui exigeraient, pour paraître au moins vraisemblables, d'autres preuves qu'une simple allégation de la part surtout d'hommes intéressés à calomnier quiconque n'est pas de leur parti. Ils prétendent que dans une discussion qui s'ouvrit au club central, relativement à un projet de massacre général dans Lyon, Laussel engagea les membres du club à remplir eux-mêmes l'office de bourreaux, après avoir prononcé comme juges sur le sort des victimes. Les mêmes accusateurs prétendent encore qu'après le 9 thermidor an 2 (27 juillet 1794), d'accord avec le comité de salut public, de la convention nationale, il délivrait aux émigrés des certificats de résidence qu'ils payaient au poids de l'or, et qui, distingués par une marque particulière, ne les empêchaient pas d'être sacrifiés par les tribunaux; enfin, qu'il multipliait les arrestations, pour trafiquer ensuite de la liberté de ceux qui pouvaient la racheter. Il fut dénoncé pour ces faits, et traduit au tribunal révolutionnaire de Paris. Laussel n'aurait dû son acquittement et sa mise en liberté qu'à la protection des maratistes, et à des sacrifices pécuniaires considérables. Sans les révélations dont nous avons précédemment parlé, cet ancien prêtre serait entièrement inconnu.

LAUTH (Thomas), docteur-médecin, est né à Strasbourg, département du Bas-Rhin, vers l'année 1758; il professe avec succès, depuis la création de l'école de Médecine et de Chirurgie de cette ville, en 1794, l'anatomie et la physiologie. On doit à ce savant : 1° *Scriptorum latinorum de anevrysmatibus collectio*, 1785, in-4°; 2° *Ueber den einfluss des mondes auf die fieber, von Baftour, A. D. E., mit einer vorrede von Th. Lauth*, 1786; 3° *Nosologia chirurgica*, 1788; 4° *Vom ousziehen fremder Kœrper aus schusswunden von Percy, A. D. Fr. Ubersetzung mit anmerkungen herausgegeben von Th. Lauth*, 1789; 5° *Vom Witterungs zustand, dem scharlach friefel und dem bosen hals, M. V.*, 1800; 6° *Élémens de myologie et de syndesmologie*, 1789, 2 vol. in-8°; 7° *Histoire de l'anatomie*, tom. Ier, 1815, in-4°; 8° *de l'Esprit de l'instruction publique*, 1816, in-8°. Ce dernier ouvrage fut offert à la chambre des députés dans la session de 1816.

LAUTH (Gustave), parent du précédent, s'est principalement occupé d'histoire naturelle et d'agronomie; il a donné en 1812, en un volume in-8°, le *Précis d'un voyage botanique fait en Suisse*, et dans la même année, également en 1 vol. in-8°, des *Mémoires* qu'il avait précédemment lus à la société d'agriculture du département du Bas-Rhin.

LAUTHER (N.) de Fribourg, était, avant la révolution, officier des gardes suisses au service de France. De retour dans sa patrie, il fut, en 1801, placé à la tête du département de la guerre, et en 1802, le général français, Ney, l'invita, au nom de la république helvétique, à prendre possession du Frichtbal; mais M. Lauther ne voyant pas avec plaisir les changemens opérés dans le gouvernement de la Suisse, cessa bientôt d'y prendre part, préférant à la perspective d'une grande fortune, une honorable pauvreté et son attachement inviolable aux anciennes coutumes de son pays. M. Lauther, âgé de 55 à 60 ans, passe pour un militaire brave et instruit.

LAUTOUR DU CHATEL (A. J. F.), membre de plusieurs législatures, exerçait les fonctions de juge suppléant au tribunal d'Argentan, lorsque au mois de septembre 1791, il fut nommé, par le département de l'Orne, député à l'assemblée législative. Il prit une part importante aux travaux du comité féodal, et y exerça une très-grande influence. Il échappa au régime de la terreur, et fut nommé, en 1795, membre du conseil des anciens, où il resta à peu près inconnu. M. Lautour sortit du conseil le 8 février 1796, et depuis cette époque il n'a plus été appelé à remplir des fonctions publiques.

LAUZE DE PERRET (Pierre-Joseph), avocat, a rempli pendant plusieurs années la place de chef de bureau au ministère de la police générale. On lui doit un ouvrage estimé qu'il publia, en 1805, sous le titre de *Traité de la garantie individuelle et des diverses preuves en matière criminelle*, 1 volume in-8°. M. Lauze de Perret fit imprimer, en 1814, in-8°, une *Dénonciation au roi et à l'opinion publique d'iniquités et d'attentats commis sous le préfet de police Dubois*. Cet ancien fonctionnaire public répondit dans les journaux de cette époque, et les faits par lesquels il se justifia durent faire regretter à M. Lauze de Perret d'avoir engagé une lutte où il ne paraît pas qu'il ait conservé l'avantage. Il a publié, en 1818, in-8°, plusieurs livraisons d'un recueil intitulé : *Éclaircissemens historiques en réponse aux calomnies dont les protestans du Gard sont l'objet, et Précis des agitations et des troubles de ce département depuis 1790 jusqu'à nos jours.*

LAVAL (N.), général de brigade, commandant de la légion-d'honneur, etc., servit, en 1793, à l'armée du Rhin, en qualité d'officier général. En 1794, il commanda le corps d'armée devant Manheim. Chargé de seconder une commission d'évacuation envoyée dans le Palatinat, voici un passage du compte qu'il rendit à la commune de Paris, dont le despotisme s'étendait même sur la représentation nationale, de la mission qui lui avait été confiée. « Je commande devant Manheim ; » nous continuons à mettre à con- » tribution le riche pays de nos » cruels ennemis. Plus de 10,000 » voitures sont chargées de fer, de » cuivre, de plomb, d'espèces, et » surtout de grains. Condé, à la » nouvelle que nous avions repris

» les lignes de Weissembourg, dit
» aux Prussiens, aux Écossais et
» aux Autrichiens qui l'entouraient;
» Messieurs, si je commandais des
» Français, dans deux heures je
» serais maître de Strasbourg, etc. »
A cette époque si féconde en persécutions, le général Laval eut le bonheur de n'être ni destitué ni arrêté ; il resta constamment à la tête de sa brigade, et fut employé successivement sur le Rhin et en Suisse, où il se trouvait encore en 1801. Il a obtenu depuis le titre de commandant de la légion-d'honneur, et a été mis à la retraite.

LAVAL (N.), nommé à la fameuse chambre de 1815, par le département de la Vendée, fit constamment partie de la majorité et vota avec elle. Après la dissolution de cette chambre, par l'ordonnance royale du 5 septembre 1816, il fut réélu et siégea au côté droit pendant les années 1816 et 1817.

LAVAL (N.), avocat et précédemment juge-de-paix du canton de Saint-Cyprien, fut, en 1817, nommé à la chambre des députés par le collège électoral du département de la Dordogne, dont il présidait une section. Il siégea au centre droit de la chambre, mais il ne prit point part à la discussion sur la loi des élections, ayant donné sa démission au commencement de la session de 1820.

LAVAL (ANNE-PIERRE-ADRIEN DE MONTMORENCY-LAVAL, DUC DE), pair de France, ex-ambassadeur à Madrid, grand d'Espagne de première classe, est né en 1769. Connu sous le nom d'Adrien de Montmorency, jusqu'en 1816, époque de la mort de son père, auquel il succéda comme chef de la branche des Laval-Montmorency, il fut destiné dans sa jeunesse à la carrière ecclésiastique, où son oncle le cardinal de Montmorency devait le diriger. Son goût le portant à l'état militaire, il entra dans le régiment des chasseurs d'Alsace, que commandait le vicomte de Noailles. Le nom et les talens de M. de Laval-Montmorency devaient lui procurer un avancement rapide. Néanmoins les ouvrages dans lesquels nous puisons ces détails biographiques se taisent sur les grades qu'il obtint avant la révolution, et ne nous le font connaître que comme faisant contre la France la campagne de 1792, dans l'armée du prince de Condé, et devenant ensuite capitaine dans un régiment français à la solde de l'Angleterre. Ce corps, dont son père était colonel, fut dissous, et M. de Laval-Montmorency continua de servir dans un régiment anglais, envoyé successivement en Italie et en Corse. Fatigué de l'état militaire, il revint à Londres, et se détermina à voyager pour acquérir des connaissances diplomatiques. Cependant, en 1801, il revint en France ; mais il y vécut étranger aux affaires publiques. « Toutefois, disent les au-
» teurs d'une biographie, il s'était
» ménagé les moyens d'être utile à
» un grand nombre de royalistes,
» même des plus marquans. Il est
» intéressant aujourd'hui de se
» rappeler que, parmi les projets
» d'entreprises courageuses qui,
» plusieurs fois, tentèrent les sen-
» timens chevaleresques de M. A-

» drien de Laval, il avait surtout » été séduit par l'idée d'enlever, à « Valençay, le roi d'Espagne, Fer-» dinand VII; mais des obstacles » sans nombre rendaient cette ten-» tative trop hasardeuse pour la » vie des princes captifs, et il dut » y renoncer. » Les événemens politiques de 1814 arrachèrent M. de Laval-Montmorency à son inactivité volontaire. Il s'établit, en mars 1814, entre Orléans et Tours, afin d'être plus à portée de recevoir des nouvelles de la Vendée; et sitôt qu'il sut l'arrivée de *Monsieur*, il traversa la France pour se rendre près de lui. Ce prince l'envoya aussitôt dans la capitale avec M. Mathieu de Montmorency et M. Alexis de Noailles, pour y préparer son entrée. Il s'acquitta de sa mission avec le plus grand zèle. L'ambassade de France en Espagne, au mois de novembre 1814, fut la récompense de ses services. Après les événemens du 20 mars 1815, M. le duc d'Angoulême et M. le duc de Bourbon s'étant dirigés vers l'Espagne, M. de Laval-Montmorency eut l'honneur de les recevoir chez lui, et, disent les auteurs que nous avons déjà cités. « il rendit à ces prin-» ces, ainsi qu'à la cause royale, » de grands services près la cour » de Madrid. » Le duc de Laval-Montmorency avait été fait maréchal de-camp en 1814, et nommé membre de la chambre des pairs, où il rentra de droit après la seconde restauration.

LAVAL - MONTMORENCY. (*Voyez* MONTMORENCY.)

LAVALETTE (MARIE CHAMANS, COMTE DE), est né à Paris, en 1769. Son père, qui se livrait à un commerce peu étendu, mais dont les bénéfices suffisaient à ses besoins, lui avait fait donner une excellente éducation, et vécut assez long-temps pour recueillir le prix de ses soins. Mort il y a quinze ans, il a joui de la prospérité de son fils, et n'a pas eu à pleurer sur ses malheurs. Comme M. Lavalette montrait du goût pour le barreau, on lui fit étudier le droit; la révolution le surprit pendant la durée de ses cours, et il fut obligé de les suspendre. Dès le mois de juillet 1792, il fit connaître la modération de ses principes politique, en signant les pétitions dites des *dix mille* et des *vingt mille*, dirigées contre le projet d'un camp sous Paris, et contre les événemens du 20 juin précédent. Officier de la garde nationale à l'époque du 10 août, il marcha avec sa compagnie à la défense du château, conduite qui fut pour lui un titre de proscription quelque temps après. C'est dans les rangs des braves qu'il chercha un refuge. Il s'enrôla comme volontaire dans la légion des Alpes, servit avec distinction aux armées du Rhin et d'Italie, et obtint sur le champ de bataille ses différens grades. En 1796, il servait en Italie, auprès du général Baraguay-d'Hilliers, dont il était aide-de-camp. Le général Bonaparte, qui avait eu plusieurs fois occasion d'apprécier sa bravoure, ses talens et sa prudence, le nomma son aide-de-camp après la bataille d'Arcole, à la place de Muiron, qu'il venait de perdre. Ce général le chargea successivement de plusieurs missions, qui n'exigeaient pas moins d'intelligence que de courage. En 1797, il l'envoya à Paris, pour y juger l'esprit public aux approches de la crise qui eut lieu les 18 et 19 fructidor an 5 (4 et 5 septembre 1797). M. de Lavalette lui fut de la plus grande utilité, et c'est à la justesse de ses avis que le général Bonaparte est redevable d'avoir mieux jugé en définitive cet événement qui, hors de la France, n'avait pas été saisi par tous les observateurs sous son véritable aspect. Il retourna en Italie après cette révolution, et revint dans la capitale avec Bonaparte, à la fin de la même année. L'estime que le général avait prise pour lui le porta à se l'attacher par des liens plus intimes, en lui faisant épouser la nièce de Mᵐᵉ Bonaparte, Émilie de Beauharnais, fille du marquis de ce nom. M. de Lavalette fit partie de l'expédition d'Égypte, où il acquit de nouveaux droits à l'estime publique, par les services qu'il rendit dans diverses occasions. De retour en France, il fut témoin des événemens du 18 brumaire an 8 (9 septembre 1799), et devint successivement commissaire, puis directeur-général des postes, avec le titre de conseiller-d'état. C'est en 1803 qu'il fut nommé commandant de la légion-d'honneur et comte de l'empire. Le 20 mars 1815, à sept heures du matin, en vertu des ordres de Napoléon, qui fit son entrée dans Paris à la fin du même jour, il reprit ses anciennes fonctions et donna aussitôt des ordres pour la suspension du départ des journaux, des dépêches ministérielles, et la défense de délivrer des chevaux aux voyageurs sans un ordre signé de lui, d'un des ministres de l'empereur ou du général Excelmans. Il expédia en même temps un courrier à Napoléon, et fit connaître par des notes envoyées aux directeurs des principales villes, les événemens qui venaient de se passer, et la véritable situation de la capitale. Le 2 juin, il fut nommé à la chambre des pairs. Au deuxième retour de Louis XVIII, le 8 juillet, il fut destitué et compris dans l'ordonnance royale du 24 du même mois. Arrêté par les soins du préfet de police, M. Decazes, aujourd'hui duc et pair, il fut livré à la cour d'assises du département de la Seine, en novembre, et condamné à mort le 21 du même mois, comme «coupable de complicité dans l'attentat commis par Bonaparte contre l'autorité royale, etc.» M. Tripier, son défenseur, avait en vain établi la défense de l'illustre accusé sur ce principe : « que M. Lavalette n'avait pas agi pour que »Bonaparte entrât, mais parce »qu'il était impossible que Bona»parte n'entrât pas.» M. de la Lavalette entendit son arrêt de mort avec un calme égal à celui qu'il avait montré dans tout le cours du procès. « Que voulez-vous, »mon ami? dit-il à M. Tripier: »c'est un coup de canon qui m'a »frappé. » Se tournant du côté des nombreux employés des postes, qui avaient été appelés comme témoins à charge contre un homme qui les avait toujours traités en père, il les salua de la main, en leur disant : «Adieu, messieurs de »la poste.» Le pourvoi en cassation ayant été rejeté, et le recours en grâce formé par Mᵐᵉ de Lavalette n'étant point accueilli, l'exécution fut fixée au jeudi 21 décembre. La veille, cette dame, sa fille, âgée de 12 ans, et une gouvernante se présentèrent à la prison, et furent admises en vertu d'une permission du procureur-général. Mme de Lavalette était arrivée comme à l'ordinaire dans une chaise à porteurs. Quelque temps après, la gouvernante et l'enfant se présentèrent à la grille, soutenant Mme de Lavalette, enveloppée dans sa fourrure, un chapeau sur la tête, et tenant son mouchoir sur ses yeux. On les laissa passer. A peine sont-elles dehors, que le sieur Roquette, concierge, se rend dans la chambre du condamné ; il n'y était plus : sa femme avait pris sa place. Toutes les recherches dans l'intérieur de la prison et à l'extérieur furent inutiles. On retrouva la chaise sur le quai des Orfèvres ; mais elle ne renfermait que la fille du comte de Lavalette, dont elle avait pris la place. Le concierge fut destitué sur-le-champ, les barrières de la capitale furent fermées, et des estafettes, porteurs du signalement du fugitif, envoyées sur toutes les routes. M. de Lavalette, pendant ce temps, s'occupait des moyens de quitter Paris, et de passer la frontière sans accident. Trois Anglais généreux, MM. HUTCHINSON, WILSON et BRUCE (voyez ces noms), les lui fournirent quinze jours après. Le 7 janvier, à 9 heures et demie du soir, M. de Lavalette, revêtu de l'uniforme d'officier-général anglais, se rendit chez le capitaine Hutchinson, et le lendemain, à 7 heures du matin, il partit en cabriolet avec le général Wilson. Il ne fut point reconnu aux barrières, et il arriva à Mons, où son guide le quitta. M. de Lavalette obtint, non sans peine, la facilité de se rendre en Bavière ; il se fixa dans une maison de campagne aux environs de Munich. Là dans une solitude presque absolue, il attendit des jours moins rigoureux : ils arrivèrent enfin. Après avoir été rayé cinq ans du nombre des vivans, il apprit qu'une ordonnance royale annulait la condamnation dont il avait été l'objet, et le rendait à sa patrie, à ses amis, à sa famille. Avec la vie, l'ordonnance royale ne pouvait lui rendre tout ce qui en faisait pour lui le charme. De retour en France, le comte de Lavalette trouva sa femme atteinte d'une maladie peut-être incurable, suite du dévouement auquel il avait dû son salut. Sa seule occupation est d'entourer de tous les soins possibles cet objet d'une reconnaissance que rien ne saurait fatiguer. Étranger aux affaires publiques, étranger à la société même, le comte de Lavalette a concentré dans ces soins pieux sa pensée, son existence. Il n'a pas été à l'abri cependant de toutes imputations, et s'est vu contraint encore à repousser une accusation, qui l'avait signalé comme fauteur d'un complot dont était prévenu le colonel Mazias, avec lequel M. de Lavalette n'avait jamais eu le moindre rapport. Une simple dénégation au reste a suffi à sa justification.

LAVALETTE (ÉMILIE-LOUISE DE BEAUHARNAIS, COMTESSE DE), femme du précédent, est devenue à jamais célèbre par le courage et la présence d'esprit qu'elle a montrés pour arracher son mari à la mort. A la suite de l'évasion de M. de Lavalette, elle fut arrêtée, puis mise en liberté, et enfin traduite au mois de mars 1816, ainsi que sa gouvernante, la veuve Dutroit et MM. Hutchinson, Wilson et Bruce, devant la cour royale de Paris. Ces trois généreux étrangers furent condamnés à une détention momentanée (*voyez* leurs articles), la veuve Dutroit acquittée, et M*me* de Lavalette renvoyée de la prévention. L'article de son mari (*voyez* l'article précédent) fait connaître les suites douloureuses de son beau dévouement.

LAVALETTE (LE MARQUIS DE), ancien receveur-général du département des Basses-Alpes, n'appartient point à la famille des précédens. Compromis en 1816 dans une affaire politique, M. de Lavalette fut condamné à une détention qu'il a subie au château d'If. Il est mort, en 1821, à Saint-Domingue. LA MARQUISE DE LAVALETTE, sa femme, accusée d'avoir pris part à l'insurrection qui éclata à Lyon au mois de juin 1816, fut arrêtée à Paris, en même temps que les généraux Julien Belair et Dommanget. Traduite devant la cour prévôtale du département du Rhône, elle fut acquittée. Cette dame, qui avait aussi été accusée d'avoir voulu sauver le général Labédoyère, est morte également, en 1822, à Saint-Domingue, où elle était allée recueillir les débris de sa fortune. Le président Boyer à qui elle a recommandé ses enfans, leur fait une pension.

LAVALLÉE (JEAN, MARQUIS DE), membre de plusieurs sociétés littéraires, ancien chef de division à la grande-chancellerie de la légion-d'honneur, naquit près de Dieppe, le 23 août 1747. Il a travaillé à la rédaction de différens journaux et écrits périodiques, est auteur de plusieurs pièces de théâtre, *la Gageure du Pélerin, la Constitution à Constantinople, la Muette, la Baguenaudière, la Comédie de campagne, Apollon au lycée*, etc.; enfin de trois tragédies, *Manlius Torquatus, Thieste à Mycène, Spurius Melius*, qui ont été reçues au Théâtre-Français. Lavallée a publié les ouvrages suivans : 1° *Bas-reliefs du 18me siècle*, 1785; 2° *Vie de Cécile, fille d'Acmet III*, 1786; 3° *Éloges de Léon X, de François I*er *et de Pierre-le-Grand*, 1787; 4° *le Nègre comme il y a peu de blancs*, 1789; 5° *la Vérité rendue aux lettres*, 1790, 6° *Tableau philosophique du siècle de Louis XIV*, 1791; 7° *Voyage dans les départemens de la France*, 1792; 8° *Gestes de l'an 5*; 1787; 9° *Éloge du général Marceau*, 1798; 10° *Poëme sur les tableaux d'Italie*, 1799; 11° *Voyage en Istrie et en Dalmatie*, 1800; 12° *Éloge du général Joubert*, 1800; 13° *Lettres d'un Mameluck*, 1803. Lavallée mourut peu de temps après le rétablissement du gouvernement royal.

LAVATER (GASPARD), naquit à Zurich, en Suisse, le 15 novembre 1741, c'est-à-dire, vers le milieu du 18e siècle, et mourut le second jour du 19e, âgé de 59 ans. C'était un de ces hommes rares, dont les facultés ne sont pas sans influence sur le temps qui les voit naître. Lavater a donné un nouveau cours aux idées; il a créé presque entièrement une science

conjecturale dans ses applications et réelle dans ses principes : il a porté la poésie dans la théologie ; le platonisme dans l'étude du corps humain ; la rêverie mélancolique dans les abstractions, et l'ardent patriotisme dans les croyances superstitieuses. Ami, comme Diderot, des observations de détail, des expériences et des faits ; comme lui passionné pour les beaux-arts ; comme lui capable d'en analyser les principes les plus profonds ; moins fort, moins ardent, moins logicien, moins rigoureux, mais plus onctueux dans son éloquence, et plus consolant dans ses doctrines que le philosophe français : irritable comme J. J. Rousseau ; patient comme un apôtre ; crédule et enthousiaste comme Swedenborg ; inspiré comme Isaïe, Lavater semble avoir épuisé toutes les nuances et tous les contrastes du caractère, de l'imagination et du talent. Le goût du merveilleux, qui se développa chez lui dès l'enfance, le suivit jusque dans la vieillesse : le besoin de l'observation qui éclaira son adolescence, ne s'éteignit point dans ses dernières années. Jamais homme ne fut doué (comme il le dit lui-même) d'une élasticité de talent et de caractère, capable de s'étendre à plus d'objets, d'atteindre à des vertus et à des défauts, à des erreurs et à des découvertes, plus opposés et plus bizarres. Lavater était destiné à l'état ecclésiastique ; au moment où il faisait ses études, un double prestige enchantait l'Allemagne et surtout la Suisse. Deux hommes de génie, Klopstock et J. J. Rousseau, venaient d'ébranler les imaginations. L'âme du jeune Lavater s'ouvrit avec délices aux inspirations religieuses de l'un, aux sublimes cantiques de l'autre. Il lut aussi avec avidité les vers de ses compatriotes, Bodmer et Breitinguer, qui jouissaient alors d'un succès populaire. Les sentimens patriotiques de ces poëtes fermentant dans le sein de l'étudiant en théologie, et s'y mêlant aux idées philosophiques du Genevois, et aux chants du pieux Homère du christianisme, il résulta, de cette alliance nouvelle, ce caractère, ce talent, cet homme si étrange, si singulier, Lavater enfin. Le premier acte de Lavater au collège fut celui d'un citoyen. Il osa, dans un pamphlet religieux, attaquer un bailli suisse, dont l'injustice était reconnue. Toute l'aristocratie helvétique se souleva : en luttant contre la persécution, que son courage avait attirée sur lui, le noble jeune homme montra autant de dignité et de calme, qu'il venait de déployer de force et d'énergie. Lavater resta signalé à l'autorité comme un homme dangereux, et au public comme un audacieux réformateur. On le fit voyager pour le distraire, et pour donner le temps à cette impression de s'affaiblir : il partit, visita l'Allemagne, résida à Berlin, connut particulièrement le vertueux Spalding, chez qui il demeura longtemps ; Sulzer, auteur de la *Théorie des beaux-arts*, Hess et le peintre Fuessli. Ce dernier, l'un des premiers peintres de l'Allemagne, rappelle quelquefois Michel-Ange, dont il exagère le genre terrible, et à la vigueur duquel il a joint ces touches sombres et cette vapeur lugubre, dont la littérature et les arts sont prodigues en Angleterre, où il avait choisi son séjour. Spalding et les philosophes de Berlin tempérèrent un peu la ferveur du zèle de Lavater. Fuessli exalta cette partie fantastique de son imagination, à laquelle ils aimaient à se livrer tous deux. Hess et Sulzer lui inspirèrent du goût pour la métaphysique. Il revint, modifié par ses liaisons; zélé, enthousiaste, poëte, philosophe et orthodoxe à la fois. Lavater, dès son retour, se livra à des discussions théologiques, d'abord soutenues avec modération, mais enfin poussées jusqu'à l'intolérance, et qui dégénérèrent, trop souvent, en personnalités cruelles. Le doux Lavater finit par oublier les principes de Spalding; il se montra inexorable en orthodoxie; il fit même exiler quelques hommes, entre autres, M. Meister, le plus ingénieux de ses panégyristes, et qui se vengea plus tard, en couvrant de fleurs la tombe de l'homme vertueux qui s'était trompé une fois, et que sa victime elle-même n'avait pu haïr. Triste exemple de l'influence que de fausses idées, en matière religieuse, peuvent exercer sur les plus excellens hommes : noble exemple d'un panégyrique tracé par le seul homme, peut-être, qui eût le droit d'accuser son ancien persécuteur. Heureusement pour la gloire et pour la vertu de Lavater, une science nouvelle vint distraire le chrétien rigide de ce fanatique emploi de sa charité. Depuis sa jeunesse, il avait été singulièrement frappé de l'antipathie ou de la sympathie que lui causaient les physionomies de tels ou tels hommes, et certains traits de chaque physionomie. A force de réfléchir sur ce double mouvement, attractif et répulsif, il crut y voir une révélation du caractère intime de l'individu, un instinct secret qui l'avertissait des qualités, des défauts, des différentes facultés de ses semblables; enfin, la base d'un système *Physiognomonique*. Son imagination s'allume. Il s'arme de patience; il dessine, il étudie, il compare. Son observation continuelle augmente chaque jour la masse de ses idées, et finit par éclairer une théorie tout entière. Un jour, chez le médecin Zimmermann, il aperçoit un homme dont l'aspect physiognomonique était remarquable : il le regarde, et appliquant pour la première fois, en public, des règles qu'il a depuis long-temps méditées en silence, il juge l'inconnu, communique à Zimmermann son jugement qui se trouve parfaitement exact en tout point, et finit par avouer la vérité au médecin frappé d'une surprise profonde. Dès-lors il consacra sa vie à cette étude nouvelle. Il n'épargna ni observations, ni recherches, ni temps, ni soins. Il absorba son existence dans cette science, qu'il parvint à asseoir sur des bases non pas sûres, non pas inébranlables, mais du moins spécieuses. La publication de cette doctrine, d'abord en 2 vol. (1772), puis en 4 gros vol. (1775-1778), frappa vivement tous les esprits, et même elle les épouvanta. Les hommes n'aiment pas qu'on les dévoile. Lavater prétendait arracher tous les masques; il prétendait arriver, par l'inspection des seuls traits physiognomoniques, à la connaissance du cœur humain, des habitudes, des erreurs, des vices, des facultés, des vertus; enfin, ouvrir l'âme de ses semblables comme un livre, et le feuilleter à loisir. Il trouva des partisans, des admirateurs, des contradicteurs, des ennemis acharnés, des critiques acerbes, et des prosélytes fanatiques. Tel est le sort de ces esprits qui veulent commander avec empire, et qui apportent d'autorité des croyances nouvelles. On se servit, suivant le précepte bref et singulier d'Aristote, de la *plaisanterie* et du ridicule, pour combattre les parties sérieuses de ses écrits, et du sérieux pour repousser ce qu'ils avaient de nouveau, de problématique et de bizarre. Nicolaï, Museus, Lichtenberg, se distinguèrent parmi ses antagonistes. Tous lui reprochèrent cette violation du sanctuaire du cœur, cette audace de porter la lumière dans ce que Bacon appelle si bien *la caverne*. A ces reproches il répondit, comme eût répondu Fénélon : « qu'au » moyen de connaître les hommes, » il voulait joindre ceux de les ai-» mer davantage. » Devenu l'homme de l'observation, Lavater se vit bientôt exposé à la célébrité. On vint le consulter de toutes les parties du monde; et la solitude du pasteur de Zurich devint un bureau central de physiognomonie. Il supportait cette contrainte avec patience, avec plaisir; elle amenait sous ses yeux tant de sujets d'observation, on faisait circuler devant lui tant d'originaux et de caractères de tous les gen-

res, elle lui faisait passer en revue tant d'hommes de tous les pays, que son dévouement à la science qu'il avait créée, fit oublier au philosophe les inconvéniens de la position où il s'était placé. Sollicité par des milliers de personnages, et rendant, pendant un quart de siècle, les oracles de sa doctrine, il se trompa souvent dans ses décisions : lui-même l'avoua; mais plus souvent encore il jugea avec une sagacité merveilleuse, devina avec une précision qui semblait un miracle, et prophétisa quelquefois l'avenir, avec une vérité qui eût pu passer pour surhumaine en des siècles moins instruits. S'il prit un jour pour le profil du grand Heller le profil d'un scélérat rompu vif, il devina Mirabeau sur une simple silhouette, il devina Necker et Mercier au premier aspect. Un tact extrêmement délié, une espèce d'instinct social, un coup d'œil plein de pénétration, une multitude d'expériences, aidaient infiniment Lavater dans cette espèce de divination; dont le vulgaire contemplait avec étonnement les résultats. Il était parvenu à classer les traits de chaque visage en une espèce d'alphabet, dont la clef lui était connue, et dont les caractères combinés lui expliquaient tous les phénomènes, et tous les mystères de la conduite de l'âme et de l'intelligence. D'autres, avant Lavater, avaient jeté des éclairs de lumière sur cette science de la connaissance des hommes par leur physionomie. Aristote, ce vieux philosophe qui, par la sévère pénétration de son génie, s'arrogea le sceptre de toutes les idées humaines pendant 30 siècles ; Marc-Aurèle, Montaigne, Buffon, Bacon avaient essayé de fonder cette doctrine sur de vagues données; enfin des hommes plus ou moins raisonnables, plus ou moins crédules, Porta, Lachambre, Pernetti, Claramontius, Cardan, Poersen, le peintre Lebrun avaient plutôt montré ce que l'on pouvait faire, qu'ils ne l'avaient tenté eux-mêmes. Lavater vint : et tout ce qu'il dit sur cette science, que les autres écrivains avaient montrée de loin seulement, il le tira de ses observations, de ses expériences, de son propre fonds; nul secours, nulle érudition, nulles recherches, nul travail antécédent ne le secondèrent dans son travail. Dans son grand ouvrage, soit que l'on adopte ou repousse les doctrines qu'il renferme, on ne peut qu'admirer cette foule d'aperçus vrais, d'idées ingénieuses, d'observations fines; ces pages à la fois exaltées et spirituelles, où le mauvais goût de quelques expressions n'empêche pas d'entrevoir une immensité de rapports nouveaux, et qui procurent un plaisir trop vif, pour ne pas servir de compensation aux traits nombreux réprouvés par la critique. Lavater sacrifia sa fortune à son amour pour la science, dont il était le créateur. Il mourut pauvre. La fin de sa vie fut une des plus belles qui pussent couronner la vie d'un philosophe; l'énergie et la pureté de son caractère, le patriotisme et l'exaltation de son âme se développèrent avec une rare grandeur, au milieu des malheurs de sa patrie. Les Français, conquérans de la Suisse en 1795, conquis par l'Europe en 1814 et 1815, doivent rendre justice à cette noblesse et à cette grandeur de courage avec lesquelles Lavater opposa sa résistance individuelle à l'invasion de son pays. Partout où il y avait des réclamations à faire contre l'injustice et l'oppression, des infortunés à secourir, des vertus à exercer, des droits à défendre, Lavater se montra. Il déploya et le courage de l'esprit qui pourvoit à tout, qui cherche partout des ressources; et le courage de l'âme, que les menaces, les injures, les outrages, les événemens n'abattent pas; et même ce courage physique que tant d'hommes, grands par leurs pensées, n'ont pu trouver en eux-mêmes. Ce philosophe, jeté par la destinée au milieu d'une époque sanglante et bizarre, osa, comme l'immortel Malesherbes, défendre les droits du peuple contre le despotisme, et les dépositaires du pouvoir contre le despotisme du peuple. Après s'être exposé volontairement à tous les dangers en défendant les malheureux et en combattant les tyrannies de tous les partis, il tomba victime de ce dévouement généreux. Un coup mortel porté (non par un soldat français, comme la calomnie l'a dit et répété), mais par une main que la vengeance personnelle guidait, et que la fureur de l'esprit de parti tenait levée depuis long-temps sur la tête du philosophe, atteignit Lavater dans une des rues de sa ville natale; il vécut, ou plutôt il languit quinze mois encore : long supplice auquel on ne peut comparer, pour la douleur réelle, ni la mort de Socrate, ni celle de Barnevelt, mais pendant lequel une douce gloire, une admiration générale, et la résignation la plus patiente aux peines du corps les plus aiguës, environnèrent de leur consolante auréole Lavater descendant au tombeau. Pendant cette mort douloureuse et lente, il travaillait, il écrivait, il prêchait; on voyait ce vieillard, beau comme la vertu et doux comme la charité, recommander aux hommes, du bord de sa tombe, cette vertu, cette charité, pour lesquelles il périssait, et dont les feux célestes animaient ses regards mourans. Entre les bénédictions patriarcales, celle qu'un ami de la liberté, de la patrie, celle qu'un homme sensible aux nobles et vertueuses pensées aimerait le mieux avoir reçue, c'est la dernière bénédiction de Lavater. Comme écrivain, il serait difficile de lui assigner une place, si l'on se contentait de le soumettre aux lois ordinaires de la critique et du goût. Mais si dans ses ouvrages on cherche seulement l'empreinte des facultés de son esprit, on ne peut que lui assigner un rang très-distingué pour la variété, la sensibilité, l'étendue et l'imagination. Poète, il a composé des vers d'une philosophie douce et consolante, mais négligés pour le mécanisme et diffus pour le style. La *Nouvelle Messiade*, *Joseph d'Arimathie*, le *Cœur humain*, sont des esquisses imparfaites où se trouvent des germes de beautés. Une foule de drames religieux et de poésies détachées offrent une facilité rare et peu de correction. Ses *Vues sur l'Eternité* et ses *Chansons helvétiques*, se détachent du reste de ses poëmes. Ces dernières surtout, par cette naïveté, par ce charme inconnu à nos poètes d'athénées, et que Lavater retrouva dans les vallées de la Suisse pour l'imprimer à ces hymnes patriotiques et nationales, aujourd'hui répétées par tous les pâtres du Jungfrau, de Lucerne et de Morat. Huit éditions de ces chants populaires font désirer qu'une main habile les fasse passer dans notre langue. En littérature comme en politique, le siècle ne veut plus que ce qui intéresse les nations en masse, et s'efforce de prouver que la source de toutes les beautés dans les arts, de toutes les émotions dans la poésie, comme de tout le bonheur réservé aux nations, se trouve non dans les supériorités sociales, mais dans ce qui fait la base, le cœur, la force, le nerf et la vie des sociétés, dans le peuple. Il a consigné dans deux ouvrages, ou plutôt deux recueils, *Ponce-Pilate* et la *Bibliothèque manuelle*, ses opinions particulières en théologie et en morale, opinions sur lesquelles nous ne dirons rien, sinon qu'elles réunissent l'ascétisme de Mme Guyon, le doux style de Fénélon, le paradoxe de J. J. Rousseau et l'illuminisme de Boëhme. Lavater, amoureux du mystère et de l'infini, de l'obscurité sainte des doctrines, finit par éteindre sa raison dans ces ténèbres, et par égarer son génie dans ces extases. Le monde et la nature ne suffisaient pas à l'activité de son esprit. Il demandait à la vie une vie plus merveilleuse. Il croyait surtout à l'incroyable, et l'observateur le plus sagace fut un véritable thaumaturge, un enthousiaste illuminé. Qui ne voudrait connaître les traits de cet homme étonnant ? D'un tempérament ardent et sec, il paraissait glisser sur la terre qu'il touchait à peine; sa tête un peu allongée, son large front courbé avec une grâce qui semblait annoncer la molle flexibilité et la facilité de son talent, s'entouraient de cheveux si fins qu'ils semblaient rares, et que l'on eût dit de la soie tournée en boucles. Ses longues paupières voilaient une prunelle douce et pénétrante, dont le brun-clair semblait respirer la bienveillance et l'amour. Ses lèvres étaient minces; sa bouche très-fendue souriait avec une délicatesse inexprimable. Son nez, assez fort et parfaitement en harmonie avec la belle forme de son front, paraissait indiquer une sagacité vive et un homme, comme il le dit lui-même, toujours aux aguets. Cette belle tête, où la sincérité, la pénétration et la pureté respirent, justifie seule la devise du physionomiste, *la Vérité dans la philantropie.*

LAVAU (PIERRE-FRANÇOIS), littérateur, est né en 1754, à Versailles, où il remplissait des fonctions ecclésiastiques au commencement de la révolution. Obligé de les cesser par suite des événemens politiques de 1793 et 1794, il s'est, à la même époque, livré à l'instruction publique, et a été professeur de belles-lettres. On lui doit, comme littérateur: 1° *Travaux classiques et littéraires*, 1 vol. in-12, 1798; 2° *le Songe de Lucien, la Fable des Alcyons et le Misantrope du même auteur*, traduits en français avec des remarques, 1 vol. in-8°, 1801; 3° *Nisus et Euriale*, épisode tiré du 9.me livre de *l'Énéide*, traduit en vers français, 1 vol. in-8°, 1804; 4° *OEuvres lyriques d'Horace*, traduites en vers, 1 vol. in-12, 1810.

LAVAUGUYON (LE DUC DE), lieutenant-général, pair de France, fils du duc de Lavauguyon, prince de Carency, duc et pair, gouverneur des enfans de France, né le 30 juillet 1746; fut nommé, en 1770, menin de Louis XVI (alors dauphin); il devint duc et pair par héritage de son père, en 1772, et en 1776, il commença sa carrière diplomatique par l'ambassade auprès des états-généraux des Provinces-Unies. Les états-généraux, gouvernés par l'influence du stathouder, entièrement dévoué aux intérêts de la Grande-Bretagne, se trouvaient sous la domination exclusive de cette puissance, et accroissaient ses moyens de prépondérance maritime. C'était une conquête politique bien essentielle à faire pour la gloire du roi et celle de la France. Le duc de Lavauguyon l'entreprit avec le plus grand zèle, dès les premiers momens de son arrivée à la Haye. Il rechercha en vain les traces d'un ancien parti français qui avait eu une influence remarquable sur les délibérations des états-généraux, et il se trouva obligé de se livrer seul et sans aucun secours, à l'exécution du grand plan qu'il s'était formé. Il parvint d'abord à s'assurer la majorité décidée dans la régence de la ville d'Amsterdam, puis dans celle des autres villes de la province prépondérante de Hollande, et successivement dans toutes celles qui constituaient les états-généraux, de manière qu'après les avoir trouvés au commencement de son ambassade, sous la joug absolu de l'Angleterre, il reçut, au moment où il cessa ses fonctions, une députation solennelle de leurs hautes puissances, qui en le remerciant de la manière la plus flatteuse du zèle constant et éclairé qu'il n'avait cessé de montrer pour les intérêts communs de la France et de la république, le priaient d'être auprès du roi l'organe de leur reconnaissance, et d'en obtenir la faveur d'une alliance défensive. Il fut nommé chevalier de l'ordre du Saint-Esprit en 1784, et ambassadeur en Espagne. Il sut promptement s'y concilier l'amitié et l'entière confiance du comte de Florida-Blanca, ministre aussi vertueux qu'éclairé, qui était à la tête du gouvernement, et il concerta avec lui les moyens de rendre de plus en plus intime l'union des deux nations et des deux souverains. Il fut nommé, en 1788, chevalier de la Toison-d'Or. Au commencement de l'assemblée constituante en 1789, il fut appelé par Louis XVI au ministère des affaires étrangères. Il ne le conserva que quelques jours ainsi que ses collègues, et il retourna en Espagne comme ambassadeur; après son rappel, il continua de séjourner en Espagne. Appelé à la fin de 1795 à Vérone, par Louis XVIII, il remplit auprès de ce prince les fonctions de son ministre, jusqu'au mois de mars 1797. Après avoir passé quelque temps à Hambourg, il retourna en Espagne, où sa famille était demeurée. Il rentra en France au mois d'avril 1805, avec un passe-port momentané, et vécut pendant plusieurs années à Paris dans la plus parfaite retraite, concentré dans le sein de sa famille, et sans aucune relation avec le chef du gouvernement. Membre de la chambre des pairs à l'époque de la restauration, et de la promulgation de la charte constitutionnelle, il en a constamment et fortement soutenu les principes et les conséquences, dans les écrits qu'il a publiés, et dans les opinions qu'il a prononcées. Né pour ainsi dire à la cour, banni par la révolution, le duc de Lavauguyon a su généreusement amnistier et les grandeurs de sa première existence, et les malheurs de sa persécution, et il continue de donner à la société le spectacle si rare d'un grand seigneur élevé à la cour de Louis XV, ami de Louis XVI sur le trône, ministre de Louis XVIII pendant ses infortunes, rappelé au rang de la pairie héréditaire par la restauration, et cependant n'ayant trouvé dans ses souvenirs d'autres devoirs que des vœux pour la France. Étranger à toute autre ambition, aussi honorable par la modération de ses mœurs que par la médiocrité de sa fortune, ce vieillard citoyen achève une carrière illustre et privilégiée dans l'exercice d'une vertu antique, dans le repos d'une vie de famille, et dans la jouissance d'une conscience irréprochable. M. le duc de Lavauguyon a deux enfans : la princesse de Carignan, femme du général français ; et le comte de Lavauguyon, lieutenant-général.

LAVAUGUYON (COMTE DE), fils du précédent, alla joindre son père en Espagne en 1786, y fut élevé, et entra au service de cette puissance dans une légion d'émigrés, formée par le marquis de Saint-Simon. Il fit, comme aide-de-camp de ce général, les campagnes de 1794 et 1795; il fut fait capitaine à cette époque, et continua à servir jusqu'en 1805. Alors il donna sa démission, et vint joindre comme volontaire l'armée française à Austerlitz. Nommé aide-de-camp du grand-duc de Berg, il fit en cette qualité les campagnes de 1806, 1807 et 1808; fut fait chef d'escadron et membre de la légion-d'honneur; suivit le roi Joachim à Naples, et fut du nombre des officiers français qui s'étant attachés à sa fortune, furent élevés rapidement aux plus hauts grades. Le général Lavauguyon fut fait en peu de temps général de division et colonel-général de l'infanterie de la garde. Il revint en France en 1815, et rentra avec son grade dans l'armée française, en vertu de l'ordonnance du roi, qui rappelait les officiers français passés au service de Naples.

LAVAUX (ÉTIENNE MAYNAND-BIZFRANC), né en 1751, fit les premières campagnes de la révolution, et obtint un avancement rapide. En 1793, il servait sous les ordres du général Rochambeau, à Saint-Domingue, lorsqu'il fut nommé lieutenant-général. La colonie était agitée par différens partis; il fallait, pour les réunir, autant de prudence que de fermeté, et l'on reproche à tort sans doute au général Lavaux d'avoir fait rompre les négociations entamées pour parvenir à ce but. Il se prononça contre le mulâtre Villaté qui l'emporta sur lui, et le fit enfermer dans les prisons du Cap. Délivré par Toussaint-Louverture, il repassa en France. En 1797, Bourdon de l'Oise, Dumolard et Vaublanc l'accusèrent de s'être livré, à Saint-Domingue, à beaucoup d'excès, en abusant du pouvoir que lui donnaient ses fonctions. Le directoire empêcha que cette accusation eût des suites, et même après la journée du 18 fructidor an 5 (4 septembre 1797), il fut appelé à faire partie du conseil des anciens, où il fit l'apologie de sa conduite à Saint-Domingue, et déclara qu'il avait sauvé la vie à plus de 600 émigrés des colonies. Nommé secrétaire du conseil le 21 décembre, il en fut élu président le 20 juillet 1798. Après la journée du 30 prairial an 7 (18 juin 1799), qui amena un renouvellement dans le directoire, M. Lavaux se prononça fortement pour que la presse fût rendue entièrement libre; il défendit la société du Manège, dont il était membre, contre les attaques dont elle était l'objet, et dit: « Que » l'effervescence qu'on lui reprochait était bien moins à craindre » que les menées secrètes des ennemis de la république. » C'est à lui principalement qu'on dut l'adoption de la loi sur la conscription militaire, proposée et rédigée par le maréchal Jourdan. Après avoir fait l'éloge de Joubert, mort glorieusement sur le champ de bataille de Novi, le 4 septembre, le général Lavaux fut nommé commissaire du directoire-exécutif à la Guadeloupe, et en même temps agent à Saint-Domingue; il donna sa démission du conseil des anciens et s'embarqua pour sa destination. Les événemens du 18 brumaire (9 novembre 1799) le firent rappeler en France, où il reprit, sous le gouvernement consulaire, son grade de général de division, sans que pour cela il ait été mis en activité depuis cette époque.

LAVAUX (N.), avocat aux conseils du roi, était précédemment avocat à la cour de cassation et au conseil des prises. Il a publié les ouvrages suivans : 1° *Exposition de l'esprit des lois, concernant la cassation en matières civiles*, 1809, in-12; 2° *Traité sur les faillites*, 1812, in-12; 3° *Manuel des tribunaux et des arbitres en matières de commerce et de manufactures*, 1813, in-12; 4° *Tableau des faillites*, 1813, in-12; 5° *Campagne d'un avocat*, 1815, in-12; c'est un recueil d'anecdotes sur la révolution.

LAVEAUX (JEAN-CHARLES THIÉBEAULT), homme de lettres, ancien chef du bureau militaire du département de la Seine, est né en 1740. Il habitait, dit-on, la Prusse au moment de la révolution française, dont il adopta les principes avec enthousiasme. En 1792, il se rendit en France, et se fixa à Strasbourg, où il rédigea le journal que le libraire Treuttel venait de créer dans cette ville, sous le titre de *Courrier de Strasbourg* Au mois de mai de la même année, il fut arrêté par ordre de Dietrich, maire de la ville, à cause de ses opinions politiques, (*voyez* DIETRICH); mais il fut presque aussitôt remis en liberté, et partit pour Paris. Membre du tribunal institué le 17 août pour juger les vaincus, il se conduisit avec modération. Le 14 août 1793, il accusa le maire de Strasbourg d'actes arbitraires à son égard, et devint quelque temps après rédacteur en chef du *Journal de la Montagne*. Ses articles sur les généraux et sur les députés en mission lui attirèrent de vifs reproches de leur part; il fut même arrêté. Mis en liberté sur la demande de la société des Jacobins, et bientôt dénoncé par Hébert, par suite de nouveaux démêlés, il cessa de coopérer à la rédaction de ce journal. Il fut arrêté à la suite de la révolution du 9 thermidor an 2 (27 juillet 1794). La même société obtint encore sa mise en liberté. Fatigué d'un rôle qui ne lui permettait pas de se livrer à la culture des lettres, qu'il avait toujours aimées, il devint professeur de langues anciennes, et accepta, après l'établissement du gouvernement consulaire, la place de chef du bureau militaire du département de la Seine, qu'il a conservée jusqu'après la seconde restauration, en 1815. M. Laveaux a composé un assez grand nombre d'ouvrages. Les principaux sont : 1° *OEuvres de Hedlinger*, avec des explications, 1776, 2 vol. in-f°; 2° *Musarion*, poëme de Wieland, traduction de l'allemand, in-8° 1780; 3° *Entretiens avec les enfans sur quelques histoires de la Bible*, traduction de l'allemand, in-8°, 1782; 4° *Défense de M. l'abbé Raynal et de M. Borelli contre les attaques clandestines de quelques chenilles littéraires*, in-8°, 1783; 5° *Traits détachés de l'histoire*, in-8°, 1783; 6° *les Nuits champêtres*, in-8°, 1783; nouvelle édition, même format, 1784; 7° *le Maître de langue, ou Remarques instructives sur quelques ouvrages français écrits en Allema-*

gne, in-8° 1783; 8°, *Cours de théorique et pratique de langue et de littérature françaises*, ouvrage composé par ordre du roi, Berlin, 1784, in-8°; 9° de *l'Art de penser*, 1784, in-8°; 10° *Dictionnaire français-allemand et allemand-français*, 1784-1785, 2 vol. in-8°, plusieurs éditions : la 4ᵐᵉ est de 1789; 11° *les vrais Principes de la Langue française*, 1787, in-8°; 12° *Histoire des Allemands*, traduction de Schmidt, 1784, 9 vol. in-8°; 13° *Eusèbe, ou les beaux Profits de la Vertu dans le siècle où nous vivons*, in-8°, 1787; 14° *Essai sur le peuple*, traduction de l'allemand de Gossler, 1786, in-8°; 15° *Réponse à M. le président de Reuber au sujet du nouvel ordre judiciaire établi en Prusse*, in-8°, 1786; 16° *Tableau des guerres de Frédéric-le-Grand contre les puissances réunies de l'Empire, de l'Autriche, de la Russie, de la France, de la Suède, de la Saxe, etc.*, traduction de l'allemand de L. Muller, in-8°, 1787; 17° *Tactique sûre pour l'infanterie, la cavalerie et l'artillerie*, par F. Muller, traduction de l'allemand, 1787, in-8°; 18° *Vie de Frédéric II, roi de Prusse*, 1788-1789, 7 vol. in-8°, au nombre desquels se trouvent 3 vol. de la correspondance de Frédéric, Voltaire, J. J. Rousseau, et l'Académie de Berlin, vengée du secrétaire perpétuel de cette académie, in-8°, 1789; 19° *Grammaire de Wailly pour les Allemands*, in-8°, 1790; 20° *Courrier de Strasbourg*, 1792; 21° *Histoire des premiers peuples libres qui ont habité la France*, 1797, 3° vol. in-8°; 22° *Sermons sur le prix des choses les plus im-* portantes de ce monde, traduction de l'allemand de Zollikofer, 2 vol. in-8°, 1798; 23° *Histoire de Pierre III, empereur de Russie*, imprimée sur un manuscrit composé par un agent secret de Louis XV à la cour de l'empereur, et trouvé dans les papiers de Montmorin après la mort de ce ministre, 1798, 3 vol. in-8°; 24° *Histoire des origines, des progrès et de la décadence des sciences dans la Grèce*, traduction de l'allemand de Charles Meiners, 1798, 5 vol. in-8°; 25° enfin une nouvelle édition du *Dictionnaire de l'Académie française*, 2 vol. in-4°, 1803. Cette réimpression, dans laquelle M. Laveaux a introduit et marqué d'un astérisque tous les mots nouveaux créés depuis la révolution, a donné lieu au célèbre procès intenté par MM. Moutardier et Leclerc aux éditeurs, MM. Bossange et Masson.

LAVELAINE (François), commandant d'armes de la place de Longwy, naquit à Pont-à-Mousson, département de la Moselle, vers 1740; il mourut le 30 octobre 1811. Il entra de bonne heure au service, à l'époque où toute l'Europe semblait se coaliser pour envahir la France, et la partager comme la Pologne, et que tous les bons Français se portaient vers les limites pour s'opposer aux tentatives des puissances étrangères. Lavelaine était capitaine au régiment de Dragons-Dauphin et chevalier de Saint-Louis. Ses services l'appelèrent au grade de lieutenant-colonel au moment de la campagne de 1792. A la bataille de Jemmapes il commandait ce régiment; étant près de charger

À sa tête les dragons de Latour, il fut provoqué à un combat singulier par leur chef. L'intrépide Lavelaine accepte le défi. Les 2 régimens s'arrêtent et restent immobiles. Spectateurs inactifs de cette lutte, ils semblent de part et d'autre attendre du courage de leurs chefs, le succès d'une action qui semble renouvelée des temps héroïques. Les deux champions s'attaquent avec un égal courage. Après un combat où l'officier français est vainqueur, les 2 régimens en viennent aux prises. La victoire est encore pour les Français, et la défaite des dragons autrichiens entraîne celle de plusieurs autres régimens. Au milieu du désordre, le valeureux Lavelaine aperçoit le prince de Cobourg qui fuyait à toute bride; courir après, lui crier de se rendre et l'atteindre, fut l'affaire d'un instant. Mais au moment même où il le joint, le prince est atteint d'une balle qui le renverse mort. On trouva dans son portefeuille des papiers de la plus grande importance concernant les plans de la campagne; la récompense de cette action fut un sabre d'honneur, que Lavelaine échangea dans la suite pour une place d'élève du gouvernement à l'école militaire de Saint-Cyr, en faveur de son fils aîné. Quelque temps après, la ville de Maubeuge est bloquée, et plusieurs régimens s'y trouvaient renfermés. L'armée de Sambre-et-Meuse était sous les murs de Valenciennes, commandée par le général Jourdan. La perte de cette place ouvrait la frontière aux ennemis, il fallait empêcher 80,000 Autrichiens de s'y concentrer. Dans ce pressant danger, le chef-d'escadron Lavelaine se présente au représentant du peuple et au général qui commandaient dans la ville, et leur annonce qu'il est décidé à traverser le camp ennemi à la tête de 25 braves, et de se rendre à Paris pour informer la convention des besoins de la place, et de la position critique de nos frontières. Cette proposition est acceptée. Avant que l'ennemi ait achevé l'entière circonvallation de la place, Lavelaine se détermine à faire une sortie. Deux cents hommes à cheval sont choisis avec des officiers d'une bravoure éprouvée, et le 2 octobre 1793, à 11 heures du soir, la colonne se met en marche; le lieutenant-colonel Lavelaine est à sa tête. Il recommande à la troupe de marcher au pas et de serrer les rangs, de peur d'être rompue par quelques revers. Déjà les avant-postes français sont dépassés. Bientôt on aperçoit les feux des ennemis : le hennissement des chevaux donne l'éveil au camp d'infanterie; leurs grand'gardes surprises mettent l'alarme partout : en un instant une grêle de coups de fusil est dirigée sur les Français. L'obscurité de la nuit et la difficulté des chemins mettent le désordre dans la petite troupe. Des cavaliers éperdus rentrent avec confusion dans la place; d'autres tombent au pouvoir des bataillons allemands. Le chef-d'escadron du 7me dragons, au milieu du tumulte, conserve son sang-froid; il rallie autour de lui une vingtaine d'hommes des plus braves, tous sous-officiers; il leur communique sa fermeté; au lieu de rétrograder, il tombe brusquement sur les postes ennemis et traverse la première ligne. Il fallait tenter de nouveau le passage pour pénétrer jusqu'à la dernière : le péril augmentait par la moindre incertitude. Lavelaine tourne le camp; le hasard lui procure la rencontre d'une maison isolée. Il la fait ouvrir et force un paysan, qu'il met en croupe derrière un cavalier, de servir de guide à la troupe. Ils remontent la Sambre, et au premier gué, ils passent la rivière à la nage sur leurs chevaux. Le jour les surprit encore à la vue des tentes de la troisième ligne, et ce ne fut qu'après avoir couru mille dangers et fait nombre de détours, qu'ils parvinrent jusqu'au camp des Français. Lavelaine se présente au général en chef Beauregard, et lui donne connaissance de la position critique de la ville de Maubeuge. Aussitôt l'armée est en mouvement, elle se dirige sur celle des Autrichiens; l'ennemi se replie sur la rive opposée de la Sambre, le blocus est levé, et les Français rentrent dans Maubeuge; Lavelaine y paraît à la tête des braves qui l'ont suivi. Il y est reçu au milieu des acclamations les plus unanimes. Ses cavaliers sont accueillis avec tous les transports de la plus vive allégresse; le surnom de *Maubeuge* est donné au lieutenant-colonel Lavelaine. Perrin-des-Vosges, alors représentant du peuple à l'armée de Sambre-et-Meuse, est l'interprète de cette belle action auprès de la convention, qui, au nom de la reconnaissance nationale, décrète que le surnom de *Maubeuge* sera déféré à l'aîné des enfans mâles de Lavelaine. Lorsque l'armée de Rhin-et-Moselle poursuivait les Autrichiens vers Cologne, le 7me de dragons, sous les ordres du lieutenant-colonel Lavelaine, était sous les murs de Trèves près de la montagne Verte. Le général Kléber, qui connaissait tout le mérite et les talens de cet officier, voulut l'employer auprès de sa personne comme adjudant-général. Au moment où son régiment reçut l'ordre de charger, Lavelaine voulut encore avoir l'honneur de le commander et de le conduire à la victoire. Il se met à la tête de ses dragons et donne le signal de la charge; comme il enlevait une batterie, un boulet tue son cheval et lui-même est blessé. Il fut emporté du champ de bataille, sans connaissance, le corps et la jambe fracassés; cet accident l'empêcha de monter à cheval et de continuer à faire la guerre. Pour se rendre encore utile à son pays, il eut pour récompense de ses services le grade de colonel, avec le commandement temporaire de la ville de Compiègne; quelque temps après, il fut nommé à celui de la ville de Longwy. C'est là que, pendant 14 ans, investi du commandement de cette place, il sut, par la loyauté de son caractère, par son austère probité et par une fermeté inébranlable, se concilier l'estime des habitans et maintenir la discipline parmi les troupes. Il mourut à l'âge de 70 ans, après avoir servi activement sa patrie pendant 52 ans, laissant à ses enfans pour toute fortune, un nom sans tache et une mémoire qui sera long-temps chère à ses concitoyens.

LAVENUE (N.), exerçait, à l'époque de la révolution, la profession d'avocat, et fut nommé député de la sénéchaussée de Bazas aux états-généraux. Il se montra, dans cette assemblée, l'antagoniste de Necker; s'opposa, le 20 novembre 1789, au projet de ce ministre, tendant à déclarer la caisse d'escompte caisse nationale, et proposa la création d'un papier national sous la direction même de l'assemblée. Pendant le reste de la session, il s'occupa beaucoup de finances, demanda la suppression de la gabelle, et son remplacement par un autre impôt qui serait levé sur le sel à son extraction. Il proposa aussi d'assujettir les rentes viagères à une contribution. De retour dans son département à l'époque du 31 mai 1793, il se prononça fortement contre cette journée. Arrêté comme fédéraliste, et traduit devant la commission militaire de Bordeaux, il fut condamné à mort le 25 brumaire an 2 (2 novembre 1794).

LAVERDY. (*Voyez* AVERDY.)

LAVERGNE-CHAMP-LAURIER (L. F.), né dans le département de la Charente, vers 1742, était, à l'époque de la révolution, capitaine d'infanterie. Nommé lieutenant-colonel et gouverneur de Longwi, il n'opposa aux Prussiens, qui attaquèrent et prirent cette place en 1792, qu'une faible résistance, ce qui motiva le décret d'accusation rendu depuis contre lui. Arrêté et traduit devant le tribunal révolutionnaire, il fut condamné à mort le 11 germinal an 2 (31 mars 1794). Au moment où le jugement fut prononcé, sa femme, au désespoir, et voulant mourir avec lui, fit entendre un cri réputé alors séditieux. Madame Lavergne fut jugée sur-le-champ et conduite à l'échafaud, elle et son mari, dans la même journée.

LAVÉRIVINT (J. C.) plus connu sous le nom de LÉRIVINT, capitaine au 25e régiment de dragons, membre de la légion-d'honneur, est né à Saumur, département de Maine-et-Loire, le 12 décembre 1776. Il entra au service au commencement de la révolution, fut nommé, le 3 septembre 1792, sous-lieutenant au 11e régiment de cavalerie, et fit les campagnes de 1792 et 1793 à l'armée de la Moselle, et celles des années 2 et 3, et partie de l'an 4 de la république, à l'armée de Sambre-et-Meuse. Il s'y distingua par son activité et sa bravoure. Parmi plusieurs traits remarquables, nous en citerons un qui, dans la même journée, l'a rendu deux fois digne de l'estime de l'armée entière. Le 28 floréal an 3, un détachement de 50 hommes n'étant pas en mesure de charger des tirailleurs ennemis qui étaient en force dans un hameau près de Charleroy, cet officier ne consulte que son bouillant courage, et fond, à la tête de quatre ordonnances du général en chef, sur les tirailleurs. Il en tua plusieurs, donna l'alerte à ceux qui étaient stationnés dans le hameau, et les força de prendre la fuite. Deux des ordonnances furent tués et les autres blessés. Son habit était criblé de balles; mais aucune, par un rare bonheur, ne l'avait atteint. Quelques heures après, guidé par un sentiment d'humanité, il traversa la Sambre, pour enlever un volontaire blessé, qui allait être pris par l'ennemi. Il fut au moment de tomber lui-même entre les mains des Autrichiens. Le peloton, n'ayant pu s'emparer de sa personne, fit feu, et cassa l'épaule au volontaire blessé qu'il portait en croupe. En récompense de sa bravoure, Lavérivint fut fait lieutenant le 19 messidor an 4. Le 19 nivôse an 6, il devint capitaine à la suite du 1er régiment de carabiniers. Après avoir fait la campagne de cette année à l'armée de Sambre-et-Meuse, celle de l'an 7 à l'armée du Danube, et à l'armée du Rhin, les campagnes des années 8 et 9, le 21 vendémiaire an 9, il fut nommé capitaine titulaire du 25me régiment de dragons, et le 27 frimaire an 12, membre de la légion-d'honneur. Depuis ce temps, il a été perdu de vue.

LAVICOMTERIE-DE-SAINT-SAMSON (Louis). Partisan exalté de la révolution, il publia, en 1791, un ouvrage qui, en raison des circonstances, devait faire sensation; il est intitulé : *Crimes des Rois de France*. En 1792, il donna un autre ouvrage, sous le titre de la *République sans impôts*. En septembre 1792, nommé, par le corps électoral de Paris, député à la convention nationale, il vota la mort du roi, et entra au comité de sûreté générale, le 14 septembre 1793. En janvier 1794, la société des jacobins le chargea de rédiger l'*Acte d'accusation des rois*. Après la révolution des 8 et 9 thermidor, il fut exclu du comité de sûreté générale, pour n'y pas avoir paru pendant ces journées, dans la crainte de se compromettre en se déclarant pour le parti qui pourrait ne pas être vainqueur. Cela ne l'empêcha pas de présenter quelque temps après, à la convention, un rapport sur l'ouvrage intitulé : *la Morale calculée*. Accusé d'avoir pris part à l'insurrection du 1er prairial an 3 (mai 1795), et surtout en qualité d'ancien membre des comités de gouvernement, la convention, il fut mis en arrestation le 9 du même mois; mais il profita de l'amnistie du 4 brumaire suivant (26 octobre). Lavicomterie ne fut point compris dans la réélection des deux tiers; il obtint, après la session conventionnelle, un petit emploi. Enfin il mourut le 25 janvier 1809. Lavicomterie, qu'on dépeint comme un homme d'un caractère violent et décidé, était un être faible et timide, et se laissait dominer facilement. Voici la réponse qu'il fit aux reproches de Legendre, à l'occasion de l'arrestation de Danton. « Ma foi, dit Lavicomterie, » la vérité est que Robespierre avait » un tel empire sur ses collègues, » que moi, en mon particulier, j'hé-» sitais à me rendre aux assem-» blées qui réunissaient le comité » de sûreté générale à celui de sa-» lut public, dans la crainte de me » trouver avec lui. Un jour, nous » fûmes convoqués pour entendre » un rapport, sans savoir sur quel-» le matière. Nous voilà réunis. » Saint-Just tire de sa poche des » papiers : quelle est notre surprise » d'entendre le rapport contre Dan-» ton et autres! Le discours était si » séduisant, Saint-Just le débita a-» vec tant d'âme !... Après la lec-

» ture, on demanda si quelqu'un
» voulait parler. Non! non! On mit
» l'arrestation aux voix, et elle fut
» décrétée unanimement. » Indépendamment
des *Crimes des Rois*,
Lavicomterie a publié les *Crimes
des Empereurs*, et les *Crimes des
Papes*.

LAVIE (N.), médecin, né dans
le département du Haut-Rhin, fut
nommé député du tiers-état des
bailliages d'Huningue et de Béfort,
aux états-généraux en 1789. Cette
élection était le prix de la reconnaissance
des habitans, dont il
avait généralement acquis l'estime
par son humanité et les soins
généreux qu'il prodiguait, et qu'il
prodigua depuis, sans accepter jamais
de rétribution, aux infortunés
qui les réclamaient. Nommé,
en 1790, membre du comité
d'aliénation des domaines, il fit,
en 1791, partie du comité d'aliénation
des biens du clergé.
Lorsqu'on proposa, en 1790, d'enlever
des monumens publics les
emblèmes de la féodalité, M. Lavie,
protestant et fils de réfugié,
proposa de mettre à la place de
ces emblèmes la révocation de l'édit
de Nantes. Il n'a fait partie
d'aucune assemblée législative depuis
cette époque.

LAVIE (LE PRÉSIDENT DE), fut
élu député aux états-généraux par
la noblesse de la sénéchaussée de
Bordeaux, en 1789. Il embrassa
les principes de la révolution, et
fit partie de ceux de son ordre qui
les premiers se réunirent au tiers-état.
En 1796, il fut nommé haut-juré
du département de la Gironde
à la haute-cour nationale de
Vendôme. Le même département
l'ayant élu au conseil des anciens,

dans le mois de mars 1797, les événemens
du 18 fructidor an 5
(4 septembre) firent annuler
son élection. Il n'a été appelé depuis
à aucune fonction publique.

LAVIEUVILLE (LE COMTE DE),
officier de la légion-d'honneur,
chevalier de Saint-Louis, etc., d'une
famille ancienne, embrassa jeune
encore l'état militaire. Ne partageant
pas les principes de la révolution,
il quitta le service lorsqu'elle
éclata, et sut, en évitant de se
mettre en évidence, se soustraire
aux proscriptions de 1793. Après
la révolution du 18 brumaire an
8 (1799), il reparut sur la scène
politique, et plus tard devint
chambellan de l'empereur. Il était,
en 1813, préfet du département
de la Stura (Piémont), quand il
passa de cette préfecture à celle du
Haut-Rhin. Lorsque l'ennemi
parut dans ce département, en
1814, il montra, pour le repousser
autant d'activité que de zèle. Après
le rétablissement du gouvernement
royal, il reçut la croix de
Saint-Louis, et fut continué dans
l'administration de la préfecture
du Haut-Rhin, jusqu'à l'époque
des *cent jours*. N'ayant occupé
aucune place pendant ce temps,
après la seconde abdication de
Napoléon, il obtint la préfecture de
l'Allier, qu'il quitta ensuite pour
celle de la Somme. A la fin de 1816,
il cessa ses fonctions administratives
et se retira au sein de sa famille.

LAVIGNE (CASIMIR DE). *Voyez*
DELAVIGNE.

LAVIGNE (N. DE), député du
tiers-état de Paris aux états-généraux,
exerçait la profession d'avocat
à l'époque de la révolution. Ce fut
lui qui, dans la nuit du 12 au 13 juil-

let 1789, présida l'assemblée des électeurs, laquelle exerça la première l'autorité administrative. Il était, en 1790, juge d'un des tribunaux d'arrondissement de Paris, lorsqu'il fut appelé à remplacer M. Poignet à l'assemblée nationale. Il vota le rapport du décret qui portait qu'on ne pouvait acquérir le titre d'électeur, qu'en payant une imposition équivalente à la valeur d'un marc d'argent. Il fut aussi l'un de ceux qui s'opposèrent à ce que les députés pussent être gouverneurs du fils de Louis XVI. En juillet 1791, il devint secrétaire de l'assemblée. Depuis cette époque, M. de Lavigne a été entièrement perdu de vue.

LAVILLE (Pierre-Joseph de), médecin, ancien membre du corps-législatif, de la chambre des députés de 1814, et de la chambre des représentans en 1815, remplissait les fonctions de maire de la ville de Cherbourg, lorsqu'il fut nommé, le 14 mai 1806, président du collége électoral de l'arrondissement de Vallogne, département de la Manche. Après les nominations de cette époque, il retourna à ses fonctions municipales. Le 12 janvier 1812, il fut nommé président du collége électoral de l'arrondissement de Cherbourg, et porté, le 6 janvier 1813, par le sénat-conservateur au corps-législatif, où il représenta le département de la Manche. Il fit partie de la chambre des députés après la première restauration, et s'y fit remarquer par ses opinions constitutionnelles. Lors de la discussion (le 25 octobre 1814) du projet de loi sur la restitution des biens non vendus des émigrés, il s'y opposa vivement, et prétendit que ce serait consacrer des injustices par une autre injustice. Il combattit avec non moins d'énergie les exceptions que la commission proposait à cet égard, et présenta un projet plus en harmonie avec ses principes et plus convenable dans les circonstances. Dans la séance du 3 décembre suivant, il réclama, par amendement au projet de loi sur la franchise du port de Marseille, que cette franchise fût restreinte à un seul quartier, et qu'aucune manufacture n'y fût autorisée. Nommé par le département de la Manche à la chambre des représentans pendant les *cent jours*, en 1815, il ne cessa point d'y professer le principes d'une sage liberté. Depuis cette époque, il est rentré dans les occupations de la vie privée.

LAVILLE (Ferdinand, comte de), membre de la légion-d'honneur, ancien préfet du département du Pô, est né à Turin. Il remplissait, avant la réunion de ce pays à la France, les fonctions de chambellan à la cour de Sardaigne. M. de Laville a été, en 1800, membre de la *consulta* du Piémont, puis préfet du département du Pô, et enfin chambellan de la mère de l'empereur Napoléon. A l'époque de la première restauration, en 1814, il était membre du sénat-conservateur. Depuis lors il vit à Paris, éloigné de toute fonction publique.

LAVILLE (César, baron de), maréchal-de-camp de cavalerie, officier de la légion-d'honneur et chevalier de Saint-Louis, est né le 15 septembre 1775. Ses talens et sa bravoure le firent élever au grade d'officier-général le 5 décembre 1812; il remplissait, en 1815, l'emploi de secrétaire général du ministère de la guerre. Il est aujourd'hui en disponibilité.

LAVILLE (Alexandre, baron de), maréchal-de-camp d'infanterie, est né en 1774. Il obtint la croix d'officier de la légion-d'honneur le 21 juillet 1811, et le grade de général de brigade le 3 septembre 1813. Après la première restauration, en 1814, il fut fait chevalier de Saint-Louis. Il était employé, en 1815, au dépôt de cavalerie à Versailles.

LAVILLEHEURNOIS (Berthelot de), ancien maître des requêtes. Il s'était fait peu remarquer dans les premiers événemens de la révolution; mais sous le gouvernement du directoire, ayant ourdi, conjointement avec Brothier, Duverne de Presle, etc., une conspiration royaliste, il tomba dans le piège qui lui fut tendu. S'étant rendu à l'école Militaire, ainsi que ses deux collègues, ils furent arrêtés tous trois. Le plan de cette conjuration, d'après la propre déclaration de Duverne, qui, pour obtenir sa grâce, consentit à devenir révélateur, était d'organiser dans toute la France des compagnies semblables à celles des *chouans*. Un plan écrit de la main de Lavilleheurnois, et trouvé dans ses papiers, confirmait la vérité de cette déposition. Parmi les dispositions reconnues nécessaires au succès de l'entreprise, on lisait dans ce plan :
« Qu'il fallait nommer M. Vauvil-
» liers directeur-général des ap-
» provisionnemens; M. Henin, an-
» cien premier commis, ministre
» des affaires étrangères; laisser
» Bénézech à l'intérieur; mettre à
» la marine M. de Fleurieu; à la
» justice, M. Siméon; aux finan-
» ces, M. Vignolles-Desgranges;
» au ministère des Indes, M. Bar-
» bé-Marbois; au ministère de la
» police, conserver Cochon, (depuis
» comte de Lapparent), ou mettre
» Portalis; réunir les anciens a-
» gens de la police, et les charger
» de remonter cette partie; abolir
» sur-le-champ les décades et le
» comput républicain; charger M.
» Debar, ancien major de la garde
» de Paris, de recréer cette garde;
» ordonner aux anciens intendans
» de se rendre dans les provinces;
» charger M. de Lamillière de re-
» prendre la direction-générale des
» ponts-et-chaussées; être avare
» du sang français, et se souvenir
» qu'aucun gouvernement n'a le
» droit de faire mourir que pour
» l'exemple. » Lavilleheurnois fut traduit devant un conseil de guerre, qui, jugeant sur le fait d'embauchage, le condamna à une année d'emprisonnement, bien qu'il eût été parfaitement défendu par l'avocat Dommanget, et que lui-même eût parlé dans sa cause avec beaucoup d'assurance. Le directoire trouva trop faible l'application de la peine; il le fit écrouer de nouveau, et voulut qu'on le jugeât comme coupable de conspiration. Lavilleheurnois fut compris dans la déportation qui eut lieu après la journée du 18 fructidor an 5 (4 septembre 1797), et fut conduit avec Barthélemy, Pichegru, etc., à Cayenne, où il mourut en 1799.

LAVILLE-LE-ROUX (N.), négociant à Lorient, fut nommé député du tiers-état de la sénéchaussée d'Hennebon aux états-généraux, en 1789. Quoiqu'il ait peu marqué dans cette assemblée et qu'il soit depuis resté étranger aux affaires publiques, il fut appelé au sénat-conservateur en décembre 1799. Laville-Le-Roux, que l'on a confondu à tort avec Leroux-de-Laville, ministre des contributions publiques en 1792, mourut le 3 avril 1803.

LAVOISIER (Antoine-Laurent), créateur de la nouvelle théorie chimique, naquit à Paris, le 16 août 1743, d'une famille qui avait acquis dans le commerce une grande et honorable fortune. Après avoir terminé de brillantes études au collège Mazarin, il se livra, sous la direction des Lacaille, des Rouelle, des Bernard de Jussieu, à une étude approfondie des mathématiques, de l'astronomie, de la chimie et de la botanique. Sa passion pour l'étude était telle, qu'il ne vivait que de lait et n'avait de société que celle de ses maîtres et de quelques condisciples animés des mêmes goûts et du même amour du travail. En 1763, l'académie des sciences, voulant procurer à la ville de Paris un éclairage plus efficace et plus économique, mit ce sujet au concours. Trois ans après, en 1766, elle décerna le prix à Lavoisier, qui n'avait pas encore atteint sa 23me année. On rapporte que le jeune concurrent fit tendre sa chambre en noir, et s'y enferma pendant six semaines sans voir le jour, afin de rendre ses yeux plus sensibles aux divers degrés d'intensité de la lumière des lampes. En 1768, ses travaux sur l'air fixe et sur les fluides élastiques le firent admettre à l'académie en qualité d'associé : il remplaça Baron. Jugeant que de grands moyens pécuniaires étaient nécessaires à ses expériences, il demanda et obtint, en 1769, une place de fermier-général. Une partie de sa fortune fut employée à l'avancement des sciences, et en particulier à celle de la chimie : son laboratoire et sa bourse étaient ouverts à tous les jeunes savans. Ceux qui présentaient de grandes espérances, et dont la fortune ne suffisait pas à la continuation de leurs études, recevaient, sans les avoir sollicitées et même sans s'y attendre, des pensions annuelles pour suppléer à ce qui leur manquait; ces pensions leur étaient continuées jusqu'à ce qu'ils pussent se suffire par leurs places ou par leurs travaux. Rien n'était oublié pour ne pas affecter leur délicatesse. Mme Lavoisier elle-même se réunissait à son illustre époux pour faire accepter leurs bienfaits. Il consacrait chaque jour une partie de la matinée et de la soirée, et un jour entier de la semaine, à ses conférences et à ses opérations chimiques, et le reste du temps appartenait aux devoirs de sa place. Après chaque séance à l'académie, il réunissait dans un logement à la proximité du Louvre, les géomètres et les chimistes les plus distingués. Cette réunion avait pour objet d'examiner les questions qui avaient été traitées, d'habituer les géomètres aux détails physiques et chimiques, et d'habituer également les chimistes à cette rectitude de raisonnement que l'on ne peut bien acquérir que par la méthode des géomètres. Tous les lundis, les mêmes savans,

Lavoisier.

réunis aux savans étrangers qui étaient dans la capitale, se rassemblaient chez lui. Là, avant et après le dîner, on examinait et l'on discutait toutes les découvertes qui avaient été faites; on projetait même des expériences pour les prouver ou les improuver. Souvent ces expériences, lorsqu'elles n'exigeaient aucune préparation, étaient aussitôt exécutées dans le laboratoire de Lavoisier. Dans ces discussions, les géomètres et les chimistes parlaient la même langue, et se rectifiaient les uns les autres. On voyait ordinairement dans la société intime de Lavoisier, les Bailly, les Condorcet, les Lagrange, les Monge, les Berthollet, les Vandermonde, les Meusnier, les Laplace, les Lacepède, les Fourcroy, les Hassenfratz, etc. En 1772, il établit le premier, dans un mémoire sur la combustion du diamant, qu'il remit cacheté au secrétariat de l'académie, un rapprochement complet entre ce corps et le charbon : ce fut là le germe de sa doctrine chimique. En 1773, il présenta à l'académie un autre mémoire, dans lequel il prouva que l'augmentation en poids qu'acquérait l'étain brûlé dans des vaisseaux fermés, était due à l'absorption que ce métal faisait de la partie respirable de l'air. Ses travaux, jusqu'en 1777, eurent pour objet la création de sa belle doctrine pneumatique. Ses découvertes se succédaient avec une grande rapidité, et il présenta à l'académie des sciences des mémoires du plus haut intérêt sur les résultats de la combustion du phosphore, comme preuve de la décomposition de l'air; sur les phénomènes de la respiration, rapportés à une véritable combustion; sur la décomposition de l'acide vitriolique (sulfurique) par le mercure, et sa réduction en acide sulfureux ; sur la vitriolisation des pyrites, due à la décomposition de l'air environnant et à l'absorption d'un de ses principes; sur la combinaison de l'alun avec les matières charbonneuses ; sur les causes et les résultats de l'inflammation du phosphore; sur la composition de l'eau; sur la combinaison de la matière du feu avec les bases et la formation des fluides élastiques; enfin sur la combustion en général. Il donna, en 1778, des *Considérations sur la nature des acides et sur le principe de l'oxygène*, et fit l'application de sa théorie à la formation du sucre. Il publia, en 1780, plusieurs mémoires qui fixèrent l'opinion des savans sur la chaleur et la matière de la chaleur, et en 1782, les résultats de ses expériences. Il serait difficile de retracer, dans une simple notice biographique, tous les services que Lavoisier a rendus aux sciences depuis cette époque jusqu'à celle où cet illustre citoyen périt sur l'échafaud. Nous ne pouvons cependant nous dispenser de rapporter ici la cause des grandes améliorations que la chimie a éprouvées et qu'elle lui doit, indépendamment de celles qui résultaient nécessairement des réunions, dont nous avons parlé. Avant Lavoisier, toutes les analyses étaient faites sans certitude; on ignorait s'il existait d'autres produits que ceux que l'on obtenait. Ne pouvant compter sur les résultats des expériences les mieux faites, cet illustre chimiste crut devoir introduire dans toutes ses opérations l'usage des poids et mesures. Toutes les matières employées dans ses expériences étaient pesées et mesurées ; celles qu'il obtenait l'étaient également. Il considérait son opération comme une équation, dans laquelle les matières employées formaient un des membres, et celles recueillies l'autre membre. Dans son opinion, l'opération n'était exacte qu'autant que les deux membres de l'équation étaient en équilibre. Par cette nouvelle manière de faire des expériences, il s'assurait, en quelque sorte, si tous les produits étaient recueillis, et si de nouvelles matières ne s'y étaient pas introduites. C'est à cette idée heureuse poursuivie avec une grande persévérance, que sont dus les changemens que la chimie a éprouvés, et qui la firent passer des sciences conjecturales à l'état de science exacte. Toutes les expériences anciennes répétées avec ce nouveau moyen, nous ont présenté des résultats différens, et nous ont mis à même de connaître un grand nombre de substances nouvelles qui avaient échappé à ses prédécesseurs. On peut donc regarder Lavoisier comme le créateur de le chimie exacte. Il avait, comme administrateur, obtenu une confiance égale à celle dont il jouissait comme savant. La compagnie des fermiers-généraux le chargea des affaires les plus difficiles, et il rendit des services à la fois utiles au peuple et au gouvernement, en faisant supprimer plusieurs impôts. La communauté des Juifs de Metz lui dut l'abolition d'un péage humiliant. Turgot forma, en 1776, une régie pour l'amélioration de la récolte du salpêtre et pour la fabrication de la poudre, et nomma Lavoisier un des premiers membres de cette régie. Par suite de la nouvelle régie, on dut à ce savant la suppression des fouilles forcées dans les maisons, une augmentation considérable de salpêtre et une amélioration dans la qualité de la poudre. Il améliora aussi le système d'économie politique, enseigna des pratiques agricoles qui doublaient les produits du blé et quintuplaient ceux des troupeaux. Il fut nommé, en 1787, en qualité de grand propriétaire dans la généralité d'Orléans, membre de l'assemblée provinciale. En 1788, il avança à la ville de Blois une somme de 50,000 francs pour se procurer des blés. Il en dirigea avec tant d'habileté l'emploi, que la disette ne se fit point sentir, et qu'il n'en coûta rien à la ville. Vers la même époque, la caisse d'escompte le choisit pour l'un de ses administrateurs. En 1789, il présenta, au nom d'une députation de cette caisse, la situation où se trouvait l'établissement. En 1791, il livra à l'impression un travail sur les produits de la France, mais qui n'était qu'un extrait de son grand ouvrage sur notre richesse territoriale, ouvrage que sa mort funeste et prématurée ne lui permit pas de terminer. Dans le courant de la même année, il accepta la place de commissaire du trésor public, et demanda, de concert avec ses collègues, que cette administration réorganisée prît le titre de *Trésorerie nationale*, titre qu'elle a porté jusqu'à la création de l'empire. Pendant le règne de la terreur, les fermiers-généraux ayant été en butte à la proscription, Lavoisier fut un des 28 de ces infortunés que le tribunal révolutionnaire condamna à mort, comme coupables d'avoir « mis » dans le tabac de l'eau et d'autres » ingrédiens nuisibles à la santé des » citoyens. » (*Voy.* Dupin-Antoine.) Le jour où les fermiers-généraux furent dénoncés, Lavoisier montait sa garde. Il apprend cette attaque et conçoit de justes craintes. Ses amis lui conseillent de ne pas rentrer chez lui : il erre quelque temps dans Paris et rencontre M. Lucas, huissier de l'académie des sciences, qui lui offre un asile dans le local même de l'académie. Lavoisier y resta plusieurs jours; mais ayant appris que ses collègues étaient arrêtés, que son beau-père même était avec eux, il rougit de ne point partager leurs dangers, et malgré les instances de ses amis, il se rendit volontairement en prison. On avait espéré que la haute considération dont il jouissait comme savant influerait sur l'opinion du tribunal; elle ne put même lui faire obtenir un délai de quelques jours, qu'il réclamait, « afin, disait-il, de pou-» voir terminer des expériences sa-» lutaires pour l'humanité; alors » je ne regretterai point la vie; j'en » ferai le sacrifice à l'humanité. »

«—La république n'a pas besoin de » savans et de chimistes; le cours » de la justice ne peut être suspen-» du, » répondit froidement l'accusateur public; et Lavoisier périt, le 8 mai 1794, n'ayant pas atteint sa 51ᵐᵉ année. On ne retrace pas ces faits sans frémir. « Ainsi, dit M. de » Ségur, périt l'illustre Lavoisier, » citoyen vertueux, époux tendre » et fidèle, savant célèbre, admi-» nistrateur éclairé. Cet homme » rare, qui enrichit 20 ans sa pa-» trie de nombreuses découvertes, » avait fait une révolution dans les » sciences. Renversant la fausse » doctrine du phlogistique, il avait » créé celle des fluides élastiques. » Auteur d'un système complet » partout admiré, la nouvelle chi-» mie lui doit sa méthode et ses » progrès : on n'oubliera jamais ses » travaux sur la nature de l'air, sur » la combustion, sur les propriétés » de la chaleur, sur la dissolution » des métaux, sur la végétation, » sur la fermentation, sur l'anima-» lisation. Il contribua aussi aux » triomphes des Français, en aug-» mentant la force de la poudre, » et en nous affranchissant du tri-» but que nous payions à l'étran-» ger pour le salpêtre. Il facilita, » par ses calculs, le travail des nou-» velles mesures; découvrit aux » agriculteurs le secret de doubler » leurs produits; et apprit par son » arithmétique politique, aux ad-» ministrateurs, de nouveaux » moyens d'ordre pour la compta-» bilité. Sa fortune était encore » consacrée à soutenir les savans, » à étendre les sciences, à perfec-» tionner leurs instrumens; et sa » mort, comme sa vie, éclairant » l'univers, déchira le voile funes-» te que les passions étendaient sur » les esprits aveuglés, et souleva » toute l'Europe savante, indignée » contre les Vandales qui vou-» laient le noyer dans le sang de » tous les hommes vertueux et la » replonger dans la barbarie. » L'illustre Lagrange (*Voy.* ce nom), épouvanté d'un si grand crime, s'écriait douloureusement : « Il ne leur a fallu qu'un moment pour faire tomber cette tête, et cent années peut-être ne suffiront pas pour en reproduire une semblable. » Lavoisier reçut une marque touchante de souvenir et de douleur de la part du Lycée (aujourd'hui Athénée des arts), dont il était membre, ainsi que les Darcet, Vicq-d'Azir, Fourcroy, Lalande, Desmarest, Bertholet, Montalembert, Desaulx, Pingré, Berthoud, Lamarck, Le Roy, Brongniart, Jussieu, Mentelle, Sedaine, Le Brun, Cuvier, Parmentier, etc., etc. Cette société savante, bravant les fureurs révolutionnaires, nomma une députation, choisie parmi ses membres, qui pénétra dans les cachots de la Conciergerie, et lui offrit une couronne la veille même de sa mort. Il a publié : 1° *Opuscules chimiques et physiques*, 2 vol. in-8°, 1775; 2° *Nouvelles recherches sur l'existence d'un fluide élastique*, 1775; 3° *Rapport des commissaires chargés de l'examen du magnétisme animal*, 1783, in-8°; 4° *Méthode de nomenclature chimique*; 5° *Traité élémentaire de chimie*, 1789, 2 vol. in-8°; 6° *Instructions sur les nitrières et sur la fabrication du salpêtre*, 1777, réimprimé en 1794, in-8°; 7° *De la reproduction et de la consommation comparées à la population*, in-8°.

LAW (N.), membre de la chambre des communes d'Angleterre, s'est acquis de justes droits à la considération des hommes d'état et à la reconnaissance des peuples, par l'opinion remarquable qu'il émit en 1816, sur la nécessité de tenir toujours disponible une grande armée pour prévenir les dangers qu'amènerait inévitablement l'état politique de l'Europe après le congrès de Vienne. « L'Autriche, dit M. Law, domine à la vérité en Italie; mais ce pays dont elle dépend pour ses finances, ne lui obéit qu'à regret et tend vers l'unité politique à laquelle les Français l'avaient appelé. La Prusse et la Saxe s'observent et s'attendent à des guerres. La Russie, redoutable par son étendue et par le caractère de ses habitans, tournant dans un cercle comme la représentait lord Chatam, touchant d'un côté à la mer Baltique, de l'autre à la mer Noire, et d'un autre aux confins du monde, regarde les élémens comme ses barrières, et fait sortir une population inépuisable pour les guerres du dehors. Dans cet état de choses, la Prusse est par elle-même tenue en réserve, et la France n'a d'autre espoir de salut que dans une alliance avec la Russie. » M. Law termina son discours, en déclarant que la tranquillité du monde ne serait assurée que lorsque le *péché originel* commis en Pologne, péché qui a dégradé l'Europe, aurait été complètement expié.

LAWRANCE (LE DOCTEUR), membre de la chambre des communes d'Angleterre, etc., entra jeune encore dans l'état ecclésiastique. Il fut pourvu d'une cure, et, partisan du ministère, il devint, par la protection du gouvernement, membre de la chambre des communes, où il appuya constamment les propositions ministérielles. Cependant la réunion de l'Irlande à la Grande-Bretagne le fit dévier une première fois de la ligne qu'il avait jusque-là suivie; il se jeta dans le parti de l'opposition, et déclara que: « Bien qu'il eût com- » battu jusqu'alors les partisans » d'une réforme parlementaire, il » ne pouvait néanmoins consentir » à l'introduction dans le parle- » ment de cent membres irlandais » soumis d'avance à toute l'influen- » ce des ministres. » Il s'écarta du système de l'opposition quand on discuta les premières ouvertures de paix avec la France, et insista sur les inconvéniens de la paix et la nécessité de soutenir la guerre. Néanmoins, par une de ces incon- séquences qu'il n'est pas toujours donné d'expliquer, on l'entendit au mois de juin 1803, s'opposer avec véhémence au plan de défense pré- senté par le *ministère Addington*, et le rejeter comme compromettant la sûreté et la gloire de l'Angleter- re. Cette fois le docteur Lawran- ce rentra dans le parti de l'opposi- tion pour ne plus s'en séparer. En 1806, après la mort de M. Pitt, il fut nommé avocat du roi; favorisa de tous ses moyens M. Fox et ses amis, dans leur projet d'ouvrir des négociations avec l'empereur Napoléon, et s'écria, à l'occasion des dépenses de la guerre: «qu'el- » le était un monstre dévorant qui » ne pouvait s'astreindre à aucun » régime. » En 1807, il appuya a- vec chaleur le système militaire de son ami M. Vinham, et saisit cette occasion pour adresser au ministère qui avait succédé à celui de Fox des reproches très-graves, et dont l'ex- trême violence excita de nombreux murmures. Le docteur Lawrance mourut il y a quelques années.

LAY (N.), adjudant-général français, fit avec beaucoup de dis- tinction les premières campa- gnes de la révolution. Destitué après les événemens de thermidor, à cause de son attachement aux principes de la révolution, il se trouva, quelque temps après, enve- loppé dans la conspiration qui é- clata au camp de Grenelle dans la nuit du 9 au 10 septembre 1796. Arrêté et traduit devant la com- mission militaire séante au Tem- ple, il fut condamné à mort le 23 du même mois. Son courage ne l'abandonna pas au moment fatal.

LAYA (JEAN-LOUIS), membre de l'institut (académie française), chevalier de la légion-d'honneur, est né à Paris vers 1764, d'une famille originaire d'Espagne. Ses premiers essais en littérature fu- rent quelques *héroïdes*, genre de poésie que Colardeau avait mis à la mode, et une comédie faite en société avec le poète tragique Legouvé, son condisciple et son ami. Cette comédie, intitulée *le Nouveau Narcisse*, n'a jamais été représentée. M. Laya composa seul et fit jouer le drame des *Dan- gers de l'opinion*, et la tragédie de *Jean Calas*, pièces dans les- quelles l'auteur, s'élevant aux plus hautes considérations, atta- quait plus particulièrement dans la première le préjugé des peines infamantes. Un motif non moins noble, plus hardi, et qui produisit une grande sensation, lui inspira la comédie de l'*Ami des lois*, jouée pour la première fois le 2 janvier 1793. A cette époque, les deux partis qui divisaient la convention nationale en *Montagnards* et en

Girondins, commençaient une lutte qui s'est terminée par d'horribles proscriptions. L'*Ami des lois* fut bientôt représenté, et presque en même temps, sur tous les théâtres de France. Larive se rendit à Lyon pour y jouer le principal personnage. A Marseille, la pièce eut deux représentations dans la même journée. Alarmée d'un succès si prodigieux, et craignant les suites de l'enthousiasme général, la commune de Paris, que l'auteur attaquait sous un voile léger, ainsi que Robespierre et ses partisans, donna, le 12 du même mois (janvier 1793), l'ordre de suspendre les représentations de cette pièce. Mais la convention, informée du mécontentement que cette mesure impolitique occasionait dans la capitale, cassa l'arrêté de la commune, et le soir même, la pièce, qu'on ne commença qu'à 9 heures, excita des transports si unanimes, que Santerre, qui eut l'impudence de se montrer sur le théâtre, fut hué de toutes parts. La ville de Marseille consigna dans ses registres un hommage qui fut cause que M. Laya fut mis *hors la loi*. Quelle époque, grand Dieu! proscrire un homme parce qu'une ville entière le félicitait d'avoir prêché la modération! Il échappa cependant aux proscripteurs, et il put reparaître après la révolution du 9 thermidor an 2 (27 juillet 1794). Voici comment Chénier juge cette pièce dans son *Tableau de la littérature française*:

« Quand M. Laya donna au théâ-
» tre sa comédie de l'*Ami des lois*,
» déjà l'anarchie menaçante allait
» se perdre dans cette tyrannie qui
» fut exercée au nom du peuple;
» mais le talent lui-même a besoin
» de beaucoup de temps pour bien
» écrire, et surtout pour bien écri-
» re en vers français : la pièce pa-
» raît avoir été composée trop vite.
» Quoi qu'il en soit, l'auteur y fit
» preuve d'une noble audace, et
» de ce genre d'éloquence qu'une
» généreuse audace est sûre de
» donner. Aussi l'*Ami des lois* fut-
» il accueilli par la faveur publi-
» que; car, en ce genre, un nom-
» breux auditoire applaudit tou-
» jours au courage dont il ne court
» point les risques. » M. Laya concourut successivement à la rédaction de différens journaux et recueils de poésies : les *Veillées des Muses*, l'*Observateur des Spectacles* et le *Moniteur*. Il composa, en 1797, pour l'ouverture du théâtre de la rue de Louvois, dont Mlle Raucourt avait la direction, les *Deux Sœurs*; en 1799, il donna successivement les drames de *Falkland* et *une Journée du jeune Néron*; le premier a été repris en 1822. Il publia, quelque temps après, une *Epître à un jeune cultivateur*, pièce non moins remarquable par la justesse des idées que par celle des expressions. Il fut nommé suppléant de Saint-Ange, professeur de belles-lettres au lycée Charlemagne; puis professeur en pied au lycée Napoléon. A la mort de M. de Choiseul-Gouffier, il se mit sur les rangs pour lui succéder à l'académie française. Son attente ne fut pas trompée. Il fut admis, à la séance du 27 novembre 1817. M. Laya a publié : 1° (avec Legouvé) *Essai de Deux Amis*, 1786, in-8°; 2° *Voltaire aux Français, sur leur cons-*

titution, 1789, in-8°; 3° *la Régénération des comédiens en France, ou leurs droits à l'état-civil*, 1789, in-8°; 4° *les Dangers de l'opinion*, drame en 5 actes et en vers, 1790, in-8°; 5° *Jean Calas*, tragédie en 5 actes et en vers, précédée d'une préface historique, 1791, in-8°; 6° *l'Ami des lois*, comédie en 5 actes et en vers, 1793, in-8°; 7° *Epître à un jeune cultivateur nouvellement élu député*, 1792, in-8°; 8° *les Derniers momens de la présidente de Tourvel*, héroïde, 1799, in-8°; 9° *Essai sur la satire*, 1800, in-8°; 10° *Eusèbe*, héroïde, 1807, 3ᵐᵉ édition, 1815. M. Laya s'est constamment appliqué à donner un but utile à ses compositions. Elles offrent toutes de grandes leçons de morale.

LAZANSKY (Procope, comte de), connu pour avoir rempli avec autant d'intelligence que de zèle les divers emplois qui lui furent confiés par le gouvernement autrichien, notamment en Bohême. Nommé, en 1805, gouverneur de la Moravie et de la Silésie, il eut, en 1806, la satisfaction d'annoncer aux habitans de ces deux pays la conclusion de la paix entre la France et l'Autriche. La proclamation qu'il publia à ce sujet était aussi remarquable par les sentimens d'humanité qui avaient présidé à sa rédaction, que par les expressions de fidélité à son souverain. Le comte de Lazanski, par la sagesse de sa conduite dans tous les pays confiés à son administration, a justifié à la fois l'estime de ses administrés et la confiance du prince qu'il n'a pas cessé de servir.

LAZARD (Charles-Pierre), théologien anglais et chanoine de Bristol, mort en 1803, était le fils d'un célèbre médecin de Greenvick, où il naquit. Il commença ses études à l'école de Westminster, et les acheva au collége de Saint-Jean à Cambridge. Il obtint, dans les années 1773 et 1778, le prix de poésie. Chargé d'abord des fonctions de ministre de la chapelle d'Oxendon, il devint ensuite bibliothécaire de l'archevêque de Tenison dans la paroisse de Saint-Martin. On a, depuis sa mort, publié par souscription un volume de ses discours. Il avait été pourvu, en 1800, du canonicat de Bristol.

LAZAROFF ou LAZAREW (N.), capitaine au service de la compagnie russe des Indes occidentales, obtint, en 1813, le commandement du vaisseau *le Suwarow*, destiné à parcourir les côtes de l'Amérique septentrionale, pour y former des établissemens militaires et commerciaux, notamment à l'île de Kodiak, qui forme le point des terres américaines le plus rapproché du Kamtschatka. Parti de Cronstadt le 20 octobre 1813, le capitaine Lazaroff relâcha d'abord à Carlskrone, en Angleterre, et successivement au Brésil et à la Nouvelle-Hollande. Le 27 septembre 1814, il se trouva entre l'île des Navigateurs et les îles de la Société, à une distance égale de l'une et des autres. Dans cette direction, l'apparition d'un grand nombre d'oiseaux voltigeant autour de son navire, lui fit soupçonner l'existence de quelques îles qu'il découvrit en effet au bout de plusieurs jours. Elles étaient entièrement désertes; il en prit possession au nom de la Russie, et leur donna le nom du vaisseau qu'il montait. Il jugea de l'avantage que la Russie pourrait tirer de cette découverte en y formant un établissement qui faciliterait son commerce de fourrures avec la Chine. La cargaison du *Suwarow*, évaluée d'abord à 100,000 livres sterling, valait dix fois plus. Le capitaine, après un séjour de plus de 2 mois dans la capitale du Pérou, remit à la voile pour l'Europe, et arriva vers la fin de 1816 à Pétersbourg.

LAZOWSKI (N.), Polonais, vint à Paris vers 1784, et obtint la place d'inspecteur des manufactures. Sous M. de Calonne, contrôleur-général des finances, on imagina de créer une inspection ambulante des manufactures. Ce genre de places avait déjà existé; mais l'inutilité en étant reconnue, on les supprima. M. de Calonne les rétablit, et Lazowski, à la faveur de la protection de M. le duc de Liancourt, fut pourvu d'une de ces places portées au nombre de quatre. « On leur attri- » bua, dit Mme Roland dans ses *Mé- » moires*, 8,000 livres d'appointe- » ment, la résidence de Paris du- » rant 4 mois de l'année; des voya- » ges dans les provinces durant » l'autre partie du temps; le droit » de remplacer les inspecteurs-gé- » néraux à leur décès, et la per- » mission de solliciter des gratifi- » cations, en raison de la nature » des déplacemens et de l'impor- » tance des services. » Ce fut en sollicitant l'échange de l'inspection d'Amiens, dont son mari était pourvu, contre celle de Lyon, qu'elle connut Lazowski. « Je le » rencontrai dans les bureaux, dit- » elle; il était alors élégant, bien » coiffé, mis avec soin, arrondis- » sant un peu les épaules, marchant » sur le talon, faisant jabot, se don- » nant enfin ce petit air d'impor- » tance que les sots d'alors pre- » naient pour des titres de considé- » ration. » Ces places ayant été supprimées au commencement de la révolution, et le protecteur de Lazowski ayant perdu toute influence, « cet étranger, ajoute Mme » Roland, se trouva sans le sou. » Il prit les cheveux gras, brailla » dans une section, et se fit sans- » culotte puisque aussi-bien il était » menacé d'en manquer. » Ardent, ambitieux, intrigant, Lazowski se fit nommer capitaine de quartier dans la garde nationale de Paris, et dirigea l'artillerie des fédérés le 10 août 1792, à l'attaque du château des Tuileries. Mme Roland lui reproche d'être un des assassins des prisons. « Ses exploits, » dit-elle, datent du 2 septembre, » et de l'activité qu'il sut entrete- » nir dans le massacre des prêtres » à Saint-Firmin, sur la section du » Finistère qui était la sienne; il fut » également utile dans l'expédition » des prisonniers d'Orléans. » Cette accusation est terrible, et malgré la confiance que nous inspire Mme Roland, nous craignons d'ajouter foi à son récit; il est fait pour inspirer l'horreur. Lazowski, que plusieurs fois on avait vu, au nom des *Jacobins*, demander à la barre de la convention nationale la proscription des députés *girondins*, fut enfin décrété d'arrestation au mois de mars 1793, sur la proposition de Vergniaud. Le parti de la *Montagne* le défendit avec violence, et il conserva sa liberté; il mourut à Vaugirard, d'une fièvre inflammatoire, suite de ses débauches. Son corps fut enterré avec pompe sur la place du Carrousel, où on lui éleva un monument qui fut détruit après la révolution du 9 thermidor an 2 (27 juillet 1794). Robespierre n'avait pas dédaigné de prononcer solennellement son éloge sur sa tombe.

LAZOWSKI (N.), Polonais d'origine, général de division français, maintenant au service de Russie. Quoiqu'il porte le même nom que le précédent, on ne le croit pas de la même famille. Il commença la carrière des armes dans sa patrie, et après le dernier partage de la Pologne entre les Russes, les Autrichiens et les Prussiens, il vint en France et y prit du service. Des talens et du courage le firent parvenir rapidement au grade de général de brigade. Le 11 juillet 1807, il fut nommé commandant de la légion-d'honneur, et en 1811, général de division. Après les événemens politiques de France, en 1814, le général Lazowski est retourné dans sa patrie et sert aujourd'hui dans les troupes polonaises de l'empereur Alexandre.

LEAMING (JÉRÉMIE), ministre protestant américain, naquit en 1719, à Midaletown, dans le Connecticut. Il fut destiné par sa famille au ministère ecclésiastique, et après avoir terminé les études propres à cet état, il fut reçu gradué au collège d'Yale vers l'année 1745. Leaming parcourut les principales villes de la Nouvelle-Angleterre, et prêcha successivement à Newport, à Rhode-Island, à Norwaik, à Stratfort, etc. Il obtint des succès comme prédicateur et comme controversiste, et se fit remarquer parmi les plus fermes soutiens des épiscopaux. Il a publié à ce sujet différens ouvrages, tels que : 1° *Défense du gouvernement épiscopal de l'église, contenant des remarques sur l'ordination presbytérienne ;* 2° *autre Défense du gouvernement épiscopal de l'église en réponse à Noë Velles ;* 3° *l'Evidence de la vérité du christianisme ;* 4° enfin, *Dissertations sur différens sujets qui méritent toute l'attention des bons chrétiens.* Leaming mourut en 1804, à New-Hawen.

LÉAUMONT (LE CHEVALIER MARIE-ROBERT DE), est né à Saint-Domingue en 1764, d'une famille originaire de la ci-devant province de Guienne. Il avait à peine atteint sa 16ᵐᵉ année lorsque en 1781, au débarquement des troupes françaises commandées par le général Rochambeau, il entra à York-Town, en qualité de cadet-gentilhomme dans le régiment d'Agénois, dont M. d'Autichamp était colonel. Il fut placé, dans la nuit du 13 octobre, à la tête d'un détachement, pour protéger une redoute qui était encore en construction en avant de la tranchée. Trompé par l'idiome des Anglais et des Américains, il ne reconnut l'ennemi qui sortait en force de ses lignes, que lorsque la première sentinelle française eut été égorgée. Furieux de son erreur, il se défendit en désespéré avec son détachement qui fut presque entièrement détruit. Blessé grièvement de deux coups de baïonnette dans la poitrine, il tomba comme d'Assas en

s'écriant : « Agénois! c'est l'enne-
» mi ! » A l'instant les régimens de
service s'avancèrent, et les Anglais
furent repoussés. Plus heureux
que son modèle, le chevalier de
Léaumont survécut à ses blessures. Le roi lui accorda une pension, et M. de Ségur, alors ministre de la guerre, lui en donna la
nouvelle par cette lettre flatteuse.
« Le roi voulant vous marquer sa
» satisfaction de la conduite distin-
» guée que vous avez tenue au
» siége de York-Town, où vous
» avez reçu deux coups de baïon-
» nette dans la poitrine, S. M.
» vous a accordé une pension de
» 300 livres. Je me trouve heu-
» reux, Monsieur, d'avoir à vous
» donner cet avis. » M. de Léaumont s'est retiré à Charles-Town,
où l'on croit qu'il vit encore.

LEBAILLY (ANTOINE-FRANÇOIS),
littérateur-fabuliste, fut d'abord
avocat à Caen, où il naquit le 4
avril 1758. Il parut, en 1784, dans
la carrière des lettres, sous les auspices du savant Court de Gébelin,
qui avait pour lui de l'amitié, par
la publication d'une fable allégorique sur la naissance d'un fils du
duc d'Orléans. Depuis cette époque, M. Lebailly a acquis un rang
honorable que justifient ses talens
et ses qualités personnelles. Il a
publié : 1° *Fables nouvelles*, suivies de *Poésies fugitives*, Paris,
in-12, 1784, 2ᵐᵉ édition augʷ
mentée, 1811, in-12; 2° *Vie de
Lefranc de Pompignan*, et différentes *Vies* de poètes et auteurs
dramatiques, placées en tête des
livraisons de la *Petite Bibliothèque des Théâtres*, années 1785,
1786, 1787 et 1788; 3° *Corisan-
dre, ou les Fous par enchantement*,
comédie-opéra composée avec le
comte de Linières, musique de
Langlé, 1792, in-4°, Paris; 4° *Notice sur les ouvrages de feu Grainville*, membre de plusieurs académies (*voy.* GRAINVILLE), Paris,
1806, in-8°; 5° *le Choix d'Alcide*,
opéra-ballet en 2 actes, musique
de Langlé, Paris, 1811, in-8°; 6°
OEnone, opéra en 2 actes, musique de Kalkbrenner, Paris, 1812;
7° *Fables nouvelles*, divisées en
4 livres, avec figures, in-12, Paris,
1814; 8° *Diane et Endymion*, o-
péra-ballet en 2 actes, avec un
intermède, Paris, 1814; 9° *le Gouvernement des animaux, ou l'Ours
réformateur*, poëme épisodique,
divisé en 5 fables, avec un prolo-
gue dédié à M. le comte de Pra-
del, directeur de la maison du
roi, Paris, in-8°, 1816; 10° *Arion,
ou le Pouvoir de la musique*, can-
tate à deux parties, musique paro-
diée de Mozart, Paris, 1817, in-8°.
M. Lebailly vient (1823) de donner une nouvelle édition de ses
Fables.

LEBAS (PHILIPPE), membre de
la convention nationale, naquit à
Fiévent, département du Pas-de-
Calais. Il était jeune encore, et
exerçait depuis peu de temps la
profession d'avocat à Saint-Pol,
lorsque la révolution éclata. Il en
adopta les principes avec exaltation, et remplit, en 1790, les fonctions d'administrateur du département du Pas-de-Calais, qui le
nomma, au mois de septembre
1792, député à la convention nationale. Il vota la mort du roi
sans appel et sans sursis, et fut un
des auteurs de la proscription des
31 mai, 1ᵉʳ et 2 juin 1793. Devenu membre du comité de sûreté

générale, le 14 septembre de la même année, il se lia intimement avec Saint-Just, membre du comité de salut public, et fut envoyé avec lui en mission dans les départemens du Nord, où tous deux commencèrent un proconsulat qui leur valut toute la confiance de Robespierre. Leur seconde mission dans les départemens des Haut et Bas-Rhin inspira tellement la terreur, qu'un grand nombre des habitans s'enfuirent dans la forêt Noire; que les cultivateurs et les chefs d'ateliers désertèrent leurs travaux, et que plusieurs communes furent entièrement abandonnées. Lebas devint le Séide de Robespierre, et lors de la révolution du 9 thermidor an 2 (27 juillet 1794), il demanda à être compris dans le décret d'arrestation porté contre lui, Saint-Just et Couthon. Arrêté avec ses trois collègues, il fut bientôt, ainsi qu'eux, délivré et entraîné à la commune, qui se préparait à marcher contre la convention. Pendant que la commune délibérait au milieu de l'agitation, la convention dirigeait la force armée sur l'Hôtel-de-Ville. Lebas, qui dans la soirée avait été mis hors la loi, se voyant dans l'impossibilité d'échapper à la troupe commandée par Léonard-Bourdon, se tua d'un coup de pistolet, dans la nuit du 9 au 10 thermidor. Il avait à peine atteint sa 32me année.

LEBAS (ALEXANDRE), agent particulier des Iles-sous-le-Vent, est issu d'une ancienne famille de riches propriétaires du Vexin-Normand. Après avoir fait de bonnes études au collége du Plessis, il suivit le barreau et se disposait à acheter une charge dans la magistrature, lorsque les événemens de 1789 vinrent déranger ses projets. Il vécut dans la retraite. Ses amis nommés députés à l'assemblée constituante l'obligèrent à en sortir, en lui confiant différentes missions dans les départemens. C'est au retour d'une de ces missions qu'il fut destiné à faire partie de l'administration des colonies, où les représentans Corollaire et Antonelle étaient nommés commissaires investis de pleins-pouvoirs pour gouverner les Iles-du-Vent et y rétablir la paix. Une escadre composée de plusieurs vaisseaux de ligne, frégates, corvettes et d'un grand nombre de transports, montés par 10,000 hommes, fut mise à leur disposition. Elle devait sortir du port, dès le mois de novembre 1792; mais le peu de promptitude que l'administration de la marine apporta à l'exécution des ordres nécessaires en retarda le départ jusqu'en mars 1793. L'amiral Le Large, monté sur le *Royal-Louis*, commandait l'escadre. Au lieu de suivre sa destination, il croisa dans le golfe de Gascogne. Pendant un des équinoxes les plus orageux, accueillie par une des tempêtes qui ont ordinairement lieu dans cette saison, elle fut dispersée; tous les bâtimens, après avoir été démâtés et avoir éprouvé des avaries considérables, furent obligés de se réfugier dans les premiers ports qu'ils purent gagner. La guerre de la Vendée venait d'éclater; les troupes au lieu d'aller aux Iles-du-Vent, furent dirigées sur la Vendée. Les représentans Corollaire et Antonelle, instruits que le gouvernement ne voulait plus envoyer aux colonies qu'une faible division de deux frégates et de transports nécessaires pour porter 800 hommes, donnèrent leur démission. Victor Hugues (*Voy.* Hugues) fut nommé l'un des commissaires pour les remplacer. M. Lebas, qui à la rentrée de l'escadre, après sa dispersion, avait été envoyé en mission dans les départemens du Midi, ne sut le départ de la division, sous les ordres de Victor Hugues, qu'à son retour à Paris. C'est alors que le gouvernement informé que les fatigues de la guerre avaient privé Victor Hugues de son collègue, prit la résolution de lui adjoindre MM. Lebas et Gogrand; ils s'embarquèrent à Brest avec le peu de forces que la situation de la France, qui avait à soutenir une guerre extérieure et intérieure, permit de leur donner. Ils furent assez heureux pour échapper aux croisières anglaises d'Europe et d'Amérique. Ils entrèrent dans le port de la Pointe-à-Pitre, peu de temps après l'évacuation du fort Saint-Charles par le général Prescott. Leur première occupation à leur arrivée fut l'organisation de la colonie. La Désirade, les Saintes et Marie-Galante furent reprises de suite. Sans donner le temps à l'ennemi de respirer, Sainte-Lucie fut attaquée et prise également. Les troupes arrivées de France et composées en majeure partie de colons déportés, voulant rivaliser avec celles qui avaient chassé les Anglais, s'étaient emparées de la Guadeloupe. Ce Gibraltar des Antilles, que les généraux d'Estaing et de Bouillé avaient inutilement

assiégé pendant la guerre terminée en 1783, se rendit après une vive défense. Les Anglais furent encore chassés de Saint-Martin et de Saint-Eustache; leurs îles allaient être attaquées lorsqu'ils envoyèrent le général Abercrombie avec 20,000 hommes pour les défendre et se débarrasser de voisins qui, malgré leur blocus, ruinaient leur commerce. MM. Victor Hugues, Lebas et Gogrand, informés de cette expédition, cherchèrent en attaquant la Dominique, Saint-Vincent, la Grenade et Tabago, à faire des diversions qui obligeassent le général anglais à diviser ses forces pour défendre ces îles. Cette ruse réussit, et elle préserva la Guadeloupe d'un siège qui lui aurait coûté beaucoup de monde et qui aurait été aussi long que meurtrier. Toutes les îles conquises, toutes celles attaquées le furent malgré la présence de 50 vaisseaux et frégates qui cernaient la Guadeloupe. Elles le furent sans avoir reçu aucun secours de la France, qui uniquement occupée à se défendre contre les nombreux ennemis qui l'assaillaient, paraissait avoir oublié ses colonies, où aucun ordre du gouvernement n'était arrivé depuis 22 mois. C'est pendant cet intervalle qu'une armée de 18 à 20,000 hommes se trouva formée, qu'une escadre de *pilotes boats* (ce sont de petits bâtimens semblables à ceux que Paris a vu construire sur ses quais au commencement de la révolution), se trouva équipée, armée, pourvue de munitions, de canons, sans tirer une obole du trésor public, et montée par de nouveaux flibustiers aussi intrépides que les anciens : 600 bâtimens capturés sur l'ennemi attestent leur bravoure. C'est avec le produit de ces prises que le gouvernement de la Guadeloupe, loin d'être onéreux à la métropole, est parvenu à subvenir à l'entretien de son armée et aux dépenses nécessitées par la guerre et par les administrations coloniales et maritimes. Il est vrai que l'économie la plus sévère présidait à toutes ses opérations. Cette économie était telle, que non-seulement le gouverneur de la Guadeloupe a pu envoyer des secours en argent et en vivres aux gouvernemens de Saint-Domingue et de Cayenne, qui, comme celui de la Guadeloupe, n'en recevaient pas, mais encore y faire parvenir des bâtimens chargés de denrées coloniales, dont la plupart arrivèrent heureusement. La convention nationale, par des décrets que les agens principaux de la colonie *avaient bien mérité de la patrie*, et par des insertions au *Bulletin*, seules marques d'honneur de cette époque, récompensait un zèle si noble et si désintéressé. Elle ajouta à ces récompenses décernées au nom de la nation, celle non moins flatteuse de faire attacher aux voûtes de l'église des Invalides, à côté des autres monumens de la victoire des armées françaises, les drapeaux pris à la Guadeloupe, à Sainte-Lucie et dans les autres combats soutenus contre les Anglais. M. Lebas plusieurs fois continué dans ses fonctions, fut de nouveau nommé par le directoire-exécutif de France, pour 18 mois; sa santé ne lui permit pas d'accepter cette prolongation. Quelque temps après, il fut nommé gouverneur de l'île de France par le ministre Forfait. La même cause lui fit encore refuser cette nouvelle marque de confiance du gouvernement. M. Lebas a fait depuis plusieurs voyages en Espagne et en Angleterre, et a recueilli dans l'exercice de ses fonctions et pendant ses voyages, des notes et des observations dont la publication ne serait pas sans intérêt.

LEBAS (P. L.), littérateur-traducteur, a publié un assez grand nombre d'ouvrages, parmi lesquels nous citerons : 1° *Voyage de Dixow*, traduit de l'anglais, 1789; 2° *Voyage en Suisse*, par Will. Coxe, traduit de l'anglais, 2 vol. in-8°, 1790; 3° *Voyage dans les parties intérieures de l'Amérique*, par un officier de l'armée royale, traduit de l'anglais. 2 vol. in-8°, 1791; 4° *Cinthelia, ou Une sur dix mille*, traduit de l'anglais de G. Walker, 1798, 4 vol. in-12 ; 5° *la Famille napolitaine*, traduit de l'anglais de miss Exter, 3 vol. in-12, 1798; 6° *le Château de Gallicie*, traduit de l'anglais d'Huggill, 2 vol. in-12, 1798; 7° *Promenades instructives d'un père et de ses enfans*, traduit de l'anglais d'Elise Helme, 3 vol. in-8°, 1799, réimprimé en 1809, 4 vol. in-18 ; 8° *Théodore Cyphon, ou le Juif bienfaisant*, traduction de l'anglais de G. Walker, 2 vol. in-12, 1799; 9° *Bonheur et Vertu, ou il était temps*, in-12, 1799; 10° *Antoine, ou le Crime et le Remords*, 1799, 2 vol. in-12. Un silence de près d'un quart de siècle doit faire penser aux amateurs de romans que M. Lebas, s'il existe encore, a été épuisé par sa fécondité.

LEBLANC (Antoine), chevalier de la légion-d'honneur, lieutenant au 2me régiment des chasseurs à cheval de la garde impériale, né, en 1790, à Besançon, département du Doubs, entra dans l'état militaire après la levée du camp de Boulogne, et avait à peine atteint l'âge de 15 ans, lorsqu'il fut admis dans les guides du maréchal Bernadotte à Austerlitz. En 1806, il passa au 4me régiment de hussards, et fit toutes les campagnes jusqu'en 1814. Il ne prit point de service pendant la première restauration. Au retour de Napoléon, en mars 1815, il rentra en activité, et fut licencié avec l'armée de la Loire. M. Leblanc est un des officiers les plus jeunes et les plus maltraités de l'ancienne armée. Il eut le bras gauche, la jambe et la cuisse droites cassés sur-le-champ de bataille, et fut trépané à la suite de deux coups de sabre qui lui enlevèrent une partie du crâne. En 1811, étant en Espagne, au corps du maréchal Suchet, il fut mis à l'ordre de l'armée pour sa belle conduite sur le champ de bataille, où il fut blessé cinq fois. Ce qu'il y a de plus remarquable dans ces campagnes, c'est que M. Leblanc est parvenu, en 1809, après avoir quitté le premier corps à Talaveyra de la Reyna (il était attaché alors à l'escorte du duc de Bellune), à rejoindre, accompagné de trois de ses camarades, son régiment, le 4me de hussards, qui était en Catalogne. Il fut obligé de traverser toute la Vieille et la Nouvelle-Castille, la Biscaye, la Navarre, l'Arragon; enfin, il arriva près de Lerida, en Catalogne. Quatre hommes firent ce trajet de plus de 250 lieues, et cela quand des partis de 3,000 soldats, avec de l'artillerie, n'osaient entreprendre de traverser une seule province. Ce brave militaire a cruellement souffert des suites déplorables de nos dissensions politiques. Nous allons sommairement rapporter, sur le procès intenté à M. Leblanc, les faits que nous avons recueillis des journaux du temps, et d'une brochure ayant pour titre: *Mémoire pour A. Leblanc de Besançon, chevalier de la légion-d'honneur, lieutenant au 2me régiment des chasseurs à cheval de l'ex-garde impériale,* Paris, 1819. On se rappelle quelles inquiétudes agitaient tous les esprits avant que la *convention de Paris* eût dirigé l'armée au-delà de la Loire. Antérieurement à ce traité, et dans les derniers jours de juin, l'exaltation allait toujours croissant. Le 29, entre 8 et 9 heures du matin, le 2me régiment de chasseurs de la garde impériale passait sur le boulevart Poissonnière, et se dirigeait hors de Paris. Ce régiment se trouvait en face de la rue Poissonnière et répétait le cri de *vive l'empereur!* Un des spectateurs, le sieur Rainfray, serrurier, répond par le cri de *vive le roi!* Plusieurs chasseurs sortent des rangs, se dirigent vers Rainfray; un seul le poursuit, l'atteint, et le frappe de son sabre. Rainfray est transporté dans les bâtimens du Conservatoire; un procès-verbal, dressé à l'instant même, constate les blessures et leur cause: heureusement elles ne furent pas mortelles. Rainfray ne porte aucune plainte ni avant ni après la retraite de l'armée au-delà de la Loire. L'armée avait été licenciée, et nulle poursuite légale n'avait été commencée. M. Leblanc attendait à Clermont-Ferrand que sa santé rétablie (depuis plus de 3 mois il crachait le sang) lui permit de retourner à Besançon, sa ville natale. Le 10 janvier 1816, une lettre de l'un de ses plus anciens compagnons d'armes l'informe que l'ordre est donné de l'arrêter, comme prévenu d'avoir assassiné un individu qui criait *vive le roi!* Fort de son innocence, M. Leblanc, malgré cette lettre et les instances de ses amis, refuse de s'éloigner. L'ordre d'arrestation arrive, et il est conduit, de brigade en brigade et à ses frais, à Paris. Le genre de cet ouvrage et les bornes d'une notice biographique ne nous permettent pas d'entrer dans le détail des mauvais traitemens de toute espèce dont il se plaint : c'est dans le *Mémoire* que nous avons cité qu'il convient de les lire. Il y est dit que confronté avec le sieur Rainfray et vingt témoins, il ne fut reconnu par aucun d'eux. Un conseil de guerre le condamne aux fers à perpétuité et à la dégradation ; et le conseil de révision, présidé par le général Gentil de Saint-Alphonse, rejetant quatorze moyens de nullité, confirme le jugement. « J'aurais » pu m'épargner tant de maux, » dit M. Leblanc, et nommer le » coupable avant ma condamna- » tion ; il m'avait écrit. il voulait » se livrer pour me soustraire aux » chances d'une aussi effrayante » procédure ; j'aurais été indigne » d'une si noble confiance, si j'a- » vais pu en abuser. L'honneur, » l'humanité repoussaient une pa- » reille révélation. » Les fers aux mains, M. Leblanc fut conduit à la place Vendôme; là, en présence de plus de 3,000 hommes de différens régimens, le président du conseil de guerre, M. le vicomte de Courteille, voulut le faire mettre à genoux. La réponse de M. Leblanc fut courte et noble. Les angoisses de M. Leblanc furent inouïes ; deux fois on se disposa à le faire partir pour Toulon, avec les deux chaînes de galériens, dirigées sur cette ville. Son état de souffrances, causées par un séjour prolongé au secret, les prières et les protections d'un ami infatigable, M. Klein, mort depuis, empêchèrent seules son départ. Le dévouement de M. Klein obtint des lettres de grâce. Bien que signées le 11 décembre 1816, elles ne furent entérinées à la cour royale de Paris, que le 21 février 1817. M. Leblanc ne fut cependant pas rendu à la liberté. Transféré à l'hôpital de Montaigu, pendant les quatre premiers mois, il fut retenu au secret, et malgré les ordres du garde-des-sceaux et du ministre de la guerre, de mettre le détenu en liberté sur-le-champ (le 10 avril 1818), il ne sortit que le 14 mai suivant. « On voulait, dit » M. Leblanc, que je payasse les » frais du procès, auxquels je n'é- » tais pas tenu, d'après ma com- » mutation et remise de peine. » M. Leblanc, dans son *Mémoire*, paie un juste tribut de reconnaissance à quelques hommes intègres et impartiaux, à son ami, à la bienveillance fraternelle de ses compagnons d'armes, et s'exprime ainsi, en parlant de M. le maréchal Macdonald, grand-chancelier de la légion-d'honneur : « C'est à » la justice de cet illustre guerrier, » à son zèle à faire reconnaître mon » innocence, que je dois d'être » réintégré dans l'ordre et d'être » rendu à la société. » Depuis sa mise en liberté, M. Leblanc s'occupe d'associations indutrielles, et est aujourd'hui (1823) agent-général de la compagnie d'assurances dite du Phénix. Puisse la tranquillité de la vie privée dédommager M. Leblanc des orages qu'il a essuyés dans sa vie politique!

LEBLANC (N.), exerçait les fonctions de conseiller au présidial et celles de maire de Senlis à l'époque de la convocation des états-généraux en 1789. Ses qualités civiques, bien plus que ses talens, le firent nommer député du tiers-état du bailliage de Senlis à cette assemblée; il y resta entièrement inconnu. A la fin de la session, il retourna dans sa province, et n'a plus reparu sur la scène politique.

LEBLANC (N.), avocat, avait défendu, en 1797, un des co-accusés de Lavilleheurnois devant la commission militaire. Dans le même temps, il s'occupait de la rédaction du *Journal des Élections,* dont le but était de servir le parti de *Clichy* contre le directoire-exécutif; aussi, par suite de la journée du 18 fructidor an 5, M. Leblanc fut porté sur la liste de déportation. Il eut l'adresse de se soustraire à l'exécution de cette mesure, et se réfugia en Espagne, où le gouvernement le fit arrêter sur la demande du directoire-exécutif de France. Rendu enfin à la liberté, il rentra en France après la chute du directoire, et vint reprendre à Paris ses anciennes occupations.

LEBLANC DE BEAULIEU (JEAN-CLAUDE), ancien archevêque d'Arles, membre de la légion-d'honneur, est né à Paris le 26 mai 1755. Après avoir terminé ses études ecclésiastiques, et reçu les ordres, il fut admis dans la congrégation des Génovéfains. Il était vicaire de Saint Sulpice au commencement de la révolution. Le refus que firent plusieurs curés de prêter serment à la nouvelle constitution du clergé, donna lieu à leur remplacement. C'est ainsi qu'en 1791 l'abbé Leblanc de Beaulieu devint curé constitutionnel de Saint-Severin. Heureusement inaperçu pendant le régime de la terreur, il dut son salut à son obscurité, et on ne le revit que lorsque les autels furent relevés avec quelque sécurité. Il occupait alors la cure de Saint-Etienne-du-Mont. Nommé, en 1799, à la mort de M. Gratien, évêque constitutionnel du département de la Seine-Inférieure, il fut sacré à Paris le 18 janvier 1800. Le 5 octobre de la même année, il tint à Rouen un concile composé de 6 évêques et de 8 prêtres constitutionnels de son arrondissement. Ce concile avait pour objet de se plaindre de la dissidence d'une portion du clergé qui refusait de reconnaître l'autorité métropolitaine. En 1802, par suite du concordat, il donna sa démission, et peu de temps après, fut nommé à l'évêché de Soissons. On rapporte que dans une séance du

16 avril 1802, tenue chez le cardinal-légat, il fut proposé d'amener les prêtres constitutionnels à signer une rétractation, et que M. Leblanc de Beaulieu refusa d'adhérer à cette proposition. Néanmoins, suivant les mêmes rapports, il abandonna peu après le parti constitutionnel, écrivit au pape, et renonça non-seulement au schisme, mais encore au jansénisme. Les événemens politiques de 1814 ayant rétabli le gouvernement royal, M. Leblanc de Beaulieu refusa, pendant les *cent jours*, en 1815, de se rendre à la cérémonie du champ-de-mai, protestant de son attachement et de sa fidélité au roi. Il se retira ensuite en Angleterre, d'où il ne revint qu'après la seconde restauration. Le concordat de 1817 admit le rétablissement de l'archevêché d'Arles. Ce siège, auquel M. Leblanc de Beaulieu fut nommé, n'a point été maintenu d'après une organisation postérieure. M. Leblanc de Beaulieu ne paraît pas faire partie du haut clergé en exercice.

LEBLOIS (J. M.), membre de la légion-d'honneur. Il remplissait les fonctions d'accusateur public près le tribunal criminel des Deux-Sèvres, lorsque la commission chargée, après la chute de Robespierre, de procéder à l'épuration du tribunal révolutionnaire de Paris, le choisit, dans le mois d'août 1794, pour remplacer Fouquier-Tinville. Il débuta, dans ces fonctions, par faire un rapport sur les charges qui s'élevaient dans l'acte d'accusation des 14 membres du comité de surveillance de Nantes, qui avait secondé les mesures sanguinaires de Carrier. Ce procès terminé, il reprit ses fonctions au tribunal criminel des Deux-Sèvres, près duquel il fut employé, en 1805, en qualité de procureur impérial. Dans la nouvelle réorganisation des cours et tribunaux qui eut lieu en 1811, M. Leblois obtint la place de substitut du procureur-général à la cour d'assises de Poitiers. En 1816, il cessa ses fonctions, et fut mis à la retraite avec pension.

LEBLOND (l'abbé Gaspard-Michel, surnommé), savant antiquaire, ancien membre de l'académie des inscriptions, conservateur de la bibliothèque Mazarine, membre de l'institut, etc., naquit à Caen, département du Calvados, le 24 novembre 1738. Après avoir terminé de très-bonnes études, il embrassa l'état ecclésiastique, et se fit connaître par d'utiles travaux dans la science des médailles et des antiquités. Il devint sous-bibliothécaire du collège Mazarin, et, en 1772, membre de l'académie des inscriptions, dont il fut un des membres les plus assidus et les plus laborieux. La révolution ayant détruit les corps académiques, Leblond fut nommé membre de la commission des arts, et chargé spécialement du dépouillement des archives et des bibliothèques des anciennes maisons religieuses. C'est par ses soins que la bibliothèque Mazarine s'enrichit alors de plus de 50,000 volumes; l'abbé Hook, bibliothécaire titulaire de cet établissement, ayant refusé de prêter le serment exigé des fonctionnaires publics, Leblond lui succéda au mois de mai 1791, par arrêté du directoire du département de Paris. A la réorganisation des corps savans, il fit partie de l'institut national. A l'époque de l'établissement du gouvernement impérial, par un motif qui est resté inconnu, Leblond quitta Paris et se retira dans la petite ville de Laigle, où il mourut le 17 juin 1809. Peu de jours avant sa mort, dans les accès d'une fièvre violente, il jeta au feu tous ses manuscrits, parmi lesquels il s'en trouvait de très-précieux Outre les nombreux mémoires qu'il a fait insérer dans les recueils des académies, il a publié : 1° *Observations sur quelques médailles de M. Pellerin*, Paris, 1774, in-4°. La bibliothèque du roi possède un exemplaire de cet ouvrage, enrichi de notes particulières de M. Pellerin lui-même. 2° (Avec l'abbé Lachau) *Description des principales pierres gravées du cabinet de M. le duc d'Orléans*, Paris, 1780-1784, 2 vol. in fol., ouvrage très-estimé des savans; 3° *Mémoire pour servir à l'histoire de la révolution opérée dans la musique par le chevalier Gluck*, Paris, 1781, in-8°; 4° *Lettres d'un savant en us*, insérées dans le *Journal de Paris* (mars 1783), en faveur des inscriptions en langue latine, contre les *Lettres de Roucher*, plaidant pour la langue française; 5° *Lettre d'un amateur des beaux-arts à M****, sur *Caffieri*, 1790, in-8°; 6° sous le nom de Dupré, graveur, *Observations présentées au comité des monnaies*, 1790, in-8°; 7° *Index* pour le *Mémoire* de Larcher sur *Vénus*, in-8° et in-12. Leblond a eu une grande part à la publication de l'*Origine de tous les cultes*, de Dupuis. (*Voy.* Dupuis.) On le

regarde généralement comme l'éditeur des recueils sous ces titres : *Monumens de la vie privée des 12 Césars*, Caprée (Paris), 1780, in-4°; et *Monumens du culte secret des dames romaines*, Caprée (Paris), 1784, in-4°. Ce dernier recueil a été réimprimé en 1787; mais les citations n'y ont pas été insérées.

LEBLOND (Auguste Savinien), mathématicien, est petit-neveu de Guillaume Leblond, mathématicien estimé, mort en 1781. A. S. Leblond, qui cultiva les mathématiques et l'histoire naturelle, était employé à la bibliothèque du roi et membre du lycée des arts. Il mourut à l'âge d'environ 60 ans, le 22 février 1811. On lui doit : 1° le *Portefeuille des enfans*, recueil intéressant de gravures exécutées sans luxe, mais avec une grande correction, d'animaux, fleurs, fruits, cartes, habillemens, etc., 24 cahiers. Le prospectus de cet ouvrage auquel M. Duchesne a concouru, parut en 1783; le texte du même recueil a été imprimé à part en 1798, sous le titre de *Livret du portefeuille des enfans*, 2 vol. in-18; 2° *Sur la fixation d'une mesure et d'un poids*, 1791, in-8°; 3° *Sur le système monétaire*, 1798, in-8°; 4° *Cadrans logarithmiques adaptés aux poids et mesures*, in-8°, 1799. Au rapport de la société libre d'institution de Paris, le 6 frimaire an 8, Leblond aurait proposé le premier, en 1790, de désigner les mesures linéaires par le nom de *mètre*, et aurait ramené la langue des signaux télégraphiques au calcul décimal. Le travail de Leblond a paru sous ce titre : *Système télé-*

graphique décimal, adopté par arrêté du gouvernement, le 7 floréal an 7 (1799), par les citoyens Laval, Peyre, Moncabrié, Leblond et Véronèse, in-4°, 1799. 5° *Notice historique sur la vie et les ouvrages de Montucla, lue à la société de Versailles, le 15 janvier 1800.* Un extrait étendu de cet ouvrage a été inséré par Lalande dans l'*Histoire des mathématiques de Montucla* (tome IV). 6° (Avec M. Duchesne) *Barême métrique*, Versailles, 1801, in-12; 7° *Dictionnaire abrégé des hommes célèbres de l'antiquité et des temps modernes*, 2 vol. in-12, 1802. 8° Leblond a donné au recueil de la société libre d'institution, différens morceaux sur la *Ponctuation décimale*, sur l'*Instruction par les jeux*, etc.

LEBLOND (Antoine-François-Gabriel), marchand de draps à Arras, se prononça en faveur du nouvel ordre de choses, mais avec modération. Nommé membre du comité de surveillance de cette ville, il porta dans l'exercice des fonctions qui lui étaient confiées, un grand zèle et beaucoup de probité. Ses collègues voulurent en vain lui faire partager l'exaltation de leurs principes, et l'associer à leurs vengeances. Lebon, représentant en mission, fut pour lui un persécuteur acharné. Dans une affaire où M. Leblond était juré, il refusa de voter la mort de 24 prévenus. Lebon lui en fit de violens reproches, et le menaça de le faire arrêter s'il continuait à manifester la même indulgence. Cette indulgence, il l'eut encore dans le procès des généraux Gillet et Rochette. Lebon le fit arrêter le jour même et conduire à Paris, les fers aux pieds et aux mains. Enfermé dans la prison des Madelonnettes, il eut le bonheur d'en sortir quelque temps après par la protection de Guffroy, qui sollicita vivement en sa faveur près de Robespierre. De retour à Arras, il y était à peine depuis un mois, qu'il fut arrêté de nouveau par ordre de Lebon. Guffroy s'intéressa encore à lui; il fit des démarches au comité de salut public: mais Lebon paralysait les efforts de son collègue, en prolongeant les informations contre le détenu. Guffroy ne se découragea pas, et secondé de l'adjudant-général Leblond, dont l'article suit, il lui fit rendre une seconde fois la liberté. M. Leblond retourna à Arras et reprit son honorable profession, qu'il exerce encore sans que 30 années de révolutions diverses l'aient fait dévier de la sagesse de ses principes.

LEBLOND (N.), adjudant-général, frère du précédent, suivit la carrière des armes, et obtint successivement tous ses grades, soit sur le champ de bataille, soit en récompense de ses services. Il fut aussi une victime de Lebon, dont il mérita la haine en lui reprochant ses cruautés. Comme son frère, l'adjudant-général Leblond fut arrêté, conduit à Paris, renfermé aux Madelonettes et remis en liberté. Il évita la persécution dont son frère fut une seconde fois la victime. Mais apprenant qu'il était de nouveau incarcéré, il se rendit sur-le-champ à Paris, et le 5 messidor an 2, parut à la barre de la convention nationale. De concert avec le représentant Guffroy, il plaida avec énergie la cause de son frère. Robespierre montra de la bienveillance à l'adjudant-général Leblond, dont le frère fut mis en liberté le 6 thermidor an 2.

LEBOIS (R. F.), journaliste, succéda à Hébert dans la rédaction du *Journal du père Duchesne*. Plusieurs articles donnèrent lieu à un décret d'accusation contre lui. Le 7 septembre 1796, il fut traduit devant les tribunaux; acquitté par le jury, il fut reconduit dans sa maison aux acclamations de la multitude. Plus tard, ayant avancé dans sa feuille qu'il y avait des *Orléanistes* parmi les membres de la société des *Jacobins*, Lebois qui faisait partie de cette société en fut exclu sur-le-champ. Il continua la publication du journal qu'il rédigeait; mais il en changea le titre en celui de l'*Ami du peuple*. Ses principes, que le directoire-exécutif qualifia d'anarchiques, le firent traduire de nouveau devant les tribunaux, et cette fois encore il fut acquitté. Renonçant sagement à une lutte qui ne lui présentait que des désavantages, il quitta la rédaction de l'*Ami du peuple*, et paraissait vivre étranger aux affaires politiques, lorsque l'explosion de la machine infernale, le 3 nivôse an 9 (24 décembre 1800), réveilla à son égard l'attention de l'autorité. Il fut arrêté, et déporté d'abord à l'île d'Oleron, ensuite à la Guyane, où il mourut, peu de temps après son arrivée, des fatigues du voyage.

LEBOIS (N.), président de la section du Théâtre-Français, en remplissait les fonctions à l'époque du 13 vendémiaire an 4 (5 octobre 1795). Il prit parti, dans l'insurrection des sections de Paris, contre la convention nationale. Traduit devant un conseil de guerre, il fut condamné à mort par contumace, le 20 du même mois (11 octobre). Lebois s'était réfugié dans une maison rue de Cléry. Lorsqu'il se vit découvert, il se frappa de 7 coups de baïonnette et de plusieurs coups de compas. Ses blessures n'étant pas mortelles, il subit son jugement 2 jours après.

LEBOIS-DES-GUAIS (N.), membre de la légion-d'honneur, député aux états-généraux, ex-procureur-général près de la cour criminelle du département de l'Yonne, occupait la charge de lieutenant particulier au présidial de Montargis au commencement de la révolution. Il fut nommé par le bailliage de cette ville député aux états-généraux, en 1789. M. Lebois-des-Guais resta assez longtemps inaperçu dans cette assemblée; enfin, le 2 janvier 1791, il s'éleva contre la formule du serment de l'évêque de Clermont. Dans une autre circonstance, une adresse tendant à l'abolition de la royauté donna lieu à la proposition d'en poursuivre l'auteur. En désapprouvant l'adresse, M. Lebois-des-Guais s'opposa aux poursuites. Il s'attacha à réfuter les observations de Goupil-de-Préfeln, qui, en défendant l'inviolabilité du roi, accusait le parti influent de vouloir détruire la monarchie. Après la session de l'assemblée constituante, M. Lebois-des-Guais rentra dans sa famille, et ne reparut que sous le gouvernement impérial, qui le nomma successivement procureur-général près de la cour criminelle du département de l'Yonne, et membre de la légion-d'honneur. Il ne fut point compris dans la recomposition des tribunaux, qui eut lieu en 1811. Depuis ce temps il a été perdu de vue.

LEBON (Joseph), membre de la convention nationale, naquit à Arras, département du Pas-de-Calais, vers 1765. Quoique appartenant à une famille pauvre, il fit de bonnes études, prit les ordres et entra dans la congrégation de l'oratoire. Des démêlés avec ses supérieurs l'éloignèrent de la société; il devint professeur de rhétorique à Dijon, et dès le commencement de la révolution il fut pourvu de la cure de Neuville : son presbytère servit d'asile à presque tous ses parens. Ses liaisons avec Robespierre, Saint-Just et Lebas, ses compatriotes, l'entraînèrent hors de la route qu'il avait d'abord paru vouloir suivre. Il se maria, et l'on croit que sa femme vit encore. Maire d'Arras en 1791, puis procureur-syndic du département du Pas-de-Calais, il fut nommé, en septembre 1792, député suppléant à la convention nationale, où il ne prit séance qu'après le procès du roi. Au mois d'octobre 1793, il se rendit en qualité de commissaire de la convention dans le département du Pas-de-Calais qui l'avait élu. Cette première mission où il se montra assez modéré le fit accuser de *fédéralisme* par Guffroy, qui, plus tard, le dénonça comme terroriste. Mandé au comité de salut public, il se justifia, et repartit bientôt avec des sentimens de violence que secondèrent trop bien les pouvoirs illimités qu'il avait reçus. La conduite qu'il tint à Arras fut tellement atroce, qu'après la chute de Robespierre il fut dénoncé à la convention de toutes parts et par tous les partis. Le comité de salut public, dont il avait été l'agent le plus dévoué, le défendit, et Barère, au nom de ce comité, déclara que Lebon avait pris des *mesures un peu acerbes*, mais voulues par les circonstances. Maintenu dans sa mission proconsulaire, il continua à mériter les éloges des plus violens terroristes. Les temps étaient heureusement changés; il fut décrété d'accusation, et arrêté. Le 19 juin 1795, Quirot, comme rapporteur de la commission chargée d'examiner la conduite de cet odieux proconsul, proposa sa mise en accusation après avoir développé dans son rapport les *assassinats juridiques, l'oppression des citoyens, les vengeances particulières et les vols et dilapidations* dont il s'était rendu coupable. Lebon, dans sa défense, nia la plupart des faits, atténua une partie des autres, et reprocha à ses collègues des poursuites auxquelles il n'avait donné lieu que pour avoir suivi trop fidèlement leurs instructions. « Je ne viens pas, » dit-il, justifier l'enthousiasme, » l'exagération auxquels je me suis » livré; si la mort m'est donnée » de préférence à beaucoup d'au- » tres qui, comme moi, ont été » égarés, je demande au moins » qu'on ne me réserve pas un pri- » vilége d'infamie. » Traduit au tribunal criminel du département de la Somme, il fut condamné à mort et exécuté le 13 vendémiaire an 4 (5 octobre 1795), ayant à peine trente ans. Lebon est un de ces êtres hideux qu'enfantent les orages politiques, comme pour donner à la fois des leçons terribles à ceux qui provoquent et à ceux qui accomplissent les révolutions. Nous nous sommes peu étendus dans cette notice, parce que l'imagination se fatigue bien vite au récit des cruautés et des turpitudes de toute espèce; et que la dernière partie de la vie de Lebon n'est qu'un assemblage monstrueux de toutes les passions qui peuvent dégrader l'homme.

LEBON (N.), ex-colonel d'infanterie, membre de la légion-d'honneur et chevalier de Saint-Louis, est né en 1770, à Labassée, dans la ci-devant province de Flandre. Il exerçait la profession de négociant à Lille, dont il commandait la garde nationale, lorsqu'on y apprit, en mars 1815, la nouvelle du débarquement de Napoléon à Cannes. Il se montra alors entièrement dévoué à la cause royale, et fit tous ses efforts pour augmenter le nombre des volontaires royaux qu'il fut chargé d'organiser. Lorsque le roi quitta la France et passa à Lille, M. Lebon s'empressa de mettre auprès de sa personne une garde dévouée. Il se démit ensuite du commandement de la garde nationale par une lettre qu'il adressa au préfet de ce département. Il ne prit aucune part aux événemens de 1815, et fut rappelé au commandement de la garde nationale de Lille après le retour du roi.

LEBORGNE DE BOIGNE (Pierre-Joseph), commissaire-ordonnateur des guerres en retraite, délégué du gouvernement à Saint-Domingue, et membre du conseil des cinq-cents en l'an 6, est né dans le département du Mont-Blanc (Savoie). A l'époque de la révolution, il servait dans l'administration des colonies, et fut employé en qualité de secrétaire de la première commission envoyée par Louis XVI, en 1791, pour pacifier la colonie de Saint-Domingue. La commission n'ayant pour appui que son caractère public, les pouvoirs dont elle était revêtue furent contestés par l'assemblée coloniale, et les commissaires repassèrent en France. M. Leborgne de Boigne fut chargé par eux d'y suivre les affaires de la métropole et la correspondance officielle. C'est ici que commence sa carrière politique, et le parti qu'il prit par la suite dans la grande question des colonies. Dès le commencement des troubles, il fit connaître, sans déguisement, que la France ne pouvait conserver Saint-Domingue et les colons, assurer leurs intérêts et leur salut, que par des concessions favorables aux personnes déjà libres, et en les étendant progressivement aux esclaves. Il écrivit plusieurs lettres, dans ce sens, à l'assemblée législative; et, prévoyant bien qu'elle statuerait sur un point aussi important, il engageait l'assemblée des colons à prendre l'initiative de cette décision, puisque le pouvoir lui en avait été conféré, afin de s'attacher par ce bienfait la population du pays, sans laquelle elle était sans force et à la merci des événemens. La sagesse de ses conseils, démontrée par l'expérience, fut repoussée; elle blessait trop l'orgueil des

Le Gal Leborgne de Boigne.

cette qualité, et avec autant de sagesse que de modération, toutes les parties de l'Allemagne et de la Pologne. Rentré en France, des prisons de l'Autriche, en 1814, le premier objet dont il s'occupa, fut d'offrir au gouvernement, sur la demande du ministre de la guerre, comte Dupont, les moyens de payer l'arriéré de l'armée. C'est lui qui présenta le rapport et le projet d'ordonnance, pour faire acquitter cet arriéré en inscriptions sur le grand-livre, prévoyant l'impossibilité d'y satisfaire d'une autre manière. Il ménagea cette ressource à l'armée, en faisant de ses besoins passés et oubliés, une épargne utile à chacun des créanciers. Il fut mal récompensé de son zèle : il fut mis à la demi-solde. Oublié également dans les *cent jours*, il fut encore l'un des premiers inscrits pour la retraite, même avant l'âge requis; il se retira dans ses foyers. Il a publié, en 1817 et 1818, deux ouvrages sur les colonies, tant sur les moyens de rendre au commerce français tous les avantages qu'il peut tirer de la position actuelle de Saint-Domingue, que sur les colonies en général et l'Amérique méridionale. Ces ouvrages jouissent d'une estime méritée.

LEBOUVIER DES MORTIERS (URBAIN-RENÉ-THOMAS), est né à Nantes le 1er mars 1739. Ancien magistrat, membre de la société libre des sciences, lettres et arts de Paris, de la société philotechnique, il a publié : 1° *Mémoires, ou Considérations sur les sourds-muets de naissance, et sur les moyens de donner l'ouïe et la parole à ceux qui en sont susceptibles*, 1800, in-8°, fig.; 2° *Recherches sur la décoloration spontanée du bleu de Prusse, et sur le retour de cette couleur*, 1801, in-8°; 3° *Réfutation des calomnies publiés contre le général Charette*, 1809; 4° *Examen des principaux systèmes sur la nature du fluide électrique*, 1813, in-8°; 5° *Supplément à la vie du général Charette*, 1814, in-8°; 6° *Examen de la charte constitutionnelle*, 1815, in-8°; 7° beaucoup de pièces de poésies dans l'*Almanach des muses* et dans d'autres recueils, et une foule de mémoires sur la chimie, la physique, etc.

LE BRASSEUR (J. A.), intendant de Saint-Domingue et des deux conseils supérieurs du Cap, naquit à Rambouillet en 1745. Il sortait à peine du collège, qu'il entra dans l'administration de la marine en 1762. Il remplit successivement la place de commissaire des colonies, d'ordonnateur à Gorée, d'administrateur-général, et enfin, de commissaire en 1774. Il fut nommé, en 1779, intendant de Saint-Domingue et premier président des deux conseils supérieurs du Cap. En 1784, commissaire-général des colonies, et bientôt après, ordonnateur faisant les fonctions d'intendant, il devint, le 1er avril 1788, intendant général des fonds de la marine et des colonies, et cumula en même temps le détail des approvisionnemens avec celui des officiers civils des hôpitaux et des invalides de la marine, place importante qui fut supprimée depuis par un décret de l'assemblée constituante. Le Brasseur avait des connaissances très-étendues sur la marine; Louis XVI l'avait choisi, en 1792, pour ministre dans cette partie; mais, sur l'observation que lui fit son conseil, qu'il était opposé aux nouveaux principes, le monarque changea de résolution, et donna la préférence à La Coste. Le Brasseur ne tarda pas à être arrêté comme suspect; traduit au tribunal révolutionnaire, il fut condamné à mort le 15 juin 1794. Les connaissances qu'il avait acquises sur les colonies n'ont pas été perdues pour ses successeurs; il les a publiées dans des ouvrages qui sont encore aujourd'hui le *veni-mecum* des agens du gouvernement français dans les Antilles.

LE BRETON (JOACHIM), membre du tribunat et secrétaire de la classe des beaux-arts de l'institut, naquit en Bretagne, d'un maréchal-ferrant qui, chargé d'une famille nombreuse, n'aurait pu le faire jouir des bienfaits de l'éducation, si l'on n'avait obtenu, pour cet enfant qui montrait d'heureuses dispositions, une bourse dans un collége. Il justifia les espérances de ses parens et de ses bienfaiteurs, et fit de très-bonnes études. Il embrassa l'état ecclésiastique, entra dans l'ordre des théatins, et allait recevoir les ordres lorsque la révolution éclata. Il fut d'abord étranger aux affaires politiques et épousa la fille de M. Darcet, directeur de la monnaie, qui déjà était son protecteur. Le Breton devint membre du tribunat, où il resta à peu près inconnu, puis secrétaire de la classe des beaux-arts de l'institut. Il s'est fait remarquer dans ces dernières fonctions par ses talens, son zèle et beaucoup d'activité, et il a laissé dans le cœur de tous ses collègues, et des personnes qui suivent les travaux et les séances académiques, les souvenirs les plus favorables. En 1816, il mit à exécution le projet qu'il avait formé, du moment où le sol français fut envahi par les troupes étrangères et les musées dévastés, de se rendre au Brésil pour y fonder une colonie d'artistes et d'hommes industrieux choisis en France. Le voyage fut heureux. Le Breton et M. Taunay, peintre paysagiste distingué, reçurent particulièrement du gouvernement brésilien l'accueil le plus flatteur, et furent présentés au roi. Soit que cette colonie d'artistes, n'ait pas recueilli les avantages qu'elle se promettait, soit que la mort prématurée de Le Breton, qui en était le chef, ait fait changer le plan que l'on avait formé, M. Taunay est revenu dans sa patrie, et enrichit aujourd'hui les expositions du Louvre de ses intéressantes productions. Le Breton a donné une *Notice sur Raynal* dans la *Décade philosophique*, une autre *Notice sur Deleyre*, des articles dans différens journaux, et en 1810, comme secrétaire de la 4me classe de l'institut, le *Rapport sur l'état des beaux-arts*, pour le concours des prix décennaux. En cette même qualité, il rédigeait les notices des travaux de sa classe, et celles des membres ou associés dont elle était privée par la mort. Un de nos savans bibliographes, M. Barbier, le désigne comme auteur de la *Logique adaptée à la rhétorique*, in-8°, 1789, et de la rédaction de l'*Accord des vrais principes de l'Église, de la morale et de la raison sur la constitution civile du clergé, par les évêques constitutionnels*, in-8°, 1791. Le Breton est mort à Rio-Janeiro, le 9 juin 1819. Nous devons appuyer l'éloge que nous avons fait de cet homme, à tant de titres estimable, d'un fragment du discours qu'il prononça, comme secrétaire perpétuel de la classe des beaux-arts de l'institut, dans la séance publique du 18 octobre 1815 (l'époque est remarquable), et qui excita un enthousiasme général. «Avant que la victoire abusât du »droit de la force, dit Le Breton, »ce qu'elle ne tarde jamais de fai-»re, elle obtint pour la France un »choix de monumens de l'art sta-»tuaire antique, et des plus beaux »ouvrages de la peinture moder-»ne ; elle se borna aux objets sti-»pulés: et les groupes inapprécia-»bles de *Monte-Cavallo*, ainsi que »beaucoup d'autres statues et bas-»reliefs d'un transport plus facile, »ne furent point enlevés. On laissa »au souverain le temps de prendre »des images identiques de tous les »originaux qu'il perdait, procédé »honorable et délicat qu'on n'a »point eu pour nous, qui en avions »donné l'exemple. Une réunion »d'hommes estimables, sous le »double rapport des talens et de la »moralité, fut envoyée de Paris, »moins pour ravir à Rome des mo-»numens cédés, et dont la posses-»sion n'était pas douteuse, que »pour veiller à leur conservation »dans le déplacement et le voya-»ge. Aussi l'on a peine à conce-»voir, surtout aujourd'hui, le suc-»cès de cette étonnante opération. »Arrivés ici sans aucun accident, »par le prodige de cette surveil-»lance religieuse et de tous les ins-»tans, pendant le cours environ »d'une année, les sociétés savan-»tes de tous les genres, les corps »enseignans avec tous leurs élè-»ves accompagnèrent leurs chars, »que tous les arts avaient concou-»ru à décorer, et les présentèrent »au gouvernement, aux autorités »constituées et à la population de »la capitale, réunis au Champ-de-»Mars pour les recevoir et célé-»brer, en quelque sorte, leur apo-»théose; qu'aurait fait de plus »Athènes, au temps de Périclès? »Ce que je rappelle, vous l'avez »vu pour la plupart, et l'Europe »entière a lu les relations de cette »fête mémorable. C'était déjà se »montrer digne d'un si grand bien-»fait, et se rapprocher, autant que »possible, des dieux, qui venaient »nous honorer de leur présence. »On ne dira pas que la France ait »manqué de magnificence pour »leur ériger un temple, ni de gé-»nérosité pour en faciliter l'entrée »aux étrangers, amis ou ennemis : »il semblait ne pas exister dans »cette auguste enceinte, de haines »ni de rivalités nationales. Nous »jouissions, peut-être, davantage, »parce que nous faisions jouir les »autres. Mais personne n'osera »nier que Paris n'ait paru retenir »ces chefs-d'œuvre qu'à titre de »dépôt, pour le plus grand avan-»tage de l'Europe; et non pour »l'orgueil d'une propriété exclu-»sive. Telle est la véritable morale »des beaux-arts, et nous l'avons »pratiquée. Ce n'était donc pas »d'eux qu'il convenait de prendre »texte pour nous donner de dures »leçons; car en les invoquant, ces »beaux-arts que nous avons res-

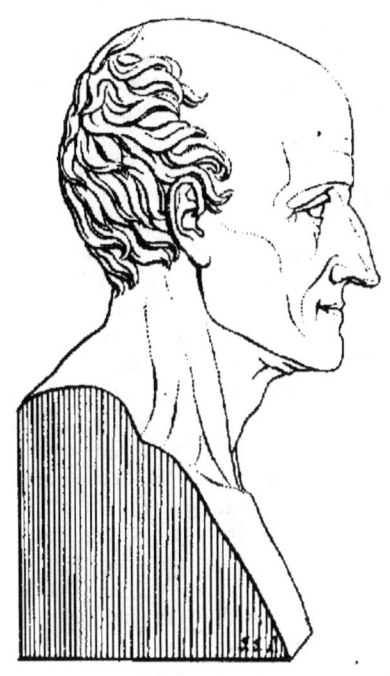

Ponce Denis Écouchard Lebrun

» pectés, cultivés et propagés, ils
» nous donneraient le droit d'exer-
» cer de sévères récriminations.
» En effet, pour éviter ce qui pour-
» rait sembler nous être personnel,
» et nous réduisant à un seul fait,
» ce ne sont pas des Français qui
» ont arraché, par lambeaux, les
» sculptures de Phidias des monu-
» mens d'Athènes, et mis en ruines
» les portiques des temples violés.
» On peut transférer partout des sta-
» tues et des tableaux, les traîner
» en vaincus à la suite des chars
» de triomphe ; l'ancienne Rome
» en donna l'exemple : mais elle
» n'eut point pour cela de Praxitèle,
» de Phidias, d'Apelles, de Zeuxis.
» Les beaux-arts, comme les pro-
» ductions exquises de la nature,
» ont leur zone, leur température
» de prédilection ; et la France est
» une patrie qu'ils ont adoptée de-
» puis le 16ᵐᵉ siècle, non par le be-
» soin d'en chercher une autre, ni
» par l'effet des catastrophes poli-
» tiques, car ce fut sous le beau
» règne de Léon X qu'ils devin-
» rent français. Ils ne cesseront pas
» de l'être. »

LEBRETON (N.), membre de plusieurs législatures, était prieur de Rhedon lors de la convocation des états-généraux, en 1789. Il y fut nommé par la province de Bretagne, et s'y fit peu remarquer. Réélu à la convention, il fut un des signataires des protestations contre les proscriptions des 31 mai, 1ᵉʳ et 2 juin 1793. Compris, par suite, au nombre des 73 députés enfermés au Temple, il rentra à la convention nationale après la révolution du 9 thermidor an 2 (27 juillet 1794). Il insista forte-ment pour que chaque député fût tenu de rendre compte de sa fortune, et demanda le séquestre des biens non déclarés. Membre du conseil des anciens, dont il fit partie par la réélection des deux tiers conventionnels, il concourut à différentes résolutions, entre autres, celles relatives aux tarifs des lettres et journaux ; celles des postes et messageries, qu'il fit rejeter, etc. Elu secrétaire, au mois d'août 1797, il occupait le bureau en cette qualité lors de la révolution du 18 fructidor an 5 (4 septembre 1797). Il sortit du conseil l'année suivante et ne paraît pas avoir rempli depuis d'autres fonctions publiques.

LEBRUN (PONCE-DENIS ECOUCHARD), poète célèbre, qui reçut de son vivant le surnom de *Pindare français*, naquit en 1729. La nature l'avait fait poète. Il versifiait au collége : à 14 ans, il avait fait une ode, où l'on trouve déjà les indices de son talent. Dès son enfance, il reçut du prince de Conti (le grand-prieur), dans la maison duquel il était né, des preuves d'une assez vive affection, pour qu'on l'ait attribuée à un intérêt plus tendre, mais non moins pur, que celui de protecteur. Il serait étrange que le sang des Bourbons eût réellement circulé dans les veines d'un homme qui a célébré avec tant d'enthousiasme l'établissement d'une république nouvelle sur les débris de l'ancien trône de cette famille. Quoi qu'il en soit, Lebrun, nommé très-jeune secrétaire des commandemens du prince de Conti, conserva jusqu'à la mort de son protecteur cette place, qui lui procurait de l'aisance, et ne lui imposait aucun travail : condition excellente pour un poète qui n'était que cela. Lebrun avait été initié dans les secrets de l'art qu'il idolâtrait par le fils même de l'incomparable Racine. C'étaient les préceptes du prince des poètes qui lui avaient été transmis par la plus fidèle des traditions. Une liaison très-tendre se forma entre l'élève et le fils du maître, et fournit à son talent plus d'une occasion de se manifester. Le jeune Racine, désespérant de pouvoir suivre les traces de son aïeul, avait quitté la carrière des lettres pour celle du commerce. Cette espèce d'apostasie lui fut reprochée par Lebrun, dans une ode étincelante de beautés, et cependant inférieure à celle dans laquelle le même poète déplora, quelque temps après, la mort du même ami, englouti à Cadix dans un débordement de la mer, désastre occasioné par le terrible tremblement de terre qui renversa une partie de la ville de Lisbonne en 1755. A 26 ans, Lebrun avait déjà pris place au premier rang des poètes lyriques. L'amitié l'avait conduit sur les traces d'Horace. Il se crut appelé par l'amour sur les traces de Tibulle, et chanta ses peines, ses plaisirs dans des élégies qui portent en effet l'empreinte d'un grand talent, mais où il gronde encore plus souvent qu'il ne soupire. Plus d'une de ces pièces a le caractère de la diatribe, et, en dépit du titre, n'est qu'une véritable satire. Si ces élégies ont été dictées par son cœur, ce cœur était plus irritable que sensible, et son amour ressemblait plus aux fureurs d'Alcée qu'à la tendresse de Sapho. Il fit un plus noble usage de son talent, et fut bien mieux inspiré dans cette ode fameuse où il intercède auprès de Voltaire, en faveur de la nièce des Corneille. Le génie qui soutenait la gloire du théâtre français adopta la fille du génie qui l'avait fondé. Ingénieux jusque dans sa bienfaisance, c'est avec le produit d'une édition des Corneille que Voltaire dota leur fille. Il la fit rentrer dans un bien de famille, bien qu'auparavant il voulût étendre et améliorer. Il avait enrichi les chefs-d'œuvre des deux frères d'un commentaire, où le goût le plus sain préside aux jugemens de la censure la plus impartiale, de l'admiration la plus éclairée : mélange de critiques et d'éloges, qui forme la poétique dramatique la plus complète qui existe, en quelque littérature que ce soit. Honneur à Lebrun, dont les beaux vers ont cette fois provoqué un bon ouvrage et une belle action. Voltaire mourut : les quatre vers que Lebrun fit à ce sujet, sont aussi beaux que cette perte était grande.

O Parnasse! frémis de douleur et d'effroi!
Pleurez, Muses, brisez vos lyres immortelles!
Toi dont il fatigua les cent voix et les ailes,
Dis que Voltaire est mort, pleure et repose-toi.

Lebrun n'avait pas toujours, il est vrai, traité Voltaire avec tant de justice. Il suffit, pour s'en assurer, de lire le portrait qu'il essaya d'esquisser de ce grand homme dans le poëme de la Nature, portrait plutôt tracé par le dénigrement que par l'admiration. En général, Lebrun, en donnant des éloges, semblait sortir de son caractère. Il était impérieusement porté vers l'épigramme : aussi fit-il des épigrammes toute sa vie; aussi en fit-il sur tout et partout; aussi en fit-il un si grand nombre, qu'on en compte 656 dans le recueil de ses œuvres, où la délicatesse de l'éditeur n'a cru devoir admettre ni celles qui blessaient les mœurs, ni celles qui portaient sur des faits ou des opinions révolutionnaires, ni celles enfin où sont nommées des personnes vivantes : délicatesse qui ne sera pas toujours imitée, et qui n'a fait que mettre en réserve la matière d'un nouveau recueil, non moins nombreux peut-être, mais plus piquant, sans doute, que le premier, d'après la manière de juger aujourd'hui, puisqu'il sera plus scandaleux. Lebrun avait tenté d'employer aussi son talent dans un genre plus étendu que ceux dans lesquels il s'était d'abord exercé. Il conçut le plan d'un poëme sur les *Avantages de la campagne*, poëme qu'il intitula depuis *de la Nature*, et dont il ne reste que des fragmens. Des malheurs domestiques l'empêchèrent de terminer cet ouvrage. Sa femme se sépara de lui, et l'appauvrit par les reprises qu'elle se crut en droit d'exercer. Appauvri, d'un autre côté, par la mort du prince de Conti, qui lui avait laissé un traitement définitivement converti en pension, dont il était mal payé, il fut ruiné absolument par la faillite du prince de Guémenée, chez lequel il avait placé 18,000 francs, seuls débris qu'il eût sauvés du naufrage. Une épigramme, juste cette fois, et dans laquelle il appelle le banqueroutier *escroc sérénissime*, vengea le poète et ne le dédommagea pas. C'était à un grand seigneur qu'il était réservé de réparer le dommage qu'un grand seigneur avait fait. Le comte de Vaudreuil, sensible à tant de malheurs comme à tant de talent, fit partager à M. de Calonne le double intérêt que Lebrun lui avait inspiré; et cet homme d'état, qui était aussi homme d'esprit, obtint du roi Louis XVI une pension de 2,000 francs pour le poète.

Larmes, que n'avait pu m'arracher le malheur,
Coulez pour la reconnaissance!

s'écria Lebrun. Il est malheureux pour lui qu'il n'ait pas toujours conservé ces sentimens envers un bienfaiteur, ou qu'il n'ait pas dissimulé au moins ceux qui bientôt les remplacèrent. Les torts de Lebrun en ce genre ont été d'autant plus grands, qu'ils ont eu tout l'éclat qu'ils pouvaient recevoir d'un grand talent. Ses odes révolutionnaires, où l'enthousiasme poétique est encore exalté par l'enthousiasme de la liberté, révoltèrent parmi ses contemporains le plus grand nombre de ceux même qui l'admiraient : on y trouvait souvent le délire d'un factieux. Il est juste de dire cependant, que si Lebrun a fait l'apologie de quelques actes de la révolution réprouvés par les amis de la liberté, il n'en faut pas conclure qu'il ait fait l'éloge du régime révolutionnaire. En 1793 même, il déplorait le sort de la France; il gémissait en vers harmonieux sur l'anéantissement de la liberté et de l'humanité, étouffées sous la plus désastreuse des tyrannies. Des temps moins malheureux ayant enfin succédé à trois années sanglantes, les lettres, les arts dédaignés par les proscripteurs, reprirent quelque faveur auprès d'un gouvernement qui voulait réconcilier la France avec les nations civilisées. Les académies ressuscitèrent en recevant une organisation plus heureuse, sous le nom d'*Institut national*, et Lebrun, dont le génie indépendant s'était tant de fois égayé au sujet de l'esprit académique, fut un des premiers membres de la nouvelle académie. Cet honneur, loin de le convertir, ne fut pour lui que l'occasion de nouvelles épigrammes. Cette époque fut aussi celle du rétablissement de la fortune de Lebrun, que la révolution avait une seconde fois renversée. Un logement au Louvre, un traitement de mille écus, l'avaient mis, sous le directoire, à l'abri de l'indigence : plusieurs gratifications du premier consul, et définitivement 6,000 francs de pension ajoutés à ces avantages par l'empereur, lui assurèrent enfin une aisance qu'il a conservée jusqu'à la fin de ses jours. Dans les dernières années de sa vie, il avait perdu la vue, que l'habileté du docteur Forlenze ne lui fit recouvrer qu'imparfaitement. Ce miracle, de peu de durée, inspira à M. de Cournand les jolis vers suivans:

D'un nuage fatal tes yeux étaient voilés;
Forlenze, par son art, te rend.t la lumière.
  En des siècles plus reculés,
Ce qu'il fit pour Pindare, il l'eût fait pour Homère.

Lebrun mourut, le 2 septembre 1807, à l'âge de 78 ans. Une notice biographique, où la véracité est d'obligation première, ne saurait être toujours un éloge, et les devoirs de l'historien sont plus graves que ceux du panégyriste. Nous avouerons donc que Lebrun était moins estimable sous le rapport des qualités du cœur que sous celui des facultés de l'esprit, et que si l'on ne peut se refuser de l'admirer sans être injuste, on a pu, sans injustice, ne pas l'aimer. De là, le peu d'accord qui existe dans l'opinion à son sujet. Bien des gens font encore payer à son génie les torts de son caractère, et se vengent sur les productions les plus sublimes, des blessures faites par tant d'ouvrages satiriques. Quand les haines poétiques, quand les haines politiques nouvellement suscitées, auront été amorties sans retour, la France jugera Lebrun, comme l'Angleterre juge aujourd'hui Milton. Elle ne verra plus en lui qu'un poète égal au moins à Jean-Baptiste Rousseau dans l'épigramme et dans l'ode, et plus fécond que ce poète en morceaux supérieurs dans l'un et dans l'autre genre. Les belles odes de Lebrun réunissent à tel point la force de la pensée à la hardiesse souvent heureuse de l'expression, elles sont animées d'un enthousiasme si sublime, que l'on ne croit pas rabaisser le premier lyrique français en mettant Lebrun à son niveau. Nous admirons sincèrement l'ode au comte de Luc, l'ode sur la bataille de Peterwaradin, l'ode à la Fortune; mais c'est sincèrement aussi que nous affirmons, que si belles que soient ces odes de Rousseau, elles ne le sont pas plus que les deux odes de Lebrun à M. de Buffon, que son ode sur le vaisseau *le Vengeur*, que sa traduction de l'ode *Pindarum quisquis studet æmulari*, où, malgré l'infériorité de la langue dans laquelle il traduit le génie d'Horace, Lebrun se met à son niveau, et que l'ode où imitant l'*Exegi monumentum*, le lyrique français se montre plus sublime peut-être que le lyrique latin. Nous avouerons aussi que Lebrun si souvent digne d'éloges, provoque souvent de justes critiques. On doit d'autant moins les lui épargner, qu'il fait école, et que ses imitateurs ne s'étudient pas moins à reproduire ses défauts que ses beautés. Dans quelques-unes de ses odes, le délire touche parfois à l'extravagance, l'audace à la témérité, et le sublime au gigantesque. Les tournures qu'il donne pour neuves ne sont quelquefois qu'inusitées, et telle expression qu'il croit hardie, parce qu'elle n'a pas été employée par les poètes, n'est que dédaignée par le goût, parce qu'elle est impropre. Dans l'épître, Lebrun est moins malin que méchant, et dans l'épigramme plus méchant que gai. Dur et souvent injurieux, il cherche moins à faire rire son lecteur qu'à désoler son ennemi. L'affectation et le pédantisme sont les objets de ses plus fréquentes attaques, dans lesquelles il n'est pas, à beaucoup près, toujours exempt lui-même des torts qu'il reproche. N'y a-t-il pas affectation et pédantisme à rechercher continuellement ces expressions, ces locutions, ces constructions surannées, qui tiennent moins du caractère naïf et gracieux de Marot que des prétentions bizarres et gothiques de Rousard ? Aussi, comme ceux que ces défauts ont frappés, nous pensons que les suppressions faites aux œuvres de Lebrun pouvaient être plus considérables, et qu'en réduisant à deux volumes ses œuvres complètes, qui en composent quatre, on eût véritablement agi dans l'intérêt de sa gloire. Réduites à ce point, ces œuvres ne contiendraient plus guère que des chefs-d'œuvre.

LEBRUN (Charles-François, duc de Plaisance), grand'croix de la légion-d'honneur, des ordres de Charles III d'Espagne et de l'Aigle-d'Or de Wurtemberg, membre de la 3ᵐᵉ classe de l'institut et de l'académie française, est né à Saint-Sauveur-Landelin, le 19 mars 1739. Sa famille, originaire de Bretagne, était venue, à une époque reculée, s'établir à Saint-Sauveur, et y avait acquis des propriétés. Son père, connu et estimé sous le nom de *Lebrun de La Senière*, eut sept enfans dont quatre garçons. Ne pouvant leur assurer qu'une fortune médiocre, il s'attacha surtout à leur donner une bonne éducation. Le plus jeune de ses fils, Charles François, entra comme pensionnaire au collége des Grassins à Paris, et y eut pour professeurs MM. Le Beau, qui tous deux le prirent en grande amitié. Il obtint des succès distingués à l'université, se livra avec ardeur à l'étude des langues anciennes et modernes, fit de nombreuses traductions pour former son style, et c'est déjà de cette époque que datent les traductions d'Homère et du Tasse, qui le firent depuis si avantageusement connaître dans la république des lettres. Il fit sa philosophie au collége de Navarre sous Mazéas, à qui l'on doit l'ouvrage estimé des *Élémens de géométrie*. On a publié dans quelques écrits que M. Lebrun avait été jésuite. Cette assertion est de toute fausseté; d'ailleurs, à l'époque où il aurait pu le devenir, l'ordre fut détruit. M. Lebrun n'eut jamais de relations qu'avec un seul jésuite, le P. Berthier, qui faisait le journal de Trévoux, et dont un neveu était en philosophie avec lui au collége de Navarre. Il consulta Berthier sur ses études, et ce vieillard lui conseilla de s'appliquer au droit naturel, alors très-peu suivi en France. Cette étude le conduisit à l'examen de l'*Esprit des lois*, qui s'empara bientôt de toutes ses pensées. Les parens de M. Lebrun le pressaient de prendre un état, mais la culture des lettres et l'étude de l'*Esprit des lois* retardèrent sa détermination. Il voulut avant tout voir cette Angleterre dont Montesquieu lui avait donné une si haute opinion. La France était alors en guerre avec ce pays où il ne put aller directement; mais il se rendit d'abord en Hollande, étudia les mœurs, les lois et le commerce de cette république, et passa ensuite à Londres, où il s'appliqua avec une nouvelle ardeur à connaître les ressorts du gouvernement anglais, et cette constitution plus vantée qu'approfondie, dont peu de Français s'occupaient alors. A son retour à Paris, il se décida enfin pour la carrière du barreau. M. Lorry, professeur de la faculté de droit, le fit bientôt connaître à M. de Maupeou, premier président du parlement de Paris, dont le fils, déjà président à mortier, faisait son droit sous le même professeur, et avait besoin d'être secondé dans son travail. MM. de Maupou jouissaient alors de la plus haute faveur. Le père était vice-chancelier et garde-des-sceaux; le fils, premier président de la première cour du royaume, et déjà désigné pour la place de chancelier. M. Lebrun obtint bientôt la confiance et l'amitié de ce magistrat; mais il vit que les troubles du parlement rendraient sous peu la carrière judiciaire très-orageuse, et sans abandonner la jurisprudence, il se livra à l'étude des monumens de l'histoire de France. On lui attribua dès ce temps plusieurs discours et mémoires prononcés ou publiés par le premier président. M. Lebrun fut ensuite nommé à une place de censeur royal, qu'il n'avait point demandée et dont les fonctions répugnaient à tous ses goûts. En 1768, il fut fait payeur des rentes. Cependant il s'occupa principalement des travaux relatifs à la chancellerie. Peu de temps après survinrent les troubles de Bretagne et les démêlés du duc d'Aiguillon avec le parlement, qui amenèrent les événemens de 1770. On attribua à M. Lebrun une grande part aux affaires à cette époque. On sait aujourd'hui qu'il avait rédigé un projet d'édit, destiné à rappeler les parlemens aux principes qui étaient reconnus alors pour être les principes de la monarchie même. Mais son projet ne fut point adopté. Ce fut l'abbé Terray qui composa le préambule de l'édit de décembre 1769, et qui en rédigea les articles. M. Lebrun fit le discours du chancelier, et l'on écrivit alors à ce magistrat : « *Pourquoi celui qui a fait votre*

» *discours n'a-t-il pas fait l'édit?* »

M. Lebrun eut en effet une grande part aux édits postérieurs, à l'établissement des conseils supérieurs, et à une foule d'écrits polémiques pour la défense des opérations du gouvernement. Après la disgrâce du duc de Choiseul, le duc d'Aiguillon vit enfin couronner tous ses vœux, et parvint au ministère, en quelque sorte malgré le roi, et surtout malgré le chancelier. Le nouveau ministre ne pardonna pas à M. Lebrun de n'avoir point déterminé ce magistrat à lui donner son suffrage, et lui fit ôter la place d'inspecteur-général des domaines de la couronne, qu'il avait obtenue. Le crédit du chancelier baissait, et M. Lebrun sentit que sa carrière était finie; il se consacra alors entièrement aux lettres, et ce fut à cette époque qu'il mit la dernière main aux traductions d'Homère et du Tasse. Louis XV mourut de la petite vérole, et les ministres qui l'avaient approché pendant sa maladie, ne purent se présenter devant Louis XVI dans les premiers jours de son règne. M. de Maurepas fut alors appelé par le jeune roi pour lui donner ses conseils, et bientôt tout le cabinet fut changé. Les ministres du feu roi furent disgraciés, le chancelier Meaupou fut renvoyé un des derniers, et avec lui s'écroula l'édifice entier du nouveau parlement. M. Lebrun n'était l'objet d'aucune haine personnelle : MM. Séguier, d'Amécour, et plusieurs anciens magistrats, lui avaient montré de l'estime et de l'amitié; M. de Maurepas même le fit assurer que la disgrâce du chancelier n'influerait

point sur son sort, et M. de Malesherbes lui dit qu'il n'y avait rien à lui reprocher et qu'il n'avait fait que son devoir. Il aurait pu, d'après de pareilles données, solliciter quelques grâces ou rentrer dans la carrière administrative; il ne demanda rien. Content du repos et loin des affaires, il se retira dans sa terre de Grillon, qui avait appartenu au poète Reguard, s'occupa d'agriculture et se voua à l'éducation de ses enfans. Il avait épousé en 1773 Mlle Delagoutte, fille et nièce d'avocats distingués, qui lui apporta de la fortune, et il passa 15 ans dans la retraite. Au commencement de 1789, il publia un ouvrage intitulé *la Voix du citoyen*, qui fit sensation à cette époque, et qui a été mieux apprécié, quand depuis on y a retrouvé la prédiction de presque tous les événemens qui ont marqué les différentes phases de la révolution. « Il nous faut une constitu-
» tion nouvelle, dit-il : le vœu pu-
» blic l'appelle, l'intérêt de la na-
» tion la demande, le souverain l'a
» promise, et nous en sommes ve-
» nus au point où il n'y a plus pour
» nous de milieu entre être libres
» ou cesser d'être. C'est avec les
» élémens d'une monarchie qu'il
» faut l'élever cette constitution,
» sans altérer leur nature, sans af-
» faiblir leurs droits réels..... »
Après avoir parlé de la nécessité d'établir l'égalité dans les charges publiques (et l'auteur ne fait ni au clergé ni à la noblesse, l'injure de croire qu'ils veulent s'y soustraire), il ajoute : « Mais si un esprit
» de vertige égarait la raison, si un
» vil intérêt, un intérêt aveugle
» corrompait les âmes les plus

» pures...., alors (le tiers-état), li-
» bre comme les autres ordres,
» vous vous refuseriez à un far-
» deau qu'ils ne voudraient pas
» partager. Alors plus de puissan-
» ce publique, plus de nœud so-
» cial, plus de nation, ou si vous
» pouviez l'être encore, vous seriez
» la dernière de toutes.... Bientôt
» s'élèverait un homme audacieux,
» un *Leveller* déterminé, qui sur
» les débris de vos anciennes for-
» mes établirait une constitution
» nouvelle.... Il appellerait les ci-
» toyens à plus de liberté, à plus de
» richesses; mais il dirait aussi :
» L'autorité manque à mes vues
» bienfaisantes; à chaque pas des
» formes importunes arrêtent ma
» marche et votre prospérité; des
» assemblées perpétuelles vous
» arrachent à votre culture, à vos
» travaux, à votre commerce :
» tranchons d'un seul coup toutes
» les difficultés; rompons ces vieux
» liens qui enchaînent un pouvoir
» qui n'existe que pour vous ren-
» dre libres, heureux et puissans!...
» Le vœu général remettra dans
» ses mains toute la puissance pu-
» blique. Alors sera établi un des-
» potisme légal, et nos fers à tous
» seront rivés au trône même de
» la constitution. » M. Lebrun appartenait à l'ordre de la noblesse
et avait ses propriétés dans le
bailliage de Dourdan. Le tiers-état
le nomma un de ses députés aux
états-généraux en 1789, et le
chargea de rédiger les cahiers de
l'ordre qui l'avait élu, rédaction
qui prouva à la fois son patriotisme et la modération de son caractère. Il parut plusieurs fois à la tribune de l'assemblée constituante,
parla sur les *dîmes* et sur *les*
biens du clergé, fut entendu avec
bienveillance, mais ses opinions
modérées ne contentèrent ni le
clergé ni ses adversaires. Il combattit ensuite avec force la création des assignats, et fit un grand
nombre de rapports sur diverses
parties de l'administration et des
finances. La clarté, la précision et
la sagesse des principes distinguèrent particulièrement ses discours, et depuis, son nom a fait
autorité pour les orateurs ou écrivains qui ont traité ces matières.
Membre du comité des finances,
il le fut aussi du comité des douze, dont le ministère avait demandé la création. Au sortir de
l'assemblée constituante, il fut
nommé membre du département
de Seine-et-Oise, et en présida le
directoire jusqu'au mois de juillet
1791. Des troubles alarmans é-
clatèrent dans ce département;
plusieurs émeutes eurent lieu
dans les marchés publics, et le
maire d'Étampes fut massacré
par le peuple. Dans un rapport à
l'assemblée législative, M. Lebrun
peignit, des couleurs les plus fortes, l'anarchie et ses dangereuses
conséquences. Il obtint de l'assemblée et du gouvernement les forces nécessaires pour réprimer les
mouvemens séditieux, et parvint
enfin, avec ses collègues, à ramener
le calme par des mesures aussi sages qu'énergiques. A l'époque du
10 août 1792, il donna sa démission et renonça à toute fonction
publique. Le 1ᵉʳ septembre 1793,
avant même qu'il y eût des suspects, il fut mis en arrestation
dans la maison des Récollets de
Versailles; relâché 6 mois après
et renvoyé chez lui avec un gar-

dien, il fut emprisonné de nouveau le 28 messidor an 2, et aurait sans doute augmenté le nombre des victimes de la terreur, sans la journée du 9 thermidor. Sa liberté lui fut rendue 3 mois après, et il fut appelé à la présidence du directoire du département de Seine-et-Oise. En l'an 4, il fut élu député au conseil des anciens, où il devint membre et organe de presque toutes les commissions de finance. On remarqua ses divers rapports sur la trésorerie nationale, sur l'établissement des bureaux de visite et de marque des toiles et toileries, ainsi que ses opinions, sur les monnaies, sur les hospices, sur les pères, mères et ascendans d'émigrés, sur les emprunts forcés, etc. Sans avoir pris aucune part aux événemens qui préparèrent la journée du 18 brumaire et le changement de gouvernement qui en fut la suite; sans avoir même, pendant qu'il présidait la commission du conseil des anciens, nommé à cette époque, eu d'entrevue avec le général Bonaparte, et sans avoir fait aucune démarche, il fut nommé troisième consul. On ne sait si ce choix fut suggéré au nouveau chef de l'état, ou s'il le fit de son propre mouvement. On croit que le premier consul voulut donner par cette nomination un gage de la modération de ses principes, et rassurer le parti aristocratique. Dans ce poste élevé, M. Lebrun fut assez heureux pour n'avoir ni détracteurs ni ennemis. Il exerça une grande influence sur l'administration et les finances avant l'époque de l'Empire. On lui attribua aussi beaucoup d'écrits émanés du gouvernement et qui portent évidemment le caractère de son style. Sous le gouvernement impérial, M. Lebrun fut nommé prince, archi-trésorier, duc de Plaisance, et envoyé en l'an 13 à Gênes pour y organiser les nouveaux départemens. Nommé ensuite gouverneur-général de ce pays, il y a laissé les plus honorables souvenirs. En 1807, il concourut essentiellement à la formation de la chambre des comptes, et prononça un discours remarquable à son installation. Nommé en 1809 pour présider le collége électoral du Rhône, il fonda à cette époque un prix d'encouragement pour l'industrie, que l'académie de Lyon adjuge annuellement. Nommé, après l'abdication du roi de Hollande Louis, lieutenant-général de l'empereur en ce pays, et en 1811 gouverneur-général, il y resta jusqu'à la fin de 1813, et reçut à son départ les plus touchans témoignages d'estime et d'affection. Il ne prit point de part à l'acte du sénat qui prononça la déchéance de Napoléon, mais il signa celui qui rétablissait la maison de Bourbon. Pendant les *cent jours* en 1815, il fut nommé grand-maître de l'université, et résistant à tous les changemens que l'esprit de parti proposa, il protégea constamment tous les talens et tous les droits. Il avait présidé, en 1814, le collége électoral de Seine-et-Oise. Exclu de la pairie en 1815, il fut rétabli par l'ordonnance de 1819. Lors de l'établissement du conseil des prisons, il prononça, à l'âge de 80 ans, le discours d'installation. M. le duc de Plaisance vit aujourd'hui retiré dans sa terre, au milieu d'établissemens utiles qu'il a formés près de Dourdan, département de Seine-et-Oise.

LEBRUN (Anne-Charles, duc de Plaisance), lieutenant-général, grand'croix de la légion-d'honneur, chevalier de Saint-Louis, etc., fils aîné du précédent, est né en 1775. Porté par goût à la profession des armes, il prit du service après les événemens du 18 brumaire an 8 (9 novembre 1799), et était aide-de-camp du général Desaix, tué à la bataille de Marengo. Il existe à la manufacture des Gobelins un tableau très-bien exécuté, représentant le général au moment où il tombe dans les bras de son aide-de-camp. M. Lebrun fit, en qualité de colonel du 3me régiment de hussards, la campagne de 1805, et fut chargé, par l'empereur, d'apporter à Paris la nouvelle de la bataille d'Austerlitz. Il mérita, sur le champ d'Eylau, le grade de général de brigade, et le 23 février 1812, il reçut le grade de général de division. Nommé, à la fin de 1813, gouverneur d'Anvers, il fut remplacé, dans les premiers mois de 1814, par le général Carnot. Le général Lebrun ayant adhéré au rétablissement du gouvernement royal, reçut du roi, le 29 juillet 1814, la croix de Saint-Louis. Au retour de l'île d'Elbe, dès le 27 mars 1815, il fut envoyé par Napoléon pour prendre, dans la ci-devant province de Champagne, le commandement que venait de quitter le maréchal duc de Bellune. Le département de Seine-et-Marne le nomma membre de la chambre des représentans. Depuis la seconde restauration, le général Lebrun est en disponibilité.

LEBRUN (madame), célèbre peintre de portraits, est fille d'un peintre qui lui donna les premiers élémens de son art, et qui s'attacha à former son goût comme il avait formé son cœur; elle est sœur d'un poète agréable, M. Vigée, ravi aux lettres il y a quelques années. Après la mort de son père, elle passa dans l'atelier de Vernet, et dès l'âge de 16 ans, elle se fit remarquer par ses talens. Comme Angelica Kaufmann (voy. Kaufmann), elle dut sa célébrité naissante à plusieurs portraits d'un grand mérite : ceux de La Bruyère et de l'abbé Fleury. Elle fit hommage de ces deux compositions à l'académie, et reçut, par l'organe de d'Alembert, secrétaire perpétuel, ses entrées à toutes les séances publiques de l'académie française, récompense qui pourrait paraître mesquine aujourd'hui. Néanmoins, c'était une distinction ; et comme toute distinction enflamme le génie, celui de la jeune artiste en reçut une forte impression. Un homme estimé par ses qualités personnelles et par ses connaissances dans les arts du dessin, M. Lebrun, marchand de tableaux, l'épousa. Elle se trouva placée, en quelque sorte, au milieu de chefs-d'œuvre des trois écoles. Mme Lebrun les étudia avec fruit; ils l'inspirèrent et donnèrent à son talent un nouveau degré de force. Le burin multipliait ses productions. Les personnes les plus distinguées de la capitale voulaient avoir leurs portraits de la main de cette artiste, qui était obligée de choisir, ne

Mme Lebrun.

Mme Lebrun pinx.   Fremy del. et Sculp.

pouvant suffire à toutes les demandes. A cette époque, une de ses productions fit une sensation extraordinaire. Elle représente la *Reine et une partie de la Famille royale entourant le berceau du premier dauphin* (né en 1781, mort en 1789). Objet de la considération générale, jouissant d'une fortune honnête, M*me* Lebrun réunissait chez elle une fois la semaine des peintres, des sculpteurs, des graveurs, des architectes, des musiciens et des hommes de lettres distingués. Cette société aimable et modeste fut bientôt recherchée par de grands seigneurs qui briguaient l'avantage d'y être admis. L'abbé Barthélemy venait de publier son immortel *Voyage du jeune Anacharsis*. M*me* Lebrun voulut joindre son hommage à celui de la cour et de la ville. Elle adressa à son illustre auteur une invitation à souper. L'abbé Barthélemy s'y rend, et ne soupçonne en rien la surprise délicate et ingénieuse qui lui est ménagée. Il arrive, et au lieu de trouver une réunion française, il se voit au milieu d'Alcibiade, de Socrate, d'Aspasie, etc. L'illusion était complète et dans les costumes, et dans les caractères, et même dans le repas qui représenta jusqu'au brouet noir des Lacédémoniens... Le bon et savant abbé Barthélemy sortit enchanté de cette fête. La révolution approchait. En 1789, M*me* Lebrun se rendit en Italie, où ses succès furent aussi brillans qu'en France. A Rome, M. Menageot, son ami, directeur de l'école de France, lui fit donner un logement à l'hôtel même de l'académie. Reçue membre de l'académie de Saint-Luc, elle lui fit don de son portrait qu'elle peignit spécialement pour cette destination. S'étant rendue à Naples, où depuis long-temps sa réputation l'avait précédée, elle reçut de la reine, de la cour et des personnes les plus distinguées, l'accueil le plus flatteur. Elle y peignit *lady Hamilton*, dont elle reproduisit la figure dans la *bacchante* qu'elle exposa au salon du Louvre, et le célèbre compositeur de musique *Paësiello*. A Florence et à Parme, elle fut forcée, pour répondre à l'empressement des artistes, de laisser son portrait dans ces deux villes. De la riante et pittoresque Italie, elle se transporta dans les froides régions du Nord, et visita successivement Vienne, Berlin et Saint-Pétersbourg. Partout accueillie avec distinction des personnes titrées et avec enthousiasme des artistes, elle a souvent justifié sa grande renommée. Le séjour prolongé de M*me* Lebrun hors de sa patrie, la fit inscrire, à une époque fatale, sur la liste des émigrés, malgré l'exception que la loi faisait des savans, des littérateurs, des artistes, et même des artisans qui allaient recueillir, sous un ciel étranger, de nouvelles connaissances. Son mari, cependant, à force de sollicitations, obtint que son nom serait rayé de la liste, et M*me* Lebrun rentra dans sa patrie, qu'elle regrettait vivement, et où elle reprit ses travaux. Depuis son retour, elle a peint quelques portraits : *M*me* de Staël* en *Corinne*, et *M*me* Catalani*. Elle rapporta d'un voyage en Suisse, et d'un autre voyage en Angleterre, des paysages très-pittoresques. Elle a peint dans ces deux contrées, entre autres ouvrages, plusieurs portraits dignes de son beau talent. L'abbé Delille l'a souvent citée dans des vers dignes et d'elle et de lui. Son frère, M. Vigée, lui adressa, au moment de son départ pour l'Italie, une épître qu'il fit d'abord paraître dans l'*Almanach des Muses*, et qu'il a insérée ensuite dans le recueil de ses poésies. Mme Lebrun vit aujourd'hui dans une retraite agréable, embellie par l'amitié.

LEBRUN (Pierre), né à Paris le 29 décembre 1785. De premiers essais de poésie faits à l'âge de 10 à 12 ans, et mis sous les yeux de M. François-de-Neufchâteau, alors ministre de l'intérieur, lui valurent une place d'élève au Prytanée français. Le seul de ses ouvrages d'enfance qu'on ait imprimés, est une fable qui fut publiée et remarquée dans les journaux du temps. Les études de M. Lebrun furent brillantes et rapides; elles présageaient les triomphes littéraires, si bien mérités, qu'il a obtenus depuis. Son goût et son talent pour la poésie française particulièrement, réalisaient déjà d'heureuses espérances. Une pièce de vers, intitulée *Mes Souvenirs*, produisit une vive impression, dans une distribution solennelle de prix, où assistaient Ducis, Bernardin-de-Saint-Pierre et tout ce que la France possédait de plus éminent dans toutes les carrières et dans tous les genres. Très-jeune encore, M. Lebrun, durant une maladie de son professeur de rhétorique, fut chargé de le remplacer par intérim. L'empereur Napoléon qui affectionnait particulièrement le Prytanée de Saint-Cyr, l'ayant visité dans cet intervalle, fut très-étonné de trouver dans la chaire de rhétorique un jeune professeur portant l'uniforme des écoliers. C'est dans cette circonstance que Napoléon ayant demandé à Lebrun à quoi il se destinait : « A chanter votre gloire, » répondit le jeune poëte. Il a été fidèle à cette promesse, qui se trouve rappelée dans son poëme sur la mort de Napoléon. Entré dans le monde, M. Lebrun s'y montra fidèle aussi au culte des muses. Une ode à la grande-armée, publiée à l'époque de la bataille d'Iéna, fut particulièrement remarquée de Napoléon, qui la crut d'abord du lyrique Lebrun. Informé du véritable auteur de cette pièce, où respire le plus noble enthousiasme et le plus haut talent poétique, l'empereur lui donna une pension de 1200 francs. Depuis cette époque, l'académicien Lebrun manifesta peu de bienveillance pour son homonyme, qui s'en vengea en faisant sur sa mort une ode d'apothéose, comparable aux plus belles productions du Pindare français. M. Lebrun, inspiré souvent par la gloire nationale, a publié plusieurs morceaux sur nos diverses campagnes. En 1814, il fit jouer sa tragédie d'*Ulysse* qui obtint un succès d'estime, que plusieurs reprises de cet ouvrage ont constaté. On y trouve un style de l'école la plus pure, un goût parfait, et une étude approfondie des modèles antiques. En 1817, l'académie couronna un *Poëme sur l'étude*, où M. Lebrun se distingua surtout dans la diction, digne d'un élève de Racine et de Boileau. En 1820, *Marie Stuart*, tragédie, obtint la réussite la plus brillante, et durant 50 représentations, attira la foule au Théâtre-Français. Cet ouvrage que l'on joue encore très-souvent, et toujours avec le même succès, annonce, ce qu'il est très-rare de rencontrer aujourd'hui, un talent vraiment dramatique. M. Lebrun a imité Schiller, mais comme un homme d'un haut talent en imite un autre, en se créant tous les droits d'une invention nouvelle. Le style de Marie Stuart, qui tient le milieu entre celui de la tragédie héroïque et de la haute comédie, est parfaitement approprié à l'époque, à l'action, aux personnages; aussi produit-il, sans le secours de ces vers ambitieux, amenés en dépit de toutes les convenances, le plus puissant effet. En 1822, M. Lebrun publia un poëme lyrique *sur la mort de Napoléon*. Ce noble hommage rendu au génie, à la gloire et au malheur, honore également le caractère et le talent de son auteur. Il en a été fait une traduction en anglais. Il existe encore de M. Lebrun une tragédie intitulée *Évandre et Pallas*, non représentée, et imprimée à un petit nombre d'exemplaires. C'est son premier ouvrage. On y remarque des traits fort heureux, et un esprit nourri de l'antiquité. Sous l'empire, M. Lebrun fut nommé par M. Français de Nantes, amateur éclairé des arts, receveur principal des contributions indirectes. Devenu libre par la suppression de cette place, il se livra entièrement à la littérature. Il a rempli l'intervalle de ses travaux par des voyages d'étude en Italie, en Grèce et en Turquie.

LEBRUN (Louis), architecte, ancien élève de l'école Polytechnique, est né à Douay, département du Nord, en 1770. Il montra, dès sa jeunesse, beaucoup de goût pour le dessin. De retour du voyage qu'il fit avec le capitaine Baudin aux terres australes, il appliqua à l'architecture l'étude des mathématiques, et prétendit que l'architecture n'était point une simple connaissance des lignes, un art purement arbitraire, comme on l'enseigne dans les écoles, mais bien une science positive, laquelle avait pour base la loi de la stabilité, la première loi de l'architecture. « Les Grecs, dit » M. Lebrun dans un de ses Mé- » moires, les Grecs auxquels il é- » tait réservé d'être nos maîtres » dans les sciences et dans les arts, » et particulièrement dans l'archi- » tecture, ont vu que cette science » ne pouvait manquer d'être fon- » dée en principes. Créateurs des » ordres, ils les ont constitués en » stabilité sur un principe d'égalité » entre les supports et le fardeau, » d'où ils ont déduit les élémens » des ordres, leur caractère, et » tout ce qui explique et compose » la science des édifices, dont nous » n'avions avant eux aucune défi- » nition ni connaissance réelle. » M. Lebrun fait ressortir de ces principes la conséquence rigoureuse que l'architecture, telle qu'elle est enseignée dans les écoles, est *routinière*, et dépend plus ou moins du goût de celui qui la professe. Elle devient, dans les mains d'un homme spéculateur, une occupation mercenaire et productive, étrangère à tout principe fixe et invariable. Ainsi, suivant M. Lebrun, les constructions publiques ou particulières dépendraient, pour la conception et l'exécution, des idées et de la modération ou de l'exigence de l'architecte qui en fixerait la dépense au taux déterminé par sa seule volonté. Il y a, dans le système de M. Lebrun, une grave inculpation contre le talent et le désintéressement des architectes, et ce censeur sévère les poursuit depuis 20 ans avec une persévérance, une fermeté, qui annonce du moins sa bonne foi. « Nos princi- » pes en architecture, dit-il dans le » Mémoire que nous avons déjà » cité, étant fondés sur la statique, » on peut juger s'ils sont vrais ou » faux : car les propositions ma- » thématiques se démontrant par » le raisonnement, si le jugement » de nos adversaires est établi d'a- » près des données exactes, pour- » quoi craindraient-ils de le faire » connaître ? Nous le tenons pour » erroné jusqu'à ce qu'ils nous » aient mis à même de prendre » une opinion contraire. » A ce raisonnement vigoureux, M. Lebrun ajoute d'autres propositions qui ne semblent pas avoir moins de force. Il ne dissimule pas qu'il pourra paraître surprenant que depuis nombre de siècles on ait pu, sans géométrie et sans statique, élever des monumens et leur donner une certaine durée. Cela, à ses yeux, est facile à expliquer. D'une part, les architectes furent guidés par les débris des monumens anciens, d'après lesquels ils tracèrent des formes; d'autre part, ils obtinrent cette durée par l'emploi du fer, et par un excédant de matière qu'ils employaient arbitrairement et d'après les routines du temps. Et qu'on ne dise pas que M. Lebrun avance ces principes dans le silence et dans l'obscurité. Tous ses ouvrages tendent à attaquer, directement et en face, le système de nos constructions. Le Panthéon (aujourd'hui église Sainte-Geneviève) n'est pas excepté de l'anathème qu'il lance contre leur exécution. Il a fait plus encore : les plans du Panthéon à la main, il les critique et les rectifie, et en publie la rectification. Toujours combattant dans l'intérêt de l'architecture, les écoles, les professeurs en renom, les académies, trois fois il a fait retentir de ses réclamations la chambre des députés, la première chambre du royaume, et les conseils du roi eux-mêmes. Mais, généralement accueilli avec faveur, il n'a pu engager ni faire engager la lutte dans laquelle il aurait essayé de vaincre ses adversaires. Ces adversaires cruels, écoles, académies, professeurs, ministère, veulent, comme il le dit plaisamment, le tuer à force de silence. Il ne nous appartient pas de prononcer une opinion dans un ouvrage biographique. Nous ne pouvons qu'engager M. Lebrun à persévérer. L'erreur, le préjugé, la routine, s'établissent à la longue, c'est l'usage; mais la vérité, dont on ne doit jamais faire cesser d'entendre le langage généreux, finit par triompher de l'erreur et de la routine. M. Lebrun parviendra sans doute à ce résultat. La vérité soutient le courage de celui qui la proclame. Après 20 ans de combat, qu'il ne perde pas courage. Un poète ancien a dit : « *La vérité est fille du temps.* » Les principaux ouvrages de M. Lebrun sont : 1° *Formation géométrique des quatre ordres de l'architecture grecque, et leurs proportions déduites des proportions arithmétiques, et fondées sur la stabilité par laquelle on démontre que les principes de l'équilibre ne sont pas applicables à la construction,* Paris, 1816, 1 vol. oblong, avec 21 planches; 2° *Mémoire contre l'enseignement professé jusqu'à présent dans l'école royale d'architecture, appuyé de la correction du plan, de la coupe et de l'élévation de l'église de Sainte-Geneviève (ci-devant Panthéon français)*, Paris, in-4°, 1817, avec planches; 3° *Appel aux savans, aux ingénieurs et aux géomètres dans l'examen des principes retrouvés de l'architecture, et au gouvernement pour l'admission de ces mêmes principes dans l'enseignement tant public que particulier de cette science*, Paris, in-4°, 1820, avec planche.

LEBRUN (ISIDORE-FRÉDÉRIC), né à Caen, en 1786, d'une famille également considérée dans le commerce et dans la magistrature. Entré en 1808 dans la carrière de l'enseignement public, et nommé professeur à l'université, il monta de chaire en chaire. En 1816, il occupait celle des belles-lettres, quand par suite de la nouvelle direction que l'on voulait donner à l'instruction publique, il quitta l'enseignement. M. Lebrun se livra dès-lors à la composition de plusieurs ouvrages de littérature et d'histoire. On a de lui :

1° *Conciones ex Græcis epicis poetis excerpta*, Bayeux, 1812, 1 vol. in-12; 2° *De l'université*, brochure, 1814; 3° *Vues sur l'instruction publique et sur l'éducation des filles*, Paris, 1816, 1 vol. in-8°; 4° *Épithalame en vers grecs et poésies diverses*, 1810. Il a fourni des articles au *Dictionnaire des anonymes*, du savant M. Barbier. Le *Mercure de France* a publié, en 1815, une *Analyse d'un cours d'éloquence militaire, chez les anciens et les modernes.* Cet ouvrage important n'est pas encore publié, ainsi qu'un autre ouvrage de M. Lebrun, intitulé *la Tribune française.* C'est lui qui a conçu l'idée du *Médailler des Français célèbres du 19.me siècle*, et M. Canois, graveur distingué, a déjà fait paraître les médailles de MM. Cuvier, Dupin (avocat), Dupuytren, Foi (général), Laplace, Larochefoucault - Liancourt, Talma, Ternaux.

LEBRUN (JEAN-FRANÇOIS), frère du précédent, né à Caen, en 1783, était procureur du roi aux Andelys (département de l'Eure), en 1815. Magistrat intègre autant qu'éclairé, s'il ne put empêcher plusieurs destitutions, il parvint du moins à procurer des pensions aux destitués, de la part de ceux qui les remplaçaient. Envoyé à Château-Thierry (département de l'Aisne), en juin 1817, il fit preuve de courage personnel, et sut allier la modération à la fermeté, lors de la grande émeute, causée par la cherté des subsistances, qui éclata dans cette ville, et aux environs le lendemain même de son arrivée. S'il avait été mieux secondé, le pillage des grains eût pu être empêché. Mais il contribua puissamment, et en exposant sa vie, à le faire bientôt cesser. Obligé ensuite de poursuivre 39 communes, et d'en exiger des dédommagemens ou des amendes évalués à près de 400,000 francs, il sut les en préserver pour la presque totalité. Mais ses fatigues et ses veilles pendant tout le cours des procédures, pour cette affaire malheureuse, altérèrent sa santé. Frappé successivement de trois attaques d'apoplexie, il fut remplacé, sans pension. Depuis, M. Lebrun s'est occupé de terminer un *Examen raisonné de la législation française aux* 17me, 18me *et* 19me *siècles*.

LEBRUN (Louis-Sébastien), musicien compositeur, est né à Paris en 1765. Élève de la maîtrise de Notre-Dame, il passa à l'église royale de Saint-Germain-l'Auxerrois, dont il ne sortit deux ans après que pour entrer à l'académie royale de musique. Il débuta, en 1787, dans l'opéra d'*OEdipe*, par le rôle de Polynice. Il se fit entendre ensuite au concert spirituel comme chanteur et comme compositeur. Il y obtint des succès sous ce double rapport. En 1790, il donna au théâtre Montansier, *l'Art d'aimer au village*, et successivement : au théâtre Louvois, *Émilie et Melcour*, *un Moment d'humeur*, *la Veuve américaine;* au théâtre des Variétés, *les Petits aveugles de Franconville*, *la Suite de la cinquantaine;* au théâtre Feydeau, *le bon Fils*, *Plus de peur que de mal*, *l'Astronome*, *le Maçon et Marceline*. Un opéra en 5 actes, intitulé, *l'An deux*, reçu et répété, fut ajourné indéfiniment en l'an 4, par suite de considérations politiques. En 1816, M. Lebrun assura sa réputation par la musique du *Rossignol*, composition naïve et gracieuse, et digne du théâtre où l'on applaudit encore le *Devin du village*. M. Lebrun, après un séjour de huit ans au théâtre Feydeau, rentra à l'Opéra, et fut un des chefs du chant lorsque ce théâtre devint académie impériale de musique. Placé comme ténor à la chapelle de l'empereur, il fut nommé chef du chant de la musique de la chapelle de ce prince. En 1809, il composa et fit exécuter à l'église Notre-Dame, un *Te Deum* à grand orchestre en actions de grâces de la bataille de Wagram. M. Lebrun est rentré à l'académie royale de musique, où il est toujours chef d'une classe de chant.

LEBRUN (Pierre), magistrat et homme de lettres, naquit à Montpellier, département de l'Hérault, en 1761. Il suivit la carrière de la magistrature, et à l'époque de la révolution il était conseiller à la cour des aides de sa ville natale. En 1791, cette cour ayant été supprimée, il vint à Paris où il vécut dans la retraite, cultivant avec succès les lettres qu'il aimait et dont ses fonctions de magistrat ne l'éloignèrent jamais entièrement. Le calme rétabli, il rentra dans la magistrature et devint juge à la cour d'appel de Paris, où il siégea jusqu'à sa mort, arrivée le 17 novembre 1810. M. Lebrun publia dans sa jeunesse des pièces de poésies légères, qui furent très-bien accueillies. Il passe pour l'auteur de la version de *l'Art poétique*, qui fait partie de la traduction complète en vers français des *OEuvres complètes d'Horace*, publiée par son beau-frère, M. le comte Daru (*Voy.* DARU). On doit encore à M. Lebrun une traduction de *Salluste*, Paris, 1809, 2 vol. in-12. Il a continué seul, pendant deux années, le *Journal des causes célèbres*, et était, à l'époque de sa mort, l'un des collaborateurs du *Journal du Barreau*.

LEBRUN DE ROCHEMONT (LE COMTE), pair de France, commandeur de la légion-d'honneur, etc., est frère de l'ex-archi-trésorier de l'empire, M. Lebrun, duc de Plaisance. M. Lebrun de Rochemont suivait, à l'époque de la révolution, la carrière du barreau. Il dut, à la faveur dont jouissait son frère auprès du chef du gouvernement, son admission au sénat-conservateur en 1803. Il faisait partie de ce corps lors des événemens politiques de 1814. Par suite de son vote pour la déchéance de l'empereur, la formation d'un gouvernement provisoire et le rétablissement de la famille des Bourbons sur le trône de France, il fut nommé par le roi, le 4 juin 1814, membre de la chambre des pairs. N'ayant point été compris dans la chambre haute que Napoléon institua pendant les *cent jours*, en 1815, il rentra de droit, après la seconde restauration, à la chambre des pairs dont il fait encore partie.

LEBRUN DES CHARMETTES, d'abord secrétaire du comte Regnault de-Saint-Jean-d'Angely et depuis, sous-préfet de Saint-Calais (Sarthe), est né à Bordeaux, en 1783. Il a traduit plusieurs ouvrages anglais, entre autres le livre piquant de lady Morgan sur la France. M. Lebrun des Charmettes a donné, en 1817, en 4 vol. in-8° avec figures, l'*Histoire de Jeanne-d'Arc*. Cet ouvrage est le plus complet qui ait été publié sur ce personnage mystérieux, qui doit beaucoup aux historiens et encore plus aux romanciers. M. Lebrun des Charmettes a concouru quelque temps à la rédaction de la feuille littéraire, l'*Abeille*.

LEBRUN-TONDU (PIERRE-HÉLÈNE-MARIE), ministre des affaires étrangères, naquit à Noyon, département de l'Oise, vers 1763. Sa famille est inconnue, et il paraît qu'il fut placé, par le chapitre de Noyon, au collège de Louis-le-Grand, où il fit ses études. Il embrassa l'état ecclésiastique, et fut d'abord connu dans le monde sous le nom de *l'abbé Tondu*. Pourvu d'une des places que le roi payait à l'Observatoire en faveur des jeunes gens qui annonçaient des dispositions pour les mathématiques, il renonça bientôt à la carrière dans laquelle on le dirigeait; s'engagea comme soldat, et obtint son congé quelque temps après; il paraît même qu'il en fut redevable à la bonté de Louis XVI. Lebrun-Tondu se rendit dans les Pays-Bas, y devint imprimeur et journaliste, et prit part, en 1787, à la révolution de Liége. En 1790, il se fixa à Herve (pays de Limbourg), et par des sarcasmes et des plaisanteries, attaqua, dans son journal, Vandernoot, Vaneupen, et la tournure monacale que prenait la révolution belgique. Rédacteur du *Journal Général de l'Europe*, il y déploya des connaissances diplomatiques qui intéressèrent Dumouriez, alors ministre des affaires étrangères. Ce ministre l'appela près de lui, et concourut avec Brissot et les autres chefs du parti de la *Gironde*, après les événemens du 10 août 1792, à lui faire confier le portefeuille dont il avait été chargé. Mme Roland qui, en général, traite avec beaucoup d'indulgence ses amis et assez mal les hommes qui lui déplaisaient, dit, dans ses Mémoires, du ministre Lebrun : « Qu'il » passait pour un esprit sage, parce » qu'il n'avait d'élans d'aucune es- » pèce; et pour un habile homme, » parce qu'il était un assez bon » commis; mais qu'il n'avait ni ac- » tivité, ni esprit, ni caractère. » Le 25 septembre, le nouveau ministre rendit compte à la convention nationale de la situation de son département, et esquissa le tableau de la situation politique de l'Europe. Douze jours après, en mémoire de la victoire de Jemmapes, il présenta à sa municipalité sa fille, née la veille, et en lui donnant pour parrain Dumouriez, lui fit prendre les noms de *Civilis-Victoire-Jemmapes-Dumouriez-Lebrun*. Il fit un rapport, le 19 décembre, sur les relations de la France avec l'Angleterre, et, le 31 du même mois, avec des détails sur les dispositions hostiles de cette puissance, les réclamations énergiques de la cour de Madrid en faveur de Louis XVI. Comme membre du conseil exécutif, il signa, le 20 janvier 1793, l'ordre d'exécuter ce prince infortuné. Le 7 mars suivant, il fit connaître le départ d'Espagne de l'ambassadeur Bourgoin et les causes qui l'avaient motivé, lesquelles rendaient la guerre inévitable et imminente. Lebrun-Tondu s'efforça, vers le même temps, de renouer avec l'ambassadeur anglais lord Grenville, pour éviter une rupture entre la Grande-Bretagne et la France, ce qui n'empêcha point Robespierre de l'accuser d'avoir provoqué imprudemment les hostilités, et de n'être pas en mesure de les soutenir. Une lettre de Talon, trouvée dans l'armoire de fer, ayant fait suspecter d'intelligence avec Louis XVI M. de Semonville (*voy.* Semonville), Lebrun-Tondu se hâta de le destituer. Ces mesures parurent tardives et équivoques au comité de sûreté générale; il accusa Lebrun et son collègue Clavière d'appartenir à la faction des hommes d'état, et le 25 septembre, il les fit décréter d'accusation. Lebrun-Tondu, arrêté ensuite, s'échappa le 9. Découvert et arrêté de nouveau le 24 décembre, il fut livré, le 27 décembre (7 nivôse an 2), au tribunal révolutionnaire, qui le condamna à mort et le fit exécuter le même jour. Le jugement portait : « Lebrun, abbé, journaliste, » imprimeur et ministre, âgé de » 30 ans, né à Noyon, condamné à » mort comme contre-révolution- » naire, ayant été appelé au minis- » tère par Brissot, Roland, Du- » mouriez, et ayant, à cette épo- » que, été l'âme du parti d'Or- » léans, et appuyé de tous ses ef- » forts, avec Clavière et Roland, » la proposition de Kersaint de fuir » au-delà de la Loire avec l'assem- » blée législative, le conseil exé- » cutif et Capet. »

LEBRUN-TOSSA (N.), littérateur, est né à Donzière, dans la ci-devant province du Dauphiné.

Il vint à Paris à l'époque de la révolution, et fit représenter, sur les théâtres Montansier et Feydeau, quelques pièces de circonstances, dont les titres aujourd'hui sont même oubliés. La muse de M. Lebrun-Tossa paya un tribut aux mânes de CHARLOTTE CORDAY, (*voyez* ce nom) dans une pièce intitulée : *Apothéose de Charlotte Corday*. Le roman qu'il publia en 1797, sous le titre d'*Alexandrine de Bauny, ou l'Innocence et la Scélératesse*, prouverait fort peu en faveur de l'orthodoxie de l'auteur, s'il avait eu la prétention de faire un ouvrage religieux. M. Lebrun-Tossa fut employé, jusqu'en 1804, dans les bureaux de la police, et passa à cette époque dans les droits-réunis, dont M. Français de Nantes était directeur-général. Quelque temps après le rétablissement du gouvernement royal, il fut mis à la retraite avec pension. On a reproché à M. Lebrun-Tossa la conduite qu'il a tenue en 1812 avec M. Étienne, à l'occasion de la comédie des *Deux Gendres*. Le succès de cette pièce parut lui causer une secrète envie, et c'est par suite de ce sentiment, qui trop souvent fausse le jugement et gâte le cœur, qu'il exhuma la comédie de *Conaxa*, sur laquelle, selon lui, était calquée la comédie de M. Étienne. Voici comme s'expriment à ce sujet les auteurs d'une biographie imprimée à l'étranger : « L'opinion générale improuva sévèrement le procédé de »M. Lebrun, qui parut, en cette »circonstance, non-seulement a- »voir violé les droits toujours res- »pectables d'une ancienne amitié, » mais aussi les lois de la délicates- »se ; car M. Lebrun , rapporte- »t-on, avait trouvé la pièce de *Co- »naxa*, avec beaucoup d'autres »papiers, dans les bureaux de la »police.» M. Lebrun-Tossa, auteur d'une foule de pamphlets, la plupart anonymes, s'est à peu près mis en guerre avec tout le monde, en politique comme en littérature. Il a été rarement heureux dans ses attaques, et l'on a remarqué même qu'il est sorti tout froissé de sa lutte épigrammatique avec M. Fabien Pillet (*voyez* PILLET). Les principaux ouvrages de M. Lebrun-Tossa sont, outre ceux dont nous avons parlé : 1° *le Terne à la loterie, ou les Aventures d'une jeune dame, écrites par elle-même*, traduction de l'italien, 1800, in-12 ; 2° *mes Révélations sur M. Étienne, les deux Gendres et Conaxa*, 1812, in-8° ; 3° *Supplément à mes Révélations, en réponse à MM. Étienne et Hoffman*; 4° *Eh! que m'importe Napoléon!* brochure de circonstance, in-8°, 1815.

LECARLIER (N.), membre de l'assemblée constituante et de la convention nationale, ex-ministre de la police générale, etc., était secrétaire du roi et maire de la ville de Laon avant la révolution. Il fut élu en 1789, par le bailliage de Vermandois, aux états-généraux, et siégea constamment parmi les membres qui défendaient les intérêts du peuple. Le département de l'Aisne le nomma, en septembre 1792, à la convention nationale, où dans le procès du roi il vota avec la majorité. Ce fut en l'an 6 (1798) qu'il fut choisi pour remplacer Dondeau, ministre de la police, et le 11 brumaire an 7 (1ᵉʳ novembre 1798) qu'il quitta ce ministère où Duval venait d'être nommé. Lecarlier reçut une nouvelle marque de confiance du département de l'Aisne, dans sa nomination, en 1799, au conseil des anciens. Il mourut peu de temps après.

LECARLIER (N.), fils du précédent, est aujourd'hui député du département de l'Aisne à la chambre des députés, où il siége avec ses collègues, le général Foi et M. Méchin. Il vote constamment avec les défenseurs des libertés constitutionnelles.

LECARPENTIER (N.), membre de la convention nationale, né à Hesleville, près de Cherbourg, département de la Manche, était huissier à Valogne lorsque la révolution éclata. Il fut élu, au mois de septembre 1792, par le département de la Manche, député à la convention nationale; il vota, dans le procès du roi, avec la majorité, et ne se sépara point du parti de la *Montagne*, soit avant sa mission dans les départemens de la Manche, d'Ille-et-Vilaine et des Côtes-du-Nord, soit après son retour à la convention. M. Lecarpentier montra, pendant la durée de cette mission, une énergie qui contribua puissamment à la vigoureuse résistance de Granville, assiégée par les forces vendéennes. Après la révolution du 9 thermidor an 2 (27 juillet 1794), il resta confondu parmi les membres silencieux de la convention, et ne se remit en évidence qu'à l'époque de l'insurrection du 1er prairial an 3 (20 mai 1795), où il figura comme un des principaux chefs. Frappé par un décret d'arrestation, il fut conduit au château du Taureau, et ensuite compris dans la loi d'amnistie du 4 brumaire an 4. Il rentra dans ses foyers, et depuis lors, étant resté étranger à toute fonction publique, n'ayant pas non plus signé l'acte additionnel pendant les *cent jours* en 1815, il n'a point été atteint par la loi du 12 janvier 1816, rendue contre les conventionnels dits *votans*. Il exerce encore aujourd'hui, à Valogne, la profession d'avocat.

LECARPENTIER (L. F.), professeur de dessin à l'école de Rouen, a publié sur son art plusieurs ouvrages recommandables. Ce sont : 1° *Galerie des peintres*, in-8°, 1812; 2° *Notice sur Bouteiller*, in-8°, 1812; 3° *Notice sur Houel*, in-8°, 1814; 4° *Itinéraire de Rouen, ou Guide des voyageurs*, in-8°, 1816; 5° *Essai sur le paysage*, dans lequel on traite des diverses méthodes pour se conduire dans l'étude du paysage, 1817, in-8°. On doit encore à M. Lecarpentier une *Notice sur Jean Letellier*, peintre du 17me siècle.

LECAT (C. F.), chef de *chouans*, né en Bretagne. Quoique jeune encore à l'époque de la révolution, il se fit remarquer par son exaltation lors des troubles qui éclatèrent en 1793 dans le département des Côtes-du-Nord; bientôt chef d'une bande de *chouans* de sa province, il rendit son nom tristement fameux. C'est Lecat qui, en 1800, à la tête de sa bande, arrêta la diligence de Vannes, et se rendit coupable d'assassinat sur la personne d'Audrein, évêque constitutionnel de Quimper (*voy.* AUDREIN). Vivement poursuivi et atteint, il parvint à s'échapper de sa prison. Il fut condamné à mort par contumace.

Lecat s'était réfugié à Coray, petit village dans le département du Finistère. Sa retraite ayant été découverte par les soins de l'autorité, il fut arrêté le 15 décembre 1802; conduit dans les prisons de Quimper, il en sortit pour être exécuté le 26 du même mois.

LECCHI (Joseph), général de division italien, grand-cordon de la légion-d'honneur, commandeur de la Couronne-de-Fer, etc., est né à Brescia, en 1765, d'une famille ancienne et célèbre de la Lombardie. Il embrassa la cause de la révolution en Italie, et prit du service dans les armées de la république Cisalpine, où sa bravoure et son activité le firent bientôt remarquer, et lui valurent un avancement rapide. Des actions d'éclat et un mérite supérieur fixèrent sur lui l'attention du gouvernement, qui, en 1799, lui confia le commandement de la légion Cisalpine. Il alla l'organiser à Dijon. En 1800, il fut employé dans l'armée de réserve qui combattit avec tant de gloire à Marengo. Il devint ensuite membre du collége électoral des *Possidenti*, du département de la Mella. Il concourut d'une manière brillante aux succès de l'armée française en Italie. Le grade de général de division, le titre de commandeur de l'ordre de la Couronne-de-Fer et le grand-cordon de la légion-d'honneur, qu'il reçut successivement, furent la récompense de ses nombreux services. En 1806, lors de la conquête du royaume de Naples, le général Lecchi commandait l'aile gauche de l'armée de Joseph Bonaparte. Rappelé, en 1808, à la grande-armée, il soutint sa réputation militaire en Espagne, où il avait sous ses ordres un corps de troupes italiennes, qui se fit remarquer par sa bravoure et sa bonne tenue. Son courage et son activité infatigables l'avaient fait surnommer, par les Espagnols, le *Démon au cheval blanc*. Après la prise de Barcelone, le général Lecchi fut nommé gouverneur de cette ville, où il commandait encore en 1809. A cette époque, le général espagnol Vivès lui envoya un de ses aides-de-camp pour l'engager à livrer Mont-Joui. Il lui offrait non-seulement la conservation de son grade et de son traitement, un million de piastres, une propriété considérable, et un asile perpétuel en Espagne, mais encore, dans le cas où il craindrait les poursuites du gouvernement français, les moyens assurés de passer en Angleterre ou en Amérique. Le général Lecchi fit répondre au général espagnol, que s'il le rencontrait un jour, il lui demanderait satisfaction de cette injure. Malheureusement le général Lecchi ternit, dit-on, ce beau caractère par un despotisme si révoltant dans le gouvernement confié à ses soins, que l'empereur se vit forcé de le faire arrêter. Conduit à Paris, et enfermé au château de Vincennes, le général Lecchi devait être mis en jugement. Ses services passés, la considération qu'inspirait sa famille, empêchèrent sa traduction devant le conseil de guerre, et l'empereur se contenta de l'envoyer au roi de Naples, Joachim-Murat, qui le lui avait demandé. Joachim confia au général Lecchi, en novembre 1813, le commandement d'un corps de troupes destiné à agir contre les Autrichiens. Ce corps resta à Rome. C'est dans cette ville que le général eut des conférences secrètes avec Fouché, duc d'Otrante, qui revenait de Naples, où il avait été chargé d'une mission auprès du roi Joachim, qu'il avait trouvé résolu de réunir ses forces à celles de la coalition. Après cette entrevue, dont les détails n'ont jamais été connus, le général Lecchi, à la tête d'un petit corps de cavalerie, partit à la suite du général Minutolo, qui, depuis le 31 janvier 1814, occupait Florence avec un corps considérable d'infanterie napolitaine. Étant entré dans cette ville le 5 février, il en prit possession au nom du roi Joachim, et publia aussitôt la proclamation suivante : « Peuples de Toscane, nous n'avons d'autre but que celui de rétablir votre indépendance et d'assurer votre bonheur. Vous voulez un gouvernement italien conforme à vos mœurs et à vos usages : vos vœux seront accomplis. Vous vous plaignez de taxes arbitraires, dont le produit a été employé à des intérêts qui vous sont étrangers ; vous déplorez la nécessité où vous êtes de sacrifier vos enfans pour des guerres lointaines et interminables, et pour ne plus les revoir ; bientôt vous les reverrez, et vous jouirez d'une paix durable, garantie par toutes les puissances de l'Europe, etc. » Le 19 du même mois, le général Lecchi entra à Livourne, et y signa, le même jour, la capitulation qui livrait aux Anglais les places fortes et les ports de la Toscane, l'île de Gorgone, les châteaux de Volterra et de Florence. Cette même capitulation livrait aussi les États romains aux troupes napolitaines, qui les occupèrent le 10 mars. En 1815, le général Lecchi fut encore employé dans l'armée napolitaine, qui combattit avec un courage et une constance dignes de sa réputation. Il prit part, le 2 mai, à la bataille sanglante que le roi Joachim perdit contre les généraux Bianchi et Neipperg, après avoir fait des efforts prodigieux de talent et de courage. Le général Lecchi vit maintenant dans la retraite.

LECCHI (THÉODORE), général de division, chevalier de la légion-d'honneur, commandeur de l'ordre de la Couronne-de-Fer, est frère du précédent. Il s'est distingué, en avril 1809, par sa bravoure au combat d'Alpone, où, avec le général Bonfanti, il culbuta, à la tête de 3 bataillons de la garde royale et du 1ᵉʳ régiment de ligne italien, des forces bien supérieures en nombre, et s'empara de Cassano et de Bastia. En 1813, il fut nommé général de division, et attaché à la maison militaire du prince Eugène Beauharnais, vice-roi d'Italie, en qualité de chef d'état-major des grenadiers. Le 17 février 1814, il déploya autant d'habileté que de courage au combat de Muderno contre les Autrichiens, auxquels il fit éprouver une perte considérable. Le général Théodore Lecchi est toujours resté fidèle à ses drapeaux ; il est généralement estimé pour son désintéressement et son humanité comme pour ses vertus militaires. La fortune ni la faveur des cours n'ont point été son partage : il a même été victime des rigueurs politiques. Lorsque le gouvernement autrichien prit possession de la Lombardie, non-seulement il ne lui conserva pas son grade, mais encore il le priva de la liberté, comme étant soupçonné d'avoir pris part, vers la fin de 1814, à une conspiration contre la sûreté de l'état. Il resta détenu pendant 18 mois dans la citadelle de Mantoue. Ceux qui avaient précédemment prêté serment de fidélité à l'empereur d'Autriche furent condamnés à une prison perpétuelle, et les autres à 18 mois de détention et au bannissement du royaume lombard-vénitien.

LECCHI (ANGE), frère des précédens, s'est comme eux distingué dans l'armée d'Italie, où il obtint le grade d'adjudant-commandant. Il fut nommé, en récompense de ses services, chevalier de la Couronne-de-Fer. Depuis les événemens de 1815, cet officier n'a plus été employé.

LECERF (F.), député au conseil des cinq-cents, embrassa avec modération les principes de la révolution, et remplit différentes fonctions publiques. Poursuivi sous le régime de la terreur, il fut obligé de se cacher. A la formation du conseil des cinq-cents, le département de l'Eure l'élut à ce conseil ; mais il en fut exclu comme émigré, quoiqu'il n'eût jamais quitté la France. Peu de temps après, il obtint sa radiation de la liste des émigrés, et reprit ses fonctions législatives. En 1799, il fut nommé au conseil des anciens, et passa ensuite au corps-législatif, d'où il sortit en 1803. Depuis cette époque, M. Lecerf n'a plus reparu sur la scène politique.

LECESVE (R.), député aux états-généraux, évêque constitutionnel du département de la Vienne, exerçait les fonctions pastorales à la paroisse de Saint-Triaise de Poitiers, à l'époque de la convocation des états-généraux en 1789. Il fut nommé à cette assemblée par le clergé du Poitou, et son attachement à la cause populaire se manifesta long-temps avant la réunion générale des députés. L'un des trois ecclésiastiques qui, avant cette réunion, passèrent à la chambre du tiers-état, il fut bientôt félicité de son patriotisme par la majorité de son ordre. En 1790, il prêta serment à la nouvelle constitution civile du clergé, et fut nommé, l'année suivante, évêque constitutionnel du département de la Vienne. M. Lecesve échappa aux persécutions du régime de la terreur, mais il ne fut appelé à aucune fonction : il a même été entièrement perdu de vue.

LÉCHELLE (N.), général des armées de la république, était, en 1789, maître d'armes à Saintes. Il s'enrôla dans les gardes nationales du département de la Charente-Inférieure, et parvint rapidement aux premiers grades militaires. Il dut à la faveur du ministre Bouchotte de prendre, le 30 septembre 1793, le commandement, comme général en chef, de l'armée républicaine contre les troupes royalistes de la Vendée. Il obtint d'abord quelques avantages à Mortagne, puis à Chollet ; mais le 26 octobre, il fut battu complétement à Laval, par les Vendéens commandés par M. de Larochejacquelin. Il se retira, avec les débris de son armée, à Nantes, où le représentant Merlin (de Thionville) le fit incarcérer par ordre de la convention. Il mourut de chagrin, peu de jours après, dans sa prison.

LÉCHELLE (Pierre), député à l'assemblée législative, naquit dans le département de la Charente. Au commencement de la révolution, il remplit d'abord les fonctions de maire constitutionnel de Larochefoucauld, et ensuite celles de commissaire du roi au tribunal du district de cette ville. En 1791, il fut nommé député de la Charente à l'assemblée législative; mais il s'y fit peu remarquer. Il mourut il y a quelques années.

LECHEVALIER (Jean-Baptiste), savant antiquaire, premier conservateur de la bibliothèque du Panthéon, aujourd'hui de Sainte-Geneviève, est né à Trely, près de Coutances, département de la Manche, vers 1752. Il fut un des savans que M. de Choiseul-Gouffier (voyez Choiseul-Gouffier), ambassadeur à Constantinople, emmena avec lui, lorsqu'il partit pour sa destination, et qui l'aidèrent dans les recherches dont son grand ouvrage sur la Grèce a été l'objet. M. Lechevalier explora successivement la Grèce et la Troade, et croit avoir découvert les tombeaux d'Ajax, d'Achille et de Protésilas. Il revint en France à l'époque de la révolution, et après avoir mis en ordre les matériaux qu'il avait recueillis dans ses excursions savantes, il les publia sous le titre de *Voyage dans la Troade, ou Tableau de la plaine de Troie dans son état actuel.* La 1re édition parut en anglais, à Londres, et la seconde en français, à Paris, en 1799, avec cartes et figures. Une 3me édition fut donnée en 1802, 3 vol. in-8°, atlas in-4°. L'ouvrage de M. Lechevalier est d'autant plus précieux, que c'est Homère à la main qu'il parcourt les contrées que le poète a décrites. Cette 3me édition est plus recherchée que les précédentes, parce qu'on y trouve non-seulement la description des lieux où se passent les scènes de l'*Iliade*, mais encore celles de l'*Odyssée*. Elle renferme, en outre, dans le 3e volume, la dissertation savante où l'Anglais M. Morritt fait connaître, d'après ses propres vérifications, combien les recherches de M. Lechevalier sont recommandables sous tous les rapports. Dans son *Voyage de la Propontide et du Pont-Euxin*, Paris, 1800, 2 vol. in-8°, M. Lechevalier fait preuve du même zèle pour tout ce qui tient à l'histoire de la Grèce antique. Ces travaux lui assurent un rang honorable parmi les voyageurs et les savans les plus distingués.

LECKIE (Could-Francis), voyageur anglais, a parcouru les Indes, où il a demeuré long-temps, et les îles les plus importantes de la Méditerranée. Il possède des propriétés considérables en Sicile. On a de lui : 1° *Essai sur la pratique du gouvernement anglais*, in-8°; 2° *Recherches historiques sur les affaires extérieures de la Grande-Bretagne, avec un examen des causes des désastres de la dernière guerre et de la guerre actuelle*, in-8°, 1808; 3° *État des affaires extérieures de la Grande-Bretagne*, in-8°, 1809; 4° *Revue historique des affaires extérieures de la Grande-Bretagne*, in-8°, 1810.

LECLERC (Jean-Baptiste), membre de plusieurs législatures, fut élu, en septembre 1792, par le département de Maine-et-Loire, député à la convention nationale, où, lors du procès du roi, il vota avec la majorité. Il ne prit point part à la proscription des *Girondins* au 31 mai 1793, et se retira peu de temps après dans ses foyers, par suite de sa démission qu'il donna, et qui fut acceptée. Il vivait étranger aux affaires publiques, lorsqu'au mois de septembre 1795, son département le nomma membre du conseil des cinq-cents. Il s'y fit peu remarquer; cependant, en 1797, une proposition qu'il présenta, et dont l'objet était l'établissement du culte théophilantropique, donna lieu à de nombreuses et vives discussions : elle fut rejetée. En 1798, il se rapprocha du parti directorial, et vota pour la loi du 22 floréal, concernant l'admission des députés élus dans le cours de l'année. Le 21 janvier 1799, il fut nommé président. Au mois de mai suivant, il sortit du conseil, et au mois de décembre de la même année, peu après la révolution du 18 brumaire an 8 (9 novembre 1799), il entra au corps-législatif. Ses fonctions législatives ayant cessé, il retourna dans ses foyers. Il a publié : 1° *Essai sur la propagation de la musique en France, sa conservation et ses rapports avec le gouvernement*, 1796, in-8°; 2° *Idylles et Contes*, 1798, 2 vol. in-12 : ce dernier recueil avait été en partie publié, en 1786, sous le titre de *Promenades champêtres, ou Poésies pastorales*.

LECLERC (N.), député aux états-généraux, était, à l'époque de la convocation de cette assemblée en 1789, curé de la Cambe, département du Calvados. Son attachement aux anciennes institutions, et son zèle pour son ordre le firent nommer, par le clergé d'Alençon, député aux états-généraux. Dès son début dans l'assemblée, il ne démentit pas son esprit d'opposition à tout changement, et soutint de tous ses efforts les prérogatives du clergé. Il repoussa la suppression des ordres religieux et la vente de leurs biens, appuya la demande d'un concile national; refusa, le 4 janvier 1791, de prêter le serment civique, et signa, les 12 et 15 septembre suivant, les protestations du clergé et de la noblesse contre les actes de l'assemblée constituante. Depuis cette époque, il a été perdu de vue.

LECLERC (Charles-Guillaume), député aux états-généraux, ancien libraire et juge-consul, était membre de la chambre syndicale des libraires de Paris lorsque la révolution éclata. Ses connaissances et sa probité dans son état avaient fixé sur lui l'attention de ses concitoyens, et lors de la convocation des états-généraux en 1789, le tiers-état de la ville de Paris le nomma l'un de ses députés à cette assemblée. Il y prit rarement la parole; cependant, en 1790, il présenta différentes observations sur l'organisation des tribunaux de commerce, et, en 1791, sur la fabrication des assignats. Leclerc fut accusé d'avoir reçu dans ses magasins, pour en effectuer la vente, la bibliothèque de l'ex-lieutenant-général de police, M. de Sartine, qui s'était retiré à Vienne, où, suivant la même accusation, Leclerc lui faisait tenir, à fur et à mesure, les fonds qui provenaient des ventes partielles. Heureusement pour Leclerc que cette accusation n'eut pas de suites, non plus que les dénonciations réitérées de Camille-Desmoulins pendant le régime de la terreur. Il mourut, en septembre 1794; il était généralement estimé.

LECLERC (CLAUDE-NICOLAS), membre de plusieurs législatures, suivait la carrière du barreau à l'époque de la révolution. Il fut nommé juge-de-paix à Villedieu, et par le département de Loir-et-Cher, au mois de septembre 1791, député suppléant à l'assemblée législative, où il ne siégea pas. Dans l'intervalle de cette session à celle de la convention nationale, il remplit les fonctions du ministère public près le tribunal criminel de Vendôme. Le même département le nomma, en septembre 1792, député à la convention, où, dans le procès du roi, M. Leclerc vota la détention. En l'an 3, il fut élu secrétaire. Membre du conseil des cinq-cents en 1795, il combattit le projet d'Himbert, relatif à l'affermage des salines. Il fut nommé secrétaire du conseil, le 19 juillet 1796. Il cessa, en 1798, ses fonctions législatives, et après la révolution du 18 brumaire an 8 (9 novembre 1799), il devint juge au tribunal civil de Vendôme.

LECLERC (JULIEN-RENÉ), agent royaliste, est né à Bazoches, département de l'Aisne, en 1762. Il venait à peine d'embrasser l'état ecclésiastique quand la révolution éclata; attaché aux doctrines ultramontaines avec toute la ferveur d'un néophyte, il se prononça violemment contre les principes que la révolution consacrait, et cette opposition lui fit courir des dangers, surtout dans les journées tumultueuses des 20 juin et 10 août 1792. Pendant les massacres de septembre, il se retira dans les bois de Vincennes; quelque temps après, il devint clerc de procureur afin de se procurer une carte de sûreté. A la faveur de cette carte et de cet emploi simulé, il se lia insensiblement avec tous les personnages connus alors pour avoir fait partie des différentes agences du parti royaliste. C'est ainsi qu'il se mit en communauté d'efforts et de moyens avec Lemaître, le chevalier des Pommelles, Labarbarie, Brottier et autres. Ayant été informé, le 14 mars 1797, que le directoire avait fait arrêter à l'école Militaire Brottier, Lavilleheurnois et Duvernes de Presle, il se transporta sur-le-champ à l'hôtel de l'agence, et fit enlever les brochures du parti, les états de l'organisation générale, les chiffres, les minutes, les correspondances et les croix de Saint-Louis. Le directoire, qui connaissait depuis long-temps l'organisation, les menées et les projets de ces agens, n'avait fait arrêter les 3 principaux que pour rompre les mesures qu'ils avaient prises pour les prochaines élections. Mais

M. Leclerc ayant eu connaissance du motif particulier du gouvernement, prescrivit aux autres agens de suivre leurs instructions relativement aux élections, sans avoir égard à l'événement de l'école Militaire. En effet, les élections furent en majorité dans l'intérêt du parti. Ce succès enhardit M. Leclerc, et il se hâta de proposer d'agir énergiquement contre le directoire. Parmi les mesures qu'il indiquait, on remarque l'enlèvement des directeurs, une organisation nouvelle de la garde nationale, et une garde sûre et nombreuse pour le corps-législatif. Mais la mise à exécution de ces moyens demandait beaucoup de temps, et la journée du 18 fructidor an 5 (1797) déconcerta tous les projets. A la suite de cet événement, M. Leclerc fut condamné à la déportation. Soupçonnant que le directeur Barras ne serait peut-être pas éloigné de servir le parti royaliste, il réussit à se lier de correspondance, pendant près de 6 mois, avec Massé-de-Bagneux, confident de Barras. Ces négociations furent rompues par suite des événemens du 18 brumaire an 8 (9 novembre 1799). En 1800, M. Leclerc se rendit à Londres pour conférer avec M. l'évêque d'Arras sur les moyens propres à engager le général Moreau à se rapprocher de Pichegru son ancien ami, et lui soumit un plan que le prélat approuva et dont il lui confia la principale exécution. M. Leclerc vint alors à Paris pour rétablir d'abord la correspondance que la saisie des papiers de M. Hyde-de-Neuville avait obligé d'interrompre (*Voy.*

Hyde-de-Neuville). Pour arriver au rétablissement de cette correspondance, M. Leclerc se fit aider des conseils des hommes les plus éclairés du parti, et entretint une correspondance très-active avec les ministres de Louis XVIII. L'arrestation de Fauche-Borel et la saisie de quelques écrits rompirent de nouveau la correspondance, en forçant M. Leclerc, devenu suspect, de quitter la capitale, et d'aller se placer sur les bords de la mer, pour être plus à portée de se soustraire aux poursuites qui pourraient avoir lieu. De cet asile il continua ses relations, mais il fut décelé à la police par le porteur ordinaire de ses dépêches; le général Savary alla, dit-on, lui-même à Abbeville pour l'arrêter, et se présenta inopinément devant son logement, dans la nuit du 15 au 16 février 1804 : mais M. Leclerc, tenu en état de méfiance par les nombreuses arrestations qui depuis quelques jours avaient lieu, ne se laissa pas surprendre, et ayant reconnu le porteur qui l'avait dénoncé parmi les soldats stationnés dans la rue, il éveilla Durrieu, un de ses agens, donna quelques instructions à Mme Denys, propriétaire de la maison, et se sauva avec Durrieu en franchissant deux murailles. Après l'évasion, Mme Denys, déconcertée par la présence du porteur, intimidée par les questions menaçantes du général Savary et du sous-préfet qui l'accompagnait, chercha à se racheter, en les conduisant elle-même dans le lieu où étaient renfermés les effets et les papiers de M. Leclerc. Ces papiers furent alors rendus publics, par ordre du ministre de la police générale. M. Leclerc se rendit, non sans dangers, à Londres, d'où il passa en Allemagne peu de temps après. Il était à Munster, en Westphalie, lorsqu'il eut connaissance qu'il venait d'être condamné par contumace à la peine de mort, par la commission militaire formée à Rouen. Il se hâta de retourner à Londres, où il vécut jusqu'au rétablissement du gouvernement royal en France. A cette époque, il fit plusieurs voyages de Londres à Paris et de Paris à Londres, où il vit d'une pension que lui fait le gouvernement de France.

LECLERC (Louis), dit *Leclerc des Vosges*, journaliste, puis maître de pension, fut accusé, au conseil des cinq-cents, le 27 juillet 1797, par un des membres du conseil, d'exciter la haine contre le gouvernement de la république, et de provoquer l'assassinat des représentans du peuple. Cette dénonciation, motivée par un article de l'*Ami des Lois*, dont M. Leclerc était l'auteur, resta néanmoins sans suites; mais M. Leclerc fut arrêté, quelque temps après, comme auteur présumé du *Russe à Paris*, pamphlet dirigé contre le directoire-exécutif. Après une détention d'environ un mois au Temple, il fut mis en liberté le 30 mai 1799. Il devint presque aussitôt membre de la société des jacobins du Manége, où il prononça un discours le jour de sa première séance. Courtois, dans son rapport au conseil des anciens, sur la conspiration tendant à renverser la constitution de l'an 3, signala M. Leclerc comme un des agens de la conspiration. La révolution du 18 brumaire an 8 (9 novembre 1799) amena dans le gouvernement des changemens qui firent évanouir une foule de projets de cette espèce, et rendirent à l'obscurité des individus totalement étrangers aux affaires publiques par leurs talens. M. Leclerc est redevenu maître de pension, et n'a plus été remarqué.

LECLERC (CHARLES-EMMANUEL), général, beau-frère du premier consul. (*Voyez* le Supplément du tome XII.)

LECLERC-DESESSARTS (NICOLAS, COMTE), maréchal-de-camp, commandeur de la légion-d'honneur, chevalier de Saint-Louis, etc., est né le 25 avril 1770. Sa carrière militaire fut rapide et glorieuse, et dès 1808, il était général de brigade. Nommé cette même année chevalier de l'ordre de Saint-Henri de Saxe, qu'il fut autorisé à porter, le 21 septembre 1809, il devint commandant de la légion-d'honneur, et après la première restauration en 1814, chevalier de Saint-Louis. Pendant les *cent jours*, en 1815, Napoléon l'éleva au grade de général de division; mais le roi, quelques jours après son retour de Gand, annula cette nomination par ordonnance du 1er août 1815.

LECLERCQ (JEAN-PIERRE GAUTHIER, BARON), maréchal-de-camp, commandeur de la légion-d'honneur, chevalier de Saint-Louis, est né le 25 février 1765. Il servit avec distinction dans différentes campagnes, et fut nommé, en 1804, chef d'escadron du 18e régiment de dragons. En 1813, il fut fait successivement commandant de la légion-d'honneur et général de brigade de cavalerie. Le 8 juillet 1814, le roi le nomma chevalier de Saint-Louis, et lui confia le commandement de la 1re subdivision de la 8me division militaire à Avignon. Après le 20 mars 1815, Napoléon lui retira et lui rendit ensuite ces mêmes fonctions.

LÉCLUSE (N.), chirurgien-dentiste, poète grivois, et ancien acteur de la comédie Italienne, depuis Opéra-Comique. Il obtint des succès en cette triple qualité; mais il renonça volontairement à la carrière du théâtre, où il avait paru, en 1737, par le rôle d'un charbonnier, dans une pièce non imprimée de Panard, *l'Assemblée des Acteurs*, et se fit recevoir chirurgien-dentiste. Son habileté l'avait placé au nombre des meilleurs praticiens, et il fut nommé chirurgien-dentiste du roi de Pologne Stanislas. « Le jour même, » dit plaisamment Lécluse, où sa » majesté perdit sa dernière dent. » Lécluse s'étant rendu à Genève, quelque temps après cette nomination, Fréron annonça, dans une intention malveillante, qu'il avait séjourné à Ferney, et que Voltaire lui avait confié l'éducation de la nièce du grand Corneille. De retour à Paris, où son humeur joviale et son esprit piquant firent rechercher sa société, il eut, en 1777, la folle pensée, en raison de la faiblesse de ses ressources pécuniaires, de faire construire un théâtre rue de Bondy, au coin de celle de Lancry. La salle n'était point achevée, qu'il ne pouvait plus payer les ouvriers. Arrêté pour dettes, il ne put recouvrer la liberté qu'en vendant le théâtre qu'il avait commencé, qu'un autre acheva, et sur lequel il parut comme acteur. Il y fut très-bien accueilli; il excellait surtout dans le rôle du *Postillon*, titre d'une farce qu'il avait composée. Le théâtre de Lécluse, connu sous le titre de *Théâtre des Variétés*, fut démoli en 1784, remplacé par une manufacture de papiers peints, rebâti pendant la révolution, sous le titre de *Théâtre des jeunes Artistes*, et enfin démoli de nouveau depuis quelques années. Lécluse mourut très-âgé, dans une complète indigence, vers 1792. Il a publié: 1° *Léclusade, ou les Déjeuners de la Râpée*, 1748, in-8°. Ce recueil fut réimprimé l'année suivante, in-8°, sous le titre de *Poissarderies, ou Discours des halles et des ports*, et en 1755, in-12, sous celui de *Déjeuners à la Râpée*. Ce même recueil fait partie des *Œuvres poissardes de Vadé et de Lécluse*, Paris, 1796, in-4°. 2° *Traité utile au public, où l'on enseigne la méthode de remédier aux douleurs et accidens qui précèdent et accompagnent la sortie des premières dents des enfans*, 1750, in-12; 3° *Anatomie de la bouche*, 1752, in-12; 4° *Nouveaux Élémens d'odontalgie*, 1754, in-12. Dans cet ouvrage, que Lécluse donne comme le résultat d'études sur son art, et d'opérations multipliées pendant 20 ans, il dit, avec son originalité ordinaire, « qu'il a » fait cinq campagnes consécutives » dans la guerre de Flandre (en » 1741), où plus de 80,000 bou» ches lui ont passé par les mains. » 5° *Éclaircissemens essentiels* pour parvenir à préserver les dents de la carie, 1755, in-12; 6° *Dessert du petit souper agréable dérobé au chevalier du Pélican*, 1755, in-12. Voltaire a fait à Lécluse l'honneur de mettre sous son nom une plaisanterie piquante contre Lefranc de Pompignan; elle a pour titre: *Lettre de M. de Lécluse, chirurgien-dentiste, seigneur de Tilloy, près de Montargis, à M son curé*.

LECOCQ (N.), lieutenant-général au service de Saxe, fut chargé, en 1812, lors de l'expédition contre la Russie, du commandement du contingent saxon, sous les ordres du général français Reynier, et se fit remarquer par ses talens et par son intrépidité. En 1813, le général Reynier lui confia le gouvernement de Torgau. En 1815, lorsque la Saxe et son souverain furent menacés, l'un de ne plus compter parmi les rois, et l'autre de ne plus figurer au rang des nations, le général Lecocq, interprète courageux des inquiétudes de ses compatriotes, se réunit au général Zeschwitz, et, de concert avec lui, rédigea et signa l'adresse par laquelle l'armée saxonne demandait aux souverains réunis à Vienne la conservation de son roi et de sa patrie. Cet acte d'un dévouement tout patriotique contraria sans doute les vues d'une puissance voisine. Les deux généraux, Lecocq et Zeschwitz, furent enfermés à Torgau, dans la même forteresse dont le premier avait été gouverneur. Ils durent leur liberté à l'intérêt que prit à leur sort le général prussien Kleist, et à la détermination du congrès de Vienne en faveur du roi de Saxe.

LECOCQ (N.), membre de la chambre consultative des manufactures, arts et métiers de la ville de Tournai (ci-devant département de Jemmapes, maintenant appartenant au roi des Pays-Bas). M. Lecocq s'est acquis des droits à l'estime de ses compatriotes, par le mémoire qu'il rédigea et publia en 1816, sur les mesures favorables à la navigation et au commerce, et sur la nécessité de maintenir la prohibition existante contre l'introduction des cotons filés et étoffes de coton communes. Ce mémoire, en provoquant l'attention du gouvernement sur toutes les branches d'industrie dont l'arrondissement de Tournai est susceptible, donnait une idée bien avantageuse de la justesse du jugement et des intentions patriotiques de l'auteur. On a aussi de M. Lecocq un écrit fort bien raisonné sur l'enseignement mutuel et sur celui des écoles hollandaises, comparés avec la méthode des frères des écoles chrétiennes, rétablis en France depuis la seconde restauration.

LECOINTE-PUIRAVAUX (MATHIEU), membre de plusieurs législatures, exerçait, à l'époque de la révolution, la profession d'avocat à Saint-Maixent. Son opinion très-prononcée en faveur du nouvel ordre de choses le fit nommer, en 1790, administrateur du département des Deux-Sèvres, et au mois de septembre 1791, député à l'assemblée législative. Le 10 décembre de cette année, des citoyens de Paris présentèrent à l'assemblée une pétition contre les ministres. Lecointe-Puiravaux la soutint vivement, et en fit décréter la mention honorable. Un peu plus tard, il dénonça le ministre

Duportail. Le 28 mars 1792, l'évêque de Mende fut l'objet de ses attaques; le 28 mai suivant, il s'éleva avec force contre les prêtres insermentés. Réélu au mois de septembre à la convention nationale, par le département qui l'avait envoyé à la précédente législature, il fit décréter que les ministres ne pourraient être choisis parmi les membres de l'assemblée. Sa dénonciation contre Marat, le 14 octobre, à l'occasion des massacres de septembre, le fit accuser d'intelligence avec le parti des *Girondins*. Il parut confirmer cette supposition en votant d'abord, dans le procès du roi, l'appel au peuple; mais effrayé de la violence avec laquelle cette opinion fut combattue, il revint sur son vote, et se prononça pour la mort sans sursis. Il parut se rapprocher de l'opinion des *Girondins*, en appuyant la proposition d'appeler contre les efforts réunis de Robespierre et de Danton, ainsi que de leurs partisans, une force départementale à Paris, pour la sûreté et l'indépendance de la représentation nationale. Robespierre et Danton triomphèrent dans cette lutte. Au mois de mai 1793, Lecointe-Puiravaux fut envoyé en mission dans le département des Deux-Sèvres; mais les succès des Vendéens à Fontenay, le 24 du même mois, et dont il fut témoin, le déterminèrent à revenir à la convention. Il eut encore de nouvelles occasions de lutter avec le parti de la *Montagne*, soit en justifiant la destitution de Rossignol, que la *Montagne* soutenait; soit en défendant le général Biron qu'elle attaquait; soit, enfin, en s'opposant avec vigueur à la proposition de déclarer suspects les marchands qui vendraient à des prix trop élevés les objets de première nécessité. Cette conduite faillit le faire proscrire avec les débris du parti de la *Gironde*, au moyen d'une lettre contre-révolutionnaire qu'Amar déclarait avoir reçue. Néanmoins il échappa à l'accusation et aux derniers excès du régime de la terreur. Appelé au conseil des cinq-cents, il y suivit la même marche, sans se mettre néanmoins en opposition avec le gouvernement directorial. Dans le mois de mars 1796, il provoqua des mesures de répression contre les magistrats qui avaient refusé de prêter le serment alors usité; le séquestre sur les biens des pères et mères d'émigrés, et des moyens de rigueur pour arrêter l'importation des marchandises anglaises. Il soutint la loi du 3 brumaire an 4, qui excluait les parens d'émigrés des fonctions publiques. Lecointe-Puiravaux tenta encore de faire passer dans les attributions du directoire la radiation des émigrés; il défendit la déportation des prêtres et les mesures limitatives de la liberté de la presse, en s'appuyant du journal de Barruel-Beauvert, qui avait attaqué à outrance le général Bonaparte. Après avoir présidé, en mars 1797, le conseil, il en sortit le mois suivant, et alla remplir dans le département des Deux-Sèvres, les fonctions de commissaire du directoire-exécutif. Rentré au conseil des cinq-cents en 1798, il s'opposa au sursis demandé en faveur de M. d'Ambert, émigré, condamné à mort, se fondant sur ce que Paris était rempli d'ennemis du gouvernement de la république, et déclarant qu'il avait lui-même reconnu un chef de *chouans*. C'est à cette occasion que fut rendu le décret ordonnant des visites domiciliaires dans toute la France, pour y rechercher les émigrés et les *chouans*, et portant que les biens des personnes qui leur auraient donné asile seraient confisqués. Porté de nouveau au fauteuil le 20 juillet, il présida les fêtes des 9 thermidor et 10 août. Ses discours furent imprimés par ordre du conseil. Deux mois après, il fit la proposition de lever 200,000 hommes. En 1799, il parla sur les impositions, le mode de paiement des biens nationaux, les élections, etc. Il s'opposa avec succès à la mise en accusation des membres du directoire-exécutif, Merlin, La Réveillère-Lépaux et Rewbell, éliminés le 30 prairial an 7 (18 juin 1797); quelque temps après, il repoussa la proposition de déclarer la patrie en danger, dévoilant les périls auxquels la constitution serait exposée si cette proposition était accueillie. A la suite de la révolution du 18 brumaire an 8 (9 novembre 1799), il fut employé par le premier consul Bonaparte, dans les départemens de l'Ouest, où, de concert avec le général Hédouville, il parvint à négocier la pacification qui fut signée à Angers. De retour de sa mission, il entra au tribunat, où il avait été nommé pendant son absence. Ses succès dans les départemens de la Mayenne et de la Vendée, déterminèrent le premier consul à l'envoyer, en 1800, à Marseille, pour y remplir les fonctions de commissaire-général de police. A cette époque, les diligences étaient arrêtées dans les rues et en plein jour. Sa vigilance et ses mesures rétablirent la paix et l'ordre dans cette contrée. En 1803, à l'expiration de sa mission, il fut désigné pour une préfecture; mais on substitua à cet emploi la place d'administrateur de la Louisiane. Il la refusa et fut disgracié. Le gouvernement impérial ne lui fut pas plus favorable. Lecointe-Puiravaux vivait encore éloigné des affaires publiques, lorsque Napoléon revint de l'île d'Elbe, en mars 1815. Ce prince le rappela à cette époque de sa fortune chancelante, et lui confia l'importante fonction de lieutenant-général de police pour dix ou douze départemens, au nombre desquels étaient l'Isère, le Rhône et les Bouches-du-Rhône. Il était à Lyon lorsqu'on y apprit les désastres de Waterloo. Il suivit le soir même la garnison, et assailli de coups de fusil, il vit tomber à ses côtés plusieurs chasseurs et un officier de gendarmerie. Arrivé à Toulon, il informa le gouvernement de ce qu'il avait vu, et fut autorisé, dans l'intérêt même de la restauration, à continuer ses fonctions : il dut les cesser bientôt. Parmi ses ennemis, il en était un surtout qui exigeait à tout prix qu'il lui fût livré, et qui paraissait lui réserver le sort de l'infortuné maréchal Brune. Lecointe-Puiravaux s'embarqua pour éviter de tomber en son pouvoir. Arrêté en mer par les Anglais, il était conduit à Marseille, lorsqu'une violente tempête cassa le câble de remorque du brick français, et dispersa la flotte de lord Exmouth. Forcé de revenir à Toulon, pour se soustraire à son persécuteur qui venait d'y arriver, il atteignit, non sans peine, les montagnes, et allait atteindre l'Isère, vers Miranbeau, après avoir traversé les bois de la Sainte-Baume, lorsque, par erreur, il fut arrêté à Prians, et conduit à Marseille, où il courut les plus grands dangers. Pour l'y soustraire, le général Partouneaux le fit enfermer au château d'If; il resta captif environ six semaines, et ne dut sa liberté qu'à des moyens auxquels l'autorité fut entièrement étrangère. Il débarqua au port de Cette, et se rendit secrètement, par Paris, dans le département que sa femme habitait. Il venait de la perdre lorsqu'il fut informé qu'un mandat d'arrêt avait été expédié contre lui. Lecointe-Puiravaux partit sur-le-champ, et se rendit en Belgique, où il s'est fixé.

LECOINTRE (LAURENT), surnommé LECOINTRE DE VERSAILLES, membre de l'assemblée législative et de la convention nationale, naquit dans cette ville, et y était marchand de toile lorsque les premiers symptômes de la révolution s'y manifestèrent. Il adopta avec exaltation les nouveaux principes, et les propagea dans sa ville natale, où il avait acquis, par son commerce, de la popularité et de l'influence. Il était présent à la célèbre séance du Jeu-de-Paume, dans laquelle les membres de l'assemblée nationale prononcèrent le serment de ne pas se séparer avant d'avoir donné une constitution à la France. Une société patriotique, qui fut le type de nos différens clubs, s'étant formée dans la capitale, sous le nom même de cet événement, Lecointre en devint membre, et presque aussitôt commandant en second de la garde nationale de Versailles, dont le comte d'Estaing était commandant en chef. On rapporte que ce fut Lecointre qui, le premier, signala le repas que les gardes-du-corps donnèrent le 1er octobre aux officiers des troupes de ligne, et où, dans l'ivresse qui en fut la suite, ils foulèrent aux pieds la cocarde tricolore. Cette réunion amena les journées tumultueuses des 5 et 6 octobre, dans lesquelles le peuple de Paris se porta à Versailles, massacra quelques gardes-du-corps, et ramena le roi à Paris. En 1790, Lecointre fut porté à la présidence du département de Seine-et-Oise, et lors des élections pour l'assemblée législative au mois de septembre 1791, le même département le nomma à cette assemblée. Une terrible manie s'empara de ce député. Il avait dénoncé le repas des gardes-du-corps; il dénonça successivement la municipalité de Versailles, les régimens Dauphin et Royal-Cavalerie, les ministres Duportail et Narbonne, l'infortuné général Théobald Dillon et plusieurs autres personnages; et, plus tard, il renouvela ce système de dénonciation, qu'il avoua être, ainsi que sa versatilité, une véritable folie, ajoutant que plusieurs membres de sa famille avaient le même vice d'organisation. Il paraît que Lecointre ne prit aucune part aux événemens du 10 août 1792. Le

12 du même mois, il fut envoyé en mission dans le département de la Seine-Inférieure, pour y propager les nouvelles opinions. A son retour, au mois de septembre, le département qui l'avait déjà revêtu de sa confiance le nomma à la convention nationale. Dans le procès du roi, il vota la mort sans appel ni sursis, et le 12 avril 1793, invita la convention à presser le jugement de la reine. Appelé comme témoin dans le procès de cette infortunée princesse, il ne fit contre elle aucune déposition remarquable, et ne se signala que par sa haine contre MM. d'Estaing, Latour-Dupin et Perceval. Après la révolution du 9 thermidor an 2 (27 juillet 1794), il se montra un des plus violens ennemis des complices et des partisans de Robespierre, comme au 31 mai 1793 il avait été un des plus ardens instigateurs de la proscription des *Girondins*. Il dénonça Collot-d'Herbois, Billaud-Varennes, Barère et Vadier. A la suite d'un examen et d'une discussion qui durèrent trois jours, la dénonciation fut déclarée calomnieuse, et son auteur obligé de se démettre des fonctions de secrétaire qu'il exerçait alors. La société des jacobins le raya du tableau de ses membres. Il s'opposa de tout son pouvoir à la rentrée à la convention des proscrits du 31 mai, et quand, en mars 1795, Collot-d'Herbois, Billaud-Varennes, etc., furent dénoncés de nouveau, il prit leur défense. Accusé d'être un des auteurs du mouvement populaire qui eut lieu contre la majorité de la convention le 12 germinal an 3 (1ᵉʳ avril 1795), il fut l'objet d'un décret d'arrestation. La loi d'amnistie du 4 brumaire an 4 (26 octobre 1795) lui rendit la liberté. Après l'organisation des deux conseils, n'ayant point fait partie des deux tiers conventionnels réélus, il chercha plusieurs fois, lors des élections, à capter les suffrages des électeurs, en leur exposant, dans les affiches dont il faisait couvrir les murs de Paris, sa vie politique et les principes dont il était animé. Ce moyen ne lui réussit point. Lecointre vivait dans l'obscurité lorsqu'à l'époque de l'organisation du gouvernement consulaire en l'an 8 (1799), il fut le seul habitant de Versailles qui répondit par un *non* (qu'il signa), à la présentation de l'acte constitutionnel de cette même année. Son inimitié pour le nouveau gouvernement le fit exiler de Versailles, et il mourut à Guignes, près de Paris, le 4 août 1805. Une biographie prétend qu'il « avait dissipé » sa fortune en folles dépenses pour » la révolution lors de ses plus dé- » plorables excès, et avait été jus- » qu'à donner, a-t-on dit, des re- » pas somptueux aux juges et aux » jurés des tribunaux révolution- » naires, qui venaient s'égayer à » sa table sur les jugemens atroces » qu'ils avaient rendus ou qu'ils se » proposaient de rendre. » Ayant déjà rapporté à l'article Fouquier-Tinville (*voyez* FOUQUIER-TINVILLE) cette espèce d'accusation, nous avons cherché depuis à en vérifier l'exactitude. Rien de ce que nous avons appris n'est de nature à la confirmer, et il y a lieu de croire qu'elle est l'objet de la malveillance. Lecointre a publié : 1° les

Crimes de sept membres des anciens comités de salut public et de sûreté générale, ou Dénonciation formelle à la convention nationale contre Billaud-Varennes, Barère, Collot-d'Herbois, Vadier, Vouland, Amar, etc., an 3, in-8°; 2° les *Abus illimités*, avec des réflexions sur l'état présent de la république, in-8°, 1795; 3° *Laurent Lecointre au peuple souverain*, an 2, in-8°; 4° *Conjuration formée le 6 prairial par neuf représentans du peuple contre Max. Robespierre pour l'immoler en plein sénat*, an 2, in-8°. Voici, au rapport de Lecointre, les neuf conjurés : lui, le premier; Fréron, Barras, Courtois, Garnier de l'Aube, Rovère, Thirion, Tallien et Guffroy.

LECOMTE (Félix), sculpteur distingué, membre de l'ancienne académie royale de peinture et sculpture, et de l'institut sous le gouvernement impérial et sous le gouvernement du roi, naquit à Paris en 1737, et fut élève de Falconet et de Vassé. Il remporta le premier prix par son bas-relief du *Massacre des Innocens*, et se rendit à Rome comme pensionnaire de l'école de France. A son retour dans sa patrie, il présenta à l'académie royale de peinture et sculpture le modèle d'une statue de *Phorbas détachant Œdipe*, qui lui valut son agrégation à ce corps, dont il devint membre titulaire en 1771, par suite de l'exécution en marbre de la même statue. L'année de sa réception comme académicien, il exposa au Louvre différentes compositions, parmi lesquelles on remarqua particulièrement sept bas-reliefs en terre cuite, représentant les *sept sacremens*. La cathédrale de Rouen le chargea de l'exécution en marbre d'une statue de la *Vierge*, et d'un bas-relief dont le sujet était *Jésus-Christ mort, pleuré par les saintes femmes*. Les modèles de ces deux sujets furent exposés au Louvre en 1775. Au salon de 1789 et de 1791, il fournit les statues de *Rollin* et de *Fénélon*, commandées par le gouvernement. La dernière, son chef-d'œuvre, est un des ornemens actuels de la salle où l'institut tient ses séances publiques. Les événemens de la révolution portèrent Lecomte à se confiner dans une retraite absolue; il y composa des *fables en vers*, que sa famille rendra sans doute publiques, si, comme des personnes éclairées le prétendent, elles sont dignes de fixer l'attention des amis des lettres. Lecomte, qui avait été appelé sous l'empereur, en 1810, à la 4ᵐᵉ classe de l'institut, fit partie du même corps réorganisé par le roi, et devint professeur à l'académie de sculpture. Il mourut en 1817, à l'âge de 80 ans. M. Quatremère de Quincy, en qualité de secrétaire perpétuel de l'académie royale des beaux-arts de l'institut, a prononcé l'éloge de cet artiste.

LECOMTE (Pierre-Charles), ancien maître de pension et ancien conducteur-général des équipages d'artillerie de l'armée, est né à Guyencourt (Ile-de-France) vers 1757. A l'époque de la première réquisition, il obtint un emploi dans les équipages d'artillerie de l'armée du Nord et de la Moselle, et devint, en 1794, conducteur-général. Le général d'Aboville l'employa plusieurs fois à des missions de confiance. Réformé en 1798, il devint bientôt contrôleur des droits-réunis; mais il perdit cette place en 1815. On doit à M. Lecomte différens ouvrages. Nous citerons les principaux. Ce sont : 1° *Tableau historique et géographique de la France*, 1788, in-8°; 2° *Aventures d'une orpheline française*, 1791, in-12; 3° l'*Observateur impartial* aux armées de la Moselle, des Ardennes, de Sambre-et-Meuse et du Rhin, depuis la fin de l'année 1792 jusques et compris le premier trimestre de l'an 5 de la république, 1797, in-8°; 4° *Mémorial anecdotique et impartial de la révolution de France*, 1800-1802, 5 vol. in-8°, avec une gravure; 5° *des Faits et non pas des mots sur Napoléon*, 1804, in-8°; 6° l'*Esprit du gouvernement anglais, ou son Système politique et celui des puissances de l'Europe pendant deux siècles*, 1805, in-8°; 7° *les quatre Ages de l'homme comparés aux quatre Saisons de l'année*, 1808, in-12; 8° *Annuaire d'Hercule*, 1809, in-16; 9° plusieurs *brochures* publiées en 1814 et 1815. En 1817, M. Lecomte fut l'un des commissaires chargés de faire le recensement de la capitale.

LECOMTE (N.), député suppléant à la convention nationale, conseiller à la cour royale de Rouen, était attaché au tribunal de commerce de cette ville lorsqu'il fut nommé, par le département de la Seine-Inférieure, député suppléant à la convention, où il n'entra qu'après le jugement du roi. Dans la discussion sur les écoles primaires, il s'opposa vivement à la disposition qui exigeait que tous les enfans fussent envoyés à ces écoles. Il accusa Meignet d'avoir fait incendier Bédouin, et rejeta sur les agens de l'Angleterre les causes qui avaient amené l'insurrection du 12 germinal an 3 (1er avril 1795), et la disette factice des grains, prétexte de la révolte. M. Lecomte prit la défense de Robert Lindet, et demanda sa mise en liberté. A la suite de la communication des rapports de Defermon sur l'état de nos colonies, il réfuta les assertions du rapporteur, et prétendit relativement à Saint-Domingue, que cette île était victime des cruautés et des exactions de Polverel et de Santonax. Il s'éleva contre l'esprit dangereux de l'*Observateur de l'Europe*, et signala le rédacteur de cette feuille comme ayant conspiré contre la convention à l'époque de l'insurrection des sections de Paris, le 13 vendémiaire an 4 (18 octobre 1795). Il appuya, par suite, la proposition de Goupilleau contre les journalistes incendiaires. Après la session conventionnelle, il ne fut point réélu à l'un des deux conseils. En 1801, le gouvernement consulaire le nomma juge au tribunal d'appel de Rouen. Il passa, à la réorganisation des tribunaux, à la cour d'appel de la même ville. Il est aujourd'hui (1823) conseiller à la cour royale de Rouen.

LECOMTE (Louis-André), né à Mondésir, département de Seine-et-Oise, le 1er octobre 1787. Dès sa jeunesse, il se destina au barreau, et obtint à Joigny, pendant près de dix années, beaucoup de succès, et une réputation de désintéressement justement mérité. Il se signala, lors de la première invasion, par un trait de courage digne d'être remarqué. Le général Alix soutenait dans la ville de Sens, avec une poignée d'hommes et une valeur héroïque, le siége de plus de 10,000 Cosaques et Wurtembergeois: toute communication était interceptée entre cette ville et Joigny, les bruits les plus alarmans circulaient, l'on regardait toute défense comme inutile. Pour sortir de cet état d'incertitude, M. Lecomte part seul de Joigny, traverse le camp ennemi, et, après mille dangers, parvient à entrer dans Sens, où il a une longue entrevue avec le général Alix, qui lui donne des instructions très-détaillées, et le charge d'un plan de défense pour un général français qui commandait à Auxerre. M. Lecomte quitte Sens à dix heures du soir; mais à peine a-t-il fait une demi-lieue, qu'il est cerné de toutes parts, et bientôt au pouvoir d'un détachement de Cosaques, qui tiennent constamment la lance en arrêt sur lui. Conduit devant l'hetmann Platow, il est interrogé, fouillé, déshabillé; il va payer de sa vie la découverte des papiers dont il est porteur, lorsque le sang-froid qu'il montre ôte tout soupçon, met fin aux recherches, et lui donne le moyen d'arriver au terme de sa mission. Nommé, pendant les *cent jours*, en 1815, maire de Joigny, M. Lecomte montra dans ses nouvelles fonctions un zèle, un dévouement et une impartialité qui lui acquirent l'estime des personnes mêmes qui ne partageaient pas ses opinions politiques. A la seconde restauration, il fut compris dans les 1,500 épurations qui eurent lieu dans le département de l'Yonne. En 1822, M. Lecomte fut prévenu d'avoir pris part à une conspiration, et arrêté dans son domicile, à Joigny, par 14 personnes. Examen fait de tous ses papiers, il fut traduit dans les prisons de Joigny, où il resta 65 jours sous le poids d'une accusation capitale; mais les charges élevées contre lui ayant paru insuffisantes à la chambre d'accusation de Paris, il fut mis en liberté. Quelques jours après, et par un acte dont les annales judiciaires conserveront le souvenir, M. Lecomte fut destitué de ses fonctions d'avoué. A cette occasion, le barreau de Paris montra beaucoup de courage et d'indépendance; il s'éleva contre cette mesure, et rédigea un mémoire où les représentations les plus énergiques furent adressées à l'autorité, qui n'y eut aucun égard. M. Lecomte a trouvé, dans l'opinion publique et dans les spéculations commerciales auxquelles il s'est livré depuis, un dédommagement à ses malheurs.

LECOR (CHARLES-FRÉDÉRIC), général portugais, commandait l'expédition de Buénos-Ayres, forte de 4,000 hommes de troupes portugaises et de 6,000 hommes de milices brésiliennes, lorsqu'elle fut dirigée, en 1816, sur les provinces alors au pouvoir des insurgés espagnols. On ne sut généralement en Europe à quelle cause attribuer cet événement, et la proclamation que le général Lecor s'empressa de publier, excita vivement la curiosité, sans néanmoins la satisfaire. Nous allons rapporter quelques passages de cette proclamation. « Peuples de la rive gauche du Rio de la Plata, les insultes réitérées que le tyran Artigas a faites aux paisibles habitans de Monte-Video et à ceux de Rio-Grande, la défense absolue de communiquer sur la frontière avec vos amis les Portugais, et enfin, la position hostile qu'il a fait prendre à ses troupes, sont des faits notoires et plus que suffisans pour prouver les intentions de ce tyran... C'est pour écarter vos maux que je suis envoyé par mon souverain, avec les troupes qui sont rangées autour de moi.. Habitans! vous qui désirez le salut de votre pays, restez tranquilles chez vous, et fiez-vous aux promesses que je vous fais au nom de mon souverain. Je vous promets, foi de vieux militaire et de fidèle sujet, que je remplirai tous les ordres que me donne mon auguste souverain, et qui ne sont que pour votre bonheur. » Le général Lecor ayant pris possession du pays au nom de S. M. T. F., la cour de Madrid adressa des réclamations énergiques au marquis de Marialva, ministre de Portugal, et les puissances médiatrices entre l'Espagne et le Portugal rédigèrent une note qui toutefois ne changea rien à l'état des choses. (*Voy.* Jean VI.) Le général Lecor continua à occuper les provinces de la Plata; mais on crut remarquer que ses mouvemens militaires avaient bien moins pour objet de conserver la colonie à l'Espagne que de la défendre contre les tentatives des insurgés.

LECORDIER-VALENCOURT (Louis-Hippolyte), né à Lisieux en août 1752, était marchand de toiles avant la révolution. Il fut nommé, en 1794, procureur-syndic du district, et l'année d'après, l'assemblée électorale de son département le porta au conseil des anciens, d'où il sortit en 1799. Nommé, en 1800, à la sous-préfecture de Lisieux, il y resta jusqu'en 1816 sans interruption. La sagesse de son administration lui mérita l'estime et la confiance de ses concitoyens. Il fut présenté par son département, à trois reprises différentes, comme candidat au corps-législatif.

LECOURBE (comte), lieutenant-général, grand-cordon de la légion-d'honneur, chevalier de Saint-Louis, naquit à Lons-le-Saulnier, département du Jura, en 1760. Son père, ancien officier d'infanterie, le destina à la carrière des armes. Le jeune Lecourbe prit du service, et après 8 ans d'activité dans le régiment d'Aquitaine, il rentra dans sa famille, où il était encore à l'époque de l'organisation des gardes nationales. Nommé commandant de celles de Lons-le-Saulnier, il fut bientôt mis à la tête du bataillon du Jura qu'il conduisit à l'armée du Rhin. Son zèle, son intelligence et son courage fixèrent l'attention de ses chefs, et il mérita constamment leur bienveillance dans les différentes armées du Rhin, du Nord, et de Sambre-et-Meuse. Il était général de brigade à la bataille de Fleurus, où avec 3 bataillons seulement, il soutint le feu et le choc de 18,000 Autrichiens, pendant l'espace de

7 heures et demie. Il déploya les mêmes qualités à l'armée de Rhin-et-Moselle, en 1796, et concourut puissamment au succès des batailles de Rastadt. Chargé, en 1799, du commandement de l'aile droite de l'armée d'Helvétie, il étonna ses compagnons d'armes et l'ennemi lui-même par ses manœuvres savantes. Au combat de Frunsteromender, il fit 5,000 prisonniers aux Autrichiens qu'il mit dans une déroute complète. Il seconda vaillamment Masséna contre les Russes. D'abord repoussé par le nombres de troupes que le général Suwarow avait amenées, il ne se déconcerta point, et aida Masséna à repousser ce général qui perdit beaucoup de monde. Il fit preuve, peu de temps après, d'un autre genre de courage. Le non paiement de la solde de nos troupes, alors à Zurich, ayant donné lieu à une révolte, seul il se jeta au milieu des mutins, leur ordonna de se séparer, et sabra deux des séditieux qui refusaient d'obéir. En 1800, le général Moreau le nomma l'un de ses généraux en chef. A l'ouverture de la campagne, Lecourbe prit le commandement de l'aile droite de l'armée du Rhin, et passa d'abord ce fleuve entre Stein et Schaffouse. Il traversa le Lech le 4 juin, et se signala à la bataille d'Hochstedt, qui eut pour résultat la prise de Feldkirch, de Coire et de tout le pays des Grisons. La paix le rendit à la vie privée. C'est pendant son inactivité qu'eut lieu le procès du général Moreau (*voy.* Moreau.) Lié par la reconnaissance et par l'amitié avec ce général, il prit le plus vif intérêt à sa situation, soit en accompagnant Mme Moreau aux audiences, soit en assistant avec assiduité à tous les débats, soit enfin en exprimant en plein tribunal par des gestes violens, le mécontentement qu'il éprouvait. Cette conduite qui ne fut pas généralement jugée avec faveur, donna lieu à des mesures moins sages encore de la part de l'autorité. Le général Lecourbe non-seulement fut rayé du tableau de l'armée, mais encore il fut exilé. A la première restauration en 1814, le roi le rétablit dans ses grades, titres et honneurs, le nomma inspecteur-général d'infanterie; chevalier de Saint-Louis, et le décora du grand-cordon de la légion-d'honneur. Pendant les *cent jours*, en 1815, ne voyant que la patrie, et lui étant plus fidèle que son ami ne l'avait été l'année précédente en assistant de ses conseils les armées étrangères, le général Lecourbe prit le commandement d'une petite armée improvisée à Belfort, et défendit les approches de cette forteresse avec autant de talent que d'intrépidité. Il occupait encore le commandement au mois d'octobre, lorsqu'il mourut des suites d'une rétention d'urine. Il fut généralement regretté.

LECOURBE (H.), conseiller honoraire à la cour royale de Paris, et frère du précédent, était juge au tribunal criminel du département de la Seine, à l'époque où le général Moreau (*voy.* ce nom) y fut traduit comme complice de Pichegru, accusé de conspiration (*voy.* Pichegru). M. Lecourbe opina pour l'absolution du général Moreau. On a vu dans l'article précédent, que le général Lecourbe fut disgracié par suite de ce procès. Une année après, M. Lecourbe se présenta aux Tuileries pour demander au premier consul le rappel du général son frère. Mais à peine Bonaparte eut-il reconnu M. Lecourbe, que sans lui donner le temps d'articuler une seule parole, il lui dit avec vivacité : « Com- »ment osez-vous, juge prévari- »cateur, venir souiller mon pa- »lais par votre présence? Sortez... »sortez. » Cette apostrophe violente n'était pas susceptible de réplique. M. Lecourbe se retira. Bientôt il fut suspendu de ses fonctions. Ce magistrat, que le roi nomma, en 1814, conseiller honoraire à la cour royale de Paris, a publié : 1° *Opinion sur la conspiration de Moreau, Pichegru et autres*, 1814, in-8°; 2° *A messieurs les rédacteurs des journaux*, 1814, in-8°.

LECOUSTURIER D'ARMENONVILLE (ROBERT-ANTOINE-MARIE, VICOMTE), maréchal-de-camp, membre de la chambre des députés en 1815, est né le 7 mars 1745. Appartenant à une famille noble, il fut destiné par son père à la carrière des armes, et dès l'âge de 15 ans il entra au service. A la suite des campagnes de l'Inde, de 1778 à 1782, qu'il fit avec distinction, il fut nommé chevalier de Saint-Louis; major du régiment d'Austrasie, en 1788, et successivement, au commencement de la révolution, colonel et maréchal-de-camp. Il servit dans les armées commandées par Custines, Dumouriez et Lamarlière; mais il fut forcé, comme noble, de quitter le service en 1793. Il s'était voué à la vie privée; mais il y renonça momentanément sous le gouvernement impérial, pour organiser la conscription dans le département de l'Eure, qu'il habitait et qui le nomma, en 1814, membre de la chambre des députés. Depuis la dissolution de cette chambre, par suite du retour de Napoléon, en mars 1815, il est rentré de nouveau dans la vie privée.

LECOUTEULX DE CANTELEU (LE COMTE), pair de France, commandant de la légion-d'honneur, etc., est né, en 1749, d'une famille considérée de la ci-devant province de Normandie. Il était échevin de la ville de Rouen à l'époque de la convocation des états-généraux, où le tiers-état du bailliage de cette ville le nomma son député. Approbateur sage et modéré des principes du nouvel ordre de choses, il fut fidèle à la cause populaire; et porté par ses connaissances commerciales aux matières de finances et d'administration, il s'en occupa presque exclusivement. Il soutint presque toujours les plans présentés par Necker, et fut nommé pour faire le rapport relatif à la vente des 400 millions de biens du clergé, malgré l'offre que cet ordre faisait de pareille somme. Désigné, en 1790, pour remplir la place de caissier de l'extraordinaire, il la refusa parce qu'elle portait atteinte à l'indépendance de député, et plus tard, ce principe qu'un mandataire de la nation ne peut pendant l'exercice de ses fonctions accepter aucun emploi du gouvernement, fut converti en loi. Dans le mois de mars de la même année, M. Lecouteulx de Canteleu proposa un projet de banque territoriale. Lors de la discussion relative à la suppression du privilége de la compagnie des Indes, il fit sentir, dans un discours très-remarquable, la nécessité de prendre, avant de décider cette suppression, des renseignemens plus positifs sur la situation présente et sur les droits des actionnaires. Lorsque le ministre Necker proposa, le 17 avril, à l'assemblée un emprunt de 40 millions, M. Lecouteulx de Canteleu appuya et justifia sa demande. Depuis cette époque, il fut le rapporteur de toutes les opérations de finances qui eurent lieu pour venir au secours du trésor. Il fit connaître le résultat de la contribution patriotique, fit suspendre l'échange des billets de la caisse d'escompte contre les assignats, et fit décréter leur admission dans les caisses publiques. C'est par suite de ces mesures, avouées cependant par la justice, qu'il fut accusé d'avoir fait un voyage à Rouen, pour y corrompre l'opinion publique relativement à ces opérations. Sa justification franche et énergique parut dans le *Moniteur* du 18 septembre 1790. Il employa le reste de cette année à présenter quelques mesures de finances, telles que la suppression des receveurs-généraux et l'institution des receveurs de district. Au commencement de l'année 1791, il fit le rapport du projet de loi relatif à l'émission d'une monnaie de cuivre, blâma la formalité de l'enregistrement, auquel on voulait soumettre les lettres venant des pays étrangers, et demanda la création des petits assignats. Depuis la fin de la session de l'assemblée constituante, jusqu'en 1795, M. Lecouteulx de Canteleu ne parut plus sur la scène politique, et fut assez heureux pour échapper aux proscriptions qui signalèrent cette période. En 1795, il devint membre du conseil des anciens, où, comme à l'assemblée constituante, il ne s'occupa que de finances. Il fit la plupart des rapports sur cette matière, et parla successivement en faveur de l'emprunt forcé et de la loi du 9 floréal an 4. Il combattit avec vigueur la résolution du conseil des cinq-cents qui, dans la vente des biens nationaux, faisait une exception en faveur des maisons religieuses de Paris. Président du conseil, en 1796, il contribua à l'adoption des résolutions relatives au mode de paiement des biens nationaux soumissionnés, en vertu de la loi du 28 nivôse. Il vota pour l'adoption du droit de patente, s'opposa à la résolution qui autorisait le paiement des biens nationaux en mandats territoriaux, et provoqua l'adoption de celle qui prohibait, en France, l'introduction des marchandises anglaises. Peu de temps après, il fit deux rapports : le premier, sur le paiement en numéraire du traitement des fonctionnaires publics et des employés; le second, sur la restitution à effectuer aux actionnaires de la banque de Saint-Charles et de la compagnie des Philippines de leurs différentes actions, dont le dépôt avait été ordonné au trésor public. En mars 1797, il s'opposa à la résolution tendante au rétablissement des loteries. Le 4 décembre suivant, il exposa, dans un rapport très-étendu, les moyens de liquider la dette publique et un mode de paiement des deux tiers consolidés. Quoiqu'il se fût toujours abstenu de traiter des matières essentiellement politiques, 3 jours après les événemens du 18 fructidor an 5 (4 septembre 1797), il ne put résister au noble désir de parler en faveur de ceux de ses collègues qui avaient été proscrits, et de déclarer qu'il ne trouvait rien, dans les pièces soumises au conseil, qui fût propre à autoriser les mesures de déportation. Le commerce de Paris le choisit pour porter la parole lorsqu'il envoya une députation au directoire-exécutif, afin d'être autorisé à ouvrir un emprunt. Il fit approuver au conseil une résolution portant émission de 25 millions de mandats territoriaux, pour consommer l'extinction de la dette publique, et donna connaissance des opérations de la commission de surveillance du trésor. Il vota en faveur des créanciers et des co-partageans des biens des émigrés, et s'opposa, mais sans succès, à la résolution qui accordait des pensions aux veuves des défenseurs de la patrie. Le 9 novembre (1797), il plaida la cause de quelques familles de déportés et des déportés eux-mêmes, dans l'intérêt desquels il proposait de nommer une commission, qui serait chargée de présenter les moyens d'adoucir leur situation. En 1798, il publia un *Essai pour les contributions proposées, en France, pour l'an 7*. Dans les derniers mois qu'il passa au conseil, il défendit l'impôt sur le sel, et vota pour son rétablissement. Enfin ses derniers discours, dans cette assemblée, ont pour objet des questions sur les douanes et sur les prises maritimes. A la suppression des conseils, par suite des événemens du 18 brumaire an 8 (9 novembre 1799), M. Lecouteulx de Canteleu fut nommé membre du sénat-conservateur, et plus tard un des régens de la banque de France. En 1804, il devint successivement commandant de la légion-d'honneur, comte de l'empire, et fut pourvu de la sénatorerie de Lyon. En janvier 1814, il partit pour Tours, en qualité de commissaire extraordinaire dans la 22.me division militaire. Après la première restauration, il fut nommé membre de la chambre des pairs; et n'ayant pas fait partie de celle formée par Napoléon, pendant les *cent jours*, en 1815, après le second retour du roi il y est rentré de droit, et y siége encore aujourd'hui (1823).

LECOZ (le comte Claude), député à l'assemblée législative, archevêque de Besançon, officier de la légion-d'honneur, naquit à Plonevez-Porzay, département du Finistère, le 22 décembre 1740. Il fit ses études au collége de Quimper. Il n'était pas encore élevé au sacerdoce lorsque, malgré ses représentations, l'évêque de Quimper le nomma à une chaire du collége de cette ville. Ses talens et ses vertus l'ayant fait connaître au loin, le département d'Ille-et-Vilaine le choisit pour évêque lorsque la constitution française fut sanctionnée par le roi; il n'accepta les fonctions de l'épiscopat qu'au refus que fit M. de Girac de continuer de les exercer. Il fut appelé, sur la fin de 1791, par le vœu de ses diocésains, à l'assemblée législative, où il défendit avec courage les droits du peuple et ceux de la monarchie constitutionnelle. De concert avec son collègue Ducastel, il fit rapporter un décret injurieux à la dignité du trône. Peu après, au milieu de la plus vive agitation, il fit révoquer un autre décret ordonnant l'impression d'un discours, où le même oubli des convenances s'était fait remarquer. Bientôt l'assemblée se trouva divisée en côté droit et en côté gauche : M. Lecoz se joignit à M. Lamourette, évêque de Lyon, pour essayer de concilier les deux partis ; et ces deux prélats eurent le bonheur de réussir. Il régnait, néanmoins, une grande fermentation dans l'assemblée. Aussitôt qu'on eut proposé de supprimer la Sorbonne, l'université, les colléges, tous les établissemens consacrés à l'enseignement public, M. Lecoz monta à la tribune pour combattre ce projet. Son discours avait fait une heureuse impression : mais le décret n'en fut pas moins rendu. Quand on eut arrêté que par des motifs d'économie, le roi et ses ministres seraient invités à supprimer tout abonnement, tout secours promis par le gouvernement en faveur d'entreprises littéraires, d'entretien de bibliothèques, etc., M. Lecoz regardant ce décret comme déshonorant pour la nation, mais surtout pour l'assemblée, le fit rapporter. L'auteur d'une biographie d'une partialité révoltante, n'en a pas moins avancé que c'était M. Lecoz qui avait sollicité ce décret. C'est une calomnie. « Il en est une autre qui » porte un caractère de perfidie » plus prononcé, écrivait-il à l'au- » teur de cet article : le biographe » me fait parler, à la tribune, con- » tre les prêtres insermentés! Il se- » rait démenti par toute l'assem- » blée, comme il l'est par les feuil- » les qui publiaient les discussions » et les décrets. Il n'y a que ce » biographe qui puisse ne savoir » pas que je fus constamment le » plus ardent défenseur des prê- » tres insermentés; que j'ai quel- » quefois exposé ma vie pour sau- » ver la leur. Je n'ai même jamais » goûté une si douce jouissance, » que lorsqu'à Rennes un prêtre » vendéen ayant été condamné à » mort, je courus auprès des juges » encore assemblés, et leur prou- » vai que la sentence qu'ils ve- » naient de prononcer était injuste » et déshonorante pour eux. Je de- » mandai qu'on m'entendît comme » défenseur de cet infortuné, et je » plaidai sa cause avec tant de » chaleur, que je fus assez heureux » pour lui sauver la vie et pour bri- » ser ses fers. » Le dévouement de M. Lecoz pour Louis XVI est généralement connu. Dans la séance du 10 août 1792, le vertueux prélat s'opposa de toutes ses forces à la suspension du roi ; ce qui n'a pas empêché ces rédacteurs de le désigner comme ayant voté sa mort, lui qui fut étranger à la convention nationale, et qui, pour son attachement à ce prince comme à la religion, subit, au Mont-Saint-Michel, 14 mois de captivité. Un autre biographe travestit même ce prélat en forcené, dénonçant à tout l'univers le pape Pie

VI, comme ayant provoqué une guerre de religion. Mais ce biographe ne cite point l'écrit où il a puisé les preuves de son accusation. Il se contente de renvoyer aux *Annales catholiques*, où sont accueillis tous les documens défavorables aux prêtres soumis aux lois de l'état. De retour à Rennes, après la session de l'assemblée législative, ce prélat écrivit non-seulement pour l'instruction de ses diocésains, mais il s'empressa de les visiter, de les affermir dans la croyance des vérités qu'il leur avait annoncées, et de les consoler dans les afflictions qu'ils éprouvaient comme le reste de la France. Il leur persuada qu'une armée composée de braves et sages patriotes, pourrait seule comprimer les fureurs de l'anarchie. Plusieurs vinrent, en conséquence, offrir à l'administration départementale leurs bras pour la défense du trône et de l'autel : mais on ne put employer à temps ces hommes qui se dévouaient si généreusement au service de leur patrie. M. Lecoz était encore au Mont-Saint-Michel quand le proconsul Carpentier mit à l'ordre du jour, dans toutes ses proclamations, la *chute du sacerdotisme*. L'évêque de Rennes n'hésita point de dénoncer à la convention les arrêtés de Carpentier : il lui écrivit à lui-même, du fond de son cachot, pour lui reprocher l'inhumanité de sa conduite, et pour l'amener, s'il était possible, à pratiquer du moins les vertus civiques. Les représentans en mission dans le département d'Ille-et-Vilaine, Bolot et Boursault, furent alarmés de son zèle, et crurent l'intimider par des menaces. « Je » connais, leur répondit-il, les ca» chots, et je ne redoute point la » mort. » Quelque temps après, il fut rendu à la liberté. En 1797, un grand nombre d'évêques et de prêtres français se réunirent en concile national à Paris. M. Lecoz fut choisi par tous les membres du concile pour le présider, comme il le fut par ceux d'un second concile national qui se tint aussi à Paris en 1801. On peut juger, en parcourant les actes de ces deux conciles, de l'intérêt des matières qu'on y traita. La malignité, même l'esprit de parti, ont été forcés de respecter la doctrine de ces deux assemblées. On touchait alors au concordat qu'on regardait comme le moyen le plus propre à donner à l'église de France une paix durable. Peu après la conclusion de ce mémorable traité, M. Lecoz fut nommé à l'archevêché de Besançon ; mais auparavant, et aussitôt après l'avénement du général Bonaparte au consulat, il lui avait dénoncé les oppresseurs du peuple, et fait parvenir ses *Réflexions sur les causes du mécontentement des peuples de l'Ouest, et sur les moyens de les faire cesser*. Peu après, il lui envoya deux autres mémoires, l'un : contre les mariages entre cousins-germains ; le second, sur le divorce, interdit par la loi de Dieu aux époux catholiques. M. Lecoz y témoignait le désir que, si on laissait subsister la loi du divorce, on y joignît du moins un article qui permît, en certains cas, aux époux une simple séparation de corps et d'habitation. Arrivé à Besançon, M. Lecoz y travailla constamment, comme il avait fait à Rennes, au bonheur de son troupeau. On ne s'étonnera donc point qu'un évêque, pour qui l'humanité et la bienfaisance n'étaient pas de vains noms, et qui avait été surnommé le *père des pauvres,* ait accueilli avec autant d'empressement qu'il le fit la vaccination, dès le moment qu'on l'introduisit en France. Il écrivit à tous les curés de son diocèse pour leur en faire connaître les avantages, et leur recommander d'en favoriser la pratique dans leurs paroisses respectives. L'un des derniers écrits de l'archevêque de Besançon prêchait l'amour de la patrie, dans un temps où le département du Doubs était menacé par des troupes ennemies. Cet écrit profond et très-énergique a déplu au biographe déjà cité ; mais la patrie n'était pas pour M. Lecoz un mot vide de sens. Avant le retour du roi, il avait, comme tous les évêques français, recommandé à ses diocésains l'amour de leur pays et la fidélité à celui qu'on voyait alors tenir le gouvernail de l'état : mais Louis XVIII, une fois rétabli sur le trône, n'eut pas de sujet plus dévoué. Malgré la sagesse de cette conduite, un administrateur oublia ses devoirs et les convenances au point de faire placer à la porte du prélat des gendarmes pour le tenir en prison chez lui, pendant le séjour d'un prince à Besançon. *Ses plaintes retentirent jusqu'à la chambre des députés,* a dit le même biographe : elles ne retentirent nulle part. Ce fut un chanoine de Besançon, feu M. Ravier, qui, sans en prévenir personne, pas même M. Lecoz, qui l'en eût empêché, porta ses plaintes, non pas seulement à la chambre des députés, mais encore à celle des pairs et au ministère, de ce qu'à l'égard de son évêque on avait indignement violé la charte. Quant à l'archevêque, il aima mieux souffrir que se venger. Ses principaux mandemens, dont on a fait des collections, traitent des vérités de la religion, de la morale, de la paix religieuse, du respect dans les églises, de l'amour de la patrie et des devoirs qu'il impose, etc. Tel est le prélat que des libelles, copiés par des journalistes de mauvaise foi, et même par l'auteur trop peu scrupuleux d'une nouvelle histoire ecclésiastique, ont osé travestir en citoyen suspect, en homme à passions, ne respectant pas assez la décence due à son caractère, et se couvrant de ridicules pendant le blocus de Besançon. Tout est mensonge dans ces diatribes. M. Lecoz ne parut pendant le blocus qu'en évêque plein de zèle et de charité, répandant à pleines mains de l'argent et des secours de toute espèce aux pauvres menacés d'être mis hors de la ville comme bouches inutiles, et empêchant, par la promesse qu'il fit de veiller à leur subsistance, l'exécution de l'ordre rigoureux qui les eût exposés à périr. Il avait la même charité pour les indigens des autres cultes. Ce prélat, dont la vie entière avait été consacrée à la religion, mourut, épuisé de fatigues, visitant son diocèse à Villevieux, département du Jura, le 3 mai 1815, dans la 75$^\text{e}$ année de son âge, après une maladie de peu de jours. Ses restes, renfermés dans un cercueil de plomb, furent déposés, le 7 du même mois, avec la pompe la plus imposante, dans le tombeau des archevêques. On a imprimé de M. Simon, professeur d'éloquence latine à l'académie universitaire de Besançon, ce distique exprimant si bien la perte que venaient de faire les pauvres, l'église et l'état:

Sanctum relligio, civem patria, et pia patrem
Deflet pauperies.... tu quoque, inique, geme.

M. Lecoz avait fait dans son testament plusieurs legs en faveur des hôpitaux et des pauvres; mais son legs principal est celui de sa riche bibliothèque au chapitre métropolitain. La vie de M. Lecoz a été écrite, l'année même de sa mort, par un Bisontin, qui croit ne devoir la publier que dans un temps où les passions seront plus calmes. « Il était mûr pour le ciel, » dit-il en terminant, celui qui eut » tant d'injures à pardonner, et qui » les pardonna du plus profond de » son cœur. Il pouvait paraître sans » crainte au tribunal de Dieu, ce- » lui à qui Dieu fut toujours pré- » sent. Avait-il rien à redouter, ce- » lui qui eut une foi si vive, une » espérance si ferme, une charité » si active, un zèle aussi ardent, » une si grande délicatesse de cons- » cience, une pureté si angélique, » une patience si exemplaire, une » si grande ferveur dans l'oraison, » tant d'amour pour les pauvres » de Jésus-Christ, et qui réunit à » un si haut degré, aux connais- » sances humaines, les sciences ec- » clésiastiques et toutes les quali- » tés d'un grand évêque? car dans » le sein de la piété, il cultiva tou- » jours la saine littérature, et se » délassa quelquefois de son travail » habituel avec les auteurs profa- » nes, dont il ornait souvent les » conversations, surtout lorsque » les passages que lui rappelait sa » mémoire très-heureuse, avaient » quelque trait à la morale. » Indépendamment des ouvrages de M. Lecoz, dont il a déjà été parlé, on a de lui: 1° *Préservatif contre l'impiété, ou Recueil de Pensées propres à démontrer l'existence de Dieu, le besoin d'une religion, et la nécessité d'un culte public*, in-8°, 1793. Une singularité assez digne de remarque, c'est que dans ces jours d'effervescence, ce fut un représentant du peuple en mission à Rennes, Grenot (du Jura), qui voulut se charger de faire parvenir cet ouvrage à toutes les paroisses du diocèse. 2° *Lettre au club de Rennes sur l'utilité et la nécessité du célibat ecclésiastique;* 3° *Lettre à M. Réal au sujet d'un article du* Journal des Patriotes *de* 1789, in-8°, 1795; 4° *Lettre aux ecclésiastiques non assermentés de son diocèse, rendus à la liberté*, in-4°, 1795; 5° *Observations sur le dimanche et sur le décadi*, in-8°, 1795; 6° *Lettre à tous les catholiques du diocèse de Besançon, amis de la religion et de la patrie*, in-8°, 1796; 7° *Réponse à une critique de cet écrit*, in-8°, 1797; 8° *Réflexions sur les lettres du citoyen Rallier*, in-8°, 1796; 9° *Discours prononcé à l'ouverture du concile national de* 1797, in-8°; 10° *Lettre à M. Grégoire, évêque de Blois, sur le mouvement de la mer*, in-8°, 1797; 9° *Justification de plusieurs vérités chrétiennes, contre le journal ayant pour titre:* l'Ami des Lois, in-8°, 1799; 12° *Lettre aux prêtres et aux fidèles catholiques d'Il-*

le-et-Vilaine, in-8°, 1800; 13° *Avertissement pastoral sur l'état actuel de la religion catholique*, in-8°, 1800; 14° *Hommages rendus à la religion par des philosophes modernes*, in-8°, 1801; 15° *Motifs de la conduite de M. Lecoz à l'égard de feu M. M...*, pêcheur *public*, in-8°, 1801; 16° *Lettre sur la soumission due aux puissances temporelles*, in-8°, 1801; 17° *Observations sur une lettre de M. Fourier, relative aux zodiaques découverts en Égypte*, in-8°, 1802; 18° *Défense de la révélation chrétienne contre l'auteur du Mémoire en faveur de Dieu*, in-8°, 1802; *Éloge funèbre du général Leclerc*, in-8°, 1803; 20° *Observations sur une lettre d'un grand-vicaire*, in-8°, 1804; 21° *Lettre à M M. Marron, Rabaut-Pomier et Mestrezat*, in-8°, 1806; 22° *Lettre à M. Beaufort sur son projet de réunion de toutes les communions chrétiennes*, in-8°, 1808; 23° *Lettre de M. Lecoz aux catholiques de son diocèse*, in-8°, 1808; 24° *Instruction sur l'obligation pour tout chrétien de suivre sa vocation*, in-8°, 1809; 25° *Discours pour une bénédiction de drapeaux*, in-8°, 1815; 26° *quelques Détails sur Latour-d'Auvergne-Corret, premier grenadier de France*, in-8°, 1815. On distingue parmi ses nombreux manuscrits : 1° le journal de sa détention au Mont-Saint-Michel; 2° celui du séjour qu'il fit à Paris, lors du couronnement de Napoléon; 3° ses observations sur les montagnes du Jura, et sur les productions et le commerce de ce pays; 4° un discours académique sur l'utilité des sociétés littéraires; 5° un second sur la dignité de l'académicien; 6° un troisième sur les avantages qui résultent pour l'état, des secours mutuels que se donnent la religion et les lettres, et un quatrième sur la sociabilité du christianisme avec des institutions libérales.

LÉCUY (L'ABBÉ JEAN-BAPTISTE), chanoine honoraire de l'église métropolitaine de Paris, ancien abbé-général de l'ordre des prémontrés, et docteur de Sorbonne, est né à Yvoi-Carignan, le 3 juillet 1740. Il prit l'habit de chanoine de Prémontré en 1759, fit profession en 1761, fut reçu bachelier au collège de Prémontré à Paris en 1765, et admis au doctorat en Sorbonne en 1770. M. l'abbé Lécuy parvint successivement à la première dignité de son ordre, et tint en 1782, 1785 et 1788, plusieurs chapitres nationaux relatifs à la discipline, à l'amélioration des études, à la réforme et réimpression du bréviaire et autres livres liturgiques à l'usage des religieux prémontrés, etc. (*Voy.* HÉDOUIN.) En 1787, membre de l'assemblée provinciale du Soissonnais, il présida plus tard l'assemblée du district de Laon, département de l'Aisne. En 1790, l'abbé Lécuy quitta son abbaye par suite de la suppression des ordres monastiques. Détenu en 1793, il eut le bonheur d'échapper aux plus grandes persécutions de cette époque, et se retira à la campagne, où il se livra à l'éducation particulière de quelques jeunes gens. Peu de temps après la révolution du 18 brumaire an 8 (9 novembre 1799), le gouvernement consulaire ayant solennellement relevé les autels en France, l'abbé Lécuy revint à Paris. Il fut nommé par le cardinal de Belloy, chanoine honoraire de l'église métropolitaine. Il a été attaché postérieurement à la maison de la princesse Joseph Bonaparte. On doit à l'abbé Lécuy : 1° traduction des *OEuvres de Franklin*, revue, corrigée et publiée par Barbeu de Bourg, Paris, 1773, 2 vol. in-4°; 2° traduction de l'*Interrogatoire de Franklin devant le parlement d'Angleterre*, en février 1766. Cette traduction a été imprimée dans les *Éphémérides du citoyen*, et dans le livre connu sous le titre de *la Science du Bonhomme Richard*, Paris, 1774, in-12. 3° *Discours prononcé à l'ouverture du chapitre national de Prémontré*, en 1770, Soissons, même année. Il a été traduit en latin par Wenceslas, abbé de Strahow, Prague, 1781, in-4°; 4° *Amintor et Théodora* suivi de l'*Excursion ou les Merveilles de la nature*, traduction de l'anglais de David Mallet, Paris, an 6 (1798), 3 vol. in-8°, figures; 5° *Nouveau dictionnaire universel, historique, biographique, bibliographique et portatif*, traduction de l'anglais de John Watkins, Paris, an 11 (1803), un gros vol. in-8°; 6° *Dictionnaire de poche latin-français, contenant non-seulement les mots qui se trouvent dans les auteurs des temps de la bonne latinité, mais encore ceux qui ont été employés par les écrivains du moyen âge*, Paris, an 13 (1805), petit vol. in-4°; 7° *Abrégé de l'histoire de la Bible*, contenant l'Ancien et le Nouveau Testament, 2 vol. in-8°, figures et atlas, réimprimé en un vol. in-12;

8° un nombre assez considérable d'articles dans le *Journal de Paris*, depuis le 30 floréal an 9 de la république (20 mai 1801); 9° *Discours pour l'anniversaire du couronnement et de la bataille d'Austerlitz*, Paris, 1813, in-8°; 10° enfin plusieurs *Sermons* dignes du caractère et de la réputation de leur auteur.

LEDANOIS DE LA SOISIÈRE (ANDRÉ-BASILE), député au conseil des anciens et membre du corps-législatif, est né le 8 mars 1750. Il exerçait les fonctions de lieutenant-général du bailliage d'Orbec et Bernay, en Normandie, à l'époque de la révolution. Il s'en montra le partisan, et fut nommé maire et commandant de la garde nationale de sa commune. En 1791, il devint président de l'administration du district de Bernay, et fut élu, en septembre 1795, député, par le département de l'Eure, au conseil des anciens, où il parla plusieurs fois sur des objets de finance. Il sortit du conseil, en 1799, et fut appelé aux fonctions de juge au tribunal d'appel du département de l'Eure; il les remplit jusqu'en 1802, époque à laquelle il fut nommé au corps-législatif. Il y fut réélu par le sénat le 17 février 1807, et en sortit au commencement de 1812. Après la première restauration, en 1814, il reçut des lettres de noblesse du roi, et fut de nouveau porté en 1815, par les électeurs de l'Eure, à la chambre des représentans. Il n'y prit point la parole, et se retira dans ses foyers après la dissolution de cette chambre. M. Ledanois a publié, en 1816: *Des vices de la législation sur la* *contrainte par corps pour délits.*

LE DEAN (FRANÇOIS-JÉRÔME, BARON), membre de l'assemblée constituante, chevalier de la légion-d'honneur, etc., est né en 1744, dans les environs de Quimper, département du Finistère. Après avoir fait un voyage aux Indes dans sa jeunesse, il vivait retiré des affaires lorsque les évéuemens précurseurs de la révolution éclatèrent en Bretagne. L'estime publique le désigna successivement pour être membre d'une députation extraordinaire envoyée à Paris en 1788, puis député adjoint aux états de Bretagne en janvier 1789, et enfin député du bailliage de Quimper aux états-généraux, où il siégea toujours parmi les défenseurs invariables de la liberté constitutionnelle. Élu maire de Quimper à son retour dans ses foyers, il conserva cette place jusqu'en 1793, et y renonça dès qu'il vit la convention nationale entraînée vers la violence. M. Le Dean ayant favorisé l'évasion de quelques proscrits, le devint à son tour, et fut forcé de se soustraire par la fuite aux poursuites des partisans de la terreur. A la renaissance de l'ordre, il fut élu administrateur du département du Finistère. Après le 18 brumaire an 8 (9 novembre 1799), on le nomma de nouveau maire de Quimper, où son administration a laissé des souvenirs qui assurent ses droits à la reconnaissance de ses concitoyens. Exempt d'ambition et craignant de devenir l'instrument de l'autorité, il donna sa démission en 1803. Néanmoins il fut appelé, en 1810, à présider le collège électoral du département du Finistère, et fit partie de la députation envoyée à l'empereur, qui lui donna à cette occasion la décoration de la légion-d'honneur. Il avait obtenu précédemment le titre de baron. En avril 1815, la confiance de ses compatriotes le força encore, malgré son âge avancé, à sortir du repos auquel il s'était voué. Il fut nommé membre de la chambre des représentans. La marche des événemens de la fin de 1815 le fit éliminer même du conseil municipal de Quimper, où il était entré en quittant les fonctions de maire. Depuis cette époque, M. Le Dean a vécu éloigné de tout emploi public, s'occupant d'agriculture, et trouvant dans la considération générale la récompense d'une vie constamment honorable et du bien qu'il n'a cessé de faire, soit comme administrateur, soit comme simple particulier. Il avait un frère aîné qui, après avoir occupé depuis 1789 diverses fonctions administratives, était, en dernier lieu, membre du conseil-général du département du Finistère. Sa longue carrière a été vouée sans relâche à introduire, parmi les cultivateurs de son canton, de meilleures pratiques d'agriculture. C'est son infatigable persévérance qui a naturalisé, aux environs de Quimper, la précieuse *solanée parmentière*, qui y était peu connue et dédaignée avant lui. Bienfaiteur modeste de la contrée qu'il habitait, il n'a pas cherché de célébrité; mais il mérite du moins que son exemple soit proposé à ceux qui savent goûter la douce satisfaction de se rendre vraiment utiles à la société.

LEDOUX (Claude-Nicolas), célèbre architecte, naquit à Dormans, dans la ci-devant province de Champagne, vers 1736. Ses parens, quoique peu riches, firent pour son éducation tous les sacrifices qui dépendaient d'eux. Ils l'envoyèrent à Paris au collége de Beauvais, où il resta jusqu'à l'âge de 15 ans. Ils lui firent ensuite étudier le dessin, et le placèrent chez un graveur; mais son goût pour l'architecture s'étant fortement prononcé, ils le mirent sous la direction de Blondel, architecte, qui jouissait d'une grande réputation. Les progrès du jeune élève furent rapides, et bientôt il remporta le grand prix. Alors il se rendit à Rome en qualité de pensionnaire de l'académie de France. L'architecture grecque fut l'objet constant des études de Ledoux, et dans ses diverses constructions il prouva qu'il l'avait méditée avec fruit. De retour à Paris, les sociétés savantes se firent un plaisir de l'admettre dans leur sein, et il avait à peine 37 ans, lorsque l'académie royale d'architecture le choisit pour un de ses membres. Parmi les monumens modernes qui fixaient le plus son attention dans la capitale, il eut toujours pour le *portail de Saint-Sulpice*, dû au génie de Servandoni, une prédilection marquée, et ce monument servit, en quelque sorte, de type à ses premières créations, parmi lesquelles on doit citer *la porte de l'hôtel d'Utès*, que le marteau des spéculateurs démolit en ce moment (1823); *l'hôtel Telusson* et même *une porte d'ouverture circulaire* servant de seconde entrée à une ferme, rue Saint-Lazare. Ces travaux furent suivis de la construction du *théâtre de Besançon* et des *salines d'Arc*, dans l'ancienne province de la Franche-Comté. Néanmoins Ledoux, à qui l'on doit encore l'élégant pavillon de Louveciennes, qu'il construisit pour Mme la comtesse Dubarry, ne doit réellement sa célébrité qu'à la construction des *barrières de Paris*. La compagnie des fermiers-généraux ayant obtenu, du ministre de Calonne, la permission de faire entourer de murs l'enceinte de la capitale, elle porta son choix sur Ledoux pour exécuter les bâtimens qui devaient décorer et fermer chaque entrée. Subjugué par son imagination, Ledoux, décorant une habitation particulière, l'hôtel Telusson, d'un arc de triomphe, ne pouvait placer aux principales entrées de Paris de simples bureaux, et il traça d'inspiration une suite de monumens que l'on ne put faire exécuter suivant les vastes plans de l'auteur, à cause des dépenses trop considérables qu'ils devaient occasioner. Ces monumens réduits excitent encore une certaine admiration. On s'étonne de la fécondité du génie qui les a produits, et l'on regrette que le gouvernement n'ait point concouru avec la compagnie des fermiers-généraux, à une entreprise si digne de la première ville de France. Les *colonnes triomphales* de la barrière du Trône, les barrières de *la Villette*, des *Champs-Élysées*, de *Mousseaux*, d'*Italie*, de *Charonne*, etc., sont des monumens remarquables de l'époque où furent construits la nouvelle église de Sainte-Geneviève (ci-devant Panthéon) et le pont Louis XVI. Ledoux a fait graver, par les artistes les plus distingués, ses nombreuses compositions sous le titre de : *Architecture de C. N. Ledoux;* elles devaient former 5 vol.; le premier seul a paru, il est intitulé : *l'Architecture considérée sous le rapport de l'art, des mœurs et de la législation,* 1 vol. grand in-folio, avec 125 planches. Le texte, qui est de l'auteur, a le défaut d'être un peu emphatique. M. Landon, dans les *Annales du musée,* a fait graver une grande partie des barrières, etc. L'abbé Delille a consacré dans son poëme de l'*Imagination* l'idée que Ledoux avait eue de composer le plan d'une ville, « où tous les arts » et toutes les branches de l'indus- » trie auraient été placés à por- » tée les uns des autres, et de ma- » nière à recevoir les plus grands « développemens. » Voici, à cette occasion, quelques-uns des vers de ce poète célèbre :

Et pourrai-je oublier tes talens et ton zèle,
O toi, de l'amitié le plus parfait modèle!
Respectable Ledoux, artiste, citoyen,
Partout le nom français s'enorgueillit du tien.
C'était peu d'élever ces portes magnifiques,
De la ville des rois majestueux portiques,
A l'honneur des Français que n'eût point ajouté
Le généreux projet de ta vaste cité?
Là serait le bonheur; là, de la race humaine
Le monde eût admiré le plus beau phénomène,
Les modestes réduits, les superbes palais,
Les fontaines coulant en limpides filets,
Les comptoirs de Plutus, père de la fortune,
Les forges de Vulcain, les chantiers de Neptune.
Etc.

Le même poète a célébré les vertus de cet artiste, dans des vers que Luce de Lancival récita sur sa tombe. Dans un discours remarquable par l'éloquence du cœur, son élève et son légataire M. Vignon paya en même temps à sa mémoire le tribut de la reconnaissance et de la pieuse amitié, et rappela que la veille même de sa mort (arrivée le 19 novembre 1806), Ledoux, entouré de ses élèves et de ceux qui suivaient les cours de l'académie, leur proposa un concours particulier, dont le prix serait d'une médaille d'or de la valeur de 500 francs et d'un exemplaire de son grand ouvrage : dernière preuve de son amour pour son art, et de sa sollicitude pour ses jeunes successeurs.

LEDRU (Nicolas-Philippe), célèbre physicien, dont le nom a acquis une populaire célébrité sous le sobriquet qu'il se donna lui-même de Comus, naquit à Paris en 1731, d'une famille estimable, mais peu riche, et qui plus tard éprouva de nouveaux revers de fortune. La physique expérimentale fut l'objet constant de ses études, et il parvint à la mettre à la mode par ses récréations physiques et mathématiques. Après avoir étonné l'étranger et la province de ses expériences curieuses, de son adresse et de ses prestiges dans un art que les Olivier et les Comte ont porté en quelque sorte à la perfection, il revint dans la capitale, et eut l'honneur d'être placé par Louis XV près du duc de Bourgogne, en qualité de physicien, et d'être nommé professeur de mathématiques des enfans de France. Une étude qui servit merveilleusement Comus dans cette partie agréable de sa science ou de son art, fut la parfaite connaissance qu'il avait acquise du corps humain, et du jeu des muscles du visage. A l'inspection de la physionomie d'un individu, il devinait ce qui se passait dans son âme. Cette connaissance secondée de beaucoup d'esprit, lui fournit de nombreuses occasions d'amuser les sociétés les plus distinguées. Les sciences lui durent de plus utiles services. Pendant le séjour qu'il fit à Londres en 1766, il fit construire par Kamsden et Nairn, différens instrumens de physique qui ne pouvaient être alors aussi bien confectionnés en France, entre autres, des boussoles horizontales et verticales. Il donna le modèle de l'aiguille d'inclinaison dont le capitaine anglais Phipps se servit dans son voyage au pôle boréal en 1776. Il obtint de Louis XV, qui lui témoignait beaucoup de bienveillance, un brevet pour convertir le fer en acier à la manière de Knight, et pour la fabrication de toute espèce d'instrumens de physique. Il obtint encore de ce prince l'autorisation de compulser le dépôt des cartes de la marine, et toutes les observations magnétiques consignées dans les bureaux de ce ministère, pour en extraire tout ce qu'il jugerait utile à ses travaux. Les extraits qu'il fit sont nombreux, et ils lui servirent avec ses propres observations, à composer dans un autre système que celui de Halley et de ses successeurs, des cartes nautiques qu'il remit en manuscrit à La Pérouse, le 22 mai 1785, dans une audience particulière que Louis XVI lui avait accordée ainsi qu'au célèbre et infortuné voyageur. Il fut l'inventeur, du moins parmi les modernes, de la *catoptrique* plus connue sous le nom de *phantasmagorie*. Mais au lieu de spectres et de fantômes, il faisait apparaître des images et les objets les plus agréables. L'empereur Joseph II, lors de son voyage à Paris en 1777, se fit un plaisir d'assister à plusieurs des séances que ce célèbre physicien donna dans les commencemens de sa découverte. On rapporte dans un ouvrage biographique que : « plu- » sieurs faits nouveaux sur la pro- » pagation du son, la lumière, » l'ombre et les couleurs, ainsi » que la décomposition de ces der- » niers sans prisme ni verre, n'ont » été vus que par l'empereur Jo- » seph II, et par quelques person- » nes de sa suite. » Il appliqua avec succès l'électricité aux affections nerveuses, et plus particulièrement à la catalepsie et à l'épilepsie. Ces expériences fixèrent l'attention de la Faculté de médecine de Paris, qui nomma en 1782, pour les examiner et en faire un rapport détaillé, une commission de sept de ses membres. La découverte, le traitement et le bonheur de ses résultats furent si favorablement jugés, que Comus et ses deux fils reçurent le titre de physiciens du roi. Le système de l'auteur précède le rapport des commissaires, qui fut imprimé dans la même année (1782). On établit à cette époque, dans l'ancien couvent des Célestins, et plus tard rue Neuve-Saint-Paul, différentes salles pour l'application du traitement magnétique. Ce savant fut frappé pendant le régime de la terreur, en 1793, d'une incarcération qui fut heureusement momentanée; il se retira ensuite à Fontenai-aux-Roses. Il mourut à Paris, le 6 octobre 1807, à l'âge de 76 ans.

LEDRU (André-Pierre), membre de la société royale des antiquaires de France, des sociétés savantes et littéraires du Mans, de Tours, de Nantes, etc., est né le 22 janvier 1761, à Chantenay, dans la ci-devant province du Maine. Après avoir fait de bonnes études, il embrassa l'état ecclésiastique, et prêta, en 1791, serment à la constitution civile du clergé; dans la même année, il fut nommé curé de la paroisse du Pré au Mans. Pendant le régime de la terreur, il se retira dans sa ville natale, d'où les troubles civils qui agitaient le département de la Sarthe, le forcèrent à s'éloigner. Il vint à Paris en 1796. A cette époque, le capitaine Baudin préparait son expédition pour les Antilles; M. Ledru sollicita et obtint du directoire exécutif l'autorisation de faire partie de l'expédition comme botaniste. A son retour en France, en 1798, il devint professeur de législation à l'école centrale du département de la Sarthe, et obtint peu de temps après la chaire de physique qui était devenue vacante. Les services que M. Ledru a rendus à la botanique lui ont mérité de la part du savant Decandolle (*voyez* Decandolle) l'honneur de donner son nom à un nouveau genre de la famille des ombellifères, connu maintenant sous le nom de *drusa* (voyez *Annales du muséum*, tome X). Parmi un assez grand nombre de productions de M. Ledru, on remarque les suivantes : 1° *Discours contre le célibat ecclésiastique*, le Mans, janvier 1793, plusieurs éditions; 2° *Histoire de la prise de la ville du Mans par les calvinistes en 1562*. Cette relation historique, curieuse et pleine d'intérêt a paru dans l'*Annuaire du département de la Sarthe*, an 10. 3° *Observations sur l'histoire du Maine*, et catalogue des meilleurs ouvrages imprimés ou manuscrits à consulter pour écrire l'histoire de cette province (insérés dans l'*Annuaire* déjà cité, pour les années 11 et 12); 4° *Mémoires sur les cérémonies religieuses et sur le vocabulaire des Guanches, premiers habitans des îles Canaries* (ils sont imprimés dans les *Mémoires de l'académie celtique*, tome IV); 5° *Voyage aux îles de Ténériffe, la Trinité, Saint-Thomas, Sainte-Croix et Porto-Ricco, entrepris par ordre du gouvernement français, de septembre 1796 à juin 1798*, Paris, 2 vol. in-8° avec carte; 6° *Recherches sur les statues mérovingiennes et sur quelques autres monumens de l'église cathédrale du Mans* (elles sont insérées dans le *Magasin encyclopédique* de février 1814.)

LEDRU - DES - ESSARTS (le baron François-Roch), lieutenant-général, inspecteur-général d'infanterie, grand'croix de la légion-d'honneur, chevalier de Saint-Louis, etc., est né dans le département de la Sarthe, au petit bourg de Chantenai. Il entra, en 1791, dans le 55me régiment de ligne, en qualité de sous-lieutenant, et dans le cours des campagnes des armées du Nord et de Sambre-et-Meuse, il devint successivement, par sa bravoure, capitaine et chef de bataillon. Lorsque le général Bernadotte passa en Italie, il suivit, avec son régiment, la division de ce général, et se distingua à la bataille de la Trebia, dans laquelle il reçut un coup de feu, et à la suite de laquelle il fut promu au grade de colonel. C'est en cette qualité qu'il fit les campagnes de Gènes, du Var, du Piémont et de Hollande. Immédiatement après la bataille d'Austerlitz, où il fit des prodiges de valeur à la tête de son régiment, il reçut le titre de général de brigade. Il prit dans la grande-armée le commandement de l'avant-garde du 4me corps; à Lubeck, il pénétra par la porte de Muhl; à Hof, il eut deux chevaux tués sous lui; à Eylau, il reçut une blessure. Enfin à Heilsberg et à Kœnisberg, sa brillante conduite, dans le commandement qui lui avait été confié, le fit nommer commandant de la légion-d'honneur. Pendant la campagne de 1809, il eut sous ses ordres l'avant-garde du corps du général Masséna. Avec sa demi-brigade, il passa la Traun au pont d'Eberssberg sous le feu soutenu de l'armée autrichienne, força par un combat meurtrier le château de se rendre, ouvrit et facilita le passage aux Français, se battit pendant deux jours à Gross-Aspern, forma l'arrière-garde à Esling, et enfin rentra le dernier dans l'île de Lobau le 22 mai. Le 30 juin suivant, à la tête de 20 compagnies d'élite, portées sur des bateaux, il repassa le premier sur la rive gauche du Danube près d'Ensersdorf, pour protéger l'établissement d'un pont de bateaux, et y fut grièvement blessé. A la suite de ces brillans faits d'armes, il fut élevé, en juillet 1811, au grade de général de division, et chargé du commandement de la première division du 3me corps de l'armée dirigée contre la Russie. Pendant cette mémorable campagne, il fut distingué au combat de Valontina, eut un cheval tué sous lui à la bataille de la Moskowa, et se battit sans interruption à l'arrière-garde de l'armée, depuis Moscou jusqu'à la Vistule. En 1813, il faisait partie du 11me corps, et commanda constamment sa division à Bautzen, Wurtschen, Léipsick, Hanau, en Belgique et en Champagne. Le 2 juin 1814, le roi le nomma chevalier de Saint-Louis, et le mois suivant, grand-officier de la légion-d'honneur. A peu près à la même époque, le général Ledru-des-Essarts fut chargé du commandement de la division d'infanterie de la garnison de Paris. Le 19 mars 1815, il eut ordre de prendre position à Essone et de rétrograder le lendemain sur la capitale, où il rentra effectivement le 20 mars au soir, à la tête de 5 régimens. Le 9 juin, il reçut ordre de se rendre à l'armée des Alpes. Ce général, qui doit son avancement à ses talens et à son courage, et qui a reçu tous les grades sur le champ de bataille, est employé aujourd'hui (1823) comme inspecteur-général d'infanterie.

LEDUC (B.), était, à l'époque de la révolution, tailleur du roi. Il eut le courage d'écrire à la convention, le 21 janvier 1793, pour demander l'autorisation de faire inhumer à ses frais le corps de Louis XVI. Son dessein était de le faire transporter à Sens auprès du dauphin, père de ce prince, et de réunir dans un même tombeau cette famille infortunée. Sa demande, qui fut refusée, l'ayant fait considérer comme suspect, il fut arrêté en 1794, et ne recouvra sa liberté qu'après la journée du 9 thermidor an 2 (27 juillet 1794). Leduc mourut en 1805.

LEDYARD (JEAN), voyageur américain, naquit à Groton, dans le pays de Connecticut. Il perdit de très-bonne heure son père, et bien peu de temps après un parent qui prenait soin de lui, et le faisait étudier sous un maître de grammaire. Seul et sans protecteurs, privé de toute ressource pécuniaire, il se vit dans l'impossibilité d'aller étudier la théologie, où le portait son penchant, au collége de Dartmouth, dans le Nouveau-Hampshire. Comme il avait de la résolution, il ne se laissa point abattre par la mauvaise fortune. Il entreprit de construire, lui-même, un canot de 50 pieds de longueur sur 3 de largeur. Quand il l'eut terminé, il obtint, de personnes généreuses, les moyens de faire quelques provisions de bouche, et il se lança sur le Connecticut, sans en connaître le cours. Ledyard descendit heureusement cette rivière rapide. Après une navigation de 140 milles, il aborda à Hartford, et se rendit à New-York où il s'engagea comme matelot. En 1771, il arriva à Londres au moment où le capitaine Cook se disposait à entreprendre son troisième voyage. Subjugué par le désir de voir des régions inconnues, Ledyard se présenta au célèbre navigateur, qui l'admit en qualité de caporal de marine. Il fut un des témoins de sa fin tragique. En 1782, il exécuta le projet, que depuis long-temps il avait conçu, de traverser le continent de l'Amérique, depuis les côtes nord-ouest jusqu'à la côte orientale, qu'il avait visitée en partie avec Cook. Il traversa le canal vis-à-vis Ostende, ayant pour toutes ressources 10 guinées, et résolut, malgré l'insuffisance de cette somme, de se rendre au Kamtschatka. Arrivé au golfe de Bothnie, il voulut d'abord traverser les glaces pour abréger la route; mais ayant observé que la mer cessait d'être glacée au-delà des côtes, il rétrograda jusqu'à Stockholm, se dirigea vers le nord par le cercle polaire arctique, traversant tout le golfe, et descendant la côte orientale. Il arriva à Saint-Pétersbourg, où la position dans laquelle il se trouvait le rendit l'objet de la curiosité publique : il était sans linge, sans bas, sans souliers, sans habit et sans argent. L'ambassadeur de Portugal, en l'admettant à sa table, honora le courage de son entreprise, et joignit à cette marque de considération le don de 20 guinées. Il le fit ensuite employer dans un détachement chargé de porter des munitions à Yakuts, en Sibérie, à M. Billings, Anglais au service de la Russie, et qui faisait alors, par ordre de l'impératrice, un voyage de découvertes. Arrivé à Yakuts, Ledyard forma le projet de s'avancer jusqu'à Ocra-Kow; mais arrêté par les glaces, il revint à Yakuts, pour y attendre la fin de l'hiver. Son retour et son amour des découvertes le rendirent suspect. Il

fut arrêté au nom de l'impératrice, et, nonobstant l'aspérité de la saison, on le conduisit au nord de la Tartarie, jusqu'aux frontières du territoire russe, en lui enjoignant de ne plus y reparaître sous peine d'être pendu. Abandonné dans un lieu des plus rigoureux, dénué de tout, épuisé par la fatigue et par la misère, il fut au moment de succomber à l'horreur de sa situation. Enfin, recueillant toutes ses forces, il parvint, après des peines inouïes, à regagner Kœnisberg, où sir Joseph Banks lui fit toucher une somme, au moyen de laquelle il arriva en Angleterre. Il s'organisait alors à Londres une société qui avait pour objet la découverte des parties intérieures de l'Afrique. Ledyard s'intéressa d'autant plus à ce projet, que naguère il avait voulu en tenter l'entreprise pour son compte. Sur une lettre de recommandation de sir Joseph Banks pour un membre du comité de la société, il se présenta à ce membre, qui rendit compte en ces termes de leur entrevue : « Avant même que la let-
» tre qu'il me présenta m'eût ap-
» pris son nom et l'objet de sa vi-
» site, je fus frappé de la vigueur
» du personnage, de sa large poi-
» trine, de son air ouvert, et du
» mouvement rapide de ses yeux.
» Je lui déployai une carte de l'A-
» frique, et traçant une ligne du
» Caire à Senaar et de là vers
» l'ouest, dans la latitude et la di-
» rection supposée du Niger, je lui
» dis que c'était dans ce sens
» que j'entendais que la route
» fût parcourue, s'il était possible.
» Il me dit qu'il s'estimait très-heu-
» reux qu'une telle expédition lui
» fût confiée. Je lui demandai
» quand il croyait pouvoir partir?
» Demain matin, fut sa réponse. »
Le 30 juin 1788, Ledyard fit voile de Londres, et il arriva le 29 du mois suivant à Alexandrie. Il y prit le costume du pays, et se dirigea vers le Caire, où il débarqua le 30 août. Ledyard était doué d'une grande pénétration d'esprit et observait avec fruit. Tout ce qui frappait ses regards, il le comparait avec ce qu'il avait remarqué, de même nature, dans les autres parties du globe. Sa narration présentait un tableau piquant de contrastes et de ressemblances. Son séjour au Caire fut intéressant et avantageux pour la compagnie ; car dans ses visites aux marchés d'esclaves et dans ses conversations avec les Jelaps, ou marchands voyageurs des caravanes, il fut à portée de recueillir et de lui fournir sans frais des notions exactes sur l'Afrique, ses habitans, son commerce, la position de ses places, la nature du pays et la manière de voyager. Les mémoires qu'il transmit à la société, sur ces différens objets, remplirent ses vues. Peu de temps après, Ledyard lui écrivit qu'ayant obtenu des lettres de recommandation d'un aga, il avait fixé l'époque de son départ, et qu'il avait lieu de penser que sa prochaine lettre serait envoyée de Senaar. Mais des difficultés, tenant à la nature du gouvernement turc, apportèrent tant de délais à ce départ, que le chagrin qu'il en ressentit lui occasiona une maladie inflammatoire, dont il mourut le 17 janvier 1789. Né républicain, il méprisait toutes les dis-

Le M.^{al} Lefèbvre
Duc de Dantzick

tinctions civiles. Les habitudes de la vie errante qu'il avait menée ne pouvaient s'accommoder avec nos manières et nos usages ; quoique s'affranchissant de toutes les règles de la politesse, il n'était cependant pas rebutant ; et son génie, bien que sans culture, n'en étonnait pas moins, par son originalité et son étendue.

LEFANU (MISTRISS), Anglaise distinguée par des talens qui semblent héréditaires dans sa famille, est sœur du célèbre Shéridan, et veuve de Pierre Lefanu, gentilhomme né en Irlande. Elle a publié plusieurs ouvrages, parmi lesquels on cite principalement : 1° *Les fleurs, ou la reine des Sylphes*, conte de fées, in-12°, 1816; 2° *les Fils d'Erin, ou le sentiment du jour*, comédie, in-8°, 1812.

LEFANU (ALICIA), poète et romancière, est fille de la précédente. Elle a publié les ouvrages suivans : 1° *La chaîne de Rosara, ou le choix de la vie*, poëme in-8°, 1811; 2° *le Voyage de l'Inde*, roman, 2 vol. in-12; 3° *Stratalthan*, 4 vol. in-12, 1816. Ce roman, dont les caractères sont bien tracés et le style très-recommandable, jouit en Angleterre de beaucoup de réputation.

LEFEBURE (Louis), botaniste, ex-professeur de l'athénée de Paris, membre de diverses sociétés littéraires, a publié sur la science qu'il cultive des ouvrages élémentaires qui ont obtenu du succès. Ce sont : 1° *Méthode signalementaire pour servir à l'étude des noms des plantes*, 1814-1815, 3 cahiers in-8°; 2° *Concordance des trois systèmes de Tournefort, Linnée et Jussieu, appliquée au genre des plantes qui croissent spontanément dans le rayon de dix lieues autour de Paris*, 1816, 2° édition; 3° *vrai Système des fleurs*, poëme, 1817, in-8°; 4° *Atlas botanique ou Clef du jardin de l'univers, d'après les systèmes de Tournefort et de Linnée réunis*, 1re partie, in-8°, 1817. Dans le cours que M. Lefebure a fait en 1816 à l'athénée, il a exposé un nouveau système foliaire qui tendrait à faciliter l'étude de la botanique en élaguant les difficultés de la classification des genres, difficultés si rebutantes pour les personnes qui commencent cette étude.

LEFEBURE (N.), littérateur-traducteur, est auteur des traductions suivantes : 1° *Tableau historique, politique et moderne de l'empire Ottoman*, d'après l'ouvrage anglais de William Eton, Paris, 2 vol. in-8°, 1799; 2° *Albert ou le désert de Strathnarvern*, par mistriss Helm, romancière anglaise, Paris, 1800, 3 vol. in-12.

LEFEBVRE (FRANÇOIS-JOSEPH), duc de Dantzick, maréchal de France, membre de la chambre des pairs, grand'croix de la légion-d'honneur, chevalier de Saint-Louis, et de l'ordre de Charles III, d'Espagne, naquit à Rufack, département du Haut-Rhin, le 25 octobre 1755. Il perdit son père, commandant de la garde bourgeoise de Rufack, ayant à peine atteint sa 18me année, et fut confié aux soins d'un respectable ecclésiastique, son oncle paternel. La direction de ses études lui annonçait qu'il était destiné à une carrière pour laquelle il ne se sentait aucune vocation. Son frère venait d'être nommé officier au régiment de Strasbourg; il se rendit auprès de lui, et vint ensuite à Paris, où il s'engagea dans le régiment des gardes-françaises, dont il était premier sergent lorsque la révolution éclata. Le 21 juillet 1789, la multitude indignée de la conduite de plusieurs officiers de cette garde, se porta à leur caserne et les aurait massacrés, si Lefebvre ne fût parvenu, par sa présence d'esprit et par sa fermeté, à faciliter la retraite de ses supérieurs et à contenir les mutins. Le corps fut licencié; la moitié de la compagnie où servait Lefebvre fut incorporée dans le bataillon des Filles-Saint-Thomas, dont l'instruction fut confiée à ses soins. Dévoué au nouvel ordre de choses, mais modéré et très-attaché à ses devoirs, il ne se montra que pour éviter de grands malheurs dans deux circonstances remarquables : la première, en protégeant à la tête d'un détachement de son bataillon, la rentrée au château des Tuileries de la famille royale qui voulait se rendre à Saint-Cloud, et la seconde, en protégeant également le départ pour Rome de *Mesdames*, tantes de Louis XVI. Il fut blessé dans ces deux circonstances. En 1792, il faillit être victime de son zèle en préservant du pillage la caisse d'escompte. Le courage et le patriotisme de Lefebvre motivèrent son rapide avancement. Le 5 septembre 1793, il passa adjudant-général, de simple capitaine d'infanterie légère; le 2 décembre de la même année (12 frimaire an 2), général de brigade, et le 10 janvier 1794 (21 nivôse an 2), général de division. Ce dernier grade fut la récompense des talens

qu'il déploya dans les combats de Lambach et de Giesberg. « Son » nom, dit M. le maréchal Suchet » dans le discours qu'il prononça à » la chambre des pairs le 12 juin » 1821, et dont nous citerons souvent des passages, se rattache à » tous les faits glorieux de nos armées des Vosges, de la Sarre, de » la Moselle, et surtout de cette » vaillante armée de Sambre-et-» Meuse, dont il commanda toujours l'avant-garde. Il fonda sa » haute réputation militaire à Fleurus. Les deux ailes de notre armée étaient forcées à la retraite : » il jure de périr plutôt que de se » retirer; il repousse trois attaques » vigoureuses conduites par Beaulieu et le jeune prince Charles en » personne, et contribue puissamment au gain de la mémorable » bataille du 16 juin 1794, gagnée » par Jourdan sur 100,000 Autrichiens que commandait le prince » de Saxe-Cobourg. » Le 2 octobre de la même année, à la suite de la bataille d'Aldenhoven où il prit une part décisive, il prouva qu'il savait allier l'humanité au courage. Les habitans de la ville de Linnich que l'ennemi avait incendiée, vinrent demander un asile et des secours au général français. Lefebvre les accueillit avec attendrissement, et tous nos soldats s'empressèrent de partager avec eux leurs provisions. Chargé, en 1795, d'effectuer le premier passage du Rhin qui eût été entrepris de nos jours, il donne les ordres nécessaires, traverse le fleuve dans une barque malgré le feu ennemi, et à la tête des grenadiers, chasse les Autrichiens et s'établit sur la rive droite en avant d'Eichelcamp. En 1796, il enlève à Altenkirchen 4 drapeaux, 12 canons et fait 3,000 prisonniers; il donna de nouvelles preuves d'intrépidité aux journées de Kaldeich, de Friedberg, de Bamberg et de Sulzbach, et dans la campagne de l'an 7 (1798), où après la mort du général Hoche, il prit le commandement provisoire de l'armée de Sambre-et-Meuse. L'expédition de Hanovre qu'il devait diriger n'ayant pas eu lieu, il passa en l'an 8 (1799) à l'armée du Danube sous les ordres de Jourdan. A Stockach, n'ayant que 8,000 hommes, il soutint l'effort de 36,000 Autrichiens; blessé grièvement d'un coup de feu, il fut contraint de quitter l'armée. De retour à Paris, il reçut du gouvernement directorial les plus grands éloges, et le commandement de la 17e division militaire dont le chef-lieu était Paris. Il rendit en cette qualité des services importans au général Bonaparte lors des événemens du 18 brumaire an 8 (9 novembre 1799). Mandé au directoire pour y donner des explications sur sa conduite en accompagnant le général au conseil des anciens, il répondit que dorénavant il n'avait plus de compte à rendre qu'au chef que le conseil des anciens venait de proclamer. Le 19, il suivit Bonaparte à Saint-Cloud. Le moment d'inaction dans lequel ce général est resté en sortant du conseil des cinq-cents qui tenait ses séances à l'Orangerie, où il avait failli être assassiné (inaction que bien des gens ont prise dans le temps pour de l'incertitude, et que l'on a interprétée et commentée de tant de manières),

n'avait d'autre motif que la position périlleuse où son frère Lucien se trouvait dans le conseil. «Donnez-moi un ordre, lui dit Lefebvre, et je vous amène à l'instant votre frère.—Allez, faites ce que vous voulez,» lui répondit Bonaparte. Lefebvre prend 25 hommes de la garde du directoire, et entre à leur tête dans la salle. «Qu'est-ce donc? que prétendez-vous?» que venez-vous faire ici? etc.» Lefebvre se tait, avance, et sans dire un mot arrive avec son escorte jusqu'à la hauteur de la tribune et s'empare de Lucien, qu'il emmène au milieu des cris et des menaces de l'assemblée. Maintenu dans le commandement de la 17me division militaire, il fut chargé quelque temps après de concourir à la pacification des départemens de l'Eure, de la Manche, de l'Orne et du Calvados. Le premier consul le proposa au sénat-conservateur, qui l'admit dans son sein le 11 germinal an 8 (1er avril 1800); bientôt il fut nommé préteur de ce corps, fonctions qu'il a conservées jusqu'à la fin du gouvernement impérial. Le 19 mai 1804, il fut élevé à la dignité de maréchal de l'empire, et nommé successivement chef de la 5e cohorte de la légion-d'honneur, grand-officier, puis grand-aigle de cet ordre. En 1806, lors de la reprise des hostilités, il reparut à la grande-armée. Il commandait à la bataille d'Iéna, le 14 octobre, la garde impériale à pied. En Pologne, à la tête du 10me corps, il couvre et protége les opérations de la grande-armée sur la gauche de la Vistule, jusqu'après la bataille d'Eylau le 8 février 1807. Il reçut à cette époque l'ordre d'aller investir la place de Dantzick avec un corps de 16,000 hommes, composé de Français, de Polonais, de Saxons et de Badois. Cette ville, fortifiée par la nature et par l'art, avait une garnison de 18,000 Prussiens, de 3,000 Russes et d'une milice bourgeoise nombreuse et bien organisée. « Pendant les combats journaliers que nécessitait l'établissement de nos tranchées, dit M. le maréchal Suchet, 12,000 Russes, commandés par le général Kamenski, débarquent à Weichselmunde le 15 mai, et tentent de pénétrer dans la place. Le maréchal Lefebvre partage ses forces et résiste à cette puissante attaque. L'illustre maréchal Lannes et l'intrépide Oudinot viennent à son secours, passent la Vistule, et marchent au pas de charge sur l'ennemi. Oudinot a son cheval tué sous lui, et combat à pied avec ses grenadiers. Les Russes sont écrasés sur tous les points, et menés la baïonnette aux reins jusque sous le canon de Weichselmunde. Ce combat vif et meurtrier n'avait point fait interrompre les travaux contre la place. L'artillerie et le génie y avaient développé, comme dans toutes nos guerres de siége, autant de talens que de zèle et d'intrépidité. Enfin tout était prêt pour l'assaut, lorsque le gouverneur, après la plus honorable défense, accepta une capitulation. Dantzick se rendit à nos armes le 24 mai 1807. Ce siége, continue le maréchal Suchet, l'un des plus fameux de la dernière guerre, donna lieu à une foule de traits héroïques de la part des officiers et des soldats, comme de celle de leur digne chef. Je citerai seulement le plus remarquable. Après un combat opiniâtre, l'ennemi venait de s'emparer d'une redoute destinée à protéger nos travaux établis sur les hauteurs du Holzenberg : nos troupes foudroyées à bout portant, pliaient de toutes parts; le salut de l'armée allait peut-être se trouver compromis, lorsque averti du danger, le maréchal Lefebvre y accourut, suivi de quelques généraux et de ses aides-de-camp. A l'instant, il s'élance (il avait alors 52 ans) à la tête d'un bataillon du 44° qui arrivait. *Allons, enfans,* s'écrie-t-il, *c'est aujourd'hui notre tour!* Bientôt l'intrépide maréchal est dans la mêlée, ses soldats veulent lui faire un rempart de leurs corps : *Non, non,* dit le vieux guerrier de Fleurus, *et moi aussi je veux combattre!..* A travers une grêle de mitraille et de balles, il pénètre avec ses braves dans la redoute, dont tous les défenseurs sont tués ou pris. On a justement admiré la résolution du grand Condé, pour avoir jeté son bâton de commandement dans les retranchemens ennemis; que dire du maréchal Lefebvre, se précipitant lui-même dans une redoute, à la tête de ses soldats? Dans cette circonstance encore, Lefebvre donna un exemple bien rare de modestie. Voulant faire participer au triomphe de la prise de Dantzick le maréchal Lannes et le général Oudinot, qui par leur conduite brillante au 15 mai, avaient coopéré à la déroute des Russes, il les avait engagés à prendre possession de cette place conjointement avec lui; mais ils s'y refusèrent, en l'assurant que la gloire de la conquête appartenait à lui seul, et pour faire cesser cette lutte de générosité, ils repassèrent la Vistule. » Le maréchal Lefebvre combla d'égards le gouverneur, le général comte de Kalkreuth, qui obtint la même capitulation que celle qu'il avait accordée 14 ans auparavant à la célèbre garnison française de Mayence. Il le fit reconduire aux avantpostes prussiens avec tous les honneurs militaires. La lettre par laquelle ce vieux compagnon de Frédéric-le-Grand exprime sa reconnaissance au commandant français, est pleine de délicatesse et de sensibilité. Nous en extrairons les passages suivans : « Je ne laisserai » point partir M. le général Jarry, » dont j'ai eu tout lieu de me louer, » sans remercier votre excellence » de toutes les bontés que vous » m'avez manifestées. Je ne les ou- » blierai jamais, monsieur le maré- » chal ; j'attacherai désormais le plus » grand prix à votre amitié.... Je » suis bien aise de ne pas vous a- » voir connu principalement avant » le siège ; il m'en aurait trop coû- » té à vous faire du mal. Jouissez, » monsieur le maréchal, partout où » se tourneront vos pas, de vos suc- » cès, de votre gloire bien méritée.... Partout vous emporterez » mon souvenir bien sensible dû à » votre mérite.... C'est ainsi, mon » respectable adversaire, que je » vous fais mes adieux, y ajoutant, » parlant de cœur, les assurances » de l'attachement le plus vrai et » de la plus haute considération. » Le titre de duc de Dantzick fut accordé au maréchal Lefebvre le 28 mai 1807. Dans les lettres-patentes qui le lui confèrent, on trouve ces mots remarquables : « Que » le titre de duc porté par ses des- » cendans, leur retrace les vertus » de leur père, et qu'eux-mêmes » ils s'en reconnaissent indignes, » si pendant la guerre ils préfé- » raient jamais un lâche repos et » l'oisiveté de la grande ville, aux » périls et à la noble poussière des » camps ; si jamais leurs premiers » sentimens cessaient d'être pour » la patrie. » Le maréchal Lefebvre reçut, en 1808, le commandement du 4me corps envoyé en Espagne. Il gagna, le 31 octobre, la bataille de Durango sur les généraux Blacke et la Romana, dispersa l'armée d'Estramadure, concourut au brillant succès obtenu sur les Espagnols à Espinosa, et acheva de les mettre en déroute. Rappelé en Allemagne l'année suivante (1809), il prit le commandement de l'armée bavaroise, et eut sous ses ordres le prince royal de Suède et les généraux de Wrède et Deroi, Il prit part aux combats de Thann et d'Abersberg, et contribua puissamment aux batailles d'Eckmühl et de Wagram : il avait, dans l'intervalle de ces opérations, soumis le Tyrol insurgé. Dans la campagne de Russie, il commanda en chef la garde impériale. Comme tous ses braves compagnons d'armes, il supporta les fatigues, les privations, toutes les rigueurs de la saison et de la fortune, et au retour en France, il dirigea l'aile gauche de ces illustres débris de la plus belle et de la plus redoutable armée. Son courage s'accrut encore de l'excès de nos malheurs. Dans la campagne de France, en 1814, on le vit, dans des commandemens inférieurs, renouveler les faits d'armes du temps où il était à la tête de l'armée de Sambre-et-Meuse. Il se battit glorieusement à Montmirail, à Arcis-sur-Aube, à Champ-Aubert. A cette dernière bataille, il eut un cheval tué sous lui. Il cueillit encore des lauriers étant presque sexagénaire. Le maréchal Lefebvre ne rentra à Paris qu'après l'abdication de l'empereur. Le roi le nomma pair de France le 2 juin (1814), et Napoléon, après le 20 mars 1815, le comprit au nombre des membres de la chambre-haute qu'il organisa. Le maréchal Lefebvre, à qui l'âge et des infirmités ne permettaient plus de servir sa patrie sur le champ de bataille, la servit encore en prenant part aux discussions de la chambre dont il faisait partie. Après la seconde restauration, il en fut éliminé. En 1816, le roi le confirma dans son titre de maréchal, et en 1819, le rappela à la chambre des pairs. Le 14 septembre 1820, le maréchal Lefebvre mourut à Paris, sans avoir la consolation de se survivre dans ses enfans. Il avait eu douze fils, et tous sont morts, les deux derniers héroïquement sur le champ de bataille. « Dès le » commencement de la guerre, l'il-» lustre Lefebvre, dit M. le ma-» réchal duc d'Albuféra, s'était » fait une tactique particulière. » Son génie militaire trouvait sur » le terrain même, et sans aucu-» ne combinaison préalable, des » ressources extraordinaires pour » fixer la victoire. Dans les prin-» cipales affaires où il s'est trou-» vé, il en a décidé le plus grand » nombre d'une manière éclatan-» te par sa rare intrépidité, par » la justesse de son coup d'œil, et » par sa grande habileté à élec-» triser les soldats, à se les atta-» cher par la confiance, à les » porter aux plus grandes actions, » enfin à les maintenir dans une » sévère discipline aux époques » les plus difficiles. » Cet excellent peintre termine ainsi le portrait de l'illustre guerrier, objet de ses touchans regrets : « Faire preuve » d'une rare habileté, d'un coura-» ge indomptable; porter de grands » coups à la guerre, suffisent pour » la renommée passagère d'un gé-» néral : mais la postérité ne décerne la palme de l'immortalité » qu'au grand capitaine dont la » noble conduite dans les pays » conquis puisse être citée pour » modèle avec admiration. Lefeb-» vre sut contenir et mener à la » victoire des guerriers de différen-» tes nations. Polonais, Badois, » Saxons, Bavarois, tous sous son » commandement rivalisaient de » zèle et de dévouement avec les » Français. Tous l'ont pleuré... Au » décès de l'illustre maréchal, ce » concert unanime de louanges et » de regrets a retenti sur le Danu-» be, la Vistule, et sur les deux » rives du Rhin. Dans les lieux té-» moins de sa gloire, il professa » toujours les lois de l'honneur et » de l'humanité. » Le désintéressement de Lefebvre était tel, qu'il ne s'occupa jamais du soin de sa fortune, et qu'en 1796, on lui renvoya son fils, faute de pouvoir payer sa dépense au collège. Après la paix de 1799, il écrivit au président du directoire : « La con-» clusion définitive de la paix me » met hors d'état de rendre aucun

» service essentiel à mon pays. Je
» vous prie de me faire avoir une
» pension pour que je puisse vivre
» honnêtement. Pour cela, je n'ai
» besoin ni de chevaux ni de voi-
» ture : je n'exige que du pain....
» Vous connaissez mes faits aussi
» bien que moi; et je ne vous
» compte pas mes victoires. Ma
« franchise cependant me force de
» vous dire que je ne compte pas
» de défaites, et que les habitans
» des pays conquis ne vous porte-
» ront jamais d'autres témoigna-
» ges de moi, que ceux de la plus
» scrupuleuse probité... Avant de
» quitter le service, je désire bien
» vivement que le civisme, la bra-
» voure, les talens et les services
» de mes aides-de-camp et officiers
» d'ordonnance soient récompen-
» sés.... etc. » Du pain pour lui, et
des récompenses pour ses officiers! l'antiquité n'offre rien de
semblable. A une époque de proscription, en 1794, il donna également des preuves de grandeur
d'âme et de fermeté. Un représentant du peuple en mission lui
disait un jour : « Général, je sais
» que dans les corps que vous
» commandez, vous maintenez en
» place des individus de la caste
» nobiliaire; la loi les frappe de
» réprobation; faites-les-moi con-
» naître, je dois remplir à leur é-
» gard les intentions du gouverne-
» ment. » Lefebvre répondit : « Je
» ne connais sous mes ordres que
» des guerriers dignes de la patrie,
» qu'ils ont défendue vaillamment
» jusqu'à ce jour. Je me rends ga-
» rant d'eux tous, sans en excepter
» un seul. » Personne après cette
explication ne fut arrêté ni destitué dans son armée. Il rendit aus-

si son nom cher aux émigrés qui,
en grand nombre, les armes à la
main ou sans armes, tombaient en
son pouvoir. Sachant bien que
les livrer aux commissions spé-
ciales c'était les livrer à la mort,
il inventait mille moyens de les
sauver, et nombre de fois il le fit
au péril de sa vie. Toujours simple et modeste, il eut cependant
le noble orgueil de se souvenir de
ce qu'il avait été. Nous pouvons
garantir l'exactitude du fait que
nous allons rapporter. Le maréchal
Lefebvre, alors duc de Dantzick,
avait une terre à Combaut, département de Seine-et-Marne.
Dans l'une des pièces du château,
se trouvait une armoire au moins
de 20 pieds de longueur, dont la
maréchale fit un jour voir l'intérieur à une de ses amies (Mme la
baronne Lagarde, femme du préfet de Seine-et-Marne). Que contenait cette armoire? Les diverses
espèces d'habits que le duc et la
duchesse avaient successivement
portés depuis leur mariage. Les
premiers étaient d'humbles habits
de plébéiens, et les derniers le
manteau ducal. « Mon mari et moi,
» dit la maréchale Lefebvre, nous
» avons été curieux de conserver
» tout cela; et d'ailleurs, ajouta-
» t-elle en riant, il n'y a pas de mal
» à revoir ces sortes de choses de
» temps en temps, comme nous
» le faisons ; c'est le moyen de ne
» pas les oublier. » Nous allons terminer cet article en rapportant un
trait de patriotisme, qui prouve la
franchise et la noble indépendance
du maréchal. Lors de la première
entrée des troupes étrangères dans
la capitale, le duc de Dantzick
faisait partie de l'armée que com-

mandait l'empereur Napoléon en personne, et qui était à Fontainebleau. Après l'abdication de ce prince, il vint à Paris, et fut présenté à l'empereur de Russie. «Vous » n'étiez donc pas, monsieur le maréchal, sous les murs de cette » ville lorsque nous y sommes arrivés? lui dit Alexandre. — Non, » sire, nous avons eu le malheur » de ne pas pouvoir arriver assez » tôt. — Le *malheur!* reprit en » souriant le prince, vous êtes » donc fâché de me voir ici ? — » Sire, j'y vois avec admiration et » reconnaissance un guerrier qui, » jeune encore, use de la victoire a-» vec modération; mais c'est en gé-» missant que je vois un vainqueur » dans ma patrie. — Je vous félicite de ces sentimens, monsieur le » maréchal, réplique l'empereur ; » ils ne font qu'ajouter à mon es-» time pour vous.» Telle fut en substance cette conversation où le maréchal sut montrer la fierté et l'esprit du caractère français, sans blesser l'orgueil du prince étranger.

LEFEBVRE (N.), jeune peintre belge trop tôt enlevé aux arts, naquit dans les environs de Liége et fut élève de notre célèbre David. Ses premiers ouvrages annoncèrent un talent distingué et digne du maître dont il avait reçu les leçons, mais son assiduité au travail altéra sensiblement sa santé, et une mort prématurée l'atteignit à la fleur de son âge. L'étude particulière qu'il avait faite du style de Rubens et de celui de Paul Véronèse, a fait remarquer plusieurs fois dans ses tableaux les qualités principales de ces grands maîtres. Le portrait en pied du roi des Pays-Bas est la plus remarquable des compositions de ce jeune artiste; le dessin en est très correct, la touche moelleuse, la pose de la figure pleine de noblesse : enfin ce tableau, peint d'une manière large, est du plus bel effet.

LEFEBVRE (FRANÇOIS - NICOLAS), adjudant-commandant de cavalerie, est né le 6 décembre 1769. Il fit toutes les campagnes sous le gouvernement impérial, fut nommé, le 3 septembre 1813, adjudant commandant de cavalerie, et grand-officier de la légion-d'honneur, le 24 août 1814. Le 24 septembre de la même année, il reçut la décoration de l'ordre de Saint-Louis. Attaché comme aide-de-camp au général Gilly, pendant les *cent jours*, en 1815, il fut nommé chef d'état-major du 1ᵉʳ corps d'armée que commandait ce général. C'est à lui que fut confiée la mission délicate de signer le 8 avril, au pont Saint-Esprit, la convention faite avec le baron de Damas, ayant pour objet le licenciement de l'armée royale du Midi, et l'embarquement au port de Cette de S. A. R. le duc d'Angoulême.

LEFEBVRE (N.), ordonnateur, fut nommé pendant les *cent jours* en 1815, membre de la chambre des représentans. Le 21 juin, il fit partie de la commission administrative, qui devait déterminer les logemens de la garde nationale destinée à veiller à la sûreté de la chambre. Rapporteur de cette commission, il fit, dans la séance du 24 du même mois, la proposition que chaque représentant fût distingué par une écharpe aux trois couleurs; la proposition fut rejetée. Dans la séance du 1er juillet il demanda l'impression à 20,000 exemplaires de l'adresse de l'armée à la chambre, et vota pour que tous les représentans y apposassent leur signature. Il se réunit à M. Bory de Saint-Vincent pour qu'une députation fût chargée de porter à l'armée le procès-verbal de cette séance.

LEFEBVRE (Denis-Joseph-Claude), membre de la légion-d'honneur, est né à Meaux en 1764. Instituteur au commencement de la révolution, il quitta la carrière de l'enseignement public, et se livra à l'étude du notariat. Il devint successivement, commis dans les fermes au contrôle-général des finances en 1789, et secrétaire-général de la trésorerie en 1792. Il a conservé cette place sous le gouvernement républicain et sous celui de Napoléon; mais en 1814 il fut supprimé. Il avait été nommé par l'empereur, chevalier de la légion-d'honneur. M. Lefebvre a publié en 1816: *Observations sur le mode de perception des impôts indirects.*

LEFEBVRE (Xavier), professeur à l'école royale de musique et de déclamation, est un de nos premiers virtuoses sur la clarinette. Il a fait graver pour cet instrument des *concertos* qui jouissent d'une grande estime dans l'esprit des amateurs, et qu'il exécute avec un rare talent. Il joue ordinairement les *solos* à l'académie royale de musique.

LEFEBVRE (Jean-René), avocat à Janville, département d'Eure-et-Loir, fut élu député de son département à l'assemblée législative. Il y attaqua les ordres privilégiés, et demanda, le 14 août 1792, que l'assemblée décrétât l'entière destruction dans toute la France des monumens qui rappelaient le régime féodal. Depuis cette session il a été perdu de vue.

LEFEBVRE (Julien), député à la convention nationale et au conseil des cinq-cents, se livra fort jeune à l'étude du droit, et exerçait la profession d'homme de loi à Nantes, département de la Loire-Inférieure, lorsqu'il fut nommé en 1792 député à la convention nationale. Ses principes modérés le placèrent dans le parti de la *Gironde*, et il vota dans le procès de Louis XVI, la détention et la déportation de ce prince. Lors des évènemens du 31 mai 1793, il fut du nombre des soixante-treize députés mis en arrestation. Mais il rentra à la convention après le 9 thermidor, et fut envoyé, en 1795, dans la Belgique, où il se fit généralement estimer. Il annonça aux habitans, par une proclamation, que le gouvernement leur accordait la liberté de naviguer sur l'Escaut. A son retour, il fit à la convention un rapport d'un grand intérêt sur les provinces où il avait été en mission, et demanda qu'elles fussent réunies à la France. Il passa ensuite au conseil des cinq-cents, d'où il sortit en 1798. En 1800, il devint vice-président près le tribunal d'appel de la Seine, fonctions qu'il a remplies jusqu'en 1811 qu'il prit sa retraite.

LEFEBVRE-CAYET (N.), membre de plusieurs législatures, était avocat à Arras au commencement de la révolution. Il adopta avec modération les nouveaux principes, et fut nommé, en 1790, procureur-général-syndic du département du Pas-de-Calais. Président du même département, en 1797, il fut élu, en 1798, par le collège électoral au conseil des anciens, où il s'occupa plus particulièrement de matières judiciaires. L'année suivante, par suite de la révolution du 18 brumaire an 8 (9 novembre 1799), il passa au nouveau corps-législatif. En 1800, il occupait le fauteuil, et répondit aux orateurs du gouvernement, dont le discours annonçait la clôture de la session. Après avoir signalé les principaux bienfaits opérés depuis le 18 brumaire, il félicita le corps-législatif d'y avoir pris une part importante, et approuva « les mesures prises con- » tre les factieux de l'intérieur et » celles qui devaient donner la paix » à la France. » Il cessa de faire partie du corps-législatif en 1804. Vers cette époque, il fut nommé chancelier de la 2.me cohorte de la légion-d'honneur. Il a été depuis entièrement perdu de vue.

LEFEBVRE - DE - CHAILLY, membre de plusieurs législatures, fut élu par le tiers-état du bailliage de Rouen aux états-généraux en 1789. Après la session, il se retira dans ses foyers, et fut réélu en 1792 par le département de la Seine-Inférieure, à la convention nationale. Dans le procès du roi, il vota la détention de ce prince et son bannissement à la paix. Il fut compris dans la proscription des *Girondins*, comme signataire des protestations des 31 mai, 1 et 2 juin 1793. Il rentra à la convention en 1794, et fut nommé membre du conseil des cinq-cents à la formation de ce corps, dont il sortit en 1798. Il n'a plus occupé depuis de fonctions publiques.

LEFEBVRE - DESNOUETTES (CHARLES, COMTE), lieutenant-général, commandant de la légion-d'honneur, chevalier de Saint-Louis et du Lion-de-Bavière, membre de la chambre des pairs formée par Napoléon, naquit en 1775. Son père qui habitait Paris, et trouvait dans le commerce des moyens honorables d'existence, se proposait de le diriger dans la même carrière ; mais le jeune Lefebvre montra, dès le commencement de la révolution, un goût si prononcé pour la profession des armes, qu'il eut la liberté de suivre son penchant. C'était une véritable vocation. Il obtint rapidement ses différens grades, et en 1804, il commandait un régiment de dragons. Le courage et les talens qu'il déploya à la bataille d'Austerlitz le firent décorer, à l'issue de cette célèbre affaire, du cordon de commandant de la légion-d'honneur. Nommé général de brigade, en 1806, il passa au service du roi de Westphalie, et devint, après la paix de Tilsitt, chevalier de l'ordre du Lion-de-Bavière. Au mois d'août 1808, il prit rang parmi les généraux de division. Cette même année, il passa en Espagne où il fut blessé. En poursuivant avec les chasseurs de la garde impériale les troupes anglaises au-delà d'une rivière qu'il ne lui fut pas possible de repasser, il tomba au pouvoir de l'ennemi. Conduit en Angleterre, il s'échappa et revint en France. Il reprit le commandement des chasseurs de la garde, et suivit l'empereur en Autriche. En 1812, il accompagna ce prince en Russie, et ne se sépara pas de lui pendant toute la campagne ; il ne le quitta même pas dans la retraite, et partagea avec le Mameluck Rustan un des traineaux de l'escorte. Employé, en 1813, dans la campagne de Saxe, il prit une bonne part à la bataille de Bautzen le 19 mai, et s'empara, le 19 août suivant, des montagnes de Georgenthal. Battu à Altembourg par les généraux Platow et Thielman, le 29 septembre, il en tira, le mois suivant, une vengeance éclatante, en taillant en pièces un corps de cavalerie russe. Il fit des prodiges de valeur, en 1814, au combat de Brienne, où il reçut plusieurs coups de lance ; plus tard il fut encore blessé en exécutant différentes charges de cavalerie des plus remarquables. Après l'abdication de Fontainebleau, il prit le commandement de l'escorte de Napoléon jusqu'à Roanne. A son retour à Paris, il reçut du roi la croix de Saint-Louis, et fut confirmé dans le commandement des chasseurs. Il tenta, dit-on, aux premières nouvelles du retour de l'île d'Elbe, de gagner ce même régiment à Napoléon, et de concert avec les frères Lallemand, il se dirigea sur La Fère, dans l'intention de s'emparer de l'arsenal et de séduire la garnison. Il entra en effet dans la ville, le 10 mars, et en repartit pour Compiègne. Le général Lefebvre-Desnouettes et les généraux Lallemand se rendirent ensuite à Lyon, où ils attendirent le passage de Napoléon. Ils vinrent avec ce prince à Paris. Membre de la chambre des pairs formée pendant les *cent jours*, en 1815. Lefebvre-Desnouettes n'en suivit pas moins Napoléon en Belgique, et combattit à ses côtés à Fleurus et à Waterloo. Après la seconde restauration, compris dans l'article 1er de l'ordonnance royale du 24 juillet 1815, il parvint à s'embarquer pour l'Amérique septentrionale. En mai 1816, il fut condamné par contumace à la peine de mort, par le 2me conseil de guerre permanent de la 1re division militaire. Le général Lefebvre-Desnouettes n'a pas eu le bonheur de rentrer dans sa patrie. Au commencement de 1822, il se rendait en Belgique, pour y voir sa femme qui l'y attendait. Son vaisseau fit naufrage, et il périt sur les premières côtes européennes qu'il ait aperçues.

LEFEBVRE - D'HELLAMOURT, inspecteur-général des mines, naquit en 1760, à Abbeville, département de la Somme. Un penchant irrésistible l'entraîna dès l'âge le plus tendre vers l'étude de la minéralogie. Il fit des progrès rapides dans cette science, et ne tarda pas acquérir de la célébrité. En 1783, il fut choisi par le gouvernement pour aller visiter les mines du midi de l'Allemagne et de la Hongrie. C'est d'après ses instructions, qu'on opéra en France de si grands changemens dans l'exploitation des mines, dont il fut nommé peu de temps après inspecteur-général. Il fit preuve dans cette place de véritables talens, et rendit de grands services à sa patrie par les améliorations qu'il apporta dans cette branche importante et lucrative de notre commerce. Il mourut le 9 janvier 1813, honoré des regrets de ses concitoyens. Il a publié différens mémoires fort intéressans sur la minéralogie.

LEFEBVRE-LAROCHE (N.), connu au commencement de la révolution sous le nom de *l'abbé Lefebvre*, prit une part assez active aux événemens de 1789. On le vit, dans les journées orageuses des 13 et 14 juillet, présider à la distribution faite au peuple de la poudre saisie au port Saint-Nicolas. Il courut de grands dangers dans les journées des 5 et 6 octobre, en s'opposant aux efforts d'un rassemblement de furieux qui voulaient s'emparer des papiers de l'Hôtel-de-Ville pour les brûler. Nommé l'un des administrateurs du département de Paris en 1791, il le fut de nouveau en 1799. Appelé au corps-législatif après la révolution du 18 brumaire an 8 (9 novembre 1799), il en sortit en 1803, et n'a point rempli depuis de fonctions publiques. M. Lefebvre-Laroche a publié en 1797 les *OEuvres complètes d'Helvétius*.

LEFESSIER DE GRANDPREY (Marie-Jacques), conseiller à la cour de cassation, membre de la légion-d'honneur, était avocat au parlement de Rouen, lorsque la révolution éclata. Il se rendit à Saint-Domingue en qualité de substitut du procureur du roi, et montra, lors de l'insurrection qui éclata parmi les Noirs, du courage et de la fermeté. De retour dans sa patrie, il devint substitut du commissaire du gouvernement près le tribunal de cassation. En 1802, le premier consul le nomma grand-juge à la Martinique, où il introduisit les nouveaux codes qui régissaient la France. Le gouvernement impérial le rappela, et le nomma en 1808 membre de la cour de cassation, et le décora de l'ordre de la Réunion. M. Lefessier de Grandprey remplit aujourd'hui (1823) les fonctions de conseiller en la même cour, et est membre de la légion-d'honneur depuis 1816.

LEFÈVRE (Pierre-François-Alexandre), littérateur dramatique, de la famille de Tannegui-Lefèvre, père de la célèbre M.*me* Dacier, et fils d'un marchand mercier établi sur le pont Saint-Michel avant la destruction des maisons qui encombraient ce pont, naquit à Paris, le 29 septembre 1741. Il se destina d'abord à la peinture, et fut élève de Doyen; mais bientôt il se sentit une vocation pour les lettres, et s'adonna à la composition d'ouvrages dramatiques. Il fit représenter, le 26 août 1767, sur le Théâtre-Français, *Cosroès*, tragédie qui obtint dix représentations : ce succès fut suivi d'une chute. *Florinde*, autre tragédie, tomba à la première représentation, le 10 septembre 1770, et n'a pas été rejouée depuis. Lefèvre ne se découragea point. Il obtint, au mois d'octobre 1776, que *Zuma*, tragédie sur le succès de laquelle il comptait beaucoup, serait représentée sur le théâtre de Fontainebleau. Cette pièce, mal jouée, fut froidement accueillie. Portée au Théâtre-Français, le 22 janvier 1777, elle reçut l'accueil le plus favorable, et mérita à l'auteur une pension de 1,200 francs, et l'emploi de lecteur du duc d'Orléans. Doublement encouragé par ces récompenses, il fit recevoir, en 1781, *Elisabeth de France*, tragédie dont le sujet est tiré de l'histoire de don Carlos, fils de Philippe II. Au moment de paraître sur la scène, en 1783, elle ne put obtenir l'approbation de la censure. Le lieutenant de police, à qui elle fut soumise par le censeur royal, la transmit au comte de Vergennes, et ce ministre à l'ambassadeur d'Espagne. Cette marche diplomatique devint tout-à-fait funeste à l'auteur. Le protecteur de Lefèvre appela en vain à la cour de Madrid du jugement de son ambassadeur; la pièce ne put obtenir les honneurs de la représentation. Le duc d'Orléans alors permit à Lefèvre de faire représenter *Elisabeth*, par les comédiens français, sur son théâtre particulier de la Chaussée-d'Antin. L'académie française, solennellement invitée par l'auteur, et des personnes de haute distinction, assistèrent à cette représentation, qui eut un plein succès. Les applaudissemens accueillirent surtout la leçon que Philippe II donne à la reine, en l'invitant à s'occuper de tout autre soin que de celui de vouloir gouverner l'état. La pièce parut imprimée, en 1784, sous le titre de *Don Carlos*. Elle fait partie du répertoire du Théâtre-Français, par M. Petitot, édition de 1818, tome 6. Lefèvre était devenu secrétaire ordinaire et premier lecteur du duc d'Orléans, places qu'avaient occupées Saurin et Collé. Il était porté à l'académie française en concurrence avec le chevalier de Florian. N'ayant pas voulu se prêter à faire les visites d'usage, et ne réunissant pas le nombre nécessaire de suffrages, il se retira. Il ne voulut pas, quelque temps après, son protecteur étant mort, faire partie de la maison du nouveau duc. Il fit jouer, en 1787, *Hercule au mont OEta :* cette tragédie reçut un assez mauvais accueil, pour déterminer l'auteur à renoncer à la carrière du théâtre. Il acheva son poëme épique, resté manuscrit, de *Gustave Wasa, ou Stockholm délivrée*. Cette épopée offre, dit-on, de grandes beautés et de grands défauts. Lefèvre a composé un grand nombre de pièces fugitives, qui, pour la plupart inédites, ne sont pas sans mérite. Cet homme estimable, atteint dans sa fortune par les malheurs de la révolution, accepta, en 1804, une place de professeur de belles-lettres au prytanée de Saint-Cyr, qui depuis fut transféré à La Flèche, ville où il mourut le 9 mars 1813. Son fils, Alexandre-François-Jules Lefèvre, lieutenant d'artillerie, fut tué glorieusement sur le champ de bataille d'Hanau, à la fin de la même année. Sa fille, qui lui survit, a épousé M. de Lens, rédacteur de la *Bibliothèque médicale*.

LEFÈVRE-GINEAU (LE CHEVALIER LOUIS), membre de la légion-d'honneur, de l'institut (académie royale des sciences) et de la chambre des députés, etc., est né en 1754. Il a commencé sa carrière dans l'école des ponts-et-chaussées. Il quitta ce corps pour se livrer tout entier à l'étude des sciences. Auditeur assidu des professeurs du collége royal de France, il leur a donné, en 1780, un témoignage public de sa reconnaissance, en leur dédiant une nouvelle édition des *Infiniment Petits*, du marquis de l'Hôpital, avec des notes qui éclairent les principes sur lesquels repose cet ouvrage. Pendant quelques années, il fut attaché à la bibliothèque du roi, et au mois d'octobre 1786, nommé professeur de mécanique au collège royal de France, enseignement qui fut converti, au même moment, en celui de physique expérimentale. Dix-huit mois après, il a fait publiquement l'expérience de la combustion du gaz hydrogène, qui attira beaucoup de monde, et acheva de démontrer authentiquement que l'eau n'est pas un corps simple, un élément, comme on l'avait pensé dans tous les temps; que c'est, au contraire, un produit chimique opéré dans la combustion. L'époque des crises politiques était arrivée. En 1789, 1791 et 1792, il fut successivement nommé trois fois électeur de Paris, membre du conseil de la Commune, officier municipal, administrateur des subsistances dans les temps les plus difficiles et les plus dangereux. Il a rendu, dans ce dernier poste, des services de plus d'un genre; souvent il s'est exposé pour calmer des mouvemens et sauver des étrangers dont la vie était en danger. Menacé lui-même, poursuivi après le 10 août, pour avoir maintenu sévèrement l'exécution des lois, il fut frappé de plusieurs mandats d'arrêt, sous l'incrimination assez singulière de *modéré outré*. Il échappa aux persécutions par la fuite, et ne reparut que peu de jours avant le 9 thermidor an 2 (27 juillet 1794): journée heureuse dont il partagea le danger sous les armes. L'institut fut établi en l'an 3; il en fit partie, et fut bientôt après associé aux travaux des savans qui composaient la commission des poids et mesures. Son travail spécial fut la détermination du kilogramme. En l'an 10 et en l'an 11, il remplissait les fonctions de membre du jury d'instruction à Paris, avec MM. Morellet, Dureau-de-la-Malle, du Theil, de Prony et Vien, lorsqu'il reçut l'honorable mission de concourir au rétablissement de l'instruction publique par la fondation des lycées. Il succéda à M. Delambre, l'un des trois inspecteurs-généraux des études créés par une loi de l'an 10. Au commencement de l'an 12, il fut décoré de la légion-d'honneur. L'université prit la place de l'inspection-générale des études. Il y remplit les fonctions d'inspecteur-général et celles de conseiller ordinaire. M. Lefèvre-Gineau, né dans le département des Ardennes, fut présenté par ses compatriotes au choix du sénat, pour l'un de leurs représentans au corps-législatif. Admis le 17 février 1807, membre de la commission des finances le 9 novembre 1809, il sortit à la fin de la session, et fut réélu, en 1813, par le même département. A ce dernier titre, il était de la chambre de 1814, où il fit entendre sa voix, à la fois sage et courageuse, en défendant, le 2 juillet, les membres qu'on voulait exclure, sous le prétexte qu'ils étaient devenus étrangers. Il fit valoir l'énergie qu'ils avaient montrée plus particulièrement lors de la dernière crise politique. En s'opposant, le 10 août, au projet de loi sur la presse, qu'il déclarait attentatoire aux libertés nationales, il répondit aux craintes manifestées par d'autres orateurs : « Que voyez-vous dans la capitale, si ce n'est des citoyens occupés de leurs travaux ordinaires? Le repos et la confiance règnent dans tous les esprits, et cependant la liberté de la presse existe depuis quatre mois. » Dans la séance du 22 septembre, il parla dans l'intérêt des habitans des départemens qui naguère appartenaient à la France; il insista pour qu'ils fussent considérés comme Français, et vota en faveur des amendemens proposés par M. Reynouard, sur la naturalisation. Au mois d'octobre suivant, M. Lefèvre-Gineau prit une grande part à la discussion du projet de loi sur l'importation des fers étrangers, et combattit, quelques jours après, la proposition de M. de Perrigny, tendant à ce que les biens non vendus des émigrés leur fussent rendus sur une simple ordonnance royale, et sans le concours des différens pouvoirs législatifs. Le 22 décembre, il attaqua le projet de loi relatif à la réduction des membres de la cour de cassation, et présenta des amendemens qui devaient atténuer les dangers et l'inconstitutionnalité de cette mesure. A la chambre des représentans, où le département des Ardennes le nomma en mai 1815, il montra la même modération et la même indépendance, et fit partie de la commission chargée de réviser les lois constitutionnelles. Élu, en 1820, par les colléges des deux arrondissemens électoraux qui forment le département qui l'a toujours revêtu de sa confiance, il siége encore aujourd'hui (1823) à la chambre des députés, et se fait remarquer parmi les constans défenseurs de nos libertés consacrées par la charte. Ce n'est point dans une simple notice biographique, que l'on peut retracer les travaux importans que l'on doit aux méditations scientifiques de M. Lefèvre-Gineau. Nous n'avons pu les indiquer qu'en partie et sommairement. Nous rapporterons, en terminant, une expérience de lui, sans importance pour les sciences, sans doute, mais d'un grand intérêt par les circonstances qui engagèrent à la faire, et par la question qu'elle résolut. Un malheureux était condamné à l'échafaud, comme coupable d'avoir attenté, par un coup de fusil, à la vie d'un homme, la nuit, près d'un grand chemin, caché derrière une haie. L'accusateur était celui-là même sur qui le coup avait été tiré. Il soutenait avoir reconnu l'assassin à la lumière de l'amorce et du coup de fusil : c'était le principal fondement à la condamnation. M. Lefèvre-Gineau, consulté s'il était possible de reconnaître un homme à la lumière d'une amorce, consulta lui-même l'expérience, et il fut authentiquement prouvé que la chose était impossible. Le jugement fut cassé, et le malheureux acquitté par un second jugement. Le même cas s'est renouvelé depuis, et le succès d'un premier jugement a été le même. S'il est beau de concourir aux progrès des sciences, de soutenir à la tribune nationale les droits des citoyens, il n'est pas moins beau, et il est bien plus doux encore, de faire servir ses talens et son expérience à sauver l'innocence de la mort et de la honte de l'échafaud.

LEFIOT (JEAN-ALBAN) est né à Lorme, petite ville de la contrée du Morvan, sur les confins du Nivernais, département de la Nièvre, le 27 février 1755. Lorsque les germes du gouvernement représentatif commencèrent à fermenter dans les assemblées nationales de France, Lefiot exerçait au bailliage et présidial de Saint-Pierre-le-Moûtier la profession d'avocat, et il remplissait les fonctions de bailli du prieuré de la même ville. A la création des autorités administratives, il fut élu procureur-syndic du district de Saint-Pierre-le-Moûtier, et à l'époque à laquelle furent nommés les députés à la convention nationale, le département de la Nièvre tenant dans cette ville son assemblée électorale, Lefiot en fut nommé président, et ses collègues le choisirent pour député. Sa voix s'est fait entendre rarement à la tribune. Il ne publia aucun écrit sur le procès de Louis XVI, et fut du nombre des députés qui prononcèrent la condamnation, mais sans exprimer de motifs. Lefiot fut proposé par le comité de salut public, et nommé pour être envoyé à l'armée des Pyrénées. Ce fut là qu'il se lia intimement avec l'illustre Latour-d'Auvergne, alors capitaine de grenadiers. Un jour Lefiot lui proposait de l'avancement; il lui répondit : « Je vous » avoue que je n'aime pas beau- » coup votre république dont les » principes ne sont pas d'accord » avec les préjugés de ma nais- » sance. J'ai juré de servir le gouver- » nement actuel, et je serai fidèle » à mon serment; mais je ne veux » point de poste élevé qui appelle- » rait sur moi la défiance et me pla- » cerait dans une situation dépen- » dante. » Une autre mission fut donnée à Lefiot pour les départemens du Loiret et du Cher. Il était à Bourges, lorsque la nouvelle lui parvint que le fanatisme menaçait d'agiter quelques communes du district de Gien. La fermentation était alors à son plus haut degré dans la Vendée; les bords supérieurs de la Loire devaient être surveillés avec soin. Un grand nombre de cultivateurs qui avaient été conduits à commettre des excès, étaient emprisonnés à Gien: Lefiot s'assura qu'ils avaient été les instrumens plutôt que les auteurs du mal, et il les renvoya à leurs travaux. Il fut rappelé par le comité de salut public, avec l'expression de ce motif, que les patriotes se plaignaient qu'il comprimait leur liberté, et qu'il ouvrait la porte des maisons d'arrêt aux ennemis de la république; et quand il fut rentré dans le sein de la convention nationale, les dénonciations s'accumulèrent contre lui, sous le prétexte opposé de mesures sévères qu'il aurait prises pendant sa mission. Après le 9 thermidor an 2 (27 juillet 1794), les dénonciations dans lesquelles il était peint comme terroriste furent recueillies, et un décret ordonna son arrestation; sa voix fut couverte avant qu'il eût pu rien dire pour sa défense; et refusant de se retirer, comme la lui conseillaient ceux mêmes des membres qui l'avaient condamné sans l'entendre, il fut conduit dans la maison d'arrêt des Quatre-Nations, où il passa deux mois; mais un grand nombre de ses collègues obtinrent, par leur persévérance auprès du comité de salut public, qu'il fût renvoyé chez lui sur sa parole. Quand une loi de l'an 4 prescrivit aux ex-conventionnels qui avaient été précédemment en arrestation et n'avaient point été rappelés à des fonctions publiques, de s'éloigner au moins à 10 lieues de Paris, Lefiot travaillait dans les bureaux du ministère de la justice. Il se retira à Nevers; bientôt il fut fait secrétaire, puis administrateur du département. En l'an 6, des émissaires fomentèrent des scissions dans les assemblées électorales; Lefiot, qui était président de celle de la Nièvre, fut élu juge au tribunal de cassation; mais la minorité scissionnaire prévalut. Le général Bonaparte, revenant d'Égypte au mois de vendémiaire an 8, passait par Nevers ; Lefiot fut chargé par les administrateurs, ses collègues, de féliciter le général, et il lui dit : « L'administration du » département de la Nièvre croit » offrir un tribut de reconnaissance » à tous les soldats français, en sa- » luant un général qui les a souvent » conduits à la victoire. » Jamais Lefiot n'avait rempli de fonctions à la nomination du gouvernement. Il se livrait, comme avocat consultant, aux études et au travail du cabinet, lorsque pendant les *cent jours* en 1815, on lui notifia qu'il était désigné par un commissaire du gouvernement impérial en mission à Nevers, pour être membre du conseil municipal de cette ville; il crut devoir accepter cette modeste place sans traitement. La loi du 12 janvier 1816, rendue contre les conventionnels dits *votans*, força M. Lefiot à quitter le territoire de sa patrie. Il prouve sa reconnaissance envers le pays qui lui donne asile, en se conduisant en ami de l'ordre et des lois.

LEFOL (Nicolas-Étienne, baron), lieutenant-général, commandant de la légion-d'honneur, chevalier de Saint-Louis, est né le 24 octobre 1764. Il suivit la carrière militaire avec distinction, et obtint successivement tous ses grades. Le 30 mai 1813, il fut nommé général de division, et, le 29 juillet 1814, commandant de la 2$^\text{me}$ subdivision de la 19$^\text{me}$ division militaire, à Aurillac; le même jour, il avait été fait chevalier de Saint-Louis. Le général Lefol fut chargé, au mois de juin 1815, du commandement de la 8$^\text{me}$ division d'infanterie du 2$^\text{me}$ corps de l'armée du Nord. Depuis la seconde restauration il n'est plus en activité, et n'est pas compris parmi les lieutenans-généraux disponibles.

LEFORTIER (Jean-François), ancien officier de santé de la marine, et professeur émérite de l'école Militaire, est né à Paris en 1771. Il s'occupa, pendant quelques mois de l'année 1795, de la rédaction d'un journal intitulé : *Correspondance politique et littéraire*, et obtint, en 1798, la chaire des belles-lettres à l'école centrale du Morbihan. L'année d'après, il remporta au concours celle de littérature de l'école centrale du département de Seine-et-Marne; il passa, en 1803, à l'école militaire de Fontainebleau, où il remplit les mêmes fonctions. Il passa ensuite à Saint-Cyr, et fut mis à la retraite en 1814. M. Lefortier a concouru, pendant quelque temps, à la rédaction du *Journal-Général de France*. Aujourd'hui il rédige le *Journal des Maires*. Il a publié : *Discours prononcé à l'ouverture de l'école centrale de Vannes*, an 6; *Aperçu sur les causes des progrès et de la décadence de l'art dramatique en France*, an 7; une traduction du P. Jouvency intitulée : *Ratio discendi et docendi*, 1803.

LEFRANC (N.), député à la convention nationale, fut d'abord appelé par ses concitoyens à remplir, dans sa commune, les fonctions municipales. En 1792, les électeurs du département des Landes le nommèrent député à la convention, où, dans le procès du roi, il vota, par mesure de sûreté générale, la détention et le bannissement à la paix. Depuis cette époque, il ne prit qu'une fois la parole, en 1795, pour la justification des *modérés* de son département, que le représentant en mission avait proscrits. Après la session de la convention, il passa au conseil des cinq-cents, où il resta jusqu'en 1798. Depuis cette époque, M. Lefranc s'est retiré dans ses foyers.

LEFRANC (Jean-Baptiste-Antoine), exerçait la profession d'architecte, lorsque la révolution éclata. Il demeura long-temps spectateur inactif des événemens; mais sous le gouvernement directorial, son opinion devint tellement prononcée et hostile qu'il fut entraîné à prendre un rôle dans la conjuration de Babeuf; traduit devant la haute-cour de Vendôme, il y fut néanmoins acquitté. On le retrouve plus tard sur la liste de déportation qui suivit l'explosion de la machine infernale, le 24 décembre 1800. S'il faut en croire M. Lefranc, il n'a eu connaissance de cet événement que par la signification de son décret de déportation, et son assertion a presque acquis le caractère de la vérité, depuis les révélations volontaires qui ont été faites sur cet événement. Il n'en fut pas moins déporté. Enfin, après trois ans d'un exil rigoureux, après avoir vu périr, à ses côtés, presque tous ses compagnons d'infortune, il croyait toucher au terme de ses malheurs en revoyant les rivages de sa patrie; mais en débarquant à Brest, il passa du bord du vaisseau qui l'avait amené, dans les cachots, d'où il ne sortit que pour être mis en surveillance dans une petite ville du Languedoc. Emprisonné ensuite à Bordeaux dans le château de Ha, il sortit de cette maison de force pour cause de maladie. On le transportait à Pierre-Châtel lorsqu'il fut délivré par les troupes alliées, en 1814. On lit dans un ouvrage que M. Lefranc publia, en 1816, sous ce titre: *Les infortunes de plusieurs victimes de la tyrannie de Bonaparte*, le passage suivant: «O mes concitoyens! Vous » ne pouvez être heureux qu'en en- » tourant votre roi de votre amour » et de votre respect! vous n'irez » plus rougir de votre sang les plai- » nes glacées du Nord, ni les eaux

» du Pô, du Tage et du Guadal-
» quivir. Pour moi, tranquille
» maintenant au sein de l'amitié,
» j'y coulerai le reste de mes jours,
» à l'abri des écueils de l'océan In-
» dien, des plages brûlantes de la
» zone torride et des hordes bar-
» bares de l'Afrique. Je suis enfin
» rentré au port après de longs o-
» rages... etc. » Deux mois s'étaient
à peine écoulés depuis la publication de cet ouvrage, que M.
Lefranc fut impliqué dans le procès des *patriotes* de 1816, et condamné à la déportation, comme
complice d'un complot tramé contre la vie et l'autorité du roi.

LEFRANC DE POMPIGNAN
(JEAN-GEORGES), archevêque de
Vienne, député aux états-généraux, naquit à Montauban, département de Lot-et-Garonne, en
1715. Il appartenait à une ancienne famille du Languedoc, et é-
tait frère de ce fameux marquis
de Pompignan, qui, homme de
mérite, doit peut-être plus encore
sa célébrité aux sarcasmes de Voltaire qu'à ses propres ouvrages.
Destiné à parcourir la carrière ecclésiastique, le jeune Lefranc de
Pompignan fit les études analogues
à cet état, franchit rapidement les
premiers degrés du sacerdoce, et
fut admis à remplir les fonctions
épiscopales au siége du Puy,
ayant à peine atteint sa 29e année. Nommé bientôt premier aumônier de roi Louis XV, lorsqu'il se présenta en cette qualité
devant le roi, ce monarque lui
demanda en riant s'il saurait bien
dire son *benedicite*. « Non, sire,
» répondit le nouvel aumônier : je
» ne sais que rendre *grâce*. » En
1775, l'évêque du Puy fut nommé à l'archevêché de Vienne. La
cour avait comblé ce prélat de
faveurs; il ne pouvait sans manquer de gratitude envers ses protecteurs, et sans enfreindre toutes
les convenances de son état, hé-
siter à combattre les doctrines
philosophiques, dont les progrès
d'ailleurs lui parurent alarmans.
Il attaqua avec force ces doctrines; mais le succès ne répondit
pas à son attente. En 1789, le
clergé du Dauphiné l'élut député
aux états-généraux. On parut surpris de le voir dès-lors embrasser
le parti de la révolution, et donner même au clergé l'impulsion
qui porta cet ordre à se réunir à
la chambre des communes, lorsqu'elle se constitua en assemblée
nationale. L'archevêque de Vienne n'en fut pas moins admis au
conseil du roi, et nommé ministre de la feuille des bénéfices. Il
en exerçait les fonctions quand il
reçut du souverain pontife, une
bulle par laquelle S. S. l'invitait
à défendre avec le plus grand zèle les intérêts de la religion et
ceux du clergé. On remarquait
dans cette lettre le passage suivant : « Vous êtes plus propre
» qu'aucun autre, lui dit-il, à ren-
» dre le grand service que je vous
» demande; vous avez déjà donné
» tant de preuves de votre zèle à
» défendre la saine doctrine. Mais
» le temps presse; il n'y a pas un
» moment à perdre pour sauver la
» religion, le roi et votre patrie.
» Vous pourrez certainement en-
» gager S. M. à ne pas donner cet-
» te fatale sanction. La résistance
» fût-elle pleine de dangers, il
» n'est jamais permis de paraître
» un instant abandonner la foi ca-

» tholique, même avec le dessein
» de revenir sur ses pas quand
» les circonstances auront chan-
» gé. » Cette bulle reçut une
grande publicité, mais ce fut tout
ce qu'elle obtint. L'archevêque
de Vienne, qui dès le mois de juillet 1789 avait été nommé président de l'assemblée, entouré des
patriotes influens, continua de
voter dans le sens populaire. Les
ennemis de cette cause, et les ennemis personnels de M. Lefranc de
Pompignan, attribuèrent cette persévérance à un affaiblissement de
son esprit, et l'en blâmèrent avec
amertume. Parmi les écrivains
qui se firent remarquer par leur
aigreur à l'égard de ce prélat,
on doit citer M. Bertrand de Molleville, dans son histoire de la révolution. L'archevêque de Vienne était peu orateur; mais il écrivait avec facilité et élégance. Plusieurs de ses ouvrages sont dignes de beaucoup d'estime. Ce
prélat, qui mourut le 29 décembre 1790, dans sa 75° année, était
doué d'excellentes qualités; il était
charitable, aimait à obliger, et avait une religion généralement
douce et tolérante. Il a publié entre autres écrits : 1° *Essai critique sur l'état présent de la république des lettres*, 1743; 2° *Instruction pastorale de l'évêque du Puy aux nouveaux convertis de son diocèse*, 1751; 3° *le véritable Usage de l'autorité séculière dans les matières qui concernent la religion*, 1753; 4° *Questions diverses sur l'incrédulité*, 1753; 5° *la Dévotion réconciliée avec l'esprit*, 1753; 6° *Controverse pacifique sur l'autorité de l'église*, 1758; 7° *l'Incrédulité convaincue par les prophéties*, 1759; 8° *Instruction pastorale sur la prétendue philosophie des incrédules modernes*, 1763; 9° *Instruction pastorale sur l'hérésie*, 1766; 10° *la Religion vengée de l'incrédulité par l'incrédulité elle-même*, 1772; 11° *Défense des actes du clergé de France contre la religion*, 1781; 12° *Mandement contre l'édition des œuvres de Voltaire*, 1781; 13° *Mandement portant défense de lire les œuvres de J. J. Rousseau et de Raynal*, 1781.

LEGALLOIS (JULIEN-JEAN-CÉSAR), médecin, naquit dans les environs de Dôle. Son père, cultivateur aisé, lui fit donner une
bonne éducation. Il étudiait la
médecine à la Faculté de Caen,
lorsque nos malheureuses dissensions politiques, en 1793, le forcèrent de renoncer à ses paisibles
occupations, et à prendre les armes avec ses condisciples. Le parti désigné sous le nom des *fédéralistes* qu'il suivait, ayant été
promptement comprimé, Legallois fut obligé de prendre la fuite,
se cacha d'abord, et parvint ensuite à se rendre dans la capitale. Il
chercha un refuge dans le service
des hôpitaux; le gouvernement
ne s'opposa point à ce qu'il suivît
les cours de clinique qu'y professaient les hommes les plus habiles. Le comité des poudres et salpêtres eut besoin d'hommes capables de présider à l'exploitation
des nitrières. Legallois, qui craignait les recherches politiques, se
présenta comme candidat, subit
les examens, et fut envoyé par le
comité de sûreté générale dans le
département où il était né, pour
y suivre la fabrication des poudres. Dans la même année, trois

écoles de médecine furent établies par une loi spéciale, et Legallois fut désigné par l'administration de son district pour être un des élèves de l'école de Paris. Il rentra dans la carrière pour laquelle il se sentait une vocation prononcée, et tout en continuant ses cours, il joignit à la connaissance de la langue latine, l'étude des langues grecque, italienne et anglaise. En 1801, il obtint le doctorat à la suite d'une thèse qu'il soutint avec éclat, et qui est devenue classique : *le Sang est-il identique dans tous les vaisseaux qu'il parcourt?* Cet ouvrage, résultat précieux d'un grand nombre d'expériences physiologiques, ne fut que l'introduction d'un ouvrage plus important, qu'il publia en 1812, sous le titre de : *Expériences sur le principe de la vie, notamment sur celui des mouvemens du cœur, et sur le siége de ce principe.* Placé par cet ouvrage, le plus important de tous ceux qui ont été publiés, au nombre des plus célèbres physiologistes de nos jours, Legallois devint médecin de la maison de Bicêtre. Le zèle qu'il mettait à remplir les devoirs de sa place, lui occasiona une maladie à laquelle il succomba, au mois de février 1814. Il fut généralement regretté. Dans son ouvrage des *Expériences sur le principe de la vie*, ce savant praticien évitant les erreurs dans lesquelles le célèbre BICHAT (*voy.* ce nom) était tombé, et que sa fin prématurée ne lui a pas permis de réparer, donne la solution du problème que Haller avait inutilement voulu expliquer sur le principe de la vie, et fait connaître le mouvement du cœur, dont il place le siége dans la continuité de la moelle épinière. Il a même démontré sa doctrine par des expériences sur une multitude d'animaux vivans, faites en présence de la Faculté de médecine, et des commissaires de l'académie des sciences. Legallois a encore donné des *Mémoires* intéressans sur différens objets de physiologie, notamment sur les dents des lapins et des cochons-d'Inde; sur la gestation dans les animaux; sur la section des nerfs de la huitième paire; sur le relâchement des symphises du bassin dans les cochons-d'Inde, etc.

LEGAY (N.), né à Chateaugiron près de Rennes, vers l'année 1764, fut nommé par ses camarades capitaine au 1er bataillon de l'Ille-et-Vilanie, lors de sa formation. Premier aide-de-camp du général Moreau, il a fait en cette qualité toutes les campagnes françaises, de ce grand capitaine. A l'affaire de San-Guliano (même plaine que Marengo), il avait ordre de porter à la gauche de la ligne un ordre de mouvement. Mais pendant le trajet, s'étant aperçu que la face des choses était changée, il donna un ordre contraire; ce qui eut pour résultat une victoire complète; Moreau l'en félicita publiquement : dans un cas semblable, le grand Frédéric avait fait mettre aux arrêts un de ses généraux. Dans cette affaire de San-Guliano, Moreau n'avait que 15,000 hommes à opposer au général Bellegarde, dont l'armée était forte de 35,000 hommes. Le combat inégal que livra le général français avait pour objet d'empêcher le corps de Bellegarde de se joindre à ceux de Mélas et de Suwarow. La victoire de San-Guliano n'empêcha pas que Macdonald ne fut battu à la Trebia, pour avoir livré bataille avant d'avoir opéré sa jonction avec Moreau. Dans les *Mémoires pour servir à l'histoire de France sous Napoléon*, on a profité de l'espèce de réprobation que la mort du général Moreau a fait rejaillir sur sa vie, pour rejeter sur lui les fautes qui ont amené la perte de la bataille de la Trebia; mais tant de témoins vivans peuvent rendre hommage à la vérité, qu'il n'est pas à craindre que cette calomnie s'accrédite, même sous les auspices du héros du siècle. Le colonel Legay s'est trouvé aux affaires d'Esling et de Wagram; il commanda l'île d'Inder-Lobau, fit la campagne de Russie, et périt glorieusement dans la retraite qui mit fin à cette déplorable expédition.

LEGAY (Louis-Joseph), juge au tribunal de Béthune, et homme de lettres, est né à Arras, département du Pas-de-Calais, le 27 février 1759. Il fut reçu avocat au conseil d'Artois en 1783. Il plaida dans une cause célèbre, celle des paratonnerres, qui étaient alors regardés comme une innovation, contre ROBESPIERRE, défenseur des opposans. Au mois d'octobre 1790, M. Legay fut nommé par le roi commissaire près du tribunal de Saint-Pol. Il exerça depuis, les fonctions de juge au même tribunal, et successivement au tribunal d'Arras et au tribunal civil du Pas-de-Calais, séant à Saint-Omer. Il devint ensuite commissaire du directoire-exécutif près les tribunaux civil et criminel, et à la suppression des tribunaux de département, il devint commissaire du gouvernement près le tribunal de première instance de Béthune. Lors de la réorganisation de ce tribunal en 1816, il n'y fut pas compris; mais par une ordonnance du roi du 11 février 1818, il fut nommé de nouveau juge au même tribunal, où il exerce aujourd'hui (1823) les fonctions de juge d'instruction. Dans les différentes places qu'il a occupées, il a fait preuve de talens et d'intégrité. Passionné pour les lettres et particulièrement pour la poésie, M. Legay est auteur d'un grand nombre de pièces de vers qu'il a recueillies sous le titre de *Souvenirs*, et dont la plupart méritent de n'être pas oubliées. A l'âge de 20 ans, il fonda avec quelques amis de collége et plusieurs de ses collègues du barreau, la *Société anacréontique des rosati d'Arras*, qui comptait, en 1792, au nombre de ses membres MM. Carnot, de Champmorin, Désaudrais, de Sulvi, etc., etc. Cette société n'existe plus depuis la révolution. Quelques littérateurs de Paris ont essayé en 1797 de former dans la capitale une nouvelle société de Rosati; on y a même couronné publiquement une rosière; mais les rosati de Paris sont restés étrangers à ceux d'Arras. Outre les *Souvenirs* de M. Legay qui sont à leur 3e édition, il a encore publié un *Discours sur le célibat et le divorce*, lu en 1787 à l'académie d'Arras, et qui caractérise en lui le littérateur instruit, le vrai philosophe et le bon citoyen. M. Legay est membre de différentes sociétés savantes. Il était associé du musée de Paris. Ses deux fils suivent avec distinction la carrière de l'enseignement public.

LEGAY (N.), romancier, a publié différens ouvrages dont plusieurs ont eu un succès flatteur. Cependant *Elisabeth Lange* et *le Marchand forain* donnaient de son talent des espérances qu'il n'a pas entièrement réalisées. On lui reproche un style sans énergie et par fois incorrect. On doit à cet auteur : 1° *Eglai, ou l'amour et le plaisir*, 2 vol. in-12, 1807; 2° *Elisabeth Lange, ou le jouet des événemens*, 2 vol. in-12, 1808; 3° *l'Enfant de l'amour*, 3 vol. in-12, 1808; 4° *le Marchand forain*, 4 vol. in-12, 1808; 5° *la Roche du diable*, 5° vol. in-12, 1809; 6° *le Fils chéri et le Fils abandonné, ou le Mentor moderne*, 5 vol. in-12, 1809; 7° *le Spectre de la montagne de Grenade*, 3 vol. in-12, 1809; 8° *l'Innocence et le Crime*, 3 vol. in-12, 1810; 9° *les trois Mères et leurs Filles, ou la vanité des Systèmes*, 3 vol. in-12, 1812; 10° *les Mères dévouées, ou Histoire de deux familles françaises*, 3 vol. in-12, 1814; 11° *Isaure, ou le château de Montano*, 3 vol, in-12, 1816; 12° *l'Ermite de la vallée de Luz et les Désespérés*, 3 vol. in-12, 1816; 13° *Récréations de l'enfance*, 3 vol. in-18, 1816. M. Barbier attribue à un auteur de ce nom, *Mes souvenirs* (1785, in-8°, 2° édition 1788, 2 vol. in-8°). Cet auteur est M. Louis-Joseph LEGAY, dont l'article précède celui-ci.

LEGENDRE (Louis), membre de la convention nationale, naquit à Paris en 1756. Ce n'est qu'après avoir navigué pendant 10 ans, d'abord comme mousse, ensuite comme matelot, qu'il revint dans la capitale où bientôt il prit une boutique de marchand boucher. Quoiqu'il n'eût reçu que l'éducation des enfans du peuple, il avait néanmoins dès sa plus tendre jeunesse laissé entrevoir des germes naturels d'éloquence que la révolution développa, et lui firent confirmer le surnom qu'il s'était donné lui-même de *nouveau Paysan du Danube*. On le vit, dans les journées des 1 et 2 juillet 1789, diriger les promenades populaires où l'on portait en triomphe les bustes du duc d'Orléans et de Necker. Dès le matin du 14 juillet, Legendre attroupa la population de son quartier, et la harangua comme un tribun pour la disposer à le seconder dans son projet de forcer les portes de l'hôtel des Invalides, afin d'enlever les armes et l'artillerie nécessaires à l'attaque de la Bastille. Autant Legendre était audacieux et violent dans les mouvemens tumultueux, autant il était simple, débonnaire, désintéressé, obligeant dans l'intérieur de sa famille et dans toutes ses actions de la vie privée. Il ne se dissimulait pas qu'il était privé de cette éducation et de ces qualités supérieures qui rendent l'homme propre aux affaires publiques; et cependant il avait de la vanité. On s'appercevait combien il était flatté d'avoir été remarqué par un prince du sang, et d'être investi de la confiance des chefs les plus éminens du parti populaire. Il se lia plus intimement avec Danton, Camille-Desmoulins, Fabre-d'Eglantine, etc., avec lesquels il s'était successivement trouvé en contact dans

les premières assemblées de district. Dès cet instant, il eut le sentiment de son influence, et s'éloignant insensiblement de ses protecteurs, il devint protecteur lui-même en fondant le club des Cordeliers, qui, après avoir été le rival de celui des Jacobins, finit par l'absorber. Cependant Legendre ne rompit point avec eux; il continua au contraire d'assister à leurs séances et de les affaiblir toujours davantage en faisant écarter par son influence ceux dont il avait été le protégé. Ses discours violens contre le décret qui consacrait l'inviolabilité du roi, et la part active qu'il prit aux événemens du Champ-de-Mars, le 17 juillet 1791, le forcèrent, à différentes reprises, à se soustraire par la fuite ou par la retraite aux ordres donnés de l'arrêter. Ces fuites momentanées ne servaient qu'à rendre son caractère plus impétueux et plus déterminé. Il fut un des plus ardens provocateurs des journées des 20 juin et 10 août 1792. Mais il est juste de dire qu'il ne prit aucune part aux massacres de septembre. Député de Paris à la convention nationale, il s'y montra ouvertement à la tête des plus audacieux ennemis de Louis XVI. Lorsque ce prince fut au moment de paraître à la barre de l'assemblée, Legendre se leva et dit : «que les représentans et les tribu-
»nes devaient garder le silence
»lorsqu'il entrerait dans la salle,
»afin que le calme des tombeaux
»l'effrayât. » Il vota la mort du roi en rappelant « que déjà le 10
»août, il avait été l'attaquer dans
»son château. » Le 21 janvier même, il fut nommé au comité de sûreté générale, et se montra un des plus actifs provocateurs de la journée du 31 mai. Chargé d'aller pacifier Lyon, il ne sut dans sa mission ni connaître les hommes, ni juger les choses, ni remédier au mal, ni prévenir les événemens, et laissa ainsi à Collot-d'Herbois qui lui succéda, tous les prétextes aux mesures sanguinaires qui désolèrent cette ville. On prétend que lors de sa mission à Dieppe, il répondit brusquement au peuple qui dans un moment de disette lui demandait du pain : « Vous
»n'avez pas de pain? eh bien!
»mangez les aristocrates. » De retour à Paris, il se lia plus intimement avec Danton. Celui-ci, qui avait des vues sur lui, affectait de l'appeler son lieutenant. Lorsque Danton fut arrêté, Legendre seul prit sa défense ; mais son énergie diminuait insensiblement au fur et à mesure que Robespierre le combattait, et bientôt rétractant tout ce qu'il avait avancé pour justifier Danton, il déclara d'un air farouche qu'il ne prendrait plus la défense de personne. Cette influence de Robespierre ne s'exerçait pas sur le seul Legendre. On a vu plus particulièrement à la notice de Lavicomterie (*voy.* LAVICOMTERIE), que Robespierre se rendait facilement maître de l'esprit du plus grand nombre de ses auditeurs. La faiblesse de Legendre alla plus loin encore. Lorsque Cécile RENAUD (*voy.* ce nom) fut accusée d'avoir voulu assassiner Robespierre, Legendre osa porter la bassesse de l'adulation jusqu'à s'écrier à la société des Jacobins, « que la main du crime s'était le-
»vée pour frapper la vertu; mais

» que le Dieu de la nature n'avait
» pas permis que cet attentat fût
» consommé. » Mais Robespierre
avait dit que les amis de Danton
subiraient le même sort. Bien convaincu que sa perte n'était que
différée, Legendre se ligua avec
Tallien, Fréron, Vadier, Cambon
et ceux de ses autres collègues
menacés par le tyran. Cependant,
telle était la terreur que Robespierre lui avait inspirée, qu'il n'eut
pas la force de prendre part à l'attaque au moment où elle eut lieu.
Ce ne fut même que lorsque ses
amis eurent obtenu, le 9 thermidor an 2, le décret d'arrestation
contre Robespierre, qu'il retrouva
son audace. Il essaya par la violence de ses inculpations de faire
oublier sa longue pusillanimité, et
volant de la convention à la salle
des Jacobins, il en chassa tous les
membres, et déposa sur le bureau
du président de la convention les
clefs qu'il avait apportées. Ne laissant échapper aucune occasion de
combattre la faction dont on venait de triompher, il s'éleva contre les mesures sanguinaires et signala leurs auteurs. « Savez-vous,
» dit Legendre à la tribune des Jacobins, quels sont les infâmes
» lieutenans de Robespierre ? Ce
» sont ces hommes qui ont rendu
» l'océan témoin de leurs crimes !
» qui ont rougi la mer par le reflux
» ensanglanté de la Loire ! Les voi-
» là ceux qui ont mis les Jacobins
» en feu, et qui en ont fait un théâ-
» tre où chacun d'eux joue un rô-
» le plus ou moins odieux. L'his-
» torien est sur les planches, et
» Robespierre est au trou du souf-
» fleur. » Il poursuivit de ses dénonciations Barère, Collot-d'Herbois et Billaud-Varennes, les accusant d'avoir voulu s'emparer avec
Robespierre de la puissance suprême, et de ne l'avoir attaqué que lorsqu'ils l'avaient vu précipité de sa
dictature; enfin, il attaqua les anciens membres du gouvernement,
« grands coupables qui, disait-il,
» obscurcissent l'horizon des va-
» peurs du crime. » A la fin du
mois de novembre, il fut porté à
la présidence de la convention, et
prononça le décret d'accusation
contre Carrier, que depuis longtemps il avait dénoncé. Il attaqua
Maignet pour l'incendie du village
de Bédouin dans le Comtat. Il ne
fut pas plus favorable aux émigrés,
aux prêtres et aux représentans
proscrits au 31 mai. Il alla jusqu'à
jurer « qu'il mourrait plutôt à la
» tribune que de consentir à leur
» rentrée. » Cependant ils rentrèrent. Le 1er mars 1795, il fit prononcer l'arrestation provisoire de
Collot-d'Herbois, Billaud-Varennes, Barère et Vadier, et le 23, il
se montra l'un de leurs plus redoutables accusateurs. Dans les
mouvemens populaires dirigés
contre la convention nationale les
12 germinal et 1er prairial an 3
(1er avril et 20 mai 1795) et 13 vendémiaire an 4 (5 octobre 1795), il
reprit son ancienne énergie, et
marchant courageusement à la tête des troupes fidèles à la convention, il concourut puissamment à
son triomphe. Jusqu'à la fin de la
session, il manifesta les mêmes
principes, et accusa principalement Mme de Staël de diriger les
intrigues de cette époque. Par suite de la nouvelle constitution, il
passa au conseil des anciens. Les
temps étant devenus plus calmes,

le genre de son éloquence trouva moins souvent l'occasion de se développer. Cependant au mois de février 1795, il accusa les émigrés d'égorger les républicains, et menaça de détruire avec « la hache de « la raison », les sophismes de son collègue Portalis qui avait entrepris de les justifier dans la discussion sur la conspiration de Drouet et Babeuf. Après avoir voté la mise en accusation des ex-conventionnels, il proposa leur expulsion de la capitale. « Que les conspira-» teurs, dit-il à cette occasion, ne » vantent pas les services qu'ils ont » pu rendre en d'autres temps. Ce » n'est point pour ses services pas-» sés, mais pour ses crimes actuels » que Manlius fut précipité de la » roche Tarpéienne. » Legendre mourut en 1797, à l'âge de 41 ans, léguant, par dispositions testamentaires, « son corps à la Fa-» culté de médecine afin d'être en-» core utile aux hommes même » après sa mort. » Sous quelque rapport que Legendre puisse être envisagé, on s'accorde généralement à reconnaître son désintéressement, ainsi que son éloignement pour toute espèce d'intrigue. Les auteurs d'une biographie dont les opinions monarchiques ne sont pas douteuses (*Biographie moderne*, 1806), après avoir reconnu que Legendre, que l'on accusait de s'être enrichi pendant les dernières années de sa carrière conventionnelle, laissa néanmoins une fortune très-médiocre à sa fille unique, rapportent le passage où Prudhomme juge à sa manière ce conventionnel fameux. « La vie révo-» lutionnaire de Legendre sera, dit » Prudhomme, plus originale qu'on » ne pense, à le prendre depuis sa » liaison avec les Lameth. Le thé » qu'il prenait chez Mirabeau et » chez Robert de Paris avec d'Or-» léans; les 20 ou 30 soldats à car-» touches jaunes qu'il recevait chez » lui; ses liaisons avec Marat et » Danton; la mission qu'il deman-» da quelques jours avant les jour-» nées des 2 et 3 septembre; sa » conduite sur la mort de ce même » Danton; le rôle qu'il joua dans la » faction de la *Montagne* et aux *Ja-» cobins;* le rempart qu'il voulait » faire de son corps à Robespierre; » sa conduite aux 9 thermidor, 12 » germinal, 4 prairial, 13 vendé-» miaire; les clefs qu'il alla cher-» cher pour la fermeture des Jaco-» bins; cette longue chaîne d'évé-» nemens n'annonce pas un hom-» me tout-à-fait inepte. » Il est même plus que probable, ajoutent en terminant ces biographes : « qu'avec une autre éducation et » plus d'instruction, il eût été un » personnage saillant de la révolu-» tion française, et peut-être mê-» me un des plus éloquens. »

LEGENDRE (N.), dit LEGENDRE DE LA NIÈVRE, membre de la convention nationale et du conseil des anciens, était maître de forges dans le département de la Nièvre à l'époque de la révolution. Son attachement pour le nouvel ordre de choses le fit nommer, en septembre 1792, par les électeurs du département qu'il habitait, député à la convention nationale. Dans le procès du roi, il vota avec la majorité. Le décret du 23 août 1793 ordonnant une levée en masse, M. Legendre fut un des commissaires chargés de son exécution dans les départemens. Cette mission le dispensa de prendre part aux divisions qui déchirèrent la convention. Il se borna à en être l'historien dans un écrit qu'il publia en 1795. Sorti de la convention nationale avec le tiers éliminé, il fut appelé par le conseil des cinq-cents pour remplir une place vacante dans les deux tiers conservés; mais le conseil des anciens refusa son approbation à cette résolution qui demeura sans effet. En 1798, le département de la Nièvre l'élut au conseil des anciens, d'où il sortit en mai 1799, quelque temps avant la révolution du 18 brumaire an 8 (9 novembre 1799). Il disparut à cette époque de la scène politique; mais frappé par la loi du 12 janvier 1816 contre les conventionnels dits *votans*, il s'est retiré en Suisse, où il a obtenu l'autorisation de se fixer.

LEGENDRE (ADRIEN-MARIE), ancien professeur de mathématiques à l'école Militaire, membre de l'académie des sciences, chevalier de la légion-d'honneur, s'est placé par ses travaux et par ses ouvrages au rang des premiers mathématiciens de l'époque actuelle. En 1787, des doutes spécieux s'étant élevés sur la position respective des observatoires de Paris et de Londres, on décida, pour les faire cesser, que les points placés entre Dunkerque et Boulogne seraient vérifiés. MM. Legendre, Cassini et Méchain furent chargés de cette opération, tandis qu'elle était simultanément exécutée par les commissaires de la société royale de Londres. Les appareils et les procédés nouveaux dont on se servit sur ces deux points, donnèrent un résultat bien plus exact que tous ceux que l'on avait obtenus jusqu'alors. Les opérations des commissaires français furent imprimées, en 1790, sous le titre suivant: *Exposé des opérations faites en France en 1787, et description d'un nouvel instrument propre à donner la mesure des angles à la précision d'une seconde.* En 1794, M. Legendre publia un *Mémoire sur les transcendantes elliptiques* et des *Élémens de géométrie*. La 1re édition de ce dernier ouvrage, qui est regardé comme classique, parut avec des notes; la 2e publiée en 1799, fut augmentée de la trigonométrie. En 1817, l'auteur donna la 11e. La nouvelle méthode de M. Legendre sur les orbites des comètes, étant fondée sur des principes purement analytiques, il fut accusé d'avoir renfermé dans son ouvrage des idées paradoxales. La 2e classe de l'institut en porta, en 1808, le jugement suivant: « La méthode de M. Legendre a » les avantages et quelques-uns des » inconvéniens attachés à toutes » les solutions analytiques, c'est- » à-dire la longueur des calculs; le » grand nombre de lettres et de » symboles, dont il est presque » impossible de retenir la signifi- » cation; enfin l'espèce d'obscurité » qui fait que le calculateur est ré- » duit à suivre une marche longue, » sans voir clairement, à chaque » instant, ce qu'il fait ni où il » va.... » Ce savant s'est efforcé d'obvier, autant qu'il dépendait de lui, à ces inconvéniens. Il a refondu sa méthode, et est parvenu à l'améliorer d'une manière très-sensible. M. Legendre a rendu de très-grands services dans sa longue et honorable carrière. Il a fait de savantes recherches sur l'attraction des sphéroïdes elliptiques; le premier, il a démontré que la figure elliptique pouvait seule convenir à l'équilibre d'une masse fluide homogène, animée d'un mouvement de rotation, et dont toutes les molécules s'attirent en raison inverse du carré des distances. Faisant, en 1789, usage des transformations indiquées par Euler et Lagrange, pour simplifier l'intégration des différences partielles prises successivement par rapport à diverses variables, il fut conduit à démontrer, sans le secours des séries, que si deux sphéroïdes elliptiques ont leurs trois sections principales décrites du même foyer, les attractions qu'ils exercent sur un même point extérieur auront la même direction, et seront entre elles comme leurs masses. L'année suivante, il fit connaître à l'académie des sciences ses recherches sur les sphéroïdes hétérogènes. En 1794, il prit part, avec M. de Prony, à la confection des tables trigonométriques pour la division décimale du cercle. On sait que les savans qui concoururent à ce travail important étaient partagés en trois classes, formées d'après les trois genres d'opérations que l'exécution des tables exigeait. M. Legendre présida la classe dans les attributions de laquelle était la partie analytique. Il conçut des formules très-élégantes pour déterminer les différences successives des sinus. Membre, en 1795, de l'agence temporaire des poids et mesures, il ne cessa d'en remplir les fonctions que lorsque cette agence fut réunie au ministère de l'intérieur. M. Legendre devint membre de l'institut dès la formation de ce corps. Sous le gouvernement impérial, il fut nommé, en 1808, conseiller à vie de l'université. Après le rétablissement du gouvernement du roi, il passa, en février 1815, conseiller honoraire du conseil de l'instruction publique, et fut nommé, en septembre 1816, conjointement avec M. Poisson, examinateur des candidats pour l'école Polytechnique. Outre les ouvrages dont il a été déjà fait mention, M. Legendre a encore publié : 1° *Nouvelle Théorie des parallèles*, 1803, in-8°; 2° *Nouvelles Méthodes pour la détermination des orbites des comètes*, in-8°, 1805; 3° *Supplément à l'Essai sur la théorie des nombres*, in-8°, 1806; 4° *Exercices de calcul intégral*, 6ᵐᵉ partie, in-4°, 1807.

LEGENTIL DE LA GALAISIÈRE (Guillaume-Joseph-Hyacinthe-Jean-Baptiste), astronome et voyageur français, membre de l'académie des sciences, naquit à Coutances, le 12 septembre 1725. Destiné par ses parens à l'état ecclésiastique, il suivit un cours de théologie. La curiosité l'ayant conduit un jour au collége royal, il entendit J. Nic. Delisle, et se sentit du goût pour la science que le professeur enseignait. Bientôt l'astronomie absorba ses autres études. Son assiduité frappa son professeur, qui le présenta à Jacques Cassini. Les connaissances que Legentil acquit en très-peu de temps lui ouvrirent, en 1753, les portes de l'académie. Il justifia cette confiance par une foule de mémoires sur différens points d'astronomie, traités avec une rare sagacité. Quelques années après, l'académie ayant proposé des voyageurs pour observer le passage de *Vénus* sur le disque du soleil, Legentil fut destiné pour Pondichéri. Il partit le 26 mars 1760, et arriva à l'île de France, le 10 juillet; mais la guerre étant déclarée entre la France et l'Angleterre, et aucun bâtiment ne voulant hasarder le trajet, Legentil se disposait à passer à l'île Rodrigue, lorsqu'un avis, venu de France, en février 1761, donna lieu d'expédier sur-le-champ une frégate pour Pondichéri. Legentil partit sur cette frégate, qui, contrariée par les calmes et les vents, tint pendant cinq semaines les mers des Indes. En arrivant le 24 mai devant Mahé, on apprit que cette ville et Pondichéri venaient de tomber au pouvoir des Anglais. Il fallut à l'instant retourner à toutes voiles à l'île de France. Ainsi il fut impossible à Legentil d'observer, mais il aperçut le 6 juin, étant en pleine mer, sur le pont vacillant d'une frégate, le passage de *Vénus* sur le soleil. Un second passage de *Vénus* devait avoir lieu 8 ans après, le 3 juin 1769; il se détermina à rester pendant ce long espace de temps, éloigné de sa patrie, et de l'employer à enrichir les sciences de connaissances nouvelles. Les îles qui l'entouraient, mal observées jusque-là, étaient pour lui une source féconde de découvertes. Il fit, à diverses reprises, des courses aux îles de France, de Bourbon, Rodrigue et Madagascar, aux Philippines, à Manille et à la côte de Coromandel. Il chercha le point le plus favorable à une observation qui devait le dédommager de toutes ses fatigues, et les Philippines ainsi que les îles Mariannes lui ayant paru, d'après ses calculs, les plus propres à cet objet, il se décida pour Manille, et s'y rendit dès le mois d'août 1766. Une lettre qu'il y reçut de France l'ayant forcé de retourner à la côte de Coromandel, il choisit Pondichéri; mais par une nouvelle fatalité, le temps qui pendant un mois avait été serein, changea tout-à-coup le jour même du passage; un coup de vent s'étant élevé de grand matin, le ciel se couvrit de nuages, et ne s'éclaircit que lorsqu'il n'était plus temps d'observer. Les Anglais avaient éprouvé à Madras le même contre-temps. Cependant ses soins n'ont pas été entièrement infructueux. Il avait chargé deux de ses amis d'observer à Manille, où le ciel fut constamment favorable; leur travail eut un plein succès, et il en a donné le résultat. Legentil devait poursuivre ses découvertes et aller à Taïti; mais de nouvelles contrariétés le déterminèrent à renoncer aux voyages lointains, et il revint en France en 1771. Il eut de la peine à se faire reconnaître de sa famille, et il perdit une partie de sa fortune par l'infidélité de ceux à qui il l'avait confiée. Un mariage avantageux et la culture paisible des sciences lui rendirent enfin le bonheur et la tranquillité. Il donna d'abord tous ses soins à la rédaction de son voyage; mais bientôt il reprit les travaux de l'académie, dont il continua d'enrichir les volumes d'excellens mémoires. Il mourut le 22 octobre 1792. Il a publié : 1° (avec Trébuchet) *Mémoire sur le passage de Vénus sur le disque du soleil* (*Journal des savans*, de mars 1760); 2° *Voyage dans les mers de l'Inde*, à l'occasion du passage de Vénus sur le disque du soleil. Paris, 1779-1781, 2 vol. in-4°, fig., cartes et plans, Paris et Heidelberg, 1782, 8 vol. in-8°, fig. Cet important ouvrage réunit la relation des courses de l'auteur, et des observations précieuses sur les moussons, les courans et les marées ; la description des différentes routes et des plus courts trajets à faire dans les mers de l'Inde; enfin des remarques sur les mœurs, les usages, la religion et les sciences des Indous. L'exactitude des détails dans lesquels il entre, ajoute beaucoup à l'intérêt qu'ils inspirent. Les Européens n'avaient sur les Indes que des notions imparfaites, Legentil les augmenta de toutes les découvertes qu'un séjour prolongé dans ce pays lui permit de faire. Les astronomes surtout lui furent redevables d'en avoir rapporté la connaissance du zodiaque des Indous et celle de l'astronomie des Brames. Il faut lire dans son ouvrage combien il lui fallut de patience, de travail et d'adresse pour obtenir les tables dont ils se servent pour calculer les éclipses, et la manière d'en faire usage ; car ces hommes sont aussi jaloux de leurs connaissances qu'incapables de les apprécier et de les comparer avec celles des étrangers, qui ne sont à leurs yeux que des ignorans. Une découverte importante que fit encore cet académicien, et qu'il a consignée dans une dissertation particulière, c'est la conformité qui existe entre l'astronomie des Indous et celle des anciens Chaldéens. Il eut besoin d'autant d'attention que de sagacité, pour découvrir que le nombre prodigieux d'années dont les Chaldéens composaient chaque âge du monde, n'est fondé que sur une combinaison des révolutions de l'équinoxe, et que les quatre *Iougams*, ou âges du monde dont les Brames sont si fiers, se rattachent à des périodes astronomiques du mouvement des étoiles en longitude, que l'on peut varier et remonter à l'infini. Ces voyages, abrégés et traduits en allemand, ont été publiés à Hambourg, 1780-1782, 3 vol. in-8°.

LEGER (F. P. A), ancien secrétaire de la municipalité de Saint-Denis, acteur et auteur, seul ou en société, d'un grand nombre de vaudevilles et de chansons. Il fit jouer, en 1791, une pièce intitulé *l'Auteur du moment*, où Chénier se trouvait désigné de manière à ce que tout le monde pût facilement le reconnaître. Cette inconvenance fut sur-le-champ punie par les sifflets, et le mouvement auquel elle donna lieu dans la salle pensa devenir funeste à quelques pages de Louis XVI, qui assistaient à la représentation. M. Léger quitta comme acteur le Vaudeville en 1800, et se fit directeur de la troupe qui exploitait le théâtre Louvois; mais sa gestion ne fut pas heureuse. Comme auteur, il a travaillé souvent en société avec MM. Barré, Chazet, Deschamps, etc. Ses principales pièces sont : 1° *la Papesse Jeanne;* 2° *l'Apothéose du jeune Barra;* 3° *Sans-Façon, ou le vieux Cousin;* 4° *la Revue de l'an 6;* 5° *la Cinquantaine;* 6° *la Journée de Saint-Cloud, ou le 18 Brumaire;* 7° *la Gageure inutile;* 8° *Jocrisse, ou la Poule aux œufs d'or;* 9° *Caroline de Lichtefield;* 10° *le Berceau d'Henri IV*. M. Léger a donné, au théâtre de l'Odéon, en 1817, *Maria, ou la Demoiselle de compagnie*. Il a encore publié une *Petite réponse à la grande épître de M. Chénier*, qui l'avait stigmatisé dans ses vers; une *Rhétorique épistolaire;* enfin quelque temps avant sa mort, arrivée en 1822, le recueil de ses *Chansons et autres poésies*.

LEGIER (Nicolas-Vincent), est né à Blois, département de Loir-et-Cher, le 6 décembre 1754. La nature fut d'abord marâtre pour lui. Il fut muet jusqu'à l'âge de 11 ans. Au mois de janvier 1765, une maladie douloureuse dont il fut atteint, et une opération chirurgicale qu'il subit, lui rendirent la faculté de parler. Cependant il eut beaucoup de peine à prononcer une infinité de mots pendant plusieurs années, et il employa avec succès la méthode de Démosthènes. Envoyé en 1768 au collége de Pont-le-Voy, tenu par la célèbre congrégation de Saint-Maur, il fit des progrès rapides dans ses études, et remporta tous les premiers prix dans les différentes classes. Reçu procureur au parlement de Paris en 1780, et avocat quelque temps après, il exerçait ces deux fonctions lorsque la révolution éclata. Il en adopta les principes avec d'autant plus de plaisir, que nourri de la lecture des anciens et de l'esprit de nos meilleurs écrivains, ses idées étaient toutes libérales. Le 9 juillet 1789, il fut nommé président de l'assemblée siégeant à Saint-Eustache. Dans le mois de juin 1790, il fit à sa section, conjointement avec un autre membre, la motion de présenter à l'assemblée constituante une pétition, tendant à ce qu'elle rendît une loi pour faire réunir des citoyens de tous les départemens pour former la fédération qui aurait lieu le 14 juillet au Champ-de-Mars. Cette motion ayant été accueillie, il fut chargé de la présenter aux 47 autres sections, pour avoir leur adhésion. Le vœu ayant été unanime, il fut un des commissaires nommés pour porter cette pétition à l'assemblée constituante, qui rendit une loi en conséquence. Dans le mois d'août 1790, les juges de paix et les tribunaux de famille furent créés : en vertu de cette loi, M. Legier fut, à la presque unanimité, nommé juge de paix. Il en exerça les fonctions jusqu'après le 10 août, qu'il en fut éloigné par la municipalité révolutionnaire de Paris, qui s'était arrogé tous les pouvoirs. Quelques mois après, le conseil exécutif provisoire de la république le nomma commissaire national à l'effet de se rendre à Mons pour y faire exécuter, ainsi que dans toute la province du Hainaut, les décrets de la convention, des 15, 17 et 22 décembre. Ayant recueilli le vœu des habitans pour leur réunion à la France, il fut chargé de le présenter à la convention. Les Français ayant été obligés d'évacuer la Belgique, par suite de la perte de la bataille de Nerwinde, M. Legier revint à Paris. Dès le mois de juin 1793, il fut nommé accusateur militaire à l'armée du Rhin. Il s'occupa de visiter les prisons de Landau, Weissembourg, Haguenau et Strasbourg, qu'il trouva encombrées de détenus. Une maladie contagieuse enlevait chaque jour beaucoup d'entre eux. Il s'empressa de faire désinfecter les prisons, se fit remettre tous les registres, et convaincu, d'après un sévère examen, que le plus grand nombre des prisonniers n'étaient détenus que pour des fautes légères, ou arbitrairement, il les fit mettre tous en liberté. Des différens avec les députés de la convention, commissaires près l'armée du Rhin, le déterminèrent à quitter l'armée. Il fut à peine de retour à Provins, où se trouvait sa famille, qu'il fut nommé par les représentans du peuple, qui y étaient alors en mission, commissaire national près le tribunal du district de cette ville. Au mois de décembre 1794, il reçut un ordre du comité de salut public, de venir à Paris, et de se rendre à Bruxelles auprès des représentans du peuple qui administraient le pays. Nommé commissaire de la province de Luxembourg, et chargé d'y organiser toutes les autorités judiciaires et administratives, il se rendit à Saint-Hubert, où il établit le siége de l'administration, et y résida jusqu'après la reddition de la place de Luxembourg. Après la réunion de cette ville et de toutes celles des Pays-Bas à la France, il fut nommé, par le directoire, commissaire près l'administration du département des Forêts, et chargé de l'organisation des autorités dans ce pays, à l'instar des autres départemens. En l'an 6, les électeurs du département qu'il avait organisé le nommèrent député au corps-législatif; il parut plusieurs fois à la tribune, soit pour y combattre, soit pour y faire adopter des projets de lois. Il en présenta lui-même, tant sur l'organisation des greffes que sur celle des hypothèques. Il fit différentes motions concernant les contributions, et demanda la création et l'organisation tant des directeurs dans cette partie, que des receveurs-généraux, particuliers et des percepteurs. Ces motions qui furent rejetées dès leur principe, furent depuis proposées par le gouvernement et converties en lois. En l'an 7, le conseil des cinq-cents le nomma son commissaire près de la trésorerie nationale. Lors de la réunion des deux conseils à Saint-Cloud, il fut un de ceux qui assistèrent à la séance du soir, dans laquelle fut organisé le gouvernement provisoire. Membre du tribunat dès son organisation, il parut quelquefois à la tribune, et les opinions libérales qu'il y manifesta lui valurent l'honneur d'être éliminé, avec ses collègues Chénier, Chauvelin, Benjamin Constant, etc. Il quitta Paris, et se livra aux travaux de l'industrie, de l'agriculture et des plantations. Lorsque les armées alliées se répandirent dans le département des forêts qu'il habitait, il se retira à Luxembourg. Cette place se trouvait alors dépourvue de tous moyens pécuniaires. Dans cette déplorable situation, le conseil de défense crut devoir nommer une commission des finances, et M. Legier fut un des membres. Ses connaissances dans cette partie le mirent à même de procurer des ressources très-importantes; mais après trois mois de siége elles se trouvèrent épuisées; la garnison ne fut plus payée; l'hôpital, qui contenait près de 1000 malades, manquait de tout. Le général, commandant la place, annonça l'intention de prélever militairement une somme de 30,000 francs, sur les citoyens les plus riches de la ville. Cette intention donna de vives inquiétudes aux habitans, et après une réunion des principaux citoyens, qui ne firent aucune offre, le général insistant pour obtenir le montant de sa réquisition, M. Legier offrit généreusement des garanties pour les avances de fonds qui seraient faites, et de souscrire d'après la répartition des commissaires nommés à cet effet, au profit de ceux qui y seraient compris, des obligations payables 6 mois après la levée du siége; cette offre fut acceptée. M. Legier souscrivit 250 obligations pour une somme de 20,000 francs, qu'il acquitta. N'ayant pu obtenir des puissances alliées le remboursement de cette somme, il se rendit, en 1815, à Paris, à l'effet d'en solliciter le paiement près du gouvernement français. Ce ne fut qu'en 1816, que sa créance fut liquidée et inscrite sur le grand-livre. Il est entièrement rendu aux occupations de la vie privée.

LEGIER (Pierre), auteur dramatique, né à Jussey, petite ville du département de la Haute-Saône, en 1734. Il embrassa d'abord la profession des armes, et fit même une campagne en Bohême; mais la faiblesse de sa santé le fit abandonner cette carrière, et il vint étudier le droit à Paris. Le jeune Legier trouva bientôt cette étude aride, et se livra entièrement à la culture des lettres. En 1769, il fit paraître sous le titre d'*Amusemens poétiques*, des contes, épîtres et autres poésies. Il voulut s'essayer dans le genre dramatique, et donna successivement deux comédies sous le titre, l'une des *Protecteurs*, et l'autre du *Rendez-vous inutile;* mais elles eurent peu de succès. Legier se retira ensuite à Jussey, où il remplit les fonctions de maire; il mourut le 7 janvier 1791. Outre les ouvrages déjà cités, il a encore publié : 1° *de l'Influence du luxe sur les mœurs et les arts*, discours en vers, 1780, in-8°; il le prononça lors de sa réception à l'académie de Besançon; 2° *le Berger*, fable, 1782, in-8°; 3° *Susky*, conte moral; 4° *l'Orateur*, poëme, 1784, in-8°.

LEGLISE (le baron Pierre), maréchal-de-camp, commandeur de la légion-d'honneur chevalier de Saint-Louis, est né à Mielan, département du Gers, le 4 octobre 1772. Il prit fort jeune le parti des armes, et servit avec distinction dans la guerre d'Espagne en qualité de chef-de-bataillon au 27.e régiment d'infanterie de ligne. A la bataille de Burgos, il fit preuve d'habileté et de courage. Le 24 novembre 1808, il fut fait chevalier de la légion-d'honneur. Colonel à la désastreuse affaire de Léipsick, il s'empara de vive force du village de Probsteyde, et s'y maintint pendant 8 heures sous une grêle de mitraille et malgré les efforts de masses formidables d'infanterie. Il prit part à presque toutes les opérations de cette campagne, où la mauvaise fortune commença à s'attacher impitoyablement à nos armes. En 1814, après la rentrée du roi, il reçut la croix de Saint-Louis le 25 juillet, et fut fait maréchal de-camp le 31 décembre de la même année. En 1815, lorsque l'indépendance de la France fut de nouveau menacée, on le vit donner de nouvelles preuves de dévouement, en combattant dans différentes occasions à la tête des gardes nationales actives de la 5e division militaire dont le commandement lui avait été confié. Après la seconde restauration, cet officier-général fut mis à la demi-solde. Il s'est retiré dans ses foyers, et est encore aujourd'hui (1823) en disponibilité.

LEGONIDEC (J. F. M. M. A.), né à Rennes, conseiller à la cour de cassation, et chevalier de la légion-d'honneur, s'embarqua pour Saint-Domingue, long-temps avant les événemens qui bouleversèrent cette colonie. Il ne prenait aucune part aux affaires politiques, et il exerçait tranquillement sa profession d'avocat, lorsqu'il fut obligé de fuir en 1793, pour échapper aux réactions. Il passa aux États-Unis, mais il y séjourna peu de temps et revint bientôt en France, où il fut nommé substitut du commissaire du directoire près le tribunal criminel de Dax. Le duc d'Otrante, ministre de la police générale, qui dans différentes occasions avait remarqué les talens de M. Legonidec, le fit nommer grand-juge à l'île de France : divers événemens l'empêchèrent de se rendre à sa destination; et le 24 juin 1810, il fut nommé procureur-général près la cour impériale de Rome. Il quitta cette ville en 1813, lorsque notre armée évacua l'Italie. Le 28 août 1815, M. Legonidec fut nommé conseiller à la cour de cassation où il continue de siéger (1823). Il a publié une *Grammaire celto-bretonne*, et cinq mémoires que l'on trouve imprimés dans le recueil de l'académie celtique dont il est vice-président.

LEGORREC (N.), fut élu député du département des Côtes-du-Nord au conseil des cinq-cents, où il se fit peu remarquer. En 1815, le même département le nomma à la chambre des représentans. L'adresse qu'il présenta à Napoléon au nom du collége électoral, est remarquable par sa franchise et son énergie. Le 6 juillet, il se prononça avec le même courage contre un article du *Journal de l'Empire*, aujourd'hui *Journal des Débats*, sur la liberté illimitée de la presse. « Vous » avez lu sans doute avec indigna- » tion cet article, s'écria-t-il : ce » n'est pas là de la liberté, c'est » une provocation à l'assassinat. Il » n'est pas de manœuvre plus sédi- » tieuse et plus dangereuse. » Depuis la seconde abdication de Napoléon, M. Legorrec s'est retiré dans son département, où il jouit de la considération publique.

LEGOT (A.), conventionnel et membre du conseil des cinq-cents, ex-juge au tribunal de cassation,

G. Legouvé.

Fremy del et Sculp.

était propriétaire dans le département du Calvados, lorsqu'il fut nommé, au commencement de la révolution, chef de légion de la garde nationale de Falaise. Élu, en septembre 1792, par le département du Calvados, député à la convention nationale, il montra beaucoup de modération, et vota dans le procès de Louis XVI pour la détention jusqu'à la paix. Au mois de mai 1793, Legot fut envoyé en mission à l'armée du Nord. En 1796, il entra au conseil des cinq-cents, et s'y montra constamment favorable aux mesures proposées par le directoire-exécutif. Il se prononça avec beaucoup de chaleur en faveur de la loi du 3 brumaire, attaquée non moins vigoureusement par Duplantier (de l'Ain), et sortit du conseil en 1797. Il fut nommé, à cette époque, juge au tribunal de cassation; mais il ne tarda pas à être réélu de nouveau au conseil des cinq-cents. La révolution du 18 brumaire an 8 (1799) le priva définitivement de ses fonctions législatives. Il mourut quelques années après.

LEGOUVÉ (Gabriel), membre de l'institut de France et de la légion-d'honneur. Son père, qui était avocat, honora le barreau de la capitale, par son talent et par le noble usage qu'il en fit. Il cultivait aussi les muses, et composa une tragédie intitulée : *Attilie*, qui n'a pas été représentée. Né avec un talent poétique bien supérieur à celui de son père, Legouvé, dès sa première jeunesse, s'adonna tout entier à la poésie, et fit une étude toute particulière de l'art de la versification. Travaillant d'abord d'après les idées d'autrui, il traduisit plusieurs fragmens de Lucain. Le sujet de sa première tragédie lui fut fourni par Gesner. C'est dans ce poète pastoral qu'il puisa sa *Mort d'Abel*, et, chose singulière, le caractère le plus énergique qu'il ait jamais tracé, celui de Caïn. Cet ouvrage, écrit avec autant de vigueur que de grâce, obtint un grand succès. On ignore pourquoi les comédiens français ne le représentent plus. Cette peinture naïve des mœurs du premier âge du monde est de nature à plaire aux spectateurs de toutes les classes. C'est un de ces sujets heureux, dont les esprits les moins étendus et les moins instruits ont l'intelligence; il réunit toutes les conditions exigées par les législateurs de la scène; il inspire à la fois la terreur et la pitié, et commande même l'intérêt pour le criminel; car enfin, ce malheureux Caïn n'est criminel que par suite de sa jalousie, et sa jalousie n'est pas dénuée de fondement. Comme les héros de Sophocle et d'Euripide, Caïn est victime de la fatalité. La *Mort d'Abel* fut jouée en 1792. En 1794, Legouvé donna *Épicharis et Néron*, autre tragédie, qui obtint un succès plus brillant, mais moins mérité à quelques égards. Le plan de cet ouvrage n'est pas exempt de fautes graves : on peut ne pas applaudir avec la foule au rôle de Lucain, qui n'est trop souvent qu'un métromane jeté dans une conspiration, dans laquelle il figure moins comme acteur que comme orateur; mais ce métromane, on doit en convenir, parle en vers magnifiques, et le ton épique auquel il s'élève souvent peut se pardonner dans l'auteur de la *Pharsale*. Au reste, ces défauts sont plus que compensés par des beautés de premier ordre, et surtout par un 5ᵉ acte, où les terreurs de Néron sont peintes avec une vérité sublime. Quiconque a gémi sous la tyrannie ne voit pas sans consolation ce tableau des longues tortures d'un tyran, qui touche au moment de sa chute. Ce sentiment n'a pas moins contribué que l'amour de la liberté, à l'effet que produisit cette pièce, qui fut représentée sous la domination de Robespierre. Chaque représentation montrait le glaive suspendu sur la tête de ce monstre; chaque représentation vengeait le public : il y applaudissait à une prédiction. *Quintus-Fabius* est la troisième tragédie de Legouvé. Le sujet en est tiré du *Papirio* d'Apostolo-Zeno : Legouvé l'a singulièrement enrichi en le développant. Cette tragédie obtint aussi beaucoup de succès en 1795. En 1798, Legouvé donna au théâtre de Louvois, où les acteurs du Théâtre-Français du faubourg Saint-Germain s'étaient réunis, une nouvelle tragédie, intitulée : *Laurence*. Cet ouvrage, où les défauts l'emportent sur les beautés, quoiqu'on y trouve souvent l'empreinte d'un beau talent, n'eut que peu de succès, et n'a pas été imprimé. *Étéocle et Polynice*, cinquième tragédie du même auteur, a laissé des souvenirs plus profonds. On y trouve de fort belles scènes. Les rôles d'OEdipe et d'Antigone y sont touchans et pathétiques ; mais malheureusement ils sont venus après l'*OEdipe* de Ducis. La dernière tragédie de Legouvé est la *Mort de Henri IV*. Peu de pièces ont excité plus de critiques, et de critiques plus injustes : c'est un des inconvéniens auxquels s'expose l'auteur qui traite des sujets trop rapprochés de notre époque. Il est des problèmes historiques que le poète semble n'avoir pas le droit de résoudre, par cela seul qu'ils n'appartiennent pas à l'histoire ancienne. Pour avoir fait tomber sur Marie de Médicis et sur le duc d'Épernon, un crime dont les historiens ne les ont pas justifiés, Legouvé fut taxé de témérité. On pouvait lui reprocher, plus justement peut-être, d'avoir prêté à Henri IV une physionomie et un langage continuellement tragiques; d'avoir pensé que l'emphase, qui chez nous caractérise la tragédie, ne serait pas disparate avec cet esprit de saillies, cette piquante bonhomie qui caractérisent le Béarnais, qualités auxquelles il doit en grande partie sa popularité. La *Mort de Henri IV* obtint néanmoins un cours brillant de représentations. Dans les intervalles qui séparent la publication de ses ouvrages dramatiques, Legouvé a composé plusieurs poëmes, tels que *les Sépultures, les Souvenirs, la Mélancolie, le Mérite des Femmes*. Ces poëmes, peu remarquables sous le rapport de l'invention, le sont beaucoup, en revanche, sous le rapport du style. Une versification pleine de charmes y rajeunit sans cesse des idées peu nouvelles, et rafraîchit, par le coloris le plus agréable, des tableaux connus. *Le Mérite des Femmes,* surtout, jouit à ces titres de la faveur publique, et cette faveur se soutiendra tant que le goût des bons vers et des sentiments honnêtes ne sera pas éteint en France. Legouvé a laissé plusieurs ouvrages commencés. De ce nombre est un poëme intitulé : *l'Enéide sauvée*. Il était fort avancé, espérons qu'il ne sera pas perdu. Legouvé a fait, en communauté avec M. d'Avrigny, *Doria*, drame lyrique, que le célèbre Méhul a mis en musique. Il a refait aussi le 3ᵉ acte de *Montano et Stéphanie;* enfin, il est un des quinze ou vingt auteurs qui se sont cotisés pour mettre en vaudevilles les calembours de *M. de Bièvre*. Legouvé était d'un caractère doux et mélancolique : avide de gloire, il en obtint; mais des critiques, ainsi que nous l'avons dit, se mêlaient quelquefois aux éloges qu'il méritait. Le mécontentement qu'il en eut lui inspira quelques épigrammes, qui prouvent à quel point il sortait de son caractère quand il voulait être méchant. Il a publié aussi quelques poésies fugitives, qui portent l'empreinte de son talent facile, mais qui ont plus de valeur par la forme que par le fond : elles ont été imprimées collectivement avec les pièces fugitives de Vigée. Le dernier poëme qui soit sorti de sa plume célébrait le mariage de Napoléon et de Marie-Louise : il a été traduit en vers latins par le professeur Éloi Lemaire. Legouvé a été un des collaborateurs des *Veillées des Muses* et de la *Nouvelle Bibliothèque des Romans*. Il a été quelque temps directeur du *Mercure*. Parmi ses écrits en prose, qui sont peu nombreux, on a remarqué le discours qu'il prononça à l'ouverture d'un cours de poésie latine, au collège de France, où il suppléait Delille : c'est un excellent morceau de littérature. Au talent de faire des vers, Legouvé joignait celui de les déclamer. Il le tenait de Mˡˡᵉ Sainval, et l'a transmis à Mˡˡᵉ Duchesnois : sous ce rapport aussi, il a bien mérité du Théâtre-Français. Comblé de succès, favorisé par la fortune, chéri de ses amis, il semblait devoir fournir une carrière également longue et heureuse. Le malheur l'attendait à la fin de sa vie, qu'il abrégea. Les facultés morales de Legouvé étaient déjà affaiblies, quand une chute grave qu'il fit à la campagne, chez madame de Parny (Mˡˡᵉ Contat), acheva de déranger sa santé et sa raison. Il se survécut à lui-même près de deux ans, et mourut dans un état à peu près semblable à celui dans lequel expira le Tasse. Il avait environ 49 ans. (*Voyez* l'article Baudoin.)

LEGRAND (LE COMTE CLAUDE-JUSTE-ALEXANDRE), lieutenant-général, pair de France, grand-cordon de la légion-d'honneur, chevalier de Saint-Louis, grand croix de l'ordre militaire de Charles-Frédérick de Bade, etc., naquit au Plessis-sur-Saint-Just, département de l'Oise, le 23 février 1762. Il entra comme soldat au régiment Dauphin infanterie, le 16 mars 1777, et était sergent-major en 1786, lorsqu'il demanda et obtint son congé pour se marier à Metz. Sa loyauté et sa franchise lui acquirent l'estime de ses concitoyens. Lorsque la révolution éclata, tous les Français ayant été appelés à la défense de la patrie, il fut nommé chef d'un bataillon de la Moselle, et chargé de missions de confiance, qui lui méritèrent les éloges les plus flatteurs. En 1792, il était général de brigade à l'armée de Sambre-et-Meuse. Les journées d'Arlon, de Juliers, de Fleurus, etc., révélèrent ses talens militaires, qui depuis furent si utiles à son pays, et le placèrent au premier rang des généraux français. Dès ce moment, sa vie ne fut plus qu'une suite de travaux, de combats et de succès. La campagne de l'an 3 s'ouvrit par le passage du Rhin. Le général Legrand est chargé de traverser le fleuve au-dessus de Dusseldorf avec un bataillon de grenadiers. A peine est-il embarqué avec sa troupe au milieu de la nuit du 18 au 19 fructidor (4 et 5 septembre 1795), que l'apparition de la lune découvre sa marche à l'ennemi, qui dirige aussitôt sur les barques tout le feu d'une redoute. Le général Legrand poursuit sa route en silence. Il n'attend pas que ses bateaux aient touché la rive ennemie; il s'élance dans les flots et s'écrie: « Camarades, suivez-moi. » Ses grenadiers, électrisés par son exemple, s'élancent après lui, culbutent 2,000 hommes protégés par des retranchemens, et s'emparent d'une batterie de 7 pièces de canon. Cet intrépide chef se porte aussitôt avec la plus grande rapidité sur Dusseldorf, dont il se rend maître, et fait prisonnier le commandant de cette place, et sa garnison composée de 1,500 hommes. En 7 heures se termina ce beau fait d'armes. Dans le compte qu'il en rendit, le général en chef Jourdan s'exprimait ainsi: « La conduite du général Legrand » et son intrépidité sont au-dessus » de tous les éloges. » Bientôt après, il donne de nouvelles preuves de talens et de bravoure à l'attaque des hauteurs de Poperg et de Leinsfeld, où il repousse l'ennemi, et facilite la prise de Cassel. Pendant la campagne suivante, il effectue de vive force un second passage du Rhin à Weissenthurn, chasse l'ennemi de ses retranchemens, et le tient en échec jusqu'à ce qu'on ait établi un pont sur le fleuve. Il sauve, à la bataille de Wurtzbourg, une partie de la cavalerie française qui se trouvait compromise, et à Liptingen, où un de ses frères, son aide-de-camp, tomba mort à ses côtés, il eut deux chevaux tués sous lui. Il combattit pendant toute cette journée contre des forces supérieures, avec sa brigade qui ne put être entamée, et parvint à protéger la retraite de l'armée. En l'an 7, il reçut, avec le commandement des troupes en avant de Kehl, le grade de général de division, juste récompense de ses nombreux services. A peine était-il rétabli d'une maladie grave, qui l'avait momentanément éloigné de l'armée, que Masséna, habile à distinguer le mérite, l'appela près de lui en Helvétie; mais l'ennemi se renforçant chaque jour dans la vallée de la Kintzing, Legrand vint reprendre son premier poste sur la rive droite du Rhin. Il repoussa dans plusieurs combats les Autrichiens, qui, toujours plus nombreux, avaient fait une diversion sur Strasbourg, pour obliger Masséna à détacher des troupes de la Suisse. Il eut aussi la gloire de contribuer, sous Moreau, au succès de la mémorable bataille de Hohenlinden. Tandis que les troupes françaises étaient aux prises avec l'ennemi sur le front de Hohenlinden, le prince Ferdinand, avec un corps d'armée considérable, cherchait à tourner les position des Français, pour leur couper toute communication avec Munich, les prendre à dos et leur enlever ainsi la victoire. Le général Legrand, s'apercevant du mouvement de l'ennemi, fondit sur lui, le culbuta et le tailla en pièces : 3,000 prisonniers et 4 pièces de canon furent le prix de cette habile manœuvre. Le prince fut rejeté dans la vallée de Dorfen, où le lendemain la division Legrand lui fit encore 1,500 prisonniers. Nommé, en l'an 9, gouverneur du Piémont, il y prouva qu'il savait unir aux qualités du général, celles non moins utiles de l'administrateur. Lorsqu'il arriva à Turin, tout y était dans la plus grande confusion : il y trouva les services désorganisés, et l'esprit public peu favorable aux Français; les routes étaient infestées de brigands, suite presque inévitable des guerres dont ce pays avait été long-temps le théâtre. En peu de mois, par sa fermeté, il rétablit l'ordre dans toutes les branches de l'administration; par son équité, il fit chérir et respecter le nom français, et par des mesures sages et vigoureuses, il purgea son gouvernement des brigands qui en compromettaient la tranquillité. Après avoir rempli les fonctions d'inspecteur-général d'infanterie dans le Midi, il reçut, en 1803, un commandement au camp de Saint-Omer. Employé dans la campagne d'Autriche, en 1805, sous les ordres du maréchal Soult, le général Legrand, à la tête de sa division, décida, en faveur des Français, le succès des combats de Wetzingen et de Hollabrunn, rendit les plus éminens services à la bataille d'Austerlitz, où, avec une de ses brigades, il contint, pendant près de 10 heures, aux défilés de Telnitz et de Sokolnitz, tous les efforts de l'aile gauche de l'armée russe, lui fit 3,000 prisonniers, et lui enleva 12 pièces de canon. Le grand-cordon de la légion-d'honneur fut le prix de ses exploits dans cette mémorable journée. Il prend part, dans la campagne de Prusse (1806), à tous les succès du 4ᵉ corps d'armée; il se distingue particulièrement à la prise de Lubeck, aux batailles d'Eylau et de Hellsberg, et à l'attaque de Kœnisberg, dont il enleva les faubourgs, à la tête de sa division. Ce fut à la paix de Tilsitt, qui vint couronner cette glorieuse campagne, que l'empereur, en récompense de ses brillans services, le nomma comte de l'empire, avec une dotation de 30,000 francs de rente. Les bulletins de la seconde campagne d'Autriche et de Pologne (1809), citent fréquemment le nom du général Legrand, et principalement pour le combat d'Ebersberg, où il délivra la division Claparède, en forçant, à la tête du 26ᵐᵉ léger, le passage du pont de la Trann, sous le feu de la mitraille ennemie. Il combattit vaillamment à Esling, où tenant la gauche de l'armée sous Masséna qui l'avait chargé de la défense du village de Gross-Aspern, il repoussa par trois fois, et toujours avec succès, les attaques du général autrichien Hiller, dont les troupes étaient bien supérieures en nombre : il eut dans cette bataille un cheval tué sous lui. A celle de Wagram, son chapeau fut enlevé par un obus. Il se couvre encore de gloire en Russie, où son intrépidité et son sang-froid ne l'abandonnent jamais ; après le combat de Jacobowo, dont le résultat n'avait pas été favorable au corps d'armée du maréchal Oudinot, la retraite fut ordonnée. Pendant deux journées entières, l'ennemi profita de ce mouvement rétrograde, qui pouvait placer le 2me corps dans la position la plus fâcheuse ; le général Legrand, qui commandait l'arrière-garde, en reconnaissant le danger, demande et obtient de reprendre l'offensive. Il forme aussitôt deux colonnes d'attaque, et se porte successivement à la tête de chacune d'elles en marchant à l'ennemi. L'infanterie, enflammée par l'exemple du général, se précipite sur les Russes, qu'elle enfonce de toutes parts, et rejette en désordre au-delà de la Dryssa. Il leur fait 2,000 prisonnier et leur enlève 13 pièces d'artillerie. On le voit encore se signaler à la bataille de Polotsk, où le maréchal Saint-Cyr, ayant été blessé, lui remit le commandement du 2me corps : c'était au général Legrand qu'était réservé l'honneur de forcer le passage de la Bérézina, qu'il effectua à la tête de sa division sous le feu de l'ennemi : succès sans lequel l'armée française, enveloppée de toutes parts, en proie à la faim et au froid le plus rigoureux, n'eût peut-être pas échappé à une entière destruction. Il continuait, après cette importante action, à poursuivre l'ennemi l'épée dans les reins, lorsqu'il reçut la blessure des suites de laquelle il mourut, à Paris, le 8 janvier 1815. Ses restes furent déposés au Panthéon. Le comte Legrand avait été nommé membre du sénat-conservateur le 15 avril 1813, pair de France et chevalier de Saint-Louis après la première restauration en 1814. Il a laissé de son mariage avec la fille du ministre Schérer, un fils qui promet de porter dignement le beau nom dont il a hérité. Le conseil municipal de Metz, patrie d'adoption du général Legrand, vient de faire placer son portrait dans son hôtel-de-ville, parmi ceux des Messins dont la reconnaissance publique conserve les traits.

LEGRAND (N.), membre de plusieurs législatures, était avocat du roi au bailliage de Châteauroux, à l'époque de la convocation des états-généraux en 1789. Élu à cette assemblée par le tiers-état du Berri, M. Legrand proposa, dans la séance du 16 juin (1789), aux communes de se constituer en assemblée nationale. Il fit partie des comités, et présenta différens rapports sur les prêtres non assermentés ; sur les moines et sur les droits féodaux, dont il proposa la suppression ; sur l'institution des avoués près des tribunaux, et demanda à cette occasion, que les anciens juges, avocats et procureurs fussent admis de droit à remplir les fonctions d'avoués. Dans la discussion relative aux actes de l'état-civil, il veut que chaque citoyen soit libre d'ajouter à la confection de ces actes, les cérémonies du culte auquel il est attaché. Il fait rendre un décret en faveur des membres des congrégations séculières qui accepteraient des fonctions ecclésiastiques, et plus tard propose un décret concernant des mesures contre les prêtres réfractaires. Après la session, M. Legrand retourna dans ses foyers, et eut le bonheur d'y passer tranquillement les temps les plus orageux de la révolution. En l'an 4 (1795), le département d'Indre-et-Loire le nomma au conseil des anciens. Il y fit différens rapports et prit une part active à plusieurs résolutions, entre autres, à celles relatives aux objets de finances et de contributions. Il vota plusieurs impôts, notamment ceux sur le timbre, le tabac et les portes et fenêtres. Le 20 mai 1799, il sortit du conseil, et fut presque aussitôt nommé commissaire du directoire dans son département. Appelé au mois de décembre (1799) au corps-législatif, il cessa d'en faire partie en 1803. Depuis cette époque, il paraît être resté étranger aux affaires publiques.

LEGRAND (N.), membre de la chambre des représentans pendant les *cent jours* en 1815, ne nous paraît pas avoir d'autre antécédent politique; mais la manière dont il se fit remarquer dans la séance du 9 juin semblait annoncer que ce député ne resterait pas confondu dans la foule. On vit avec un étonnement difficile à exprimer, un homme qui osait proposer aux anciens nobles, à la noblesse créée sous l'empire, et aux illustrations acquises pendant la première durée du gouvernement royal, de se dépouiller sur l'autel de la patrie, des titres de ducs, comtes, barons, etc., obtenus au préjudice de cette égalité antique dont on a voulu momentanément jouir en France. « Qui de nous, s'écriait M. Le» grand, pourrait balancer à imi» ter ces sénateurs qui dédai» gnaient la pourpre quand ils é» taient dans le lieu de leurs séan» ces? » Des murmures à peu près unanimes accueillirent ce désintéressement tout-à-fait plébéien; et la chambre dissoute par l'effet de la seconde restauration, M. Legrand est rentré dans l'obscurité de la vie privée.

LEGRAND (JEAN-BAPTISTE), naquit à Paris en 1750. Après avoir terminé de bonnes études, il s'adonna à la connaissance de la marine, dont il se rendit tous les détails familiers; mais il n'occupa aucun emploi, ni sur mer, ni dans l'administration. Néanmoins M. de Sartines, ministre de la marine et des colonies, sut utiliser les connaissances de Legrand. Parmi les différens mémoires qu'il a composés, un seul a été livré à l'impression; il a pour titre : *Du Rétablissement de la marine par la pratique du catholicisme*, où il établit cette proposition : « Sans ma» telots, point de marine; sans » pêcheries, point de matelots; » sans consommateurs de poisson, » point de pêcheries; sans l'absti» nence ordonnée par l'église ca» tholique, point de consommation: » donc sans catholicisme, point de » marine. » Après cette conception au moins très-singulière, l'auteur s'est reposé. Il mourut en 1802.

LEGRAND, architecte. (*Voy.* GRAND.)

LEGRAND D'AUSSY. (*Voy.* GRAND D'AUSSY.)

LEGRAS (N.), né à Dijon, ancien procureur au parlement de cette ville, fut nommé, en 1803, membre de la commission chargée par le ministre de l'intérieur, d'examiner un projet du code de commerce qui eut depuis force de loi. Le mérite de son travail sur cette matière importante, lui fit obtenir la croix de la légion-d'honneur. Le 8 juillet 1806, il fut nommé avocat au conseil-d'état. Savant jurisconsulte, M. Legras est néanmoins sans emploi, et vit maintenant retiré à Dijon. Il est l'auteur d'un ouvrage très-estimé sur les *Faillites*.

LEGRAVEREND (JEAN-MARIE), ancien avocat aux conseils du roi et à la cour de cassation, conseiller à la cour royale de Rennes, maître des requêtes, chevalier de la légion-d'honneur, membre de la chambre des députés, etc., a publié en 1809 un ouvrage fort estimé, sous le titre de : *Traité de la procédure criminelle devant les tribunaux militaires et maritimes de toute espèce*, 2 vol. in-8°, et, en 1816, le second volume de son *Traité de la législation criminelle en France*, in-8°, qu'il a dédié à M. le chancelier Dambray. Après la première restauration, en 1814, M. Legraverend fut nommé directeur des affaires criminelles et de grâces à la chancellerie de France, depuis ministère de la justice, où, sous le gouvernement impérial, il avait été chef de division. En 1815 pendant les *cent jours*, le département d'Ille-et-Vilaine l'élut à la chambre des représentans, et l'élut de nouveau, en 1817, à la chambre des députés. Avocat aux conseils du roi et à la cour de cassation en 1817, il devint, le 24 mars 1819, maître des requêtes en service extraordinaire. Il quitta la place de directeur des affaires criminelles et de grâces pour passer conseiller à la cour royale de Rennes, dont il continue de faire partie (1823). M. Legraverend est un des hommes les plus éclairés et les plus honorables du parti constitutionnel. Invariable dans ses principes, il a constamment défendu les libertés nationales, soit dans ses discours, soit par ses votes ; il siège au côté gauche. Dans la session de 1817 à 1818, il parla sur le projet de loi relatif à la liberté de la presse, et vota pour son adoption avec les amendemens de la commission, à l'exception de celui concernant la diffamation verbale envers les particuliers, et demanda que les délits d'injures envers ces derniers fussent les seuls jugés par les tribunaux correctionnels. Il s'inscrivit contre la résolution de la chambre des pairs ayant pour objet la loi des élections. Après avoir soutenu qu'en 1817 la loi des élections a été suffisamment débattue, et avoir opposé M. Lainé, ministre, à M. Lainé, député, il fait remarquer combien la proposition du marquis de Barthélemy (*voyez* BARTHÉLEMY) est vague et indéterminée. Il réfute par des faits les objections présentées sur l'absence d'un tiers des électeurs, et accuse les hommes de parti de s'isoler des réunions électorales pour avoir le droit de les calomnier; il vote le rejet de la proposition, et s'inscrit contre le projet de loi relatif au monopole du tabac. Dans la session de 1819 à 1820, il vote contre les deux lois d'exception, et avec 95 de ses collègues, contre le nouveau système électoral. Lors de la discussion de la loi suspensive de la liberté de la presse, il établit que cette loi, à propos d'un crime isolé (celui de Louvel), fait à la nation un outrage inutile; que cette loi détruit la Charte, qui veut que chacun soit arrêté légalement, et que chaque citoyen arrêté soit jugé. M. Legraverend vote pour le rejet du projet des ministres et du projet amendé par la commission. Il soutient l'amendement de M. Ternaux, tendant à ce que la loi de censure cesse d'être en vigueur à la fin de la session courante. Combattant la nouvelle loi sur les élections, il s'empare des opinions de MM. Siméon, de Serre, Lainé, etc., qui tous défendaient en 1817 et 1819 l'élection directe et l'ensemble de la loi du 5 février, et après avoir opposé ces opinions à celles qu'ils émettent dans un sens tout-à-fait contraire, il vote le rejet de la loi. Il propose, quelque temps après, un amendement portant que les députés promus pendant le cours d'une session à un emploi amovible du gouvernement, cesseront de faire partie de la chambre, à moins qu'ils ne soient élus de nouveau. Cet amendement fut rejeté. M. Legraverend, dont le zèle constitutionnel ne s'est point démenti dans les sessions suivantes, ne s'est jamais séparé de ses honorables amis de la minorité. La députation d'Ille-et-Vilaine a été renouvelée en 1822; mais M. Legraverend n'a point été réélu.

LEGRICE (CHARLES-VALENTIN), littérateur et savant anglais, membre du collège de la Trinité de Cambridge, fut dès sa naissance abandonné par ses parens. Elevé à l'hôpital de Christ, il sentit de bonne heure que l'état ecclésiastique était le plus convenable à sa position, et il s'y consacra avec beaucoup d'ardeur. Néanmoins, il ne négligeait rien pour s'élever par son instruction au-dessus du commun des prêtres, et la partie de ses études pour laquelle il éprouvait un penchant plus prononcé, était celle des langues grecque et latine. Ses progrès y furent si rapides, qu'en peu d'années il devint un des hommes les plus versés dans la connaissance des auteurs classiques de la Grèce et de Rome. Il obtint la cure de Penzance, et s'y fit remarquer par l'enseignement de la morale la plus pure, une conduite régulière et un grand zèle à éloigner du troupeau confié à ses soins évangéliques, les méthodistes et les partisans de cette secte turbulente dont les querelles avec le clergé de Genève troublaient scandaleusement cette république. Il a publié, entre autres ouvrages sur des matières religieuses, en 1814, un sermon contre les convulsions extraordinaires auxquelles les nouveaux méthodistes s'abandonnaient à l'instigation de leur prédicateur; ce sermon obtint l'assentiment général. Comme savant et comme littérateur, M. Legrice fut un des premiers fondateurs de la société géologique, et a mis au jour : 1° le *Tineum*, contenant l'*Estianomie ou l'art d'attiser le feu;* 2° l'*Icead*, poëme héroï-comique, imité d'Horace, avec des épigrammes et autres poésies, in-12, 1794; 3° une dissertation sur ce sujet : *Richard Cromwel ayant les talens de son père, aurait-il pu conserver le protectorat?* et un discours tendant à prouver que : *le règne de la reine Anne a été improprement appelé le siècle d'Auguste de la littérature anglaise,* in-8°, 1795; 4° *Analyse des principes de philosophie morale et politique du docteur Paley*, in 8°, 1796; 5° *Daphnis et Chloé*, roman pastoral, traduit du grec de Longus, in-12, 1803.

LEGRIS-DUVAL (L'ABBÉ, RENÉ-MICHEL), prédicateur ordinaire du roi, né le 16 août 1765, à Landernau, département du Finistère, était neveu du P. Querbeuf, ancien jésuite. Élevé au collége de Louis-le-Grand, où son oncle lui avait obtenu une bourse, il fit de bonnes études, passa au séminaire de Saint-Sulpice, et fut ordonné prêtre le 20 mars 1790. A cette époque, il se retira à Versailles, où il exerça les fonctions de son ministère. Lors de la condamnation du roi, l'abbé Legris-Duval, craignant que ce prince ne trouvât point des prêtres tels qu'il les eût souhaités, partit de Versailles le 20 janvier 1793, et se rendit à la commune de Paris. « Je suis prêtre, dit-il, » j'ai appris que Louis XVI était » condamné à mort, je viens lui » offrir les secours de mon minis- » tère. » On lui répondit que le roi s'était procuré un confesseur. Comme l'abbé Legris-Duval n'était porteur d'aucun papier, il allait être envoyé en prison, lorsque Mathieu, député à la convention nationale, le reconnut pour un de ses anciens camarades de collége et répondit de lui. En 1796, il dirigea l'éducation de M. Sosthène de la Rochefoucault, fils de M. le duc de Doudeauville, et composa pour son instruction le *Mentor chrétien ou Catéchisme de Fénélon*, 1797, in-12. Lorsqu'en 1810, les cardinaux qui avaient été appelés en France, furent exilés pour avoir refusé de se trouver à la cérémonie du second mariage de l'empereur Napoléon, on vit l'abbé Legris-Duval solliciter en leur faveur des secours auprès de personnes riches et pieuses. Depuis la restauration, en 1814, il prêcha plusieurs fois à la cour, et très-souvent dans des assemblées de charité. Quoique ses discours méritassent également d'être connus, on ne publia que celui qu'il prononça le 22 février 1815, et qui a pour titre : *Discours en faveur des départemens ravagés par la guerre*, 1815, in-8° de 39 pages. Il provoqua ou encouragea tous les établissemens utiles et pieux qui s'élevèrent à cette époque : l'association en faveur des pauvres savoyards; une autre, pour la visite des malades dans les hôpitaux; une autre encore pour l'instruction des jeunes prisonniers, furent en partie son ouvrage. Il fonda plusieurs établissemens ecclésiastiques, notamment une institution de religieuses vouées à l'instruction des filles de la campagne. L'abbé Legris-Duval refusa, en 1817, un évêché ainsi que la place d'aumônier ordinaire de la chapelle de *Monsieur*, et le titre de grand-vicaire de Paris. Ce ne fut que peu de jours avant sa mort, arrivée le 18 janvier 1819, que le roi lui accorda une pension de 1500 francs. L'abbé Legris-Duval a honoré sa vie par la modération de ses principes et surtout par ses bonnes œuvres.

LEGROING-LAMAISONNEUVE (Françoise-Thérèse-Antoinette), est née à Bruyère, département des Vosges, le 11 juin 1764. Cette dame, qui avait reçu une éducation distinguée, a consacré ses talens à l'instruction de la jeunesse, et a adopté avec succès le genre du roman moral. Elle a publié : 1° *Zénobie, reine d'Arménie*, Paris, 1795, nouvelle édition, revue et corrigée, an 8. Ce roman, où le goût se trouve heureusement uni à la grâce et à la facilité, mérite d'être lu non-seulement par les jeunes personnes, mais encore par les mères de famille, qui y trouveront des situations intéressantes et des caractères tracés avec beaucoup de talent. 2° *Essai sur le genre d'instruction le plus analogue à la destination des femmes*, Paris, an 7, 2ᵉ édition, an 10, in-18; production peut-être plus recommandable encore que la précédente, sous le double rapport de la morale et de l'intérêt; 3° *Clémence*, Paris, an 10, 3 vol. in-12. Dans ce roman moral, l'auteur donne aux jeunes personnes dont le cœur serait engagé, des leçons utiles et offre une foule d'exemples dont elles pourront profiter dans les différentes situations où elles se trouveraient. L'action est simple, attachante; les sentimens naturels, et le style exempt d'afféterie. Mᵐᵉ Legroing-Lamaisonneuve a fourni plusieurs excellens articles à la *Bibliothèque française*.

LEGROS (Albert), officier-général au service de la république française, naquit à Corbay en Brabant. Ardent ami de la liberté, il figura dans les premiers mouvemens insurrectionnels qui eurent lieu, en 1787, dans la Belgique, en faveur de l'indépendance de ce pays. Ces tentatives ayant été infructueuses, Legros passa en France, y prit du service, et obtint, en récompense de son zèle et de ses talens, le grade d'adjudant-général à l'armée du Nord. Après avoir fait preuve d'intelligence et de bravoure en plusieurs occasions, il fut pris par les Autrichiens, le 17 août 1793. Le prince de Cobourg ordonna la traduction de Legros devant un conseil de guerre, qui le condamna à mort, et le fit fusiller sur les remparts de Valenciennes. Il subit sa condamnation avec le même courage qu'il avait montré sur le champ de bataille. La convention nationale, instruite de ce fait par le représentant Laurent, accorda, par un décret du 19 octobre, une pension à la veuve de Legros, et plus tard, elle ordonna, sur un rapport de Lequinio, que son nom serait inscrit sur la colonne qu'on devait élever au Panthéon, en l'honneur des braves morts pour la patrie.

LEGUEN DE KERANGEL (N.), était propriétaire et chef d'une fabrique de toiles à Landivisiau, département du Finistère, au commencement de la révolution. Il fut, en 1789, nommé député aux états-généraux par le tiers-état de la sénéchaussée de Lesneven. M. Leguen de Kerangel est le premier des membres de l'assemblée nationale qui, dans la célèbre séance du 4 août, provoquèrent ce mouvement patriotique, par suite duquel le clergé et la noblesse, partageant l'enthousiasme des députés du tiers-état, renoncèrent, sans délibération, aux droits féodaux, justices seigneuriales, dîmes, redevances, vénalité de charges, etc., et consentirent à ce que tous les Français devinssent également admissibles aux emplois publics. On doit regretter que l'auteur de la proposition qui amena un résultat si remarquable, n'ait plus fait partie des assemblées législatives, et qu'il n'ait même pas reparu depuis sur la scène politique.

LEGUEVEL (Mathurin-Jean), né le 3 janvier 1750, dans le département du Morbihan. Il exerçait la profession d'avocat à l'époque de la révolution, dont il adopta les principes. Appelé d'abord aux fonctions de juge au tribunal de son district, il remplit ensuite celles de juge de paix, et dut à la confiance de ses concitoyens, sa nomination au commandement de la garde nationale de Lorient. Dans le mois de mai 1815, M. Leguevel, nommé membre de la chambre des représentans par le département du Morbihan, se fit remarquer par une vive sortie contre ceux qui coopéraient, de quelque manière que ce fût, aux mouvemens insurrectionnels de la Vendée. Il proposa même une loi dont le but était de rendre solidaires tous les membres d'une famille dont un ou plusieurs membres se trouveraient au nombre des insurgés, afin de les rendre responsables des dommages éprouvés par les communes ou par les personnes obligées d'abandonner leur domicile. Ces dispositions ne reçurent pas l'approbation de la chambre, qui passa à l'ordre du jour. M. Leguevel, après les événemens qui amenèrent le second retour du roi, se retira dans ses foyers, où d'abord on le mit en surveillance; cependant, au mois de septembre 1816, il fut nommé président du collége électoral de son arrondissement.

LEHAULT (N.), député à la convention nationale et au conseil des anciens, est né dans le département de la Sarthe. Il embrassa les principes du nouvel ordre de choses avec modération. Après avoir rempli des fonctions municipales dans sa commune, il fut nommé par le département de la Sarthe, au mois de septembre 1792, à la convention nationale, où il ne vint siéger qu'après le procès du roi. Il prit rarement part aux débats de cette assemblée, et après la session conventionnelle, il passa au conseil des anciens, dont il sortit le 20 mai 1797. Nommé, en 1800, juge au tribunal civil de Mamers, il en devint président par la suite, et fut maintenu dans ces fonctions jusqu'en 1815, époque à laquelle il fut remplacé.

LEHIR (le chevalier César-Marie), membre du corps-législatif, où le sénat-conservateur le nomma le 3 mai 1811 pour le département du Finistère. Il faisait encore partie de cette assemblée à l'époque de la première restauration en 1814. Le projet de loi sur les fers étrangers lui fournit, le 4 octobre de cette année, l'occasion de se prononcer avec force pour les intérêts de son pays; il l'attaqua comme prématuré, impolitique, destructif du commerce extérieur, ruineux pour la classe industrieuse, et renfermant un effet rétroactif et dangereux. Le 11 novembre suivant, il parla en faveur du projet présenté par les ministres sur l'exportation des laines, et vota le rejet des amendemens de la commission centrale; mais dans la chaleur de la discussion, il lui échappa des expressions qui parurent inconvenantes et que les journaux ne répétèrent pas. Il sortit à la fin de la session, et ne fut pas depuis rappelé aux fonctions de député.

LE HOC (Louis-Grégoire), ancien ambassadeur, naquit à Paris en 1743. Son père, médecin distingué, lui fit donner une bonne éducation, et lui permit de suivre le penchant qu'il montrait pour la carrière administrative, où il entra de bonne heure. Les talens qu'il y déploya le firent citer honorablement dans le *Compte rendu* de Necker. Nommé par le roi, en 1778, commissaire-général de la marine, pour l'échange des prisonniers de guerre, il remplit ces fonctions de manière à mériter, à leur expiration, une pension de 6,000 francs. Le Hoc accompagna à Constantinople le comte de Choiseul-Gouffier, en qualité de premier secrétaire d'ambassade. Il visita en même temps que l'abbé Delille les ruines d'Athènes, et se lia avec ce poète célèbre d'une amitié que la mort seule put détruire. En 1787, M. de Calonne rappela Le Hoc de Constantinople, pour le charger de concourir aux travaux préparatoires de l'assemblée des notables. Intendant des finances de M. le duc d'Orléans, de 1788 à 1789, Le Hoc devint successivement premier électeur, président de la section et commandant d'un bataillon de la garde nationale de Paris. Au retour du roi de Varennes, l'assemblée constituante confia à sa garde la personne du dauphin, dont le rendaient digne son instruction, la douceur de son caractère et l'aménité de ses manières. Le Hoc était de service aux Tuileries le 21 février, surnommé *la journée des poignards :* sa noble conduite dans cette circonstance lui concilia tous les suffrages, et le roi, pour le récompenser, le nomma son ministre à Hambourg. Il occupait encore ce poste lors de l'événement funeste du 21 janvier 1793. Rappelé par la convention nationale, il fut bientôt incarcéré, par suite d'un mémoire politique qu'il avait remis à Louis XVI, et qui fut trouvé dans l'armoire de fer. Après une détention de 9 mois, il fut rendu à la liberté, et, en 1795, il fut nommé, par le directoire-exécutif, ambassadeur extraordinaire auprès du roi de Suède. Depuis l'événement du 18 brumaire an 8 (9 novembre 1799), qui le rendit à la vie privée, Le Hoc s'était retiré à la campagne, où il cultivait les lettres, n'étant distrait de ces paisibles occupations que pour remplir les fonctions de membre du collége électoral, et ensuite de président du conseil-général du département de l'Oise. La tragédie de *Pyrrhus,* fruit de ses loisirs studieux, fut représentée avec suc cès à Paris, en 1807, et mentionnée honorablement par le jury des prix décennaux, en 1810. Néanmoins, des allusions, que la police impériale prétendit y trouver, en firent défendre la représentation. Ce fut cette année même, le 15 octobre 1810, que Le Hoc fut enlevé à sa famille, à ses amis et aux lettres. Un monument, érigé au cimetière dit du P. Lachaise, touchant tribut de la douleur conjugale et de la tendre piété d'une fille chérie, rappelle les différens titres qu'il eut à l'estime de ses concitoyens. Le Hoc s'était dès sa jeunesse occupé de littérature, et il avait, à différentes époques de sa vie, traduit des contes de l'anglais, un grand nombre de sonnets de Pétrarque, composé deux opéras et fait l'éloge du chancelier de l'Hôpital.

LEHODEY DE SAULTCHEVREUIL (N.), fondateur du premier journal qui ait rendu compte des débats législatifs, embrassa les principes de la révolution dès 1789. Il assistait régulièrement aux séances des états-généraux, à Versailles, et ce fut le désir d'en faire connaître les résultats à ses concitoyens, qui lui fit imaginer une feuille qui parut d'abord sous le titre de *Journal des Etats-généraux*, ensuite sous celui de *Journal de l'Assemblée nationale*. Rabaud Saint-Étienne en fut le principal rédacteur. Cette feuille eut un très-grand succès. On y trouvait rapportés, avec assez d'exactitude, les discours et opinions des membres; mais l'assemblée nationale s'étant transportée à Paris, le libraire Panckoucke publia le *Moniteur universel*, et le journal de M. Lehodey s'évanouit aussitôt. Le *Moniteur* parut pour la première fois, le 24 septembre 1789; il ne prit le caractère officiel que dans le mois de nivôse an 8. De concert avec quelques membres du côté gauche, qui voulaient une monarchie constitutionnelle, M. Lehodey entreprit le *Logographe*, et reçut, pour soutenir cette nouvelle feuille, des sommes considérables de la liste civile. Le *Logographe* reproduisait textuellement les discours des députés auxquels la cour et ses partisans accordaient le plus grand intérêt. Louis XVI lui-même lisait très-régulièrement ce journal. Pour obtenir avec fidélité ces discours textuels, M. Lehodey avait attaché à son entreprise une foule de jeunes gens, qui recueillaient, sur des feuilles éparses, numérotées, et au moyen d'une écriture tachygraphique (*voy.* Coulon de Thévenot), tout ce qui était dit dans l'assemblée jusqu'aux expressions les plus fugitives, mais qui, avec l'ensemble des discours, formaient un tableau singulier, neuf et souvent très-piquant. La fortune et la réputation de M. Lehodey datent de cette époque. Le 11 août 1792, dénoncé à l'assemblée législative par Thuriot, il fut obligé de cesser la publication de sa feuille, et de donner au comité de surveillance des explications dont le comité se contenta. Cette affaire n'eut pas d'autres suites; mais il fut dénoncé de nouveau, en l'an 3, par Louvet, membre de la convention nationale, qui lui imputa différens propos sur les députés proscrits au 31 mai 1793. Il éprouva cette fois de plus grandes difficultés à se faire absoudre. Il resta inaperçu jusqu'en 1799. A cette époque, il fut nommé chef du bureau chargé de surveiller les journaux et l'esprit public à la police-générale. En 1800, il passa, en qualité de secrétaire-général, à une préfecture de la Belgique; mais il occupa peu de temps ces fonctions. M. Lehodey a publié : 1° *De la conduite du sénat sous Napoléon Bonaparte, ou les Causes de la journée du 31 mars 1814*; 2° *Histoire de la régence de l'impératrice Marie-Louise et du gouvernement provisoire*, 1814, in-8°. M. Lehodey vit entièrement étranger aux affaires publiques.

LEHRBACH (LE COMTE DE), ambassadeur et ministre-d'état autrichien. Il entra de bonne heure dans la carrière diplomatique, à laquelle sa famille, l'une des plus distinguées de l'Allemagne, l'avait destiné, et fut, en 1789, chargé d'accompagner M. de Metternich dans les Pays-Bas. A son retour à Vienne, il fut nommé ministre d'Autriche à Munich; il quitta momentanément cette ville, en 1793, pour aller remplir une mission extraordinaire à Berlin. En 1795, il fut rappelé de l'ambassade de Bavière, pour occuper à Vienne la place de directeur-général des affaires étrangères. L'année suivante, l'empereur le nomma gouverneur du Tyrol. Il se conduisit dans l'exercice de ces dernières fonctions avec assez d'adresse pour porter les Tyroliens à s'armer contre les Français. Après le congrès de Rastadt, où il assista en qualité de ministre plénipotentiaire, il fut chargé de diverses missions, qui pendant les années 1798, 1799 et 1800, le tinrent constamment près des princes dont le pays était devenu le théâtre de la guerre. Le comte de Lehrbach mourut en 1805.

LEHRBERG (ARON CHRISTIAN), savant littérateur et philologue, naquit le 7 août 1770, à Dorpat, ville de Livonie. Lehrberg fit ses premières études dans sa ville natale. En 1790, il se rendit en Allemagne; il y fréquenta les universités d'Iéna et de Gœttingue, et s'adonna particulièrement à l'étude de la théologie. Il passa ensuite en Angleterre, et ne retourna à Dorpat qu'en 1794. Dès le 17° siècle, les Allemands et les Suédois avaient répandu dans la Livonie le goût de l'instruction et des bonnes études, et il s'était formé sous leurs auspices plusieurs hommes recommandables par leurs connaissances et leurs talens dont s'enorgueillissait la Russie. Lehrberg, destiné à en augmenter le nombre, quitta son pays, après quelques années, pour se rendre à Saint-Pétersbourg. En 1807, il obtint le titre de professeur-adjoint de l'académie des sciences de cette ville, dont il devint membre peu de temps après sous le titre d'académicien extraordinaire. Il fut attaqué de la goutte à 30 ans; à 43, il mourut (le 24 juillet 1813). Il avait depuis long-temps perdu l'usage de ses membres et ne pouvait plus écrire. Le comte Nicolas Romanzow, chancelier de l'empire, et plusieurs autres personnes d'un rang et d'un mérite distingués, accompagnèrent son convoi funèbre. L'objet principal des occupations de Lehrberg avait été l'ancienne histoire de Russie et celle des divers peuples qui relèvent de cet empire. On lui doit encore les instructions pour le voyage de M. Klaproth au Caucase, imprimées dans la relation de ce voyage. Il a aussi enrichi de plusieurs mémoires et lettres, le journal rédigé à Dorpat par M. Messerschmidt, sous le titre de *Dorptsche Beytræge*. Ph. Krug a publié de Lehrberg des *Recherches pour éclaircir l'ancienne histoire de Russie*, Pétersbourg, 1816, in-4°. Cet ouvrage, dont les *Annales encyclopédiques* de 1817, V, 127-145, offrent un extrait détaillé, est indispensable pour bien connaître l'histoire de l'Europe orientale.

LEIDENFROST (Jean-Gottlob), naturaliste et médecin allemand, naquit à Ortenbourg dans le duché de Holberg, le 24 novembre 1715. Son père, ministre de l'église réformée, lui fit donner une excellente éducation. Le jeune Leidenfrost se livra à l'étude de la médecine, parvint en peu de temps au doctorat, et pratiqua avec succès d'abord à Ortenbourg, sa patrie, ensuite à Duisbourg, où l'appela le vœu des habitans. Il fit des cures remarquables, et obtint, à l'université de cette ville, la chaire de professeur de médecine qu'il a occupée avec beaucoup de distinction pendant plus de 50 années. Partageant son temps entre l'étude de l'histoire naturelle, de la métaphysique et de la psychologie, il a publié un très-grand nombre de mémoires, dont la plupart sont écrits en allemand. Leidenfrost mourut à Duisbourg, le 2 décembre 1794.

LEINSTER (le duc de), pair d'Angleterre et d'Irlande, est issu d'une des plus anciennes et des plus célèbres familles d'Angleterre. Ses parens lui laissèrent une fortune immense, dont il fit le plus noble usage. On le vit souvent visiter les hôpitaux et tous les établissemens d'utilité publique, et leur léguer des sommes considérables. Il secourait avec une rare philantropie les vieillards, les orphelins, les pauvres infirmes, et donnait de l'occupation aux ouvriers valides, mais ne souffrait jamais ni la paresse ni l'inconduite. Nommé membre de la chambre des pairs, il s'y fit remarquer par son patriotisme, et se montra constamment un des plus fermes appuis des libertés anglaises. Le duc de Leinster mourut en 1804, regretté de tous ses concitoyens. Il laissa un fils en bas âge, dont il confia la tutelle à son ami le célèbre Fox. Le jeune duc de Leinster, devenu membre de la chambre des pairs, s'est rangé, à l'exemple de son père et de son illustre tuteur, parmi les membres de l'opposition. Le 12 février 1813, il a parlé avec beaucoup d'éloquence contre les pétitions des ministres de l'église anglicane, tendantes à écarter le bill proposé en faveur des catholiques d'Irlande. Il n'a pas cessé de faire partie de l'opposition.

LEISEWITZ (Jean-Antoine), littérateur allemand, naquit à Hanovre, le 9 mai 1752. Il fit ses études à Goettingue, et y eut pour condisciples Halty, Vofs, et le comte de Stolberg, avec lesquels il se lia d'une amitié particulière. Né avec un goût décidé pour la littérature, il fut obligé de suivre la carrière des affaires publiques, et remplit, dans le pays de Brunswick, plusieurs places importantes. Cependant il ne négligeait pas les muses. Sa tragédie intitulée *Jules de Tarente* (imprimée à Léipsick en 1776), contient des beautés du premier ordre, et fut reçue avec enthousiasme dans toute l'Allemagne. Il s'est encore distingué par des ouvrages moins importans, mais qui ne sont pas sans mérite : tels sont, entre autres, un *Discours* adressé à une société de savans, imprimé dans le *Musée allemand*, 1776, et deux *Dialogues* imprimés dans l'*Almanach des muses* de Goettingue, 1775. Il s'était aussi proposé d'écrire une histoire de la guerre de *trente ans*, et avait rassemblé à cet effet beaucoup de matériaux; mais il les brûla quelques jours avant sa mort, qui eut lieu le 10 septembre 1806. Il n'eut pas le temps de mettre à exécution le projet d'une nouvelle organisation des établissemens de charité de Brunswick, qu'il venait de rédiger.

LEISSEGUES (CORENTIN-URBAIN DE), vice-amiral, commandeur des ordres de la légion-d'honneur et de Saint-Louis, est né à Hanvec près de Quimper, département du Finistère, le 29 août 1758. Il servit comme volontaire sur la frégate *l'Oiseau*, dans une croisière à l'ouverture de la Manche, pendant l'année 1778, et passa en cette qualité sur la frégate *la Nymphe*, jusqu'en mars 1780. La division dont cette frégate faisait partie s'empara du Sénégal, de Gambie et Sierra-Leone, et soutint deux combats. Lieutenant de frégate en avril 1780, il fit avec *la Magicienne* une croisière dans la Manche, qui se prolongea jusqu'en février 1781 : ce bâtiment eut un combat avec une frégate anglaise. De mars 1781 jusqu'en juin 1784, il fut à bord du vaisseau *le Sphinx*, de l'escadre aux ordres du bailli de Suffren, qui livra six combats généraux à l'escadre anglaise, commandée par l'amiral Hogues. Dans l'un de ces combats il fut grièvement blessé à la tête. De janvier 1785 en mars 1786, il fit, à bord de la frégate *la Vigilante*, une croisière dans les mers du Nord, en Russie et dans les Iles-du-Vent ; et d'octobre 1787 à novembre 1791, une campagne d'observation dans la mer des Indes, sur *la Méduse*. Nommé lieutenant de vaisseau en mai 1792, il fut chargé du commandement du brick *le Furet* pendant la campagne du banc de Terre-Neuve, terminée en février 1793. En mars de la même année, promu au grade de capitaine de vaisseau, il commanda la frégate *la Pique*. Il avait sous ses ordres, en cette qualité, la frégate *la Thétis*, la corvette *l'Espérance*, l'aviso *le Cerf-volant* et sept flûtes. Il fut chargé de porter aux Iles-du-Vent les commissaires délégués par la convention, et un bataillon de troupes de ligne. Après 40 jours de traversée, il atterra dans l'est de la Désirade, avec deux prises anglaises qu'il avait faites. Trouvant la Guadeloupe au pouvoir de l'ennemi, il engagea les commissaires à tenter un coup de main sur le fort de *Fleur-d'Épée*. Cet avis ayant été adopté, il réunit environ 400 marins aux troupes de terre embarquées, et avec ce petit nombre d'hommes l'île entière fut prise, après environ 4 mois et demi de siége. Le 16 novembre 1793, nommé contre-amiral, en récompense de la prise de la Guadeloupe, il continua de commander les forces navales dans cette île jusqu'au 19 juin 1798, époque de son retour en France. Pendant ce laps de temps, il eut à soutenir plusieurs siéges dirigés contre l'île par les forces combinées de l'amiral Gervis (lord Saint-Vincent), et entre autres, un bombardement de 5 mois consécutifs; mais la défense fut si bien dirigée, tant par terre que par mer, que les Anglais furent obligés de renoncer au projet de la reprendre. En 1799, M. de Leissègues fut chargé par le directoire-exécutif de parcourir les côtes, depuis Flessingue jusqu'à Saint-Malo, pour s'assurer du nombre de petits bâtimens disponibles, en cas d'une invasion de l'ennemi, et d'examiner la situation des bâtimens de guerre qui s'y trouvaient, afin de les utiliser pour la flottille destinée à la descente en Angleterre. En juillet 1800, il eut le commandement des ports d'Anvers, Flessingue et Ostende, et ensuite le commandement des forces navales françaises et bataves, réunies dans l'île de Walcheren: il parvint à remettre cette île dans un état de défense respectable; et malgré les nombreux armemens destinés contre elle, à différentes époques, dans les ports d'Angleterre, l'ennemi n'osa rien entreprendre pour s'en emparer. En juin 1802, le premier consul voulant rendre au pavillon national la prépondérance que pouvait lui avoir fait perdre auprès des puissances barbaresques la longue absence de toute espèce de forces navales françaises sur les côtes d'Afrique, ordonna qu'une division serait expédiée de Toulon pour en parcourir les principaux ports. Les vaisseaux *le Scipion* et *le Duquesne*, ainsi que les corvettes *la Tactique*, *le Furet* et *la Mutine*, furent armés à Toulon, et le commandement de cette division fut confié à M. de Leissègues, qui se rendit directement à Alger, où il obtint du dey toutes les satisfactions exigées par le gouvernement français. Il délivra même sans rançon une grande quantité d'esclaves faits dans l'île de Saint-Pierre, en Sardaigne, lors d'une descente des Barbaresques. Le dey le chargea, en outre, de nombreux présens pour le premier consul. Sa mission à Tunis eut également les résultats les plus satisfaisans, et il prit à bord du *Scipion* un ambassadeur extraordinaire que le dey envoyait au premier consul Bonaparte. Il rentra à Toulon avec sa division, au mois d'octobre suivant. Une nouvelle division, composée du vaisseau *le Scipion*, de la frégate *la Sirène*, des corvettes *la Tactique* et *la Bergère*, et des bricks *le Furet* et *l'Abeille*, lui fut confiée. Elle était destinée à transporter le général Brune, ambassadeur de la république près la sublime Porte, ainsi que plusieurs commissaires des relations commerciales pour les Échelles du Levant. Dans le cours de cette mission, le contre-amiral de Leissègues s'appliqua à rétablir les communications trop long-temps interrompues entre ces Échelles; il installa avec tout l'appareil nécessaire les commissaires à Chypre, Chio, Rhodes, etc. Il mouilla à Saint-Jean-d'Acre, où il rétablit aussi nos relations de commerce, et se rendit de là à Alexandrie, pour s'assurer de l'évacuation de l'Égypte par les Anglais. Avant de revenir à Toulon, il entra à Malte pour connaître les dispositions des Anglais relativement à la remise de l'île à l'ordre, et il se convainquit que le traité d'Amiens ne recevrait pas son exécution, en ce qui concernait cette île. Peu de temps après son arrivée à Toulon la guerre s'étant rallumée, il fut chargé d'armer toutes les forces navales qui y étaient disponibles, et le commandement en chef lui en fut confié jusqu'au mois de janvier 1804. Au mois de mars suivant, il fut chargé de parcourir les côtes de la Manche, pour accélérer l'arrivée à Boulogne des bâtimens de la flottille destinée à la descente en Angleterre. En octobre, nommé au commandement de l'une des escadres de l'armée navale aux ordres de l'amiral Ganteaume, à Brest, il commanda en chef l'armée pendant diverses absences de l'amiral. En 1805, l'empereur lui confia le commandement d'une escadre composée des vaisseaux *l'Impérial*, de 118; *l'Alexandre*, de 80; et *le Jupiter*, *le Brave*, *le Diomède*, de 74; des frégates *la Comète* et *la Félicité*, et de la corvette *la Diligente*. La destination de cette escadre était de porter à Saint-Domingue des troupes, des armes, etc. Elle sortit de Brest le 13 décembre; arrivée à la hauteur des Açores, elle éprouva un coup de vent tel qu'il désempara totalement les vaisseaux *le Jupiter*, *le Brave* et *le Diomède* : *l'Impérial* et *l'Alexandre* souffrirent aussi beaucoup, mais n'éprouvèrent point d'avaries majeures. L'escadre ainsi désemparée, arriva à Saint-Domingue 40 jours après sa sortie de Brest. Le premier soin du général fut de réparer ses vaisseaux; mais livré à ses propres moyens et ne trouvant aucune ressource à Saint-Domingue, cette opération, malgré l'activité qui y fut apportée, ne put être terminée en moins de 14 jours. Le 6 février, l'escadre était en état de reprendre la mer; elle en avait reçu l'ordre lorsqu'une escadre anglaise, composée de 7 vaisseaux, parut à la hauteur de Saint-Domingue. L'escadre française appareilla de suite et fut présenter le combat à l'ennemi. Le contre-amiral de Leissègues, par une manœuvre habile, était parvenu à séparer les trois amiraux anglais de leur escadre, et, secondé seulement des vaisseaux *l'Alexandre* et *le Diomède*, avait engagé le combat à portée de pistolet. Bientôt il s'aperçut que les vaisseaux *le Brave* et *le Jupiter* étaient au pouvoir de l'ennemi, quoique ayant tous leurs mâts hauts, et sans aucune avarie majeure. *L'Alexandre*, qui avait été démâté entièrement, venait aussi d'être amariné; en sorte que l'escadre anglaise, composée alors de 9 vaisseaux, deux vaisseaux l'ayant ralliée pendant l'action, se partagea entre l'*Impérial* et le *Diomède ;* 6 vaisseaux combattirent le premier, et 3 le second. Alors s'engagea le combat le plus opiniâtre qu'on pût voir entre des forces aussi disproportionnées. Le feu durait depuis 2 heures et demie ; l'*Impér.al* avait perdu deux officiers supérieurs ; 150 hommes étaient tués ; le commandant du vaisseau, le second et 5 officiers étaient blessés ; 250 hommes étaient hors de combat ; le mât d'artimon, le grand mât et le petit mât de hune étaient coupés ; le vaisseau avait environ 500 boulets dans le corps, le feu avait prix trois fois en différens endroits, les 2 batteries de 24 et de 18 étaient entièrement désemparées des deux bords ; il y avait 20 pieds d'eau dans la cale ; un boulet resté dans l'étambraie empêchait le jeu du gouvernail, et il ne restait que quelques pièces de la batterie de 36 en état de servir. En cet état, le contre-amiral, au moyen de la misaine, seule voile qui restât au vaisseau, le fit diriger sur la côte, où il échoua à environ 10 lieues dans l'est de Saint-Domingue. Le *Diomède* imita cette manœuvre, et vint s'échouer à quelques encâblures du vaisseau amiral. Pendant trois jours on s'occupa à débarquer les blessés, et à retirer du vaisseau l'*Impérial* tous les objets qu'on put en sauver. Cette opération était continuellement interrompue par l'escadre anglaise, qui venait canonner les vaisseaux échoués. Le troisième jour après l'échouement, les blessés étant débarqués, M. de Leissègues descendit à terre avec l'état-major, emportant avec lui l'aigle impériale et le pavillon qu'il avait si bien défendu. Le feu acheva de détruire les restes du vaisseau *l'Impérial*. Après un séjour de 6 mois à Saint-Domingue, le contre-amiral s'embarqua sur un bâtiment américain, et arriva à Bordeaux au mois de septembre 1806. Quand le rapport de cette action fut fait à l'empereur, ce prince dit : « Que » c'était un des beaux combats de » la marine française. » Le 7 avril 1809, l'empereur ayant à pourvoir à la défense de Venise, qui était menacée par terre et par mer, donna l'ordre à M. de Leissègues de s'y rendre et de diriger, sous le rapport de la marine, un système de défense de cette place, en le combinant avec celui de l'armée de terre. Cette défense consistait principalement dans le mouvement de chaloupes canonnières, de radeaux et d'embarcations légères du pays. Le contre-amiral de Leissègues utilisa ces embarcations, en faisant des estacades aux embouchures des lagunes, et en barrant les nombreux canaux qui y affluent. La place de Venise, par suite du succès de nos armes, ayant été débloquée, et les services du contre-amiral de Leissègues y étant devenus inutiles, il revint à Paris au mois de janvier 1811. En août de la même année, l'empereur l'ayant, par décret du 23, nommé au commandement des forces navales françaises, italiennes et napolitaines, dans les îles Ioniennes, il se rendit à Corfou. A son arrivée, il porta son pavillon sur la frégate française *la Thémis*. Le but de cette mission était de favoriser et protéger, au moyen des forces navales, l'approvisionnement de cette île en vivres et en munitions, ainsi que les envois de numéraire qui y étaient faits continuellement des ports de l'Italie. Il calcula si bien ses moyens que la colonie fut constamment entretenue d'approvisionnemens de toute espèce, et que pendant le laps de temps que dura sa mission, un très-petit nombre de bâtimens tomba au pouvoir de l'ennemi, malgré le blocus sévère des bâtimens anglais. A l'époque de la remise de Corfou aux troupes des alliés, cette place était approvisionnée pour deux ans. La mission de M. de Leissègues se trouvant terminée par cette remise, il opéra son retour à Toulon, sur l'escadre du contre-amiral Cosmas, au mois d'août 1814. M. de Leissègues, fait successivement chevalier et commandeur de l'ordre royal et militaire de Saint-Louis, a été nommé en 1816 vice-amiral. Le 1ᵉʳ novembre de l'année suivante, il fut mis à la retraite.

LEISSÈGUES DE ROSAVEN (N.), député aux états-généraux, était curé de Plogoulc, petit village du département du Finistère. Nommé député du collége de la sénéchaussée de Quimper aux états généraux en 1789, il fut un des premiers de son ordre qui proposèrent de se réunir à la chambre des communes, et il vota constamment avec les membres du côté gauche. Le 3 janvier 1791, il prêta le serment de fidélité exigé par la nouvelle constitution, et retourna à la fin de la session à ses fonctions pastorales. Il mourut quelques années après.

LEITH (sir James), officier-général anglais, chevalier et grand' croix de l'ordre du Bain, chevalier-commandeur de l'ordre de la Tour et de l'Épée de Portugal, chevalier de l'ordre du Mérite-militaire de France, etc., fit partie de plusieurs expéditions dans lesquelles il se distingua, notamment comme colonel du régiment des Indes occidentales. Il fit la guerre d'Espagne, sous les ordres de lord Wellington, en qualité de major général, et fut l'un des officiers qui, pour leur conduite au siége de Badajoz, reçurent des remercîmens que leur vota le parlement d'Angleterre. Nommé, en 1814, capitaine-général et gouverneur des Iles-du-Vent, il occupait ce poste en 1815, lorsque la nouvelle du retour de Napoléon, parvenue dans les colonies françaises, y excita des troubles et plusieurs défections. Sir Leith profita de cette circonstance pour s'emparer successivement des hauteurs de la Guadeloupe, et enfin de toute l'île. Il écrit ensuite au comte de Vaugiraud, gouverneur de la Martinique, pour lui annoncer que, d'après l'ordre du prince-régent, il remettrait la Guadeloupe à Louis XVIII, aussitôt qu'une expédition française se présenterait en son nom. Cette remise fut faite le 5 septembre suivant au comte de Lardenoy, nouveau gouverneur de l'île. Au mois d'octobre de la même année, le roi de France envoya au général anglais la décoration du Mérite-militaire.

LEJÉAS (François-Antoine, baron), évêque de Liége, membre de la légion-d'honneur, né à Paris, le 12 juillet 1744, entra, au sortir de ses études, dans l'ordre de Cîteaux. Il était fort jeune encore, lorsqu'il fut nommé prieur de l'ordre dans l'un des diocèses des Trois-Évêchés. Choisi ensuite pour supérieur des dames de Saint-Antoine à Paris, il occupa long-temps ce poste de confiance, qu'il ne quitta qu'au moment de la suppression de cette abbaye. Il passa dans la retraite, au sein de sa famille, les temps orageux de la révolution. Après le rétablissement du culte, il revint à Paris, où il ne tarda pas à être nommé vicaire-général. Il instruisit, en qualité d'official, la procédure relative au divorce de Napoléon et de l'impératrice Joséphine. Le 9 février 1809, après la mort de M. de Zoepffel, évêque de Liége, M. Lejéas fut nommé à ce siége. Ses bulles d'institution canonique, ainsi que celles de plusieurs autres évêques nommés à la même époque, contenant des formules inusitées, le conseil-d'état en suspendit l'enregistrement; mais M. Lejéas n'en prit pas moins l'administration du diocèse, qu'il a exercée dans un esprit de sagesse et de charité, jusqu'au moment où le pays de Liége passa sous la domination du roi des Pays-Bas. Il a laissé les plus honorables souvenirs dans ce diocèse. Pour conserver son siége épiscopal, M. Lejéas pouvait argumenter de son institution canonique, car les bulles de cette institution, quoique erronées dans le sens des liber-tés de l'église gallicane, avaient toute leur valeur relativement au saint-siége et au royaume des Pays-Bas; mais déjà septuagénaire et dégagé de toute ambition, il préféra donner sa démission, et la remit au roi des Pays-Bas, qui lui a assuré une pension. M. Lejéas a depuis fixé sa résidence à Bruxelles.

LEJÉAS (le comte), membre du sénat-conservateur, officier de la légion-d'honneur, frère du précédent, est né à Paris, en 1749. Reçu avocat au parlement de Dijon, en 1769, il était receveur-général des fermes en cette ville, à l'époque de la révolution. Après le 9 thermidor, il fut appelé, par le choix de ses concitoyens, à plusieurs fonctions administratives, et remplit pendant huit ans la place de maire, dans laquelle il sut mériter l'estime et l'affection des hommes de tous les partis. Nommé au corps-législatif, il fut successivement élu secrétaire, vice-président et questeur. Le collége électoral de son département le porta ensuite à la tête de la liste des candidats au sénat-conservateur, et il fut appelé à y siéger le 10 août 1807. Les années suivantes, il fut nommé membre du grand conseil d'administration et de la commission sénatoriale pour la liberté individuelle. Il était aussi chancelier d'une des cohortes de la légion-d'honneur. Lors des événemens qui amenèrent la restauration en 1814, il n'assista point à la séance où la déchéance de Napoléon fut prononcée. Le comte Lejéas fut du petit nombre des anciens sénateurs qui, lors de la création de la chambre des pairs,

Le Baron Lejeune.

Guerin pinx. Franty del. et Sculp.

ne se trouvèrent point appelés à en faire partie. Pendant toute sa carrière politique, il a usé de son crédit et de celui de sa famille, pour rendre des services importans à la ville de Dijon et à ses concitoyens, à quelque parti qu'ils eussent appartenu. Il jouit dans sa retraite du souvenir du bien qu'il a fait, et de la considération générale.

LE JEUNE (LE BARON LOUIS-FRANÇOIS). Plusieurs généraux ont chanté les victoires qu'ils ont remportées; le général Le Jeune est, ce semble, le premier qui les ait peintes. Entré fort jeune au service en qualité de soldat, il se fit remarquer de bonne heure par ses talens et par sa bravoure. Le même patriotisme qui le fit marcher en 1792 à la défense des frontières, avec cette compagnie des arts dont beaucoup de soldats sont, depuis, devenus célèbres dans les armées, dans les lettres et dans l'administration, lui suggéra l'idée de consacrer au souvenir des événemens militaires dont il était le témoin, le talent pour le dessin dont l'avait doué la nature, et de le cultiver au milieu du tumulte des camps. Son avancement fut rapide. Après avoir passé successivement de l'infanterie dans l'arme de l'artillerie et dans celle du génie, il fut fait colonel au siége de Saragosse, et général de brigade à la bataille de la Moskowa. Il se trouva à dix siéges, à plusieurs batailles et à un grand nombre de combats. Il se distingua particulièrement au passage de l'Ourte, en Belgique, à Lients, dans le Tyrol, et au siége de Colberg, où le général Loison le chargea d'enlever d'assaut le fort de Volfsberg. Après avoir tout préparé pour cette audacieuse entreprise, le colonel Le Jeune s'élance en avant des colonnes qu'il dirige, afin de reconnaître et de juger le terrain : les Prussiens se sauvaient, il leur fait des commandemens en allemand. Ceux-ci s'arrêtent étonnés, il les range en bataille, et derrière cette ligne d'hommes stupéfaits, ses propres troupes se trouvent à couvert de la mitraille des batteries de la ville; et il met ainsi l'ennemi dans l'impossibilité de lui faire aucun mal tant que le jour dure. A Esling, dans cette terrible journée où le Danube débordé combattait contre l'armée française, le colonel Le Jeune, alors aide-de-camp du prince Berthier, craignant que l'inondation du fleuve ne mît en danger la personne de l'empereur, se charge au milieu de la nuit de lui procurer une barque, où il pût se réfugier au besoin; la barque est trouvée, elle est prête. L'infatigable aide-de-camp, dans l'obscurité la plus profonde, à travers les milliers de morts et de mourans dont l'île de Lobau est couverte, cherche à rejoindre son général pour le prévenir du succès de son entreprise; il heurte sans le voir un homme qui s'avançait vers lui; c'était Napoléon, que le prince Berthier accompagnait. Arrivé au bord du fleuve, où le colonel Le Jeune les conduit, l'empereur fait allumer une torche, dicte à son guide l'ordre de la retraite, et le charge de le remettre aux intrépides maréchaux Bessières et Masséna qui sont encore couchés sur les cendres d'Esling et d'Aspern. Les rameurs étaient à leur poste; l'empereur se jette dans la barque, et disparaît au bruit du vent et des vagues. Heureux d'avoir mis en sûreté César et sa fortune, le colonel Le Jeune reprend le chemin d'Aspern, et parvient, après d'incroyables fatigues, à remplir la glorieuse mission qui devait conserver tant de braves guerriers, destinés à cueillir, cinq semaines après, la palme immortelle de Wagram. On peut s'étonner qu'une scène aussi pittoresque, où se pressent tant de pensées et tant d'images, n'ait pas encore tenté les pinceaux de M. Le Jeune. Après avoir tracé rapidement les principaux traits de la vie militaire du général Le Jeune, suivons-le dans la carrière des arts qu'il a parcourue avec la même distinction. On ne vit pas sans étonnement, le 25 mai 1801 (premier anniversaire d'une de nos plus mémorables victoires), paraître, sous le nom d'un des vainqueurs de Marengo, un tableau de cette bataille célèbre. Tout Paris courut admirer ce brillant coup d'essai d'un jeune guerrier qui, surmontant pour la première fois les difficultés d'exécution que présente un pareil travail aux artistes les plus consommés, était parvenu à reproduire, avec effet, sur la toile, les dispositions, le mouvement et l'action d'une grande bataille. Ce succès encouragea l'auteur, et depuis il a constamment employé l'intervalle de ses campagnes à reproduire les évenemens militaires auxquels il avait pris part. Ce mélange d'action dont se compose la vie du guerrier, et d'imagination, nécessaire à la vie de l'artiste; cette existence, à la fois turbulente et idéale, est une source de sensations et d'inspirations nouvelles, que M. Le Jeune a su mettre à profit. On trouve dans ses compositions non-seulement de la vérité, de l'observation, mais de l'esprit et de la poésie; la brillante énergie du soldat français, son adresse au milieu des obstacles, ses ressources dans le danger extrême, son ardeur généreuse, et jusqu'à son inconcevable gaieté en présence de la mort, se retrouvent partout dans les tableaux du guerrier-peintre: les accidens de la lumière et du terrain, la spécialité du paysage, le costume et les habitudes locales y sont reproduits avec une franchise de pinceau qui suffirait pour attester la fidélité des souvenirs et la force des impressions de l'auteur. Les divers tableaux du général Le Jeune (*Batailles de Marengo, des Pyramides, du Mont-Thabor, d'Aboukir, d'Austerlitz, de Somo-Sierra, de Salinas, de la Moskowa et de Guirando*), forment un brillant panorama des campagnes de la France sous le commandement de Napoléon. Le dernier de ces tableaux a obtenu un prodigieux succès, à l'exposition de 1819. Le sujet en est terrible, la composition vaste, et l'exécution vigoureuse: le général Le Jeune s'est représenté lui-même, au moment où son escorte égorgée par 800 guerillas le laisse au pouvoir de ses féroces ennemis; ceux-ci, après l'avoir dépouillé de tous ses vêtemens, vont lui donner la mort; 10 ou 12 coups de fusil tirés à bout portant sur sa poitrine, ont raté successivement: cette circonstance miraculeuse est un avis du ciel pour le chef des guerillas, qui donne la vie à son illustre prisonnier. Comme artiste, le général Le Jeune doit prendre rang après Horace Vernet, à coté de nos meilleurs peintres de batailles, si toutefois une place distincte ne doit pas être réservée à celui qui par la seule force de son talent, sans maître, et presque sans études, s'est constitué le peintre de nos armées, comme Béranger s'est fait lui-même le chantre de la gloire et des libertés nationales. Souvent blessé dans ses nombreuses campagnes, le général Le Jeune ne l'avait jamais été dangereusement; ce fut au milieu de la paix qu'un braconnier assassin qu'il ne provoquait pas, tira sur lui un coup de fusil à bout portant qui fallit lui faire perdre les deux bras: la justice a puni le meurtrier, et un médecin habile a sauvé ces mains qui défendirent la patrie et qui cultivent les arts avec une gloire égale. Déjà le tableau de la bataille de la Moskowa, le chef-d'œuvre de son auteur, est postérieur à ce cruel événement.

LEJEUNE (S. P.), membre de la convention nationale, se fit remarquer, dès le commencement de la révolution, par un zèle exagéré pour le nouvel ordre de choses. Le département de l'Indre le nomma, au mois de septembre 1792, député à la convention, où, dans le procès du roi, il vota avec la majorité. Attaché au parti de la *Montagne*, non-seulement il approuva la proscription des *Girondins* au 31 mai 1793, mais encore il proposa d'étendre les mesures ultra-révolutionnaires à tous ceux qui défendraient la cause des proscrits, et demanda l'expulsion du territoire de la république des étrangers qui seraient reconnus suspects. Plus tard, il provoqua la fermeture de tous les théâtres, et l'établissement de forges sur les places publiques, « afin, dit-il, que » le peuple vît forger les armes de » la vengeance. » Envoyé en mission dans les départemens de l'Oise et de l'Aisne, il fit exécuter la loi du 17 septembre contre les nobles et leurs agens, et demanda un décret d'accusation contre M. de Sillery. Il mit la même sévérité dans l'exécution de la loi sur les subsistances. De retour à Paris, il se plaignit, dans une séance des Jacobins, de la léthargie politique des hommes qui avaient naguère donné tant de gages de leur dévouement, signala les manœuvres de la faction qui voulait l'anéantissement de la liberté, et rappela « qu'en révolution il ne fallait pas » regarder en arrière. » Après les événemens du 9 thermidor an 2 (27 juillet 1794), il fut dépeint comme l'un des représentans du peuple les plus sanguinaires, et sur une dénonciation du district de Besançon, il fut décrété d'accusation le 1ᵉʳ juin 1795. On lui reprocha, entre autres faits révoltans, d'avoir fait construire une petite guillotine, qui servait journellement à trancher la tête des volailles placées sur sa table, et même à trancher des fruits. Durand-Maillane avança, dans son rapport, que cette pièce était déposée au comité de législation. Lejeune repoussa avec indignation cette atroce et ridicule stupidité, qui, au reste, ne fut pas vérifiée. Il termina sa défense par ces mots : « Si je n'eusse pas » envoyé des hommes mis hors la » loi au tribunal révolutionnaire, » ne m'eût-on pas moi-même dé- » crété d'accusation et envoyé à » l'échafaud ? » La loi d'amnistie du 4 brumaire an 4 mit fin aux poursuites, et lui rendit la liberté. Éloigné depuis cette époque de la scène politique, Lejeune n'y reparut que pour être expulsé de France, en vertu de la loi du 12 janvier 1816. Il s'est réfugié à Bruxelles, où il réside encore. On croit qu'il a coopéré à la rédaction d'un journal composé par des réfugiés français, et imprimé dans cette ville, mais qui a été supprimé depuis.

LEJOILLE (N.), capitaine de vaisseau, mérite une place distinguée dans l'histoire de la marine française, par le courage avec lequel il attaqua, le 17 mars 1795, monté sur la frégate *l'Alceste*, le vaisseau anglais *le Berwick*, de 74 canons. Après un combat opiniâtre, et malgré les blessures graves qu'il y reçut, il parvint à le désemparer, et le força d'amener son pavillon. Cette action d'éclat lui valut sur-le-champ le grade de capitaine. En 1798, il eut le commandement du *Généreux*, qui prit part au funeste combat d'Aboukir, et qu'il eut le bonheur de sauver. L'année suivante, il termina glorieusement devant Brindes son honorable carrière.

LEJOLY-DE-VILLIERS (N.), membre de la chambre des députés, chevalier de la légion-d'honneur, était officier d'artillerie au commencement de la révolution. Il quitta la France à l'époque de l'émigration, et y revint après le 18 brumaire an 8. Nommé conseiller de préfecture en 1808, et conservé dans les mêmes fonctions après les événemens de 1814, M. Joly-de-Villiers a été élu député, en 1818, par le département de la Manche. Il siége au centre droit, où il ne se fait remarquer que par ses votes. Il est un des membres de la majorité qui se sont prononcés en faveur des lois d'exception et de l'adoption du nouveau système électoral. La députation de la Manche doit être renouvelée en 1823.

LEJOSNE (Étienne-Phylomarse), député à l'assemblée législative, est né à Douai, département du Nord. Ses parens lui firent donner une éducation soignée. Lorsque la révolution éclata, il en embrassa les principes avec enthousiasme, et fut nommé, en 1790, administrateur du district de Douai, fonctions qu'il exerça jusqu'en 1791. A cette époque, les votes des électeurs de son département le portèrent à l'assemblée législative. Ennemi des distinctions nobiliaires et de toutes les prérogatives qui n'étaient point acquises par le mérite personnel, il se prononça avec véhémence contre les abus de l'ancien régime, qui n'avaient pas été entièrement détruits, parla souvent sur les prêtres et les moines, et parvint à faire décréter que ces derniers cesseraient de porter publiquement l'habit de leur ordre. Après la session, il rentra dans ses foyers, et ne reparut plus dans les affaires publiques.

LEJOSNE (N.), avocat, frère du précédent, professait des principes entièrement opposés. Soupçonné de trahir sa patrie, il fut surveillé, et bientôt arrêté. On trouva sur lui-même les pièces qui motivèrent sa condamnation. Elles prouvaient, par des correspondances et des plans, qu'il était d'intelligence avec le gouverneur des Pays-Bas autrichiens, et qu'il devait lui livrer la ville de Lille. Sa mise en jugement excita beaucoup de fermentation, et le parti qui s'intéressait à lui fit des efforts prodigieux pour le sauver; mais les preuves étaient matérielles, et Lejosne fut condamné à mort le 23 pluviôse an 2 (11 février 1794). Il subit à Lille même son jugement.

LEJOURDAN (Étienne-Jean), ancien magistrat, député au conseil des anciens et membre du tribunat, est né à Marseille, en 1756. Reçu avocat au parlement de Provence, en 1775, il fut nommé, en 1785, avocat et conseiller du roi au siège de l'amirauté de Marseille. Pourvu ensuite d'un office de conseiller au même tribunal, il en exerça les fonctions jusqu'à la suppression des charges judiciaires en 1790. A l'époque de la révolution, Lejourdan adopta avec franchise et probité les principes d'une sage réforme politique: il a depuis, et pendant sa vie entière, défendu les mêmes principes avec courage. Il donna les preuves éclatantes de son patriotisme et de son énergie, dans la discussion animée qui s'éleva entre le grand-prévôt de Marseille, M. de Bournissac, et le conseil des trois cents de cette ville. Décrété d'ajournement personnel, il se rendit à Paris, et fournit à Mirabeau es matériaux sur lesquels ce célèbre orateur rédigea ses deux discours relatifs à la procédure de Marseille, discours qui produisirent la plus vive sensation à cette époque, et d'après lesquels toute cette procédure fut annulée par l'assemblée constituante. Les profondes connaissances de Lejourdan en matières judiciaires, furent, en plusieurs autres circonstances, mises à profit par le même orateur. Lors de la création des municipalités en 1790, Lejourdan, qui, par sa sagesse et sa fermeté, sa réputation comme jurisconsulte et son caractère personnel, avait acquis une grande influence auprès de ses concitoyens, fut élu par eux, dans les assemblées primaires, procureur de la commune de Marseille. Il cessa ces fonctions vers la fin de la même année, pour exercer celles de président du district de Marseille. Après le siège et la reprise de la ville de Toulon, Lejourdan refusa de faire partie du tribunal révolutionnaire, où le représentant Albitte l'avait appelé. «Marseille, lui dit-il, n'a besoin » que d'indulgence et de pain.» Après l'entrée du général Carteaux, à la tête des troupes républicaines, dans la ville de Marseille, le représentant en mission ordonna la démolition de l'hôtel-de-ville, où l'une des sections avait tenu ses séances. Lejourdan parvint, à force de démarches courageuses, et malgré la délibération de la municipalité, à faire révoquer cet ordre insensé, et eut le bonheur de conserver ainsi à Marseille son plus bel édifice. Il fut nommé, lors de la réaction qui suivit le 9 thermidor, accusateur public par les représentans Auguis et Serre. Un décret de la convention venait de déclarer suspects tous ceux qui n'accepteraient point les charges publiques qu'on voudrait leur confier. Lejourdan n'en persista pas moins à refuser opiniâtrément des fonctions inconciliables avec ses principes en général, et particulièrement avec ses opinions sur l'application de la peine de mort. Pour vaincre sa résistance, Auguis lui ayant montré une liste de proscription dressée par les terroristes, et sur laquelle se trouvait le nom de Lejourdan avec cette note à la suite : *Chef des modérés, il n'est pas encore temps,* « Eh » quoi ! s'écria-t-il, vous me si- » gnalez mes ennemis, et vous » voulez que je consente à devenir » leur juge ! » Auguis n'insista pas davantage. Quelque temps après, Lejourdan fut nommé commissaire du pouvoir exécutif près le tribunal civil. Successivement commissaire du gouvernement près le tribunal de police correctionnelle, et près le tribunal civil et criminel du département des Bouches-du-Rhône, il passa de ces fonctions à celles de membre du conseil des anciens, dont il ne cessa de faire partie que pour entrer, en l'an 8, au tribunat. Dans ces deux assemblées, dont il fut nommé plusieurs fois secrétaire, il prononça un grand nombre de discours, où l'on retrouve, éloquemment développés, les principes d'un sincère ami des libertés publiques, et les vues d'un profond jurisconsulte. Il fut du nombre des membres de la minorité du tribunat qui votèrent contre le consulat à vie. En l'an 10, il prit part à la première discussion du code civil, sortit du tribunat en l'an 11, et fut ensuite nommé magistrat de sûreté à Marseille, place qu'il exerça, à la satisfaction de ses concitoyens, jusqu'à sa suppression en 1812. Il reprit à cette époque son cabinet et sa profession de jurisconsulte ; mais il fut obligé de renoncer à toutes fonctions publiques, en 1815, pour avoir accepté la mission de député au Champ-de-Mai. Lejourdan est un des hommes qui ont le plus honoré le barreau de Marseille, dont il est maintenant éloigné. Ne s'étant jamais occupé, dans les divers emplois qu'il a exercés, d'augmenter sa fortune, il finit dans la gêne et dans l'inaction, une vie qu'il a si longtemps et si honorablement consacrée à l'utilité publique.

LELAÉ (Claude-Marie), avocat et poète, naquit, en 1745, à Lannilis, village du département du Finistère. Il exerça à Brest la profession d'avocat, et mourut, le 11 juin 1791, à Landernau, où il remplissait alors les fonctions de juge au tribunal civil. Lelaé jouit parmi ses compatriotes d'une grande estime comme poète bas-breton. Ils trouvent une grande originalité à ses ouvrages, et surtout une gaieté tellement communicative, que les personnes les plus graves ne peuvent s'empêcher, en les écoutant, de rire aux éclats. On paraît regretter que les ouvrages de Lelaé ne puissent être traduits en français sans perdre la plus grande partie de leur sel et leurs beautés vraiment singulières.

Le poëme intitulé *Michel Morin*, imprimé à Morlaix; un autre poëme, extrêmement plaisant, sur la mort d'un chien, et un grand nombre de chansons, de satires et d'épigrammes, sont les productions les plus estimées de cet auteur.

LELAN (J.), né à Guervignac, dans la ci-devant Bretagne, fit long-temps partie des bandes de *chouans* organisées dans ce pays, et passa en Angleterre, lorsque la pacification qui eut lieu sous le gouvernement consulaire les força de déposer les armes. Lelan obtint un traitement du ministère britannique, qui le plaça au dépôt de Southampton; c'est là que Georges-Cadoudal ayant remarqué en lui des dispositions propres à le servir dans l'exécution de ses projets contre le premier consul Bonaparte, l'emmena à Paris. Lelan y fut arrêté dans le même temps que Georges-Cadoudal. Mis en jugement comme son complice, et condamné à mort le 10 juin 1805, il fut exécuté le 24 du mois. Il n'avait pas atteint sa 27ᵐᵉ année.

LELARGE (N.), contre-amiral sous le gouvernement de la république, obtint, en décembre 1796, le commandement des armes à Toulon, en remplacement de Thévenard. En janvier 1798, il adressa au directoire-exécutif des plaintes très-vives sur la malheureuse situation des prisonniers français en Angleterre, lesquels manquaient de vêtemens et d'alimens, et étaient encore victimes des traitemens les plus cruels. Au mois de juin de la même année, on lui confia le commandement de l'armée navale de Brest; mais il fut remplacé en janvier 1799, par le contre-amiral Renaudin, sans que les motifs de cette mesure aient été rendus publics. Depuis ce temps, M. Lelarge a été perdu de vue.

LELEU (DE LA-VILLE-AUX-BOIS), député par le tiers-état du Vermandois aux états-généraux de 1789, était subdélégué dans la ville de Laon, département de l'Aisne avant la révolution. Il vota constamment avec les amis de la liberté constitutionnelle dans l'assemblée constituante, et parut souvent à la tribune pour y discuter des questions de police et de législation administrative. Il se fit plus particulièrement remarquer dans la séance du 8 août 1791, lors de la discussion du cens électoral, et soutint l'opinion qu'il ne fallait point porter ce cens à un taux élevé, et ne point priver les peuples des campagnes et des petites villes, ainsi que la grande majorité des cultivateurs, du droit de participer aux élections.

LELIEUR DE VILLE-SUR-ARCE, (LE COMTE), chevalier de Saint-Louis, fut chargé, sous le gouvernement impérial, de l'administration des parcs, jardins et pépinières, qu'il a conservée sous le gouvernement royal. Ses heureux essais dans le règne végétal l'avaient fait connaître depuis long-temps. M. Lelieur de Ville-sur-Arce avait aussi essayé d'introduire en France la patate d'Amérique, et cette tentative fut couronnée d'un plein succès : c'est l'objet d'un rapport de l'Institut sur les progrès des sciences naturelles en 1811. Il ne dut qu'à ses vastes connaissances dans cette branche intéressante de l'économie rurale, la place d'administrateur des parcs, pépinières et jardins, place qui paraît supprimée aujourd'hui (1823). Une foule d'expériences, qu'une pratique continuelle le mit à même de faire, furent pour lui une source féconde d'observations nouvelles, qu'il a publiées en 1817, sous ce titre : *Pomone française, ou Traité de la culture et de la taille des arbres fruitiers*, in-8°. Cet ouvrage, dédié à Madame, duchesse d'Angoulême, a été présenté au roi par l'auteur.

LELIÈVRE (Pierre-Étienne-Gabriel), qui, sous le nom usurpé de *Chevallier*, s'est acquis, par ses crimes, une odieuse célébrité, naquit, en 1785, à Madrid, où sa famille était encore établie peu d'années avant la révolution française. Il vint se fixer en France à l'âge de 18 ans, et fut placé à la Banque, où il se fit remarquer d'abord par d'heureuses dispositions. Son éducation, des protections puissantes, le nom, la fortune et la réputation sans tache de son père, tout semblait lui promettre un avancement presque certain; mais déjà ses inclinations vicieuses avaient commencé à se développer. Un grand nombre de billets faux, dans lesquels la signature de M. Garat, directeur de la Banque, était imitée avec une perfection qui, dit-on, le trompa lui-même, avait été mis en circulation. Les soupçons se portèrent bientôt sur le jeune Lelièvre, qui fut inopinément arrêté, le 7 janvier 1809, au milieu de papiers servant à attester son crime. Le montant des billets faux s'élevait à 60,000 francs, que sa famille offrit à l'instant d'acquitter, dans l'espoir de le sauver d'une mort ignominieuse. L'affaire fut déférée au duc d'Otrante, alors ministre de la police générale, qui consentit à n'y donner aucune suite, sous la condition expresse que le coupable serait enrôlé sur-le-champ dans un bataillon colonial. Ce fut dans ce nouvel état que Lelièvre fit à Anvers la connaissance de la veuve d'un officier hollandais, nommé Débira, jeune femme que son esprit et sa beauté rendaient également intéressante, et que la fatalité destinait à devenir sa première victime. Après quelques mois passés avec elle dans la plus étroite intimité, Lelièvre déserta les drapeaux français, et se rendit à Lyon, à l'aide des papiers d'un nommé *Pierre-Claude Chevallier*, que le hasard avait mis en sa possession, et dont il s'appropria dès-lors le nom : il eut même la précaution de pourvoir, par un faux congé et par une feuille de route également falsifiée, à l'absence de ces deux pièces. Accueilli à Lyon par M. le comte de Bondy, alors préfet du Rhône, il fut admis dans ses bureaux, et attaché à la division des finances. La jeune Hollandaise qu'il avait connue à Anvers ne tarda pas à le rejoindre. Au bout de quelque temps, la santé de la veuve Débira, jusqu'alors forte et robuste, s'altéra subitement : une inflammation très-vive se déclara dans le bas-ventre. Les remèdes ordonnés furent impuissans, et la malade expira au bout de trois jours. L'instruction de la procédure a établi depuis que Lelièvre avait, tour-à-tour, attribué cette mort à l'usage des liqueurs fortes qu'il supposait familier à la veuve Débira, et à la circonstance qu'elle aurait pris un bain dans un moment peu favorable; mais de ces deux assertions, la première fut formellement démentie par la malade elle-même; quant à la seconde, il est demeuré constant que Lelièvre n'en rendit aucun compte au médecin appelé pour lui donner ses soins. Huit mois environ après, le 5 mai 1813, il épousa la Dlle Desgranges, malgré l'opposition de la tante de cette jeune personne, à laquelle il avait inspiré des soupçons. Au bout de quelques mois de mariage, il en eut une fille, qui périt, peu après, dans les convulsions: sa mère ne lui survécut que de vingt-trois jours. Cette mort fut accompagnée de circonstances remarquables, qui ne laissèrent aucun doute que Lelièvre n'en fût réellement l'auteur. Deux cousines de la malade s'étant rendues auprès d'elle pour s'assurer de son état, elle leur annonça que sa santé s'était améliorée, et qu'elle les accompagnerait, le lendemain, à la fête d'un village voisin..... Le jour même, elle avait cessé d'exister. A peine avait-elle rendu le dernier soupir, que Lelièvre se mit en devoir de la dépouiller de ses vêtemens, et ne s'arrêta que sur les reproches qui lui furent faits par les spectateurs de cet acte d'insensibilité. Le lendemain, il se mit à prier auprès du corps, et lut, en pleurant, l'*Imitation de Jésus-Christ*. On remarqua qu'après la dernière convulsion de la malade, il s'était hâté de jeter ce qui restait d'une potion particulière qu'il lui faisait prendre. L'année de son veuvage était à peine écoulée, qu'il épousa, en secondes noces, Marguerite Pizard, qui cependant avait témoigné de la répugnance à s'unir à lui. Treize mois après leur mariage, cette jeune femme périt dans les mêmes convulsions que les deux premières, après avoir donné le jour à un fils dont il sera plus amplement question. Lelièvre s'était constamment obstiné à la garder seul et à éloigner tout secours étranger. Neuf mois après sa mort, il contracta un troisième mariage avec Marie Riquet. Il n'est pas hors de propos de faire remarquer qu'à chaque nouveau crime, il changeait de logement et de médecins. Marie Riquet ne tarda pas à devenir mère : son accouchement fut douloureux et pénible; on eut recours au forceps Cependant l'accouchée parvint à se rétablir; on la croyait hors de danger, quand, à la suite d'une crise violente, accompagnée de vomissemens et de dévoiemens, elle expira dans des convulsions tellement effrayantes, qu'aucun témoin, à l'exception de son mari, ne put en supporter l'horrible spectacle. C'est au sujet de ce quatrième événement que se réunissent les charges les plus accablantes contre Lelièvre. La garde-malade l'ayant surpris au moment où il faisait boire à sa femme quelque chose dans une tasse à café, elle lui fit des observations, auxquelles il répondit brusquement : « On n'a qu'une mort à faire : ce »que je lui donne là lui procure- »ra une crise qui la sauvera ou »l'emmènera. » Peu d'instans auparavant, Lelièvre s'était présenté chez un pharmacien, pour y obtenir du sulfure de potasse, qui lui fut refusé. On l'entendit plusieurs fois s'efforcer de persuader à sa malheureuse épouse qu'elle ne pourrait en revenir, bien que le médecin eût répondu de sa guérison. Lelièvre lui avait amené, à ses derniers momens, un ecclésiastique, qu'il avait engagé à la disposer à lui faire une donation de tous ses biens. Enfin, après la mort de cette troisième femme, il affecta un désespoir qui n'avait aucun des caractères de la réalité, et pâlit quand on le menaça de faire ouvrir le corps de la défunte. Bientôt il fit un quatrième mariage avec Rose Besson, qui vraisemblablement ne doit l'existence dont elle jouit encore, qu'à l'arrestation de son exécrable époux. Là ne se bornent point les crimes dont Lelièvre a été convaincu. On se rappelle qu'il avait eu un fils de son union avec Marguerite Pizard, sa seconde femme; cet enfant, qui portait le nom de Denis-Eugène Chevallier, était confié aux soins d'une nommée Renaud, habitante de Villeurbanne, près de Lyon. Le 2 août 1819, Lelièvre alla le retirer, sous le prétexte le plus frivole, en promettant de le ramener sous peu de jours. A peine fut-il éloigné, qu'il se hâta de congédier la voiture qu'il avait amenée. Si l'on ajoute foi à son récit, il avait pris la route de Pollionnay, village à trois lieues de Lyon, pour y remettre l'enfant entre les mains d'une nouvelle nourrice; s'étant égaré dans son chemin, une branche d'arbre avait frappé le jeune Denis, qui, ébranlé par le coup, l'aurait entraîné lui-même au fond d'un abime; la nuit ne lui aurait pas permis de retrouver le corps de son fils : alors accablé de stupeur et de désespoir, il se serait remis, dès le lendemain, en route pour Lyon... Ce système de défense, si maladroitement imaginé, fut un des principaux élémens de l'accusation portée contre lui : on présuma généralement que cet enfant avait trouvé la mort dans une des rivières qui avoisinent Lyon, et cette conjecture se convertit en certitude, par la connaissance qu'on acquit, postérieurement à la condamnation de Lelièvre, de la découverte faite sur les bords du Rhône, au mois d'août 1819, du corps d'un enfant, dont l'identité avec celui de Lelièvre fut établie de la manière la plus positive. Peu de jours après cette disparition mystérieuse, Lelièvre écrivit ces mots à la femme Renaud : *Mon fils se porte bien, et l'avenir prouvera que je n'ai agi que pour lui procurer un sort constant et assuré.* Enfin, et c'est ici le dernier des crimes de Lelièvre, et celui qui conduisit à la découverte de tous les autres, ce monstre se rendit, le 17 juin 1820, à Saint-Rambert, près l'île Barbe, à peu de distance de Lyon, et passa une partie de la journée à jouer avec de jeunes enfans, auxquels il distribuait des bonbons; tout-à-coup il chargea l'un d'eux sur ses épaules, s'embarqua sur la Saône, et prit rapidement la fuite du côté de Lyon. On remarqua que, durant le trajet, l'enfant fut constamment assoupi, circonstance qu'on ne saurait attribuer qu'à la précaution prise sans doute par Lelièvre de mêler quelque substance soporifique aux bonbons qu'il lui avait donnés. Atteint par le père de l'enfant, et remis entre les mains de l'autorité, Lelièvre s'écria *qu'on lui avait volé un enfant, et qu'il en avait pris un autre;* mais il est hors de doute que ce crime avait eu lieu pour satisfaire, par une supposition criminelle, aux réclamations de la famille de sa seconde femme, qui le pressait vivement de lui représenter l'enfant de la défunte. Les débats de ce procès eurent lieu devant la cour d'assises de Lyon, les 11, 12 et 13 décembre 1820, en présence d'une foule innombrable. L'interrogatoire de l'accusé, rempli de contradictions choquantes et de protestations hypocrites, fournit les preuves les plus convaincantes des crimes qui lui étaient imputés : il fut plusieurs fois interrompu par les témoignages de l'indignation publique. Lelièvre entendit avec un grand sang-froid la sentence qui le condamnait à la peine capitale, et salua, sans affectation, les juges qui venaient de la prononcer. Ramené dans sa prison, il y fut l'objet d'une surveillance toute particulière. A son dernier moment, il dit à son défenseur, M. Boullée, à qui l'on doit ces détails, *qu'à l'exemple de notre Seigneur, il souffrait sans être coupable.* En apprenant le rejet de son pourvoi en cassation, il se livra au plus violent emportement. Conduit au supplice, le 29 janvier 1821, au milieu d'une immense population et d'une escorte considérable, il parut fléchir à la vue de l'échafaud, sur lequel on fut obligé de le soutenir. Le nombre et la variété des crimes à raison desquels Lelièvre a péri, le défaut d'aucun intérêt majeur bien prouvé à les commettre, les circonstances qui les accompagnèrent, le rang avantageux que le coupable occupait dans la société, tels furent les principaux motifs qui fixèrent long-temps sur ce procès la curiosité publique : cette curiosité parut même survivre à celui qui en était l'objet. L'hypocrisie de Lelièvre, qui, semblable à Desrues, couvrait habituellement du manteau de la religion la perversité de son âme, séduisit quelques personnes peu éclairées; cependant on ne peut disconvenir que l'infanticide commis sur Denis-Eugène, son fils, et l'empoisonnement de Marie Riquet, sa troisième femme, ne fussent prouvés jusqu'à l'évidence, et chacun de ces crimes suffisait à lui seul pour le conduire à l'échafaud. Il paraît même résulter de divers témoignages, que ce monstre avait encore d'autres attentats à se reprocher, mais à raison desquels le défaut de preuves suffisantes l'a empêché d'être poursuivi. Lelièvre était d'une taille un peu au-dessus de la moyenne; sa chevelure blonde et bouclée était magnifique; ses yeux étaient bleus et doux; son organe était un peu sourd, comme celui d'une personne enrhumée, son débit lent et entrecoupé. Il avait dans les lèvres un mouvement de contraction qui imprimait, par momens, à sa physionomie une vivacité effrayante. Le crâne de ce monstre a été soumis à l'inspection de plusieurs médecins distingués, et cet examen, dit-on, leur a fourni de nouvelles raisons pour accréditer le système du célèbre docteur Gall : ce crâne est déposé aujourd'hui au muséum de Lyon. La relation complète du procès de Lelièvre, dit *Chevallier*, a été publiée par M. Boullée, avocat à la cour royale de Lyon. Lyon, 1820, in-8°.

LÉLIÈVRE (LES QUATRE FRÈRES), au nombre desquels il faut distinguer le chanoine régulier de Sainte-Geneviève, étaient fils d'un propriétaire de la Creuille, village près de Caen, qui fut le premier président de l'administration du département du Calvados. A sa mort, ses fils soupçonnant, à tort sans doute, que l'on voulait enlever son corps, pour inscrire ensuite le nom qu'ils portaient sur la liste des émigrés, veillèrent chaque nuit sur le lieu de la sépulture pendant le temps présumé nécessaire pour l'entière dissolution. Aucun événement ne troubla cette garde de la piété filiale. Deux d'entre eux, d'une force physique extraordinaire, et ennemis fanatiques de la révolution, eurent l'audace d'enlever en plein jour, en 1795, de l'hôpital militaire de Bayeux, le nommé Ameline, chef de *chouans*, de traverser la ville, chargés de leur honorable fardeau, et de le cacher, la veille même du jour fixé pour l'exécution d'Ameline, dans la maison d'une ci-devant abbesse. Ceux qui, les premiers, ont fait connaître ce trait d'un courage extraordinaire, n'ont pas ajouté à leur récit les circonstances assurément fort singulières, qui paralysèrent l'action de l'autorité et de la force armée. En d'autres occasions, les frères Lelièvre rendirent des services signalés à la cause qu'ils avaient embrassée, mais sans la déshonorer par des actes de brigandage, dont bien des *chouans* se sont souillés. Rentrés dans leurs foyers à la pacification consulaire, ils ont continué de s'occuper de leurs affaires particulières, malgré les reprises d'armes qui ont eu lieu à diverses époques.

LELORGNE D'IDEVILLE (B.), avait d'abord été chargé de remplir, sous le gouvernement impérial, une mission de confiance en Russie, et occupait, en 1813, la place de chef du bureau de statistique au ministère des relations extérieures. Dans la même année, nommé secrétaire interprète du cabinet de l'empereur Napoléon, il suivit ce prince à l'armée, le 15 juin 1815. Après le second retour du roi, M. Lelorgne d'Ideville fut compris dans l'ordonnance dite des *trente-huit*, du 24 juillet de la même année. Arrêté au mois d'août suivant, à Melun, il lui fut enjoint de sortir immédiatement de France. Il a été autorisé à y rentrer au commencement de 1819.

LEMAIGNAN (JULIEN-CAMILLE), membre de plusieurs législatures, exerçait en 1789 les fonctions de lieutenant criminel à Beaugé, lorsqu'il fut nommé par le tiers-état de la province d'Anjou aux états-généraux. En septembre 1792, le département de Maine-et-Loire le nomma à la convention nationale, où dans le procès de Louis XVI, il vota la réclusion jusqu'à la paix. L'intérêt qu'il prit, en 1793, aux députés proscrits par suite de la journée du 31 mai (1793), le rendit l'objet de quelques dénonciations qui toutefois n'eurent pas de suites fâcheuses. A la fin de la session conventionnelle, il passa au conseil des cinq-cents, dont il fit partie jusqu'au 20 mai 1798. L'année suivante, le directoire nomma M. Lemaignan commissaire près l'administration des hospices civils, et le gouvernement consulaire, sous-préfet de Baugé, dont il remplit les fonctions pendant plusieurs années. Il a été ensuite entièrement perdu de vue.

LEMAIGNAN (N.), né dans le département de la Vienne, d'une famille ancienne, était officier dans un régiment d'infanterie à l'époque de la révolution. Il quitta le service et se retira dans ses terres, où il se trouvait quand les premiers troubles de la Vendée éclatèrent. Lemaignan y prit part, et devint, en 1793, membre du conseil supérieur de l'armée catholique et royale, établi à Châtillon. Il suivit l'armée au-delà de la Loire, participa à plusieurs engagemens qu'elle eut avec les républicains, et perdit un bras à l'attaque de Granville. Il mourut quelques jours après, des suites de sa blessure.

LEMAIGNEN (F. A. R. M.), fut élu en 1795, par le département de la Manche, député au conseil des cinq-cents, d'où il sortit dans le courant de mai 1799. Quelque temps après la révolution du 18 brumaire an 8 (9 novembre 1799), le gouvernement consulaire le nomma, en 1800, à la sous-préfecture de Valognes; il en exerça les fonctions jusqu'en 1815 qu'il fut remplacé. M. Lemaignen ne paraît pas avoir rempli depuis d'autre emploi public.

LEMAILLAND (J. F.), membre de plusieurs assemblées législatives, était procureur-général-syndic du département du Morbihan, lorsqu'il fut élu, au mois de septembre 1791, député à l'assemblée législative, où il prit part aux discussions les plus importantes. En 1792, il fut réélu par son département à la convention nationale; il s'attacha au parti de la *Gironde*, et vota, dans le procès de Louis XVI, la réclusion et le bannissement à la paix. L'année suivante, il fut envoyé en mission dans le département d'Ille-et-Vilaine, où il montra beaucoup de modération et de justice. Membre du conseil des cinq-cents en 1797, il en sortit en 1798, pour remplir les fonctions de commissaire près de l'administration du Morbihan. Ses commettans le portèrent de nouveau en 1799 au conseil des anciens. Après la révolution du 18 brumaire an 8, à laquelle il fut favorable, il passa au corps-législatif, d'où il sortit en 1803, et n'a plus rempli depuis de fonctions publiques.

LEMAIRE (Nicolas - Éloi), professeur de poésie latine à la Faculté des lettres de l'académie de Paris, éditeur de la collection des classiques latins, avocat, correspondant de l'académie des lettres, sciences et arts de Turin, chevalier de la légion-d'honneur, est né le 1er décembre 1767, à Triancourt, arrondissement de Bar-le-Duc, département de la

Meuse. Il fit ses études au collége de Sainte-Barbe, dont les élèves suivaient les classes du collége Duplessis-Sorbonne. A la fin de la première année il gagna sa pension, qui était de cent écus. Il n'en coûtait pas davantage alors, et l'on ne payait aucun droit extraordinaire ou ordinaire à l'université. Il se fit remarquer bientôt par sa supériorité en poésie latine, et à la fin de sa première année de rhétorique, le professeur Binet lui décerna ce qu'on appelait alors l'honneur *de faire l'exercice* à la distribution des prix du collége. Cette préférence honorait également le talent du disciple, et le désintéressement du maître. Car l'usage immémorial, dans tous les colléges, était de choisir pour cette cérémonie, d'un grand éclat, un élève d'une famille noble ou riche, qui payait les frais du tapissier et de l'orchestre, et qui de plus faisait discrètement au professeur un cadeau d'une centaine de louis dans une paire de gants blancs. Le boursier de Sainte-Barbe ne pouvait payer que de sa personne. Indépendamment du prix d'exercice, il eut les cinq premiers prix, *inter omnes*, quoiqu'il fût *nouveau* et *Barbiste*. L'année suivante, en 1787, il eut le prix d'honneur au concours général, comme *vétéran*, et remporta tous les prix du collége Duplessis et tous ceux de Sainte-Barbe. Après ses deux années de philosophie, il fut reçu *maître-ès-arts*, et concourut en 1789 pour *l'agrégation* dans les hautes classes. Il se destinait à professer. Deux places étaient vacantes pour la rhétorique. Vingt concurrens se présen-

taient. M. Lemaire eut d'emblée le premier prix. On n'a pas encore oublié la pièce de vers latins qu'il composa, et la manière brillante dont il expliqua publiquement le 6me livre de l'Énéide, et le grand plaidoyer pour Milon. A la péroraison, tout l'auditoire fut ému jusqu'aux larmes. En 1790, âgé de 25 ans, le nouvel agrégé fit la classe de rhétorique de son professeur M. Binet, qui fut nommé recteur de l'université, par arrêt du parlement. En 1792, il fut nommé professeur titulaire au collége du *cardinal Lemoine*. Obligé de demander, en 1793, un certificat de civisme, il se rendit à sa section, celle du Jardin des Plantes, dite alors *section des Sans-Culottes*. Elle était dominée par le féroce Henriot, commandant de Paris, aussi connu par la barbarie de ses discours que par celle de ses actions. Accusé d'incivisme par Henriot, et d'être toujours *l'enfant de la fille aînée des rois* (de l'université), M. Lemaire s'élança à la tribune de la section, confondit avec trop d'avantage peut-être son farouche accusateur, obtint de l'assemblée son certificat de civisme, en fut bientôt après nommé président temporaire, et fut ensuite juge suppléant du tribunal civil du 6me arrondissement de Paris. Ce fut alors qu'il fut assez heureux pour sauver de l'emprisonnement les professeurs du Jardin *toujours royal* des Plantes, comme disait Henriot. Il fit donner un certificat de civisme au vénérable Daubenton, savant collaborateur et conseil de l'immortel Buffon, en présentant ce savant comme un berger qui élevait des moutons à Montbar. Et en effet, c'est à M. Daubenton qu'est due la première naturalisation des *mérinos*. Les dominateurs d'alors, qui envoyaient les hommes à la boucherie comme des moutons, respectèrent le vieux berger; ce vieux savant eût péri comme tant d'autres, comme Lavoisier. Dans ces temps déplorables, plusieurs de ses compatriotes durent à son heureuse influence la conservation de leurs jours. Le fameux Coffinhal, aidé d'Henriot, poursuivit M. Lemaire, et l'accusa d'avoir épousé une princesse de Lorraine. Cette accusation était ridicule, mais alors elle était dangereuse. M. Lemaire venait d'épouser la fille du notaire du village voisin du sien, et la députation de la Meuse dut l'attester. Le 9 thermidor, on renouvelle les tribunaux: M. Lemaire fut renommé; mais n'ayant pas l'âge requis, il donna sa démission. Pendant quatre ans il demeura éloigné de toutes fonctions, et se rapprocha des muses latines. Mais en l'an 7, Baudin des Ardennes le fit nommer commissaire du gouvernement près le bureau central de police à Paris. Il fut chargé de fermer la société du Manége, et de disperser les hommes qui voulaient encore une fois proclamer la patrie en danger. On se rappelle ce que ces mots portaient avec eux de terrible et de menaçant pour la patrie elle-même. La commission des inspecteurs du conseil des anciens proposa alors au directoire de récompenser M. Lemaire, par le ministère de l'intérieur ou celui de la police. Sa nomination fut même annoncée dans les journaux; mais Bonaparte revint d'Égypte, et tout le gouvernement directorial disparut. La place de commissaire près le bureau central, qui depuis s'est appelé préfecture de police, fut aussi supprimée, et pour la seconde fois M. Lemaire eut recours aux muses. Pendant ses fonctions, sa maison fut un asile, et peut-être quelque chose de plus, pour des hommes célèbres, alors persécutés, tels que La Harpe, l'abbé Sicard, Fontanes et tant d'autres encore vivans. Fouché, depuis ministre de l'empereur, depuis duc d'Otrante, depuis ministre du roi, n'avait pas pardonné à M. Lemaire la clôture du Manége, et le desservit avec succès auprès du premier consul. Néanmoins il fut accueilli par Lucien Bonaparte, et exerça quelque temps un emploi au ministère de l'intérieur. N'ayant pas pu vaincre les préventions du premier consul, M. Lemaire crut devoir alors, en 1803, se soustraire à une position qui lui parut dangereuse; il partit pour l'Italie, et donna à Milan, à Parme et à Turin le spectacle nouveau d'improviser en vers latins les saillies des improvisateurs italiens. Dans cette dernière ville, notamment à une assemblée solennelle de l'université, il prononça en langue latine un discours, et improvisa une argumentation. La séance dura deux heures. L'université fit imprimer son discours, et lui fit un beau présent de livres, et distribua son discours dans toute l'Italie. Il visita le lac de Côme, et sur les ruines de la maison de Pline il jura de publier les œuvres de cet illustre auteur et les classiques latins. Ce pénible.

ouvrage est aujourd'hui à son 32.me volume. Les Anglais, qui imitent ce que les Français inventent d'utile, publient également le même ouvrage, qui nous a paru supérieur par la beauté du papier, mais inférieur pour le plan et l'exécution. M. Lafitte, membre de la chambre des députés, qui attache toujours son nom aux opérations honorables de toute nature, est un des protecteurs les plus utiles de cette grande entreprise. De retour d'Italie, M. Lemaire fut nommé membre du conseil-général de son département, dont il a été plusieurs fois président. Il remplissait avec éclat la chaire gratuite de poésie latine au collége de France, pendant l'absence de l'abbé Delille. Ce poète célèbre voulut l'entendre à son retour, parut sans être attendu, et lui dit, en sa qualité de titulaire de cette place, ces mots de l'évangile : *Redde rationem villicationis tuæ*. M. Lemaire obéit, expliqua, traduisit et commenta un passage de Virgile, avec un enthousiasme et une éloquence dont retentirent les journaux du temps. A la fin de la séance, le titulaire couronné par son suppléant aux acclamations de l'assemblée, le salua par ces derniers mots de la parabole évangélique : *Euge, serve bone et fidelis*. Une pièce de vers tous virgiliens en l'honneur de Napoléon parut sous l'empire. M. Lemaire trouva le moyen de composer, soit avec les mots, soit avec les hémistiches, soit avec les vers, soit avec les tirades de ce prince des poètes latins, l'histoire, l'éloge, l'horoscope, l'apothéose du roi des rois. Il a traduit, en vers latins, une pièce de vers composée par Legouvé à l'occasion de la naissance du roi de Rome.

LEMAIRE (Henri), littérateur, a publié des productions de différens genres et a traité tour-à-tour, à peu près avec le même succès, le roman, l'histoire, la morale et le mélodrame. Il a donné : 1° *le Giblas français, ou les aventures de Henri Lançon*, ouvrage réimprimé plusieurs fois. La 3.me édition, 2 vol. in-12, est de 1792; 2° *Rosine, ou le pas dangereux*, in-18, 1798; 3° *Virginie Belmont*, in-18, 1798; 4° *Mélanie et Félicité, ou la différence des caractères*, 1798, in-12; 5° *la pauvre Rentière*, in-18, 1799; 6° *Hortense et Sélicourt*, 1799, in-12; 7° *le Conscrit, ou les Billets de logement*, in-8°, 1800; 8° *Cœlina, ou l'Enfant du mystère*, mélodrame qui eut une grande vogue dans sa nouveauté, 1801, in-8°; 9° *le Petit Robinson*, 1810, in-18; la 5.me édition de cet ouvrage qui n'est pas sans intérêt, est de 1817; 12° *Beautés de l'Histoire sainte*, compilation faite avec goût, 1811, in-12, réimprimée en 1816; 11° *Vie de sainte Geneviève*, 1812, in-12; 12° *Conseils d'un père à ses enfans*, 1812, in-12; 13° *Histoire des invasions faites en France, depuis le commencement de la monarchie française jusqu'à ce jour*, 1814, in-12; 14° *les Exemples célèbres, ou Nouveau choix de faits historiques et d'anecdotes propres à orner la mémoire de la jeunesse*, 1816, in-12; 15° *Modèles de la jeunesse chrétienne*, 1817, in-18; 17° *le Nouvel Ecolier vertueux*, in-18,

1817; 17° *l'Indispensable, ou Raisonnement humain*, réimprimé en 1816, in-18, sous le titre d'*Epictète de la jeunesse*.

LEMAIRE (Antoine - François), littérateur, ancien journaliste, est né à Montargis, département du Loiret, le 30 novembre 1758. Comme journaliste, il a coopéré à la rédaction du *Journal des hommes libres*, et d'une autre feuille quotidienne sous le titre du *Citoyen français*. Les principes de ce dernier journal le firent supprimer après la révolution du 18 brumaire an 8. On doit à M. Lemaire comme littérateur : 1° *le Plus original des cahiers*, 1789, in-8°; 2° *l'Orateur des assemblées primaires*, 1797, in-12; 3° *du Gouvernement républicain et de la constitution de l'an 3*, in-8°, 1799; 4° *de la Révolution du 18 fructidor an 5*, in-8°, 1799; 5° *la Révolution du 18 brumaire présentée sous sa véritable forme, ou la vérité au peuple français sur la ruine de la constitution de l'an 3*, in-8° 1799.

LEMAIRE (Jules), auteur dramatique, a publié entre autres ouvrages : 1° *les Méprises de l'amour, ou les traits confondus*, 1806, in-8°; 2° *l'Étourdie, ou la coquette sans le savoir*, 1808; *Monsieur Bref*, comédie, in-8°, 1808.

LEMAITRE (P. J.), ancien secrétaire du conseil des finances, fut prévenu de conspiration en l'an 4, arrêté et traduit devant la commission militaire de la section Lepelletier. D'après l'examen de ses papiers, ce conseil le condamna à mort le 17 brumaire (7 novembre 1795), « comme » conspirateur royaliste, ayant en-» tretenu des correspondances a-» vec des émigrés, ainsi que dans » différens départemens, pour y » occasioner des soulèvemens, et » ayant participé à la révolte des » sections en vendémiaire. » On prétend qu'un grand nombre de députés se trouvèrent compromis par sa correspondance, et qu'elle empêcha la nomination de M. Cambacérès au directoire-exécutif.

LEMANN (A.), habitait la ville de Porentruy (Suisse), au moment où la révolution française éclata. En 1793, la Rauracie, petite république enclavée dans l'évêché de Bâle, l'envoya près de la convention nationale de France, pour y solliciter la réunion de ce pays à la république. Cette réunion ayant été opérée, la Rauracie et le Montbeillard étant organisés en département, Lemann fut admis à la convention, comme député du Mont-Terrible. Envoyé en mission dans les départemens du Rhin, il y fit exécuter les ordres des comités, sans y ajouter aucun acte arbitraire, et ne fut l'objet d'aucune dénonciation particulière. Il passa au conseil des cinq-cents après la session conventionnelle. Rentré dans la vie privée, il a continué d'habiter la capitale, où il exerce la profession de jurisconsulte.

LEMARANT (René-Constant, baron), capitaine de vaisseau, officier de la légion-d'honneur et chevalier de Saint-Louis, fut l'un des officiers qui honorèrent la marine française, dans le combat qui eut lieu contre les Anglais, vers les parages de Saint-Domingue, en 1810. Le capitaine Lemarant, sous les ordres de M. de Bouvet, commandait alors la frégate l'*Astrée*, aux prises avec l'*Africaine*, et parvint, par l'habileté de ses manœuvres, à mettre cette dernière hors de combat. Il fut néanmoins obligé d'en abandonner la capture par suite de l'approche de plusieurs bâtimens ennemis. En 1812, il fit partie du conseil de guerre assemblé pour juger le capitaine Saint-Cricq. Le baron Lemarant est encore aujourd'hui (1823) en activité de service.

LEMARCHANT DE GOMICOURT (LE CHEVALIER ANTOINE-JOSEPH), propriétaire, membre de la chambre des députés, officier de la légion-d'honneur, etc., est né à Albert, dans la ci-devant province de Picardie, en 1764; il fit ses études au collége de Juilly. Quoique M. Lemarchant de Gomicourt se fût toujours montré opposé aux principes de la révolution, le département de la Somme le nomma, en 1795, membre du conseil des cinq-cents, où il débuta par faire annuler la nomination de Barère. Sa coopération aux travaux du conseil fut, jusqu'au 27 juin 1795, à peu près inaperçue; mais dans la séance de ce jour, il fixa sur lui l'attention publique. Saisissant l'à-propos du message du directoire relatif aux primes à accorder aux chasseurs louvetiers, il fit un rapport que nous allons transcrire fidèlement : «Avant-hier, dit M. Lemarchant »de Gomicourt, on vous a fait sen- »tir la nécessité de remettre sous »vos yeux le message du direc- »toire relatif aux sociétés populai- »res; aujourd'hui je viens prier »le conseil de statuer sur un autre »message, relatif à la destruction »des loups. Là, c'est une discussion »qui intéresse les amis de l'ordre et »du gouvernement; ici, vous au- »rez à prononcer en faveur des »moutons, contre une race juste- »ment abhorrée, celle des loups. »Des renseignemens postérieurs »au premier rapport que je vous »ai soumis, ont instruit votre com- »mission que ces animaux féro- »ces commencent à donner de »justes inquiétudes; que voyant, »sans doute, quelques moutons se »réunir, ils ont cru devoir en fai- »re autant. Mais, citoyens, vous »saurez protéger les porteurs de »laine, et peut-être pour anéantir »leurs ennemis adopterez-vous »le projet de résolution que je »présente à la discussion.» Néanmoins ce discours ne produisit pas tout l'effet que M. Lemarchant de Gomicourt s'était promis, et l'orateur ne jugea pas utile, dans les séances subséquentes, de répéter cet essai d'éloquence parlementaire. La lutte qui s'établit deux mois après entre les conseils et le directoire-exécutif ne fut pas favorable à M. de Gomicourt, qui se trouva atteint avec plusieurs de ses collègues par la révolution du 18 fructidor an 5 (4 septembre 1797). Il échappa à la proscription en se retirant en pays étranger. Il paraît cependant qu'il se soumit au directoire et qu'il se rendit à Oleron, d'où le premier consul Bonaparte le rappela au mois de décembre 1799. M. Lemarchant de Gomicourt fut nommé chevalier de l'ordre de la Réunion, sous le gouvernement impérial, maire d'Albert, et, en 1805, candidat au corps-législatif. Il fit partie de cette assemblée en 1811, et en devint secrétaire en 1813. Lors des événemens politiques en 1814, il envoya son adhésion à la déchéance de l'empereur, et au rétablissement de la famille des Bourbons. Cette même année il fut anobli par le roi, et élu par son département à la chambre dite *introuvable* en 1815—1816. Président du collége d'arrondissement du département de la Somme en 1820, il a été réélu, et fait encore partie aujourd'hui (1823) de la chambre, où il a voté avec ses honorables amis du côté droit pour les lois d'exception et le nouveau système électoral. M. Lemarchant de Gomicourt a été successivement nommé par le roi, membre de la légion-d'honneur et officier de cet ordre.

LEMARE (Pierre-Alexandre), l'un de nos grammairiens les plus laborieux et les plus distingués, docteur en médecine, membre de l'Athénée des arts et de plusieurs autres sociétés savantes, directeur de l'Athénée des langues, ci-devant de la jeunesse, embrassa avec chaleur la cause de la révolution. Appelé à trois époques différentes, dans des circonstances difficiles, à l'administration centrale du département du Jura, il y déploya beaucoup de fermeté contre tous les genres d'intolérance et de tyrannie. Il fut proscrit pendant le temps le plus orageux de la révolution, et se montra constamment opposé au gouvernement soit consulaire, soit impérial. Président du département du Jura au 18 brumaire an 8 (9 novembre 1799), il provoqua et signa la proclamation insérée depuis dans le *Moniteur* du 11 frimaire an 8, qui déclarait *traître à la patrie le nouveau gouvernement*. Huit ans plus tard, il s'unit avec son compatriote le général Malet, et fit partie d'une association dite *Comité central libérateur*. M. Lemare, que ses opinions avaient plusieurs fois compromis, sentit la nécessité de se soustraire aux mesures qui allaient être prises contre lui. Il quitta son domicile, et voyagea en France sous différens noms, puis à l'étranger. Arrêté en Autriche et reconduit sur la frontière, il rentra sur le territoire français, quelques risques qu'il eût à courir. Il se réfugia à Montpellier, y suivit pendant plusieurs mois les cours de médecine, et se fit commissionner, sous le nom de *Jacquet*, chirurgien aide-major. Il fit en cette qualité plusieurs campagnes, et fut nommé chirurgien-major à Moscou. Malgré le danger continuel qu'il courait d'être reconnu, il eut horreur d'abandonner sa patrie, et y revint en 1814, avec l'armée française. En 1815, au retour de Napoléon de l'île d'Elbe, il se retira dans son département, et de là en Suisse. Trente mille Suisses occupaient le département du Doubs, et ne devaient le quitter qu'après la reddition du fort de Joux. M. Lemare, inspiré par son patriotisme et par le désir de débarrasser ses concitoyens de ces hôtes incommodes, monte au fort, et après un entretien avec le commandant et les officiers, il harangue la garnison, et la détermine à arborer le drapeau blanc aux cris de *vive la liberté! vive le roi!* Et dès ce jour même, l'étranger commence à évaouer notre territoire. Quelques mois plus tard, M. Lemare ne voulant laisser exister aucun doute sur ses principes, choisit pour sujet de la thèse qu'il soutint pour le doctorat devant la Faculté de Paris, *l'influence de la liberté et des idées libérales sur la santé.* Il reprit ensuite l'enseignement des langues, où déjà il avait obtenu de grands succès. Chénier, dans son *Tableau de la littérature française*, porte sur M Lemare un jugement que nous allons rapporter. « Le cours » de littérature théorique et prati- » que de langue française, publié » par M. Lemare, dit Chénier, em- » brasse une vaste étendue. L'au- » teur y soumet à un nouvel exa- » men les principes de la gram- » maire. Il cherche dans la nature » même des idées, les élémens du » langage, leurs démonstrations, » leur classification méthodique, » leurs combinaisons diverses. Il » commence toujours par recueil- » lir et classer les faits; il remonte » ensuite aux sources étymologi- » ques; il oppose les analogies et » les différences. Ce n'est jamais » qu'après de nombreux détails et » des analyses sévères, qu'il s'élè- » ve à des généralités et qu'il éta- » blit des règles fixes. Il fait sur- » tout un emploi très-heureux des » tableaux scientifiques. L'art de » ces tableaux, comme l'observe » Condorcet, est d'unir beaucoup » d'objets sous une disposition sys- » tématique, qui permette d'en » voir d'un coup d'œil les rapports, » d'en saisir rapidement les com- » binaisons, et de former bien- » tôt des combinaisons nouvelles. » Peut-être quand ils sont multi- » pliés, nuisent-ils au plaisir que » peut procurer la lecture d'un » ouvrage, mais, du moins, ils fa- » cilitent l'enseignement. C'est ce » qu'a senti M. Lemare. Après lui » avoir rendu justice, nous som- » me contraint de lui faire un re- » proche assez grave. On est fâché » qu'il se permette des expressions » dures et des plaisanteries un peu » lourdes, lorsqu'il croit devoir » combattre, ou des grammairiens » accrédités, ou des corps littérai- » res, qui ne sont pas infaillibles, » mais qui sont au moins respec- » tables. Il aurait tort en ce point, » fût-il infaillible lui-même, ce » que sans doute il est loin de » croire. Qu'il laisse à l'ignorance » les formes grossières et tranchan- » tes. Ce n'est point à lui d'ad- » mettre ce que rejettent la décence » et le goût : car il fait preuve d'un » mérite réel, et joint une saine lit- » térature à l'étude approfondie » de notre langue. » M. Lemare consacra 5 années à de nouvelles éditions et à de nouveaux ouvrages, et il publia en 1818, 1819 et 1820 : 1° la 4° édition du *Cours de lecture*, où procédant réellement par la méthode de l'analyse, c'est-à-dire du *composé au simple*, il montre à lire des phrases, puis à décomposer les phrases en mots, les mots en syllabes, et les syllabes en lettres, in-8° et atlas; 2° la 3° édition du *Cours de langue latine*, où par le moyen de 4000 exemples pris dans les classiques, il montre toutes les formes déclinatives et conjugatives, donne toutes les règles de syntaxe, tous les latinismes et toutes les racines latines, 1 vol. in-8°; 3° la 3° édition du *Cours de langue française*, sur le même plan, 2 vol. in-8°; 4° *les Exercices de la langue française, ou exercices chiffrés*, avec le moyen de déchiffration, 1 vol. in-8°; 5° *Dictionnaire français par ordre d'analogie, ou Dictionnaire de rimes, de prononciation et d'orthographe :* 3,000 vers, presque tous pris dans les classiques, donnent des exemples de toutes les rimes et de leurs homonymies. Après la publication de ces six volumes, l'auteur a fait une excursion dans les champs de la physique, où il a débuté par les *marmites autoclaves*, qui jouiraient encore de la faveur publique, si une contrefaçon funeste n'avait compromis l'utilité de cette invention. Mais M. Lemare s'est efforcé de reprendre avantageusement sa revanche par l'invention du *caléfacteur*, appareil sans danger, qui, sur le rapport de MM. Thénard et Fourier, a obtenu l'approbation de l'académie des sciences. Une de ses propriétés, est d'employer la presque totalité du calorique à la seule caléfaction, la perte n'étant que d'environ un dixième. Un second avantage, non moins précieux, c'est de conserver, sans feu, pendant 5 ou 6 heures, la chaleur acquise. Nous ne pouvons mieux faire connaître cette invention nouvelle, qu'en citant le texte même du rapport des commissaires. « Il résulte, y est-»il dit, que, dans le *Caléfacteur-*»*Lemare*, la perte de la chaleur »(considérée *même théoriquement*) »n'est que d'environ un dixième, »ce qui est très-peu de chose; »qu'une voie de charbon de l'Yon-»ne suffirait, à un kilogramme »près, pour faire 200 pots-au-feu »de 6 livres, et fournir, de plus, »5 ou 6 litres d'eau très-chaude, »dont on peut tirer parti pour les »lavages; que le bouillon et la »viande peuvent se conserver »chauds pendant plusieurs heures »après leur préparation ; que le »pot-au-feu peut être mis la nuit »comme le jour, parce qu'il n'a »besoin d'aucun soin, que la vian-»de est toujours excellente, et le »bouillon meilleur que par tous »les moyens ordinaires; qu'il y a »économie de temps, de combus-»tible, amélioration de produit et »certitude de réussir; que le nou-»vel appareil paraît susceptible »d'un grand nombre d'applica-»tions dans l'économie domesti-»que, et digne d'être approuvé par »l'Académie.»

LEMARÉCHAL (N.), était négociant à Rugles, département de l'Eure, à l'époque de la révolution. Élu député du tiers-état du bailliage d'Évreux aux états-généraux en 1789, il s'y fit peu remarquer à la tribune ; mais il travailla beaucoup dans le comité d'aliénation des domaines. Il devint secrétaire de l'assemblée. Nommé, au mois de septembre 1792, par le département de l'Eure à la convention nationale, il vota la détention du roi et son bannissement à la paix. Après la session conventionnelle, il reprit l'exercice de sa profession.

LEMARROIS (Jean-Léonard-François, comte), lieutenant-général, grand-officier de la légion-d'honneur, chevalier de Saint-Louis, membre de la chambre des pairs pendant les *cent jours* en 1815, est né en 1776, dans le département de la Manche. Il manifesta de très-bonne heure son penchant pour la profession des armes. Son père, cultivateur aisé, l'envoya, à l'époque du 9 thermidor an 2 (27 juillet 1794), à l'école de Mars créée l'année précédente. Lorsqu'elle fut supprimée, le jeune Lemarrois prit du service, et sut bientôt fixer par son intelligence et son courage l'attention du général Bonaparte, qui se l'attacha comme aide-de-camp. Il combattit près de son général à Lodi et à Roveredo, et mérita les éloges de tous ses compagnons d'armes. Après la bataille d'Arcole, où il se distingua également, il fut envoyé par le général Bonaparte pour présenter au directoire-exécutif les drapeaux enlevés à l'ennemi. En 1803, lorsque le premier consul se rendit en Belgique, M. Lemarrois l'accompagna dans tous ses voyages, et fut chargé, à cette époque, de surveiller les côtes maritimes depuis Brest jusqu'à Cancale. A la bataille d'Austerlitz, où il donna des preuves de la plus grande valeur, il fut élevé au grade de général de division, et nommé grand-officier de la légion-d'honneur. Dans la campagne de 1806 contre la Prusse, il soutint sa brillante réputation et fut nommé gouverneur de Wittemberg. C'est peu de temps après qu'éclata l'insurrection de Torgau, que le général Lemarrois sut apaiser par sa sagesse et sa fermeté. Le roi de Saxe lui fit témoigner sa satisfaction et remettre son portrait. Le département de la Manche le proposa, dans la même année, comme candidat au corps-législatif. Lorsque le traité de Tilsitt, en juillet 1807, eut rétabli la paix en Europe, il devint gouverneur des provinces d'Ancône, Urbin et Macerata, et à sa rentrée (1807), il fut admis au corps-législatif. Nommé, en 1812, président du collége électoral du département de la Manche, il en cessa les fonctions en avril 1813, pour aller commander deux divisions qui venaient d'être organisées à Wesel. Il s'enferma ensuite dans la place de Magdebourg, et la conserva à la France jusqu'au 23 mai 1814. Les ordres du gouvernement français le décidèrent à en sortir, et il ramena, par suite d'une convention avec les généraux prussiens, sa garnison qu'il laissa à Metz. Le roi, pendant la première restauration, le nomma chevalier de Saint-Louis. Pendant les *cent jours*, en 1815, Napoléon le nomma membre de la chambre des pairs qu'il avait formée, et lui confia le commandement des 14e et 15e divisions militaires, dont les chefs-lieux étaient Caen et Rouen. Lors de la seconde restauration, le général Lemarrois ne fut pas conservé dans la chambre recomposée par le roi : il fut de plus mis à la retraite, et se retira dans ses terres en Normandie. Le général Lemarrois, qui s'est marié en Belgique, possède des propriétés considérables dans ce pays.

LEMENUET (La Jugaumière, le baron), premier président de la cour royale de Caen, commandeur de la légion-d'honneur, ex-membre du conseil des anciens, était ancien magistrat à l'époque de la révolution. Il échappa aux orages qui ne tardèrent pas à éclater, devint président du tribunal criminel du département de la Manche, dont il

M. Lemercier.

Fremy del et Sculp.

fut élu député au conseil des anciens en 1798. Il s'y occupa exclusivement d'objets de législation. Quelque temps après la révolution du 18 brumaire an 8, le premier consul le nomma, en 1800, président du tribunal d'appel du Calvados. Sous le gouvernement impérial, il devint commandant de la légion-d'honneur, et passa successivement des fonctions de premier président de la cour impériale, à celles de président de la cour royale de Caen, fonctions qu'il remplit encore aujourd'hui (1823).

LEMENUET (N.), fils du précédent, était procureur du roi du tribunal de première instance à Caen, lorsqu'il fut porté par les suffrages du collége électoral du département du Calvados, dans le courant de mai 1815, à la chambre des représentans. M. Lemenuet ne s'y fit point remarquer, et néanmoins il cessa ses fonctions de procureur du roi en 1816. Il ne paraît pas qu'il ait été appelé à un autre emploi.

LEMERCIER (Louis-Nicolas, comte), pair de France, grand-officier de la légion-d'honneur, est né à Saintes, département de la Charente Inférieure, le 23 décembre 1755. Il succéda, à l'âge de 20 ans, à son père, lieutenant-général criminel de la sénéchaussée de Saintonge. Dans cette place, il fixa l'attention du gouvernement et de son pays, et fut élu, en 1789, député du tiers-état aux états-généraux, qui se formèrent ensuite en assemblée constituante. Il ne s'y fit remarquer que par son attachement à la liberté, aux principes conservateurs de la monarchie constitutionnelle, et aux intérêts de sa province, particulièrement de sa ville natale, qu'il réussit à faire établir chef-lieu du département de la Charente-Inférieure. Des fonctions législatives, il passa aux fonctions judiciaires, et fut élu, en 1792, président du tribunal criminel de son département. Sa conduite dans ce poste, à une époque difficile, lui mérita la présidence du collége électoral de la Charente-Inférieure, et sa nomination au conseil des anciens en l'an 6. Il y fut membre de plusieurs commissions, et chargé de rapports, notamment sur l'horlogerie de Besançon, sur les droits de bacs et sur l'établissement de conseils de guerre. Il fut secrétaire, puis président de ce conseil. Il occupait le fauteuil au 18 brumaire an 8 (29 novembre 1799), et fut reconnu pour un de ceux qui contribuèrent au succès de cette journée : aussi fut-il nommé l'un des premiers membres du sénat-conservateur, créé par la constitution de l'an 8. Après avoir été élu président de cette assemblée, il devint titulaire de la sénatorerie d'Angers, comte de l'empire, commandant, puis grand-officier de la légion-d'honneur. Lors de la première restauration, en 1814, il entra dans la chambre des pairs, où il a prononcé plusieurs discours et opinions qui ont été imprimés. Les plus remarquables sont sur la liberté de la presse, sur la contrainte par corps, sur les attributions judiciaires de la chambre des pairs, sur la liberté individuelle et sur le serment des fonctionnaires publics. M. le comte Lemercier a trois fils, dont les deux premiers se sont fait connaître honorablement dans l'armée : le vicomte AUGUSTE-LOUIS LEMERCIER, chef d'escadron, officier de la légion-d'honneur, chevalier de Saint-Louis, et le baron JEAN-BAPTISTE LEMERCIER, chef de bataillon au corps royal d'état-major, chevalier de Saint-Louis, de la légion-d'honneur et du Mérite-militaire de Bavière : il est gendre du maréchal Jourdan.

LEMERCIER (NÉPOMUCÈNE-LOUIS), homme de lettres, membre de l'ancien institut, de l'académie française, est né à Paris en 1770; il appartient à une famille honorable. La littérature française a produit peu de poètes aussi précoces, aussi variés, aussi féconds. M. Lemercier avait à peine 16 ans quand on représenta sa tragédie de *Méléagre*. Cette pièce n'eut qu'une représentation; mais il n'en est pas moins étonnant qu'un auteur à peine entré dans son adolescence, ait pu concevoir et exécuter une tragédie même imparfaite. Parmi les vers de cette pièce, dignes d'être retenus, on avait remarqué celui-ci :

Suis-je donc plus puissant que le Dieu que je sers?

Il était dans la bouche d'un grand-prêtre. Sans entrer dans l'examen des nombreux ouvrages publiés depuis par cet auteur, et dont on trouvera l'énumération plus bas, disons que les qualités qui les caractérisent sont une grande hardiesse de pensées et d'expression. M. Lemercier se plaît à s'ouvrir des routes nouvelles, et tout en admirant les chefs-d'œuvre que les poètes prennent pour modèles, il cherche des effets qui n'aient pas été produits. Toutes ses tentatives n'ont pas été couronnées par le succès; mais dans ses ouvrages qui ont été le moins favorablement accueillis, on a reconnu encore l'empreinte d'un esprit original, et d'un talent souvent heureux dans son indépendance. Parmi ses ouvrages dramatiques, on doit distinguer surtout la tragédie d'*Agamemnon*, dans laquelle il a su fondre et lier avec tant d'habileté les beautés éparses dans Eschyle, Sénèque et Alfieri, et la comédie de *Pinto*, pièce d'un genre tout nouveau, dans laquelle il a présenté les plus grands intérêts d'état sous un aspect comique. Une pareille innovation ne pouvait être tentée que par un homme éminemment spirituel. Quelque grave que soit une conspiration par son but, elle ne l'est pas toujours par ses moyens. Dans le mélange de gens rapprochés par ce grand intérêt, se trouvent des hommes de toutes les conditions, de tous les caractères, et leur rapprochement peut donner lieu aux effets les plus bizarres, les plus opposés. C'est de ces oppositions, saisies avec une sagacité singulière, que M. Lemercier a tiré les effets les plus neufs et les plus piquans. *Pinto*, qui par son but est une véritable tragédie, devient une comédie des plus amusantes par ses moyens. C'est la tragédie comme Beaumarchais l'eût écrite. Le même mélange de l'héroïque et du familier se retrouve dans le *Christophe Colomb* du même auteur, et peut-être aussi dans *la Journée des dupes :* nous disons peut-être, parce que nous ne connaissons que sur des rapports cette dernière pièce, dont nous n'avons pas entendu la lecture. Le besoin d'innover n'est pas, comme nous l'avons donné à entendre, corruption de goût chez M. Lemercier, mais désir de trouver des effets nouveaux. On en aura souvent la preuve dans les diverses dissertations littéraires qui précèdent ses ouvrages, et dans son *Cours de littérature*. On remarquera surtout que lorsqu'il s'écarte des doctrines reçues, ses innovations sont du moins appuyées sur des considérations ingénieuses. Un des ouvrages les plus remarquables de M. Lemercier, est, sous tous les rapports, le poëme philosophique et satirique qu'il a intitulé *la Pankypocrisiade*. La critique en a plus relevé les défauts que les beautés. Elles y sont nombreuses cependant, et de nature à fixer l'attention. On doit être étonné surtout de la multiplicité des connaissances dont l'auteur fait preuve dans cet ouvrage, qui n'a pas eu de modèle, mais qui probablement n'en servira pas. Il n'est pas étonnant qu'avec l'indépendance qui caractérise l'esprit de M. Lemercier, il ait rencontré souvent les obstacles que la censure multiplie sur la route des auteurs dramatiques. Ses ressentimens lui ont inspiré une comédie fort piquante, qui sert de préface à la comédie du *Corrupteur*; elle est intitulée *Dame censure, ou la Corruptrice*. M. Lemercier a lu au comité du Second-Théâtre-Français, une tragédie qui porte le titre des *Martyrs de Souly*, sujet tiré de l'histoire des Grecs modernes. Cet ouvrage est conçu avec toute la latitude admise par son système. On ne sait si la représentation en sera autorisée. Voici la note de ses principaux ouvrages : 1° *Méléagre*, tragédie, 1788; 2° *Lovelace*, comédie, 1792; 3° *le Lévite d'Ephraïm*, tragédie, 1795; 4° *le Tartufe révolutionnaire*, comédie, 1795; 5° *Agamemnon*, tragédie, 1797; 6° *la Prude*, comédie, 1797; 7° *Ophis*, tragédie, 1799; 8° *les quatre Métamorphoses*, poëme, 1800; 9° *Pinto*, comédie en prose, 1801; 10° *Homère et Alexandre*, poëme, 1801; 11° *les trois Fanatiques*, poëme, 1801; 12° *Ismael au désert, ou l'Origine du peuple arabe*, scène orientale, 1802; 13° *Un de mes songes, ou quelques Vers sur Paris*, 1802; 14° *Isule et Orovèse*, tragédie, 1803; 15° *les Ages français*, poëme, 1803; 16° *Hérologue, ou Chants du poète-roi et l'Homme renouvelé*, récit moral en vers; 17° *Traduction des vers dorés de Pythagore et de deux Idylles de Théocrite*, 1806; 18° *Epître à Talma*, 1807; 19° *Essais poétiques sur la théorie newtonienne*, 1808; 20° *Plaute ou la Comédie latine*, comédie, 1808; 21° *Baudouin empereur*, tragédie, 1808; 22° *Christophe Colomb*, comédie historique en vers, 1809; 23° *Ode sur le doute des vrais philosophes à qui les faux zélés imputent l'athéisme*, 1813; 24° *Épître à Bonaparte, sur le bruit répandu qu'il projetait d'écrire des commentaires historiques*, 1814; 25° *Épître à Bonaparte sur le bonheur de la vertu*, 1814; 26° *Réflexions d'un Français sur une partie factieuse de l'armée française*, 1815; 27° *Char-*

lemagne, tragédie, 1816; 28° *le Frère et la Sœur jumeaux*, comédie, 1816; 29° *le faux Bonhomme*, comédie, 1817; 30° *la Panhypocrisiade*, poëme, 1817; 31° *le Complot domestique, ou le Maniaque supposé*, comédie, 1817; 32° *Cours analytique de littérature générale, tel qu'il a été professé à l'Athénée*, 1817, 3 vol. in-8°; 33° *Saint Louis*, tragédie, 1819; 34° *la Démence de Charles VI*, tragédie, 1820; 35° *Frédégonde et Brunehaut*, tragédie, 1821; 36° *le Corrupteur*, comédie, 1822; 37° *les Voyages de Scarmentade*, comédie en 4 actes.

LEMERCIER (PIERRE-CLAUDE), ancien banquier de Paris, eut de graves discussions d'intérêt à soutenir contre le directoire-exécutif et contre le gouvernement consulaire, qui succéda au premier. Il fut même arrêté et détenu pendant long-temps à cause de ces discussions. Il paraît encore que M. Lemercier, que l'on prétendait débiteur envers l'état, perdit sa maison de banque et de commerce, par suite de l'impossibilité où il fut de veiller par lui-même à ses propres affaires. M. Lemercier est, dit-on, un des hommes les plus familiarisés avec les hautes opérations financières et commerciales. Dans l'ouvrage qu'il a publié, en 1816, sous ce titre : *Comparaison des bases de la loi des finances du 18 avril 1816, avec quelques principes applicables au budget de 1817*, il réfute, tout à la fois, et le système qui ne veut rien emprunter au régime financier de l'Angleterre, et celui qui veut s'y assujettir servilement. M. Lemercier fonde le rétablissement des finances, en France, sur l'emploi prudent et éclairé des ressources du crédit public, et sur la conservation des propriétés qui le soutiennent en lui servant de gage. Ainsi il pense qu'au lieu de vendre les biens nationaux, comme on l'a fait jusqu'à présent, on doit les conserver soigneusement comme un gage permanent, et émettre sur ce gage des annuités, qui ne seraient pas sujettes aux chances du jeu de bourse, parce que leur remboursement ne serait pas douteux.

LEMERCIER (N), dit DE LA VENDÉE, naquit à Château-Gonthier; il était fils d'un aubergiste. Doué d'un esprit vif et d'un caractère ardent, il se jeta dans l'armée vendéenne, au moment de son passage dans la ville qu'il habitait, et eut occasion de se lier avec Georges Cadoudal, qui passait également à Château-Gonthier, pour rejoindre l'armée à Fougères. C'est sous ce chef que Lemercier assista au siége de Granville, aux batailles de Dol et du Mans, et à la déroute de Savenay. Après cette dernière affaire, il rentra dans le Morbihan avec Georges Cadoudal; mais tous deux furent faits prisonniers, peu après, par les troupes républicaines. Ils s'échappèrent, en 1794, des prisons de Brest, où on les avait enfermés. De retour dans le Morbihan, ils organisèrent deux divisions de chouans, destinées à protéger la descente des émigrés à Quiberon. Lemercier devint immédiatement chef après Georges Cadoudal, et, au rapport d'un ouvrage biographique, « fut envoyé à l'île Dieu, au- » près de M. le comte d'Artois, qui

»l'embrassa et lui donna la croix » de Saint - Louis. » Il rejoignit Georges, et prit part aux différens combats livrés pendant l'insurrection de 1799. Peu après la pacification consulaire, il fut tué près de Loudéac, en se dirigeant sur la côte où il voulait s'embarquer pour se rendre en Angleterre.

LEMERCIER (GUILLAUME), co-accusé de Georges-Cadoudal, naquit à Bignan, département du Morbihan, de parens pauvres. Il était imprimeur dans sa ville natale, lorsque l'insurrection éclata dans les départemens de l'Ouest. Il quitta à cette époque sa famille et ses travaux pour suivre les bandes de *chouans*, qui, sous prétexte de défendre la cause royale, portaient le fer et la flamme dans les contrées voisines. Néanmoins il se fit peu remarquer dans cette guerre funeste, et se retira en Angleterre après la paix. Lemercier s'y lia avec Georges - Cadoudal, revint avec lui en France en 1804, prit part à la conspiration que ce chef vendéen trama contre le premier consul, et fut arrêté à Paris, avec plusieurs autres conjurés. Condamné à mort le 10 juin 1804, il fut exécuté le 24 du même mois : il était à peine âgé de 26 ans.

LEMERER (RENÉ - GASPARD), membre de plusieurs législatures, conseiller à la cour royale de Rennes, membre de la légion-d'honneur, exerçait, dans cette ville, la profession d'avocat, lorsqu'il fut nommé, en 1791, par le département d'Ille-et-Vilaine, député suppléant à l'assemblée législative, où il ne siégea pas. En 1795, le même département le nomma au conseil des cinq-cents. Dans la séance du 7 février 1796, il fut du nombre de ceux qui s'opposèrent à ce qu'on plaçât dans les attributions du directoire-exécutif la radiation définitive de la liste des émigrés, et proposa de confier cette radiation aux tribunaux. Peu de jours après, il demanda le rejet de la proposition de Lecointre de Versailles, tendant à remplacer les membres morts ou démissionnaires par les ex-conventionnels du tiers, sorti à la formation des deux conseils. Le 17 mars, il défendit la liberté de la presse, que le gouvernement voulait limiter. « On ne veut suspendre, dit-il, » que certains journaux. Les arts, » ajoute-t-on, les lettres ne nous » reprocheront pas leur asservisse- » ment. Nous ne faisons qu'arra- » cher aux factions une arme fata- » le... Fort bien ! Vous laissez » le peuple libre de publier des » romans, des vers, quelques co- » médies; mais les écrits qui fixent » la sollicitude publique, parce » qu'ils appellent l'attention sur les » plus chers intérêts, vous les dé- » fendrez ? Représentans, écoutez! » Il est écrit dans l'histoire que les » légions romaines attendaient a- » vec impatience, sur les bords du » Rhin, le *journal* qui leur retra- » çait le discours de Thraséas; mais » il n'est pas écrit que Tibère, oui! » l'infâme Tibère, ait osé intercep- » ter le *journal*, en lui substituant » un écrit au gré de ses caprices, » et dissimulant ses fureurs. » Indépendamment de ce trait d'érudition, qui fut généralement remarqué, les principes de M. Lemerer seront toujours avoués des hommes sages, quels que soient les temps où l'on puisse les manifester. M. Lemerer, nommé secrétaire le 22 du même mois, employa toute son influence pour faire apporter des modifications aux lois qui condamnaient les prêtres insermentés à la déportation, et proposa, en même temps, de déclarer que le directoire-exécutif avait honorablement répondu à la confiance publique, en découvrant la conspiration de Babeuf. Le 29 août, il appuya le projet d'amnistie présenté par Camus, mais il réclamait une exception contre les auteurs des massacres du Midi. « Les seuls délits » susceptibles d'amnistie, s'écriait » M. Lemerer, sont ceux que l'op- » position a fait commettre; ce » sont, dans toute la vérité du ter- » me, les malheurs de la guerre; » une égale amnistie doit couvrir » et les crimes qui auraient accom- » pagné la défaite des uns, et les » crimes qui auraient deshonoré » la victoire des autres. Mais je » nie hardiment que vous ayez le » droit d'absoudre tous les assas- » sins et les brigands, de les enhar- » dir à de nouveaux crimes en je- » tant un voile sur des crimes dont » l'univers a retenti. » Le 8 septembre, il s'éleva avec tant de violence contre le projet de loi tendant à priver de toute éligibilité les parens d'émigrés, que la presque totalité de l'assemblée demanda son envoi à l'Abbaye. Le 11 octobre, il combattit un projet de loi criminelle, dont il démontra avec beaucoup de talent l'excessive rigueur, et réclama surtout le rétablissement du droit de grâce, qu'il démontra n'être pas plus incompatible avec un gouvernement républicain, qu'avec tout autre gouvernement. Le 22 mars 1797, il soutint les réclamations de Brottier, Lavilleheurnois et autres accusés, sur leur renvoi devant un conseil de guerre. Le 9 juillet, il demanda le retour des prêtres déportés. Le 27 août, il soutint un projet de résolution, tendant à maintenir l'inviolabilité du secret des lettres. Sa constante et violente opposition au gouvernement directorial le fit comprendre dans la proscription qui suivit les événemens du 18 fructidor an 5 (27 septembre 1797); mais il eut le bonheur de se soustraire à la déportation, et se réfugia en pays étranger. Le gouvernement consulaire le rappela dans les premiers mois de 1800, et lui confia bientôt les fonctions de juge au tribunal criminel du département d'Ille-et-Vilaine. Pendant l'instruction du procès de Georges Cadoudal et autres, il vint à Paris et fut arrêté; mais quelques jours après, il recouvra la liberté. Il jugea nécessaire à sa tranquillité de se retirer des affaires publiques, et de vivre dans une retraite absolue. Après la première restauration en 1814, le roi lui donna des lettres de noblesse, la croix de la légion-d'honneur, et le nomma conseiller à la cour royale de Rennes, où il siége encore.

LÉMERY (Louis-Robert-Joseph Cornelier), astronome, naquit à Versailles, le 5 novembre 1728; il avait un goût particulier pour les calculs astronomiques. Lalande le connut dans le temps qu'il était attaché au marquis de Puisieux, et sut mettre ses dispositions à profit. Lémery a publié, dans la *Connaissance des temps*, pour

1779, les *Tables de la lune,* par Clairaut, comparées avec celles de Bradley, et enrichies d'un grand nombre d'observations. Il a fait presque en entier, depuis 1787, les calculs de la *Connaissance des temps;* enfin, le tome septième des *Éphémérides des mouvemens célestes* est en partie son ouvrage. Lémery mourut, à Paris, le 1ᵉʳ mars 1802.

LEMESLE (N.), était un des négocians les plus estimés du Havre, où il avait long-temps exercé des fonctions municipales, lorsque la révolution éclata. Il ne prit part aux affaires politiques qu'en 1798, où il fut élu député, par le département de la Seine-Inférieure, au conseil des cinq-cents. Homme modéré, mais peu propre à l'éloquence de la tribune, il se fit peu remarquer. Il entra, au mois de septembre 1799, au corps-législatif, où il resta également inaperçu. Sorti de cette assemblée, il a entièrement disparu de la scène politique.

LEMIÈRE DE CORVEY (Jean-Frédéric-Auguste), chevalier de la légion-d'honneur et de l'ordre du Mérite-militaire de Charles Frédéric, etc., né à Rennes, département d'Ille-et-Vilaine, en 1770, d'une famille protestante de la Normandie, fut destiné de bonne heure à la carrière militaire. Son père, homme instruit, dirigea son éducation. Il fit de bonnes études ; mais il se distingua particulièrement dans la musique et les mathématiques, et à 16 ans il remporta le prix de sections coniques à l'école du génie. La révolution commençait alors. Quelques injustices qu'il éprouva, et le souvenir des persécutions essuyées par ses ancêtres lors de la révocation de l'édit de Nantes, firent germer dans une âme ardente les principes de liberté que le nouvel ordre de choses promettait. Il est du petit nombre de ceux qui n'ont jamais varié. En 1790, il quitta l'école du génie pour suivre la carrière des beaux-arts, et c'est de cette époque que datent ses liaisons avec M. Berton, membre de l'institut, dont il est l'élève et l'ami. Quand les Français furent appelés à la défense de la patrie, M. Lemière partit dans un bataillon de volontaires, et fut fait sous-lieutenant le 5 décembre 1792. Mis à la réforme après la prise de Valenciennes, il vint s'établir à Paris, où il s'occupa de la composition dramatique. Membre de la réunion du Primidi, il se lia avec nos poètes les plus distingués, et fit la musique de plusieurs opéras avec MM. Duval et Picard : ils ont été représentés avec succès, sur le théâtre de l'Opéra-Comique, rue Favart, et sur celui de la rue de Louvois. Rappelé au service militaire, M. Lemière fit avec distinction toutes les campagnes de la révolution en Belgique, en Hollande, en Italie, en Allemagne, en Prusse, en Pologne, en Dalmatie, en Espagne et en France. D'un caractère trop fier pour solliciter, il ne dut son avancement qu'à sa conduite militaire. Il se distingua particulièrement en Italie, au camp de *Mille-Fourches,* en faisant prisonnier le général autrichien. Il eut l'honneur de commander le brave 46ᵐᵉ de ligne à la bataille d'Esling, après la mort de son colonel ; il obtint des armes d'honneur, plusieurs grades sur le champ de bataille, des décorations, des dotations et des titres. Après les événemens politiques de 1814, M. Lemière fut mis à la retraite. Quelques jours après le retour de Napoléon de l'île d'Elbe, en mars 1815, il fut rappelé, et fit encore la funeste campagne de Waterloo. Ayant perdu ses dotations, et ayant été mis de nouveau à la retraite, M. Lemière revint à Paris, et ne s'occupa plus que des arts auxquels il était destiné et de l'éducation de ses enfans. Il a fait paraître un ouvrage fort intéressant, orné d'une lithographie de notre célèbre Horace Vernet, intitulé : *des Partisans et des Corps irréguliers;* il a rédigé les *Mémoires militaires* de M. le baron Serasier, colonel d'artillerie. On a de M. Lemière quelques romans écrits avec facilité, et il vient de mettre en ordre des matériaux pour l'histoire, qu'il a recueillis dans ses nombreuses campagnes. Il est membre de différentes sociétés savantes, et se livre maintenant à des compositions musicales. Voici la liste des ouvrages qu'il a fait représenter : à l'ancien théâtre Montansier, au Palais-Royal, *les Chevaliers errans* et *Crispin rival;* au théâtre Favart, *Andros et Almona*, en 3 actes; *Babour*, en 4 actes, et *la Reprise de Toulon;* au théâtre Louvois, *les Suspects* et *la Moitié du Chemin;* au théâtre Molière, *les Deux Crispins*, paroles et musique; *les Deux Orphelins* et *la Maison changée.* En province, *la Blonde et la Brune; la Paix et l'Amour; Félicie*, en 3 actes, et *le Porteur d'eau.* Il a fait graver une foule de *romances* et de *nocturnes*, 60 *œuvres* de musique pour divers instrumens; et depuis sa mise en retraite, il a donné, au théâtre Feydeau, un petit opéra en 1 acte, intitulé : *la Cruche cassée*, représenté en décembre 1819. Il a maintenant au même théâtre deux ouvrages reçus et entièrement terminés, qui attendent leur tour pour être représentés.

LEMIERRE (Antoine-Marin), membre de l'académie française, naquit à Paris, le 18 avril 1733. Son père était employé dans les bureaux de M. Desmarets, contrôleur-général des finances; mais le système de Law avait détruit sa fortune. Il n'en veilla pas moins avec soin à l'éducation de ses enfans. Antoine-Marin Lemierre, qui annonçait les dispositions les plus heureuses, devint l'objet particulier de son affection, et il le plaça au collége des jésuites. Les études du jeune Lemierre furent brillantes. Il fit sa rhétorique sous le célèbre P. Porée, qui le regardait comme son meilleur élève. Le recueil intitulé : *Musæ rhetorices*, renferme de lui une jolie pièce de vers latins qui remporta le prix. Il achevait son cours de philosophie quand il perdit son père, et malgré ses talens, il se trouva bientôt dénué de toutes ressources. Pressé par le besoin, il entra à l'église Saint-Paul en qualité d'aide-sacristain, place qui lui procura quelques moyens d'existence. Dans ses momens de loisir, il faisait des sermons, qu'il vendait quelquefois un louis pièce aux abbés qui n'étaient pas en état d'en composer eux-mêmes. Il en fit un, entre autres, pour un certain abbé de Lavaux, qui, recevant de nombreux complimens sur cette production, eut la noble franchise d'en rapporter la gloire à son véritable auteur. Ce fut à cette occasion que Lemierre lia connaissance avec l'abbé d'Olivet, qui l'employa à corriger les épreuves de sa belle édition de Cicéron. Il entra quelque temps après au collége d'Harcourt, comme sous-maître de rhétorique, et c'est là qu'il composa sa première tragédie, intitulée *Astyage*, qui fut refusée par les comédiens, mais qui valut à son auteur l'entrée de la Comédie. Il concourut ensuite pour les prix proposés par les académies de province, et il les remporta presque tous. Il fut aussi plusieurs fois couronné par l'académie française pour les poëmes sur *la Sincérité, l'Empire de la Mode, l'Utilité des Découvertes faites sous le siècle de Louis XIV, le Commerce*. C'est dans ce dernier que se trouve ce vers fameux, et qu'il appelait lui-même le vers du siècle :

Le trident de Neptune est le sceptre du monde.

Encouragé par ces premiers succès littéraires, Lemierre fit la tragédie d'*Hypermnestre*. Les comédiens la rejetèrent comme *Astyage*; cependant, grâce à la protection de M. de Châteaubrun, membre de l'académie française et secrétaire du duc d'Orléans, *Hypermnestre* fut reçue et jouée en 1758. Pendant les répétitions, les comédiens, surtout Lekain et Mlle Clairon, la regardèrent comme une pièce dont la chute leur paraissait certaine; mais le public se montra plus favorable, et l'accueillit avec enthousiasme. Après ce succès, Lemierre entra chez M. Dupin, fermier-général, comme simple employé, et il eut pour collègue J. J. Rousseau, qui était loin d'annoncer alors ce qu'il fut depuis. Dupin, voyant que son commis était plus propre à faire des vers qu'à travailler dans un bureau, eut la générosité de lui faire une pension, et lui donna de plus le logement et la table. Lemierre, désormais à l'abri du besoin, se livra entièrement aux lettres. En 1761, il fit représenter sa tragédie de *Térée*, dont la réussite fut loin d'être complète. *Idoménée*, jouée trois ans après, n'eut qu'un succès d'estime. De belles scènes, un intérêt puissant, dont Lemierre, il est vrai, était en grande partie redevable à Métastase, méritèrent à son *Artaxerce* le plus favorable accueil. *Guillaume Tell*, froidement reçu lors des premières représentations, devint plus tard l'objet de la faveur publique. On dit que Lekain se montrait sublime dans la scène où, interrogé par Gessler sur le motif qui l'avait empêché de saluer le bonnet élevé par ses satellites au milieu de la place publique, il lui répond :

l'honneur,
Quelle loi peut jamais paraître indifférente,
Dès qu'on voit le dessein de la rendre insultante?
Quels sont les gens de cœur, au courage nourris,
Dont le sang ne s'enflamme aux marques du mépris?
Et c'est un peuple entier, né pour l'indépendance,
Dont tu peux à ce point tenter la patience,
Qu'à tant d'indignités tu crois accoutumer!
Est-ce trop peu pour toi que d'oser l'opprimer?
Songes-y bien, Gessler, rien n'est long-temps extrême;
L'arc qu'on tient trop tendu se brise de lui-même;
Et lorsqu'à cet excès l'esclavage est monté,
L'esclavage, crois-moi, touche à la liberté.

Guillaume Tell fut suivi de *la Veuve du Malabar*. Cette pièce, sur laquelle Lemierre fondait surtout sa réputation, obtint d'abord un succès d'estime, qui se changea en succès d'affluence à la reprise, quelques années après. Larive, il faut le dire, ne contribua pas peu à la fortune de cette tragédie, par la beauté de son organe, la chaleur de son jeu et la noblesse de son extérieur. Les deux dernières tragédies que Lemierre fit représenter sont : *Céramis* et *Barneveldt*. La réussite de la seconde de ces pièces le dédommagea de la chute de la première. Lemierre a fait encore une tragédie de *Virginie*, qui n'a jamais été représentée ni imprimée. Cette pièce devait être jouée après *Barneveldt;* mais l'auteur la retira en 1790. Effrayé autant qu'affligé des premières scènes sanglantes de la révolution, lorsqu'on lui reprochait de ne plus donner de tragédies, il répondait: *A quoi bon? la tragédie court les rues.* Lemierre ne s'est pas borné à travailler pour le théâtre; on a encore de lui un poëme estimé sur *la Peinture*, publié en 1769. C'est en partie une imitation d'un poëme latin de l'abbé de Marsy (*Pictura carmen*); un autre intitulé: *les Fastes, ou les Usages de l'année*, publié en 1779, et des *poésies légères*, 1782. Il ne fut reçu que très-tard à l'académie française. Étranger à toute espèce d'intrigue, métromane exclusif, il ne voulut devoir, et il ne dut en effet son admission qu'à ses ouvrages. Lorsque l'académie le choisit, ce fut par déférence pour l'opinion publique, qui le proclamait depuis long-temps digne d'occuper le fauteuil. C'est le 25 janvier 1781 qu'il fut élu membre de ce corps illustre, à la place de l'abbé Le Batteux. Son discours de réception est plein de noblesse; on y remarque le passage suivant : « Je n'a- » vais guère de liaisons avec vous » que par vos ouvrages, par l'ad- » miration qu'ils inspirent et les le- » çons que j'y ai puisées. La place » que vous m'accordez est d'autant » plus flatteuse pour moi, que ne » l'ayant sollicitée que par mes é- » crits, je serais presque tenté de » croire que je n'ai eu affaire qu'à » des juges.... Toujours animé de » l'ambition de mériter les hon- » neurs des lettres, j'ai pensé que » pour y parvenir, il ne fallait s'ap- » puyer que de ses travaux; qu'il » était permis de ne vous connaître » que par votre renommée, et que » chercher à concilier vos voix au- » trement que par des efforts lit- » téraires, c'était surprendre vos » suffrages, usurper votre adop- » tion, mendier la gloire, et dès- » lors s'en rendre indigne. » Lemierre était d'un caractère doux, bienveillant et plein de franchise. Il se montra toujours pénétré de la dignité de l'état d'homme de lettres, et, quoique sans fortune, jamais il n'a vendu ni prostitué sa plume. Jamais l'envie ne souilla son âme généreuse; il applaudissait aux succès de ses rivaux, il se plaisait à encourager et à protéger les jeunes gens qui entraient dans la carrière des lettres. Sans cesse en butte aux attaques de la critique et de la malveillance, auxquelles son style souvent incorrect et *rocailleux*, suivant l'expression de Fréron, ne prêtait que trop, jamais il n'y répondit et n'en témoigna d'humeur. La Harpe, dont les jugemens sur ses contemporains sont pour la plupart d'une rigueur excessive, se montra surtout injuste envers Lemierre, qui se bornait à répondre : « Que M. de La Harpe garde » sa correction et son élégance, et » qu'il me laisse ma verve ! » Plein de reconnaissance pour ses parens qui avaient fait de grands sacrifices pécuniaires pour son éducation, il fut un modèle de piété filiale. Tant que sa mère vécut, il l'entoura de soins, et se bornait au plus stricte nécessaire pour lui porter, chaque mois, à pied, à Villiers-le-Bel où elle demeurait, la modique rétribution qu'il retirait de ses pièces de théâtre. On lui a reproché de parler de ses propres ouvrages avec peu de modestie; mais c'était avec tant de bonhomie qu'il se donnait lui-même des éloges, qu'on lui pardonnait aisément ce travers. On cite de lui à cet égard une foule de mots pleins de naïveté. Il avait conduit un jour quelques-uns de ses amis à une représentation de sa pièce favorite, la *Veuve du Malabar* ; ceux-ci lui firent remarquer, en plaisantant, le vide de la salle. « Tout est » plein, leur répondit-il, mais cet- » te salle est construite d'une ma- » nière si singulière que vraiment » je ne sais pas où ils se cachent. » Une autre fois il s'écria : « Société » peu nombreuse, mais bien » choisie. » A la première représentation de *Céramis*, impatienté des marques fréquentes d'improbation que donnait le parterre, il répétait : « Croient-ils donc qu'on » leur donnera tous les jours des » *Veuve du Malabar ?* » On raconte aussi que se trouvant un jour dans la bibliothèque d'un de ses amis, et se croyant seul, il apostropha en ces termes un buste de Voltaire : « Ah ! que tu voudrais » bien avoir fait ma Veuve ! » A l'âge de 60 ans, Lemierre s'était remarié avec une jeune et aimable personne dont il sut se faire chérir. Il l'appelait *son ange*. Son affection pour elle lui inspirait des mots charmans. « Je passe de temps » en temps la main sur ses épau- » les, disait-il, pour savoir s'il ne » lui viendrait pas des plumes. » En général, il exprimait ses idées et ses sentimens avec autant d'originalité que de verve. Un soir qu'il traversait après souper une rue écartée, un individu lui ayant demandé assez brutalement quelle heure il était ? « Regarde à l'ai- » guille, » lui répond-il en tirant son épée dont il lui présentait la pointe. Les troubles de la révolution produisirent sur son imagination l'effet le plus funeste ; il perdit d'abord peu à peu la mémoire et ensuite les facultés intellectuelles. Il vécut 8 ou 10 mois dans un état complet d'enfance, et mourut, au mois de juillet 1792, à Saint-Germain-en-Laye, où il s'était retiré.

LEMIERRE D'ARGY (A. J.), littérateur-traducteur, neveu du précédent, naquit vers 1770, et non 1760 comme le disent d'autres biographes ; il mourut à Paris, le 12 novembre 1815. Homme instruit, probe, désintéressé, mais sans ordre, il vécut presque constamment dans la misère, et termina ses jours à l'hôpital, où, par un sentiment de délicatesse qu'une longue infortune aurait pu lui faire oublier, il se fit inscrire sous un nom qui n'était pas le sien. Lemierre d'Argy possédait plusieurs langues et était traducteur assermenté près des tribunaux. Il a publié : 1° *Olivia*, roman traduit de l'anglais, Paris, 2 vol. in-12, 1787; 2° *l'Élève du plaisir*, également traduit de l'anglais, même année, 1787; 3° *Nouveau Code criminel de l'empereur Joseph II*, traduction de l'allemand, in-8°, Paris, 1788; 4° *Calas, ou le Fanatisme*, drame en 4 actes et en prose, représenté pour la première fois, le 17 décembre 1790, sur le théâtre du Palais-Royal, aujourd'hui Théâtre-Français. Le lendemain 18, M. Laya fit jouer sur un autre théâtre, le drame qu'il avait composé sur le même sujet et qui est intitulé : *Jean Calas*. Le 7 juillet 1791, les comédiens du théâtre de la République représentèrent un autre *Calas*, tragédie de M. J. Chénier. 5° *Les cent pensées d'une jeune Anglaise*, publiées en anglais et en français. On y a joint des *Mélanges*, des *Apologues moraux*, et une *Description allégorique des voyages d'un jeune homme au pays du bonheur*, in-12, Paris, 1798. 6° *Poésies de Gray*; 7° *Joscelina*, par Isab. Kelly, traduction de l'anglais sur la 3me édition, Paris, 1799, 2 vol. in-12; 8° (avec MM. Brosselard et Weiss) *Code général pour les états prussiens*, traduction de l'allemand, 2 tomes en 5 vol. in-8°, 1801; 9° *le Château de l'indolence*, poëme en 2 chants, par Thomson, suivi de deux autres poëmes, également traduits de l'anglais, in-12, Paris, 1814; 10° *Mémoires de la reine d'Étrurie, écrits par elle-même*, traduction de l'italien, Paris, in-8°, 1814; 11° *Relation authentique de l'assaut donné le 6 juillet 1809 au palais Quirinal, et de l'enlèvement du souverain pontife*, traduction de l'italien, Paris, in-8°, 1814; 12° (avec M. Breton) *la Femme errante*, par miss Burney, roman traduit de l'anglais, 1814, 5 vol. in-12. Il a laissé en manuscrit une tragédie sous le titre de *Mazaniel*, et avait commencé une traduction de *Martial*. Parmi plusieurs traits qui prouvent son désintéressement, nous en citerons un qui peint parfaitement son caractère. A une époque où Lemierre se trouvait dans une situation très-pénible, un de ses amis, conduit à son bureau un négociant armateur d'Ostende, qui lui donne à traduire de l'anglais une lettre d'environ deux pages. Un quart d'heure après, il la rend avec la traduction, et reçoit pour son travail, du négociant généreux, une pièce d'or de 40 francs. Lemierre suit sans être aperçu son ami, et lorsqu'il le voit seul, il l'aborde. « Tu n'es pas » plus heureux que moi, lui dit-il: » prends cette pièce et donne-moi » 5 francs ; ce sera assez. » Jamais il ne voulut accepter davantage.

LEMINTIER (A. R. L.), né dans le diocèse de Saint-Malo, le 28 décembre 1729. Destiné par sa famille à l'état ecclésiastique, il fut nommé évêque de Tréguier, et sacré en cette qualité le 30 avril 1780. Il se montra l'un des adversaires les plus prononcés de la révolution. Plusieurs fois la tribune de l'assemblée nationale retentit des accusations portées contre lui de chercher à faire soulever la Bretagne. En octobre 1789, il fut dénoncé pour un mandement d'un caractère tellement grave, que bientôt il fut cité devant un tribunal chargé de juger les crimes de lèse-nation. Le zèle de M. Lemintier n'en fut point ralenti, et le 10 novembre suivant, il adressa à l'assemblée une opposition au décret qui déclarait les biens du clergé propriétés nationales. Néanmoins le Châtelet procédait contre le prélat, qui enfin fut déchargé de l'accusation. Quelque temps après, Voidel, membre du comité des recherches, fit, au nom de ce comité, un nouveau rapport sur l'espèce d'opposition de l'évêque de Tréguier. Mandé à la barre de l'assemblée le 14 février, il ne jugea pas à propos de défendre de vive voix l'écrit qu'il avait publié, et passa à l'île de Jersey, d'où il se rendit à Londres, où l'on croit qu'il est mort peu d'années avant le rétablissement en France du gouvernement royal.

LE MIRE (NOEL), graveur, naquit à Rouen, département de la Seine-Inférieure, en 1723. Il vint à Paris très-jeune encore, et apprit son art sous la direction de Lebas. Le genre de Le Mire, extrêmement pur et soigné, n'a aucun rapport avec celui de ce maître, qui est tout de goût et de sentiment. Le Mire est un des premiers qui aient donné au genre du petit burin, ce charme, ce fini, qu'on admire dans toutes ces belles éditions, à commencer par celle des *Contes* de La Fontaine, dite des fermiers-généraux, à laquelle il contribua. Il a enrichi de ses gravures l'édition des *Métamorphoses d'Ovide*, publiée par lui et Basan, vers 1770. Il a donné aussi une édition du *Temple de Gnide*, dont il a fait toutes les figures. Indépendamment d'un grand nombre de planches gravées d'après Cochin, Eisen, Moreau, et pour divers ouvrages, on a de lui plusieurs grandes estampes, telles que les portraits en pied de M. *de La Fayette*, et celui de *Washington*, d'après Le Paon; *Latone vengée*, et les *Nouvellistes flamands*, d'après Teniers; *Jupiter et Danaé*, d'après le Carrache; la *Mort de Lucrèce*, d'après André del Sarte. La planche d'après Moreau, intitulée le *Gâteau des rois*, critique fort ingénieuse du premier partage de la Pologne, est l'un de ses ouvrages; elle obtint le plus grand succès. Cette planche fut saisie et cassée par la police. Elle est devenue très-rare. Le Mire mourut en 1801.

LEMOINE (LE CHEVALIER LOUIS), lieutenant-général, officier de la légion-d'honneur, chevalier de Saint-Louis, est né à Saumur, département de Maine-et-Loire, le 23 novembre 1764. Dès l'âge de 19 ans, il prit du service dans le régiment de Brie infanterie, où il devint un des premiers sous-officiers instructeurs. Le maréchal Lefebvre avait ainsi commencé. Dès le commencement de la révolution, Lemoine vit s'étendre pour lui, comme pour tous les braves, la carrière militaire. S'étant rendu dans sa ville natale, à l'époque de la création des volontaires nationaux, il fut placé à la tête d'un bataillon en qualité de commandant. Envoyé à Verdun pour en fortifier la garnison, il s'y trouvait avec les généraux

Marceau et Dufour. Comme eux, comme le brave commandant Beaurepaire, comme la garnison, il veut défendre la place; mais les habitans épouvantés d'un premier bombardement demandent à capituler. « Ils détruisent les subsis- » tances et anéantissent les appro- » visionnemens. La reddition est » résolue. Beaurepaire, indigné » d'une pareille lâcheté, se don- » ne la mort..... » Retranché dans la citadelle, Lemoine, par une contenance intrépide, parvint à obtenir une capitulation particulière, à la faveur de laquelle il put sortir quelques bagages. Qu'ils étaient précieux pour ce digne officier ! Ils renfermaient, enveloppé secrètement, le corps de l'infortuné Beaurepaire. Il le conduisit à Sainte-Menehould, et ne s'en sépara qu'après lui avoir fait rendre les honneurs funèbres. Employé plus tard en qualité de chef d'état-major dans la division Miranda, il s'y fit honorablement remarquer aux affaires de Grandpré, du camp de la Lune, de Jemmapes et de Nerwinde. Après la reddition de Valenciennes où il était en activité, il marcha sur Lyon, dont les troupes de la convention nationale faisaient alors le siége. Il fut nommé général de brigade en récompense des services qu'il rendit, mais en loyal militaire, pour seconder les mesures du gouvernement. De Lyon, il passa à l'armée des Pyrénées-Orientales, commandée par le général, depuis maréchal Augereau. Par suite de la paix avec l'Espagne, il fut envoyé à l'armée de l'Ouest, sous les ordres du général Hoche, qui lui donna le commandement d'une division destinée à agir contre les troupes débarquées à Quiberon. Informé, le 15 juillet 1795, par des déserteurs, qu'il serait attaqué dès le lendemain, il fit ses dispositions dont les résultats furent la déroute complète des assaillans. Le 1er janvier 1796, il fut nommé général de division. Il passa le reste de cette année 1796 à faire la guerre contre les *chouans*. En 1797, il accompagna le général Hoche à l'armée du Rhin, où il eut, le 16 avril, la plus grande part à l'enlèvement des redoutes de Bendorff. Après ce fait d'armes éclatant, il reçut du général Hoche le commandement d'une des divisions que le général en chef détacha sur Paris, et dont l'arrivée aux environs de la capitale provoqua dans le corps-législatif l'importante discussion des limites constitutionnelles (*voyez* Hoche). Peu de temps après, le général Lemoine entra à Paris à la tête de sa division; mais cette fois sa mission s'expliqua par la révolution du 18 fructidor an 5 (4 septembre 1797). Chargé par le général Augereau d'occuper les Tuileries, et d'arrêter les inspecteurs de la salle, il cita avec éloge les généraux Poinsot et Verdier, et M. Andrieu, qui l'avaient secondé dans sa mission, « qui, » du reste, disait-il, n'avait présen- » té aucune difficulté, aucun dan- » ger, mais qui faisait infiniment » d'honneur à ceux qui avaient » préparé et ordonné l'événe- » ment. » Commandant, en 1798, les départemens de l'Ouest, il fut accusé de faire des concessions au parti modéré. Il donna, en

1799 et 1800, à l'armée d'Italie, de nouvelles preuves de courage et de talens en s'emparant, sur les Napolitains, de Civita-Ducale. La paix de Lunéville le rendit à ses foyers. Après une inactivité de plusieurs années, il reçut, en 1812, de l'empereur Napoléon, le commandement de Wesel, d'où il passa, l'année suivante, à celui d'une division qui tint la campagne aux environs de Magdebourg. Chargé, en 1814, du commandement de la place de Mézières, et instruit des événemens de la première restauration, il défendit cette place pour le roi avec un courage et une opiniâtreté que ne purent vaincre les menaces ni les attaques vives et continuelles des troupes saxonnes qui l'assiégeaient. Il fallut, pour faire cesser cette résistance héroïque, les instances réitérées du conseil municipal et des notables de la ville, qui représentèrent au brave général Lemoine qu'après avoir satisfait si noblement à l'honneur, il devait prendre en considération le salut de la ville et de ses habitans. Cédant enfin à ces instances, le général Lemoine signa une capitulation en vertu de laquelle il sortit, le 3 septembre 1814, de la citadelle tambour battant, mèche allumée, et emmenant avec lui plusieurs canons et caissons qu'il conduisit à Paris, où il publia un mémoire justificatif de sa conduite. Le roi le nomma chevalier de Saint-Louis. Le général Lemoine a cessé d'être en activité en 1817; il n'est pas même en disponibilité depuis cette époque.

LEMOINE. (Joachim-Thadée-Louis), député suppléant à la convention nationale, où le nomma le département du Calvados; il ne prit séance qu'après le jugement du roi. Le 17 avril 1795, lors de la discussion du projet présenté par Aubry pour l'organisation de la garde nationale parisienne, il s'éleva contre les dispositions qui établissaient une cavalerie, parce que, prétendait M. Lemoine, cette arme, où seraient inévitablement appelés les riches, alarmerait les autres classes de citoyens. M. Lemoine fut nommé secrétaire le 19 juillet. Le 27, il présenta à la convention le sabre que Robespierre avait fait fabriquer, pour son usage, d'après le dessin du célèbre peintre David. « Ce roi des sans-culottes, dit a-
» vec beaucoup d'esprit M. Le-
» moine, ne haïssait pas le faste.
» Le sabre que je vous présente
» est tout brillant d'or et de nacre,
» et cependant on lit gravés des-
» sus ces mots tout républicains :
» *Liberté et Égalité*. Il est, ajouta
» M. Lemoine, de la même forme
» que ceux des élèves du camp des
» Sablons, dont Robespierre avait
» eu le dessein de se former une
» garde prétorienne. » M. Lemoine prit avec chaleur la défense de plusieurs de ses collègues, entre autres de Lanot, dénoncé par la commune de Brives. Dans l'accusation contre Robert-Lindet, il apostropha Lebardy, qui s'était permis d'insulter les porteurs d'une pétition en faveur de ce membre. Plus tard il fit rendre générale, pour toute la France, une loi de police relative aux émigrés, proposée seulement pour la ville de Paris. Après les événemens du 13

vendémiaire an 4 (18 octobre 1795), il demanda la destitution de tous les fonctionnaires publics et de tous les employés qui n'étaient pas à leur poste lors des dangers qu'avait courus le gouvernement. Admis au conseil des cinq-cents par suite de la réélection des deux tiers conventionnels, il proposa des amendemens au projet de Gossuin relatif à la réquisition. Il sortit du conseil en 1798, et fut un des candidats à la place de commissaire de la comptabilité nationale (aujourd'hui cour des comptes). Appelé au nouveau corps-législatif sur la fin de 1799, il en fit partie jusqu'en 1806. Depuis cette époque, on ignore ce qu'il est devenu.

LEMOINE (N.), dit LEMOINE DE LA HAUTE-LOIRE, fut nommé, par ce département, député supléant à la convention nationale, où il n'entra qu'après le jugement de Louis XVI. Il parut rarement à la tribune. Lors de la mise en activité de la constitution directoriale, il ne passa point aux conseils. Il rentra dans ses foyers, et ne reparut plus dans les affaires publiques.

LEMOINE (N.), dit LEMOINE DESFORGES, législateur et magistrat, remplissait les fonctions d'accusateur public près le tribunal criminel du département d'Ille-et-Vilaine, lorsqu'il fut nommé par ce département, en 1798, député au conseil des anciens. Il n'y prit la parole que sur des objets d'administration. Cependant, le 29 novembre, il combattit avec énergie la résolution portant des peines contre les personnes convaincues d'avoir recélé des déserteurs. Il s'opposa également au projet d'organisation de l'ordre judiciaire civil, et à celui de la propriété des halles servant à la tenue des marchés. Dans la séance du 19 brumaire an 8 (10 novembre 1799), tenue à Saint-Cloud, il demanda que les députés condamnés à la déportation, par suite des événemens de la veille, fussent préalablement entendus : proposition noble et courageuse, mais qui fut sans effet. Après la promulgation de la constitution de l'an 8, le gouvernement consulaire le nomma vice-président du tribunal d'appel du département d'Ille-et-Vilaine, où il siégeait encore en 1807, comme premier président par intérim. Depuis lors, il a été perdu de vue.

LEMOINE (N.), dit LEMOINE-DE-BELLE-ILE, ancien chancelier de la maison d'Orange, fut nommé, par la noblesse de Chaumont-en-Vexin, député aux états-généraux en 1789. Il fut un des premiers membres de son ordre qui se réunirent avec le clergé au tiers-état; mais il n'occupa point la tribune. A la fin de la session, il se retira dans ses foyers, pour ne plus reparaître sur la scène politique.

LEMOINE (N.), homme de lettres, ancien chef de bureau au ministère de l'intérieur, est auteur de différens ouvrages estimés sous le double rapport des sentimens patriotiques et du mérite littéraire. Ce sont : 1° *Discours*, qui a obtenu la première mention honorable sur cette question proposée par l'institut de France: *Quelle a été l'influence des croisades?* brochure in-8°, 1808; 2° *Discours* qui a remporté le prix à l'académie de Dijon, sur cette question : *Est-ce avec raison que les nations étrangères reprochent au peuple français sa légèreté?* in-8°, 1809. Ce discours a été réimprimé, en 1815, sous ce titre . *les Français justifiés du reproche de légèreté.*

LEMOINE D'ESSOIES (Edme-Marie-Joseph), professeur de mathématiques, naquit à Essoies, département de l'Aube. Avant de se consacrer à l'étude des sciences exactes, il suivit les cours de droit, et ne les abandonna qu'après avoir obtenu le diplôme de bachelier. Il obtint, par son seul mérite, la chaire de professeur de physique et de mathématiques, et devint membre du jury d'instruction publique. Il a publié : 1° *Principes de géographie,* Paris, 1780, in-12 ; 2ᵐᵉ édition, 1784 : l'abrégé du même ouvrage parut également en 1784, in-12 ; 2° *Traité du globe,* rédigé d'une manière nouvelle et à la portée des enfans, Paris, in-12, 1780 ; 3° *Traité élémentaire de mathématiques, ou Principes d'arithmétique, de géométrie, de trigonométrie, avec les sections coniques,* Paris, in-8°, 1778 ; nouvelle édition, 1790, autre édition 1793, enfin, en 1797, en 2 vol. in-8°, le même ouvrage augmenté d'une *Histoire abrégée des mathématiques;* 4° *Principes d'arithmétique décimale,* Paris, 1801 ; 2ᵐᵉ édition, 1804. Lemoine mourut à Paris, le 17 août 1816. Il a fondé une école particulière, qui est devenue célèbre, sous le nom d'*Institution Polytechnique.* Le *Moniteur* du 1ᵉʳ septembre 1816 contient une *Notice* sur ce professeur.

LEMONNIER (Pierre Charles), célèbre astronome, membre de l'académie des sciences, de la société royale de Londres, de l'académie de Berlin, etc., naquit à Paris le 23 novembre 1715. Son père, Pierre-Lemonnier, professeur de philosophie au collége d'Harcourt, membre de l'académie des sciences, et auteur de plusieurs ouvrages estimés, lui fit donner une éducation soignée. Mais dès l'âge de 16 ans, P. C. Lemonnier renonça tout-à-fait à la littérature et se livra exclusivement à l'étude de l'astronomie. Ses études, ses travaux lui acquirent bientôt une juste célébrité, et il entra en correspondance intime avec les savans de presque toute l'Europe. Le 21 avril 1736, l'académie des sciences lui donna une marque de sa haute estime en l'admettant au nombre de ses membres ; il avait alors à peine 21 ans. Actif et avide de connaissances, il sollicita de l'académie la faveur d'être un des commissaires qu'elle envoyait mesurer un degré du méridien sous le cercle polaire. Il partit en conséquence, l'année même de sa réception à l'académie, avec Clairaut et Maupertuis, pour Tornéo, où il resta tout l'hiver, et contribua puissamment par son travail et son zèle infatigable à terminer avec succès cette entreprise. A son retour en France, il s'efforça de remettre en vigueur la méthode de Flamsteed, qu'il regardait comme la meilleure, par la précision qu'elle a introduite dans les tables du soleil et dans les positions des étoiles. En 1740, il vérifia l'obliquité de l'écliptique, après avoir fait des observations fort importantes. Il lut, à la rentrée de l'académie des sciences, le 11 novembre 1741, un mémoire sur un nouveau catalogue d'étoiles zodiacales, et présenta à cette société une nouvelle carte du zodiaque qui fut gravée en 1755. Ce fut peu de temps après qu'il parvint à se procurer l'instrument des passages, ouvrage de Graham, horloger de Londres. Cet instrument, de la plus grande nécessité en astronomie, était inconnu en France lorsque Lemonnier l'y apporta. Il s'efforça, en 1742, de détruire l'ancien préjugé de nos astronomes sur les comètes, et annonça hardiment dans une séance de l'académie des sciences, que la comète qui paraissait à cette époque faisait un mouvement rétrograde. Il construisit, en 1743, dans l'église de Saint-Sulpice à Paris, la grande et belle méridienne que l'on y voit encore. En 1746, il détermina les inégalités de Saturne causées par l'attraction de Jupiter. Ce sujet mis au concours par l'académie des sciences, occupa le célèbre Euler, dont le mémoire, qui remporta le prix, justifia l'exactitude du travail de Lemonnier. Il entretenait une correspondance très-suivie avec les astronomes de l'Angleterre, et introduisit par la suite dans sa patrie leur méthode et leurs instrumens. En 1748, il se rendit à Londres et de là en Écosse, pour observer l'éclipse qui arriva le 25 juillet de la même année. En 1755, il fit à Bellevue une méridienne pour laquelle il reçut du roi une somme de 15,000 livres; avec cette somme il acheta des instrumens d'astronomie. Lemonnier a rendu aux sciences d'éminens services, tant par les heureux changemens que par les grandes découvertes qu'il a opérés dans l'astronomie. C'est lui qui le premier donna en France des élémens du soleil, parvint à corriger les catalogues des étoiles, et à déterminer d'une manière précise la hauteur du pôle de Paris. C'est à lui enfin que l'on doit les changemens des réfractions en hiver et en été. Ce savant a occupé pendant plusieurs années la chaire de professeur de physique au collège royal de France, où il eut pour élève le célèbre Lalande avec lequel il eut de vifs démêlés. Lemonnier a publié entre autres ouvrages: 1° *Histoire céleste*, 1741, in-4°; 2° *Théorie des comètes*, où l'on traite des progrès de cette partie de l'astronomie, 1743, in-8°; l'auteur y a ajouté la *Cométographie* de Halley; 3° *Institutions astronomiques*, traduction de Keill avec de nombreuses additions, 1746, in-4°; 4° *Observations de la lune, du soleil et des étoiles fixes*, 1751; 5° *Nouveau zodiaque réduit à l'année 1755*, in-8°, Paris, 1755. Ce travail, exécuté par M. de Séligny sous les yeux de Lemonnier, renferme, dit Lalande, le catalogue des étoiles zodiacales de Flamsteed, gravé en trente pages en taille-douce, les cartes des pléiades et des hyades et l'échelle de la grande carte du zodiaque, exécutée la même année. 6° *Premières observations faites par ordre du roi pour la mesure du degré entre Paris et Amiens*, 1757, in-8°; 7° *Abrégé du pilotage*, par Couberi,

édition augmentée, 1766, in-4°;
8° *Astronomie nautique lunaire*, où l'on traite de la latitude et de la longitude en mer, 1771, in-8°; 9° *Exposition des moyens les plus faciles de résoudre plusieurs questions dans l'art de la navigation*, 1772, in-8°. On a joint à cet ouvrage, l'échelle des logarithmes de Gunter. 10° *Essai sur les marées et leurs effets aux grèves du mont Saint-Michel*, 1774, in-8°; 11° *Description et usage des principaux instrumens d'astronomie*, 1774, in-fol. Cette description forme un des cahiers de la grande description des arts et métiers. 12° *Lois du magnétisme*, in-8°, 1776. La seconde partie de cet ouvrage parut en 1778, également in-8°. 13° *Traité de la construction des vaisseaux*, par Chapman, traduction du suédois, 1779, in-fol.; 14° différens *Mémoires* sur la physique et l'astronomie. Lemonnier, qui mourut à Héril près de Bayeux, département du Calvados, le 2 avril 1799, avait été nommé membre de l'institut national (section d'astronomie), dès la réorganisation de ce corps. Il fut remplacé par Cassini. Son éloge a été prononcé par M. Lefèvre-Gineau, et imprimé dans les *Mémoires de l'institut* (classe des sciences physiques et mathématiques). Deux filles de Lemonnier épousèrent, l'une le comte Lagrange (*voy.* LAGRANGE), et l'autre L. G. Lemonnier, médecin (*voy.* l'article suivant).

LEMONNIER (Louis-Guillaume), frère du précédent, professeur de botanique, premier médecin du roi, associé de l'institut, etc., naquit à Paris en 1717.

Dirigé par sa famille dans la carrière médicale, il se fit recevoir docteur en médecine, et, dès 1738, fut attaché à l'infirmerie de Saint-Germain-en-Laye. Il s'était de bonne heure adonné à l'étude des sciences physiques, et rendit des services importans à la botanique. Professeur de cette science au Jardin du Roi à Paris, par suite de la mort de M. de Jussieu aîné, il devint successivement médecin en chef des armées pendant les guerres d'Hanovre, premier médecin des enfans de France, et premier médecin du roi. La révolution porta Lemonnier à se retirer à Montreuil près de Paris, où ayant continué à résider après le régime de la terreur, il ne put être nommé qu'associé de l'institut national. Il mourut le 21 fructidor an 7 (7 septembre 1799). Quelques années auparavant, Lemonnier avait épousé l'une des filles de son frère (*voy.* l'article précédent), dans la généreuse et unique intention de laisser sa fortune à cette jeune personne. On rapporte ainsi les circonstances qui lui sauvèrent la vie dans la journée du 10 août 1792. « Pen-
» dant l'attaque du château, il n'é-
» tait pas sorti de son cabinet, et
» n'avait pas changé de costume.
» Des hommes, les bras teints de
» sang, heurtent à la porte : Que
» fais tu ici? lui dit un d'eux, tu
» es bien tranquille. — Je suis à
» mon poste, répondit le vieillard.
» — Qui es-tu dans le château?
» — Je suis le médecin du roi. —
» Et tu n'as pas peur? — Et de
» quoi? je suis sans armes : fait-
» on du mal à qui n'en peut pas
» faire? — Tu es un bon b.... É-

» coute : tu n'es pas bien ici; d'au-
» tres moins raisonnables pour-
» raient te confondre avec le res-
» te. Où veux-tu aller? — Au
» Luxembourg. — Viens, suis-
» nous, et ne crains rien. » On le
fit traverser des haies serrées de
baïonnettes, de piques, etc.
«Camarades ! criait-on devant
» lui, laissez passer cet homme :
» c'est le médecin du roi ; mais il
» n'a pas peur; c'est un bon b....»
Lemonnier a publié : 1° *Dissertatio : ergo cancer ulceratus cicutam eludit*, 1763, in-4°; 2° *Leçons de physique expérimentale sur l'équilibre des liqueurs et sur la nature et les propriétés de l'air*, traduction de l'anglais, de R. Cotes, 1742, in-8° ; 3° *Observations d'Histoire naturelle*, in-4°, 1744; 4° *Pharmacopée* de Charas, nouvelle édition, etc. ; 5° *Lettre sur la culture du café*, 1772, in-12; 6° différens *Mémoires*, dont l'un sur l'*Électricité de l'air*, concourut à démontrer pour la première fois (en 1752), avec les expériences de Dalibard, l'identité du fluide électrique avec la foudre; 7° plusieurs *Articles* dans l'Encyclopédie, dont il était un des rédacteurs, sur l'*Aimant*, l'*Aiguille aimantée*, l'*Électricité*, etc. M. Challan a lu à la société d'agriculture de Versailles, un *Essai historique sur la vie de L. G. Lemonnier*, 1790, in-8°, et M. Duchesne a publié l'*Éloge de Lemonnier*, qui a été inséré dans le *Magasin Encyclopédique* (5° année, tom. III, pag. 489 à 500). Les botanistes lui ont consacré sous le nom de *monneria trifolia* une plante æquinoxiale, découverte par Læfling dans la Guiane.

LEMONNIER (L'ABBÉ GUILLAUME-ANTOINE), homme de lettres, ancien bibliothécaire du Panthéon (Sainte Geneviève), membre du Lycée, depuis Athénée des arts, naquit à Saint-Sauveur-le-Vicomte, département de la Manche. Sa famille, quoique peu riche, lui fit néanmoins donner une bonne éducation qu'il commença au collége de Coutances, et termina au collége d'Harcourt à Paris. Le jeune Lemonnier embrassa l'état ecclésiastique, devint chapelain de la Sainte-Chapelle, et obtint ensuite une cure dans la Basse-Normandie; il en fut privé par la révolution. Ses principes sages et modérés ne le sauvèrent pas de la proscription pendant le régime de la terreur. Il ne dut la liberté qu'à la révolution du 9 thermidor an 2 (27 juillet 1794). La convention lui accorda des secours comme homme de lettres, et Letourneur de la Manche, son compatriote, le fit nommer bibliothécaire du Panthéon. Il mourut le 4 avril 1797. L'abbé Lemonnier avait été lié avec Diderot, Raynal, Élie de Beaumont, Cochin, Greuze, Grétry et Mlle Arnould. Il a publié : 1° *le bon Fils, ou Antoine Masson*, musique de Philidor, représenté sur le Théâtre-Italien, le 11 janvier 1773, sous le nom de Devaux; 2° *Comédies de Térence*, traduites en français, 1770, 3 vol. in-8°; 3° *Satires de Perse*, traduites en français, 1771, un vol. in-8°. Ces deux traductions sont remarquables par leur fidélité, et en général par leur élégance. La traduction de Perse, par M. de Sélis, en 1776, quoique estimée, n'a point fait oublier celle de Lemonnier. En 1817, M. Delalain, libraire, a donné une nouvelle édition des *Satires de Perse*, avec les traductions et notes réunies de Lemonnier et Sélis. 4° *Fables, contes et épîtres*, in-8°, recueil dont la lecture est agréable; 5° *la Fête des bonnes gens de Canon, et des rosières de Briquebec et de Saint-Sauveur-le-Vicomte*, 1778, in-8°, et supplément. Lemonnier a encore publié un opuscule sous le titre de *Discours d'un Nègre maron au moment de subir le dernier supplice*, et des *Observations sur le pronom soi*, qui ont été insérées dans la *Décade philosophique* (tom. X, pag. 337). Il a lu au Lycée, depuis Athénée des Arts, un grand nombre de fables inédites, dont il se préparait à donner un recueil au moment où la mort le surprit. Son style, peu coloré, a du moins le mérite d'être éminemment naturel.

LEMONNIER (Pierre-René), ancien commissaire des guerres, littérateur, naquit à Paris en 1731. Après avoir terminé de très-bonnes études, il fut attaché en qualité de secrétaire au maréchal de Maillebois, qui avait pour lui beaucoup d'amitié. Nommé ensuite commissaire des guerres, il se délassait des occupations de sa place par des compositions littéraires. Il a plus particulièrement travaillé pour le théâtre, où il a obtenu des succès. On lui doit : 1° *le Mariage clandestin*, comédie en 3 actes et en vers libres, représentée le 12 août 1775; c'est une imitation d'une comédie anglaise de Garrick. 2° *les Pèlerins de la Courtille*, 1760, parodie ingénieuse et piquante des *Paladins*; 3° le *Maître en droit*, opéra-comique en 2 actes, 1760; cette pièce a eu les honneurs de la parodie sous le titre du *Maître d'école*, par Marcouville. 4° *Le Cadi dupé*, opéra-comique en un acte, 1761; 5° *la Matrone chinoise*, comédie en 2 actes mêlée d'ariettes, 1764; 6° *Renaud d'Ast* comédie en 2 actes, mêlée d'ariettes, 1765. Ce sujet, emprunté au conte de La Fontaine, *l'Oraison de Saint-Julien*, a été de nouveau mis en scène en 1787, par M. Radet. 7° *La Meunière de Gentilly*, opéra-comique en un acte, 1768; 8° *l'Union de l'amour et des arts*, ballet héroïque en 3 actes, 1773; 9° *Azolan, ou le serment indiscret*, ballet héroïque en 3 actes, 1774, tiré d'un conte en vers de Voltaire. Lemonnier mourut à Metz, le 8 janvier 1796, à l'âge de 65 ans.

LÉMONTEY (Pierre-Édouard), né à Lyon le 14 janvier 1762, d'une famille respectable de négocians, se distingua de bonne heure par de brillantes études et par des succès dans la carrière du barreau, qu'il suivit dès sa jeunesse. Alliant aux occupations de sa profession d'avocat la culture des lettres, il remporta successivement deux prix d'éloquence à l'académie de Marseille, l'un en 1785, pour l'*Éloge de Fabry de Peyresc*, et l'autre, en 1788, pour l'*Éloge du capitaine Cook*. Le premier est imprimé dans les mémoires de l'académie, le second le fut à Paris, chez Baudouin, 1792. La convocation des états-généraux, en 1789, fit entrer le jeune avocat dans la carrière des publicistes. On contestait encore à cette époque aux protestans l'exercice des droits politiques; il prit leur défense dans un écrit intitulé : *Examen impartial des réflexions sur la question de savoir si les protestans peuvent être électeurs ou éligibles pour les états-généraux*, et il contribua à faire triompher cette cause si juste. Il rédigea le cahier de l'assemblée électorale de Lyon *extra muros*, et publia à la même époque une brochure, sous le titre de *Quelques demandes pour les campagnes*. L'année suivante, il mit au jour deux autres écrits empreints de la même sagesse de principes : *Réflexions sur les devoirs des conseils des accusés*, et *Avis aux électeurs sur le choix des juges*. Lors de la formation des municipalités, il fut appelé à la place de substitut du procureur de la commune de Lyon, et devint, dans plusieurs occasions importantes, l'organe des sentimens de cette grande cité. On le nomma ensuite député du département du Rhône à la première législature, où il siégea au côté constitutionnel, et ne se lia qu'avec les membres distingués par la sagesse et la modération de leurs opinions. M. Lémontey devint successivement, membre du comité diplomatique, secrétaire et président de l'assemblée. Cette dernière fonction, qu'il exerça de fait pendant une grande partie de la session, le détourna fréquemment de la tribune, la présidence étant devenue alors fort pénible, par la violence des discussions, qui avaient lieu le jour et la nuit, et par la multitude des députations et des pétitionnaires qu'il fallait recevoir à la barre. M. Lémontey s'opposa à différentes reprises aux lois contre l'émigration, et parvint au moins à en faire excepter les savans, les artistes et les voyageurs. Il attaqua aussi l'obligation des passeports. Moins indulgent pour les auteurs des troubles religieux, il proposa cependant une mesure qui aurait pu par son adoption épargner bien des malheurs, c'est-à-dire, une modification du serment exigé des prêtres. Étant obligé, comme secrétaire, de lire les dépêches contenant le récit des horribles massacres d'Avignon, ses larmes et ses sanglots qu'il ne put retenir, interrompirent sa lecture et le forcèrent à descendre de la tribune. Il présidait l'assemblée le 8 octobre 1791, au moment où le roi y était attendu, et lorsque inopinément le décret fut porté, qu'il ne serait répondu au discours du monarque que par un message écrit, ainsi que cela se pratique aujourd'hui. Contraint de supprimer la réponse qu'il avait préparée, il lut textuellement la décision de l'assemblée, et Louis XVI, qui n'avait pas été prévenu de cette nouveauté, parut très-surpris. Quand le lendemain, le président exprima, dans son projet de message, le sentiment pénible dont l'avait pénétré le silence de la veille, l'assemblée repoussa ce ménagement, et l'obligea d'effacer cette partie de son discours. Après les catastrophes qui renversèrent la constitution, M. Lémontey chercha quelque sécurité dans sa ville natale, porta les armes pour la défense de Lyon assiégé, vit périr une partie de sa famille, et n'échappa lui-même à la mort qu'en fuyant dans les cantons suisses, sous le déguisement d'un soldat. Revenu à Lyon au commencement de 1795, il satisfit aux vœux de ses compatriotes en publiant son ode des *Ruines de Lyon*, pièce remarquable par de beaux vers et par la chaleur qui y règne. Nommé administrateur du district, il seconda vivement le rétablissement des exilés, et la restitution des biens des condamnés. Il fut ensuite député auprès du gouvernement à l'occasion d'une disette qu'éprouvait la ville de Lyon; après avoir rempli cette mission, il parut pendant quelque temps avoir renoncé aux affaires publiques, et à l'exception d'un voyage qu'il fit en Italie, il continua de jouir à Paris des douceurs de l'étude et de l'amitié, se vouant entièrement à la littérature. Il donna, en 1798, l'opéra de *Palma ou le voyage en Grèce*, qui obtint du succès et qui eut plus de cent représentations très-suivies. En faisant paraître sur la scène les barbares qui démolissaient les chefs-d'œuvre des arts dans la Grèce, l'auteur cherchait à jeter sur les Vandales, destructeurs des monumens de la France, l'odieux qu'ils méritaient. Il donna quelque temps après l'opéra de *Romagnesi*, qui eut une vingtaine de représentations. En 1801, il publia *Raison, Folie, chacun son mot, petit cours de morale mis à la portée des vieux enfans*, 1 vol. in-8°, qui eut bientôt deux éditions. C'est un recueil d'opuscules légers et spirituels, où l'on trouve une satire aussi fine qu'ingénieuse de plusieurs travers de l'époque. L'année suivante, il publia *les Observateurs de la femme*, 1 vol. in-18, qui a été réimprimé depuis, badinage gracieux qui couvre un fond très-philosophique. Le gouvernement ayant voulu, en 1804, confier la censure des pièces de théâtre à un jury de trois hommes de lettres, M. Lémontey fut appelé à cette fonction avec MM. Lacretelle jeune et Desfaucheretz. Il s'acquitta pour sa part, avec modération, de cette tâche délicate, et rendit même, quand l'occasion s'en présentait, des services aux hommes de lettres. De nouveaux adjoints lui ont été donnés depuis, et les auteurs le plaignent de faire partie d'une censure devenue outre mesure sévère, ombrageuse et partiale. M. Lémontey a fait aussi paraître, sous le voile de l'anonyme, deux ouvrages de circonstance, qui furent remarqués : le premier est un roman dans le genre de Sterne, *la Famille du Jura, ou Irons-nous à Paris?* qui parut à l'occasion du couronnement de Napoléon, et qui eut quatre éditions dans l'espace de quatre mois; le second fut composé à l'occasion de l'accouchement de l'impératrice, sous le titre de *Thibaut, ou la naissance d'un comte de Champagne*, espèce de poëme héroï-comique, en prose et en stances, comme serait une traduction de l'Arioste. Lorsqu'une loi eut rétabli l'ordre des avocats, M. Lémontey fut inscrit sur le tableau des avocats de Paris, et devint conseil de l'administration des droits-réunis. Après la restauration en 1814, il reçut du roi la décoration de la légion-d'honneur. La place de directeur-général de la librairie ayant été supprimée, il remplit provisoirement l'emploi de chef de cette partie pendant un an. Il donna au public, en 1816, la 3.me édition de *Raison, Folie*, etc., considérablement augmentée, en 2 vol. in-8°, et en 1818, parut son *Essai sur l'établissement monarchique de Louis XIV*, fruit d'un long travail, et qui est l'introduction d'une *Histoire critique de la France depuis la mort de Louis XIV*. Cet essai est précédé de plus de mille articles que M.me de Genlis avait omis dans son édition des *Mémoires de Dangeau*, et ces articles sont accompagnés de notes très-curieuses, que M. Lémontey attribue à un anonyme, parce que probablement il ne lui aura pas été permis de nommer le duc de Saint-Simon, dont elles portent évidemment le cachet. M. Lémontey a fait les fonds d'un prix de poésie, décerné par l'académie française, sur les *Avantages de l'enseignement mutuel*. Il seconda parfaitement l'institution philantropique des caisses d'épargnes et de prévoyance, par la publication des *trois Visites de M. Bruno*, opuscule naïf et piquant à la manière de Franklin, et que l'on réimprime dans toutes les villes où se font des établissemens de ce genre. En 1819, l'académie française a élu M. Lémontey à la place vacante par la mort de l'abbé Morellet. Le nouvel académicien y a lu, dans des séances particulières, plusieurs chapitres de son *Histoire critique de la France*, et à l'occasion de la fièvre jaune de Barcelonne, il a fait imprimer chez Firmin Didot, celui de ces chapitres qui offre la *Relation de la peste de Marseille*, et qui a été aussitôt traduit en allemand. Il vient de publier une *Étude littéraire sur la partie historique du roman de Paul et Virginie*, par Bernardin-de-Saint-Pierre, accompagnée des pièces officielles du naufrage du vaisseau *le Saint Géran*, qu'on a récemment découvertes à l'île de Bourbon. Il a aussi fourni à la collection de la *Galerie française* plusieurs notices, entre lesquelles on distingue celles qui concernent le président de Thou, le cardinal de Retz, Jean-Baptiste Colbert, etc., etc.

LEMORE (LE CHEVALIER), était procureur du roi à Issengeaux. En 1816, le collége électoral du département de la Haute-Loire le nomma membre de la chambre des députés, où il siégea au côté droit, 2.me section. De 1817 à 1818, il combattit la proposition de M. Cassaignoles demandant l'abrogation de l'article 2 de la loi du 9 novembre, qui ne permet pas que les écrivains en prévention puissent obtenir leur liberté sous caution. Il proposa l'ordre du jour sur la pétition d'un habitant de Lyon, qui voulait rendre plainte en calomnie contre M. le préfet de police, Anglès, sur ce que ce fonctionnaire l'aurait accusé de coupables manœuvres, tendant à troubler l'ordre public dans le département du Rhône. De 1818 à 1819, il proposa, en qualité de rapporteur, l'ordre du jour sur la pétition d'un homme de lettres de Paris, qui demandait l'abolition de la peine de mort; et fit renvoyer au garde-des-sceaux une pétition où une loi sur le duel était réclamée. Il fit décréter l'or-

Mr Lemot.

Bouchot pinx. Fremy del et sculp.

dre du jour sur la pétition du sacristain de Vaugirard, qui dénonçait le marguillier de la même paroisse, et demandait sa destitution ; fait déclarer le renvoi au ministre de l'intérieur, d'une pétition ayant pour objet de faire mettre dans la loi sur la responsabilité des ministres, un article sur le plagiat des projets qui leur sont présentés ; et propose enfin le dépôt au bureau des renseignemens, d'une pétition demandant qu'on rendit au peuple le droit d'élire les candidats pour les places de juges-de-paix. Quant aux articles additionnels, il proposa, qu'à compter du 1er janvier 1820, les extinctions qui surviendraient par le décès des anciennes religieuses, tournassent graduellement au profit des survivantes, et augmentassent leur pension jusqu'au *maximum* de 600 francs pour les religieuses, et de 400 francs pour les sœurs converses. M. le chevalier Lemore n'a pas reparu depuis dans les assemblées législatives.

LEMOT (François-Frédéric), statuaire, membre de l'institut, professeur à l'école royale des beaux-arts de Paris, est né à Lyon en 1773. Il étudia d'abord l'architecture à l'académie de Besançon. Le professeur étonné des heureuses dispositions de son élève, conseilla à ses parens de l'envoyer à Paris. Il arriva dans cette ville à peine âgé de 12 ans, sans appuis et sans guides. La vue des chefs-d'œuvre qui embellissaient cette capitale excita vivement sa passion pour les beaux-arts ; mais il était encore indécis sur le genre qu'il devait adopter, lorsqu'une rencontre heureuse fixa son choix et détermina son goût pour la sculpture. Un jour qu'il était allé visiter le parc de Sceaux, il y fut surpris par plusieurs membres de l'académie de peinture et de sculpture dessinant l'*Hercule* du Puget. On lui fit des questions ; il y répondit avec naïveté, et la vue d'un enfant venu seul à pied de Paris pour dessiner l'ouvrage d'un grand-maître, intéressa ces artistes en sa faveur. Dejoux, statuaire, qui était du nombre, s'empressa de l'admettre dans son école, et lui donna, jusqu'à sa mort, toutes les preuves d'une amitié paternelle. L'élève répondit aux soins de cet excellent maître, en remportant le grand prix de sculpture, en 1790, à l'âge de 17 ans, par un bas-relief représentant le jugement de Salomon. Un succès aussi précoce fut remarqué à Paris et à la cour, et procura au jeune lauréat l'honneur d'être présenté à la reine Marie-Antoinette et au dauphin. Il partit, la même année, pour Rome en qualité de pensionnaire du roi ; mais la révolution vint interrompre ses études dans cette capitale des arts. Une troupe de furieux ayant, en 1793, attaqué l'académie de France, après l'assassinat de Basseville, il fut obligé de se réfugier, ainsi que ses camarades, à Naples et ensuite à Florence. Ces jeunes artistes, dénués de secours et n'osant se hasarder à rentrer en France, étaient dans une position extrêmement fâcheuse, lorsque Cacault, envoyé de France, détermina M. Lemot à se rendre à Paris pour solliciter auprès du gouvernement une pension qui mît les élèves de l'académie à même de continuer leurs études en Italie. L'entreprise était fort périlleuse, car les armées étaient en présence; il fallait traverser une mer couverte de vaisseaux ennemis, et, en débarquant en France, passer à travers des départemens en proie à toutes les horreurs de la guerre civile. Après avoir échappé miraculeusement à ces dangers, il arriva à Paris, comme on organisait la levée de la réquisition qui comprenait sans restrictions tous les jeunes gens de 18 à 25 ans. M. Lemot, qui n'avait alors que 20 ans, fut enveloppé dans cette mesure. Il eut à peine le temps d'obtenir pour ses camarades l'avantage qu'il était venu solliciter, et partit pour l'armée du Rhin où il servit dans l'artillerie sous le général Pichegru. Il était aux avant-postes de cette armée, lorsqu'il reçut, en 1795, l'ordre de se rendre à Paris, pour concourir à l'exécution d'une statue colossale en bronze, de 50 pieds de proportion, que l'on devait ériger sur le terre-plain du Pont-Neuf. Cette statue devait représenter le peuple Français sous la figure d'Hercule. M. Lemot fit le petit modèle qui fut adopté par un jury; mais les événemens politiques empêchèrent que ce monument ne fût exécuté, et ce grand projet ne procura au statuaire que l'avantage de faire une étude particulière de l'art de la fonte, étude qui lui fut d'un grand secours, lors de la fonte de la statue équestre de Henri IV, qu'il exécuta avec une promptitude extraordinaire. Les principaux ouvrages de M. Lemot sont : le bas-relief en marbre qui décore la tribune de la chambre des députés; la statue de *Lycurgue*, méditant sur les lois de Sparte; la statue de *Léonidas* aux Thermopyles, placée dans la salle des délibérations de la chambre des pairs; les *deux Renommées*, en bas-relief, dans le vestibule de ce palais, du côté du jardin : la statue de *Cicéron* découvrant la conjuration de Catilina; elle décorait l'ancienne salle du tribunat, au Palais-Royal : le Char et les figures de Victoires qui composaient, avec les chevaux de Venise, le quadrige de l'arc-de-triomphe de la place du Carrousel; ces chevaux et ces figures ont été enlevés, en 1815, par les étrangers. C'est M. Lemot qui a exécuté toutes les sculptures qui décoraient l'arc-de-triomphe érigé sur le pont de Châlons-sur-Marne; ce monument a été détruit par la guerre, en 1814. On a encore de lui plusieurs ouvrages en marbre, entre autres : le buste colossal de *Jean Bart*, qui orne la place publique de Dunkerque; la statue de *Murat*; une *Hébé*, versant le nectar à Jupiter transformé en aigle; une *femme couchée*, et plongée dans une douce rêverie; le grand fronton de la colonnade du Louvre, ouvrage important qui fut désigné par le jury, en 1810, pour le grand prix décennal. Il fut choisi, en 1814, par le comité des souscripteurs et par l'académie des beaux-arts pour exécuter en bronze la statue équestre de Henri IV; elle fut fondue, le 6 octobre 1817, en présence de la famille royale et d'un grand nombre de spectateurs, et l'inauguration eut lieu le 25 août 1818, en présence du roi. Les bas-reliefs et le piédestal ne furent entièrement achevés que 2 ans après. M. Lemot était déjà chevalier de la légion-d'honneur, lorsqu'il fut nommé chevalier de l'ordre de Saint-Michel, le 7 janvier 1817. Il vient de terminer le grand modèle de la statue équestre de Louis XIV, qui doit être érigée à Lyon. Cette statue sera coulée en bronze, d'un seul jet, comme celle de Henri IV; elle aura 18 pieds de hauteur. C'est une des plus colossales que l'on ait encore exécutées. Peu d'artistes ont eu, comme M. Lemot, le rare avantage de faire, pendant le cours de leur carrière, deux monumens de cette haute importance. On a de M. Lemot un ouvrage imprimé à Paris, chez Didot, en 1817, intitulé : *Notice historique sur la ville et le château de Clisson, ou Voyage pittoresque dans le bocage de la Vendée*, 1 vol. in-4°.

LEMOYNE (JEAN-BAPTISTE MOINE, DIT), célèbre compositeur de musique, naquit à Eymet, département de la Dordogne, le 3 avril 1751. Il était fils de LOUIS MOYNE, ancien consul. Son goût pour la musique se manifesta dès sa plus tendre jeunesse, et après avoir fait ses études musicales sous la direction de son oncle, maître de chapelle de la cathédrale de Périgueux, il partit pour l'Allemagne, n'ayant pas atteint sa 14me année. Il apprit la composition sous Graun et Kirberger, et essaya son talent naissant en composant, à Berlin, un *chœur d'orage* pour l'ancien opéra de *Toinon et Toinette*. Le brillant succès de ce morceau fixa l'atten-tion sur le jeune compositeur, et lui valut, de la part du prince royal de Prusse, un riche cadeau et sa nomination à la place de maître de musique du théâtre du prince. Bientôt Lemoyne eut l'honneur de donner des leçons de musique au grand Frédéric, qui le traitait avec la plus grande bienveillance. Etant à Varsovie, il y fit jouer le *Bouquet de Toinette*, opéra en un acte, dans lequel madame Saint-Huberty, depuis si célèbre, parut pour la première fois sur le théâtre. Ses grandes dispositions dramatiques intéressèrent vivement Lemoyne, qui, pendant quatre ans, ne cessa de lui donner tous ses soins et les lui prodigua encore à son retour en France. En 1783, il fit représenter, sur le théâtre de l'académie royale de musique, *Electre*, opéra en 3 actes, paroles de Guillard; en 1786, *Phèdre*, opéra en 3 actes, paroles de M. Hoffman; en 1789, *Nepthé*, en 3 actes, et les *Prétendus*, en 2 actes, paroles de Rochon de Chabannes; en 1790, *Louis IX en Égypte*, en 3 actes, paroles de Guillard et de M. Andrieux, et *les Pommiers et le moulin*, en un acte. Il y donna encore, en 1793 et 1794, *Miltiade à Marathon* et *toute la Grèce*, pièces de circonstance. *Phèdre*, *Nepthé* et les *Prétendus* obtinrent le succès le plus flatteur. « La fac-
» ture des airs et les accompagne-
» mens de *Phèdre*, dit *Grimm*, dans
» sa *Correspondance*, le récitatif
» sensiblement imité de celui de
» *Didon*, tout prouve que le com-
» positeur s'est rapproché dans cet
» ouvrage de l'école italienne, au-
» tant qu'il avait cru devoir s'en é-

»loigner dans *Electre.* » Ce fut à la représentation de *Nephté* que pour la première fois le public demanda à l'académie de musique que l'auteur parût sur la scène pour y recevoir d'unanimes applaudissemens. M. Choron, dans son *Dictionnaire historique des musiciens,* s'exprime ainsi, relativement au mérite de Lemoyne : « Il est à remarquer que ce com- »positeur est le seul artiste fran- »çais dont les ouvrages se soient »soutenus à côté de ceux de Gluck, »Piccini, Sacchini, etc., qui ont »régénéré notre théâtre lyrique. » Il a donné au théâtre Feydeau : *Elfrida, le petit Batelier* et *le Mensonge officieux.* A sa mort, arrivée le 30 décembre 1796, on trouva les manuscrits de trois opéras. Le premier, *Nadir, ou le Dormeur éveillé,* paroles de Patrat, ne put être représenté, l'incendie des Menus-Plaisirs, en 1787, ayant consumé la décoration destinée à cet ouvrage. Le deuxième, *Sylvius Nerva, ou la Malédiction paternelle,* paroles de Beffroi de Regny, dit le *Cousin-Jacques:* cette pièce, mise en répétition en 1792, ne fut point jouée, n'étant pas dans l'esprit du temps. Enfin, le troisième, *l'Ile des Femmes,* paroles de Rochon-de-Chabannes : l'auteur en préparait la mise en scène, lorsqu'il fut enlevé aux arts et à l'amitié.

LEMOYNE (Gabriel), compositeur et pianiste distingué, fils du précédent, naquit à Berlin, le 14 octobre 1772, d'un premier mariage, et mourut à Paris, le 2 juillet 1815. Il hérita de quelques-uns des talens de son père, et composa deux opéras-comiques, dont l'un, *l'Entresol,* destiné au théâtre Feydeau, fut joué au théâtre des Variétés. Par respect pour la célébrité du nom qu'il portait, il ne crut pas devoir se faire connaître. Il a composé pour le piano différens ouvrages et un grand nombre de romances, entre autres, le *Tombeau de Myrthé.* G. Lemoyne s'est fait entendre souvent dans les provinces et à Paris, aux concerts de M. Lafont, l'un de nos premiers professeurs de violon. Les amateurs se rappellent encore, avec un vif intérêt, que ces deux artistes, liés de la plus tendre amitié, ont plus d'une fois lutté de talent dans des réunions musicales qu'ils avaient rendues célèbres.

LEMPE (Jean-Frédéric), célèbre minéralogiste allemand, naquit à Vidda, dans le cercle de Reustatd, le 7 mars 1757, de parens dont la pauvreté était telle qu'il fut obligé pour subsister de se faire ouvrier-mineur. Son activité, son intelligence, des dispositions extraordinaires, intéressèrent en sa faveur quelques officiers des mines de Kamsdorf, qui lui prodiguèrent des secours de toute espèce, et le mirent bientôt à même d'être reçu membre de l'académie de Freyberg. En 1777, on le chargea de l'instruction des jeunes mineurs, dans le calcul et les élémens des mathématiques. Pour augmenter lui-même ses connaissances, il se rendit, en 1779, à l'université de Leipsick, et ses nouvelles études furent si heureuses, que dès l'année suivante il fit paraître des *Lettres sur différens sujets de mathématiques.* En 1781, il donna, à

Altembourg, des *Élémens d'arithmétique, de géométrie et de trigonométrie plane et sphérique.* Son ouvrage principal, commencé en 1795, mais qu'une mort prématurée, arrivée en 1801, à l'âge de 44 ans, ne lui permit pas d'achever entièrement, est un *Système de la science des machines par rapport à l'exploitation des mines.* Il était, depuis 1783, mathématicien des mines de Freyberg.

LEMPRIÈRE (WILLIAM), médecin des troupes anglaises dans l'île de Whight, est né à l'île de Jersey. Employé jeune encore à Gibraltar, en qualité de chirurgien, il reçut, en 1789, l'ordre de se rendre à la cour de Maroc, pour y donner des soins au prince Muley-Absulem, fils chéri de l'empereur Sidi-Mahomet, lequel était attaqué d'une maladie très-grave. Il fut honorablement accueilli; mais lorsque le succès eut couronné ses talens, dans l'intention sans doute de le fixer près du prince africain, qui avait pour lui la plus haute admiration, on ne lui accorda aucune récompense, et on multiplia les obstacles pour empêcher son départ : manière un peu barbare d'apprécier le mérite et de lui prouver l'estime qu'il inspire. Cependant, au mois de février 1790, M. Lemprière parvint à quitter Maroc. Il publia, à son retour dans sa patrie, le recueil de ses observations, sous le titre de *Voyage de Gibraltar à Tanger, Salé, Mogadore, Sainte-Croix, Tarudant, et de là, en traversant le mont Atlas, à Maroc: renfermant une description particulière du harem royal,* 1791. Cet ouvrage a été traduit en français en 1801. M Lemprière fit encore paraître : 1° *Observations pratiques sur les maladies de l'armée de la Jamaïque, en 1792 et 1797,* 2 vol. in-8°, 1799; 2° *Rapport sur les effets médicinaux d'une source découverte dernièrement à Sandrocks, dans l'île de Whight,* in-8°, 1812.

LENFANT (ALEXANDRE-CHARLES-ANNE), jésuite, prédicateur distingué, naquit à Lyon, le 6 septembre 1726, d'une famille noble, originaire de l'ancienne province du Maine. Il fit ses études chez les jésuites, et fut admis, en 1741, au noviciat d'Avignon. Peu d'années après, envoyé à Marseille, en qualité de professeur de rhétorique, il cultiva dès-lors le talent dont il était doué pour la chaire, et son début dans cette carrière ayant été heureux, ses supérieurs l'y fixèrent exclusivement; il prêcha dans les principales villes de France. Le P. Lenfant était âgé de 47 ans, lorsque sa société fut supprimée en 1773. Obligé de vivre dans le monde, il y continua le cours de ses travaux apostoliques. Plusieurs souverains lui offrirent un asile dans leurs états; mais il refusa. Pendant un carême entier à Saint-Sulpice, il eut pour auditeurs Diderot et d'Alembert; et après un *Sermon sur la foi,* on rapporte que le premier dit à l'autre : « Quand on a en- » tendu un discours semblable, il » devient difficile de rester incré- » dule. » Si, comme certaines gens le prétendent, les philosophes sont des incrédules, ces deux célèbres auditeurs du P. Lenfant, malgré le mot attribué à Diderot, n'en restèrent pas moins fidèles à la philosophie. Sans avoir un débit pompeux, l'abbé Lenfant possédait les qualités qui rendent un orateur maître de son auditoire; la force de la composition, l'harmonie de la voix, et surtout un air de conviction. Il prêchait le carême à la cour en 1791. Mais ayant refusé de prêter serment à la constitution civile du clergé, il fut obligé d'interrompre la station. Conduit à la prison de l'Abbaye, le 30 août 1792, il remit dès le lendemain à un huissier l'argent qu'il avait sur lui, disposition testamentaire qui faisait assez connaître à quel sort il s'attendait. « Le 3 septembre, à dix heures » du matin, dit un témoin échap- » pé au massacre, l'abbé Lenfant » et l'abbé Rastignac parurent dans » la tribune de la chapelle qui » nous servait de prison; ils assu- » rèrent que notre dernière heure » arrivait, et nous invitèrent à » nous recueillir, pour recevoir » leur bénédiction. Un mouve- » ment électrique qu'on ne peut » définir, nous précipita tous à » genoux, et, les mains jointes, » nous la reçûmes. » On commença par mettre à mort quelques prêtres, le comte de Montmorin et des Suisses; on appela ensuite l'abbé Lenfant devant l'espèce de tribunal que les meurtriers avaient établi. Dès qu'il parut, le peuple se prononça pour lui, et demanda qu'il fût épargné. Les bourreaux obéirent et lâchèrent la victime; on lui criait de tous côtés: *Sauvez-vous.* Il était hors de la foule, et avait déjà gagné la rue de Bussy, lorsqu'il fut trahi par l'indiscrétion de quelques femmes qui s'écrièrent : *C'est le confesseur du roi!* On le saisit de nouveau et on le ramène à l'Abbaye, où il partagea le sort des autres victimes. Il paraît que les administrateurs de police et de surveillance avaient eu l'intention de le sauver. En effet, consultés par Maillard, président de la commission populaire formée à l'Abbaye, ils répondirent de la mairie : « Nous déclarons au peuple, » qu'il importe beaucoup à l'inté- » rêt public que l'abbé Lenfant » soit conservé; mais qu'il ne soit » pas mis en liberté; au contraire » très-étroitement gardé. » Ces dispositions bienveillantes n'eurent aucun effet. On a de l'abbé Lenfant: 1° *Oraison funèbre du dauphin,* père de *Monsieur,* aujourd'hui Louis XVIII, prononcée à Nanci, en 1766; 2° *Sermons pour l'avent et pour le carême,* Paris, 1818, in-12, 8 vol.; 3° *Oraison funèbre de M. de Belzunce,* évêque de *Marseille,* prononcée en latin, et imprimée avec une traduction française, 1756, in-8°.

LENGLET (ÉTIENNE GÉRY), est né à Arras, département du Pas-de-Calais, en 1757. Reçu avocat au conseil d'Artois, en 1781, il partagea, dès le commencement de la révolution, les espérances qu'inspiraient à tous les Français éclairés les nouveaux principes. Il exerça successivement plusieurs fonctions administratives et judiciaires, entre autres, celles de juge au tribunal du district de Bapaume. Après l'insurrection du 31 mai 1793, il refusa de signer une adresse rédigée au nom de la société populaire d'Arras, pour applaudir au triomphe du parti de la *Montagne* sur celui de la *Gironde*, et il développa publiquement les motifs de son refus. Il fut nommé, en l'an 6, député du département du Pas-de-Calais au conseil des anciens ; il était alors juge au tribunal d'Arras. Entre autres matières qu'il traita pendant la session législative, il signala les abus de la presse ; parla sur la liberté civile et politique, et présenta des réflexions sur les prises maritimes. A la journée de Saint-Cloud, lors de la révolution du 18 brumaire an 8 (9 novembre 1799), au moment où le général Bonaparte venait de disperser le conseil des cinq-cents, et annonçait à l'autre conseil une partie de ses projets, M. Lenglet réclama la constitution expirante, ce qui fournit au général orateur l'occasion de reprocher aux représentans du peuple les nombreuses violations qu'ils avaient faites du pacte constitutionnel. Deux mois après, il signa son vote contre la constitution populaire, et fut néanmoins nommé président du tribunal d'appel, et, dans la suite, président à la cour impériale de Douai. M. Lenglet est un de ces hommes que les sincères amis de la charte comptent avec orgueil dans leurs rangs ; la tyrannie, les séductions du pouvoir, n'ont pu ébranler son courage ni changer ses principes ; et sa droiture, sa fermeté, ont su, depuis 1815, paralyser les efforts des délateurs. Sa vie et l'opinion ont plaidé pour lui, et il est encore aujourd'hui président à la cour royale de Douai. Depuis 1787, il a publié divers écrits, notamment des *Observations sur Montesquieu* (1787). Dans cet ouvrage il prédit la révolution ; mais dans la seconde édition, il avoue que ses vœux étaient alors beaucoup au-delà de ses espérances. Il composa ensuite plusieurs brochures de circonstances, dont le style est toujours ferme, nerveux et concis, et qui sont surtout remarquables par la modération des idées et l'attachement le plus prononcé pour la liberté et la justice. L'une d'elles, sous le titre d'*Essai sur la législation du mariage*, parut au commencement de 1792, environ six mois avant les lois concernant le mariage ; elle fut réimprimée, en 1797, avec une seconde partie sur le *Divorce*, absolument nouvelle. Il publia aussi, après la révolution du 9 thermidor an 2 (27 juillet 1794), une brochure sous le titre de : *Expliquons-nous*, dans laquelle il traite de divers objets politiques et de gouvernement. Ces écrits devinrent, aux yeux de ses concitoyens, des titres pour son élection au conseil des anciens. Voici la liste exacte des écrits publiés par M. Lenglet : 1° *Essai, ou observations sur Montesquieu*, Paris, Froulé, 1792, 120 pages in-8° ; 2° *Expliquons-nous, ou Réflexions sur la liberté de la presse ; sur le Gouvernement révolutionnaire ; sur la Souveraineté du peuple ; sur les Jacobins et les insurrections*, 47 pages in-8°, sans date de lieu, ni d'année, ni mention de libraire ; 3° *Rêveries diplomatiques après la prise de la Hollande*, 14 pages in-8°, sans date de lieu, ni d'année, ni mention de libraire ; 4° *Essai sur la législation du mariage, suivi d'Observations sur les dernières discussions du conseil des cinq-cents concernant le divorce*, 2·· édition, Paris, Moutardier, an 5(1797), 74 pages in-8°; 5° *de la Propriété et de ses rapports avec les droits et avec la dette du citoyen*, Paris, Moutardier, an 6, 156 pages in-8°; 6° *Essai sur les rapports et la distribution des différentes parties du Code civil, du Code rural, du Code de commerce et du Code judiciaire*, Paris, Moutardier, an 12, 88 pages in-8°; 7° *Introduction à l'histoire, ou Recherches sur les dernières révolutions du globe et sur les plus anciens peuples connus*, 1812. Ces divers essais doivent inspirer, à ceux qui les connaissent, le désir de voir bientôt paraître un ouvrage plus étendu auquel l'auteur travaille depuis un grand nombre d'années; c'est l'*Histoire de l'Europe et des colonies européennes, depuis 1763 jusqu'en 1814*. Les trois derniers volumes contiendront l'*Histoire de la révolution française jusqu'à l'abdication de l'empereur Napoléon*.

LENGNICH (Charles-Benjamin), numismate et antiquaire prussien, naquit à Dantzick, en 1742. Ses études furent dirigées vers l'état ecclésiastique, qu'il embrassa jeune encore; il devint archiacre de l'église de Sainte-Marie. Consacrant tous ses momens de liberté à l'étude de l'antiquité et des médailles, Lengnich y acquit des connaissances peu communes. Il fut un des premiers rédacteurs de la *Gazette d'Iéna* qui commença à paraître en 1785, et qui lui dut une foule d'excellens articles. En 1790, il reçut un diplôme de membre honoraire de la société allemande de Kœnigsberg. Ce savant,

qui mourut à Dantzick, le 5 novembre 1795, a publié : 1° *Beytrag zur Kentniss*, c'est-à-dire, mémoires pour la connaissance des livres rares, et particulièrement de ceux qui traitent de la numismatique, Dantzick, 1776, 2 parties in-8°; 2° *Nachrichten zur Bücher und münz Kunde*, c'est-à-dire, renseignemens pour la connaissance des livres et des médailles, ibid., 1780—1781, 2 vol. in-8°, fig.; 3° *Neue Nachrichten*, c'est-à-dire, nouveaux renseignemens pour la connaissance des livres et des médailles, ibid., 1782, 2 parties in-8°; 4° *Hevelius, oder anekdoten und Nachrichten, etc.*, c'est-à-dire, *Hévélius*, ou anecdotes pour servir à l'histoire de ce célèbre astronome, ibid., 1780, in-8°. C. B. Lengnich a écrit lui-même sa vie; on l'a insérée dans le 13° cahier du Recueil de portraits par Bock et Moser.

LENNEP (David-Jacques Van), professeur d'éloquence et de langues grecque et latine à l'Athénée d'Amsterdam, est né dans cette ville en juillet 1774, d'une famille qui avait fourni plusieurs membres distingués à la magistrature. La naissance de David Lennep fut chantée en vers latins par M. de Bosch : ce qui semblait faire augurer l'éclat dont le nouveau-né devait un jour briller dans les lettres. C'est à l'université de Leyde qu'il fit ses cours de jurisprudence et prit ses degrés en droit. Dès cette époque, il donna de ses talens les plus belles espérances, par la publication qu'il fit à Amsterdam, d'abord de ses *Carmina Juvenilia*, et ensuite d'une dissertation intitulée *Disputatio ethico-juridica ad locum Ciceronis*, qui est de *Finibus bonorum et malorum*, Amsterdam, 1790. En 1796 il publia à Leyde, *Exercitationes juris*. Ce dernier ouvrage traite de quelques lois romaines favorables à l'agriculture. Il donna également dans la même année sous le titre de *Rusticatio manpadica*, une nouvelle collection de vers latins qu'il avait presque tous composés dans son séjour au Manpad, terre qui avait appartenu à son père, et dont le nom fait époque dans l'histoire de la Hollande, par suite de la mémorable victoire que remporta Witt Hamstede sur les troupes de Gui de Namur. Depuis 1796 jusqu'en 1799, M. Lennep suivit le barreau d'Amsterdam, sans toutefois cesser de s'occuper de l'étude des lettres et des langues savantes, vers lesquelles son goût et les succès qu'il venait d'obtenir le portaient plus irrésistiblement que jamais. Il partageait ainsi son tems lorsque M. Wyttenbach, appelé à Leyde, laissa vacante à l'Athénée d'Amsterdam, la chaire d'éloquence et des langues grecque et latine qu'il y remplissait. Cette chaire fut offerte à M. Lennep, qui n'hésita pas à l'accepter, par l'occasion qu'elle lui offrait de se consacrer exclusivement à la littérature. Il ouvrit son cours en novembre 1799 par un savant discours : *De præclaris vitæ præsidiis contrà adversam fortunam, quibus veterum scripta abundant*, Amsterdam, 1800. En 1809, Louis Bonaparte, roi de Hollande, nomma M. Van Lennep membre de l'institut de Hollande. Dans la même année, M. Lennep publia une édition fort estimée des *Héroides d'Ovide* et de *Sabinus*, qu'il a réimprimée en 1812, accompagnée d'additions importantes. On trouve dans les mémoires de l'institut des Pays-Bas, l'éloge de M. de Bosch qu'il publia en 1817 sous ce titre : *Memoria Hieronymi de Bosch*. M. Van Lennep se propose aussi de donner une édition complète d'*Hésiode* et de ses scoliastes, dont il s'occupe depuis plusieurs années, et qui sera émendée sur les variantes de plusieurs manuscrits de Paris et de Florence qu'il a fait scrupuleusement collationner. Il a promis aussi de terminer l'édition de l'*Anthologie grecque*, traduction de Grotius, que M. de Bosch n'a pu conduire que jusqu'au 4ᵉ volume. Il s'occupe encore de préparer l'édition de *Terentianus Maurus*, commencée par Van Santen. Voici les titres des savantes dissertations de M. Lennep que l'on trouvera dans les deux premiers volumes des *Mémoires* de la troisième classe de l'institut de Hollande : 1° *Memoria imp. Gallieni à Trebellii Pollionis aliorumque calumniis vindicata*; 2° *Nova explicatio Epist. Horatii ad Bullatium*; 3° *Disputatio de Daphnide Theocriti et aliorum*; 4° *Commentatio de Judæorum origine Damascend ad loc. Justini*, XXXVI, 2. Depuis 1810, M. Lennep a commencé sous le titre d'*Exercitationes amstelodamenses*, un recueil d'observations de critique et d'érudition qui renferme quelques articles intéressans de MM. Bosscha et Hamaker, ses élèves : le premier, professeur à Deventer, s'est fait connaître par une excellente édition de *la Galatée* de Réland; le second est professeur de langues orientales à Leyde, et s'est distingué par ses *Lectiones Philostrateæ*. Dans la révolution de novembre 1813, M. Van Lennep fit partie du conseil provisoire des régences formé à Amsterdam. Au retour de la tranquillité, il s'en retira pour reprendre ses occupations littéraires. Il a reçu du roi des Pays-Bas l'ordre du Lion-belgique, et la dignité de membre des états provinciaux de Hollande.

LENNEP (GÉRARD VAN), de la famille du précédent, est né à Almelo en 1774. Il compléta ses études et fit son cours de droit à l'université de Leyde, où il soutint, en 1797, en recevant le grade de docteur, la thèse intitulée : *Specimen juridicum inaugurale ad fragmentum Scævolæ in lege 70 Dig. de procuratoribus et defensoribus*. Avocat à Amsterdam, il y exerça avec distinction cette profession jusqu'en 1808, époque à laquelle il fut nommé bibliothécaire à la Haie. Lors de la réunion de la Hollande à l'empire français, il fut d'abord nommé juge d'instruction au tribunal de l'arrondissement d'Almelo, place qu'il quitta quelques mois après, pour occuper l'emploi plus important d'inspecteur de la librairie dans l'arrondissement de Groningue, comprenant les quatre départemens septentrionaux de la Hollande. Dans l'exercice de ces nouvelles fonctions, il employa tant de discernement et de circonspection, qu'il eut le rare avantage de servir la librairie de son pays en atténuant la sévérité qui pesait sur la presse, et de se concilier la faveur du gouvernement au point d'être appelé à Paris, en 1813, par le chef de son administration pour être consulté sur les nouvelles mesures dont la librairie de la Hollande était menacée. De retour dans sa patrie, presque immédiatement après l'occupation de Paris, il fut choisi, en 1815, pour coopérer à la rédaction de la *Gazette du gouvernement*, qui se publia à Bruxelles dans les deux langues. M. Van Lennep n'avait pas encore 20 ans lorsqu'il se fit connaitre dans la république des lettres, par un recueil de poésies hollandaises dont les journaux de ce pays ont rendu un compte avantageux. Mais l'ouvrage qui a fixé sa réputation littéraire est son *Mémoire sur l'histoire de la poésie chez les Grecs*, honorablement accueilli par la société teylerienne d'Harlem, et inséré dans le 15me tome de la collection des Œuvres de cette société savante (1807). En 1809, une planche de bois destinée à l'impression d'un horaire latin, et que l'on donnait comme sortie de la fabrique de Laurent Coster, généralement regardé en Hollande comme l'inventeur de l'imprimerie, devint le sujet d'une polémique entre M. Van Lennep et M. Koning. C'est à cette dispute littéraire que M. Van Lennep, soutenu par l'opinion du célèbre bibliographe Meerman et autres savans distingués, dut son admission à la société de littérature hollandaise, établie à Leyde. Pendant ses fonctions d'inspecteur de la librairie, il publia, en 1812, les lois relatives à cette matière dans les deux langues. Il a traduit l'ouvrage de M. Mayer, sur *l'Italie*, 2 vol. in-8°. Sa *Grammaire hol-*

landaise, écrite dans la langue française, et dont le gouvernement autorisa la publication à Bruxelles, en 1816, rendit un service inappréciable à la littérature de son pays. Les littérateurs la jugèrent si favorablement que l'édition, quoique considérable, fut épuisée en très-peu de temps, et que l'on fut obligé, en 1818, d'en donner une seconde. M. Van Lennep, ayant perdu son emploi par la suppression de la *Gazette générale des Pays-Bas*, conçut et exécuta le projet de publier en français le *Recueil des séances de la seconde chambre des états-généraux*. Il est fâcheux qu'une entreprise aussi nationale n'ait pas obtenu les encouragemens dont elle avait besoin, et que M. Van Lennep ait été forcé de l'abandonner après avoir publié le premier volume.

LENNOX (Charlotte), romancière anglaise. Aux dispositions heureuses de l'esprit elle joignit une vivacité d'imagination qui détermina la nature de ses études et de ses goûts, qu'elle perfectionna dans la société du docteur Samuel Johnson et de Richardson. Elle se fit connaître par plusieurs ouvrages qui furent favorablement accueillis. Ce sont : 1° *le Don Quichotte femelle, ou les héros de Shakespeare*; ce roman contient les contes et les histoires dans lesquels le célèbre auteur tragique anglais a puisé les sujets qu'il a mis au théâtre ; 2° *Mémoires d'Henriette Stuart et de la comtesse de Berri*; 3° *Henriette*; 4° *Euphémie*; 5° *Sophie*, romans estimés; 6° *Philandre*, comédie pastorale; 7° *les vieilles Coutumes de la ville*; 8° *la Sœur*, et nombre d'autres comédies qui toutes eurent quelque succès. On doit aussi à miss Lennox la traduction des *Mémoires de Sully*, et celle du *Théâtre des Grecs*, du P. Brumoy. Cependant, malgré ces nombreux travaux, généralement très-recommandables, miss Charlotte Lennox mourut presque dans l'indigence, à New-York, en 1804.

LENOBLE (Pierre - Madeleine), commissaire-ordonnateur des guerres, membre de la légion-d'honneur et chevalier de Saint-Louis, est né en 1772, à Autun, département de Saône-et-Loire. Après avoir fait de bonnes études dans sa ville natale, il vint les achever à Paris, où il se trouvait au commencement de la révolution. Adoptant les principes de la majorité de l'assemblée constituante, il rédigea pendant quelque temps un journal intitulé *le Cosmopolite*. En 1792, il fut nommé commissaire des guerres, et employé en cette qualité à l'armée de la Belgique. L'année suivante, quelques hommes qui se trouvaient alors à la tête de la direction des affaires militaires voulurent le porter à des fonctions plus élevées, mais pour lesquelles il ne se sentait pas les talens nécessaires. On lui proposa le grade de général, et sur son refus, on le menaça de la mort, s'il n'en acceptait le brevet. Grâce aux amis puissans qu'il employa, il obtint cependant de rester commissaire des guerres, et fut envoyé à l'armée de l'Ouest. Dans ces contrées ravagées alors par la guerre civile, il montra une modération malheureusement trop rare à cette époque, et en même-temps une énergie, qui honorèrent également son caractère, mais qui faillirent plusieurs fois compromettre sa vie. C'est ainsi qu'il parvint à suspendre, ou à modifier dans leur exécution, divers arrêtés rigoureux des députés de la convention nationale en mission dans ces départemens. Il eut, entre autres, le bonheur d'arracher à la mort deux filles d'un général vendéen, qu'il fit sortir des prisons d'Ancenis, au moment où elles devaient être envoyées à Nantes, que dévastait alors le féroce Carrier, si horriblement célèbre par ses noyades. Le général en chef Canclaux distingua particulièrement M. Lenoble, et le fit nommer, en septembre 1794, commissaire-ordonnateur, par les représentans en mission près de l'armée. Mais d'après la loi portée en 1795, il ne put conserver ce grade, n'ayant point l'âge requis. Rentré dans la classe des commissaires des guerres, il n'en exerça pas moins les fonctions d'ordonnateur pendant onze ans, sans en avoir le titre. Après la campagne d'Eylau, où il avait rendu d'importans services, il fut enfin définitivement nommé commissaire-ordonnateur. M. Lenoble a pendant 5 ans administré en chef les armées en cette qualité. Il compte 23 campagnes faites en Belgique, en Italie, en Allemagne, en Pologne, en Espagne, en Portugal et en France. Nommé membre de la légion-d'honneur dès la première création, il fut aussi, en 1815, reçu chevalier de Saint-Louis. Lors de la première organisation des intendans militaires en 1817, il ne fut point compris dans ce travail; mais de fortes réclamations s'étant élevées contre cette organisation, le roi créa un cadre auxiliaire dans lequel il fut placé. M. Lenoble a publié plusieurs ouvrages et mémoires importans sur des objets d'administration tant civile que militaire. Nous citerons les suivans : 1° *Projet pour l'établissement des greniers d'abondance*, 1792; 2° *Essai sur l'administration militaire*, 1er cahier, 1797; 3° *Mémoires sur la panification*, 1798; 4° *Découverte sur le galvanisme, comme cause des sensations de l'organe de l'ouie et des effets de la voix*, 1803; 5° *Essai sur l'administration militaire*, 2me et 3me cahiers, 1811; 6° *Mémoires sur la création d'un dépôt de l'administration de la guerre*, 1815; 7° *Considérations générales sur l'état actuel de l'administration militaire*, 1816; 8° *Projet pour l'établissement d'une magistrature militaire*, suivi d'un *Mémoire sur la diététique militaire*, et d'un autre sur les moyens administratifs dans la vallée du Tage, 1817; 9° *Mémoire sur la campagne des Français en 1809, dans la Galice, le Portugal et la vallée du Tage*, 1821.

LENOIR (Jean-Charles-Pierre), d'une famille ancienne et très-considérée dans la magistrature, naquit à Paris en 1732. Destiné à parcourir la même carrière, il fut, en 1752, nommé conseiller au Châtelet, et devint successivement lieutenant particulier, lieutenant criminel, maître des requêtes, puis intendant de Limoges. De cette dernière place, il passa, en 1774, à celle de lieutenant-général de police de Paris.

En 1775, désigné pour être lieutenant civil et conseiller-d'état, il obtint, en 1783, la présidence du conseil des finances et fut nommé bibliothécaire du roi. Chargé, en sa qualité de conseiller, du rapport de la commission établie pour juger le président Lachalotais, la manière dont il remplit cette fonction délicate, en atténuant des torts qui n'étaient vraisemblablement que ceux de l'imprudence, et en cherchant à calmer les ressentimens d'un ministre qui se croyait offensé, lui fit le plus grand honneur en même temps qu'elle sauvait celui de l'accusé et lui conservait la vie et la fortune. M. Lenoir eut encore d'autres occasions de déployer ses talens et sa prudence, notamment lorsqu'on lui confia la mission de sévir contre le parlement de Provence et de rétablir celui de Pau. Au milieu d'intérêts si divers, il se conduisit avec une sagesse remarquable, et sans s'écarter des devoirs qu'il avait à remplir, il sut adoucir ce qu'ils avaient de rigoureux d'une part, et faire valoir les consolations qu'ils offraient de l'autre. Il avait cessé momentanément de remplir les fonctions de lieutenant-général de police par suite de son opposition au système de Turgot, relatif à l'approvisionnement de Paris; il les reprit dès qu'il fut reconnu que ce système ne produisait pas les résultats qu'on en attendait, et le public le revit avec la plus grande satisfaction à la tête d'une administration dans laquelle il fit beaucoup de bien. Pour s'en former une idée, il ne faut que relire le mémoire qu'il publia en 1780, sous ce titre : *Détail sur quelques établissemens de la ville de Paris, demandé par S. M. I. la reine de Hongrie, à M. Lenoir, conseiller-d'état, lieutenant-général de police.* On trouve dans cet ouvrage un aperçu exact de toutes les améliorations faites par ce magistrat, telles qu'un nouveau mode d'éclairage de la ville de Paris; les précautions contre les incendies; les secours préparés pour les blessés par accident; le perfectionnement de tous les moyens de salubrité; le régime des prisons; celui des hôpitaux; les hospices ouverts aux incurables; l'éducation des enfans appartenant à la classe indigente; l'allaitement de ceux que leurs parens ont abandonnés; l'administration du bureau des nourrices, et plusieurs autres établissemens tous fondés dans l'intérêt de l'humanité. Enfin c'est à M. Lenoir qu'on doit l'institution si utile du Mont-de-Piété; la construction des halles aux cuirs, aux veaux, à la marée; la couverture de la halle au blé; l'établissement de piliers pour prévenir l'éboulement des terres dans les carrières qui se trouvent sous les quartiers du sud de Paris, et la suppression du cimetière des Innocens. Il avait pour la seconde fois cessé de remplir les fonctions de sa magistrature, quand son nom se trouva scandaleusement compromis dans le procès qui eut lieu entre Beaumarchais et Cornmann. En 1790, il donna sa démission, quitta la France et se rendit à Vienne, en traversant la Suisse. Partout il fut accueilli avec distinction; lorsqu'il était en Autriche, l'empereur de Russie, Paul I*r*, lui fit proposer de se rendre auprès de lui, afin de le consulter sur divers objets; mais il se défendit de faire ce long voyage, en disant qu'il n'avait pas renoncé à l'espoir de revoir sa patrie. Il y rentra en effet en 1802, et les ministres de cette époque ne dédaignèrent pas en plusieurs circonstances de prendre ses avis. Comme il avait perdu la plus grande partie de sa fortune, le gouvernement consulaire autorisa le Mont-de-Piété à lui faire une pension de 4,000 francs. Un ancien ami qui lui avait des obligations lui fit don d'une petite maison de campagne, dans les environs de Paris, où il passa tranquillement ses derniers jours, et mourut, âgé de 75 ans, en 1807.

LENOIR (NICOLAS), architecte, naquit à Paris, vers l'année 1726, et mourut dans cette ville le 31 juin 1810. Il fut élevé à l'école de Blondel, et remporta au concours le grand prix par suite duquel il se rendit à Rome, où son assiduité à étudier les monumens et les débris de l'antiquité, le fit surnommer par ses condisciples *Lenoir le Romain*. A son retour en France, la réputation qu'il s'était acquise lui fit confier plusieurs travaux importans. Protégé de Voltaire, qui estimait son caractère et ses talens, il fut chargé de la direction de quelques-uns des édifices que le poète philosophe faisait élever à Ferney. En 1781, la salle de l'Opéra, au Palais-Royal, ayant été détruite par un incendie, Lenoir fut chargé de la construction du théâtre de la Porte-Saint-Martin. Quoique cette construction ait été effectuée en 56 jours, la solidité n'en a point souffert; et 30 ans après on a trouvé les fondations et la charpente dans le plus parfait état de conservation. Ce monument, qui fait le plus grand honneur au génie de l'artiste, est vaste, et distribué avec beaucoup de goût. Les dégagemens en sont faciles, malgré l'exiguité du terrain sur lequel l'édifice est construit. En 1790, Lenoir conçut et éleva à ses frais le théâtre de la Cité. Lorsque au bout de quelques années ce théâtre fut supprimé, l'architecte sut habilement en changer les dispositions pour en faire une salle de bal, connue et encore fréquentée aujourd'hui sous le nom de *Prado*. Le plus vaste faubourg de Paris (celui de Saint-Antoine) manquait d'un marché pour approvisionner son immense population. Cette construction importante fut confiée à Lenoir, et le marché élevé sur l'emplacement de l'ancien hôtel de Beauvau. Une rue large et bien bâtie, par laquelle on y aborde, a reçu le nom de cet architecte.

LENOIR (ALEXANDRE), chevalier de l'ordre royal de la légion-d'honneur, et de l'Éperon-d'Or de Rome, ancien créateur et conservateur du Musée des monumens français; administrateur des monumens de l'église royale de Saint-Denis; membre de la société royale des antiquaires de France, et de celle de Londres; de la société royale académique des sciences et de celle Philotechnique de Paris; de l'académie des Arcades de Rome, de l'académie Italienne, etc., né à Paris le 26 décembre 1762, fit avec succès ses études au collége Mazarin, et suivit ensuite, en qualité d'élève, les académies de peinture, de sculpture et d'architecture. Disciple de Doyen, peintre du roi, il cultiva la peinture jusqu'en 1790. Les arts, comme tous les ouvrages des hommes, deviennent la proie du temps ; les révolutions qui agitent et entraînent tout après elles, n'épargnent pas les monumens. A la suite des événemens de 1789 et 1790, une multitude égarée priva la France d'un grand nombre de monumens dont la perte formera toujours une lacune dans l'histoire des arts. A cette époque M. Lenoir conçut l'idée de réunir, dans un seul dépôt, tous les monumens des arts exposés au vandalisme par la destruction des maisons religieuses où ils existaient. Le projet soumis à M. Bailly, premier maire de Paris, fut accepté par l'assemblée nationale, et son comité d'aliénation des biens nationaux, sous la présidence de M. le duc de Larochefoucault, nomma M. Lenoir conservateur de ces mêmes monumens. Cette nomination fit le plus grand honneur aux magistrats ; elle appartenait à celui qui avait conçu une idée aussi patriotique qu'elle était heureuse, et qui avait les talens convenables pour en remplir les fonctions : ce qui a été justifié par le fait. Il a sauvé au péril de sa vie (il fut blessé à la main droite d'un coup de baïonnette), en s'opposant à la destruction du beau mausolée du cardinal de Richelieu qui était à la Sorbonne, où se trouvait alors une troupe de soldats révolutionnaires, une grande partie des monumens royaux et de la monarchie française, dont il fait monter le nombre à près de 500, et qu'il a restaurés et classés par siècles. Outre un grand nombre de belles statues, de bas-reliefs antiques et de deux statues de Michel-Ange, uniques en France, il a procuré de 1794 à l'époque de la restauration, en 1814, au Musée du Louvre, un nombre considérable de tableaux et de colonnes précieuses qu'il avait également recueillis. Ce riche dépôt fut érigé en Musée des monumens français, le 29 vendémiaire an 4 (1796), sur la proposition de M. Lenoir. C'est à cette nouvelle sollicitude, à ce sentiment précieux de conservation que nous devions le bel établissement de la rue des Petits-Augustins, connu sous le nom de *Musée des monumens français*, qui fut créé et administré pendant 30 ans par M. Lenoir, lequel a présidé seul à l'ordre, à l'arrangement et à la restauration des monumens. On y comptait six salles qui renfermaient, chronologiquement placés, les monumens de six siècles différens ; on y voyait aussi les beaux mausolées de Louis XII, de François Ier et de Henri II, parfaitement rétablis, qu'il avait sauvés de la destruction en 1793. Trois cours décorées et formées, en quelque sorte, avec les démolitions des châteaux d'Anet, de Gaillon et d'un cloître gothique, conduisaient à un jardin-élysée, planté avec goût, où il avait réuni, dans des sarcophages de sa composition, les dépouilles mortelles de Turenne, de Descartes, de Molière et de La Fontaine; ainsi que celles d'Héloïse et d'Abailard, pour lesquelles il fit construire exprès une chapelle avec les débris du Paraclet dont il avait fait l'acquisition. (Tous ces monumens sont aujourd'hui au cimetière du P. Lachaise, tels que M. Lenoir les avait composés. Il a eu soin de faire dresser des procès-verbaux des recherches faites pour opérer la levée de ces restes précieux; ils ont été déposés chez M. Potier, notaire à Paris, où on peut les consulter). Cet établissement ayant été supprimé par le roi, le 18 décembre 1816, M. Lenoir fut nommé, en vertu de de la même ordonnance, administrateur des monumens de l'église royale de Saint-Denis. Il a signalé son entrée en fonctions par un présent digne d'un artiste aussi distingué. M. Lenoir a détaché de sa collection une descente de croix qu'il avait copiée, en 1788, dans la galerie d'Orléans, d'après le Carrache, pour en faire l'hommage au clergé de Saint-Denis, qui l'a fait placer dans une des chapelles de l'église. Que de grâces n'avons-nous pas à rendre à l'artiste qui a montré tant de zèle et de courage, en se multipliant, pour ainsi dire, sur tous les points de la France pour conserver à son pays les monumens de l'histoire nationale! Ces monumens que renfermait le Musée de la rue des Petits-Augustins, sont maintenant dispersés; mais M. Lenoir a eu le bon esprit de faire transporter à Saint-Denis, non-seulement les tombeaux des rois et des reines, des princes et princesses de la famille royale, mais encore tout ce qui pouvait servir à former un *Abrégé chronologique des monumens français.* Il s'occupe une seconde fois de leur restauration conjointement avec M. Debret, architecte. Si le projet que M. Lenoir a présenté avait été complétement adopté, l'église de Saint Denis aurait surpassé la richesse de l'abbaye de Westminster, et beaucoup moins de beaux monumens auraient été perdus par la destruction du Musée. Les façades d'Anet et de Gaillon, achetées à des démolisseurs, qu'il a fait transporter de plus de 20 lieues, reconstruire et restaurer, sont encore debout aux Petits-Augustins, où on peut les voir. (L'une a 65 pieds de haut, et l'autre 55.) On aura de la peine à concevoir comment un seul homme a pu parvenir à l'exécution d'un travail aussi considérable! Une translation de ce genre n'a jamais été faite. Outre les cours publics sur l'histoire des arts relativement à la France, et des monumens de l'antiquité, que M. Lenoir fait tous les ans à l'athénée royal de Paris, comme professeur, on compte plus de 20 volumes, et environ 40 mémoires séparés qu'il a mis au jour; ses ouvrages les plus remarquables sont : 1° 8 volumes ornés de 294 planches, sur le Musée des *Monumens français.* Dans le 2me vol. de cet ouvrage, comme témoin oculaire, il donne un procès-verbal, jour par jour, des exhumations des rois faites à l'abbaye de Saint-Denis, en octobre 1793, époque de la destruction des statues et des tombeaux des familles royales; et dans le 8me volume du même ouvrage, en qualité de commissaire nommé par le roi, il rapporte le détail des fouilles qui ont été faites sur le terrain dit *des Valois*, qui tient à l'église, pour la recherche des ossemens des rois, des reines, des princes et des princesses des trois dynasties, qui, conformément à l'ordonnance du 24 avril 1816, mise à exécution au mois de janvier suivant, devaient être réintégrés solennellement à la tombe royale. Ces pièces curieuses complètent deux événemens remarquables dont M. Lenoir a rendu compte avec talent et exactitude. Le livre de ce savant administrateur restera, et on le consultera toujours lorsqu'il s'agira de bien connaître nos monumens nationaux ; il y traite particulièrement de l'architecture improprement appelée *gothique*, qu'il reconnaît pour être saracinique ou sarrazine, introduite en France à l'époque des croisades, et de la peinture sur verre. 2° Un vol. in-4°, avec atlas, sur l'*Histoire des arts et des costumes en France* ; 3° quatre volumes, avec gravures, sur les hiéroglyphes et sur quelques monumens grecs et romains ; 4° un vol. in-4°, avec figures, intitulé : *Portefeuille des artistes, ou Recherches sur les costumes et usages de l'antiquité* ; 5° un vol. in-4°, avec des cartes et des planches dessinées et gravées par Moreau le jeune, ayant pour titre : *la Francmaçonnerie rendue à sa véritable origine, ou l'Antiquité de la francmaçonnerie, prouvée par l'explication des mystères* ; 6° *la vraie Science des artistes*, 2 vol., un atlas, grand format, contenant plus de 800 sujets de l'histoire des arts en France, avec explication, pour faire suite au grand ouvrage de Vély. On a encore de lui plusieurs notices dans *les Mémoires de la société royale des antiquaires de France*, et dans les *Annales françaises*. Il s'occupe en ce moment d'un ouvrage important, intitulé : *le Nouveau Pausanias, ou Recherches historiques sur les monumens des arts, tant en Orient qu'en Occident*, 3 vol.; le premier est sous presse. Un artiste distingué de la capitale s'est dévoué pour faire revivre le Musée des monumens français. M. Lavallée vient de faire paraître (chez M. Panckoucke, imprimeur-libraire), en 120 planches, grand format, gravées au burin, les vues complètes des salles, des cours et du jardin du Musée de la rue des Petits-Augustins. Cet hommage public était dû au fondateur d'un si bel établissement.

LENOIR (Etienne), ingénieur du roi pour les instrumens à l'usage des sciences, chevalier de la légion-d'honneur, membre du bureau des longitudes, etc., de l'athénée des arts, né en 1744, à Mer, département de Loir-et-Cher, s'est fait remarquer à toutes les expositions publiques des produits de l'industrie française, au premier rang des ingénieurs en instrumens pour les sciences. Dès 1786, il fut nommé ingénieur du roi, par suite et en récompense de la belle exécution du cercle de réflexion, inventé en 1772 par Borda. Il construisit peu de temps après un cercle astronomique répétiteur, qui fixa sur lui l'attention particulière du gouvernement. M. Lenoir fut chargé de la confection de tous les instrumens nécessaires à MM. de La Pérouse, d'Entrecasteaux et Baudin, dans leurs voyages autour du monde, et aux savans et marins lors de l'expédition d'Égypte. En 1792, il avait également, par ordre du gouvernement, construit les instrumens que MM. Méchain et Delambre employèrent pour mesurer un arc du méridien terrestre. « On sait, est-il dit dans » une biographie étrangère, que la » longueur de cet arc a servi de ba-» se à la détermination du mètre, » et que c'est à M. Lenoir que l'on » doit l'exécution, non-seulement » du mètre étalon en platine, qui » est déposé aux archives dans » l'armoire à trois clefs, mais en-» core de tous les mètres étalons » qui furent commandés par le » gouvernement lors de l'établis-» sement du nouveau système des » poids et mesures. » M. Pictet a donné dans sa *Bibliothèque britannique*, la description du *Comparateur* qu'il a fait exécuter par M. Lenoir, à l'effet de donner avec le plus d'exactitude possible le rapport entre les mesures anglaises et les mesures françaises. En 1801, M. Lenoir obtint une médaille d'or, et trois autres semblables aux expositions suivantes. En 1806, il produisit des instrumens auxquels on jugea qu'il avait ajouté un nouveau degré de perfection. En 1819, il exposa : 1° un grand cercle répétiteur d'un mètre de diamètre; 2° Deux cercles semblables de plus petite dimension; 3° deux cercles géodégiques; 4° un cercle de réflexion, de nouvelle disposition; 5° deux boussoles, l'une d'inclinaison et l'autre de déclinaison; 6° un grand miroir parabolique construit d'après de nouvelles découvertes sur les avantages du plus petit diamètre à donner à la lumière. C'est à la suite de cette dernière exposition que M. Lenoir a reçu la décoration de la légion-d'honneur, dont ses longs et utiles travaux le rendaient digne depuis longtemps. C'est dans l'établissement de cet honorable citoyen que fut construit, en 1788, le premier fanal à miroir parabolique placé sur la tour de Cordouan près de Bordeaux. Depuis cette époque, M. Lenoir s'est attaché à perfectionner les fanaux; des commissaires de l'institut ont constaté une de ses plus importantes découvertes : que plus on diminue le diamètre de la mèche placée au foyer d'une parabole, et plus la lumière réfléchie devient intense. Le résultat de cette découverte est d'autant plus précieux, qu'en diminuant les dépenses, il augmente les produits. Malgré son âge avancé, il termine en ce moment (1823) un *diviseur*, pour l'examen duquel une commission a été nommée à l'athénée des arts à l'effet d'en faire un rapport.

LENOIR (Auguste-Nicolas, vicomte), maréchal-de-camp, commandeur de la légion-d'honneur et chevalier de Saint-Louis, est né à Paris, le 29 juillet 1776. Il partit comme volontaire en 1793, avec les bataillons de la réquisition de Paris. Il a fait successivement les campagnes de 1793, 1794, 1795, 1796 et 1797, aux armées du Nord et de Sambre-et-Meuse, et celle de 1798, contre les révoltés du Brabant. Nommé sous-lieutenant dans la 98ᵐᵉ demi-brigade en 1799, il fit la campagne de Nord-Hollande contre l'armée anglo-russe, et celle de 1800 contre l'Autriche, à l'armée gallo-batave, en Allemagne. Il était en qualité d'adjudant-major au camp de West-Capel (Zéelande) en 1802, et à celui d'Utrecht, pendant les années 1803 et 1804. Appelé comme adjudant-major-capitaine dans les grenadiers à pied de la garde impériale, il fit avec ce corps les campagnes d'Ulm et d'Austerlitz en 1805; celles de Prusse et de Pologne en 1806 et 1807; celle d'Espagne en 1808; celle de 1809 en Allemagne, comme chef de bataillon du 4me régiment de tirailleurs de la jeune garde; et, dans le même grade, celles de 1810 et 1811 en Espagne. Le 8 février 1812, il fut nommé colonel du 1er régiment de tirailleurs, fit, à sa tête, la campagne de Russie, et y eut la jambe droite emportée d'un boulet de canon, le 17 novembre, au combat de Krasnoï, dans la retraite de Moscow. Il suivit, quoique blessé, tous les mouvemens de la garde, jusqu'à Wilna, où il fut prisonnier des Russes. Rentré en France en 1814, il fut nommé maréchal-de-camp par le roi, le 20 décembre, et chargé du commandement de la place de Dunkerque pendant l'année 1815. Le 1er janvier 1816, et au regret des habitans et des autorités de Dunkerque, il dut remettre le commandement de cette place, pour obéir à l'ordonnance du 1er août 1815, qui mettait implicitement à la retraite tous les militaires amputés. Retiré à Evreux, il fut appelé, en 1819, au ministère de la guerre par le marquis de Latour-Maubourg, pour y être chargé du personnel de l'infanterie. Remplacé dans cet emploi en janvier 1822, il a été relevé de la retraite par ordonnance spéciale du 3 du même mois, et est aujourd'hui disponible dans son grade. Il a été nommé vicomte par lettres-patentes du 23 mai 1821.

LENOIR DE LA ROCHE (JEAN-JACQUES, COMTE), pair de France, commandeur de la légion-d'honneur, est né à Grenoble, le 29 avril 1749. Il entra de bonne heure dans la carrière du barreau, où son père occupait parmi les jurisconsultes un rang distingué. La science du barreau commençait déjà à se ressentir de l'heureuse influence des progrès de la littérature et de la philosophie. Les discours de l'avocat-général Servan n'avaient pas peu contribué à produire cette utile révolution. Le jeune Lenoir de La Roche, doué d'une grande intelligence, avait puisé dans l'étude des écrits de Cochin, de d'Aguesseau et de Montesquieu, des connaissances que Servan se plaisait à développer. Il avait été admis de bonne heure dans la société intime de ce magistrat, qui lui donnait des conseils et lui offrait en même temps des exemples. Après avoir exercé sa profession à Grenoble jusqu'à l'âge de 30 ans, une circonstance extraordinaire l'amena dans la capitale. Le barreau, qui jouissait alors de toute l'indépendance et de toute la dignité de ses fonctions, ayant éprouvé des désagrémens graves de la part du parlement, suspendit tout-à-coup l'exercice par une délibération unanime, et pendant une année la justice fut privée de tous ses organes. M. Lenoir de La Roche mit à profit cette espèce d'interrègne, et vint soutenir au conseil-d'état, les droits des cliens qu'il avait fait triompher au parlement de Grenoble. Les motifs qui avaient déterminé la délibération du barreau ayant cessé, il retourna dans sa ville natale reprendre la place qu'il y occupait; mais bientôt après, d'autres intérêts le ramenèrent dans la capitale, vers la fin de l'année 1783, et depuis cette époque il devint membre du barreau de Paris. La révolution, que tant de causes différentes préparaient, semblait marcher à un terme prochain. A Grenoble, il avait été témoin, sous Louis XV, de la suppression de ces anciennes cours du parlement qui touchaient presqu'au berceau de la monarchie, et que Louis XVI, à son avénement, s'empressa de rétablir; il le fut de nouveau à Paris de cette suppression, de l'établissement des grands bailliages, et de toutes ces querelles qui en furent la suite, et qui se terminèrent par des assemblées de notables. Le Dauphiné qui avait eu ses états comme la Provence, le Languedoc et la Bretagne, les avait perdus depuis plus d'un siècle et sentait le besoin de les rétablir. Les trois ordres de cette province, connus alors sous la dénomination de clergé, de noblesse et de tiers-état, s'étaient réunis en commun pour en dresser les articles constitutifs; les délibérations avaient lieu par tête; et plus tard, lorsqu'ils envoyèrent des députés aux états-généraux, ils leur intimèrent l'ordre de délibérer ainsi. Les articles adoptés lors de la réunion, avaient besoin de l'approbation du gouvernement. M. Necker, qui était alors principal ministre, ne voyant que des articles décharnés, demanda un mémoire où fussent développés les principes d'après lesquels ils avaient été établis. Les députés de la province s'adressèrent, pour la rédaction de ce mémoire, à leur compatriote M. Lenoir de La Roche; mais à mesure que celui-ci s'occupait de ce travail, il rencontrait sous ses pas plusieurs questions importantes qui allaient être traitées dans l'assemblée des états-généraux qui venait d'être convoquée; c'est ce qui l'engagea à donner à son mémoire le titre de : *Considérations sur la constitution des états du Dauphiné, applicables aux états-généraux.* Cette brochure in-8° eut beaucoup de succès dans le public, avide de connaître tout ce qui était relatif à des intérêts qui lui étaient si chers. On l'attribua à M. Mounier, qui avait eu une grande part à la constitution du Dauphiné; mais on ne tarda pas à connaître le véritable auteur, et le fruit que celui-ci en recueillit, fut de lui ouvrir l'entrée de l'association patriotique qui se réunissait chez le conseiller de grand'chambre, Adrien Duport, et d'une autre moins nombreuse qui se tenait chez l'abbé Morellet. On remarquait dans la première, ces hommes courageux que la France aime à compter parmi les plus vertueux défenseurs de ses droits : les Boissy-d'Anglas, les Destutt-Tracy, les Target, etc. Dans la seconde, on remarquait l'abbé Sieyes, Dufresne Saint-Léon, Devaisnes, Garat et Gallois, ce dernier maintenant conseiller à la cour des comptes. Nommé aux états-généraux par la prévôté et vicomté de Paris, *extra-muros*, M. Lenoir de La Roche fut témoin du spectacle imposant où furent révélés à la France tant de talens supérieurs dans tous les genres, qui abondèrent de toutes les provinces comme de la capitale. La faiblesse de son organe ne lui permit pas d'occuper la tribune, mais il n'en servit pas moins la chose publique en faisant connaître les travaux de l'assemblée dans une feuille connue sous le nom de *Journal Perlet*, qui devint bientôt populaire, et qu'il rédigea avec autant de sagesse que d'indépendance pendant toute la durée de l'assemblée constituante. En sortant de cette assemblée qui eut l'imprudente générosité de s'interdire toute réélection, il coopéra à la rédaction du *Mercure de France* et du *Moniteur*, qui contiennent une foule d'articles intéressans que nous devons rappeler. Il consigna dans le *Mercure* un premier article *sur l'abus des mots et de leur influence dans la révolution*. Les journaux étrangers s'empressèrent de le traduire. La convention nationale s'apprêtait alors à juger le roi. Elle avait confondu tous les pouvoirs en se les arrogeant, et il était persuadé qu'elle avait mal fait. Il crut de son devoir de rappeler aux membres de cette assemblée, dans *trois lettres* successives sous le nom d'un Anglais, les véritables principes que l'assemblée constituante avait tracés. Il leur disait d'abord que la constitution ne prononçait d'autre peine que la déchéance, et la déchéance prononcée, qu'il ne devait être passible d'aucune autre peine. Il leur disait ensuite « que la convention ne pouvait » remplir à la fois le rôle d'accu- » sateur, de juré et de juge. » Dans la troisième lettre, il exposait les besoins de la France, les sourdes manœuvres de la politique extérieure ; et convaincu d'ailleurs que la mort du roi, prononcée par la convention nationale, était contraire aux pouvoirs dont elle était investie, il demandait que l'on respectât la vie de ce prince. M. Panckoucke qui désirait recueillir différens morceaux de tous les genres de style, lui confia la rédaction de celui sur le *style oratoire*. Différentes circonstances ayant empêché ce recueil de paraître, l'ouvrage de M. Lenoir de La Roche fut inséré dans le *Mercure*. Il chercha à réduire le style oratoire à un seul principe; il le trouva dans les convenances de chaque sujet. A cette époque, il était lié avec les gens de lettres les plus recommandables, les La Harpe, les Ginguené, les Marmontel, etc. ; il était admis dans la société intime de M. Helvétius ; c'est là qu'il voyait Cabanis, Roussel, Gallois, et plusieurs autres hommes distingués. Toujours ami de la véritable liberté, M. Lenoir de la Roche publia des réflexions sur la constitution de 1793, et sur la constitution qui conviendrait le mieux à la France. Cet ouvrage où respire son beau talent, et le

caractère d'un républicain ferme et vertueux, parut au moment où la commission des onze s'occupait de revoir la constitution. La convention avait enfanté l'anarchie; elle proscrivait toutes les illustrations, et M. Lenoir de La Roche ne pouvait manquer de figurer dans ses catégories; il y échappa en réclamant de M. Garat, ministre de l'intérieur, une mission qui l'éloignât de Paris. Il se rendit à Grenoble, où il demeura trois mois. De retour à Paris, il fut mandé à la barre du comité révolutionnaire de sa section; il dut à son caractère irréprochable la conservation de sa liberté. Il combattit l'arbitraire, tous les abus du temps, et saisit toutes les occasions de faire connaître les principes d'un gouvernement libéral. C'est ainsi qu'en l'an 4, il publia dans le *Moniteur* un écrit intitulé: *Coup d'œil sur les assemblées principales de Paris*; un *Avis aux assemblées electorales sur les élections à la prochaine législature*; des *Réflexions sur la constitution*, et les *Listes des candidats pour le pouvoir exécutif*; des *Réflexions sur l'esprit qui doit diriger le nouveau gouvernement*; des *Observations sur la marche du corps-législatif*; un article *sur les bruits répandus de l'existence d'un parti qui veut la constitution de 1793 et le maximum*. Il dit dans cet article: « Un nouveau gouver-
»nement révolutionnaire ouvrit
»une nouvelle carrière aux ven-
»geances, aux meurtres, à l'op-
»pression. Est-il un seul citoyen
»qui ne frémisse à cette idée?
»Hommes de tous les partis, de
»toutes les classes : riches, pau-
»vres, royalistes, républicains,
»faites-vous relire les pages san-
»glantes de notre histoire; qui de
»vous consentirait à laisser éta-
»blir le règne de la barbarie, de
»l'ignorance, du brigandage, des
»empoisonnemens et de l'assassi-
»nat? Et vous qui osez concevoir de
»si horribles pensées, avez-vous
»sitôt oublié que la révolution a
»dévoré ses tyrans, et que l'écha-
»faud a été le prix de leur ambi-
»tion et de leur audace? » Il publia encore des *Réflexions sur l'esprit public, les mesures du gouvernement et la tiédeur de beaucoup de patriotes*; des *Considérations sur la paix et sur le système de renonciation aux pays-réunis*; un article sur la *Liberté de la presse*; quelques *Principes sur la police*; des *Questions sur l'établissement des clubs patriotiques* des *Considérations sur la différence des factions dans un gouvernement révolutionnaire, et dans un gouvernement établi*. Il rendit compte d'une traduction de l'ouvrage allemand : *de l'État politique et économique de la France sous la constitution de l'an 3*; publia des réflexions sur la *Conspiration de Grenelle et des effets qu'elle peut produire*. En l'an 5, obéissant toujours aux inspirations de sa conscience, il mit au jour des *Observations sur les abus de la presse, et sur le projet* de Daunou à cet égard; d'autres *sur la Disposition des esprits pour les élections de l'an 5 et sur leur importance*. Ces utiles travaux ne pouvaient manquer d'attirer sur leur auteur les yeux des hommes éclairés et des vrais amis de la patrie; aussi le directoire voulut l'en récompen-

ser en le nommant ministre de la police générale. Ce ministère, tout protecteur quand il est confié à un homme vertueux, qui cherche à prévenir le crime au lieu de l'inspirer pour le punir ensuite, imposa à M. Lenoir de La Roche l'obligation de faire connaître les principes qui dirigeaient son administration ; il fit à cet effet une *Adresse* à ses concitoyens, qui peut servir de modèle de conduite aux ministres futurs, et fournir aux ministres passés des réflexions bien tristes et bien sérieuses. Voici quelques passages de cette production. « Quelque difficiles que paraissent encore les circonstances où nous sommes, quand on compare les temps d'orage que nous avons passés avec notre situation présente, qui de nous n'est pas frappé de l'avantage d'avoir un gouvernement déjà éprouvé malgré tant d'obstacles, par 18 mois d'une heureuse expérience, qui a produit tant de choses étonnantes et bonnes, qui porte avec soi son principe d'amélioration, et à l'abri duquel chacun pourrait si aisément se reposer et jouir des bienfaits du présent, et des espérances de l'avenir? Qui voudrait, sans le plus inconcevable délire, lever l'ancre et se rejeter au milieu des hasards et des tempêtes d'une révolution nouvelle? Le seul esprit qui convienne maintenant aux Français, c'est l'esprit conservateur ; le seul moyen de réparer les maux passés et d'en prévenir de plus funestes, c'est l'amour de l'ordre, l'obéissance aux lois, un patriotisme éclairé, la paix et l'union entre les citoyens. Ils seraient bien aveugles, ceux qui formeraient des vœux contraires ; car l'anarchie ou le despotisme serait là pour les punir de leur erreur, etc. Vigilance sans esprit d'inquisition, activité pour prévenir les tentatives nuisibles ; point de piéges à tendre pour avoir le droit d'employer des mesures extrêmes ; répression égale envers tous les partis ennemis de l'ordre et de la tranquillité publique ; fidèle exécution des lois dans toutes les parties de l'administration, voilà les devoirs du magistrat de la police. » Ces doctrines si sages devaient rassurer tous les amis de l'ordre ; mais la politique du directoire commençait à déplaire aux hommes qui avaient tant fait pour la liberté : aussi M. Lenoir de La Roche ne put conserver le ministère de la police générale. Toujours esclave de sa conscience et de ses principes, il ne pouvait consentir à en faire le sacrifice à un gouvernement qui a trop prouvé à la France qu'il était mauvais. A sa sortie du ministère, M. Lenoir de La Roche reprit ses fonctions de professeur de législation à l'école centrale du Panthéon, qu'il avait dû abandonner pour le ministère qu'on lui confiait. Dans ses leçons, il s'efforçait plus particulièrement de faire sentir à ses jeunes auditeurs l'union intime de la morale et de la politique, et l'influence de l'une sur l'autre. L'assemblée électorale scissionnaire, séante au local de l'Institut, le nomma membre du conseil des cinq-cents ; il fut alors remplacé à l'école centrale par M. Peraut. Il apporta dans cette assemblée toutes les connaissances politiques que ses longs travaux lui avaient données; il y fit un rapport sur les enfans nés hors mariage. Il présenta à l'assemblée, au nom du graveur Roze, le portrait de Mirabeau, et saisit cette occasion pour retracer les éminens services que cet homme célèbre a rendus à la liberté. Nous arrivons à une époque que les hommes de tous les partis ont diversement jugée. Le gouvernement directorial touchait à sa fin; on sentait le besoin d'un pouvoir exécutif ferme, énergique; il fallait remplacer le directoire pour maintenir la liberté qui avait coûté tant de larmes et tant de sang. Les véritables patriotes avaient jeté les yeux sur le général Moreau; mais Moreau manquait de caractère, et sa défiance en ses forces l'eût peut-être porté à refuser. Le nom du général Joubert était environné de l'estime publique; ce général paraissait réunir les conditions exigées, mais au milieu de toutes ces fluctuations de partis, et de toutes ces délibérations, apparut un homme qui s'était acquis une grande célébrité par ses victoires et son art à conduire les armées. Il fixa l'attention des amis de la patrie, et le directoire fut remplacé par le consulat, dont il devint le chef. M. Lenoir de La Roche fut bientôt nommé membre de la commission intermédiaire du conseil des anciens. Il passa ensuite au sénat-conservateur, où pendant 6 ans il fut président de la commission de la liberté individuelle; il y fut constamment membre de la minorité, et en fit partie jusqu'en 1814, époque où il adhéra avec ses collègues à la déchéance de l'empereur. Nommé pair de France, le 4 juin 1814, il se fit un devoir dans toutes les discussions, d'y porter les fruits de son expérience et de son patriotisme. Lors de la discussion sur la liberté de la presse, il prononça un discours où l'on remarque le passage suivant : « Il ne »faut pas se le dissimuler : un »grand mouvement a été impri- »mé à l'Europe depuis environ »un demi-siècle; les progrès de »l'esprit humain ont amené des »idées plus justes sur les droits »et les devoirs des peuples, com- »me sur ceux des gouvernemens. »Les principes sur lesquels se »fonde le système représentatif, »sont devenus presque universels »et classiques. Tous les livres qui »se publient en Allemagne et »dans le Nord sont rédigés dans »cet esprit, et le temps ne paraît »pas éloigné où les gouvernemens »mieux éclairés sentiront le be- »soin de les réaliser, pour mieux »assurer leur puissance. Mais »tandis que cette révolution se »prépare dans le nord de l'Euro- »pe, on ne sait par quelle fatali- »té la civilisation rétrograde »dans le Midi; on s'empresse d'y »éteindre le flambeau des lumiè- »res; on enchaîne la presse; on »comprime les pensées; l'inquisi- »tion renaît, et pour achever le »tableau, tous les bons esprits, »tous les hommes prévoyans sont »effrayés de voir reparaître cette »société trop fameuse, école ha- »bile d'une politique sourde et

» insidieuse, constamment dé-
» vouée à la cour de Rome, et
» dont le but constant a été de
» gouverner les rois et d'asservir
» les peuples pour établir sa do-
» mination. Craignons que le beau
» ciel de la France ne soit un jour
» infecté de cette contagion funes-
» te ; et pour cela maintenons la
» liberté de la presse, et opposons-
» la comme une digue à ce tor-
» rent de réactions étrangères qui
» nous menace. » Pendant les *cent
jours*, en 1815, M. Lenoir de La
Roche cessa toutes ses fonctions.
Après le second retour des Bourbons, il a continué à faire partie
de la chambre des pairs. Dans cette chambre, comme dans les autres
législatures dont il a fait partie, il
a toujours été compté au nombre
des amis les plus vrais, les plus
désintéressés d'une liberté sage et
d'un ordre social constitué.

LENOIR DE LA ROCHE (madame Claire Reguis), femme du
précédent, naquit à Grenoble, département de l'Isère, le 19 août
1762. Une imagination vive, un
esprit distingué, toutes les vertus
de son sexe la rendaient recommandable ; mais trop dominée
par son imagination, elle se laissa entraîner aux rêveries du *mar-
tinisme*, et l'on prétend qu'elle a-
vait formé un certain nombre de
prosélytes, et qu'elle paraissait as-
pirer, par l'adoption d'un costume particulier, à devenir fonda-
trice d'une association mystique.
Cette respectable dame, qui sur
la fin de sa carrière a fait élever à
grands frais le Calvaire des coteaux
d'Aulnay, près de Sceaux, où est
située la maison de campagne de
son mari, a publié, sous le voile
de l'anonyme, les ouvrages suivans : 1° *la Grèce et la France, ou
Réflexions sur le tableau de M.
David, adressées aux défenseurs
de la patrie, par une Française;*
suivies de la correspondance d'un
officier d'artillerie, pendant la
campagne de 1814, et de différentes
pièces relatives à cette époque*, Paris, in-8°, 1815; 2° *Description
du Calvaire des Lauriers, monument élevé au nom des mères, des
veuves, des sœurs et des orphelines
des guerriers français, sous l'in-
vocation de la Vierge sainte, mère
des affligés; à la gloire du Très-
Haut, par la gloire de la croix*,
Paris, in-8°, 1820. Parmi différens
manuscrits que madame Lenoir
de La Roche a laissés, on cite une
interprétation mystique de la fable
de l'*Amour et Psyché*. Cette dame mourut à Aulnay, le 26 décembre 1821.

LENORMAND (Pierre-Jean-Re-
né), ex-membre du corps-législatif, est né à Condé-sur-Noireau,
département du Calvados, en
1765. Il était avocat avant la révolution. Adoptant avec franchise
et sagesse les nouveaux principes
politiques, il fut nommé président de l'administration du district de Vire, en 1792, et dans la
même année vice-président du
directoire du département du Calvados. M. Lenormand montra,
quand les circonstances l'exigè-
rent, beaucoup de fermeté. Il prit
une part active dans l'insurrection
de ce département, en 1793, tant
comme administrateur que comme commissaire près l'armée fédéraliste. Proscrit alors et obligé
de se cacher pendant 15 mois,
il éprouva une grande perte dans

sa fortune. Au mois de brumaire an 6, il fut élu président de l'administration centrale de son département; il en remplit les fonctions jusqu'au 8 germinal suivant, qu'il fut élu membre du conseil des cinq-cents. Il parla plusieurs fois dans cette assemblée sur des matières de finances ou d'ordre civil, et présenta des moyens de réprimer les désordres et les abus politiques. M. Lenormand devint secrétaire le 2 vendémiaire an 8. Après la révolution du 18 brumaire an 8 (9 novembre 1799), il passa au corps-législatif, dont il devint secrétaire le 1er pluviôse an 9. L'élimination le fit sortir en l'an 10. Nommé receveur principal des droits-réunis pour l'arrondisement de Vire, il en remplit les fonctions jusqu'en 1815, qu'il prit sa retraite. Il vit aujourd'hui (1825) retiré à la campagne, près de Vire, au sein de sa famille. Il s'occupe d'agriculture. L'éloge de cet ancien membre du conseil des cinq-cents et du corps-législatif se trouve consigné dans une nouvelle édition des *Vaux-de-Vire*, d'Olivier Basselin, publiée par M. Louis Dubois en 1811. On y lit, page 59: «Lenormand, ex-législateur, »cher aux bons Français, qui lui »savent gré de son courage plein »de loyauté alors qu'il était, en »1793, administrateur du département du Calvados, et qu'il »marcha avec les fédéralistes contre les anarchistes.» Le *Mercure de France*, du 7 septembre 1811, s'exprime dans des termes non moins flatteurs.

LENORMAND (Louis-Sébastien), est né à Montpellier, département de l'Hérault, le 25 mai 1757. Son père, qui avait une honnête fortune, et qui connaissait le prix de la science, ne négligea rien pour lui donner l'éducation la plus soignée et la plus étendue. M. Lenormand était né avec un goût décidé pour la mécanique. Il assista à la première représentation qu'on donna à Montpellier de la *Fée Urgèle*; il était très-jeune : la chaise qui se change en char l'étonna, il voulut la voir de près. Le machiniste se prêta à ses désirs, et la lui expliqua dans tous ses détails; il en conçut parfaitement le mécanisme. Dès le lendemain, avec un couteau, un canif et quelques limes il l'exécuta en petit. M. de Joubert, ancien syndic de la province du Languedoc, voulut avoir ce petit chef-d'œuvre d'un enfant, et lui donna en échange le Dictionnaire encyclopédique; il ne pouvait pas lui faire un présent qui fut plus de son goût. M. Lenormand avait à peine 16 ans lorsqu'il finit ses études; son père le fit voyager avec lui; il lui fit voir les principales villes de France, la Suisse, une partie de l'Allemagne et l'Italie. En revenant de Rome, il le conduisit à Paris pour y achever ses cours de physique et de chimie qu'il avait commencés à Montpellier, sous MM. Bertholet et Chaptal. A la recommandation de son grand-oncle, M. Lenormand-d'Étioles, fermier-général, il entra chez l'illustre Lavoisier en qualité de préparateur, et y resta quatre ans. Pendant ce temps il suivit les cours de physique, de chimie, de mécanique théorique, et chercha à se perfectionner dans l'art de l'horlogerie qu'il avait déjà appris. Après cinq ans de séjour à Paris il retourna dans sa ville natale, et distribua son temps entre les sciences exactes et la mécanique. Des affaires de famille l'appelèrent à Toulouse; il y était lorsque la révolution arriva, et il y occupa des fonctions publiques. Il fut ensuite chargé de la fabrication du salpêtre dans le département du Tarn, et l'on n'en fit nulle part une aussi grande quantité ni de plus beau. Cette fabrication ayant cessé, il se livra à l'instruction publique. Les écoles centrales furent créées à cette époque. La chaire de professeur de physique et de chimie étant devenue vacante, l'administration départementale jeta les yeux sur lui, et l'engagea à concourir. Le résultat de ce concours fut en sa faveur. Il l'a remplie avec distinction jusqu'à l'établissement des lycées. M. Lenormand n'avait pas cessé de s'occuper des sciences exactes et de mécanique; il s'était déjà fait une réputation d'homme de lettres par une quantité de mémoires très-estimés qu'il avait fournis aux journaux et recueils consacrés aux sciences. Personne n'avait exprimé avant lui l'idée que l'étude de la technologie, comme science, pût être avantageuse à tout le monde. Il prouva, dans un mémoire très-bien écrit, que toute personne qui exerçait une profession ne pouvait s'abstenir de l'étude de cette science, à moins de se résoudre à ignorer les choses les plus indispensables. Il fit, à Albi, un essai d'un cours de technologie appliquée à la teinture, et ce cours, qui fut très-goûté dans cette ville manufacturière, y a laissé des souvenirs que les habitans n'oublieront jamais, et des notions sur ce bel art qui leur servent encore de règle de conduite. M. Lenormand a occupé, jusqu'à la fin de 1815, une place supérieure dans les droits-réunis, et, le 10 novembre de la même année, il fut destitué, comme tant d'autres, sans aucun motif connu, et seulement parce qu'il ne fallait sans doute laisser en place aucun de ceux qui avaient servi jusqu'alors. Il vint à Paris, et admis à une très-modique retraite, il se livra sans entraves à son goût passionné pour les sciences et pour les arts industriels. Le premier ouvrage qu'il fit dans la capitale fut l'*Art du distillateur des eaux-de-vie et des esprits*, 2 vol. in-8°, de 600 pages chacun, avec 12 planches gravées en taille-douce. Cet ouvrage, qui a reçu l'éloge de tous les savans, lui a fait le plus grand honneur. Les *Annales des arts et manufactures*, auxquelles il avait fourni pendant plusieurs années beaucoup de mémoires importans, cessèrent de paraître; le dernier numéro est du mois de septembre 1817. Deux ans après, l'exposition des produits de l'industrie eut lieu au Louvre: il conçut alors le projet de créer un journal qui pût suppléer à celui qu'il avait si souvent alimenté; il entreprit les *Annales de l'industrie nationale et étrangère*, dont le premier numéro parut au mois de janvier 1820. Les 4 premiers volumes sont consacrés à la description du Musée des produits de l'industrie exposés au Louvre vers la fin de l'année précédente.

Cette description n'est point une nomenclature froide et aride des objets exposés; elle serait un cours complet de technologie si les fabricans avaient porté dans ce bazar des échantillons de tous les objets que les arts produisent. Les volumes suivans renferment des mémoires sur diverses parties des arts industriels, originaux, ou traduits des journaux technologiques anglais, allemands, italiens, etc., et tiennent le lecteur au courant de toutes les découvertes modernes. Chaque numéro, de 7 feuilles d'impression, est accompagné de 4 planches très-bien gravées au trait. L'ouvrage est aujourd'hui au 9me volume, et chaque volume contient 12 planches. M. Lenormand est en même temps l'un des rédacteurs du *Dictionnaire technologique*, ouvrage conçu sur un excellent plan, et très-bien rédigé. Il est chargé de la technologie pure. Il est encore auteur de deux ouvrages marquans : 1° *Manuel de l'art du fabricant de vert-de-gris, et du fabricant de verdet cristallisé*, 1 vol. in-8°; 2° *l'Art du dégraisseur d'étoffes*, 1 vol. in-12. Ces deux ouvrages sont très-estimés. M. Lenormand a inventé plusieurs procédés dans les arts industriels, dont les plus remarquables sont l'art de mouler le bois comme on moule le plâtre; l'art de noter la musique en la composant, etc., etc., dont les descriptions sont insérées dans les *Annales des arts et manufactures*, et dans les *Annales de l'industrie*. Il est le premier qui a fait les expériences du parachute. On en lit la preuve dans les *Annales de chimie*, tome 36, page 94. C'est lui qui a donné ce nom à ces machines préservatrices. Il a aussi inventé plusieurs machines, dont la plus singulière et la plus remarquable est le chronomètre français que l'on voit dans le foyer de l'Opéra. C'est une aiguille, en forme de flèche, portée par un axe horizontal placé au centre d'un cadran vertical. Un mouvement d'horlogerie enfermé dans une boîte fixée à l'extrémité d'un des bras de levier de la flèche, déplace continuellement un poids concentrique au mouvement, et par ce moyen fait changer à tout instant le centre de gravité de place, oblige la flèche à tourner, et elle marque exactement l'heure sur le cadran, sans communication du mouvement avec l'axe, et sans que la flèche s'appuie sur aucun point du cadran. Par le même moyen il fait marquer à la flèche les heures, les minutes et les secondes. Il fait exécuter en ce moment une machine qui, si elle réussit comme il l'espère, honorera beaucoup l'industrie française. Ce sera un nouveau moteur aussi puissant que les machines à vapeur, et qui dispensera d'employer le feu, un courant d'eau ou le vent.

LENORMAND (MADEMOISELLE), fameuse nécromancienne, s'est placée au premier rang des modernes pythonisses, par beaucoup d'adresse et d'esprit dans l'exercice de sa ridicule profession. Ses salons de la rue de Tournon ont été long-temps fréquentés par les dames de la cour la plus brillante de l'univers. Si Mlle Lenormand s'était bornée, sous le gouvernement impérial, à consulter ses cartes, son marc de café et ses blancs d'œufs, il est probable que la police n'aurait point troublé ses innocentes occupations; mais elle voulut étendre la sphère de ses prédictions, et comme le règne des prophètes n'était plus ou n'était pas encore de mode, elle expia, par une détention momentanée, l'audace de ses excursions dans le domaine de la politique : c'est ce dont elle nous fait part dans un très-gros volume in-8°, sous le titre de : *Souvenirs prophétiques d'une Sibylle, sur les causes de son arrestation, le* 11 *décembre* 1809. La publication de cet ouvrage n'eut lieu qu'après la première restauration, en 1814. Un journaliste de beaucoup d'esprit, M. Hoffman, ayant eu la cruauté de traiter Mlle Lenormand de *sorcière ennuyeuse*, lorsqu'il rendit compte des *Souvenirs* dans le *Journal des Débats*, cette demoiselle, un peu irascible, le tança vertement dans une lettre fort longue, qu'elle fit insérer dans un autre journal. Ce ne fut pas le seul démêlé qu'elle eut avec les rédacteurs des feuilles publiques. Les journaux d'Aix-la-Chapelle ont fait connaître une guerre polémique assez gaie, qui toutefois a cessé du moment de la rentrée en France de la pythonisse. Mlle Lenormand a publié, outre ses *Souvenirs*, et pour leur faire suite, les *Oracles sibyllins*, 1812; *Anniversaire de la mort de l'imperatrice Joséphine*, in-8°, 1815; *la Sibylle au tombeau de Louis XVI*, in-8°, 1816; et un ouvrage sur son séjour à Aix-la-Chapelle.

LENS (ANDRÉ), peintre belge, naquit en 1739, à Anvers, et fit connaître de bonne heure ses heureuses dispositions pour l'art qu'il a cultivé avec succès. Il acheva de se perfectionner à Rome. De retour dans sa patrie, il fut nommé professeur à l'académie de dessin d'Anvers, où, par les nombreux et excellens élèves qu'il forma, il contribua puissamment aux progrès de l'art dans la Belgique. Une circonstance qui fait honneur à son caractère, et qui contribua presque autant à sa réputation que son système d'enseignement, c'est le mécontentement qu'il éprouva de voir qu'à cette époque, en 1770, on assimilait les arts libéraux aux arts mécaniques, et que les artistes étaient comme les artisans soumis aux maîtrises. Il présenta à ce sujet des réclamations au gouvernement autrichien, qui s'empressa de les accueillir. L'empereur Joseph II, juste appréciateur des talens et du mérite, passant à Anvers, donna à M. de Lens des marques de sa haute considération. Il lui proposa de se fixer à Vienne, et de déterminer lui-même la valeur des indemnités qu'exigerait son déplacement. Cette brillante perspective n'éblouit pas l'artiste, qui préféra rester dans sa patrie. Il quitta néanmoins Anvers en 1781, et se rendit à Bruxelles, où il se maria. Établi dans cette ville, il y fit un grand nombre de tableaux, la plupart de chevalet, qui de là se répandirent dans les principales villes de l'Europe. Ses ouvrages les plus estimés, sont plusieurs tableaux qui ornent l'église des Alexiens à Lierre, et dont les sujets sont tirés de l'Écriture-Sainte; plusieurs autres tableaux pour l'église de la Madeleine, à Gand, dont le sujet est tiré de l'histoire de cette sainte;

un *Annonciation* pour l'église de Saint-Michel, à Gand; les peintures à fresque faites à Bruxelles, pour l'ornement du salon d'un riche particulier, retraçant les principaux traits de la fable de Bacchus. M. de Lens fut secondé dans ce travail par M. François, l'un de ses premiers élèves; enfin, plusieurs tableaux de l'exécution la plus agréable, qui ornaient le salon de compagnie du palais de Laeken, et qui depuis ont été transportés à Vienne. Ils avaient été faits à la demande du duc Albert de Saxe-Teschen, alors gouverneur des Pays-Bas, et représentaient différens sujets mythologiques. M. de Lens, en voulant enseigner la théorie d'un art qu'il pratiquait si bien, s'est aussi acquis la réputation de bon écrivain, par la publication de son *Essai sur le bon goût en peinture*, et de son *Traité sur les costumes des peuples anciens*. Le premier de ces ouvrages est pour tous les jeunes peintres un véritable manuel à consulter, et le second est le résultat de recherches savantes, rédigées avec clarté. M. de Lens mourut octogénaire, en 1822.

LÉONARD (Nicolas-Germain), poète pastoral, naquit à la Guadeloupe, en 1744, et mourut à Nantes, le 26 janvier 1792. Il vint fort jeune en France, où il fit d'excellentes études, et fortifia son goût pour la poésie élégiaque, dans les ouvrages de Tibulle, de Properce et de Gessner. Protégé par le ministre Chauvelin, il entra dans la carrière diplomatique, et devint, en 1773, chargé d'affaires de France à Liége. Il eut dans cette place assez de loisirs pour s'y occuper de ses *Lettres de deux Amans, habitans de Lyon*, roman qui eut un grand succès, et qui fut traduit en anglais et en italien. Indépendamment de cet ouvrage, il a publié: *le Temple de Gnide*, imité de Montesquieu, 1772, in-8°, nouvelle édition, augmentée de *l'Amour vengé*, 1773, in-4°, et 1775, in-8°; 2° *la Nouvelle Clémentine, ou Lettres d'Henriette de Berville*, 1774, in-12 et in-8°; 3° *Idylles et Poëmes champêtres*, 1775, in-18, Paris, 1782, grand in-8°. C'est particulièrement dans ce recueil qu'on reconnaît l'auteur nourri de la lecture des meilleurs poètes bucoliques, et qu'on retrouve ces tableaux touchans et pleins de grâces, qu'animent à la fois une douce mélancolie, une sensibilité vraie et un coloris plein de fraîcheur. Léonard a publié quelques autres ouvrages d'une moindre importance, et qui pourtant ne sont pas sans mérite, tel que le petit roman pastoral d'*Alexis*, dans lequel il peint avec ingénuité l'amour innocent et pur, et la *Lettre sur le Voyage aux Antilles*, où les sites de la Guadeloupe, patrie de l'auteur, et les mœurs des habitans de cette colonie sont présentés sous les couleurs les plus vives. M. Campenon, son neveu, a réuni ces différens ouvrages, et les a publiés en 3 vol. in-8°.

LÉOPOLD II (Pierre-Joseph), fils de la reine de Hongrie Marie-Thérèse, et de François-Etienne de Lorraine, son époux, alors grand-duc de Toscane, naquit le 5 mai 1747. Devenu souverain de la Toscane, il gouverna ce pays pendant 25 ans, avec autant de prudence que de sagesse, et après avoir réformé les nombreux abus introduits par une mauvaise administration, il y substitua de bonnes lois, qui, en faisant fleurir l'agriculture, le commerce et les arts, assurèrent le bonheur du peuple. En effet, après avoir mis le plus grand ordre dans les finances, il diminua les impôts. Jusqu'alors l'indigence et le malheur n'avaient point eu d'asile ; on établit pour les recueillir des hôpitaux nombreux et bien entretenus ; une police active, sagement organisée et point vexatoire, assura la tranquillité des citoyens. Le code criminel se ressentait encore de la barbarie des anciennes institutions ; il fut simplifié et adouci ; le régime des prisons fut changé, et le sort des détenus éprouva des améliorations. Ces mesures, toutes favorables à l'humanité, adoucirent les mœurs publiques, et les grands crimes devinrent tellement rares, que pendant les dix premières années du règne de Léopold, il n'y eut point en Toscane de condamnation à mort. L'abolition des priviléges rendit à l'industrie toute sa liberté : chacun alors put se choisir une profession, et l'exercer sans entraves. Pour rendre, s'il était possible, à l'académie de Florence son antique célébrité, le grand-duc ordonna que l'exposition publique des ouvrages de peinture et de sculpture, qui n'avait pas eu lieu depuis 30 ans, serait renouvelée en 1767. Il essaya en vain d'extirper entièrement la mendicité de ses états ; l'avarice et l'insouciance des riches mirent dans cette circonstance des obstacles à ses vues

bienfaisantes, en refusant la subvention qu'on leur demandait pour alimenter, dans des maisons destinées à cet effet, les vieillards et les infirmes. Cela ne l'empêcha pas néanmoins d'employer les moyens qui dépendaient entièrement de lui pour atténuer un mal qu'on ne lui permettait pas de guérir. Le pauvre avait auprès de lui le même accès que le riche; il consacrait même trois jours de la semaine à entendre les plaintes et les réclamations des malheureux. La liberté qu'il accorda au commerce, et qui devint la source des prospérités de la Toscane, fut indéfinie; il disait à cette occasion : « Il en est du commerce comme » du cours des rivières : quand on » le gêne, il y a toujours des stag- » nations ou des débordemens. » En 1790, Léopold quitta le pays dont son administration avait fait le bonheur, pour monter au trône impérial, vacant par la mort de Joseph II. Plus politique que guerrier, il donna néanmoins au gouvernement autrichien un éclat qu'il n'avait point eu depuis longtemps ; il chercha les moyens d'opposer un frein à l'ambition de Catherine II, en s'unissant à l'Angleterre, et accéléra, de cette manière, la paix qui fut signée à Reichenback, le 27 juillet 1790, entre l'impératrice de Russie et le Grand-Turc. Par l'insurrection de la Belgique, une des plus belles parties de l'empire en était presque détachée : Léopold mit tous ses soins à la recouvrer ; il employa la voie des négociations en même temps que celle des armes. Les Belges, déjà mécontens des vexations de quelques-uns de leurs chefs, lui envoyèrent des députés qui furent bien accueillis ; il promit de faire droit à leurs anciennes réclamations ; et comme ils n'avaient pas contre lui les motifs de plaintes qui les avaient portés à se soulever contre son prédécesseur, les députés lui montrèrent les dispositions les plus favorables. Enfin la Belgique se soumit de nouveau à la domination autrichienne ; mais les événemens subséquens, suites de la révolution française, ne permirent pas qu'elle y demeurât long-temps. Les Hongrois avaient fait quelques difficultés pour reconnaître Léopold, prétendant faire valoir le droit qu'ils avaient anciennement d'élire leurs rois. Pour aplanir ces difficultés, il employa un moyen dont les princes se servent volontiers, celui du fort contre le faible. Il fit cantonner 60,000 hommes aux environs de Bude, et son couronnement eut lieu à Presbourg, le 15 novembre 1791. Dans l'espace de deux années, Léopold, triomphant de nombreux obstacles, avait raffermi toutes les branches de la monarchie autrichienne, et fait des traités avantageux avec l'Angleterre et la Prusse. Au lieu de goûter en paix le fruit de ses travaux, entraîné par des considérations étrangères qui le firent sortir de son caractère pacifique, il se préparait à faire la guerre à la France ; la mort l'arrêta dans ses projets, le 1ᵉʳ mars 1792. Cette mort, presque subite, donna lieu à des conjectures que détruisit l'ouverture de son corps, en prouvant que ses intestins étaient depuis long-temps viciés. Ce monarque, marié à l'infante d'Espagne, Marie-Louise, dont il eut François II, avait 44 ans lorsqu'il mourut ; quatre jours auparavant, il avait donné à l'ambassadeur turc une audience publique.

LÉOPOLD (LE PRINCE JOSEPH-MICHEL), second fils du roi des Deux-Siciles, né à Naples le 1ᵉʳ juillet 1790, fut élevé à Palerme, où sa famille se retira après l'invasion de l'Italie par les Français. Il se trouvait à Gibraltar à la fin de 1809, et son dessein, à ce qu'on assure, était de se présenter à la junte espagnole, dans l'espoir d'être, en sa qualité de prince de la famille des Bourbons, placé à la tête du gouvernement établi par les sujets de Ferdinand VII, pendant son absence. Si véritablement ce projet existait, il fut rendu inutile par l'organisation de la junte suprême. Les événemens de 1815 ayant rappelé son père au trône de Naples, il se joignit aux troupes autrichiennes déjà maîtresses du pays, pour aller au-devant du roi qui arrivait de Sicile avec une flotte considérable. Ce fut au prince Léopold que M. de Blacas remit, en 1816, la procuration du duc de Berri, pour qu'il épousât, au nom du prince français, la princesse Marie-Caroline, fille du duc de Calabre. Dans la même année, le prince Léopold se maria à l'archiduchesse Marie-Clémentine, troisième fille de l'empereur d'Autriche. Pendant les derniers événemens de Naples, le prince Léopold parut constamment partager les sentimens de son frère le duc de Calabre, nommé par le roi vicaire-général du royaume des Deux-Siciles, et mérita comme lui, par sa conduite, la reconnaissance du peuple napolitain.

LÉOPOLD (N.), ancien docteur en droit de la Faculté de Paris, a publié un grand nombre d'ouvrages qui, en général, ne sont que des compilations. Mais du moins elles annoncent beaucoup d'instruction et de sens. On remarque parmi les principales : 1° *Manuel des juges-de-paix, des maires, des adjoints de maire et des commissaires de police*, 1811, 2 vol. in-12; 2° *Traité des locations*, 1811, 2 vol. in-12, 3ᵐᵉ édition, 1817; 3° *Manuel des Gens d'hommes, et Guide des marchands fabricans, contre-maîtres, etc.*, 1811, in-12; 4° *Formulaire de tous les actes, tant civils que commerciaux*, 1812, in-12; 3ᵐᵉ édition, 1817, in-12; 5° *Annales de législation judiciaire et des tribunaux de l'empire français*, 1811, in-12; 6° *Manuel des commerçans*, 1812, in-12; 7° *Dictionnaire général de police civile et judiciaire de l'empire français*, 1813, in-8°; 8° *Mémoire justificatif de Louis XVI, tendant à faire connaître d'après les événemens, les causes de la destruction de la monarchie en France*, 1816, in-8°; 9° *Paris pendant le cours de la révolution, avant et après la restauration*, 1816, 2 vol. in-12; 10° *Livre des époux et des épouses, ou des Moyens d'être heureux en mariage*, 1817, in-12.

LÉOPOLD (Charles-Gustave), poète et littérateur suédois, né en 1760, est un des hommes qui ont le plus, en ces derniers temps, illustré la littérature du Nord. Après avoir fait d'excellentes études, et voyagé pendant quelques années dans l'étranger, il revint très-jeune encore à Stockholm, où il se fit bientôt avantageusement connaître par des poésies légères pleines de grâce et de sensibilité. Le roi Gustave III, à qui il avait adressé plusieurs pièces de vers, l'accueillit et le nomma un des premiers membres de l'académie suédoise, que ce prince fonda vers le milieu de son règne. Le nom de Léopold devint bientôt populaire, et ce qui lui acquit des droits à l'estime générale bien plus que ses succès de société ou sa faveur à la cour, ce fut l'épître qu'il adressa au roi, en 1790, à l'époque où des conseils de guerre nommés par Gustave même (*voyez* l'article Gustave III), venaient de condamner à mort le colonel Hœstsko et plusieurs officiers de l'armée de Finlande. Les chants du poète devinrent graves en cette circonstance. L'appel courageux qu'il fit à la justice et à l'humanité d'un monarque, qui se vantait lui-même d'avoir les mains pures du sang de l'innocence, et qui n'avait point encore fait périr de citoyens sur l'échafaud, cet appel public en vers harmonieux n'en fut pas moins énergique. Il ne put sauver la victime dévouée, et Hœstsko porta sa tête sur l'échafaud; mais le public sut grand gré au barde patriote de ses nobles efforts. Le mérite de Léopold a été justement apprécié sous le règne des successeurs de Gustave III. Nommé successivement bibliothécaire du château royal de Drottningholm, conseiller de la cour de chancellerie, et commandeur de l'ordre de l'Étoile-Polaire, il a encore joui du bonheur d'être fréquemment applaudi par ses concitoyens, pour plusieurs de ses compositions théâtrales, qui ont été représentées avec le plus grand succès. Sa tragédie d'*Odin, ou l'émigration des Scythes*, sujet national, fonda sa réputation dramatique qui s'accrut bientôt par la belle tragédie de *Virginie*. Il a aussi donné une traduction estimée de la *Métromanie* de Piron. Ses écrits de philosophie, de morale et de critique ne tiennent pas un rang moins élevé dans l'opinion que ses pièces de théâtre. Il a paru, il y a quelque temps, à Stockholm un recueil des Œuvres de Léopold, en 3 volumes in-8°. On y trouve, outre les ouvrages déjà cités, des odes, des épîtres et des poésies fugitives. Léopold appartient pour ces dernières surtout à l'école voltairienne, et se rapproche souvent par la grâce et la facilité de ce grand maître. Les mémoires de l'académie suédoise, ainsi que ceux de l'académie des sciences et de celle des belles-lettres dont il est également membre, contiennent aussi des discours et de nombreux articles littéraires de Léopold, qui continue encore aujourd'hui (1823) à honorer son pays par ses utiles travaux.

LÉOPOLD (R. M. MAXIMILIEN), était vice-président du département de la Corse, lorsqu'il fut élu député à l'assemblée législative. Le 8 novembre 1791, il s'opposa à l'adoption d'une loi relative aux princes de la famille de Bourbon qui s'étaient réfugiés sur le territoire étranger. Le 25 février 1792, il s'éleva contre les députés qui n'assistaient pas régulièrement aux séances de l'assemblée, et demanda la censure de ceux qui, dorénavant, ne s'y rendraient pas avec exactitude. Le 12 juillet, il parla avec chaleur contre une adresse des habitans de Marseille, tendant à ce que le pouvoir exécutif fût à la nomination du peuple, et demanda que les signataires fussent décrétés d'accusation. Il défendit ensuite Pétion et Manuel, poursuivis par le département, pour ne s'être point opposés aux rassemblemens du 20 juin 1792. Depuis cette époque on l'a perdu de vue.

LEPAGE (L. F. M.), médecin à Montargis, à l'époque de la révolution dont il se déclara le partisan, fut nommé par le département du Loiret député à la convention nationale. Dès le mois de septembre 1792, sa réputation de modération décida l'assemblée à l'envoyer à Orléans, pour calmer les mouvemens qu'avait occasionés dans cette ville la suspension de la municipalité, accusée de dévouement à la cour : la prudence et la sagesse avec lesquelles il s'y conduisit, parvinrent bientôt à y rétablir l'ordre. Dans le procès du roi, il vota la détention et le bannissement à la paix. Le 20 mars 1793, M. Lepage dénonça les troubles de Montargis, où Manuel, alors proscrit pour son vote dans le procès de Louis XVI, avait été maltraité. Cette motion n'eut pas de suite. Après la session conventionnelle, M. Lepage entra dans l'administration de la loterie, où il a été maintenu jusqu'à ce jour (1823), en qualité de chef-adjoint de la 1re division.

LEPAGE (PIERRE), jurisconsuite, est auteur des ouvrages suivans : 1° *Nouveau style de la procédure civile*, in-4°, 1805; 2° *Questions sur le code de procédure civile*, in-4°, 1807; 3° *Traité des saisies et des contraintes*, 2 vol. in-8°, 1807; 4° *Lois des bâtimens, ou le Nouveau Desgodets*, in-4°, 1808; 5° *Mémorial des jurisconsultes*, in-8°, 1811; cet ouvrage a été fait en société avec M. Delaporte; 6° *Traité du temporel des églises et du gouvernement des paroisses*, in-8°, 1813. Ces ouvrages destinés à donner des notions de jurisprudence aux personnes peu familiarisées avec les codes, et qui cependant ont journellement besoin d'être instruites des dispositions qu'il leur importe de connaître, réduites à leur plus grande simplicité, atteignent assez bien leur but, et, sous ce rapport, ils conviennent aussi aux jeunes étudians.

LEPAN (ÉDOUARD-MARIE-JOSEPH), travailla 8 ans au *Courrier des spectacles*, journal inconnu dans sa plus grande prospérité, et mort d'inanition il y a 20 ans. L'exemple qu'a donné M. Lepan en jugeant les autres nous permettant de le juger, nous avouerons ingénument que nous ne trouvons pas dans le langage de l'urbanité, un mot qui puisse caractériser l'esprit et le talent de ce critique. Si l'on peut sans génie apprécier les productions du génie, on doit du moins à cet effet être doué d'esprit, de jugement et de goût. Ces facultés sont de nécessité, surtout dans l'homme qui s'érige en juge de Voltaire, celui de tous les poètes qui les réunissait au plus haut degré. Nous sommes obligés de le dire, M. Lepan est positivement l'antipode de ce grand homme, contre lequel il n'a cessé d'écrire. Geoffroy n'a pas attaqué cette grande réputation avec plus d'acharnement. Nous reconnaissons pourtant que si dans cette croisade contre le patriarche de Ferney, M. Lepan a développé moins de talent que l'ex-professeur du collége Mazarin, il y a montré plus de bonne foi. C'est en conscience que M. Lepan méprise les tragédies de Voltaire, et tous les jugemens qu'il en porte ont évidemment le caractère de la conviction et de la sincérité. C'est une justice que nous aimons à lui rendre. Les ouvrages publiés par M. Lepan sont : 1° *Principes généraux de la langue française*, en vers, 1788; 2° *les Confidences trompeuses*, comédie en 3 actes et en vers, représentée en l'an 7 (1799) sur le théâtre de Molière; 3° *Méthode anglaise simplifiée*, 1816; 4° *Fables de Lorenzo Pignotti*, traduites en français, 1817; une *Vie de Voltaire*, et des *Commentaires* sur celles de ses tragédies qui sont restées au théâtre. M. Lepan a publié en outre, en 1816, à la suite d'une nouvelle édition des chefs-d'œuvre de Pierre-Corneille, faite au profit de Mlle J. M. Corneille, les *Commentaires de Voltaire* avec des observations critiques sur ces commentaires.

LEPAUTE (LES FRÈRES JEAN-ANDRÉ ET JEAN-BAPTISTE), horlogers célèbres du 18me siècle, naquirent à Thonnelalong, arrondissement de Montmédy, département de la Meuse : l'aîné, JEAN-ANDRÉ LEPAUTE, en 1720; il mourut à Paris en mars 1789 ; le jeune, JEAN-BAPTISTE LEPAUTE, en 1727; il mourut également à Paris, le 18 mars 1802. Ils eurent pour père André Lepaute, natif de Mogue, près de Carignan, département des Ardennes. Jean-André Lepaute consacra les premières années de sa jeunesse à l'instruction nécessaire pour entrer dans l'état monastique. Son père, homme très-habile pour la confection des instrumens aratoires, et de tout ce que son imagination lui suggérait, le détourna de cette vocation, pour lui faire apprendre l'état de fondeur en cuivre. Ce fut à Maton, village près de Carignan, qu'il fit ses premiers essais, et exécuta divers ouvrages d'horlogerie à l'usage de la campagne ; mais le désir de se perfectionner lui fit bientôt quitter son pays natal pour venir à Paris. Ce fut en 1740 que Jean-André Lepaute, alors âgé de 20 ans, arriva dans la capitale, sans appui et sans aucune ressource, dominé seulement par un désir extraordinaire d'acquérir des connaissances dans un art aussi difficile que celui de l'horlogerie. Il trouva moyen d'entrer chez un habile horloger, et les progrès qu'il fit, en très-peu de temps, le mirent à même de pourvoir à tous ses besoins, et lui facilitèrent les moyens d'obtenir des connaissances plus étendues dans la théorie de son art, par la fréquentation et les rapports qu'il eut non seulement avec les artistes en tout genre, mais encore avec les savans. Au commencement de 1748, il engagea son frère Jean-Baptiste Lepaute à venir à Paris, afin d'y suivre la même carrière. Le jeune Lepaute faisait alors des études ecclésiastiques, et se préparait à recevoir les ordres. Il suivit le conseil de son frère aîné, et se rendit à Paris : il était âgé de 20 ans ; mais il était doué de dispositions si favorables pour l'horlogerie, qu'au bout de quelques mois de pratique, il fut en état de construire une horloge horizontale pour le château royal de la Muette. Cette machine fixa l'attention de tous les connaisseurs, et elle le méritait. Peu de temps après, son frère et lui composèrent une horloge horizontale plus importante pour le palais du Luxembourg, à Paris. C'était un ouvrage bien conçu, exécuté avec la plus grande perfection, et qui peut encore passer pour un chef-d'œuvre de l'art. Elle est placée présentement au Palais-Royal, à Paris. En 1749, Jean-André Lepaute épousa Nicole-Reine Etable Delabrière, qui eut de la célébrité par ses connaissances en astronomie, et qui fut élue de l'académie des sciences de Béziers, en 1761. Elle fait l'objet d'un article particulier. Au mois de mai 1751, Jean-André Lepaute présenta au roi une pendule de son invention, dont tout le mécanisme consistait en une seule roue. Lalande, l'un des commissaires de l'académie des sciences, en rendit le compte le plus favorable, et devint l'ami de l'auteur. Il disait : « Si j'ai contri- » bué à la perfection des travaux » de Lepaute en horlogerie, il a » été utile à la science que je cul- » tivais, par les pendules d'une » grande perfection, qu'il a faites » pour la plupart des observatoi- » res de l'Europe. » En 1752, il inventa une pendule singulière, marquant les heures, les minutes et les secondes, sonnant les heures et les quarts. Elle n'était composée que d'une roue et de deux chaperons ou roues de comptes. Au commencement de 1753, il inventa un nouvel échappement à repos, applicable à tous les genres d'horlogerie. En 1754, Jean-Baptiste Lepaute conçut une pendule produisant à peu près les mêmes effets que la précédente, mais construite sur des principes différens. En mai 1755, Jean-André Lepaute publia un *Traité d'horlogerie*, in-4°, avec 17 planches, dans lequel il développa les principes de cet art, ouvrage d'une très-grande utilité pour tous ceux qui le cultivent. En 1760 et 1763, les deux frères firent venir de leur pays Pierre-Henri Lepaute et Pierre-Basile Lepaute, leurs neveux, qui acquirent promptement des talens en horlogerie, et qui furent, par suite, d'une grande utilité à leurs oncles. En 1772, Jean-Baptiste et Jean-André Lepaute firent, pour l'établissement de l'école royale Militaire, une grande horloge, qui surpassa en perfection et en exécution toutes celles que l'on avait faites jusqu'alors. Au commencement de 1774, Jean-André Lepaute cessa de continuer l'horlogerie, et céda à son frère Jean-Baptiste la totalité de leur établissement commun : celui-ci s'adjoignit ses deux neveux, Pierre-Henri et Pierre-Basile Lepaute. En 1780, conjointement avec ses neveux, Jean-Baptiste Lepaute construisit, pour l'hôtel-de-ville de Paris, la plus belle et la plus importante horloge qui existe dans cette capitale. Cette machine, d'un très-grand volume, est à équation, c'est-à-dire qu'elle indique d'elle-même, jour par jour, le retour du soleil au méridien, comme le ferait le meilleur cadran solaire. Elle est construite sur les véritables principes de la mécanique, et son exécution ne laisse rien à désirer. En 1784, ils firent, pour l'hôtel des Invalides, une horloge qui égalait en perfection celle de l'Hôtel-de-Ville, mais d'un moindre volume : elle est exposée aux yeux du public qui visite ce superbe établissement. En l'année 1789, Jean-Baptiste Lepaute se retira, et céda à ses deux neveux, ses collaborateurs, la totalité de sa maison, pour se reposer de ses longs et utiles travaux. Les deux neveux, en succédant à l'établissement de leurs oncles, ont marché dignement sur leurs traces, et ont enrichi l'art qu'ils exerçaient d'une infinité de beaux ouvrages en tous genres, qui prouvent qu'ils étaient également animés du désir de le porter à la perfection. L'un d'eux, Pierre-Henri, est décédé en juillet 1806, âgé de 63 ans, par suite d'une longue et douloureuse maladie. Il avait été blessé grièvement, dans son domicile, par l'explosion du 3 nivôse. L'autre, Pierre-Basile, est l'objet de la notice suivante. Jean-André Lepaute était d'un caractère enjoué, très-désintéressé, aimant beaucoup les arts et la société des artistes. Il est mort sans postérité. Son frère, Jean-Baptiste Lepaute, d'un caractère vif et fort ouvert, était d'une société affable; il était surtout très-laborieux, bon fils, bon père et bon mari. Il a laissé trois enfans, qui n'ont point suivi sa carrière. Il est peu d'artistes qui aient produit en horlogerie une aussi grande quantité de beaux et bons ouvrages, lesquels ont été d'une grande utilité à la physique et à l'astronomie.

LEPAUTE (Pierre-Basile), neveu des précédens, et dont il a été parlé à leur article, est chef de la maison actuelle, et fit, en 1806, l'application à une pendule d'un remontoir d'égalité d'une disposition très-simple, qui est remonté douze fois par minute. Il a été vu à l'exposition des produits de l'industrie nationale de 1806, et présenté à l'institut impérial le 10 août 1807. En 1812, Pierre-Basile Lepaute employa ce mécanisme pour la pendule astronomique qu'il construisit avec des soins tout particuliers, conjointement avec son fils aîné, pour le bureau des longitudes. Cette pendule est placée à l'Observatoire royal, où elle marche avec une très-grande précision. En août 1813, ces deux artistes employèrent ce remontoir dans la construction d'une belle horloge qu'ils ont placée au château royal de Compiègne, et qui a été vue à l'exposition du Louvre de 1819. Ce mécanisme est très-avantageux pour ces sortes de machines, en ce que la surabondance de force motrice qui le fait agir est d'une grande utilité pour la conduite des aiguilles, et pour lever les détentes des sonneries, qui sont toujours des obstacles difficiles à vaincre, et qui nuisent à la régularité de la marche de l'horloge.

LEPAUTE (Joseph), plus connu sous le nom de d'Agelet, neveu de Jean-André et de Jean-Baptiste Lepaute, né à Thonuelalong, département de la Meuse, vint à Paris, attiré par ses oncles, en 1768 : il était âgé de 16 ans. Ses dispositions pour les sciences le firent placer sous le célèbre Lalande, qui, par amitié pour J. A. et J. B. Lepaute, prit un soin particulier de son instruction. Les progrès de Joseph dans l'étude de l'astronomie furent si rapides, que jeune encore il fut nommé membre de l'académie des sciences. En 1785, il fut choisi par le roi, pour faire partie, en qualité d'astronome, du voyage de La Pérouse autour du monde, dont il fut victime comme tous ceux de cette malheureuse expédition. Ce jeune astronome, qui été également regretté de sa famille et de tous les savans, était doué d'un caractère aimable, spirituel et bon par excellence.

LEPAUTE (Madame), née Nicole-Reine Etable Delabrière, femme de Jean-André Lepaute (dont la notice précède les articles de ce nom), naquit le 5 janvier 1723. Elle annonça de bonne heure des dispositions qui devaient la placer un jour dans le très-petit nombre de femmes qui ont, en Europe et surtout en France, cultivé les sciences exactes. C'est à l'âge de 25 ans qu'elle épousa le célèbre horloger dont elle porta le nom, et dont elle augmenta la gloire par le concours de ses talens. Elle fut l'amie de Clairaut et de Lalande, qui se plaisaient à encourager ses observations et ses essais, et à son tour elle les servit fort habilement, par la justesse de ses calculs sur la fameuse comète, dont le retour avait été annoncé pour 1757, mais qui ne se montra que sur la fin de l'année suivante. Clairaut a gardé le silence sur la coopération de Mme Lepaute; mais Lalande, dans sa *Théorie des comètes*, l'a noblement dédommagée du silence de Clairaut, que l'on° ne peut d'ailleurs attribuer qu'à des ménagemens honorables pour le sexe de cette célèbre astronome. Mme Lepaute publia une carte pour l'éclipse du 1er avril 1764, et d'Agelet (*voyez* l'article LEPAUTE qui précède) pour celle de 1778. On voit sur la carte de 1764, la trace de l'ombre qui formait sur la terre une courbe ovale, et qui parcourait environ 12 lieues par minute. Cette vitesse est double de celle d'un boulet de canon, qui est d'environ 200 toises par seconde, ou 5 lieues par minute (*Journal des Savans*, avril 1769). Malgré la sécheresse d'esprit que l'on contracte ordinairement dans l'étude des sciences abstraites, Mme Lepaute relevait encore par la vivacité et l'agrément du sien les avantages extérieurs dont la nature l'avait ornée. Les parens de son mari furent les objets continuels de ses affections et de ses bienfaits, et entre autres d'Agelet, qui a soutenu, malgré sa fin prématurée, l'honneur et la réputation de sa famille. Affaiblie par le travail et la méditation, et peut-être plus encore par sept années de soins assidus auprès de son mari, malade pendant ce long espace de temps, elle mourut quelques mois avant lui, le 6 décembre 1788, à l'âge de 65 ans, regrettée de toutes les personnes qui avaient été à même de la connaître. Elle était membre de l'académie de Béziers. Le naturaliste Commerson lui dédia, sous le nom de *Lepautia*, la rose du Japon, que M. de Jussieu a depuis appelée *Hortensia*. On trouve dans l'*Histoire de l'astronomie* de Lalande (année 1788), un touchant éloge de cette femme distinguée à tant de titres. Mme Lepaute a publié : 1° *Table des longueurs des pendules*, insérée dans le Traité d'horlogerie de son mari; 2° *Observations*, imprimées dans la *Connaissance des temps*, de 1759 à 1774. Les volumes de 1763 et de 1764 renferment la *table des angles parallactiques*, nécessaire aux marins, et les *Calculs de l'éclipse annulaire du soleil*, annoncée pour le 1er avril 1764, avec une carte où est tracée la marche et les différentes phases pour tous les pays de l'Europe; 3° *Tables du soleil, de la lune et des autres planètes*, publiées dans les *Éphémérides des mouvemens célestes* (t. VII et VIII); 4° enfin des *Mémoires d'astronomie*, lus à l'académie de Béziers, et imprimés dans le *Mercure*.

LEPECQ DE LA CLOTURE (Louis), médecin, professeur royal de chirurgie, naquit à Caen, département du Calvados, en 1736. Après avoir terminé ses études, il suivit les cours de médecine et de chirurgie de l'université de cette ville, et fut nommé, jeune encore, docteur régent, et professeur royal de chirurgie. Il se fixa à Rouen, et y reçut, en 1781, de Louis XVI, en récompense de ses talens et des services qu'il rendit à la science par ses écrits et par une pratique longue et laborieuse, des lettres de noblesse dont il était digne sous tous les rapports. Néanmoins cette faveur royale lui attira de si grands désagrémens, qu'il fut forcé de quitter Rouen et de se retirer dans une propriété de sa famille. Il y resta jusqu'à sa mort, arrivée en 1804, répandant dans les campagnes environnantes les secours gratuits de son art et de son expérience. Lepecq de la Cloture a donné : 1° *Observations sur les maladies épidémiques, d'après le tableau des épidémies d'Hippocrate*, Paris, 1776, in-4°. Ce fut par ordre et aux frais du gouvernement que ces observations furent publiées. 2° *Collection d'observations sur les maladies et constitutions épidémiques*, Rouen et Paris, 3 parties, in-4°. 3° différentes *Observations* dans les journaux de médecine.

LEPECQ DE LA CLOTURE (N.), chirurgien-major, neveu du précédent, fut dirigé par lui dans ses études. Il partit pour les armées en qualité d'officier de santé du 48ᵉ régiment. La carrière de Lepecq de la Cloture, qui promettait un praticien habile et instruit au service militaire de santé, fut de peu de durée. Il mourut en Pologne, en 1807, n'ayant pas atteint l'âge de 35 ans. On lui doit un *Rapport sur l'insalubrité du camp d'Ostende, et sur les maladies qui ont régné pendant la fin de l'an 12 et le commencement de l'an 13*. Ce travail a paru d'un assez haut intérêt à MM. Desgenettes, Corvisart, Leroux et Boyer, pour qu'ils l'insérassent, en 1809, dans le *Journal de Médecine*.

LEPEINTRE (PIERRE-MARIE-MICHEL), né à Mantes le 25 mars 1785, eut de bonne heure un goût très-vif pour la littérature, auquel il n'a pu se livrer que fort tard, à cause des divers emplois administratifs qu'il a occupés. En 1812, il a publié un roman intitulé : *Prosper, ou le Pessimisme*, en opposition au *Candide* de Voltaire. Il y a une grande et bien grande témérité à lutter avec le plus beau génie des temps modernes, et nous serions loin d'accorder notre suffrage à M. Lepeintre, si nous n'étions convaincus de la loyauté de ses intentions. Dans son audace, qui pourra paraître inexplicable, nous voyons un athlète imprudent, mais enfin courageux, et tout en louant le mérite de son travail, nous l'engageons à s'essayer dans des combats où il n'aura pas tant à risquer, et où il pourra acquérir une gloire plus réelle. Le génie seul peut lutter avec le génie. M. Lepeintre a fait paraître il y a quelque temps une *Ode sur la Grèce*, où l'on remarque une versification facile. On trouve dans le 40ᵉ vol. des *Poètes français*, in-18, édition de Mᵐᵉ Dabo, des pièces de vers de lui assez agréables ; c'est d'ailleurs par ses soins que cette collection a été rassemblée, et elle renferme un grand nombre de notices. Mais une collection bien plus importante dont on lui devra la publication, c'est la *Suite du Répertoire du Théâtre-Français* en 80 vol., que fait paraître également Mᵐᵉ Dabo, et qui renferme des discours sur l'art dramatique, des précis historiques sur la tragédie, sur la comédie, etc., qui se font lire avec

Lepelletier de St. Fargeau.

intérêt. M. Lepeintre a fait imprimer, en 1816, un Traité du jeu de trictrac.

LEPEL (LE BARON), chambellan de l'électeur de Hesse, conseiller intime de régence et ministre plénipotentiaire à la cour de Vienne. Au mois d'août 1816, le baron Lepel fut chargé, auprès de la diète de Francfort, d'une mission extraordinaire dont l'objet était les arrangemens territoriaux entre les états de la confédération germanique. En soutenant avec chaleur les intérêts du prince qu'il représentait, il fit également preuve de talens oratoires et de connaissances diplomatiques; mais il ne chercha point à se rendre la diète favorable, lorsqu'en lui présentant une note relative aux acquisitions des domaines de Westphalie, il lui reprocha, dans la séance du 13 mars 1817, d'avoir agi contre les intentions de ses commettans, en outrepassant ses pouvoirs. A l'époque des vacances de Pâques, le baron Lepel quitta Francfort pour revenir à Cassel, où il paraît qu'il ne reçut pas, comme il l'espérait, de nouvelles instructions relatives à sa mission. Il fut même remplacé par le baron de Munchhausen d'Apelern, dans ses fonctions de ministre plénipotentiaire à Vienne.

LEPELETIER DE SAINT-FARGEAU (LOUIS-MICHEL), membre de l'assemblée constituante et de la convention nationale, naquit à Paris le 28 mai 1760, d'une famille distinguée dans la haute magistrature. Il suivit lui-même cette carrière, et était président à mortier au parlement de Paris, lorsque les symptômes de la révolution se manifestèrent. A l'époque de la convocation des états-généraux, en 1789, il fut nommé membre de cette assemblée, le 6 mai, par la noblesse de la ville de Paris. D'abord il se rangea du parti de la majorité qui était dévouée à la cour, et, seul avec le comte de Mirepoix, il refusa d'obéir à l'ordre exprès du roi, du 26 juin, qui prescrivait à la noblesse de se réunir aux chambres du clergé et des communes. Il céda enfin à la volonté royale; mais il assistait régulièrement aux séances particulières que son ordre tint quelque temps encore après la réunion; il signa même les protestations contre les opérations de l'assemblée des trois ordres. Bientôt il changea d'opinion, appuya le rappel du ministre Necker, et dit à plusieurs de ses collègues qui montraient de la tiédeur: « Messieurs, représentons » le peuple si nous ne voulons pas » qu'il se représente lui-même. » Lepeletier de Saint-Fargeau devint, au mois de janvier 1790, membre du comité de jurisprudence criminelle, où il travailla beaucoup, et dont il fut un des organes habituels. Le 16 mai, il demanda que le pouvoir législatif eût seul le droit de faire la paix et de déclarer la guerre. Dans la séance du soir, du 19 juin, le marquis de Lambel proposant la suppression de tous les titres nobiliaires, Lepeletier de Saint-Fargeau fit une motion tendante à ce qu'il fût défendu de prendre d'autres noms que les noms patronimiques et de famille, et déposa sur le bureau sa proposition signée *Louis-Michel Lepele-*

tier. Cette motion fut adoptée sur-le-champ, et le 21, il devint président de l'assemblée. Le manifeste publié au nom du prince de Condé donna lieu à Mirabeau de proposer de déclarer ce prince traître à la patrie s'il ne désavouait pas le manifeste qu'on lui imputait. Lepeletier s'y opposa vivement. En avril et en mai 1791, il présenta, au nom du comité dont il faisait partie, différens articles de code pénal qu'il avait classés avec autant de méthode que de précision. Depuis long-temps il avait exprimé le vœu que l'on abolît la peine de mort. Il en fit la proposition formelle, en demandant que le coupable qui l'aurait encourue fût condamné à 24 ans de prison. Il demanda aussi la suppression de toute flétrissure indélébile, et la suppression des galères auxquelles on substituerait les travaux publics. Ne pouvant faire abolir la peine de mort, il obtint que la décapitation remplacerait le supplice de la corde. Il continua, jusqu'à la fin de la session, à soutenir avec le même talent la discussion des matières criminelles. Président de l'assemblée électorale du département de l'Yonne, au mois de septembre 1791, l'année suivante il fut nommé par elle député à la convention nationale, où, le 31 octobre (1792), il prononça un discours très-remarquable sur la liberté de la presse, dans lequel, après avoir expliqué la théorie de cette liberté en France, il déclara qu'il croyait impossible de faire une bonne loi à cet égard, et fut d'avis d'ajourner le projet présenté par Buzot. Il fut élu secrétaire au mois de novembre suivant. Lors du procès du roi, il soutint que la convention avait le droit de juger ce prince. On prétend que sa répugnance pour la peine de mort le porta d'abord à vouloir voter la réclusion, et qu'il engagea un certain nombre de ses collègues sur lesquels il avait de l'influence à partager son opinion; mais, ajoute-t-on, on n'a jamais bien connu les causes qui le portèrent à se prononcer pour la mort, dans un discours qui contribua à entraîner un grand nombre de membres de l'assemblée. La veille de l'exécution du jugement, le 20 janvier, Lepeletier de Saint-Fargeau étant à dîner chez Février, restaurateur au Palais-Royal, un homme l'aborde. « Êtes-vous, lui » dit l'inconnu, Lepeletier de Saint-» Fargeau? — Oui. — Vous avez vo-» té la mort du roi? — J'ai voté » d'après ma conscience. Au sur-» plus, qu'est-ce que cela vous » fait? » A peine a-t-il prononcé ces derniers mots, que l'inconnu lui plonge, dans le bas-ventre, un sabre qu'il tenait caché sous son manteau. Lepeletier fut transporté chez lui, où il expira presque aussitôt. Dans le tumulte qu'occasiona cet événement, l'assassin qui se nommait Pâris, et qui avait été garde-du-corps du roi, prit la fuite. Un décret de peine de mort fut porté contre quiconque lui donnerait asile. Il sortit de Paris, et, après avoir erré quelque temps, il était dans une auberge au moment où l'on vint pour l'arrêter. Sur le point d'être saisi, il se tua d'un coup de pistolet. La convention nationale, sur le rapport de Chénier, décréta que les honneurs du Panthéon seraient décernés à Lepeletier, et que sa fille, alors âgée de 8 ans, était adoptée par la nation. Un tableau peint par David, représentant les *Derniers momens de Lepeletier de Saint-Fargeau*, fut présenté, ainsi que son buste, à la convention, qui ordonna que le buste serait placé dans la salle même de ses séances, et que le tableau, gravé aux frais de la république, serait reproduit à la manufacture nationale des Gobelins. Lepeletier s'était long-temps occupé de l'éducation établie sur un plan nouveau. Son frère, M. Félix Lepeletier de Saint-Fargeau (dont l'article suit), fut autorisé à lire à la convention les ouvrages que le défunt avait composés à ce sujet, et dont elle décréta l'impression.

LEPELETIER DE SAINT-FARGEAU (LE COMTE FÉLIX), frère du précédent, fut d'abord destiné, par sa famille, à l'état militaire. Il était, à l'époque des premières journées de la révolution, aide-de-camp du prince Lambesc. A la mort de son frère, il embrassa fortement les principes populaires, et se montra plusieurs fois à la tribune des jacobins et à la barre de la convention nationale comme orateur de députations. Enveloppé, en 1796, dans la conjuration de Babeuf, il fut traduit, par contumace, à la haute-cour de Vendôme qui l'acquitta. Babeuf ayant été condamné à mort, M. Félix Lepeletier adopta Émile, son fils aîné (*voyez* les articles BABEUF). Il fut compris dans la liste de déportation dressée par suite de l'explosion de la machine infernale du 3 nivôse an 9 (24 décembre 1800). Transféré à l'île de Ré, il revint, en 1803, à Paris, où sa présence inspira des inquiétudes qui motivèrent sa détention au Temple. Envoyé en surveillance en Suisse, il fut autorisé à revenir en France en 1805, et se retira en Normandie dans une de ses propriétés. Président de son canton et maire de la commune de Baqueville, il donna sa démission en 1814, et publia, à cette époque, sous le titre de *Lettre au roi sur le serment des fonctionnaires publics*, une brochure où il montra de l'énergie, et surtout un grand attachement aux institutions consacrées par la révolution. Pendant les *cent jours*, en mai 1815, le collége électoral de Dieppe le nomma membre de la chambre des représentans, où M. Lepeletier de Saint-Fargeau soutint les principes qu'il avait développés dans sa brochure. Comme dès le 30 mai précédent il avait publié une proclamation, en qualité de commissaire impérial, pour le département de la Seine-Inférieure, où il s'était rendu avec des pouvoirs illimités, il fut compris dans l'ordonnance du 28 juillet (1815), mis d'abord en surveillance, puis exilé le 17 janvier 1816. Depuis il a été autorisé à rentrer dans sa patrie. M. Lepeletier de Saint-Fargeau, fixé à Paris, y vit dans la retraite.

LEPELLETIER-ROSANBO (LE MARQUIS), pair de France, est petit-fils de Malesherbes, l'un des défenseurs de Louis XVI, et fils d'un président à mortier du parlement de Paris. M. Lepelletier de Rosanbo commença sa carrière sous les auspices les plus funestes, et éprouva des infortunes dont le souvenir ne s'efface jamais, parce qu'elles sont irréparables Elles ont fait dire à l'abbé Delille :

Trois générations en un jour ont péri !

En effet, il eut à regretter à la fois son illustre aïeul, son père et sa mère, sa sœur et son beau-frère, M. de Châteaubriand l'aîné. Pendant sa minorité, son tuteur avait remboursé les créanciers de sa famille en assignats, qui alors perdaient beaucoup de leur valeur; dès que M. de Rosanbo eut atteint sa majorité, il convoqua ces mêmes créanciers, et leur dit : « Mon tuteur a peut-être fait son » devoir : je vais remplir le mien, » en vous indemnisant de toute la » perte que vous avez éprouvée » sur votre paiement en assignats. » Il s'agissait, à ce qu'on assure, d'une somme de 150,000 francs. M. de Rosanbo avait sur la religion et sur la monarchie, des principes qu'on l'a vu constamment professer d'une manière invariable. Geoffroy, dans un de ses feuilletons, s'était permis de diriger une attaque contre M. de Malesherbes, en sa qualité d'ancien directeur de la librairie et de protecteur de l'*Encyclopédie*, etc. Le petit-fils de ce grand magistrat crut devoir venger sa mémoire en réclamant dans les journaux contre le jugement du journaliste. Lorsqu'en 1815, il fut question de voter sur l'acte additionnel proposé par Napoléon, M. Lepelletier Rosanbo publia une note où son vote négatif était exprimé avec beaucoup d'énergie. M. Lepelletier Rosanbo avait défendu, contre les attaques de Geoffroy, la mémoire de son illustre aïeul. En 1818, il jugea à propos de réclamer, dans les feuilles publiques de cette époque, contre les éloges que dans ses *Recherches sur la vie, les écrits et les opinions de M. de Malesherbes*, M. Boissy-d'Anglas donnait à l'administration constamment sage, philosophique et tolérante, qui a rendu, ainsi que ses hautes vertus, le nom de Malesherbes immortel.

LEPELLETIER - ROSANBO (MADAME M. F. LAMOIGNON DE MALESHERBES, FEMME DE M.), née à Paris, en 1756, était fille de l'illustre Malesherbes. Elle fut arrêtée comme suspecte, près d'Orléans, dans la terre de son père, où elle résidait; traduite peu de temps après au tribunal révolutionnaire de Paris, elle fut condamnée à mort, le 22 avril 1794, comme conspiratrice, à l'âge de 38 ans. Son mari avait été exécuté quelques jours auparavant, et depuis ce moment elle était alitée et presque mourante; mais rassemblant toutes ses forces, lorsqu'on lui présenta son acte d'accusation, elle dit à Mlle de Sombreuil, renfermée comme elle à la prison de la Bourbe: « Vous avez » eu le bonheur de sauver votre » père; moi je vais avoir celui de » mourir avec le mien et de suivre » mon mari. » Effectivement M. de Malesherbes périt le même jour, ainsi que M. et Mme de Châteaubriand, son gendre et sa fille.

LEPESCHEUX (N.), avait adopté les principes de la révolution et s'y montra constamment fidèle, dans les différentes places qu'il a remplies. Il fut d'abord, sous le directoire, administrateur du département de la Mayenne; nommé ensuite contrôleur des contributions directes à Mayenne même, il occupa cet emploi jusqu'au retour de Napoléon en 1815, et devint membre de la chambre des représentans pendant les *cent jours*. Le département de la Mayenne qui l'avait nommé à cette chambre, le réélut, en 1819, à la chambre des députés. M. Lepescheux paraît peu à la tribune; mais il se fait remarquer par ses lumières dans les discussions des bureaux. Il siége au côté gauche, et a voté contre les lois d'exception et contre le nouveau système électoral.

LEPIC (LE COMTE LOUIS), général de division, est né le 20 septembre 1765. Officier de chasseurs dans l'armée de l'Ouest, en 1793, il recueillit avec humanité une jeune orpheline que les tribunaux ont reconnue, en 1818, après un long procès, pour la fille d'un ancien seigneur d'une paroisse de la Vendée. M. Lepic se signala à la bataille d'Austerlitz, et fut fait major-colonel des grenadiers à cheval de la garde. En 1807, il reçut le grade de général de brigade, et, en 1809, le titre de baron et de commandant de la légion-d'honneur. Élevé, en 1813, au grade de général de division, il eut le commandement du 2me régiment des gardes d'honneur dont l'organisation se faisait à Metz. Après la campagne de 1814, le roi lui confia le commandement de la 21me division militaire à Bourges. Le 29 juillet il fut nommé chevalier de Saint-Louis, et reçut, le 17 janvier 1815, le titre de comte. Il prit du service dans les *cent jours*, et fut mis à la retraite le 9 septembre suivant. Le général Lepic s'est retiré à Andrezi, village près de Pontoise, et y a épousé la fille d'un honnête cultivateur.

LEPITRE (JEAN-FRANÇOIS), ancien professeur de rhétorique en l'université de Paris, était membre de la commune de cette ville, lorsqu'il fut nommé, le 8 décembre 1792, un des commissaires chargés de surveiller la famille royale au Temple. Le poste que chacun des commissaires devait occuper était désigné par le sort : M. Lepitre obtint celui de la chambre de la reine et des princesses. On sait avec quelle sévérité les personnes chargées de pareilles missions étaient elles-mêmes surveillées. Néanmoins il sut adoucir les rigueurs qui lui étaient prescrites, malgré les dangers qu'il avait à redouter. Le 11 du même mois, désigné pour être auprès du roi, il n'eut pas de peine à gagner la confiance de ce prince. M. Lepitre sut deviner les dispositions d'un autre commissaire nommé Toulan, et s'entendit avec lui pour procurer à l'auguste prisonnier les journaux et les livres dont on le privait; mais il se chargeait seul de ses commissions au dehors. Toutes ces particularités sont consignées par lui dans une relation qu'il a publiée en 1814, sous ce titre : *Quelques souvenirs, ou Notes fidèles de mon service au Temple*. C'est encore lui qui nous apprend que, se trouvant un jour de garde auprès de Louis XVI, et n'ayant avec lui qu'un collègue qui ne répondait jamais à tout ce qu'on pouvait lui dire, que par un signe de tête, ce qui l'avait fait surnommer la *Pagode* par la reine, il demanda au roi la permission de prendre les œuvres de Virgile qui étaient sur la cheminée. « Vous savez donc le latin ? » lui demanda Louis XVI.—« Oui, » sire, répondit M. Lepitre.

»Non ego cum Danais trojanam exscindere gentem
»Aulide juravi.»

Le roi l'entendit, et le lui témoigna par un regard expressif. La catastrophe du 21 janvier avait fait sur son âme la plus vive impression ; il la peignit dans une romance, qu'il composa pour le fils de Louis XVI, et qu'il offrit à la reine, la première fois qu'il reparut au Temple depuis la mort du monarque. Quelques jours après, il l'entendit répéter par le jeune prince, en présence de la princesse sa sœur. Le malheur de la famille royale inspira à M. Lepitre le désir d'y mettre un terme, et suivant sa version il conçut le projet de la faire évader, en s'associant Toulan et le chevalier de Jarjayes ; tout était prêt pour son exécution, fixée au 2 mars 1793. Les relais, les postillons étaient disposés ; un mouvement qui eut lieu dans Paris, le jour même, et qui était absolument étranger aux mesures prises, fit manquer une occasion qu'il ne lui fut plus possible de retrouver. Quelques indices donnèrent lieu de soupçonner le complot et deviner les auteurs ; Toulan fut condamné à mort ; le chevalier de Jarjayes quitta la France par ordre de la reine, et M. Lepitre, traduit devant le tribunal révolutionnaire et confronté avec cette princesse, échappa néanmoins à une condamnation. On désirerait que les détails relatifs à l'évasion des augustes prisonniers, fussent plus en harmonie avec une lettre autographe de la reine, sur le même objet : d'abord cette princesse y donne tout l'honneur du projet au chevalier de Jarjayes seul ; ensuite elle ne s'y refuse, que parce qu'il fallait laisser dans les fers Mme Élisabeth et ses deux enfans dont elle ne voulait pas se séparer. Présenté, le 19 mai 1814, à Mme la duchesse d'Angoulême, S. A. R. lui dit : « Je n'ai point » oublié, et je n'oublierai jamais » les services que vous nous avez » rendus. » M. Lepitre, nommé en 1816 professeur de rhétorique au collége royal de Rouen, était passé dans la même qualité au collége royal de Versailles, où il mourut en 1821. On a de lui : 1° *Histoire des dieux, des demi-dieux, et des héros adorés à Rome et dans la Grèce*, nouvelle édition, 1814, in-12 ; 2° *Cinq romances composées en 1793 et 1795, pour les illustres prisonniers du Temple*, musique de M. de Cléry, 1814.

LEPLAT ou LEPAET (Josse), docteur en droit, et l'un des rédacteurs des *Nouvelles ecclésiastiques*, naquit à Malines en 1733. Il avait 35 ans lorsqu'il obtint une chaire de droit à l'université de Louvain, d'où, en 1776, il passa à une chaire de droit-canon. A cette époque, Leplat avait déjà attiré l'attention sur lui, en soutenant deux thèses dans lesquelles il se déclarait en faveur de l'indissolubilité du mariage des nouveaux convertis à la foi. On avait précédemment agité cette question en France, et le parlement de Paris l'avait décidée par un arrêt du 2 janvier 1768, contre l'opinion d'un grand nombre de prélats, et du pape (Benoît XIV) même. La doctrine de Leplat fut immédiatement réfutée par le P. Maugis, professeur de théologie à l'université de Louvain; mais le premier répondit à son adversaire en publiant une *Dissertation historico-canonique*, dans laquelle il prétend que l'origine du sens commun est due aux idées contenues dans les décrétales. Cette première dissertation fut suivie d'une seconde, dont les écrits de Gervasio fournirent le texte. Il publia ensuite une édition du *Commentaire sur le nouveau droit canonique*, par Van-Espen, qu'il fit précéder d'une préface, Louvain, 1777, 2 vol. in-8°. Au moment où le gouvernement autrichien s'occupait d'un plan général de réforme, il accorda sa protection à Leplat, qui lui parut propre à seconder ses vues; ce fut donc en vain qu'il fut attaqué de nouveau par Van-de-Velde, autre professeur de l'université de Louvain. Il triompha facilement de ce nouvel adversaire, que d'ailleurs l'autorité suspendit de ses fonctions académiques. Le zèle avec lequel il concourut à l'exécution des projets philantropiques de l'empereur Joseph II, principalement dans la formation du séminaire général, attira sur lui l'animadversion du clergé belge et de ses partisans. La nouvelle école étant désapprouvée de tous les évêques, les professeurs qui la défendaient furent souvent insultés par les étudians, et Leplat se vit contraint, en 1787, de quitter Louvain pour se rendre à Maestricht, où il ne fut pas plus heureux, puisque ayant voulu reprendre ses leçons, l'année suivante, il devint la cause d'une nouvelle émeute. Des troubles commençaient à se manifester en Belgique; on accusa Leplat d'y avoir pris part. Quoi qu'il en soit, il se retira en Allemagne, et se justifia en publiant, le 31 janvier 1788, une lettre au cardinal de Frankemberg, archevêque de Malines. Ce prélat qui attribuait une partie des troubles aux doctrines nouvelles répandues par Leplat, avait demandé sa destitution. Le docteur publia dans le même temps des *Observations* sur la déclaration et le supplément au catéchisme de Malines. Cet écrit était contre le cardinal. Dans le cours de la même année, il prononça successivement aux universités de Mayence et de Bonn, un discours latin sur l'autorité du pape, dont le but évident était de restreindre les droits du saint-siège. Un autre ouvrage dans lequel il garde moins de mesures, parut en 1795, sous le titre de *Lettres d'un théologien canoniste, à Pie VI sur la bulle* AUCTOREM FIDEI. Il travaillait alors en Hollande, conjointement avec l'abbé Mouton, à la rédaction des *Nouvelles ecclésiastiques*. Nommé, en 1806, directeur de l'école de droit de Coblentz, il mourut dans cette ville le 6 août 1810. Indépendamment des ouvrages de Leplat, cités dans le cours de cet article, il publia encore : 1° une édition latine des *Canons et décrets du concile de Trente*, in-4°, 1779; 2° une édition des *Institutions de jurisprudence ecclésiastique*, de Biegger, 5 vol. in-8°; 3° une édition latine des *Discours de Fleury, sur l'histoire ecclésiastique*, 1780, 2 vol. in-12; 4° une *Dissertation sur les fiançailles et les empêchemens du mariage*, Louvain, 1782; 5° *Collection de pièces relatives à l'histoire du concile de Trente*, 1784, 7 vol. in-4°.

LEPRÉVOT-D'EXMES, homme de lettres, naquit en Normandie d'une famille considérée, et entra de bonne heure dans les gardes du roi de Pologne, Stanislas. La paix lui permit de se livrer à la culture des lettres, et il se fit remarquer par une ode qui fut honorablement mentionnée dans un concours de l'académie. Il obtint d'autres succès au théâtre de Lunéville, où son opéra-comique *les Trois rivaux*, et sa comédie *la Nouvelle réconciliation*, furent très-bien accueillis. Il quitta le service et vint se fixer à Paris, où il donna au théâtre des Italiens, en 1752, *les Thessaliennes*, comédie en 3 actes. Ayant perdu sa fortune par des faillites et par la suppression d'une place qu'il avait obtenue, étranger à toute intrigue, il fut réduit, en 1793, à se réfugier dans l'hospice de la Charité, où il succomba sous le poids de sa misère. On a de lui des écrits et des recueils qui ne sont pas sans intérêt. Il rédigea aussi pendant plusieurs années les *Etrennes du Parnasse* et le *Journal des Spectacles*. Il avait composé une *Histoire de la dernière guerre de l'empereur contre les Turcs*, dont le manuscrit a été perdu.

LEPRÉVOST-D'IRAY (LE VICOMTE JEAN-JACQUES), né en 1743, au Puy, département de la Haute-Loire. Sa famille, qui était noble, le fit entrer, en 1758, dans les gardes-du-corps du roi, compagnie de Villeroy, où il resta jusqu'à l'époque de la révolution. Alors il émigra et fit la campagne de 1792, en qualité de maréchal-des-logis des gardes-du-corps. Il ne rentra en France qu'en 1814. M. Leprévost-d'Iray avait alors le rang de colonel : il fut admis à la retraite en 1815.

LEPRÉVOST-D'IRAY (LE VICOMTE CHRÉTIEN-SIMÉON), fils du précédent, littérateur, membre de l'institut, né le 13 juin 1768. A la suite de très-bonnes études, et notamment de celle de l'histoire dans laquelle il acquit de grandes connaissances, il obtint une place de professeur aux écoles centrales de Paris. En 1802, M. Leprévost-d'Iray publia un ouvrage intitulé : *Tableau comparatif de l'histoire ancienne, à l'usage des écoles publiques*, deux feuilles grand-aigle; 2ᵐᵉ édition, 1804, in-fol. L'idée avantageuse que cet ouvrage fit concevoir de l'auteur, contribua beaucoup, sans doute, à le faire nommer censeur des études au lycée impérial, et plus tard inspecteur-général de l'université. Il occupait cette dernière place en 1805, lorsque son *Tableau comparatif de l'histoire moderne*, destiné à faire suite au *Tableau comparatif de l'histoire ancienne*, parut in-folio. On lit cette production avec le même intérêt que la première, et les deux réunies forment ensemble un cours d'histoire. M. Leprévost s'est occupé depuis d'une *Histoire de l'Egypte sous le gouvernement des Romains*, dont le 1ᵉʳ vol. in-8°, a paru en 1816. On a de lui, indépendamment des ouvrages que nous avons cités, un grand nombre de poésies fugitives, parmi lesquelles figurent plusieurs chansons agréables ; quelques pièces au Vaudeville, et une tragédie intitulée : *Manlius Torquatus*, qui, représentée en 1798, sur le théâtre de l'Odéon, obtint un succès d'estime. Il est un des collaborateurs les plus actifs de la *Bibliothèque française*. M. Leprévost-d'Iray a cessé d'être porté sur la liste des inspecteurs-généraux de l'Université depuis 1815.

LEPRÉVOT-DE-BEAUMONT (J. C. G.), né dans la ci-devant province de Normandie, fut, sur la fin du siècle dernier, une des plus malheureuses victimes du despotisme ministériel. Il jouissait de quelque considération dans la république des lettres, avait rempli plusieurs emplois honorables, et enfin était secrétaire du clergé de France, lorsque le 17 novembre 1768, il fut arrêté, en vertu de lettres de cachet qu'il a prétendues être fausses, et enfermé dans différentes prisons d'état. Pendant 22 ans et 2 mois que dura sa détention, il eut à souffrir tout ce que la haine du despotisme peut imaginer de plus atroce ; sous le moindre prétexte, on l'empêchait de boire et de manger pendant plusieurs jours de suite ; on le dépouillait de ses vêtemens, on le chargeait de chaînes, et on empêchait avec soin que l'air n'entrât dans son cachot. Point de lit, point de couverture, mais une espèce d'auge, saupoudrée non pas de paille, mais d'un peu de fumier infect ; jamais de lumière, jamais de feu, même dans les plus grands froids ; et enfin, quand on voulait bien qu'il mangeât, il recevait 2 onces de pain par jour et un verre d'eau. Ces traitemens barbares n'étaient pas habituels, mais ils se renouvelèrent souvent pendant l'espace de 15 années qu'il resta au donjon de Vincennes. Exaspéré par tant d'atrocités, il lui arrivait quelquefois de se refuser à changer de prison ; et quand il voyait arriver le moment de la violence, il dépavait sa chambre, soutenait un siège, et forçait ses bourreaux à capituler. Ces faits sont consignés dans les lettres même écrites par les geôliers aux ministres du temps, et retrouvées dans les archives de la Bastille. Elles furent le sujet d'un rapport que Manuel, procureur de la Commune, fit à la convention. La cause de ces tortures est aussi étonnante que les tortures elles-même. Un de ses amis avait découvert en 1768, et lui avait remis les pièces originales d'une association formée entre certains personnages marquans du royaume, tels que le lieutenant de police, les ministres, les conseillers de la grand' chambre, les intendans des provinces, les commandans de place, les présidens de la plupart des parlemens, etc., tendant à accaparer tous les blés du royaume en les achetant sur pied, et en les renfermant dans de vastes et nombreux magasins, de manière à produire la disette au milieu même de l'abondance, et à vendre à un taux très-élevé ce qui avait été acheté à bas prix. C'est à ces manœuvres criminelles que la France, suivant l'auteur, a dû les famines de 1740, 1741, 1752, 1768, 1769, 1775, 1776, 1778, 1788 et 1789, époque de la révolution. La première association avait commencé en 1728; c'était une espèce de ferme qu'on donnait à bail d'après les aperçus des récoltes, que les intendans, instruits par leurs subdélégués, envoyaient à Paris. Il y avait quatre preneurs de bail millionnaires qui parcouraient les provinces, faisaient les achats, et renfermaient les blés jusqu'au moment opportun pour en opérer la vente. Le bail se renouvelait tous les douze ans, il l'avait déjà été quatre fois, et allait l'être pour la cinquième, en 1789. Ce pacte rédigé en 24 articles, et signé des principaux agens, révolta M. Leprévot; il n'y vit qu'une conspiration contre l'état; il fit plusieurs copies de ce pacte et en remit une à son ami pour la faire passer au parlement de Rouen, dont le nom ne figurait pas parmi ceux qui en étaient complices. Pour épargner les frais de port, les papiers furent laissés cachetés sur le bureau du conseiller qui correspondait avec le parlement de cette ville. Le paquet inspira des soupçons; on l'ouvrit, et l'on trouva la dénonciation de M. Leprévot avec les pièces à l'appui. Rien ne l'inculpait; cinq à six personnes qui étaient du secret, furent arrêtées avant lui. On leur promit la liberté, si elles dénonçaient l'auteur de l'écrit; elles le firent, il fut incarcéré; et elles n'en restèrent pas moins détenues. Ces faits peuvent donner lieu à quelques observations. On se demandera s'il est possible en effet qu'une conspiration, comme l'appelle M. Leprévot, qui embrassait toute la France, et dont tant de personnes avaient le secret, ait pu ne pas être connue et dénoncée à des autorités compétentes, et s'il est bien possible encore que, pendant près de 50 ans que ce complot fut réalisé, il ne se soit pas trouvé un ministre honnête homme, qui l'ait signalé et anéanti. L'étonnement redouble lorsque l'on voit le vertueux Malesherbes figurer parmi les prétendus coupables. Quant à l'indifférence dont se plaint le prisonnier qui avait parlé à ce ministre, on peut croire que les actes de violence auxquels il se portait, excédé par des vexations inouïes, le faisaient regarder comme un homme dont les idées étaient dérangées. Ne serait-il pas possible d'ailleurs que M. Leprévot eût transformé, par erreur, une mesure prise pour remédier aux disettes, en un complot pour les organiser? mais alors l'affaire aurait dû être portée devant les tribunaux, pour y être éclaircie et faire subir au dénonciateur, en cas d'imposture, une peine légale, au lieu des traitemens barbares auxquels il fut en proie pendant près d'un quart de siècle. On ne peut pas douter cependant qu'un plan quelconque n'ait existé, puisque toutes les preuves d'abord entre les mains de M. Leprévot, ont été retrouvées dans les archives de la Bastille. La chute de la Bastille ne lui rendit pas la liberté; il était alors à Vincennes, et resta comme les autres prisonniers d'état sous les verroux qui le tenaient encore écroué. Il fut même transféré dans une maison de santé pour les fous. Ce ne fut qu'après diverses tentatives, et en jetant plusieurs lettres par-dessus les murs, qu'il parvint à faire penser à lui, et à obtenir enfin sa liberté, qu'il dut à l'intervention de l'assemblée législative.

LEPRINCE (NICOLAS-THOMAS), littérateur, né à Paris en 1749, était à l'époque de la révolution, en 1789, secrétaire de la bibliothèque du roi, emploi qu'il perdit en 1792. Il a publié : 1° *Essai historique sur la bibliothèque du roi*, Paris, 1782, 2 vol. in-8°; 2° *Traité du choix et de la méthode des études*, par l'abbé Fleury. Cet ouvrage, considérablement augmenté, a eu plusieurs éditions. 3° *Lettres sur l'époque de plusieurs inventions du moyen âge, des moulins, de l'horlogerie, etc.*, insérées dans le *Journal des Savans*, de 1779 à 1782; 4° *Catalogue raisonné des livres de la bibliothèque de M. Hue de Miromesnil*, Paris, 1781, in-4°; 5° *Petite bibliothèque des théâtres*, 1 vol. in-12, Paris, 1783 et années suivantes. Un manuscrit intitulé : *Bibliothèque pittoresque, ou Catalogue raisonné des livres qui traitent de la peinture, sculpture, architecture, gravure, perspective, etc.*, a été déposé à la bibliothèque du roi, par M. Leprince, au moment où il cessa ses fonctions de secrétaire. Il ne paraît pas qu'il ait été depuis pourvu d'aucun autre emploi.

LEQUINIO (JOSEPH-MARIE), membre de plusieurs assemblées législatives, est né à Sarzeau près de Vannes. Il fut, au commencement de la révolution, maire de Rennes, puis juge au tribunal de Vannes. Il était en outre connu comme rédacteur d'une feuille intitulée : *Journal du laboureur*, et par deux écrits sous le titre, l'un de : *École des laboureurs*, et l'autre, *des Élections*. Le département du Morbihan le nomma député à l'assemblée législative, où il occupa souvent la tribune, d'abord pour s'opposer aux mesures de rigueur proposées contre les émigrés, ensuite pour faire conserver le traitement aux prêtres qui renonceraient au célibat. A cette occasion, il se prononça contre les prêtres insermentés. Le 1er janvier 1792, il vota pour la mise en accusation des princes français, et pour l'apposition du séquestre sur les biens des émigrés. Au mois de février suivant, il publia une brochure sur la nécessité du divorce, et prononça, peu de jours après, un discours fort étendu sur les moyens d'améliorer les finances. Nommé à la convention nationale par le département qui l'avait élu à la précédente législature, il vota dans le procès du roi avec la majorité, et envoyé, en avril (1793), en mission à l'armée du Nord, il fut rappelé peu de temps après. A son retour à la convention, il demanda la déportation des évêques qui s'opposeraient au mariage des prêtres. Il fut chargé de la mise à exécution, dans les départemens de l'Aisne et de l'Oise, de la loi relative aux suspects. Le 9 septembre, il eut avec Laignelot une mission à Rochefort. Il passa ensuite à Lorient, à Brest, à la Rochelle et dans la Vendée. De retour à Paris, le 7 mai 1794, il fit à la société des Jacobins un éloge pompeux du discours de Robespierre sur l'immortalité de l'âme. Robespierre ne lui tint aucun compte de cette apologie, et le dénonça à la même tribune comme ayant prétendu dans deux de ses écrits : *le Bonheur* et *les Préjugés détruits*, « que » tout finissait pour l'homme avec » la vie. » Lequinio voulut répondre; mais on refusa de l'entendre. Quelques mois après la révolution du 9 thermidor an 2 (27 juillet 1794), il proposa de décréter qu'aucun membre de l'assemblée conventionnelle ne pourrait faire partie d'assemblées populaires. A la suite de vifs débats à cette occasion, la motion de Lequinio fut rejetée. Au mois de mai 1795, il envoya à la convention sa démission motivée sur le mauvais état de sa santé. La convention passa à l'ordre du jour, et lui enjoignit de revenir à son poste. Il s'y rendit, et se justifia des suspicions auxquelles son éloignement avait donné lieu. Le 8 août (1795), il fut dénoncé et décrété d'accusation pour raison de ses missions à Rochefort, à la Rochelle et dans la Vendée. Le décret d'amnistie, rendu au mois d'août 1796, fit cesser cette mesure, et il put reparaître sans craindre pour sa liberté. Sous le gouvernement directorial, il devint inspecteur forestier à Valenciennes, et fut député, en 1798, par le département du Nord au conseil des cinq-cents, d'où il fut exclu par la loi du 22 floréal an 6 (22 mai 1798). Le gouvernement consulaire le nomma sous-commissaire des relations commerciales à Newport (États-Unis), où il résida plusieurs années. Nous nous sommes bornés à une esquisse pure et simple de la vie politique de Lequinio. On trouvera dans le *Moniteur* et dans les mémoires du temps, des documens qui, en faisant connaître l'ensemble de sa conduite, mettront l'historien à même de juger un homme qui, encore vivant, ne nous semble pas soumis à notre juridiction. Lequinio a publié, outre les ouvrages dont il a déjà été parlé : 1° *les Préjugés détruits*, 1792, in-8°; 2me édition, 1793, in-8°; 3me édition, in-8°, 1798; 2° *la Richesse de la république*, 1792, in-8°; 3° *la Guerre de la Vendée et des chouans*, 1795, in-8°; 4° *Philosophie du peuple, ou Élémens de philosophie, politique et morale, à la portée des habitans des campagnes*, 1796, in-12; 5°*Voyage pittoresque et physico-économique dans le Jura*, 1801, 2 vol. in-8°.

LEREBOURS (R.), ingénieur en instrumens d'optique, physique et mathématiques, opticien de la marine et du bureau des longitudes de l'Observatoire royal, membre de la légion-d'honneur, est un de nos plus habiles opticiens, et on lui doit des découvertes précieuses dans son art; il a en outre donné une très-grande extension au commerce des instrumens d'optique et de physique, qui, avant lui, avait peu d'activité en France. Les instrumens dont on se servait naguère dans nos observatoires, étaient fabriqués dans les ateliers de Dollond, en Angleterre. « M. Lerebours, di- » sent les auteurs de la *Biographie* » *des hommes vivans*, aidé de MM. » Dartigues et Cauchoix, est par-

» venu à égaler, sinon à surpasser
» les instrumens anglais. Déjà, en
» 1810, cet habile artiste avait
» présenté à l'Observatoire deux lu-
» nettes fort supérieures, dit le rap-
» port sur les prix décennaux, aux
» lunettes de Dollond ; mais elles
» étaient construites avec des cris-
» taux étrangers. Des recherches
» assidues ont convaincu M. Le-
» rebours que les cristaux de ma-
» nufacture française peuvent
» donner un résultat aussi satisfai-
» sant. » M. Lerebours, qui compte
environ 50 ouvriers dans ses ateliers, emploie maintenant et con-
curremment les cristaux et les glaces de la France et de l'étranger.
Il a perfectionné en général les
instrumens des sciences, et plus
particulièrement ceux de l'optique. Il s'occupait, en 1819, d'é-
tablir une grande plate-forme ou
machine à diviser, de 1 mètre 45
centimètres de dimension, où
pourront être fabriqués les plus
plus grands instrumens de mathématiques. Le bureau des longitudes l'avait chargé à cette époque de la confection d'une lunette
dont le roi a fait les fonds ; les
dimensions de cet instrument devaient surpasser toutes celles qui
jusqu'alors avaient été construites. M. Lerebours a fourni, à l'exposition des produits de l'industrie du département de la Seine,
qui eut lieu au Louvre en 1819 :
1° six lunettes à grande ouverture et de grandes dimensions ; 2°
plusieurs baromètres de différentes constructions pour mesurer la
hauteur des montagnes ; 3° divers
hygromètres ; 4° des miroirs noirs
de grandes dimensions ; 5° divers
instrumens thermométriques, a-
réométriques ; 6° une règle pour
les courbes assymptotiques ; 7°
enfin 2 microtélescopes. Il se prépare à enrichir de ses productions
la nouvelle exposition publique
de cette année (1823). On regrette
que M. Lerebours n'ait pas, comme M. Chevallier, opticien du roi
et des princes, écrit sur son art.
On ne doute pas qu'il n'eût, à
l'exemple de son habile et savant
confrère, acquis de nouveaux
droits à la reconnaissance publique.

LÉRIDANT (N.), né en 1778,
à Vannes, département du Morbihan. Appelé aux frontières par
la loi de la conscription, il servit
quelque temps dans le 1er bataillon de la légion de l'Ouest ;
mais l'état militaire ne lui convenant pas, il se fit remplacer, vint
à Paris, et fut employé chez un
négociant, dont la faillite l'éloigna
momentanément des affaires commerciales auxquelles il paraissait
vouloir se livrer. Il se lia avec
quelques agens de Georges Cadoudal, entre autres Saint-Vincent et Joyaux, qui le présentèrent
à leur chef. Ce fut avec ce dernier que, monté dans le même
cabriolet, il fut arrêté. Traduit en
jugement, ainsi que Georges Cadoudal et les autres accusés, il fut
condamné, le 18 juin 1804, à 2
ans de détention. C'est peut-être
à cause de la modération de cette
peine qu'on l'a supposé dans le
temps d'intelligence avec la police.

LERIS (Antoine de), littérateur, naquit, le 28 février 1723,
à Mont-Louis, département des
Pyrénées-Orientales, et fit ses é-
tudes à Paris. Il se fixa dans cette
ville, où il acheta une charge de

premier huissier à la chambre des comptes. Il mourut en 1795. On lui doit : 1° *la Géographie rendue aisée*, Paris, 1753, in-8°; nouvelle édition, revue et augmentée, 1765, in-8°; 2° *Dictionnaire portatif, historique et littéraire des théâtres, contenant l'origine des théâtres de Paris*, 1754. Cet ouvrage, encore recherché de nos jours, malgré le nombre des ouvrages de ce genre, a été dans le temps jugé digne de remplacer, non-seulement l'*Histoire générale du théâtre français* des frères Parfaict, ouvrage en 15 volumes in-12, mais encore les différens ouvrages sur l'histoire de notre théâtre des mêmes auteurs. Léris publia *le Sentiment d'un harmoniphile*, sur différens ouvrages de musique, de l'abbé de Morambert, Paris, 1756, in-12, et les *Après-soupées de la campagne*, de Bruix.

LERMINIER (Nilammon-Théodoric), médecin de l'hôpital de la Charité, membre de l'académie royale de médecine, chevalier de la légion-d'honneur, ancien médecin de l'empereur Napoléon, ex-chevalier de l'ordre de la Réunion, est né en 1770, à Abbeville, département de la Somme. Forcé par la première réquisition de cesser ses études, il partit en qualité de chirurgien dans les hôpitaux militaires. Il quitta les armées après la révolution du 9 thermidor an 2 (27 juillet 1794), et reprit ses études médicales qu'il fit avec succès. M. Lerminier fut un des fondateurs de la société médicale d'émulation de Paris, et son premier secrétaire-général. En 1805, il soutint, avec beaucoup de distinction, une thèse brillante *sur les Crises*, d'après la doctrine des anciens. En 1806, il fut envoyé avec M. Desgenettes en mission dans la Bourgogne, où la présence des prisonniers austro-russes avait fait déclarer une fièvre épidémique ; il y fit preuve de talent et de dévouement. A son retour, il fut nommé médecin de l'Hôtel-Dieu de Paris, et membre de la société de médecine. M. Leclerc étant mort, en 1808, M. Lerminier le remplaça en qualité de médecin, par quartier, de l'empereur Napoléon, et fit, avec ce prince, les campagnes d'Espagne et de Russie. Il fut décoré de l'ordre de la Réunion, en récompense des services importans qu'il rendit aux soldats malades dans la funeste retraite de 1812. M. Lerminier rendit de nouveaux services à l'humanité en 1813. Il se consacra au traitement des soldats malades du typhus, à l'hôpital de la Pitié. A la première restauration en 1814, il reçut du roi la décoration de la légion-d'honneur. Nommé postérieurement médecin de l'hôpital de la Charité, M. Lerminier y a établi un cours de médecine pratique, en faveur des élèves qui ont terminé leurs cours à l'école. Chaque élève a un certain nombres de malades à surveiller, et propose au professeur les remèdes qu'il croit propres à la guérison de chaque maladie. Après la visite, la discussion s'ouvre sur les observations auxquelles elle a donné lieu. On ne saurait trop applaudir à une institution qui n'est pas moins utile aux malades qu'à l'art lui-même dont elle facilite les progrès. On espère que M. Lerminier rendra bientôt public, l'ouvrage où seront consignés les détails de ces intéressantes conférences.

LEROUGE-COLLINET (N.), fut nommé, en 1799, député au conseil des anciens par le département de l'Aube; il était alors président du tribunal civil de ce département. Au mois de décembre de la même année, il passa au corps-législatif, institué par suite de la révolution du 18 brumaire an 8. Il sortit de cette assemblée en 1804, et n'a point été appelé depuis à de nouvelles fonctions publiques.

LEROUX (Antoine), chirurgien célèbre, naquit à Dijon, département de la Côte-d'Or, en 1730. Beaucoup d'instruction, une longue pratique, et la plus parfaite dextérité dans les opérations les plus difficiles de son art, le recommandaient à l'estime et à la confiance de ses concitoyens. Il mourut le 23 octobre 1792, pour avoir pris à une trop forte dose l'opium avec lequel seul il pouvait calmer les horribles douleurs que lui causait la gravelle. On doit à ses méditations et à son expérience plusieurs ouvrages d'un mérite réel. Ce sont : 1° *Mémoire sur la taille latérale;* 2° *Observations sur les pertes de sang chez les femmes en couche;* 3° *Méthodes curatives de la rage, du venin de la vipère, et de la pustule maligne.* L'académie de Dijon a honoré la mémoire de Leroux en faisant sculpter son buste, qu'elle a placé parmi les hommes distingués nés dans cette partie de la France.

LEROUX (N.), membre de l'assemblée constituante, exerçait la profession de négociant, et était maire d'Amiens lors de la convocation des états-généraux en 1789. Nommé député du bailliage de cette ville, il fut chargé, comme doyen d'âge, de la police intérieure de la chambre des communes, et de diriger les conférences pour la réunion des ordres. Il remplit ces fonctions avec beaucoup d'ordre et de présence d'esprit, et soumit à la chambre des mesures réglementaires de police. Après la session de l'assemblée constituante, il se retira dans ses foyers, où il mourut quelques années après.

LEROUX (N.), membre de plusieurs assemblées législatives, dirigeait à Paris une maison de commerce lorsqu'il fut nommé, en 1799, par le département de la Seine, membre du conseil des cinq-cents. Peu de temps après, et par suite de la révolution du 18 brumaire an 8 (9 novembre 1799), il passa au corps-législatif, d'où il sortit en 1803. Il se fit peu remarquer dans l'une et l'autre assemblée. Rendu aux affaires commerciales, M. Leroux est resté depuis ce temps étranger à la politique.

LEROUX (le chevalier), docteur en médecine, professeur honoraire de la Faculté de médecine de Paris, membre de l'académie royale de médecine, chevalier de la légion-d'honneur, s'est distingué par ses talens dans sa profession. Il passa toute la nuit du 10 août 1792 en qualité d'officier municipal auprès de la personne du roi Louis XVI, et suivit ce prince lorsqu'il se rendit à l'assemblée législative. Arrêté quelque temps avant les massacres des 2 et 3 septembre, il eut le bonheur d'échapper à la mort. Il devint président de la section de l'Unité (faubourg Saint-Germain). Mais les sections de Paris s'étant insurgées au 13 vendémiaire an 4 (18 octobre 1795), il fut condamné à mort comme un des auteurs de la révolte. Il parvint à échapper à l'exécution de ce jugement, et renonça aux affaires publiques. M. Leroux était doyen de la Faculté de médecine depuis quelques années lorsque, en 1814, il reçut du roi la croix de la légion-d'honneur, et fut nommé, par ce prince, membre honoraire de l'académie royale de médecine, lors de sa création le 20 décembre 1820. M. Leroux est rédacteur principal du *Journal de médecine*, qu'il commença en 1800 avec MM. Corvisart et Boyer. On lui doit : 1° *Observations sur les pertes de sang des femmes en couche, et sur les moyens de les guérir*, Lyon, 1776, in-8°; 2° *Traité sur la gale simple, sur sa complication avec d'autres maladies*, 1809, in-12; 3° *Éloge de Baudeloque*, inséré à la suite des éditions posthumes de l'ouvrage du savant praticien, intitulé : *Art des accouchemens*.

LEROUX (ADRIEN), capitaine de génie et littérateur, a donné plusieurs ouvrages en vers où l'on remarque de la facilité; ce sont : 1° *Les Charmes de la solitude*, rêveries et contes en vers, 1799; 2° *les Adriennes*, nouvelles, 1805, petit in-12; 3° *l'Ausoniade, ou la Bataille de Marengo*, poëme en 10 chants, traduit de la langue helvétienne, avec des notes, 1806, in-12. Au rapport de M. Barbier, l'un de nos bibliographes les plus instruits, M. Leroux aurait publié en l'an 2, in-18, contes et historiettes critiques, philosophiques, comiques et moraux.

LEROUX DU CHATELET (LOUIS-ONUPHRE), ex-membre de la chambre des députés, est né en 1763, à Arras, département du Pas-de-Calais, d'une famille de robe. Il termina ses études à Paris au collège de Navarre, et devint, en 1778, conseiller et garde-des-sceaux à la chancellerie d'Arras. Appelé à remplir des fonctions municipales, il les accepta d'abord, et s'en démit bientôt, préférant vivre dans la retraite. Ce parti donna des inquiétudes aux autorités locales; elles le firent surveiller. La loi du 17 septembre contre les suspects ayant été rendue, il fut détenu momentanément par suite de l'émigration de son frère puîné, garde-du-corps du roi. Néanmoins il parvint, sans autre événement fâcheux, à atteindre l'époque où le gouvernement royal fut rétabli (1814). Lors des événemens du 20 mars 1815, il remplissait les fonctions de sous-préfet par intérim. Il donna sa démission, et envoya son fils à Gand, où le roi s'était rendu. Après la seconde restauration, il fut nommé membre de la chambre des députés, dite *introuvable*. Il y vota constamment avec la majorité. Lors de la discussion du budget, il fit précéder son opinion sur les gros traitemens, de ces considérations remarquables : « Autrefois, dit M. » Leroux du Châtelet, l'honneur » était en France l'unique mobile » qui nous dirigeait : l'honneur é- » tait encore, dit Montesquieu, au- » dessus de la volonté souveraine; » la considération publique payait » les plus grands services; les veil-

» les du magistrat n'augmentaient » pas ses revenus. Les dangers, » l'intrépidité, les fatigues du sol- » dat, ne lui donnaient pas des tré- » sors; l'honneur, l'honneur seul » dirigeait nos pères vers le bien, » leur faisait sacrifier leur temps, » leur vie, leur fortune. Heureux » temps, qu'on n'a pu détruire que » par les secousses les plus affreu- » ses; siècles heureux, qu'il dépend » de nous de faire revivre; l'hon- » neur est encore dans le cœur des » Français : il est inné chez eux. » Examinant ensuite les dépenses de différens ministères, il proposa d'établir en principes généraux, « qu'il » ne serait accordé aucun traite- » ment, sauf ceux des ministres, du » président de la chambre, des am- » bassadeurs et des maréchaux de » France, au-dessus de 30,000 fr. , » et qu'on ne permettrait la cumu- » lation d'aucun emploi. » La chambre fut dissoute par l'ordonnance du 5 septembre 1816. M. Leroux du Châtelet a été réélu en 1821, et siége, comme en 1815, au côté droit. Il a publié: 1° des *Assemblées provinciales, ou de la Nécessité de réorganiser les administrations secondaires et municipales, et de les mettre en harmonie avec les principes de la charte*, Paris, 1817, in-8°; 2° quelques brochures pseudonymes *en faveur des émigrés;* 3° *des finances d'après le système présenté par Sully à Henri-le-Grand, adapté à la situation de la France en 1818*, Paris, in-8°, 1818.

LEROY (JACQUES-AGATHANGE), médecin distingué, naquit à Maubeuge en 1734. Porté par un penchant naturel vers l'étude de la médecine, il pensa être enlevé pour toujours à la carrière des sciences et au monde lui-même, par l'abandon d'une maîtresse qu'il adorait. Bientôt son frère, qu'il aimait de la plus tendre amitié, vint à mourir. Le jeune Leroy ne put résister à cette double perte. Sa raison en reçut une violente atteinte, et il alla s'enfermer à l'abbaye de la Trappe, où il passa une année dans la solitude et dans une sombre douleur, refusant de communiquer même avec ceux qui lui étaient attachés par les liens du sang. Subjugué enfin par les instances de sa famille, il reprit l'étude de la médecine, et fut nommé, ayant à peine 25 ans, pharmacien en chef des armées. A son retour d'Allemagne, il voulut faire partie de l'expédition qui allait se rendre à Cayenne. La colonie, lorsqu'il y arriva, était en proie à la plus affreuse épidémie. Tous les Français en furent attaqués. Leroy seul résista au fléau général, quoiqu'il se dévouât jour et nuit pour secourir les malades. Il séjourna pendant une année dans ce malheureux pays qu'il sauva par son courage et ses veilles. Il revint en France et se fixa à Paris : les événemens de la révolution le forcèrent à s'en éloigner. Il se retira à Lille, et ensuite à Dunkerque, où la ville entière lui décerna le surnom de *Médecin des pauvres*. Les orages politiques apaisés, Leroy revint à Paris, et y exerça la médecine avec une grande distinction jusqu'à l'époque de sa mort, arrivée le 11 février 1812. Il a publié : 1° *Essai sur l'usage et l'effet de l'écorce du garou*, Paris, 1767; nouvelle édition, 1774, in-12; 2° *Traité des maladies ai-*

guës, traduction du latin d'Eller, Paris, 1774, in-12; 5° *Histoire raisonnée de la fièvre gangréneuse qui a régné à Rochefort en 1766;* 4° *des Moyens de rendre la petite vérole bénigne dans tous les cas,* etc. Leroy, qui s'était rendu recommandable par ses talens et ses qualités personnelles, fut lié intimement avec J. J. Rousseau, Franklin, La Harpe, Marmontel, etc.

LEROY (ALPHONSE - VINCENT-LOUIS), médecin et professeur d'accouchemens, naquit à Rouen, département de la Seine-Inférieure, le 23 août 1742. Il s'est rendu plus particulièrement célèbre dans le traitement des maladies des femmes et des enfans. Très-instruit, mais quelquefois subjugué par des idées paradoxales, il repoussa constamment les bienfaits de la vaccine, appréciés depuis long-temps par tous les médecins. Il portait en quelque sorte en lui-même un esprit de controverse qui le faisait redouter de ses confrères, qui ne le privaient pas pour cela de leur estime, et qui reconnaissaient la franchise de son caractère et la bonté de son cœur. Leroy est mort victime d'un affreux assassinat. Dans la nuit du 14 au 15 janvier 1816, un domestique qu'il avait renvoyé quelque temps auparavant, parvint, avec le secours de la servante de Leroy, avec laquelle il menait une vie débauchée, à s'introduire dans la maison de son ancien maître, qu'il frappa de 3 coups de poignard. Le nouveau domestique accourut au secours du vieillard, et devint victime de son dévouement. Il fut frappé d'un coup qui heureusement ne fut pas mortel. L'assassin, par une prompte fuite, évita l'échafaud. Leroy a publié un grand nombre d'ouvrages. Nous citerons les plus remarquables : 1° *Maladies des femmes et des enfans,* avec un traité des accouchemens, d'après les Aphorismes de Boerhaave, commentés par Van-Swieten, le tout traduit et augmenté de notes et éclaircissemens, 1768, 2 vol. in-8°; 2° *Recherches sur les habillemens des femmes et des enfans, ou Examen de la manière dont il faut vêtir l'un et l'autre sexe,* 1772, in-12; 3° *Lettre sur la manière dont il faut terminer l'accouchement dans lequel le bras de l'enfant est sorti du ventre de la mère, et Examen de l'opinion du sieur Levret à cette occasion,* 1774, in-8°; 4° *Pratique de l'art des accouchemens,* 1776, in-8°; 5° *Recherches historiques sur la section de la symphise du pubis,* 1778, in-8°; 6° *Observations et réflexions sur l'opération de la symphise et les accouchemens laborieux,* 1780, in-8°; 7° *Essai sur l'histoire naturelle de la grossesse et de l'accouchement,* 1787, in-8°; 8° *l'Enfant qui naît à 5 mois peut-il conserver la vie? Question médico-légale dans laquelle on expose quelques lois de la nature, propres à donner des éclaircissemens sur ce qu'est la vie,* 1790, in-4°; 9° *De la nutrition et de son influence sur la forme et la fécondité des animaux, et de l'influence de la lumière sur l'économie animale,* 1798, in-8°; 10° *Leçons sur les pertes de sang pendant la grossesse, lors et ensuite des accouchemens; sur les fausses couches et sur toutes les hémorragies*, publiées par J. F. Lobstein, 1801-1803, in-8°; 11° *Manuel des goutteux et des rhumatiques*, 1803, in-8°; nouvelle édition, 1805. A la suite de ce recueil des principaux remèdes contre la goutte et les rhumatismes, on a ajouté la traduction de l'ouvrage du docteur Tavares, publié sous ce titre : *Sur un art nouveau de guérir les paradoximes de la goutte, et de la preuve qu'elle siége principalement dans les nerfs;* 12° *la Médecine naturelle, ou l'Art d'élever et de conserver les enfans*, 1803, in-8°; 13° *de la Contagion régnante sur les vaches, sur les bœufs et sur l'homme dans quelques contrées de la France*, 1814, in-8°; 14° enfin différens *Mémoires de chirurgie*, où l'on reconnaît l'homme instruit et le bon praticien.

LEROY (ALPHONSE), chimiste, fils du précédent, est né à Paris. Il a fait d'excellentes études, et s'est occupé avec succès de chimie et d'objets relatifs à l'industrie nationale. On lui doit un très-bon ouvrage sous ce titre : *de l'État du commerce en France avant et depuis la révolution; des progrès de l'industrie nationale sous le gouvernement de l'empereur Napoléon, et des erreurs du gouvernement royal de 1814 dans l'administration commerciale*, 1815, in-8°.

LEROY (CHARLES-GEORGES), lieutenant des chasses du parc de Versailles, naquit en 1723. Il a été un des collaborateurs de l'*Encyclopédie*, et a fourni à cet ouvrage entre autres articles, ceux de *Fermier, Forêt, Garenne*. Ami intime d'Helvétius, il publia en 1760, in-12, Londres, un *Examen des critiques du livre intitulé :* DE L'ESPRIT. Cette brochure a pour but de réfuter les observations plus ou moins sévères auquel ce célèbre ouvrage avait donné lieu. Le même sentiment l'inspira lorsqu'il publia, en 1772, in-8°, Amsterdam, des *Réflexions sur la jalousie pour servir de commentaire aux derniers ouvrages de Voltaire*. Mais cette fois, en défendant quelques passages d'Helvétius, de Montesquieu et de Buffon, que Voltaire avait critiqués, il attaquait imprudemment l'écrivain le plus redoutable du siècle, et il eut peu à se louer de la *Lettre sur un écrit anonyme*, que Voltaire publia en réponse, et qui a été insérée dans les *Mélanges littéraires* des œuvres du philosophe de Ferney. Outre ces ouvrages, on doit encore à Leroy : 1° *Lettre sur les animaux*, édition nouvelle, 1781, in-12, Amsterdam. Ces lettres, d'abord imprimées dans le *Journal étranger* de 1762 et 1764, et dans la *Gazette littéraire* de MM. Suard et Arnaud de 1769, furent réimprimées à Paris, en 1802, in-8°, sous le titre de *Lettres philosophiques sur l'intelligence et la perfectibilité des animaux*, suivies de *Lettres posthumes sur l'homme* par le même auteur. On trouve dans ces lettres quelques particularités assez curieuses. Leroy y fait mention d'une expérience qu'il a répétée plusieurs fois, et qui prouverait que les pies ne peuvent compter que jusqu'à cinq. 2° *Portraits de Louis XV et de M*^{me} *de Pompadour*, publiés en 1802.

Leroy mourut à Paris, au commencement de la révolution, en 1789.

LEROY (JEAN-DAVID), architecte, membre de l'ancienne académie des inscriptions et belles-lettres et de l'institut, naquit à Paris, en 1728 : il est frère de Pierre Leroy, horloger-mécanicien, mort en 1785, et de Charles Leroy, chimiste et médecin distingué, mort en 1779, et fils du célèbre horloger Julien Leroy, mort en 1759. Porté par goût à l'étude de l'architecture, et mécontent des monumens de sa patrie, il résolut d'aller, sur la terre classique des beaux-arts, recueillir les inspirations que les modèles offraient à sa jeune et brillante imagination. Après avoir passé plusieurs années en Grèce, il publia, à son retour à Paris, ses *Ruines des plus beaux monumens de la Grèce*, Paris, 1758, in-fol., fig., qui, malgré quelques erreurs, opérèrent bientôt en France une révolution dans l'architecture. Ses ouvrages et ses leçons, comme professeur, le firent admettre successivement à l'académie des inscriptions et belles-lettres, à l'institut de Bologne, et lors de la réorganisation des corps académiques en France, en l'an 3, à l'institut national, classe des beaux-arts. Leroy s'était également occupé de l'architecture navale, et il travailla long-temps, mais sans succès, à l'invention de bateaux insubmersibles pour la navigation de la Seine. Il mourut en 1803. Ses élèves lui décernèrent une médaille, représentant d'un côté son effigie, et de l'autre, une colonne dorique, surmontée de l'oiseau de Minerve, accompagnée d'une galère antique et d'un compas, avec cette inscription : *Votée par les architectes, ses élèves.* Leroy a publié, outre l'ouvrage déjà cité : 1° *Histoire de la disposition et des formes différentes que les chrétiens ont données à leurs temples*, Paris, 1764. Cet ouvrage a été traduit en allemand, avec les remarques de l'abbé Laugier sur l'architecture, 1778, in-8°. 2° *Observations sur les Édifices des anciens peuples*, Amsterdam et Paris, 1767, in-8°; 3° *la Marine des anciens peuples expliquée*, et considérée par rapport aux lumières qu'on peut en tirer pour perfectionner la marine moderne, 1777, in-8°, fig.; 4° *les Navires des anciens considérés par rapport à leurs voiles et à l'usage qu'on pourrait en faire dans notre marine*, 1783, in-8°, avec des observations sur la marine et la géographie; 5° *Recherches sur le vaisseau long des anciens, sur les voiles latines, et sur les moyens de diminuer les dangers que courent les navigateurs*, 1785, in-8°; 6° *Mémoires sur les travaux qui ont rapport à l'exploitation de la mâture dans les Pyrénées*, in-4°; 7° *Canaux de la Manche à Paris*, pour ouvrir deux débouchés à la mer, et faire de la capitale une ville maritime, suivant le vœu de l'assemblée nationale, 1791, in-8°. Ce projet a été publié par Dupain-Triel, pour servir d'addition à sa carte de la navigation intérieure du royaume. 8° *Nouvelle Voilure proposée pour les vaisseaux de toutes grandeurs, et particulièrement pour ceux qui seraient employés au commerce*, précédée de lettres à Franklin sur la marine : ces écrits servent de suite à ceux que l'auteur a publiés sur la marine ancienne, 1800, in-8°. Les mémoires de Leroy sur la marine ancienne se trouvent dans le Recueil de l'académie des inscriptions et belleslettres. 9° *Nouvelles Recherches sur les navires employés par les anciens depuis l'origine des guerres puniques jusqu'à la bataille d'Actium, et sur l'usage qu'on en pourrait faire dans notre marine;* 10° *Mémoire sur le lac Mœris;* 11° *des Petits Navires des anciens, et de l'usage que nous en pourrions faire dans notre marine militaire;* 12° *sur la Marine des anciens, et particulièrement sur un bas-relief, par Winkelmann, représentant le fragment d'une galère.* Ces différens mémoires ont été insérés dans le Recueil de l'institut. Le *Mémoire sur le lac Mœris* a été, en outre, imprimé à part, in-8°.

LEROY (Louis), avocat au parlement de Paris, naquit dans la ci-devant province de Normandie, en 1727, et mourut à Saint-Germain-en-Laye, en 1811. Après ses études de droit, qu'il fit avec distinction, il fut reçu avocat au parlement, en 1754. De 1760 à 1766, il remplit les fonctions de lieutenant-général du bailliage du palais à Paris, et devint ensuite membre du conseil du duc de Penthièvre. On doit à Leroy une traduction des *Pensées de Cicéron,* 3 vol. in-18, Paris, 1802, et, en manuscrit, un *Voyage en Italie :* c'est une imitation du *Voyage d'Anacharsis,* de l'abbé Barthélemy.

LEROY (LE CHEVALIER), ex-législateur et préfet, membre de la légion-d'honneur, est né à Longny, dans la ci-devant province de Normandie. Il partit, à peine sorti du collége, en qualité de volontaire, et devint, peu de temps après, lieutenant, puis officier d'état-major dans le 3ᵐᵉ bataillon du département de l'Orne. Étant en mission à Paris, en 1799, il y fut retenu pour remplir les fonctions de capitaine-rapporteur du 1ᵉʳ conseil de guerre de la division. Il les remplit pendant trois ans, et ne les cessa que pour exercer, en 1802, celles de membre du tribunat, dont il devint secrétaire. Absent pour cause de maladie, lorsque fut agitée au tribunat la question de déférer au général premier consul la dignité impériale, il envoya par écrit son adhésion. Il reçut en récompense la décoration de la légion-d'honneur, deux ans après la suppression du tribunat, en 1808, devint membre du corps-législatif, et fut attaché à la commission des finances. Il fut porté le second pour la questure. En 1811, l'empereur le nomma préfet du département du Var, et il y était encore lorsqu'après les événemens politiques de 1814, Napoléon se retira à l'île d'Elbe. M. Leroy ne crut pas devoir s'éloigner de son protecteur malheureux. Il le protégea contre les excès d'une populace ameutée et ne le quitta qu'à Fréjus. Le gouvernement royal le laissa sans emploi. Pendant les *cent jours,* en 1815, il occupa la préfecture du département du Loiret. Sa modération et son équité lui conciliérent l'estime de tous les partis. Après les désastres de Waterloo, il suivit l'armée au-delà de la Loire, et continua d'administrer cette partie de son département, d'où il se retira dès le rétablissement des communications. M. Leroy est aujourd'hui fixé à Paris.

LEROY (N.) dit LEROY DE LA SEINE, ex-membre du tribunat et préfet du département de l'Aude, exerçait les fonctions de commissaire du directoire exécutif près le bureau central (aujourd'hui préfecture de police), lorsque, après les événemens du 18 brumaire an 8 (9 novembre 1799), il fut nommé membre du tribunat. C'est lui qui, en 1802, présenta au tribunat le projet de rétablissement de la peine de la marque, adopté par le corps-législatif. Le tribunat ayant été dissous, M. Leroy passa à la préfecture du département de l'Aude. Il ne s'y maintint pas long-temps, et fut remplacé par le baron Trouvé, aujourd'hui imprimeur. M. Leroy mourut en 1803.

LEROY (N.), peintre belge, s'était déjà fait connaître par plusieurs productions estimables lorsqu'il établit sa réputation comme peintre de batailles par un grand tableau représentant le *Champ de Waterloo*. Cette composition capitale excita à Bruxelles, dans l'atelier de l'auteur, au salon d'exposition à Gand et en Angleterre, l'admiration du public et les suffrages des artistes. Au mérite d'avoir retracé avec fidélité le moment décisif de la bataille, M. Leroy y joignit l'avantage important d'offrir les portraits parfaitement ressemblans des principaux personnages qui prirent part à ce mémorable combat, où la valeur française fut si cruellement trahie par la fortune. Après être restés long-temps fixés sur l'action principale, les yeux trouvent encore à se reposer avec intérêt sur les épisodes dont l'auteur a su l'accompagner. La société des beaux-arts de la ville de Gand a récompensé M. Leroy par le don d'une médaille d'honneur.

LEROY (ONÉSIME), auteur dramatique, est né à Valenciennes en 1788. En sortant du collége de Sainte-Barbe, il débuta dans la carrière du théâtre par une comédie du *Méfiant*, qui fut accueillie favorablement du public. On remarqua dans cette pièce un personnage assez rare à l'époque de la première représentation (1813), mais qui depuis n'est devenu que trop commun; c'est un chevalier d'industrie, intrigant décoré, qui se présente comme une noble victime de la révolution :

Il a beaucoup perdu par l'émigration,
A ce qu'il dit...., Cela ne prouve rien encore.
De malheurs prétendus souvent on se décore;
Tel se dit ruiné qui n'eut jamais de bien,
Et tel autre déchu qui jadis n'était rien.

Il a fait représenter depuis au Théâtre-Français : *l'Irrésolu*, jolie comédie en un acte, qui a obtenu un succès brillant et mérité; *la Femme juge et partie*, comédie en 5 actes de Montfleury, qu'il a réduite en 3 actes et à laquelle il a fait des changemens nombreux et pleins de discernement : *les Deux Candidats*, pièce du même auteur, fut suspendue par ordre après 26 représentations. M. Leroy avait fait antérieurement avec M. Bert une comédie intitulée *l'Esprit de parti*. Il vient de publier (1823) une comédie de circonstance, qui n'a pas été représentée, intitulée : *Caton le Censeur, ou la guerre d'Espagne*. Il a fourni en outre au *Journal général de France*, un grand nombre d'articles intéressans sur la littérature, signés des initiales O. L.

LEROY DE BACRE (ALEXANDRE-JACQUES), ancien aide-de-camp de Dumouriez, littérateur, est né à Paris. Il passa de l'école Militaire, où il fut élevé, dans le régiment de Vintimille; il y fit, en qualité de sous-lieutenant, les campagnes de 1792 et 1793. Aide-de-camp de Dumouriez à la fin de cette dernière campagne, il le suivit dans sa fuite en Autriche, et passa au service de cette puissance. Néanmoins il rentra bientôt dans sa patrie, et fut incorporé dans le régiment du prince régnant d'Issenbourg qui faisait partie de l'armée française. Il devint son aide-de-camp. De ce corps, il passa à la grande-armée, où il fit les dernières campagnes en qualité de capitaine-adjoint à l'état-major général. Comme littérateur dramatique, on lui doit : 1° *Geneviève de Brabant*, opéra en 3 actes; 2° *Mélinde et Ferval*; 3° *Caroline et Dorine, ou Turenne aux Dunes*; 4° *la Femme romanesque*; 5° *Arlequin au village*. M. Leroy est inventeur d'un procédé ingénieux, par lequel on fait des portraits en cheveux qui imitent très-heureusement la gravure.

LEROY DE LOZEMBRUNE (FRANÇOIS), écrivain allemand, naquit en 1751, et mourut à Vienne en 1801. Il fut conseiller et instituteur des archiducs d'Autriche. Leroy de Lozembrune a écrit tous ses ouvrages en français. Les principaux sont : 1° *Lettres et contes sentimentaux de G. Wandersum*, 1777, in-8°; 2° *Matinées de Landschitz*, Vienne, 1779, in-8°; 3° *Essai sur l'abus du bien moral*, 1re et 2me parties, 1780, in-8°. 4° *L'Ordre moral, ou développement des principales lois de la nature*, Augsbourg, 1780, in-4°. 5° *Situation politique actuelle de l'Europe, considérée relativement à l'ordre moral*, pour servir de supplément à l'*Ordre moral*, etc., 1781, in-8°; 6° *Essai de morale*, Bude, 1782, 2 vol. in-8°; 7° *Anecdotes et Remarques sur l'éducation publique*, Manheim, 1783, in-8°; *OEuvres mêlées*, en vers et en prose, Manheim, 1783, 2 vol. in-16; on trouve dans le 2me volume une farce en 3 actes et en prose, sous le titre de : *la Statue de Henri IV, ou l'Allemand à Paris*; 9° *Emire et Aguthée, Mirson et Célide, Cléophir et Syrka*, Vienne, 1784, in-8°; 10° *Justine de Saint-Val*, 1786, 2 vol. in-8°; 11° *Observations historiques sur les progrès et la décadence de l'agriculture chez différens peuples*, par M. le comte de Hartig, traduction de l'allemand, 1790, in-8°.

LÉRY (LE VICOMTE FRANÇOIS-JOSEPH CHAUSSE-GROS DE), lieutenant-général, est né le 11 septembre 1754. Il servait dans le corps du génie à l'époque de la révolution, dont il fit les premières campagnes, et devint, en 1794, capitaine de 2me classe. Employé en qualité de sous-directeur des fortifications à l'armée de Sambre-et-Meuse, il fut nommé successivement général de brigade, et commandant en chef du génie à l'armée de réserve, en 1800. Au commencement de février 1805, il obtint le grade de général de division, et justifia ce titre par sa brillante conduite dans la campagne contre l'Autriche, et notamment à la bataille d'Austerlitz, après laquelle il fut nommé inspecteur général des fortifications et grand-officier de la légion-d'honneur. Il se signala de nouveau pendant les campagnes de 1806 et 1807 contre les Prussiens et les Russes, et continua de donner des preuves de talens et de bravoure à la bataille de Friedland. En 1808, le général de Léry passa en Espagne, où revêtu du commandement en chef du génie, il fut, en 1811, chargé de la direction des travaux du siége de Badajoz ; la manière dont il s'acquitta de cette tâche aussi difficile qu'importante lui fit le plus grand honneur. Après les événemens de 1814, le roi nomma le général de Léry membre du conseil de la guerre pour le génie; le 23 août de la même année, il fut créé commandeur de l'ordre royal de Saint-Louis, et le 27 décembre suivant, grand'croix de la légion-d'honneur. M. de Léry a épousé la fille de feu le maréchal Kellermann, duc de Valmy. Son nom ne se trouvant plus, en 1825, sur les listes des lieutenans-généraux en activité ou en disponibilité, ce général aura sans doute été mis à la retraite.

LESAGE (Bernard-Marie), membre de la convention nationale, exerçait la profession d'avocat à l'époque de la révolution, dont il adopta les principes avec modération. L'estime que lui portaient ses concitoyens, et leur confiance dans ses talens, le firent élire, au mois de septembre 1792, par l'assemblée électorale du département d'Eure-et-Loire à la convention nationale. La première fois qu'il parut à la tribune, ce fut pour signaler et combattre les envahissemens de la commune de Paris, et surtout pour lui reprocher les crimes qu'elle avait tolérés ou qu'elle n'avait point empêchés lors des 2 et 3 septembre 1792. Au mois d'octobre, il ne déploya pas moins d'énergie, en repoussant l'impression des tables de proscription que l'on proposait sous le nom de listes des *huit mille*, des *vingt mille*, des *membres du club de 1789* et des *Feuillans*. Il démontra que l'intérêt public, la conservation du nouvel ordre de choses exigeaient que la représentation nationale s'efforçât de faire disparaître tous les élémens de discorde et de proscription. Il fut élu secrétaire le 10 janvier 1793. Ses sorties fréquentes contre les principes de la majorité, lui attirèrent la haine des membres influens. Dans le procès du roi, il vota la mort; mais avec la réserve de Mailhe, qui renfermait l'appel au peuple et le sursis. Lesage, qui jusqu'à cette grande et funeste époque s'était montré l'ennemi implacable des mesures ultra-révolutionnaires, se chargea de présenter le 10 mars le projet d'organisation du tribunal que Coffinhal et Fouquier-Tinville ont rendu si tristement fameux. On a supposé que dans cette double circonstance il avait été subjugué par l'ascendant de la majorité. Cette majorité ne lui pardonnait pas sa conduite antérieure; et après les événemens du 31 mai 1793, compris dans la faction dite des *hommes d'état*, il fut proscrit dès le 2 juin, et mis hors la loi le 2 juillet : il échappa par la fuite aux résultats de sa proscription. La chute de Robespierre, au 9 thermidor an 2 (27 juillet 1794), lui permit de reparaître et de rentrer à la convention, le 18 ventôse an 3 (8 mars 1795). Il y montra qu'il conservait du ressentiment du sort qu'il avait éprouvé, en demandant que des poursuites fussent dirigées contre les anciens agens des proscriptions. Il proposa plus tard le rapport de la loi du 17 nivôse relative au partage des successions, parce qu'il la regardait comme étant en opposition à la déclaration des droits. Nommé membre du comité de salut public et de la commission chargée de la confection des lois organiques de la constitution, il combattit, le 30 avril, la proposition de Thibaudeau, tendant à supprimer le comité de sûreté générale et à composer celui de salut public de vingt-quatre membres. Il fonda son opposition sur ce que l'adoption du projet serait l'anéantissement de la liberté. Par suite de l'insurrection populaire des 1er, 3 et 4 prairial an 3 (21, 22 et 23 mai 1795), il voulut qu'on n'attribuât à la commission militaire établie à l'effet de juger les auteurs de cette révolte, que la poursuite et le jugement des délits militaires, et demanda que Pâris, Romme, Goujon, Soubrani, etc., compromis dans cette affaire, fussent laissés à la juridiction du tribunal criminel de Paris. Il proposa aussi la création d'une commission destinée à recueillir les preuves contre les députés accusés de crimes et d'exactions dans les missions dont ils avaient été chargés, soit dans les départemens, soit aux armées. Membre, avec M. Daunou, de la commission qui rédigea la constitution directoriale (dite *Constitution de l'an 3*), il fit le rapport à la suite duquel elle fut décrétée. Réélu au comité de salut public, il obtint un décret d'arrestation contre Dupin, pour raison de son rapport sur les fermiers-généraux. Il s'opposa, sans succès, à la réunion de la Belgique à la France. Lors de l'insurrection des sections de Paris au 13 vendémiaire an 4 (18 octobre 1795), il soutint avec force les décrets additionnels de la convention. En 1795, il fut porté par plusieurs départemens au conseil des cinq-cents, qui, en vertu de la dernière constitution, fut installé le 8 brumaire de la même année. Lesage y siégea peu de temps, et ne s'y fit remarquer qu'en faisant passer à l'ordre du jour, le 9 novembre, sur la proposition de Duhot, ayant pour objet l'exécution des lois contre les émigrés. Il mourut le 21 prairial an 4 (9 juin 1796).

LESAGE (Georges-Louis), savant Génois, membre de la société royale de Londres et correspondant de l'académie royale des sciences de Paris, naquit le 13 juin 1724, d'une famille originaire de France. Son père, qui professait à Genève les mathématiques et la physique, lui enseigna lui-même le latin, et lui rendit très-familiers les principaux passages de Lucrèce, ceux qui ont plus particulièrement trait à la physique. Le jeune Lesage profita rapidement des leçons de son père, esprit singulier qui ne pouvait supporter de méthodes régulières; mais il ne put jamais adopter la marche qu'il lui avait prescrite pour étudier l'histoire moderne, et qui consistait à lire simplement le dictionnaire de Moreri. Le père de Lesage aimait à se livrer à la solution des problèmes de toute espèce ; il l'entretenait souvent des agens secrets des choses qui s'offrent à la méditation sous les formes les plus simples, et détermina de cette manière le goût de ce jeune homme pour les découvertes. Il étudia la physique sous Calandrini et les mathématiques sous Cramer. Il se lia étroitement avec J. A. Deluc, qui s'est rendu célèbre par ses hautes connaissances en physique. Par les conseils de sa famille, qui voulait lui voir un état assuré, il se détermina à étudier la médecine sous Daniel Bernoulli, à Bâle. Il vint ensuite à Paris, où il suivit les cours des plus célèbres professeurs. Cette étude était contre sa vocation. Il reprit ses occupations favorites et parvint à résoudre deux problèmes. Dans son enthousiasme, il écrivit à son père, le 15 janvier 1747 : «J'ai trouvé ! » j'ai trouvé ! Jamais je n'ai eu tant » de satisfaction que dans ce mo- » ment où je viens d'expliquer ri- » goureusement, par les simples » lois du simple rectiligne, celles » de la gravitation universelle qui » décroît dans la même proportion » que les carrés des distances aug- » mentent...... Peut-être cela me » procurera-t-il le prix proposé par » l'académie des sciences de Paris » sur la théorie de Jupiter et de » Saturne.» Ses espérances ne se réalisèrent pas. Voici comment il était parvenu à opérer ces importantes découvertes. Les *Leçons élémentaires d'Astronomie* de Lacaille lui étant tombées sous la main, il les lut avec avidité. La conclusion lui parut surtout admirable. Il l'étudiait sans cesse, et se convainquit de la vérité des principes de ce savant, qui démontre avec force que le physicien peut expliquer mécaniquement toute l'astronomie. Dès-lors Lesage n'abandonna pas son travail: il y passait même des nuits entières et arriva ainsi au but qu'il s'était proposé. Il retourna ensuite à Genève, où quelques formules qu'on exigeait de lui et qu'il ne put remplir, l'empêchèrent d'exercer la médecine. Il se livra alors librement aux études pour lesquelles il s'était senti une vocation invincible, et composa pour le prix académique un *Essai sur les forces mortes;* le succès ne couronna point encore sa tentative. En 1750, il devint professeur de mathématiques, et se procura de cette manière une existence honorable et indépendante: il fut l'ami de Charles Bonnet, qui parle de lui avec beaucoup d'éloges dans sa *Contemplation de la nature.* Ne négligeant rien pour les progrès des sciences, et ayant appris de Cramer que Nicolas Fatio avait depuis long-temps conçu l'idée d'un mécanisme propre à produire la pesanteur, il fit aussitôt des démarches près de ce dernier pour en obtenir des renseignemens ; Nicolas Fatio lui donna toutes les instructions qu'il désirait, et lui confia même son manuscrit, que Lesage a légué à sa mort à la bibliothèque publique de Genève. En 1756, il fit insérer dans le *Mercure de France* une *Lettre à un académicien de Dijon*, dans laquelle il s'élevait avec force contre la manière d'expliquer alors la pesanteur. Peu de temps après, il composa pour le prix proposé par l'académie de Rouen, sous le titre d'*Essai de chimie mécanique*, un *Mémoire* qui obtint les suffrages unanimes de cette société. Ces nombreux travaux lui causèrent des insomnies qui, par intervalles, le privaient de la raison. En 1762, il devint presque aveugle. Lesage a beaucoup écrit et fait imprimer peu d'ouvrages. Une extrême timidité paraît en être la cause. Dès 1753, il écrivait à d'Alembert qu'il avait dans sa bibliothèque 38 mémoires fruits de ses méditations sur les mathématiques, la géométrie et la physique. Il est fâcheux que tous ces écrits aient été perdus pour les sciences. On connaît de lui : 1° *Fragmens sur les causes finales*; 2° *Extraits de la correspondance de Lesage*; 3° *Sur les alvéoles des abeilles*; 4° *Loi qui comprend toutes les attractions et répulsions* (dans le *Journal des savans*, 1764); 5° *Suffrages britanniques relatifs à la physique spéculative* (dans la *Bibliothèque britannique*, vol. 8 et 9); 6° Remarques sur différentes méthodes de préserver les édifices des incendies, in-8°, 1778; 7° Différens autres *Mémoires* insérés dans le *Journal helvétique* et dans l'*Encyclopédie*. 8° Il a paru à Genève, en 1818, deux *Traités de physique mécanique*, publiés par Prévost. Le 1er est rédigé sur les notes de Lesage; le 2me est de l'éditeur. Lesage mourut à Genève le 20 novembre 1803, âgé de près de 80 ans, regretté de tous les savans et de toutes les personnes qui avaient été à même d'apprécier ses excellentes qualités. Il fut en correspondance suivie avec les savans de tous les pays, entre autres, les Mairan, les d'Alembert, les Bailly, les Frisi, les Boscowich, les Euler, les Lagrange, etc. Parmi ses élèves on distingue Sennebier, H. B. de Saussure et M. Lhuilier, professeur à Genève. On regrette que son *Traité des corpuscules ultramondains* n'ait pas été mis au jour.

LESBROUSSART (Jean-Baptiste), littérateur, naquit à Ully-Saint-Georges, près de Beauvais, département de l'Oise, le 21 janvier 1747. Il fit de bonnes études et obtint, à l'âge de 20 ans, la chaire de rhétorique au collége de Beauvais. Ses talens l'ayant fait connaître en Belgique, il accepta les propositions qui lui furent faites par le gouvernement, et devint successivement professeur au collége de Gand et au collége Thérésien de Bruxelles, puis professeur de langues anciennes à l'école centrale du département de la Dyle, directeur de l'école secondaire d'Alost, professeur de rhétorique au lycée, depuis athénée de Bruxelles, et de littérature latine à l'académie de cette ville, membre de la commission d'instruction publique, et de l'académie royale des sciences et lettres de Bruxelles, etc. Il a publié les ouvrages suivans : 1° *de l'Education littéraire, ou Réflexions sur le plan d'études adopté par S. M. pour les colléges des Pays-Bas autrichiens;* suivies du développement du même plan, dont ces réflexions forment l'apologie, Bruxelles, 1783, in-12; 2° *Annales de Flandre*, de P. d'Oudegherst, enrichies de notes grammaticales, historiques et critiques, et de plusieurs chartres et diplômes qui n'ont jamais été imprimés, avec un discours préliminaire servant d'introduction à ces annales, Gand, 2 vol. in-8°. Cet ouvrage ne porte point de date. 3° *Eloge du prince Charles-Alexandre de Lorraine*, couronné en 1781, par l'académie royale de Bruxelles; même ville, in-4°; 4° *Eloge de Jean de Carondelet, seigneur de Solre-sur-Chambre, et chancelier de Marie de Bourgogne, de Maximilien d'Autriche et de Philippe I*^{er}, suivi de notes historiques; ouvrage qui obtint la mention honorable à l'académie royale de Bruxelles, Bruxelles, 1786, in-4°; 5° Mémoire qui a obtenu la médaille d'or au concours ouvert en 1784, par l'académie de Châlons-sur-Marne, relativement à cette question : *Quels sont les moyens de perfectionner l'éducation en France ?* 6° Mémoire sur la question : *A quel titre le comte Herman, époux de la comtesse Richilde, fut-il comte de Hainaut ? était-ce de son chef, ou du chef de la comtesse son épouse ?* auquel, dans la séance générale du 18 octobre 1785, il a été décerné un *accessit*, par l'académie royale de Bruxelles, Bruxelles, 1820, in-4°; 7° *Éloge de Viglius de Zuichem, accompagné de notes historiques sur les troubles des Pays-Bas*, Gand, 1781, in-8°; 8° *Mémoire sur les accroissemens de la ville de Gand, depuis son origine jusqu'au règne de Charles-Quint*, Bruxelles, 1820, in-4°; 9° *Mémoire historique sur les causes de l'agrandissement de la famille des Pépin*, Bruxelles, 1820, in-4°; 10° *Précis historique sur Jeanne de Flandre, mère de Jean IV, duc de Bretagne, surnommé le Conquérant*, Bruxelles, 1820, in-4°; 11° *Notice et extrait d'un manuscrit du 16*^{me} *siècle, par Jean Vandenesse, contrôleur de Charles-Quint et de Philippe II, son fils*, Bruxelles, 1820, in-4°; 12 *Mémoire sur Baudouin I*^{er}*, comte souverain de la Flandre*, Bruxelles, 1820, in-4°; 13° *Extrait d'un poëme du 15*^{me} *siècle, mêlé de prose et de vers, ouvrage anonyme et manuscrit, contenant l'apothéose de Philippe-le-Bon, duc de Bourgogne, comte de Flandre*, etc., Bruxelles, 1820, in-4°; 14° *Projet d'une nouvelle histoire du comté de Flandre*, Bruxelles, 1820, in-4°; 15° *Dissertation historique sur le comté d'Alost, jusqu'à l'époque de sa réunion au comté de Flandre*, Bruxelles, 1820, in-4°. En 1786, il publia un écrit périodique intitulé : *Journal littéraire et politique des Pays-Bas autrichiens*. En 1811, il obtint un prix pour un poème latin sur la naissance du roi de Rome, inséré dans les *Hommages poétiques*, publiés par J. J. Lucet et Eckard, 2 vol. in-8°. Lesbroussart, qui avait été reçu membre de l'institut royal des Pays-Bas en 1816, mourut le 10 décembre 1818; il laisse un fils qui se montre digne de lui dans la carrière des lettres et dans le professorat.

LESCALIER (Daniel, baron), commandant de la légion d'honneur, ancien administrateur de la colonie française de la Guiane, préfet maritime à Gênes, conseiller-d'état, section de la marine, etc., servit dans la marine avant la révolution, et se fit connaître alors par des ouvrages, dont le plus utile a pour titre : *Vocabulaire* *des termes de la marine*, 1777, in-4°; il fut réimprimé de nouveau en 1800, in-8°. M. Lescalier fut nommé, en 1800, commissaire dans les Iles-du-Vent; en 1804, commandant de la légion-d'honneur, et peu après, baron de l'empire; en 1806, préfet maritime à Gênes, et en 1810, il partit pour les États-Unis d'Amérique, en qualité de consul-général. Ses principaux ouvrages sont: 1° *Relation de l'enlèvement du navire* LE BOUNTY, *commandé par G. Bligh*, traduit de l'ouvrage anglais du commandant lui-même, 1790, in-8°, 2ᵉ édition, 1792; 2° *Traité pratique du gréement des vaisseaux et autres bâtimens de mer*, 1791, 2 vol. in-4°; 3° *Exposé des moyens de mettre en valeur et d'administrer la Guiane*, 1791, in-8°, nouvelle édition, 1798, in-8° avec carte; 4° *Essai historique et méthodique sur la tactique navale*, traduit de l'anglais de Clark, 1792, in-4°; 5° *Baskiarnameh, ou le favori de la fortune*, conte traduit du persan, 1805, in-8°; 6° *Voyage en Angleterre, en Russie et en Suède*, fait en 1775, in-8°, 1808; 7° *Description botanique du Chéranthodendron*, traduit de l'espagnol, 1816, in-8°; 8° *Journal d'un voyage fait en 1764, dans l'intérieur de la partie espagnole de Saint-Domingue*. M. le baron Lescalier a donné une *Dissertation sur l'origine de la Boussole*, remarquable par des observations savantes et une réfutation très-judicieuse de quelques assertions de M. Azuni.

LESCAN (YVES-FRANÇOIS), capitaine de brûlot, naquit à Brest, en 1728. Il entra, jeune encore, dans la marine marchande, et mérita, par la manière distinguée dont il se comporta dans plusieurs occasions, l'honneur très-rare alors d'être employé comme officier auxiliaire dans la marine royale. Ce fut en cette qualité qu'il fit, sous les ordres de M. de La Clus, la campagne du Canada, et qu'il se trouva au siége de Québec. Rentré dans la marine marchande, il dut à son courage, à ses talens et à sa probité, différentes expéditions qu'il termina avec succès. En 1778, il fut nommé lieutenant de frégate, commandant la flûte du roi la *Baleine*, armée de 24 pièces de canon. En 1781, faisant partie de l'escadre de M. de Guichen, chargée de l'escorte d'un convoi considérable, il s'aperçut, malgré une brume épaisse, que la queue de ce convoi se trouvait presque entre les mains de l'ennemi, sans qu'on pût lui porter secours. N'écoutant que son devoir, le brave Lescan coupa la ligne anglaise, fit feu de toutes ses pièces, et fut criblé de boulets et de mousqueterie; cependant cette vigoureuse résistance donna le temps à l'escadre de se réunir; et il fut secouru au moment où il était près de couler bas. Il fut nommé, en récompense, chevalier de Saint-Louis, et capitaine de brûlot. Il mourut en 1794.

LESCAN (N.), fils du précédent, se trouvait sur le vaisseau où son père donna des preuves de valeur. Fidèle à l'exemple qu'il avait sous les yeux, il y montra une intrépidité rare dans un jeune homme de 16 ans, et faillit périr dans cette action. Le roi récompensa son courage en le nommant lieutenant auxiliaire de frégate ; il fut ensuite élevé au grade de lieutenant de vaisseau. Quelques Biographies annoncent qu'il comptait encore, en 1816, parmi les officiers de marine en activité; mais ni l'Almanach royal de cette année, ni ceux des années subséquentes n'en font mention.

LESCENE - DES - MAISONS (Joseph), ancien officier municipal, est né à Paris en 1751. Il fut nommé, en 1789, membre du corps électoral et du corps municipal de Paris. C'est à lui que l'on dut à cette époque l'abolition des barrières. Chargé de la police municipale, il eut quelques contestations d'attribution avec M. Bailly, maire de Paris. Il publia des réflexions politiques *sur la liberté de la presse, sur les hôpitaux, et sur la condition du marc d'argent.* Envoyé, en 1791, avec l'abbé Mulot, en qualité de commissaires du roi à Avignon, où des troubles avaient éclaté à raison de la réunion de ce pays à la France, il fit à l'assemblée constituante le rapport des événemens qui avaient eu lieu et de leurs causes, et repoussa les imputations que l'abbé Maury avait alléguées dans son opinion. En mars 1792, il fit à l'assemblée législative un rapport sur la situation du comtat Venaissin, et sur les causes des mouvemens inverses qui y avaient éclaté et qu'il rejeta en grande partie sur les intrigues des commandans Folney et Lefort. Il revint à Paris en 1808, et depuis lors il se retira des affaires publiques.

LESCHEVIN DE PRÉCOUR (Philippe - Xavier), commissaire en chef des poudres et salpêtres, naquit à Versailles le 16 novembre 1771 ; son père était employé au contrôle de la maison du roi. Dominé par son goût pour la physique et la minéralogie, il suivit simultanément les cours de chimie de Sage, de Fourcroy et de Darcet, ceux de physique de Brisson, et de minéralogie de Daubenton. Il fut nommé, en 1794, par l'administration des poudres et salpêtres, contrôleur à Colmar, et successivement commissaire à Vincennes, à Troyes et à Dijon. Lorsqu'il mourut, le 6 juin 1814, il était commissaire en chef des poudres et salpêtres de cette dernière ville. Leschevin de Précour, que plusieurs académies avaient admis au nombre de leurs membres, a publié : 1° *Instruction sur les nouveaux poids et mesures*, 1798, in-8°; 2° *Exposition des acides, des alcalis, des terres et des métaux; de leurs combinaisons,* etc., en douze tableaux traduits de l'allemand de Trommsdorff, avec des notes, 1802, in-fol. ; 3° *Lettre à M. Patrin sur les roches glanduleuses du pays de Deux-Ponts*, 1802; 4° Plusieurs *rapports à l'académie de Dijon;* 5° *Notices sur quelques recherches archéologiques et agronomiques;* 6° *Sur l'emploi de la stéatite dans la gravure en pierres fines*, traduction de l'allemand de Dalberg, 1803; 7° *E-cole du pharmacien*, traduction de Trommsdorff, avec des notes, 1807; 8° *Observations sur la troisième classe du système bibliographique de Debure*, 1808; 9° *Notice sur la lithographia viceburgensis*, et sur la mystification qui y a donné lieu, 1808; 10° *Notice sur* le chrome oxidé natif du département de Saône-et-Loire, 1810; 11° *Notice sur la présence du zinc et du plomb dans quelques mines de fer en grain de la Bourgogne et de la Franche-Comté*, 1812; 12° *Voyage à Genève et en Savoie*, 1812. Le dernier ouvrage de Leschevin de Précour est la *Table analytique des matières contenues dans les 28 premiers volumes du Journal des mines*, publiée en 1813. C'est le résultat de 4 années d'un travail abstrait et minutieux. Il aussi coopéré à la rédaction des *Annales de la république française*, publiées depuis la constitution de l'an 3, par M. Laveaux, en 1799. Enfin, il a donné une nouvelle édition du *Chef-d'œuvre d'un inconnu*, enrichie de notes savantes et curieuses et d'une notice sur la vie de Themiseul de Saint-Hyacinthe auteur de l'ouvrage. M. Amanthon a publié une *Notice sur la vie et les ouvrages de Leschevin de Précour;* elle a été insérée dans le *Magasin encyclopédique* (1814, vol. 4) et dans le *Journal de la Côte-d'Or* (même année.)

LESCOT (Charles), ingénieur en chef des ponts-et-chaussées, naquit en 1759, à Pont-Sainte-Maxence, département de l'Oise. Il avait 17 ans lorsqu'il entra à l'école des ponts-et-chaussées. Cette école ayant mis au concours le plan d'un palais de justice, il remporta le premier prix. Le jeune Lescot était alors employé à Rochefort au desséchement des marais, d'où M. Perronet, directeur-général des ponts-et-chaussées, le retira pour l'envoyer à Pont-Sainte-Maxence. Là, sous les ordres de M. Desmontiers, il suivit la construction du beau pont qu'on voit dans cette ville. Parvenu au grade d'ingénieur ordinaire, il fut envoyé pour la seconde fois à Rochefort, et M. Desmontiers obtint son rappel à Paris, en 1786, pour y suivre les travaux du pont Louis XVI. En l'an 8 (1800), Lescot devint ingénieur en chef à l'armée d'Italie; et, après la bataille de Marengo, lorsqu'on résolut d'ouvrir une route sur le Simplon, on le chargea de conduire la moitié des travaux de cette grande entreprise. Le général Thureau, commandant alors en chef ces travaux, voulant faire une reconnaissance, tout l'état-major mit en réquisition les paysans des villages voisins pour indiquer les traces, enlever les neiges, ouvrir les chemins, et traverser le Simplon. Arrivé presque au sommet, survient une tourmente affreuse. Un vent impétueux, un tourbillon de neige, d'énormes avalanches se détachent et les enveloppent; les paysans fuient, la trace du voyageur disparaît, et toute la troupe est séparée et dispersée. Le général Thureau et son état-major reculent, et reviennent en désordre à Duomo-d'Ossola. Le brave, l'intrépide Lescot, seul affronte tous les dangers, et arrive au Simplon. Le général Thureau qui lui portait une vive amitié, tourmenté d'inquiétude sur son compte, envoie sur-le-champ une foule de paysans et de sapeurs pour le chercher. On le trouve heureusement arrivé à Brigg; mais épuisé de fatigues, et dans la plus grande anxiété sur le sort de ses camarades. Le général Thureau fut si satisfait de sa conduite, qu'il en envoya les détails au ministre, qui les fit consigner à cette époque dans les feuilles publiques. Les travaux qu'il fit ouvrir sur le revers du Simplon, du côté du Valais, ont été généralement appréciés. La magnifique route qu'il y a commencée a excité l'admiration de tous ceux qui l'ont parcourue. Appelé par les besoins du service à Milan, Lescot s'y rendit dans une saison qui permet à peine de passer les Alpes aux hommes du pays les plus exercés et les plus intrépides, et revint de suite à Brigg; mais victime de son zèle, le soir même de son retour, il fut attaqué d'une pleurésie, dont il mourut en très-peu de jours, le 4 pluviôse an 10 (4 janvier 1802.)

LESCOT (MADEMOISELLE), peintre de genre de M.ᵐᵉ la duchesse de Berry, est née à Paris, et se livra de bonne heure à l'étude de la peinture, sous la direction de M. Lethière, peintre distingué, aujourd'hui membre de l'Institut. Ses débuts dans le portrait furent heureux, et elle avait déjà acquis de la réputation dans ce genre, lorsqu'elle suivit son maître à Rome, où il devint directeur de l'académie de France dans cette ville. Les scènes pittoresques de l'Italie et les costumes de ses habitans lui inspirèrent quelques tableaux de genre qui furent très-favorablement accueillis et lui valurent une couronne à l'une des expositions du Capitole. Elle fit hommage de son succès à sa patrie en briguant les honneurs de l'exposition du Louvre. Au salon de 1810, où pour la première fois parurent de ses compositions, l'attention du public et des artistes se fixa avec un vif intérêt sur une *Prédication*; elle valut une médaille d'encouragement à son auteur. *Le Baisement des pieds de la statue de saint Pierre* et la *Confirmation dans l'église de Sainte-Agnès de Rome* qui firent partie de l'exposition de 1814, confirmèrent toutes les espérances que le talent de M.ˡˡᵉ Lescot avaient données. Le premier de ces tableaux fut même jugé digne de figurer parmi les compositions capitales de nos artistes contemporains réunies dans la galerie du Luxembourg. M.ˡˡᵉ Lescot, après un séjour de sept années dans la capitale du monde chrétien, revint à Paris où elle s'est fixée, et où elle continue à enrichir nos expositions et les cabinets des amateurs de ses intéressantes productions dans lesquelles on reconnaît toujours une touche originale et spirituelle. Elle n'a rien donné au salon de 1822; mais à celui de 1819, elle avait produit une véritable collection d'ouvrages. Parmi douze tableaux de différens genres, on a distingué: *François I.ᵉʳ accordant à Diane de Poitiers la grâce de M. Saint-Vallier son père, condamné à mort; le Meunier, son fils et l'âne; un Condamné exhorté par un capucin au moment de partir pour le supplice; le premier Pas de l'enfance; un petit Joueur de marionnettes.* M.ˡˡᵉ Lescot est femme de M. Haudebourg, architecte distingué.

LESCURE (LE MARQUIS LOUIS-MARIE DE), général des armées royalistes de la Vendée, naquit, le 13 octobre 1766, d'une famille distinguée du Poitou, et fut élevé à l'école Militaire. Il commanda bientôt une compagnie de cavalerie du régiment de Royal-Piémont, et épousa, en 1791, M*elle* de Donnissan, sa cousine. Déjà, à cette époque, une foule de nobles émigraient. Les gentilshommes poitevins furent les derniers entraînés dans une mesure qu'ils désapprouvaient, et M. de Lescure fit comme les autres; néanmoins il eut à peine passé la frontière, que, jugeant cette démarche prématurée, il revint sur ses pas, et abandonna tout projet d'émigration, lorsque Louis XVI eut exigé de lui qu'il demeurât à Paris. La révolution du 10 août 1792 étant survenue dans ces entrefaites, M. de Lescure s'exposa aux plus grands dangers pour le salut du roi. Jugeant que sa présence dans la capitale devenait inutile, il se retira en Poitou avec sa famille; tout y était encore tranquille, mais les esprits commençaient à s'agiter. Une levée de 300,000 hommes, décrétée alors, décida la population encore incertaine à se révolter. La première tentative n'ayant pas réussi, M. de Lescure, dont les sentimens étaient connus, et qui était resté dans son canton, fut arrêté avec toute sa famille, et emmené en prison à Bressuire; l'armée vendéenne qui, quelques jours après, s'empara de cette ville, le rendit à la liberté. Dès ce moment, il fut regardé comme l'un des chefs les plus influens de l'insurrection. Ses plans, toujours bien conçus, étaient appuyés d'une très-grande bravoure. On rapporte à cet égard une foule de traits remarquables. Nous en citerons un. Au combat de Torfou, les Vendéens pressés par les troupes du général Kléber, commençaient à reculer. Lescure met pied à terre et leur crie : « Y a-t-il 400 hommes assez braves pour » venir périr avec moi ? » Le petit nombre d'hommes qui l'entouraient, jurent de se défendre jusqu'à la dernière extrémité, et à leur tête il se maintint pendant deux heures dans la position qu'il occupait. Peu de jours après, au combat de la Tremblaye, il fut atteint d'une balle à la tête, qui le renversa : on courut à lui; il respirait encore. Transporté à la suite de l'armée, forcée de repasser la Loire, M. de Lescure donnait à ses compagnons pendant la marche des conseils utiles, malgré les douleurs inouïes qu'il ressentait. Il mourut entre Ernée et Fougères, le 3 novembre 1793. M. de Lescure fut un des chefs les plus braves et les plus humains des troupes vendéennes.

LESEIGNEUR (N.), président du tribunal de commerce de Saint-Vallery, fut nommé par le département de la Seine-Inférieure, membre de la chambre des représentans en 1815, et de la chambre des députés en 1819. Cet estimable négociant qui, depuis 1789, a toujours rempli des fonctions publiques non salariées, n'a jamais cessé de justifier la confiance de ses concitoyens. Dans la session de 1819 à 1820, il proposa, le 26 avril, un amendement à la loi des douanes, dont l'objet était l'abolition des droits sur les graines de lin; cet amendement favorable à la culture de ces graines, ne fut point appuyé. Le 5 juin, M. Leseigneur en donnant à la chambre des détails sur les événemens du 5, lui fit connaître les outrages faits dans cette journée à plusieurs honorables membres siégeant au côté gauche, notamment à son collègue M. de Girardin et à lui-même. En retraçant avec énergie des excès dont la plupart s'étaient passés sous ses yeux, il proposa de suspendre toute discussion jusqu'à ce qu'on eût fait une enquête à ce sujet. L'enquête fut ordonnée. Le 9 juin, M. Leseigneur fut chargé de faire un rapport sur les pétitions. Le 24, lors de la discussion du budget de la marine, il proposa plusieurs réductions sur le chapitre des colonies, et demanda, le 28, que les opérations du cadastre fussent reprises, et qu'une somme de quatre millions fût consacrée à la réorganisation de ce travail. Le 6 juillet, à l'occasion du chapitre du budget, *des voies et moyens*, après s'être élevé avec beaucoup de vigueur contre la rétribution universitaire, qui non-seulement est onéreuse aux parens des élèves, mais est encore nuisible à l'avancement de ces derniers, il attaqua le système actuel de l'instruction publique, et se plaignit particulièrement de la manière dont se faisait le choix des professeurs. Il demanda pour les personnes qui avaient vieilli dans l'instruction publique, l'établissement d'une maison de retraite. M. Leseigneur a voté contre les deux lois d'exception, et s'est prononcé contre le nouveau système électoral. Il continue de siéger au côté gauche.

LESÉNÉCAL (LE BARON GEORGE-HIPPOLYTE), maréchal-de-camp, né dans la ci-devant province de Normandie en 1767, entra, en 1793, dans la carrière des armes, par suite de la suppression de l'emploi qu'il occupait dans les finances. Admis en qualité de sous-lieutenant, il obtint successivement ses différens grades, et fut nommé général de brigade sur la fin de 1809. Il avait fait la campagne d'Égypte, et avait rempli dans l'armée, aux ordres des généraux Kléber et Menou, les fonctions d'adjudant-commandant chef d'état-major de la cavalerie. Employé en cette dernière qualité au corps d'observation du général Gouvion dans la Pouille, et du général Régnier dans les Calabres, il resta dans la Basse-Italie jusqu'en 1812, et suivit en Allemagne la division du général Grenier. Il revint en France, en 1814, avec la garnison de Magdebourg. A Waterloo, il était attaché au corps que commandait le général Grouchy; mais après la perte de la bataille, il ne se rallia pas à l'armée au-delà de la Loire. Rentré dans ses foyers, il prit sa retraite, et se retira, couvert d'honorables blessures, dans le pays qui l'a vu naître.

LESLIE (JOHN), savant physicien, chimiste et mathématicien anglais, membre de la société royale d'Edimbourg, a publié plusieurs ouvrages estimés, et contribué puissamment par ses découvertes aux progrès des sciences dont il a fait l'occupation entière de sa vie. Inventeur d'un instrument nouveau, auquel il a donné le nom de *Thermomètre différentiel*, M. Leslie a vérifié les expériences du comte de Rumford sur la chaleur, ainsi que les résultats obtenus par ce dernier avec le *thermoscope*, autre instrument nouveau dont Rumford était, à la même époque, l'inventeur. M. Leslie a prouvé que non-seulement les « qualités de surface qui » aident les corps à recevoir la » chaleur, les aident aussi à perdre » celle qu'ils ont acquise, » doctrine établie par MM. Rumford et Dalton, mais encore « que beau- » coup d'enveloppes et d'enduits, » au lieu de retarder le refroidis- » sement, l'accélèrent. » En 1817, M. Leslie a fait et constaté la découverte « que les substances vol- » caniques en général, et particu- » lièrement la pierre-ponce, rédui- » tes en poudre grossière, et dans » un état complet de dessiccation, » ont une puissance absorbante des » principes aqueux, aussi forte que » celle de l'acide sulfurique, et » qu'on peut opérer avec ces subs- » tances volcaniques des congéla- » tions artificielles aussi promp- » tes. » Outre plusieurs mémoires savans insérés dans les ouvrages périodiques de la Grande-Bretagne, M. Leslie a publié : 1° *Recherche expérimentale sur la nature et la propagation de la chaleur*, 1804, in-8°; 2° *Élémens de géométrie, analyse géométrique et trigonométrie plane*, 1809, in-8°. Cet ouvrage a eu une 2ᵐᵉ édition en 1811. 3° *Description d'expériences et d'instrumens relatifs aux rapports de l'air avec la chaleur et l'humidité*, 1813, in-8°. Après une assez longue opposition de quelques théologiens écossais qui accusaient M. Leslie de scepticisme sur certains dogmes, il a été élu professeur de mathématiques à Édimbourg, où il remplit encore sa chaire avec le plus grand succès.

LESOINNE (N.), membre de plusieurs assemblées législatives, fut un des principaux chefs de la révolution qui éclata à Liége, sa patrie, en 1789, contre le prince-évêque. L'énergie qu'il montra, à cette époque, le fit nommer l'un des commissaires du tiers-état qui devaient défendre les droits de la nation, d'abord près de la chambre impériale de Wetzlar, et ensuite au congrès de Francfort chargé de prononcer sur l'insurrection. Après avoir rempli sa mission, il retourna dans sa patrie, où il soutint avec tant de chaleur les principes de la révolution de France, qu'il fut élu, en 1796, député du commerce de Liége pour se rendre à Paris, en vertu des ordres du directoire-exécutif. Nommé inspecteur des contributions directes du département de l'Ourthe, il obtint ensuite la place d'administrateur du même département. Il acquit dans ses fonctions, par sa conduite à la fois ferme et juste, l'estime de ses administrés, qui lui en donnèrent un témoignage flatteur en le nommant, en 1799, député au conseil des anciens, d'où il passa au corps-législatif, après la révolution du 18 brumaire an 8. Il sortit de ce corps en 1803, et depuis lors il n'a plus figuré dans les affaires publiques.

LESPERUT (baron de), député au corps-législatif, ex-secrétaire-général du ministère de la guerre, et membre de la légion-d'honneur, est né à Laval. Il faisait encore ses études à l'université de Paris, lorsque la révolution éclata, et à peine sorti du collége, il fut incarcéré sous le régime de la terreur. A sa sortie de prison, l'indignation lui fit prendre la plume pour combattre les principes de ses persécuteurs, dans un journal dont il rédigea pendant quelque temps la partie littéraire et diplomatique. Ce travail lui donna de fréquens rapports avec M. de Volney, son compatriote; l'estime et l'amitié s'ensuivirent, et quand après le 18 brumaire le général Berthier, nommé ministre de la guerre, pria l'illustre voyageur de lui indiquer un secrétaire intime, ce fut M. Lesperut qui fut présenté. Il exerça ces fonctions jusqu'au moment où le général quitta le ministère, pour aller organiser cette armée de réserve, appelée à faire des prodiges dans la campagne de Marengo. M. Lesperut l'ayant accompagné, rédigea les relations de plusieurs événemens importans de cette campagne. Après la mémorable bataille qui la termina, il accompagna encore le général Berthier, nommé ambassadeur extraordinaire en Espagne, pour négocier la création d'un royaume en Étrurie, ainsi que la cession de la Louisiane, et la remise de 6 vaisseaux de ligne à la France. A peine cette mission fut-elle terminée, que le général Berthier fut appelé une seconde fois au ministère de la guerre, et M. Lesperut y reprit aussitôt ses premières fonctions. Élu peu de temps après candidat au corps-législatif par son département, nommé législateur par le sénat, et secrétaire-général du ministère de la guerre par le premier consul, il reçut ensuite des mains de Napoléon, la décoration de la légion-d'honneur à la première distribution qui en fut faite au temple des Invalides. En 1805, M. Lesperut fut successivement chargé de prendre possession de la principauté de Piombino, et d'organiser la partie administrative de celle de Lucques. De retour à Paris, en 1806, il y trouva les pleins-pouvoirs que le prince de Neuchâtel lui avait envoyés pour prendre possession de sa principauté, avec l'ordre de venir rendre compte de sa mission à Varsovie. Il allait quitter cette ville pour exercer à Neuchâtel les fonctions de gouverneur, quand il apprit, avec surprise, que l'empereur dont il s'était attiré le mécontentement l'année précédente, en refusant une place dans la maison civile d'une princesse, venait de lui confier l'administration-générale de la Silésie. Dans le cours de cette importante mission, Jérôme Bonaparte, qui venait d'être reconnu roi de Westphalie, l'appela auprès de lui pour remplir les fonctions de ministre secrétaire-d'état; mais sa place de gouverneur de Neuchâtel, qui lui était toujours réservée, et l'ordre de l'empereur de rester en Silésie jusqu'à l'entière évacuation de la Prusse, ne lui permirent pas d'accepter d'autre emploi. Nommé, en 1810, l'un des chevaliers de l'ambassade qui se rendit à Vienne pour demander la main de l'archiduchesse Marie-Louise, il reçut peu de temps après le titre de baron et la décoration de l'ordre de Léopold. La principauté de Neuchâtel se trouvant envahie, M. Lesperut vint, en 1814, remplir les fonctions de maire à Eurville, près de Saint-Dizier. Le comte de Ségur, qui, à 2 lieues de là, était aux prises avec les Russes, lui expédia l'ordre de faire abattre un pont sur la Marne. Les Russes ne tardèrent pas à paraître sur ce pont à moitié détruit. Ils se saisirent de M. Lesperut, et l'envoyèrent prisonnier à Berne; c'est là que l'attendaient les témoignages du plus touchant intérêt. Il était à peine arrivé, que M. de Watteville, landamman de la Suisse, et les principaux chefs des autorités helvétiques, vinrent lui exprimer les sentimens que leur avait inspiré sa conduite envers les Neuchâtellois, leurs alliés. Dès cet instant, l'ambassadeur d'Autriche le fit considérer comme libre. Peu de temps après, le roi de Prusse arrive à Bâle, et la principauté de Neuchâtel lui envoie une députation. « On » assure, dit le roi aux députés, » que le prince Berthier ne vous a » pas maltraités.—Sire, ce ne serait » pas assez dire, répondent-ils : le » prince, et M. Lesperut, notre » gouverneur, nous ont fait tout » le bien qui a dépendu d'eux. » Heureux le peuple qui sait honorer le pouvoir qui n'est plus, quand ce pouvoir fut exercé pour son bonheur! Les suffrages des électeurs de la Marne l'appelèrent, en 1815, à la chambre des représentans, et les événemens de la guerre ne tardèrent pas à faire envahir de nouveau sa propriété d'Eurville. C'est alors que le prince de Hardenberg, premier ministre de Prusse, et le baron de Humboldt, ministre plénipotentiaire de cette cour, se rappelant la conduite que M. Lesperut avait tenue dans les diverses missions qu'il avait remplies en Prusse, écrivirent au commandant des troupes, pour lui faire connaître les droits « que M. Lesperut avait ac- » quis à l'estime particulière des » sujets prussiens, et lui ordonnè- » rent de veiller à ce qu'une sauve- » garde protégeât spécialement ses » propriétés. » M. Lesperut vit aujourd'hui retiré aux environs de Saint-Dizier, dans une terre que sa femme lui a apportée en dot. Il a reçu depuis deux ans, dans sa retraite, le diplôme d'académicien de Lucques, qu'il doit au souvenir de quelques travaux littéraires, autant qu'à la reconnaissance des services qu'il a eu le bonheur de rendre à ce pays pendant sa mission.

LESPINASSE (Étienne-Louis Rozonier de), colonel du 57me régiment d'infanterie de ligne, chevalier de la légion-d'honneur et de Saint-Louis, est né à Grenoble, département de l'Isère, en mai 1767. Il servit, avant la révolution, successivement dans les troupes de ligne, dans les gardes-du-corps et dans le régiment de Beauvoisis. Au siége de Mayence, il fut fait capitaine, et obtint, peu de temps après, le commandement du 10me bataillon de l'Isère, à la tête duquel il se distingua dans différentes occasions. Commandant d'Anvers, colonel, et enfin commandant d'Avignon, le brave de Lespinasse sut aux vertus militaires joindre les palmes civiques. Avignon était désolée par la réaction soi-disant royaliste et papiste. Le jour même de son installation en qualité de commandant de la ville, des forcenés, au nombre de 300, traînaient un malheureux pour le précipiter dans le Rhône. Le colonel de Lespinasse et l'un de ses adjudans côtoyaient dans ce moment les bords du fleuve. Le spectacle des fureurs de cette bande d'assassins le révolte. Il donne à son adjudant l'ordre de courir chercher main-forte, et ne consultant que l'honneur et l'humanité, il descend de cheval, et se précipite au-devant de la victime, qu'il presse dans ses bras, en jurant de périr avec elle plutôt que de l'abandonner. Les cris, les hurlemens, les menaces de mort des assassins ne l'effraient pas. Il fait un rempart de son corps au malheureux déjà couvert de blessures, et donne, par cette lutte héroïque, le temps à la force armée d'arriver. Alors ne pouvant, par la persuasion et les prières, disperser les bourreaux, il met le sabre à la main, les charge, et enfin parvient à les disperser. Il ramène en triomphe le citoyen qu'il a sauvé, et justifie, par cet acte de courage, la confiance du gouvernement et les espérances des habitans honnêtes de la ville. Nommé commandant de la place de Douai, il occupa ce poste jusqu'en 1820, qu'il passa, en qualité de colonel, au commandement du 57me régiment d'infanterie, dont il est revêtu aujourd'hui (1823). Si en 1815 le colonel de Lespinasse eût été employé à Avignon, son courage eût peut-être conservé à la patrie l'infortuné maréchal Brune (*voy.* BRUNE), qui la servirait encore.

LESPINASSE (LE COMTE DE), pair de France, grand-officier de la légion-d'honneur, était général d'artillerie au commencement de la révolution. En 1793 et 1794, il se distingua à l'armée des Pyrénées, et fit ensuite les campagnes d'Italie. Nommé membre du sénat-conservateur dès la formation de ce corps, et, en 1804, grand-officier de la légion-d'honneur, il fut presque en même temps pourvu de la sénatorerie de Pau, d'où il passa à celle de Dijon, en 1806. Il prit part à tous les actes du sénat, et vota, le 1er avril 1814, la déchéance de l'empereur Napoléon, la formation d'un gouvernement provisoire et le rappel de la famille des Bourbons. Le roi, peu après son retour, le nomma pair de France.

LESPINASSE (N.), ex-membre de la convention, du conseil des cinq-cents et du corps-législatif, ancien capitaine du génie militaire et chevalier de Saint-Louis depuis 1791. A peine arrivé à Toulon du port de Cherbourg, où il était employé, il fut invité (en 1790), par écrit, de la part de la commune et du directoire du département, à faire une reconnaissance militaire de la vallée de Saint-Béat et de celle de Luchon aux Pyrénées, afin de fixer dans un mémoire les idées sur ce qu'il conviendrait de faire, en cas d'hostilité ou de projet d'envahissement de la part des Espagnols sur le territoire français. Il accepta cette honorable commission. A ce mémoire, il en ajouta un second de statistique sur la vallée d'Aran, dont le général Servan s'était emparé, et auquel ce dernier mémoire ne fut point inutile : vallée, au reste, qui devrait appartenir à la France, par suite du dernier traité stipulé et ratifié par les puissances respectives. Peu de jours après ce travail, et pour donner à M. Lespinasse une nouvelle marque de confiance, il fut nommé administrateur du district, qui le fit, peu de temps après, son procureur-syndic. Cette place l'obligea à aller reconnaître les mouvemens hostiles des Espagnols aux Pyrénées-Orientales, vers Perpignan. A peine avait-il rendu compte de sa mission, qu'il fut question des assemblées primaires, pour les élections à la convention nationale. Après beaucoup d'agitations, auxquelles M. Lespinasse ne participa pas, il fut paisiblement nommé suppléant à cette législature. Ayant été aussi élu membre du directoire du département, à la suite de nouveaux débats à Toulouse, entre les électeurs, il fut définitivement réélu procureur-syndic du même district. Les discussions orageuses de la convention amenaient chaque jour de nouvelles difficultés administratives et de nouvelles anxiétés. Après les événemens du 31 mai 1793, des membres du parti de la *Montagne* accusèrent le département, et particulièrement les autorités, de *fédéralisme*. Les députés en mission dans le département de la Haute-Garonne firent arrêter, comme suspects, M. Lespinasse et son père. Ils restèrent détenus pendant 14 mois, et ne durent leur liberté qu'à la révolution du 9 thermidor an 2 (27 juillet 1794). M. Lespinasse siégea à la convention après la mort de Sacy. Il fut nommé secrétaire du comité des travaux publics, où sa présence et son assiduité furent d'une grande utilité au travail des bureaux. Un décret du 8 prairial an 3 l'envoya dans le département du Nord, pour y surveiller l'exécution du projet du général Lafitte-Clavé, dont il avait été l'un des coopérateurs, pour la jonction de la Sambre à l'Oise, d'une part, et de la Sambre à l'Escaut, de l'autre. Le discrédit dans lequel étaient tombés les assignats, empêcha seul alors l'exécution de ce grand et sage projet. Après la session conventionnelle, M. Lespinasse fut réélu par son département, et désigné pour faire partie du conseil des cinq-cents : il n'y vota et n'eut d'activité que pour cicatriser des plaies encore saignantes. Éliminé par le sort, il resta étranger aux affaires publiques jusqu'au 18 brumaire an 8 (9 novembre 1799), époque à laquelle il apprit que le sénat l'avait nommé membre du corps-législatif. Il fit partie de cette assemblée pendant six ans, et rentra ensuite dans la vie privée, d'où il n'est plus sorti.

LESSART (Antoine de Valdec de), ministre des affaires étrangères, naquit en 1742, dans la ci-devant province de Guienne, d'une famille peu connue. Devenu l'héritier du président de Gasq, magistrat renommé du parlement de Bordeaux, dont on le prétendait fils, il vint à Paris, étant jeune encore, fut admis dans la société de M. Necker, et lui fut quelquefois utile pour ses opérations de finances. Nommé dans la suite maître des requêtes, il fut l'un des commissaires conciliateurs, chargés de rapprocher les 3 ordres des états-généraux, prêts à se séparer après des conférences orageuses. Au mois de décembre 1790, M. Lessart remplaça M. Lambert au contrôle général; il n'occupa cette place qu'un mois, et passa au ministère de l'intérieur, où il se maintint jusqu'au 30 novembre 1791. C'était le moment où l'assemblée législative venait de succéder à l'assemblée constituante, et où le parti populaire dominait tous les autres. Lessart reçut par intérim, le 1er novembre, le portefeuille des affaires étrangères que venait de remettre M. de Montmorin, et dont il fut chargé définitivement, le 30 du même mois. Le parti dominant voulait alors la guerre, et ne négligeait aucun des moyens propres à forcer les ministres à délibérer sur cet objet; mais la division s'établit entre eux, et Lessart qui aimait sincèrement le roi, à qui la guerre était odieuse, la repoussait de toutes ses forces, tandis que le comte de Narbonne, chargé du département de la guerre, se prononçait ouvertement pour elle. Louis XVI, pour rétablir la concorde dans le ministère et conserver la paix dans ses états, renvoya le comte de Narbonne; cette décision ne fit que hâter la guerre, loin de l'éloigner : le parti qui lui était favorable fit décréter que le ministre disgracié emportait les regrets de la nation. Dès ce moment on jura la perte de Lessart, et on arrêta la déclaration de guerre. D'abord de violentes dénonciations furent répandues de toutes parts contre ce ministre; il produisit des pièces diplomatiques, attestant que l'empereur Léopold voulait la paix, et l'on prétendit que ces pièces étaient supposées. L'assemblée les fit examiner par un comité qui prit la dénomination de diplomatique, et qui chargea Brissot de faire le rapport. Ce rapport fut loin d'être favorable au ministre, et l'assemblée législative rendit un décret qui déclara que M. Lessart, par « sa lâcheté et sa fai-»blesse, avait trahi ou négligé les »intérêts de la nation, et qu'il »serait traduit devant la haute-»cour nationale. » Ce fut en vain que M. Becquey combattit les assertations de Brissot; le décret était à peine rendu, que des attroupemens nombreux se portèrent autour de l'hôtel du ministère, faisant entendre des cris menaçans. Lessart était absent et pouvait s'échapper; il vint au contraire de lui-même se remettre entre les mains des gendarmes, et avant de partir pour Orléans, où siégeait la haute-cour qui devait le juger, il adressa à l'assemblée des plaintes modérées sur la précipitation qu'on avait mise à le décréter d'accusation. Après quelques mois de détention, il fut transféré à Versailles, et massacré, en entrant dans cette ville, le 9 septembre 1792, avec les autres prisonniers de la haute-cour. M. Bertrand de Molleville, dont nous n'avons pas dans cette circonstance à accuser la partialité, s'exprime ainsi, en parlant de ce ministre, dans ses *Mémoires sur la révolution* : « M. de Lessart,

« sans être un homme supérieur » comme ministre, n'était pas ab- » solument un homme médiocre ; » il avait l'esprit fin et juste, le » sens droit, l'âme honnête et » délicate. Malgré l'ambition qui » le dominait et qui l'a quelque- » fois égaré, peut-être aurait-il » eu de l'énergie dans le caractè- » re, s'il avait eu une meilleure » santé ; car il était capable de » prendre des résolutions coura- » geuses. Mais M. de Lessart n'é- » tait ni républicain, ni constitu- » tionnel ; il était sincèrement at- » taché au roi, dont il révérait le » caractère et les vertus, et à qui » il donna, jusqu'au dernier mo- » ment, toutes les preuves de zèle » et de fidélité qu'un homme aus- » si faible de santé et de caractère » pouvait donner dans des cir- » constances aussi critiques. »

LESSEPS (LE BARON JEAN-BAPTISTE-BARTHÉLEMY DE), officier de la légion-d'honneur, chargé d'affaires de France à Lisbonne, est né en 1765, à Cette, département de l'Hérault. Son père, consul-général à Saint-Pétersbourg, le fit entrer de très-bonne heure dans la carrière diplomatique, où il remplit les fonctions de vice-consul pendant 5 ans. En 1783, il fut, sur la proposition du duc de Castries, ministre de la guerre, désigné par le roi pour faire partie, en qualité d'interprète, de l'expédition de La Pérouse. Le 29 septembre 1787, l'expédition se trouvait à l'extrémité méridionale du Kamtschatka, quand M. de Lesseps reçut l'ordre de quitter la frégate *l'Astrolabe*, pour revenir en France avec des dépêches contenant les détails (jusqu'alors heureux) du voyage. La mission dont on le chargeait était une mission de confiance, mais elle n'était point exempte de périls, puisqu'il avait à traverser, dans la plus rigoureuse des saisons, les vastes et désertes contrées de la Sibérie et du Kamtschatka. C'est ce qui inspirait des craintes à ses compagnons de *l'Astrolabe*, qui, en lui faisant les plus touchans adieux, tremblaient pour ses jours, et ne songeaient pas alors qu'il était destiné à leur survivre et à déplorer leur perte. Recommandé par M. de La Pérouse au colonel russe Kastoff-Ougrenin, commandant à Ochotsk, M. de Lesseps reçut de cet officier toutes sortes de bons offices, et arriva à Saint-Pétersbourg le 22 septembre 1788. Après avoir, comme le portaient ses instructions, remis ses dépêches à l'ambassadeur de France, M. de Ségur, il partit pour Paris, et fit tant de diligence qu'il put être présenté au roi, par M. de Vergennes, vers la fin du mois d'octobre suivant. Il portait le costume des habitans du Kamtschatka, singularité qui plut beaucoup à Louis XVI, et ensuite à toutes les personnes de la cour qui, pour voir M. de Lesseps sous cet habit, mirent sa complaisance à l'épreuve en lui faisant alternativement des visites pendant plus de 2 mois. Le roi avait voulu être informé par lui de toutes les circonstances de son voyage. Ce prince le nomma d'abord au consulat de Cronstadt, et peu de temps après à celui de Saint-Pétersbourg, où il fut conservé sous tous les gouvernemens qui se succédèrent en France. Ayant obtenu l'estime des Russes, M. de Lesseps ne cessa ses fonctions qu'en 1812, par ordre de l'empereur Napoléon, qui l'appela à Moscou pour le charger, en lui donnant le titre d'intendant, d'organiser une municipalité et plusieurs commissions administratives. De retour dans sa patrie, après la retraite de Russie, M. de Lesseps fut, en 1814, nommé par le roi chargé d'affaires de France à Lisbonne, où il résidait au commencement de 1823. Il est officier de la légion-d'honneur. A l'époque du voyage de M. de Lesseps à Paris, en 1790, il a publié, sous le titre de *Journal historique*, 2 vol. in-8°, ses *Observations sur la Sibérie et le Kamtschatka*.

LESSEPS (MATHIEU DE), ancien consul-général en Égypte, frère du précédent, est né à Hambourg vers 1775. Également destiné par sa famille à parcourir la carrière diplomatique, il avait à peine 16 ans lorsqu'il fut chargé de remplir, dans les Echelles du Levant, diverses fonctions consulaires. Après avoir résidé successivement à Cadix, à Maroc et à Malaga, il était en Égypte lorsque les Français firent la conquête de ce pays, où un séjour de 3 ans, en qualité de consul-général, l'avait mis à même d'être très-utile à l'expédition. En 1807, M. de Lesseps fut appelé aux mêmes fonctions en Toscane ; il y demeura jusqu'en 1808, époque de la réunion de la Toscane à la France. Nommé alors commissaire-général des îles Ioniennes, il passa en cette qualité à Corfou. En 1817, il reçut une commission extraordinaire pour se rendre auprès de l'empereur de Maroc, afin d'obtenir de ce prince la permission d'acheter des blés dans ses états pour les importer en France. M. de Lesseps conduisit cette négociation avec le plus grand succès, et fut traité avec beaucoup de considération par l'empereur. M. de Lesseps s'est marié à la fille de M. Grivigni, l'un des plus riches négocians de Malaga. Il est aujourd'hui (1823) consul-général à Alep, et officier de la légion-d'honneur.

LESSEPS (JEAN-BAPTISTE DE), fils de feu Dominique de Lesseps, ancien ministre de France à la cour des Pays-Bas, de la même famille que les précédens, est né en 1774. Il émigra en 1791, et fit, en qualité de mousquetaire, les campagnes des princes. Profitant de la première amnistie, M. de Lesseps rentra en France, d'où il repartit bientôt, comme élève consul, avec son cousin (*Voy.* l'article précédent), lorsque ce dernier se rendit en Égypte pour y remplir les fonctions de consul-général. Chargé lui-même du consulat d'Alexandrie, il eut l'occasion, lors de l'expédition française, de rendre de grands services à ses compatriotes, à plusieurs desquels il sauva la vie au péril de la sienne. Tombé un jour au pouvoir des Arnautes, qui se préparaient à lui trancher la tête, déjà le glaive de l'exécuteur était levé, lorsqu'un habitant du pays, qui lui avait des obligations, parvint à le soustraire à la mort en feignant une grande animosité contre lui, et le demandant aux bourreaux pour lui faire, dit-il, subir un supplice plus cruel. A son retour en France, M. de Lesseps entra dans l'administration de l'intérieur, et fut ensuite attaché au consulat de Livourne.

Nommé sous-préfet de Sienne après la réunion de la Toscane, et successivement à Montauban et à Lambez, il remplit encore aujourd'hui (1823) les mêmes fonctions à Lambez.

LESTERP (Jean), député aux états-généraux et à la convention nationale, membre du conseil des cinq-cents, est né à Florac, département de la Lozère. Il exerçait les fonctions de juge-sénéchal au Dorat, à l'époque de la révolution. Ses opinions libérales le firent nommer, en 1789, député du tiers-état de la Basse-Marche aux états-généraux; il y vota toujours avec la majorité. Après la session de l'assemblée constituante, il retourna dans le département de la Haute-Vienne, qui le nomma, en septembre 1792, député suppléant à la convention nationale, où il ne fut appelé qu'après le 9 thermidor an 2. Il passa au conseil des cinq-cents, dont il sortit en 1798, et fut nommé immédiatement après membre de la comptabilité intermédiaire. Devenu ensuite juge au tribunal criminel de la Haute-Vienne, il en a exercé les fonctions jusqu'à la recomposition des tribunaux, en 1811. Depuis cette époque, M. Lesterp a totalement disparu de la scène politique.

LESTERP-BEAUVAIS (B.), député aux états-généraux et à la convention nationale, frère du précédent, né, comme lui, à Florac, département de la Lozère, était avocat au Dorat, lorsque les premiers symptômes de la révolution se firent sentir. Il partagea les nouveaux principes, et l'assemblée bailliagère de ce pays le nomma député aux états-généraux; il y fit constamment partie du côté gauche. Réélu, en septembre 1792, par le département de la Haute-Vienne à la convention nationale, il vota dans le procès du roi avec la majorité. Bientôt il parut se rattacher aux *Girondins*, et se conduisit d'après leurs principes dans les départemens de l'Est, où il fut envoyé en mission. Dénoncé, le 21 août 1793, pour avoir permis aux Lyonnais révoltés d'enlever un grand nombre de fusils de la manufacture de Saint-Étienne, et pour avoir fait imprimer qu'après les événemens du 31 mai 1793, les décrets de la convention ne devaient plus être reconnus, il fut décrété d'accusation comme *fédéraliste*, envoyé à Paris, traduit au tribunal révolutionnaire, et condamné à mort, le 30 octobre 1793, avec les autres chefs de la *Gironde*. Il était alors âgé de 43 ans.

LESTEVENON DE BERKENRODE (N.), ambassadeur de la république batave près de la république française, naquit en Hollande, d'une famille originaire de France. M. Lestevenon reçut une éducation distinguée et fut destiné aux affaires publiques. Il se montra l'un des plus zélés soutiens, et en même temps l'un des plus modérés du parti opposé au stathouder, et fut chargé par les états-généraux de la Hollande de l'ambassade près du gouvernement français. En 1795, de retour dans sa patrie, il fut d'abord nommé représentant de la province qu'il habitait, et, quelques mois après, commissaire pour déterminer avec les deux envoyés français, MM. Sieyes et Rewbell, l'organisation de la république batave. Cette organisation terminée, il fut appelé, en 1796, par le choix de ses concitoyens à la convention nationale hollandaise, dont il sortit pour être ministre plénipotentiaire à Paris : caractère diplomatique qu'il fut autorisé à déployer aux conférences qui eurent lieu à Lille, en 1799. Menacé d'un procès scandaleux par des ennemis particuliers, jaloux de ses fonctions et de la considération qu'il avait inspirée, il demanda avec instance sa démission et l'obtint. Rentré dans la vie privée, il partagea son temps entre les lettres et ses amis, et mourut peu de temps après à Paris, où il s'était fixé.

LESTIBOUDOIS (JEAN-BAPTISTE), médecin et pharmacien en chef de l'armée française, naquit à Douay, département du Nord, en 1715. Après avoir terminé ses études, il suivit des cours de botanique et y fit de très-grands progrès. Il fut nommé, en 1739, pharmacien en chef de l'armée française. Cette place lui fournit l'occasion de décrire sur les lieux mêmes où elles croissent les plantes du duché de Brunswick et de Cologne. De retour des armées, où il fit un long service, il fut nommé, en 1770, professeur de botanique à Lille. Il mourut dans cette ville, où il s'était fixé, le 20 mars 1804. Ce botaniste avait publié, en 1757, un mémoire apologétique de la pomme de terre, dans lequel il réfutait victorieusement la prétendue insalubrité qu'on lui imputait, et indiquait le premier tous les avantages que l'on peut obtenir de ce modeste et utile végétal, l'objet constant des soins du célèbre Parmentier. Il fut un des principaux rédacteurs, en 1772, de la *Nouvelle Pharmacopée* de Lille, et publia, en 1774, une *Carte de botanique*, où l'on trouve l'heureuse combinaison de la méthode de Tournefort et du système de Linné; enfin un *Abrégé élémentaire de botanique*, encore estimé de nos jours, et qui servit à Valmont de Bomare pour la partie phytologique de son *Dictionnaire d'histoire naturelle*.

LESTIBOUDOIS (FRANÇOIS-JOSEPH), médecin et professeur de botanique, fils du précédent. Il naquit à Lille où il fit ses études, exerça la médecine, enseigna la botanique, et publia ses ouvrages; il mourut dans cette ville, en 1815. On lui doit : 1° *Botanographie belgique*, 1 vol. in-8°, 1781, nouvelle édition, 1796, 4 vol. in-8°. L'auteur divise sa botanographie en 3 parties. Dans la 1re, il expose les élémens de la botanique et les divers systèmes de cette science; on y trouve aussi un dictionnaire des termes usités en phytologie; dans la 2me, il présente sa méthode divisée en 23 tableaux synoptiques, la description des plantes cultivées dans le nord de la France, avec leurs usages; dans la 3me il donne la nomenclature de tous les végétaux. 2° *Abrégé élémentaire de l'histoire naturelle des animaux*, 1 vol. in-8°. J. B. et F. J. Lestiboudois ont emporté en mourant l'estime de leurs concitoyens.

LESTOCQ (N.), officier-général prussien, fit avec distinction la campagne de 1808, et devint gouverneur de Berlin; mais signalé, en 1809, comme ayant favorisé l'entreprise de Schill, le roi de Prusse, alors empressé de donner au gouvernement français une satisfaction, au moins apparente, délégua extraordinairement le général Stutterheim, pour informer contre M. Lestocq; les journaux devancèrent la décision de la commission, en annonçant que cet officier ne paraissait coupable que de négligence, et la commission le déclara exempt de tout reproche. Par suite de cette décision, il fut rendu à ses fonctions vers la fin de 1809. Depuis cette époque, il n'a plus occupé l'attention publique.

LESTRADE (Louis-François), né dans les Cévennes vers 1768, se brouilla de bonne heure avec la révolution, et fut forcé de quitter le Comtat, où il s'était réfugié, après les troubles de Montpellier, en 1790. Sorti de Lyon, après le siége de cette ville, il se réfugia en Suisse, et rentra bientôt après, pour concourir à l'organisation de la chouannerie. Après avoir échappé avec beaucoup d'adresse à la terrible surveillance des autorités révolutionnaires, M. Lestrade occupa différens emplois administratifs sous le gouvernement impérial : la restauration le rendit à ses vieilles habitudes En 1815, il fut chargé, ou se chargea lui-même, d'une mission auprès des officiers-généraux français pour les engager, au nom du roi, à prendre la cocarde blanche; cette honorable ambassade ne l'empêcha pas de tomber, le 27 juin, du côté de Claye, au milieu des détachemens de la landhwer, qui méconnurent son caractère et ses pouvoirs, et le traînèrent pendant 15 jours dans leurs camps et dans leurs bivouacs, au péril continuel de sa vie. Quoi qu'il en soit de la nature et du but de cette entreprise que M. Lestrade qualifie lui-même d'équipée, dans un de ses nombreux écrits politiques, il l'a faite à ses frais, et n'en a reçu, jusqu'à ce jour, aucune récompense. Cet oubli n'a point découragé M. Lestrade, qui a continué à professer les opinions les moins modérées, soit dans le *Drapeau blanc*, dont il est un des principaux collaborateurs; soit dans la *Biographie des hommes vivans*, dont il a été l'un des rédacteurs les plus laborieux. M. Lestrade a produit sans aide des ouvrages plus estimables, tels que : 1° *la Voix de la patrie à Bonaparte, sur l'événement du 3 nivôse an 8*, Bordeaux; 2° *les Nuits romaines au Tombeau des Scipions*, 2 vol. in-12, 1805; 3° *Opinion d'un ancien militaire, sur la constitution, la France et les Français*, in-18, chez Michaud, 1814; 4° *une Matinée de Napoléon, ou petite répétition d'une grande comédie*, in-12, chez Dentu; 5° *Mémoire sur les octrois municipaux*, in-4°, chez Michaud; 6° *Observations sur l'impôt indirect*, in-4°, chez le même; 7° *Supplément à ces observations*, in-4°, chez le même; 8° *Mémoire présenté au roi sur l'importation et l'exportation des matières premières*, in-4°, chez le même; 9° *Vie d'Érostrate*, traduite de l'italien, in-12, chez Lanoë, 1817; 10° *le Cri des martyrs et des bra-*

ves, in-8°, chez Lanoë, 1821.

LESTRANGE (AUGUSTIN DE), prieur de la Trappe, était maître des novices au monastère de ce nom, chef-lieu de l'ordre dans la province du Perche, à l'époque de la révolution. Des commissaires du département de l'Orne étant venus, en 1790, notifier aux religieux le décret de l'assemblée nationale qui supprimait leurs vœux et les rendait à la liberté, ils refusèrent de rentrer dans le monde, et quittèrent la France pour se réfugier, sous la direction de leur chef, dans le canton de Fribourg, en Suisse. Cet événement fit déployer dans ces religieux un esprit de prosélytisme qu'on ne leur avait pas connu. Jusque-là les trappistes oubliaient le monde entier pour se livrer au travail des mains ou à des œuvres de piété, sans que jamais, ou presque jamais, il leur fût permis de converser entre eux; mais, depuis leur émigration, ils ont multiplié, par le zèle infatigable de leur chef, les maisons de leur ordre sur divers points de l'Europe et jusqu'en Amérique. En 1817, une portion de ces religieux revint en France, ayant M. l'abbé de Lestrange à leur tête. Il fallait avoir l'activité inépuisable dont cet abbé était doué, pour surmonter tous les obstacles qu'opposait à son rétablissement l'aliénation des biens du monastère de la Trappe. Ses soins n'ont pas été infructueux, et, depuis son retour, il a fondé encore successivement plusieurs succursales, à Laval, à Chollet, à la Milleraye, à Lyon et à Aiguebelle, en Savoie. La maison-mère se trouve maintenant à Soligni, département de l'Orne; elle est composée de 30 religieux. Mais, ce qui paraîtra étonnant à ceux qui connaissent les anciennes institutions de la Trappe, c'est que ces religieux, obligés alors à un silence perpétuel, et qui ne s'abordaient, disait-on, que pour se rappeler le souvenir de la mort, ont établi, à Soligni, dans un bâtiment séparé du monastère, un collège qui comptait déjà un grand nombre d'écoliers en 1818, et qui en compte beaucoup plus aujourd'hui (1823). Si l'enseignement de ces PP. est en harmonie avec les institutions consacrées par les lumières et par l'expérience; s'il a pour but de former de bons et utiles citoyens, des hommes éclairés et véritablement pieux; on devrait d'autant plus les féliciter de cette innovation, qu'elle répondrait victorieusement au reproche d'inutilité qu'on a si souvent fait aux associations religieuses.

LESUEUR (JEAN-FRANÇOIS), membre de l'institut (académie royale des beaux-arts), chevalier de la légion-d'honneur et de Saint-Michel, surintendant de la musique de la chapelle du roi, etc., est né à Paris, le 15 février 1763, d'une ancienne famille du comté de Ponthieu, qui compte des membres très-distingués dans la carrière militaire, dans les lettres et dans les arts. EUSTACHE LESUEUR, le Raphael français, avait immortalisé dans la peinture un nom auquel le compositeur, dont nous allons offrir la notice, a donné un éclat différent. Dès sa plus tendre enfance, il annonça un goût décidé pour la musique. On rapporte qu'à l'âge de 6 ans et demi, entendant la musique d'un régiment qui passait, il s'écria tout joyeux : « Comment! plusieurs airs à la fois! » A l'âge de 13 ans, il fut reçu à l'école de musique de la cathédrale d'Amiens, dont il sortit à 14 ans pour achever ses études au collége de cette ville; il y fit en effet son cours de langues anciennes et sa philosophie. Il fut ensuite maître de musique de la cathédrale de Séez, en 1779, et de la cathédrale de Dijon, en 1780. Sur le rapport de Grétry, Philidor et Gossec, il passa, en 1784, à la maîtrise, alors célèbre, des Saints-Innocens, à Paris. Vers cette époque, il se lia avec Sacchini, qui l'encourageait à composer pour le théâtre, et se faisait un plaisir de revoir ses essais. A l'âge de 23 ans, en 1786, M. Lesueur gagna au concours la maîtrise de la cathédrale de Paris, et il obtint peu après que le chapitre érigerait une musique à grand orchestre pour les principales fêtes et solennités; et c'est avec toutes ces ressources que furent exécutés les motets qui fondèrent sa réputation. Le succès qu'obtenaient ses compositions détermina l'archevêque de Paris, non moins juste appréciateur du talent que Sacchini, à inviter M. Lesueur à ne composer que de la musique d'église. Au commencement de la révolution en 1788, M. Lesueur quitta le chapitre de Notre-Dame, et se retira chez M. Bochard de Champagny : c'est là qu'il a fait la Caverne; il avait alors 29 ans. Le succès de cet opéra fut des plus brillans. Il fit placer M. Lesueur à côté des maîtres de l'époque, à côté de Méhul et de Chérubini. Dans l'opéra de *Paul et Virginie*, et dans celui de *Télémaque*, représenté depuis à Feydeau, M. Lesueur soutint sa réputation. Aussi, lors de l'organisation du Conservatoire de musique, fut-il nommé un des inspecteurs-généraux de ce bel établissement. Le nombre des inspecteurs du conservatoire ayant été réduit, M. Lesueur se vit réformer par suite de cette mesure; mais il en fut bientôt dédommagé par sa nomination à la place de directeur de la chapelle des Tuileries. Antérieurement à ce fait, M. Lesueur avait concouru, avec MM. Chérubini et Méhul, à l'ouvrage que M. Catel a publié sur les *Principes élémentaires de musique*, à l'usage des élèves du Conservatoire. M. Lesueur a beaucoup travaillé pour la musique d'église, et on lui doit un grand nombre d'*oratorios*, de *messes*, de *motets*, etc., qui ont réuni tous les suffrages des gens de l'art. Ses succès, comme auteur dramatique, n'ont pas été moins éclatans. On lui doit cinq compositions principales : 1° la *Caverne*, opéra en 3 actes, représenté sur le théâtre Feydeau, en 1793, où il introduisit les chœurs syllabiques dont Rameau, dans l'opéra de *Castor et Pollux*, avait donné l'exemple ; 2° *Paul et Virginie*, opéra représenté sur le même théâtre, en 1794; 3° *Télémaque*, tragédie lyrique en 3 actes, donnée sur le même théâtre, en 1796; 4° *les Bardes*, tragédie lyrique, en 5 actes, représentée, en 1804, sur le théâtre de l'Académie impériale de musique, ouvrage un peu trop bruyant peut-être, et dans lequel le musicien fait plus souvent preuve de force que de grâce ; il obtint néanmoins un grand succès. Il est assez singulier que ce soit à cette occasion que Napoléon ait nommé M. Lesueur pour succéder à Paësiello, le plus mélodieux et le plus gracieux des compositeurs, dans la direction de la musique de sa chapelle. De plus, ce prince le nomma membre de la légion-d'honneur, et lui fit présent d'une tabatière en or portant pour exergue : L'EMPEREUR DES FRANÇAIS A L'AUTEUR DES BARDES. 5° Enfin *la Mort d'Adam*, tragédie lyrique, en 3 actes, représentée sur le théâtre de l'Académie impériale de musique, en 1809, ouvrage fort estimable, mais peut-être un peu dénué de charme : c'est, ainsi que nous l'avons dit à l'article GUILLARD, *une agonie* en 3 actes, et la musique s'y ressent par trop de la tristesse du poëme, par une conséquence même des efforts qu'a faits le compositeur pour identifier sa pensée avec celle du poète. Cet ouvrage, estimé des connaisseurs, obtint peu de succès ; mais c'est au sujet surtout qu'il faut s'en prendre. En 1807, M. Lesueur a composé, en société avec M. Persuis, un opéra en un acte : *l'Inauguration du Temple de la victoire*, paroles de M. Baour-Lormian, représenté sur le théâtre de l'Académie impériale de musique. Outre l'ouvrage que M. Lesueur a publié, en 1787 (*Exposé détaillé d'une musique, une, imitative, et particulière à chaque solennité*), il a encore donné : 1° *sur la Mélopée, la rhythmopée et les grands caractè-*

res de la musique ancienne : dissertation insérée dans la traduction d'*Anacréon*, par M. Gail, et que M. Ginguené trouve «très-» savante et propre à jeter un nou-» veau jour sur l'histoire, encore » très-obscure, de la musique des » Grecs ; » 2° *Lettre à M. Guillard*, divisée en six parties et publiée en 1802. On trouve dans cette brochure des vues savantes et ingénieuses sur l'art musical en général, et en particulier sur la musique dramatique. 3° M. Lesueur s'occupe depuis long-temps d'un ouvrage très-important ; c'est un *Traité général sur le caractère mélodique de la musique théâtrale et imitative*.

LESUEUR (CHARLES-ALEXANDRE), né au Havre, le 1ᵉʳ juillet 1778, correspondant du Muséum d'histoire naturelle, membre des sociétés philomatique et d'histoire naturelle de Paris, de l'académie des sciences naturelles, et de la société philosophique de Philadelphie, etc., est l'un de nos meilleurs peintres de zoologie et de nos naturalistes les plus instruits. Entraîné par le désir impérieux de faire partie de l'expédition autour du monde, dont le premier consul donna, en 1800, le commandement au capitaine Baudin, M. Lesueur rechercha avec ardeur, et obtint non sans peine, l'obscure fonction d'aide-canonnier sur la corvette *le Géographe*. Dans la traversée du Havre à l'île de France, ayant eu de fréquentes occasions d'exercer son beau talent, en représentant avec une rare exactitude les poissons et les autres animaux marins que l'on recueillait autour du vaisseau, le capitaine Baudin le dégagea de son service militaire, et lui donna le titre de dessinateur de l'expédition, pour les objets de zoologie. Le naturaliste Péron se rapprocha de lui ; et bientôt exista entre eux la liaison la plus étroite dont les temps modernes aient fourni l'exemple. Les deux amis mettaient leurs travaux en commun ; l'un dessinait ce que l'autre décrivait; ils s'entendaient sur tout, comme s'ils n'avaient eu qu'une âme, et jamais l'un deux n'a cherché à se faire valoir aux dépens de l'autre. Pendant la durée de l'expédition, l'infatigable Lesueur faisait, dans l'intérieur des terres nouvelles où l'on abordait, de longues et pénibles courses, souvent dangereuses, afin de recueillir un plus grand nombre d'objets d'histoire naturelle, dont il revenait péniblement chargé. Une fois il fut au moment d'être abandonné sur la côte de la Nouvelle-Hollande, parce qu'il ne put rejoindre à l'heure convenue l'embarcation qui devait le ramener à bord, et que le mauvais temps qui se préparait, imposait aux navigateurs l'obligation de s'éloiger de la terre le plus promptement possible. Dans une autre occasion, il eut besoin de toute sa prudence pour échapper aux caresses insidieuses des naturels du même pays, auxquelles succédaient rapidement l'investigation la plus importune de toute sa personne et de ses vêtemens, et des tentatives de vol à force ouverte. Enfin, à Timor, dans une de ses excursions, il fut mordu au talon par un petit serpent excessivement dangereux, dont le venin absorbé avec rapidité mit sa vie dans le plus grand danger. Au retour de l'expédition, en 1804, M. Lesueur avait dans des portefeuilles plus de 1000 dessins faits sur des animaux sans vertèbres, la plupart inconnus jusqu'alors, et dont Péron avait soigneusement tracé les descriptions. Les côtes de la Nouvelle-Hollande, anciennement explorées par Dampier, Whyte, Nuyts, Cook, et de nouveau visitées par eux; la terre Napoléon, nouvellement découverte; les îles de Diemen et de Timor, le cap de Bonne-Espérance ont offert des richesses inconnues à l'esprit observateur de ces infatigables zoologistes. La collection qu'ils ont rapportée et qui est déposée au Muséum, contient, dit M. Deleuze : « plus de 100,000 échan-»tillons d'animaux, parmi les-»quels on a découvert beaucoup »de genres nouveaux. Le nom-»bre des espèces s'élève à plus »de 2,500, et MM. Péron et Le-»sueur ont eux seuls fait con-»naître plus d'animaux que tous »les naturalistes voyageurs de ces »derniers temps. » Pendant les 6 années qui suivirent leur retour dans leur patrie, MM. Péron et Lesueur s'occupèrent de la publication des matériaux qu'ils avaient recueillis. Outre la relation historique de l'expédition aux terres Australes, rédigée par Péron, et accompagnée d'un grand nombre de belles figures faites par M. Lesueur, ces deux naturalistes mirent au jour plusieurs mémoires intéressans, qui ont été imprimés dans les *Anna-*

les du Muséum; notamment une monographie complète des radiaires de la classe des méduses, et un autre travail du même genre sur les mollusques ptéropodes. Péron mourut, le 14 décembre 1810, d'une maladie de poitrine, dont il avait déjà le germe au retour de son voyage. Rare modèle d'amitié, M. Lesueur qui ne l'a pas quitté un seul instant, a reçu les derniers signes de son attachement et son dernier soupir. M. Lesueur resta en France jusqu'au mois d'octobre 1815, époque à laquelle il se détermina à accompagner aux États-Unis le savant géologue M. Maclure. Dans la durée de ces 5 ans, il s'appliqua, comme le célèbre Lyonet, à l'art de la gravure, afin de multiplier ses nombreux dessins, et il réussit au-delà de ses espérances. Il devint aussi sculpteur pour reproduire les traits de son ami, dont il modela un buste d'une ressemblance frappante. Le *Journal de physique*, et le nouveau *Bulletin de la société philomatique*, du même temps, renferment plusieurs mémoires composés par M. Lesueur, entre autres, un sur l'animal très-singulier qu'il avait trouvé avec Péron dans la mer de Nice, et qu'il a nommé *cestum*, et un second, sur les *pyrosomes*. Il a publié, conjointement avec M. Desmarest, une description anatomique de petits mollusques peu connus jusqu'alors, et qui portent le nom de *botrylles*. Arrivé en Amérique, où il réside encore, malgré les instances de ses amis, M. Lesueur parcourut avec M. Maclure tous les grands lacs de la vallée du fleuve Saint-Laurent, et il en recueillit les poissons. Fixé maintenant à Philadelphie, il fait chaque année plusieurs envois d'objets nouveaux et intéressans au Muséum d'histoire naturelle de Paris. Enfin, il a publié plus de 12 mémoires accompagnés de figures dessinées et gravées par lui, sur des poissons, des reptiles et des mollusques américains, dans les ouvrages intitulés : *Journal of the academy of natural sciences of Philadelphia*, et *Transactions of the philosophical society.*

LESUEUR (Jean-Baptiste), membre de l'assemblée législative, où il avait été élu par le département de l'Orne. Appelé, le 20 juin 1792, à raison de ses fonctions de député, près de la personne du roi au château des Tuileries, il fut tellement affecté de l'irruption populaire, que ses forces l'abandonnèrent et il s'évanouit. Si Lesueur donna en cette circonstance, où il fallait de l'énergie et du dévouement, une preuve de faiblesse indigne d'un homme de cœur, cette même faiblesse donna lieu à un mouvement admirable de courage et d'humanité de la part d'une femme. Madame Élisabeth, qui ne tremblait que pour sa famille, voyant l'état de Lesueur auquel on ne portait aucun secours, se précipita vers lui et le rappela à la vie, en lui faisant respirer des eaux spiritueuses. Le mouvement de l'auguste princesse qui dut écarter les sabres et les poignards pour accomplir son généreux dessein, excita l'admiration de tous ceux qui étaient présens à cette scène terrible, et Pétion lui-même en fut vivement ému.

LESUEUR (J. B. D.), ex-officier de marine, et armateur au Havre, a publié plusieurs ouvrages. Ce sont : *Extrait du mémoire présenté au consul Bonaparte, le 20 brumaire an 9, sur les moyens de procurer en peu d'années au trésor public un revenu de 400 millions et plus, de favoriser l'agriculture, le commerce, la navigation, les sciences et les arts, et de rendre la France une des nations les plus florissantes*, 1801, in-8°; 2° *Mémoire sur les moyens qu'a le gouvernement actuel de la France, pour contraindre l'Angleterre à la paix, et de rendre la liberté des mers à toutes les nations*, 1801, in-8°; ce mémoire fut adressé, comme le précédent, au premier consul; 3° *Recherches historiques sur la navigation de la Seine*, Paris, 1817.

LESUEUR (J. P.), statuaire, membre de l'institut (académie royale des beaux-arts), s'est acquis un nom honorable parmi les artistes par ses ouvrages, entre autres, par la statue en marbre du *Bailli de Suffren*. On a remarqué, à l'exposition de 1822, la statue de *Michel Montaigne*, et les bustes d'*Eustache Lesueur*, peintre célèbre, et de feu *Corvisart*, médecin distingué.

LESUR (Charles-Louis), littérateur, est né à Guise, département de l'Aisne, vers 1770. Il vint à Paris au commencement de la révolution, et suivit d'abord la carrière des armes; mais son goût pour les lettres le fixa dans la capitale, où il obtint de l'emploi au ministère des relations extérieures sous M. de Talleyrand. M. Lesur est aujourd'hui (1823) l'un des inspecteurs de la loterie à Paris. Il a publié : 1° *Apothéose de Beaurepaire*, pièce en 1 acte et en vers, 1792, in-8°; 2° *la Veuve du républicain, ou le Calomniateur*, comédie en 3 actes et en vers, 1793, in-8°; 3° *les Francs*, poëme héroïque en 10 chants, in-8°. C'est l'histoire assez fidèle des campagnes des armées françaises sur le Rhin et en Italie, en 1796 et 1797; 4° *Histoire des Cosaques*, 1814, 2 vol. in-8°; 5° *la France et les Français en* 1817, tableau moral et politique, précédé d'un *Coup d'œil sur la révolution*, ouvrage estimé et qui a eu beaucoup de succès; 6° *Annuaires historiques et universels* pour les années 1818, 1819, 1820 et 1821, 4 gros vol. in-8° de plus de 800 pages chaque. Ce recueil, qui paraît chaque année, depuis 1818, contient en abrégé les actes publics, traités, notes diplomatiques, papiers d'état et tableaux statistiques, financiers, administratifs et nécrologiques; une chronique offrant les événemens les plus piquans, les causes les plus célèbres, etc., des extraits de voyages ou de mémoires intéressans, et une revue des productions les plus remarquables de l'année dans les sciences, dans les lettres et dans les arts. 7° On attribue à M. Lesur, *des Progrès de la Puissance russe depuis son origine jusqu'au commencement du XIX° siècle*, par M. L****, imprimé à Paris en 1807. Une seconde édition de cet ouvrage a paru en 1812, Paris, in-8°.

LESURE (N. R.), membre de l'assemblée constituante, exerçait, en 1789, l'office de lieutenant-général du bailliage de Sainte-Menehould. Le bailliage de Vitry-le-Français le nomma député aux états-généraux, où il ne se fit point remarquer. Après la session, il retourna dans sa province, et y devint successivement, notable et juge-de-paix. En 1793, il fut arrêté et détenu comme suspect. Traduit à Paris et livré au tribunal révolutionnaire, il y fut condamné à mort le 17 décembre, sur la vague inculpation de conspirateur.

LETELLIER (N.), député aux états-généraux en 1789, était curé à Bonneuil à l'époque de la révolution. Nommé député du clergé du bailliage de Caen aux états-généraux, il s'y fit remarquer en proposant plusieurs lois sur des matières de finances. Il se déclara ensuite pour la conservation des priviléges de son ordre, refusa de prêter serment à la nouvelle constitution civile du clergé, et signa les protestations des 12 et 15 septembre 1791. En 1793, il quitta la France, et se retira à l'étranger, où il mourut peu d'années après.

LETELLIER (PIERRE - JAMES - HIPPOLYTE), né à Bar-sur-Aube en 1769, avocat à la cour royale de Paris, chevalier de la légion-d'honneur. Il entra, dès 1790, dans les bureaux du ministère de la justice, et fut adjoint à la commission de pacification envoyée en 1791 par l'assemblée constituante, lors des premiers troubles de la Vendée. En l'an 8, il fut élu secrétaire-rédacteur du tribunat. Appelé depuis aux mêmes fonctions par la chambre des députés, il en continua l'exercice près de la chambre des représentans pendant les *cent jours* en 1815, et lors de l'installation de la chambre des députés qui lui succéda, sa place fut obtenue par M. Aimé Martin, qui, dans le même temps, obtint aussi de la même manière, celle de M. Andrieux à l'école Polytechnique. M. Letellier a repris la profession d'avocat à Paris. On lui attribue quelques écrits politiques et littéraires qui se firent remarquer dans les circonstances où ils parurent. Il a mis son nom à plusieurs mémoires d'ordre judiciaire, où l'on trouve réunis l'instruction du jurisconsulte et le talent de l'écrivain.

LETELLIER (CHARLES - CONSTANT), professeur de belles-lettres, a composé un grand nombre d'ouvrages pour l'instruction de la jeunesse. Il a publié les suivans : 1° *Nouvelle Géographie élémentaire, à l'usage des jeunes gens de l'un et de l'autre sexe*, 1803, in-12, 5° édition , 1812; 2° *Élémens de la grammaire française*, par Lhomond, revus, 1805, in-12. Les fréquentes réimpressions de cet ouvrage, où les principes de Lhomond sont développés avec un soin tout particulier, en prouvent évidemment l'utilité. 3° *Epitome Historiæ sacræ*, auctore Lhomond, nouvelle édition, 1805, in-12; 4° *la Nouvelle Abeille du Parnasse*, 1806, in-18; 5° *Mythologie élémentaire*, 1806, in-12, nouvelle édition, 1812; 5° *Instructions sur l'Histoire de France*, par Le Ragois, nouvelle édition, continuée, 1806, 2 vol. in-12, 1813, in-12; 6° *Nouveau Dictionnaire portatif de la langue française*, 1811, in-8°, 1815, in-8°; 7° *Instructions sur l'Histoire d'Angleterre*, par Mme de G....., revues, 1812, in-12; 8° *Élémens de la grammaire latine*, de Lhomond, revue, in-12, souvent réimprimée; 9° *Exercices d'analyses grammaticales*, 1812-1813, in-12, 2 parties; 10 *Nouvel Abrégé d'arithmétique pratique*, 1814, in-12; 2° *Instructions sur l'Histoire ancienne*, 1816, in-12; 12° *Instructions sur l'Histoire sainte*, 1816, in-12; 13° *Nouvelle Géographie*, 7ᵐᵉ édition, 1817, in-12.

LETELLIER (N.), valet de chambre de l'ex-directeur Barthélemy, aujourd'hui pair de France, lui prouva son attachement, en refusant de le quitter lorsque après la journée du 18 fructidor an 5 (4 septembre 1797), celui-ci fut arrêté et compris dans une liste de déportation. Letellier l'accompagna d'abord au Temple, ensuite à la Guiane, où, pendant la traversée et pendant tout le temps qu'ils demeurèrent sous le climat brûlant de la zone torride, il lui prodigua les soins les plus affectueux; et parvint à s'échapper avec lui. Cet homme estimable avait conservé sa santé à Cayenne; il la perdit en revenant en Europe, et mourut au moment où M. Barthélemy pouvait lui procurer un sort digne de ses sentimens nobles et généreux.

LETHIÈRE (Guillaume Guillon), un des peintres d'histoire les plus distingués de l'école française moderne, naquit à la Guadeloupe, au quartier Sainte-Anne, en 1760. Il vint en France en 1774. Il montra, dès son enfance, les plus heureuses dispositions pour le dessin, et son père le fit entrer chez M. Descamp, professeur de l'académie royale de Rouen. Pendant les trois années qu'il y resta, il remporta plusieurs prix. Il vint ensuite à Paris, où il eut pour professeur M. Doyen, peintre du roi, chez lequel il continua ses études jusqu'en 1786. A cette époque, il remporta le grand prix, et se rendit à Rome, avec la pension du roi. Peu de temps avant son départ, le célèbre David commençait sa carrière par des chefs-d'œuvre. Les productions de ce grand maître, restaurateur de la peinture en France, eurent une grande influence sur la marche que suivit depuis M. Lethière; il se rectifia sur ce modèle. Pendant le cours de ses travaux à Rome, il envoya à l'académie de Paris les études d'usage, parmi lesquelles on distingua la belle composition de *Junius Brutus*, dont on voit le grand tableau dans la galerie du Luxembourg. Il revint à Paris en 1792. Lorsque l'école des beaux-arts à Rome, qui avait été fermée pendant près de 15 ans, fut rétablie, M. Suvé, professeur de l'académie de Paris, y fut envoyé pour la diriger; mais il y mourut peu d'années après, et la 4ᵐᵉ classe de l'institut choisit M. Lethière pour le remplacer. Il remplit cette place pendant 9 ans, quoique la durée de chaque exercice eût été fixée à 6 années. Il était encore à Rome, lorsque la 4ᵐᵉ classe de l'institut l'admit au nombre de ses membres en 1815. Alors toutes les passions étaient en mouvement : M. Lethière fut calomnié, et le roi refusa son approbation au choix de la 4ᵐᵉ classe. Il fut cependant agréé plus tard, et de plus nommé professeur par le roi. Les productions les plus remarquables de M.

Lethière sont : *Junius Brutus condamnant ses fils*. Il avait le projet d'exécuter les 4 grandes époques des révolutions romaines : *J. Brutus; Virginius*, qui est sur son chevalet; *la Mort de César*, et *la Défaite de Maxence par Constantin*. Cette grande entreprise demandait du temps, de la sécurité, des moyens pécuniaires et surtout du courage. Il n'a pu jusqu'ici exécuter que le premier de ces tableaux; le second est commencé, et les études des deux autres resteront probablement dans son portefeuille jusqu'au jour où les encouragemens ne se donneront plus exclusivement au genre que Louis XIV dédaignait. M. Lethière, dans son tableau représentant *Enée et Didon fuyant l'orage*, exposé au salon de 1819, a prouvé qu'il n'a point négligé l'étude du paysage. Il fut décoré de l'ordre de la Réunion, lorsque son tableau de *Brutus* parut à l'exposition; depuis il obtint celui de la légion-d'honneur. Ses autres principaux ouvrages sont : *Philoctète gravissant les rochers de Lemnos*, placé au corps-législatif; *l'Acte héroïque de saint Louis pendant la peste de Tunis*, au musée de Bordeaux; *le Passage du pont de Vienne par les troupes françaises; François I*er *au milieu des savans et des artistes de son temps, accordant l'établissement du collége de France; Homère chantant ses Rapsodes*, et *le Jugement de Pâris*. Le paysage dans ces deux derniers ouvrages a un grand développement. Ils sont en Angleterre. M. le duc d'Albe possède de cet artiste plusieurs tableaux de chevalet : *le Départ d'Adonis, sa Mort*, une *Scène religieuse dans les Catacombes*, etc. C'est aussi à son pinceau que l'on doit *le Christ apparaissant sous la forme d'un jardinier*, tableau placé dans l'une des chapelles de l'église Saint-Roch, à Paris. Enthousiaste de son art, et naturellement désintéressé, M. Lethière s'est occupé de travaux plus utiles pour sa gloire que pour sa fortune, et il a plutôt recherché des amis qui l'honoraient que des protecteurs qui pouvaient l'enrichir. Il avait toutefois trouvé l'un et l'autre dans Lucien Bonaparte, qui se plaisait à fréquenter son atelier, et aux conseils duquel il a eu plus d'une obligation. M. Lethière a beaucoup voyagé pour étudier son art. Il a été quatre fois en Italie, en Espagne, en Angleterre, où l'exposition de son tableau de *Brutus* a produit une vive sensation. Melle Lescot (*voyez* ce nom) est l'un de ses élèves les plus distingués.

LETISSIER (N.), membre de la chambre des députés et de la légion-d'honneur, est un des grands propriétaires du département d'Indre-et-Loire, et doit au double vote sa nomination à la chambre des députés en 1821. Administrateur à l'armée du Rhin, sous le gouvernement directorial, il eut l'occasion de se lier d'amitié avec le général Moreau. M. Letissier siège au côté droit de la chambre, et vote constamment avec la majorité.

LETORT (LE BARON DE), lieutenant-général, fit avec distinction, dans l'arme de la cavalerie, les premières campagnes de la révolution, fut incorporé dans les dragons de la garde lors de leur organisation, et parvint rapidement au grade de major. En 1808, il passa en Espagne, se signala dans plusieurs occasions, et notamment à la bataille de Burgos, où sa brillante conduite lui fit obtenir la croix d'officier de la légion-d'honneur. Employé dans l'un des corps de la grande-armée, en Russie, il se distingua, les 24 et 25 octobre 1812, au combat de Maloïaroslavetz, et le grade de général de brigade fut le prix de sa valeur. Le 16 octobre 1813, il se couvrit de gloire à Wachau, à la tête de la cavalerie polonaise et des dragons de la garde. Une blessure qu'il reçut dans ce combat ne l'empêcha pas de se trouver à la bataille de Hanau, où, en chargeant avec ses dragons, il eut un cheval tué sous lui. Il participa, en février 1814, aux plus nobles efforts de la valeur française, et reçut, après avoir fait des prodiges contre la cavalerie ennemie au combat de Montmirail, le grade de général de division et le surnom de *brave*. Le 19 mars, il attaqua l'arrière-garde ennemie, à laquelle il fit beaucoup de prisonniers et prit un parc de pontons. A la première restauration, en 1814, le roi le nomma chevalier de Saint-Louis et commandant de la légion-d'honneur. Au retour de Napoléon, pendant les *cent jours* en 1815, il reparut sous ses anciens drapeaux, et reçut, en combattant vaillamment à Fleurus, une blessure dont il mourut deux jours après, le 17 juin 1815.

LETOURNEUR (Antoine-François-Louis-Honoré), plus particulièrement connu sous le nom de Letourneur de la Manche, naquit à Grandville, en 1751, d'une famille à laquelle il dut une éducation soignée. Ses progrès dans les mathématiques le firent bientôt admettre dans le génie. Il embrassa avec ardeur les principes de la révolution, et se trouvait, lorsqu'elle éclata, employé à Cherbourg en qualité de capitaine. Au mois de septembre 1791, il fut élu à l'assemblée législative par le département de la Manche. Il parla peu dans cette assemblée, et n'y fit que quelques rapports sur la marine. Dans les derniers mois de 1792, à la première nouvelle de l'invasion des Prussiens, il fut chargé de la direction des travaux du camp sous Paris. Membre de la convention nationale, il vota avec la majorité dans le procès du roi. Membre du comité militaire, ses rapports sur l'organisation des armées l'occupèrent ensuite presque exclusivement. Au mois de janvier 1795, Letourneur fut nommé président de la convention. Il se rendit ensuite, en qualité de commissaire, sur la flotte de la Méditerranée, où il remplaça Jean-Bon-Saint-André. Elu membre du comité de salut public, à son retour à Paris, il devint l'un des membres du directoire-exécutif lorsque la constitution de l'an 3 fut mise en activité. Il cessa de faire partie du directoire le 30 floréal an 5 (19 mai 1797), et devint inspecteur-général de l'artillerie. Choisi pour traiter des conditions de la paix avec lord Malmesbury, ministre plénipotentiaire du gouvernement anglais, Letourneur se rendit à Lille dans le mois de messidor suivant; mais le résultat des journées des 18 et 19 fructidor an

5 ayant fait suspendre les négociations, il revint à Paris. Après le 18 brumaire an 8, il fut appelé par le gouvernement consulaire à la préfecture de la Loire-Inférieure. Il en remplit les fonctions jusqu'en 1804. Nommé depuis conseiller à la cour des comptes, il conserva cette place jusqu'au rétablissement des Bourbons, en 1814. Pendant les *cent jours*, Napoléon la lui rendit ; mais il fut obligé de la quitter définitivement après le second retour du roi, en juillet 1815. Compris dans la loi du 12 janvier 1816, il sortit de France, et se retira dans une campagne près de Bruxelles, où il mourut au mois de septembre 1817.

LÉTOURNEUR (N.), dit DE LA SARTHE, s'occupait d'opérations commerciales à l'époque de la révolution. Il adopta les idées nouvelles, et fut nommé, par son département, député à la convention nationale, au mois de septembre 1792. Dans le procès de Louis XVI, il vota la mort sans appel et sans sursis. Il se fit peu remarquer pendant le reste de la session, ne passa point aux conseils, et n'a depuis ce temps rempli aucune fonction politique.

LETOURNEUR (ANTOINE-PIERRE, MARQUIS), lieutenant-général, né à Paris, en 1752, d'une ancienne famille divisée en 2 branches, dont l'une est établie en Angleterre depuis plusieurs siècles. Son père, officier au régiment des gardes-françaises, fut tué dans la campagne de 1761. Le jeune Letourneur commença sa carrière militaire, à 13 ans, dans la 2ᵐᵉ compagnie des mousquetaires. Il fut nommé, en 1767, capitaine de cavalerie; en 1769, maréchal-général-des-logis de l'armée, et en 1775, colonel. A l'époque de la révolution, il était major des gardes du comte d'Artois. Instruit par Mᵐᵉ Élisabeth du prochain départ de Louis XVI pour Varennes, il précéda ce prince de 24 heures, et arriva à Deux-Ponts, ayant manqué néanmoins d'être arrêté plusieurs fois. De Deux-Ponts il alla à Bingben, d'où il se rendit, avec le prince de Condé, à Coblentz, auprès de *Monsieur*, comte de Provence (aujourd'hui Louis XVIII). M. Letourneur, après avoir reçu et exécuté l'ordre d'organiser les gardes-du-corps des princes, fut chargé de la remonte de la cavalerie de leur armée, dont il commanda les avant-postes dans les campagnes de 1792 et 1793. Cette armée ayant été licenciée, il entra dans le régiment de Royal-Louis, qu'il fut chargé de recruter et d'instruire, à Lindsors, en Angleterre, en 1794. Il fit partie des expéditions de Quiberon et de l'île Dieu. En 1797, il fut nommé maréchal-de-camp par Louis XVIII. Depuis cette époque il fut constamment attaché à la personne de *Monsieur*, comte d'Artois. C'est à la suite de ce prince qu'il rentra en France en 1814, et qu'il reçut du roi le titre de lieutenant-général, et le cordon de commandeur de Saint-Louis. Le marquis Letourneur, aujourd'hui grand'croix de cet ordre et chevalier de la légion-d'honneur, est aussi major des gardes-du-corps de *Monsieur*, frère du roi.

LETOURNEUX (N.), dit LE-

TOURNEUX DE LA LOIRE-INFÉRIEURE, ex-ministre de l'intérieur, etc., était avocat avant la révolution. En 1791, il devint procureur-général-syndic du département de la Loire-Inférieure, et le 2 septembre 1797, ministre de l'intérieur; il fut remplacé au mois de juillet 1798. Employé dans l'administration de l'enregistrement et des domaines, il quitta cette administration en mars 1799, et passa au conseil des anciens. Son opposition à l'établissement du gouvernement consulaire au 18 brumaire an 8, l'empêcha de faire partie du nouveau corps-législatif; néanmoins, l'année suivante, il fut nommé juge au tribunal d'appel du département d'Ille-et-Vilaine, et en 1811, conseiller à la cour impériale de Rennes, dont il sortit en 1815. Letourneux est un homme de mérite, dont la conduite politique a été constamment sage et mesurée, et qui a laissé les souvenirs les plus honorables dans ses différens emplois. Si l'on en croit les biographies et les journaux du temps, cet ancien ministre aurait été pendant long-temps, par ses naïvetés, le sujet des conversations des premiers cercles de la capitale. Dînant un jour chez le citoyen Talleyrand, alors comme lui ministre du directoire, ce ministre, qui savait que ce jour même son collègue avait été visiter le jardin des Plantes, lui demanda s'il avait vu Lacepède, qui dans ce temps était logé au jardin des Plantes comme administrateur de l'établissement. « Non, » répondit naïvement le ministre de l'intérieur; « mais j'ai vu la girafe » Des éclats de rire universels apprirent au bon Letourneux l'étrange erreur dans laquelle il était tombé. Ce fait est fort plaisant sans doute, mais malheureusement il est controuvé. Les savans et les gens de lettres se vengèrent par le ridicule, de l'indifférence que le ministre des sciences et des arts affectait pour cette brillante partie de la gloire française.

LETTSOM (JOHN COAKLEY), médecin anglais, membre de la société royale de Londres, naquit en 1744, dans une île de l'océan Atlantique. Conduit par ses parens en Angleterre, il fut confié, n'ayant pas encore atteint sa 6ᵉ année, aux soins de Samuel Gotherghill, célèbre prédicateur. Lettsom étudia les belles-lettres au collège de Warington, et ensuite la pharmacie à Yorkshire. Il fit de rapides progrès dans cette science, et alla étudier la médecine à Londres sous la direction du docteur John Fotherghill qui devint son ami. A 23 ans, Lettsom retourna aux Indes-Occidentales prendre possession d'un riche héritage, mais qui consistait principalement en esclaves. Son humanité repoussant ce genre de fortune, il donna la liberté à tous ces malheureux, et fut obligé, dans sa pauvreté volontaire, d'exercer la médecine. Il revint en Europe, visita Londres, Edimbourg, et Paris, et fut reçu docteur à l'université de Leyden. Fixé à Londres, il y fut nommé licencié du collège royal de médecine, et membre de la société royale. Il employait sa fortune à soulager les malheureux, les établissemens de charité, et principalement celui des sourds-muets. Sa bonté pour les pauvres allait jusqu'à la prodigalité, et sur la fin de sa vie il fut obligé de vendre ses collections de plantes, ses livres, enfin ses effets les plus précieux, pour s'acquitter avec ses créanciers; vers le même temps, il embrassa avec chaleur les opinions des quakers, par suite de son amour pour la liberté civile et religieuse. Lettsom a publié différens ouvrages très-estimés sur la médecine, la botanique et l'économie politique. Son mérite le porta à la présidence de la société royale de Londres, et fit inscrire son nom parmi ceux des membres de presque toutes les sociétés savantes de l'Europe. Il mourut en 1816, à l'âge de 72 ans.

LEULIETTE (JEAN-JACQUES), fils d'un forgeron de Boulogne-sur-Mer, et forgeron lui-même, naquit le 30 septembre 1767, avec des dispositions heureuses; son éducation fut extrêmement négligée; il ne dut qu'à lui seul son instruction. Pour surmonter les obstacles que lui opposait la pauvreté de ses parens, il travaillait le jour de son état, et passait une partie des nuits à s'instruire; il parvint ainsi à apprendre, sans maître, le latin et l'anglais. Il vint ensuite à Paris, y végéta pendant quelque temps, et finit par se lier avec L. S. Mercier, auteur du *Tableau de Paris*, qui lui procura une place dans les bureaux d'une administration. Leuliette, qui avait adopté les principes de la révolution, entra dans la carrière polémique en réfutant l'écrit de M. Lally-Tollendal en faveur des émigrés, et en coopérant ensuite à la rédaction de quelques journaux, et notamment de la *Sentinelle*. Il obtint la place de professeur de littérature à l'école centrale du département de Seine-et-Oise, et mourut à Versailles, d'un accident, le 23 décembre 1808. Il a publié: 1° *des Émigrés français, ou Réponse au mémoire de M. de Lally-Tollendal*, Paris, 1797, in-8°; 2° *Réflexions sur la journée du 18 fructidor, en réponse à Richer Serisy*, ibid., 1798, in-8°; 3° *Essai sur les causes de la supériorité des Grecs dans les arts de l'imagination*, ibid., 1805, in-8°; 4° *Discours sur l'abolition de la servitude*, in-8°; 5° *Discours sur cette question*: quelle a été l'influence de Luther sur les lumières et la situation politique des différens états de l'Europe? Paris, 1804, in-8°. Ce discours fut jugé, par l'institut, digne d'un accessit; celui de Charles Villers fut couronné. Leuliette a ajouté beaucoup de prix à son ouvrage, en lui donnant une plus grande étendue. Il est divisé en deux parties; la seconde est intitulée: *Coup d'œil sur l'état de l'Europe jusqu'au seizième siècle, et sur les changemens qui y sont survenus depuis cette époque*. L'auteur, dans sa préface, promet pour supplément, à une nouvelle édition, *l'Histoire impartiale de l'édit de Nantes, de sa révocation et de ses suites*. Nous n'avons pu savoir avec certitude, si cette nouvelle édition a eu lieu. 6° *Vie de Richardson*, traduite de l'anglais de Mme A. L. Barbauld, ibid., 1808, in-8°. Leuliette a revu et corrigé l'*Histoire de la Grèce*, traduite de l'anglais (de Gillies, Goldsmith et Gast, par Mme de Villeroy), Paris, 1808, 2 vol. in-8°.

LEVAILLANT (François), voyageur-naturaliste, né à Paramaribo, dans la Guiane hollandaise. Le goût le plus vif pour l'histoire naturelle s'étant manifesté de bonne heure en lui, il se livra avec succès à l'étude de cette science, pour laquelle il se passionna plus fortement encore lorsqu'il eut passé en Europe avec sa famille. Persuadé qu'un voyage de long cours lui faciliterait les moyens de perfectionner ses connaissances, il s'embarqua pour le cap de Bonne-Espérance. M. Levaillant comptait, en parcourant l'intérieur de l'Afrique, faire des découvertes d'autant plus précieuses, que cette partie du monde offre, en beaucoup d'endroits, une terre vierge encore. Ses premiers essais furent malheureusement infructueux; les Anglais attaquèrent le navire où se trouvaient avec lui ses effets et les collections qu'après plusieurs années de recherches il avait commencées. Le capitaine hollandais, homme déterminé, aima mieux faire sauter son bâtiment que de le voir devenir la proie de l'ennemi. Par ce moyen, M. Levaillant se vit privé de toutes ses ressources, mais ses amis ne l'abandonnèrent pas, et lui fournirent bientôt les moyens de faire une nouvelle tentative dont, cette fois, le résultat fut plus satisfaisant; car, après s'être enfoncé dans les terres vers le nord de la colonie, malgré des obstacles qui paraissaient insurmontables, sans pourtant avoir été aussi loin qu'il aurait désiré, il en rapporta des objets très précieux en histoire naturelle. Un second voyage qu'il fit avec autant de succès, le mit en état de reformer ses collections. M. Levaillant a publié les ouvrages suivans : 1° *Voyage dans l'intérieur de l'Afrique par le cap de Bonne-Espérance*, 1789, 2 vol. in-8°, ou 1 vol. in-4°; 2° *Second Voyage*, etc., 2 vol. in-8°; 3° *Histoire naturelle des oiseaux d'Afrique*, 1799-1807, 50 livraisons, in-fol.; 4° *Histoire naturelle d'une partie d'oiseaux nouveaux et rares de l'Amérique et des Indes*, 1800, in-fol.; 5° *Histoire naturelle des perroquets*, 1801-1806, 2 vol. in-fol.; 6° *Histoire des promerops et des guêpiers*, 26 livraisons, in-fol.

LEVAL (LE COMTE JEAN-FRANÇOIS), lieutenant-général, né à Paris en 1761, s'enrôla comme simple soldat dans le régiment de Poitou, en 1779. Embarqué avec une partie de son régiment sur un vaisseau de guerre, il fit les campagnes navales de 1781, 1782 et 1783. Nommé capitaine au 1er bataillon de Paris, dans le mois de septembre 1792, la valeur qu'il déploya dans les journées mémorables de Valmy et de Nerwinde, lui fit obtenir successivement les grades de lieutenant-colonel et de colonel du régiment des Deux-Ponts, et enfin le grade de général de brigade. Il continua de se faire remarquer par des actions d'éclat, d'abord dans l'armée de la Moselle, sous le commandement du général Hoche; ensuite dans celles de Sambre-et-Meuse et du Danube, aux ordres du général Jourdan. Le 30 juillet 1799, il fut nommé général de division, et commanda en cette qualité le blocus et le bombardement de Philisbourg, où de nouveaux succès couronnèrent sa bravoure. La général Leval participa aux grandes opérations de l'armée de Moreau sur le Rhin, et pendant les dernières campagnes, son corps y fut presque toujours aux prises avec l'ennemi. Ce corps était remarquable par la bonne discipline qu'il y avait introduite. Le général Leval fut nommé depuis commandant de la 5me division militaire à Strasbourg, et ne rentra dans la carrière où il avait déjà acquis tant de gloire, que pour s'y distinguer de nouveau pendant les campagnes de 1806 et 1807 contre la Prusse et la Russie, notamment aux journées d'Iéna et de Berfield. Après la signature du traité de Tilsitt, il passa dans la Péninsule, où il commanda successivement sous les ordres des maréchaux Victor et Soult. Nommé grand-officier de la légion-d'honneur, à la suite de la bataille de Burgos, en 1808, et gouverneur de Sarragosse en 1809; le 21 juillet 1812, il battit complétement, au passage de la Guadiana, le général espagnol Ballesteros. Rentré en France en 1814, il occupa pendant quelques jours le camp retranché de Bayonne, et fut appelé, avec la division qu'il commandait, en Champagne. Le 9 février, il soutint d'une manière brillante sa réputation de bravoure au combat de Champ-Aubert. Après la première restauration, il fut nommé chevalier de Saint-Louis, et chargé de l'inspection générale des 21me et 22me divisions militaires. Pendant les *cent jours*, en 1815, Napoléon lui confia le gouvernement de Dunkerque. Le général Leval est resté sans emploi depuis le second retour du roi.

LEVALLOIS (N.), député du département de la Charente au conseil des cinq-cents, en 1795, s'y montra sage et modéré. Le 14 avril 1796, il proposa de faire juger simplement par voie administrative, la validité des prises maritimes. En mai 1798, il s'éleva avec force contre le projet de la commission des cinq, qui soumettait à l'influence du directoire-exécutif les élections de l'année. En 1799, il sortit du conseil, et y fut immédiatement réélu. Dans le mois de juin de la même année, il parla successivement sur l'état de la marine et sur le dénûment des hospices. En septembre, le renvoi de Bernadotte (depuis maréchal de France et aujourd'hui roi de Suède) du ministère de la guerre lui parut une calamité publique, et il appuya fortement la proposition du général Jourdan de déclarer la patrie en danger. Il ne fut point compris dans l'exclusion des membres du conseil, par suite de la journée du 18 brumaire an 8, mais il ne fit point partie des nouvelles nominations, et depuis lors il a été perdu de vue.

LEVASSEUR (René), était chirurgien-accoucheur au Mans, et renommé dans sa profession, lorsque la révolution éclata; il l'embrassa avec chaleur, et fut nommé, en septembre 1792, par le département de la Sarthe, député à la convention nationale. Le 3 décembre 1792, il parla sur les subsistances, et proposa une loi tendant à obliger les fermiers et les propriétaires à déclarer la quantité de leurs grains, et à ordonner des visites domiciliaires à l'effet de vérifier ces déclarations. Dans le precès du roi, il vota avec la majorité. Le 9 mars 1793, il fit décréter, de concert avec Lesage, d'Eure-et-Loire, l'établissement d'un tribunal extraordinaire, sans appel ni recours, chargé de juger les prévenus; et il s'opposa, le 5 avril, à l'échange des princes de Linanges et de quelques officiers autrichiens, contre les commissaires arrêtés par Dumouriez. Elu secrétaire, le 29 juin, il appela la sévérité de la convention sur Defermont et Coustard, opposans au 31 mai, et contre les habitans de Sédan, qui, après le 10 août, avaient fait arrêter, par ordre du général La Fayette, les commissaires de l'assemblée législative. Defermont eut le bonheur de prendre la fuite. Envoyé en mission, il s'y montra beaucoup plus modéré qu'on ne l'aurait cru. Le 28 décembre (1793), il fit aux Jacobins l'éloge de Marat. Son zèle exagéré survécut à la chute même de Robespierre. Néanmoins il demanda, après cette époque, la liberté des cultivateurs détenus. En septembre 1794, il tonna, aux Jacobins, contre la mise en liberté des contre-révolutionnaires, et dénonça Lecointre, Tallien, et le parti thermidorien. « Ce n'est pas, dit-il, » pour l'amour de la liberté que » certains personnages ont attaqué » le tyran; c'était pour lui succé- » der. » Le 3 décembre, il défendit à la convention Carrier, dont on venait de commencer le procès. Accusé à la suite de la révolte qui éclata le 10 germinal an 3 (1ᵉʳ avril 1795) contre la convention, et dont il passait pour être un des chefs, il fut, sur le rapport de Rovère, décrété d'arrestation, le 6 avril, avec injonction de se constituer prisonnier dans les 24 heures, sous peine d'être déporté; il obéit à ce décret, et fut amnistié en octobre 1795. Après la session conventionnelle, il retourna au Mans, et y reprit sa profession de chirurgien-accoucheur. Depuis, il fut employé dans les armées, revint dans son pays en 1815, fut enlevé par les Prussiens lors de la seconde invasion, et conduit à Berlin. Relâché, après avoir été retenu encore quelque temps, Levasseur se rendit à Bruxelles, où l'on croit qu'il continue à exercer la chirurgie.

LEVASSEUR (Antoine-Louis), né à Sarre-Bourg, le 25 juin 1746, ancien membre de l'administration provinciale des Trois-Évêchés, et procureur du roi de la juridiction, fut nommé, en 1790, procureur-syndic du district de Toul; en 1791, député à l'assemblée législative par le département de la Meurthe, et en 1792, député à la convention nationale. Ses votes, dans le procès de Louis XVI, furent conformes à ceux de la majorité de l'assemblée. Au mois de juin 1793, il s'opposa à la mise hors la loi du général Wimpfen. Nommé secrétaire après la révolution du 9 thermidor an 2, il fit successivement partie de plusieurs comités, notamment de celui de sûreté-générale. Il fut aussi chargé de plusieurs missions, dont une relative à l'armement de 300,000 hommes. En 1795, il fit rendre un décret sur l'organisation de l'ordre judiciaire. Sorti de la convention par la voie du sort, il fut appelé, peu de temps après, au conseil des cinq-cents, par une résolution de ce conseil, pour remplacer un membre des deux tiers conventionnels réélus; mais cette résolution fut rejetée par le conseil des anciens. M. Levasseur fut alors admis par le conseil des cinq-cents au nombre de ses secrétaires-rédacteurs. En 1799, il fut administrateur des hospices de Paris. Il redevint, sous le gouvernement impérial, secrétaire-rédacteur du corps-législatif, place qu'il occupait encore en 1814, et dont il fut obligé de donner sa démission par suite des événemens. La chambre lui accorda une pension de retraite; mais compris dans la loi du 12 janvier 1816, rendue contre les conventionnels dits *votans*, il quitta la France et se retira en Belgique.

LEVASSEUR (PIERRE-FRANÇOIS), dit LEVASSEUR AÎNÉ (pour le distinguer de LEVASSEUR JEUNE, qui n'est point de sa famille), premier violoncelle de l'académie royale de musique, et professeur à l'école royale de musique et de déclamation. M. P. F. Levasseur est né à Abbeville, département de la Somme le 11 mars 1753. Destiné par sa famille à suivre la carrière ecclésiastique, il fit des études analogues à cet état; mais entraîné par son penchant pour la musique, il se mit sous la direction de Belleval, qui lui enseigna les principes élémentaires pendant 5 mois seulement. M. Levasseur apprit ensuite sans maître la musique et le violoncelle, et devint d'une grande force sur cet instrument. « C'est, disent les auteurs du *Dictionnaire historique des musiciens*, celui de tous les violoncellistes qui, pour la qualité du son, se rapproche le plus du célèbre Louis Duport. » M. Levasseur exécuta, en 1789, au concert spirituel, des concertos de Duport, et se fit remarquer, en 1795, aux concerts de Feydeau. Sous le gouvernement impérial, il fut attaché à la chapelle de l'empereur et à l'orchestre de l'académie de musique.

LEVATI (AMBROISE), professeur d'histoire et de belles-lettres, né à Milan, en 1789, a concouru avec M. Ferrario, éditeur des classiques italiens, à l'excellent ouvrage intitulé : *Il costume antico e moderno di tutti popoli*, aussi remarquable par la beauté des dessins et le luxe typographique que par l'intérêt des matières. On distingue dans cet ouvrage, comme étant du professeur Levati, les articles qui traitent des mœurs des Carthaginois, des Numides, des Maures, des Syriens, des Phéniciens, des Arabes et des Romains. M. Levati a publié, en 1817, un *Éloge du comte Verri*, que ses *Nuits romaines au tombeau des Scipions* ont fait avantageusement connaître, et qui mourut à Rome en 1816. On cite cet éloge comme un excellent morceau de biographie. Nommé professeur d'histoire et de belles-lettres au collége impérial de Milan, il en remplit encore les fonctions aujourd'hui (1823).

LEVAVASSEUR (C. J. A.), sénateur et président du tribunal de commerce de Rouen, naquit à Rouen, en 1723, d'une famille distinguée dans le commerce; il embrassa cette profession dans sa jeunesse. Levavasseur, qui avait fait preuve de talens dans diverses occasions, fut nommé administrateur des hospices civils, échevin, membre de la chambre de commerce, et président de la juridiction consulaire. Il s'acquitta avec zèle de ces diverses fonctions, et reçut en récompense des lettres de noblesse. Au commencement de la révolution, il fut nommé électeur et officier municipal, puis administrateur du département de la Seine-Inférieure; en 1792, il devint président du tribunal de commerce, et, en 1800, il fut appelé au sénat-conservateur. Il mourut à Paris, le 8 août 1802.

LEVAVASSEUR (Léon), député à l'assemblée législative, général de division, fils aîné du précédent, embrassa de très-bonne heure la profession des armes, et dut ses grades à ses talens. Élu, en 1791, député du département de la Seine-Inférieure à l'assemblée législative, il s'y fit remarquer par sa modération. Officier supérieur d'artillerie, il était à Toulon, lorsque cette ville fut assiégée par les Anglais, et refusa de signer la capitulation qui leur livrait le port et les arsenaux. Irrités de cette fermeté patriotique, des hommes vendus à l'étranger le chargèrent de fers, et lui firent souffrir les plus cruels traitemens : rien ne put l'ébranler. Remis en liberté par le général anglais, qui lui sauva la vie, il suivit le général en chef Bonaparte dans ses campagnes d'Égypte, en qualité de chef de brigade. A son retour en France, Levavasseur fut successivement élevé au grade de général de brigade, d'inspecteur-général du matériel de la marine, et de général de division.

Il fut aussi nommé commandant de la légion-d'honneur. Le général Levavasseur mourut il y a quelques années.

LEVÉE (Jérôme - Balthazar), littérateur, né le 5 septembre 1769, au Havre, d'une ancienne famille de la Basse-Normandie, avait à peine atteint l'âge de 2 ans, lorsqu'il perdit son père. Restée veuve avec quatre enfans en bas âge, et privée d'un époux, à qui un naufrage et des malheurs inattendus avaient enlevé sa petite fortune, sa mère trouva dans la veuve Prière, tonnellière au Havre, une amie généreuse, qui offrit de se charger de l'éducation de cet enfant. Mme Prière prit de son protégé le plus grand soin, et mettant à profit ses heureuses dispositions, elle lui fit faire ses études. Comme on le destinait à l'état ecclésiastique, il reçut, en 1785, la tonsure des mains du cardinal de La Rochefoucault, archevêque de Rouen, qui lui donna un bénéfice simple, afin de continuer ses études d'une manière avantageuse. Il étudia en théologie pendant les années 1787 et 1788, subit un examen, et fut envoyé à Séez, où il reçut les 4 ordres mineurs. Cependant, quelques mois après, il témoigna à ses protecteurs le désir d'embrasser un autre état, et désigna particulièrement le barreau ou la médecine. On ne voulut point consentir à sa demande, et il continua ses cours jusqu'à la fin de l'année 1789, qu'il entra dans une maison de commerce, en qualité de commis. Tous ses loisirs étaient consacrés à l'étude, et particulièrement à celle des mathématiques et des langues anciennes. En 1790, il devint professeur-adjoint au collége du Havre, qu'il ne quitta qu'en 1791, époque à laquelle il fut employé au greffe du tribunal civil. Appelé à faire partie de la garde nationale, il fut admis dans la compagnie d'artillerie, où il devint sous-officier. Le 14 juillet 1792, il s'enrôla dans le bataillon du Havre, 9ᵐᵉ de la Seine-Inférieure, où il fut nommé sergent-major, membre du conseil d'administration et porte-drapeau. Une violente attaque de paralysie le contraignit de quitter momentanément le service au mois d'octobre 1793. A peine rétabli, il entra au secrétariat de la marine, et fut bientôt nommé, par la commission exécutive, sous-chef civil sur la corvette *la Constance*. Le service de mer étant contraire à la faiblesse de sa santé, il reprit celui de terre, et rentra dans la compagnie d'artillerie du bataillon du Havre; il passa ensuite en qualité d'employé à l'état-major de la 36ᵐᵉ demi-brigade, et de là, secrétaire du payeur-général de la division, à Bruges. Un concours général pour les chaires de l'école centrale du département de la Lys ayant eu lieu, M. Levée s'y présenta, et mérita d'être nommé professeur de belles-lettres. C'est à son zèle et à la confiance de ses collègues et des autorités, que l'école centrale de Bruges fut redevable d'une partie de sa splendeur. Administrateur de cette école, il s'y fit remarquer par la sagesse de ses vues et par son activité. Il fut aussi, pendant quatre ans, membre du jury d'instruction publique. Il était professeur de belles-lettres et administrateur de l'école centrale depuis 11 ans, lorsqu'il fut nommé, le 11 janvier 1808, censeur et professeur au lycée de Bruges, où il resta jusqu'au mois de mars 1810, qu'il devint professeur de rhétorique au lycée de Caen, et professeur à la Faculté des lettres de la même académie. Le 31 décembre 1809, il avait été nommé officier-titulaire de l'université de France. Il fut mis, en 1814, à la retraite, sous le prétexte de ses infirmités et de son âge trop avancé. M. Levée publia, en 1809, une traduction des *Vers à soie*, du *Jeu des Échecs*, de *Poésies fugitives de Vida de Crémone et de Pierre Dorville*, 1 vol. in-8°. Il fut ensuite le principal traducteur et directeur des *OEuvres complètes de Cicéron*, en 31 vol. in-8°, avec le texte en regard. A cette entreprise a succédé sa traduction du *Théâtre complet des Latins*, avec le texte en regard, en 15 vol. in-8°, dédié à *Monsieur*, frère du roi. Cette traduction, généralement remarquable par son élégance et sa fidélité, ne l'est pas moins par les notes philologiques et archéologiques dont elle est accompagnée. Les journaux français et étrangers en ont parlé de la manière la plus honorable. Le *Théâtre complet des Latins* a acquis un nouveau degré d'intérêt par les examens de pièces, les analyses et les dissertations dont MM. Amaury-Duval et Alexandre Duval, membres de l'institut, l'ont enrichi. M. Levée a donné une nouvelle édition du *Dictionnaire des épithètes françaises*, précédé d'un Traité sur l'emploi des épithètes, 1 vol. in-8°, Paris, 1817. Il est encore l'auteur de plusieurs *Dis-*

cours et de *Poésies*, imprimés à Bruges et à Paris.

LEVEILLARD (L. G.), maire de Passy, naquit à Dreux, et était, avant la révolution, gentilhomme ordinaire de la chambre du roi. Il fréquenta beaucoup de gens de lettres, et devint l'ami intime de Franklin. Adoptant les nouveaux principes, il fut nommé maire de Passy, en 1790, et ensuite administrateur du département de la Seine. Il s'opposa fortement à la journée du 10 août 1792. Traduit pour ce fait au tribunal révolutionnaire, il fut condamné à mort, le 15 juin 1794. On lui doit un *Éloge historique* de Franklin, et plusieurs *Mémoires* de chimie approuvés par l'académie des sciences.

LEVEILLÉ (JEAN-BAPTISTE-FRANÇOIS), docteur - médecin, membre des sociétés de médecine, d'histoire naturelle et philomatique de Paris, et de celle de médecine, chirurgie et pharmacie de Bruxelles; médecin des prisons, etc., a composé un assez grand nombre d'ouvrages, dont plusieurs jouissent de beaucoup d'estime. On lui doit : 1° *Exposition d'un système plus simple de médecine, ou Éclaircissemens et confirmation de la doctrine de Brown*, 1798, in-8°. Cet ouvrage a été traduit de l'édition italienne, et avec les notes de J. Frank. 2° *Manuel pour servir à l'histoire naturelle des oiseaux, des poissons, des insectes et des plantes*, où sont expliqués les termes employés dans leur description, et suivant la méthode de Linné, 1799, in-8°, d'après l'édition latine de J. R. Forster; 3° *Dissertation physiologique sur la nutrition du fœtus, considérée dans les mammifères et dans les oiseaux*, in-8°, 1799; 4° *Traité pratique des maladies des yeux*, traduit de l'italien sur le manuscrit même de Scarpa, 2 vol. in-8°, 1802; réimprimé, en 1807, également en 2 vol. in-8°; 5° *Mémoires de physiologie et de chirurgie pratique*, par Scarpa et Leveillé, in-8°, 1804; 6° *Traité élémentaire d'anatomie et de physiologie*, 4 vol. in 8°, 1810; 7° *Nouvelle doctrine chirurgicale, ou Traité complet de pathologie*, 4 vol. in-8°, 1811-1812; 8° *Mémoire sur l'état de l'enseignement de la médecine et de la chirurgie en France*, in-4°, 1816.

LEVENEUR (N.), général, embrassa de bonne heure la carrière militaire, et parvint pas sa bravoure et ses talens aux premiers grades de l'armée. En 1792, il servait sous les ordres du général La Fayette, et passa depuis à l'armée du Nord, où il continua de donner des preuves de courage et d'intelligence. Le général Valence fit les plus grands éloges de ses talens, dans une lettre adressée à la convention, le 5 décembre 1793. Le 4 avril suivant (1794), après la défection de Dumouriez, le général Leveneur écrivit à l'assemblé : « Que Dumouriez qu'il ai-
»mait, et auquel il avouait mê-
»me avoir des obligations, ve-
»nait de commettre un grand at-
»tentat, et demanda à quitter un
»poste dans lequel il ne croyait
»plus pouvoir être utile. » Sa demande fut renvoyée au comité, qui, en le félicitant de ses prin-

cipes d'honneur militaire et d'attachement à sa patrie, refusa sa démission. Le général Leveneur servit le reste de la campagne avec la même distinction. Depuis cette époque, il n'a plus reparu dans les cadres de l'armée.

LÉVÊQUE (Pierre), célèbre mathématicien, naquit à Nantes, département de la Loire-Inférieure, le 3 septembre 1746. Elève distingué du collège des Jésuites de sa ville natale, il montra de très-grandes dispositions pour les mathématiques. Il voulut joindre aux nombreuses connaissances qu'il possédait déjà, celles de la navigation, et à l'âge de 18 ans, il s'embarqua sur un vaisseau où il fit un rude et obscur apprentissage. Cet humble début lui fut utile, et en peu de temps il acquit des connaissances très-étendues sur la construction et la manœuvre des vaisseaux. Il revint dans sa patrie, et fut nommé d'abord professeur de mathématiques à Mortagne, ensuite à Breteuil, et enfin à Nantes. Ses succès furent tels dans cette dernière ville, qu'il obtint, en 1772, la chaire royale d'hydrographie. En 1786, il passa à la marine en qualité d'examinateur. C'est à ce savant que l'on doit l'une des premières machines à vapeur qui aient été construites en France. Il l'exécuta pour la ville de Nantes, à laquelle il donna le premier le spectacle d'un aérostat. Lévêque adopta avec sagesse les principes de la révolution; mais à une époque déplorable où il fallait partager la violence des dominateurs pour n'être pas leur victime, il fut proscrit, et n'échappa à la terreur qu'en se cachant. En 1797, il fut nommé membre du conseil des anciens, et à la révolution du 18 fructidor an 5 (4 septembre 1797), il fut proscrit de nouveau. Libre enfin de continuer ses travaux comme savant, il devint examinateur de l'école Polytechnique, emploi dont il se démit quelque temps après. Il fut nommé, en 1801, membre de l'institut et de la légion-d'honneur. Ecrivain profond, mathématicien d'un grand mérite, Lévêque possédait des connaissances très-étendues dans les langues anciennes et modernes, les sciences, l'histoire, le commerce et l'administration. Il a publié différens ouvrages: 1° *Tables générales de la hauteur et de la longitude du Monagésime*, Avignon, 1776, 2 vol. in-8°, imprimées en partie aux frais du gouvernement; 2° *Guide du navigateur*, Nantes, 1779, 1 vol. in-8°, fig. Cet ouvrage, au rapport de Lalande, est le plus étendu et le plus parfait de ceux publiés jusqu'alors. 3° *Examen maritime, ou Traité de la mécanique appliquée à la construction et à la manœuvre des vaisseaux*, Nantes, 1782, 2 vol. in-4°, traduction de l'ouvrage espagnol de don G. Juan. Lévêque a enrichi sa traduction, entreprise par ordre du ministre de la marine, de notes et de remarques précieuses. Il en a donné une 2° édition sous ce titre: *De la construction et de la manœuvre des vaisseaux, etc., ou Examen maritime, théorique et pratique*, Paris, 1792, 2 vol. in-4°. 4° *Rapport à l'institut sur les observations astronomiques et nautiques de Don Joseph Joachim de Ferrer*, 1798; 5° *Mémoire lu à l'institut sur l'ouvrage de Main-*

gon, publié sous le titre de *Mémoire contenant des explications théoriques et pratiques sur une carte trigonométrique servant à réduire la distance apparente de la lune au soleil ou à une étoile, en distance vraie, et à résoudre d'autres questions de pilotage*. Lalande observe en parlant de ce mémoire « qu'il contient une grande érudition et des réflexions importantes sur la méthode ingénieuse, exacte et facile, proposée par » l'auteur du mémoire, pour faire » usage d'une seule carte, au lieu » du grand nombre de celles qui » ont été publiées par Margetts. » 6° *Rapport à l'institut sur un nouveau système de mâts d'assemblage pour les vaisseaux*, 1799; 7° *Mémoire sur l'usage qu'on peut faire des cartes horaires de Margetts*, 1802. Ce mémoire, très-estimé de Lalande a été inséré dans la *Connaissance des temps*, année 1802. 8° *Mémoire sur les observations qu'il est important de faire sur les marées dans les divers ports de France*, 1803; 9° *Description nautique des côtes orientales de l'Angleterre et des côtes de Hollande, du Jutland et de Norwège*, traduite de l'anglais, et publiée par le dépôt-général de la marine, Paris, 1804, in-4°. Lévêque a laissé divers ouvrages où il n'a pu mettre la dernière main, entre autres, un *Traité théorique et pratique de la construction, et de l'usage de tous les instrumens nautiques*; un *Abrégé de l'origine et des progrès de la navigation*, 1 vol.; et un *Traité pratique de la manœuvre*. Il a enrichi cet ouvrage des passages les plus intéressans de la Tactique de Mazzaredo, de Clarke et autres écrivains dans cette partie. Il avait aussi rassemblé les matériaux d'un *Dictionnaire polyglotte de tous les termes de marine*; d'un ouvrage sur les *Marées*, et sur le *Jaugeage des vaisseaux :* ce dernier travail lui avait été demandé, en 1786, par le ministre de la marine. Lalande attribue à Lévêque une traduction de l'anglais, du *Traité de la perspective* de Fergusson, et une autre traduction des *Opuscules nautiques*. Enfin il travaillait depuis longtemps à une nouvelle édition de son *Guide du navigateur*, lorsqu'il mourut au Havre, le 16 octobre 1814, à l'âge de 68 ans. A cette époque, il était examinateur des élèves de la marine. Il avait un fils qu'il aimait tendrement, et qui mourut, à 27 ans, officier distingué du génie militaire. Cette perte ne contribua pas peu à hâter la sienne. Feu Delambre, en qualité de secrétaire perpétuel de la classe des sciences mathématiques de l'institut, a prononcé l'*Eloge de Lévêque*, inséré dans les *Mémoires de l'institut*, de 1818.

LÉVÊQUE DE POUILLY (Jean-Simon), ex-conseiller-d'état, littérateur, ancien membre de l'académie royale des inscriptions et belles-lettres de Paris, associé libre de l'académie royale des inscriptions et belles-lettres de l'institut, et membre honoraire de l'académie de Châlons-sur-Marne, est né à Reims, département de la Marne, vers 1734. Son père, qui cultivait les lettres, et qui est auteur de l'ouvrage publié sous le titre de *Théorie des sentimens agréables*, lui fit donner une excellente éducation. A l'âge de 13 ans, J. S. Lévêque de Pouilly se montrait déjà très-instruit dans les belles-lettres grecques, latines, et françaises. En 1768, il fut reçu membre de l'académie royale des inscriptions et belles-lettres de Paris. L'étude ne l'éloigna pas des fonctions civiles, et après avoir été président, lieutenant-général, commissaire-enquêteur et examinateur honoraire, il fut élu, le 20 février 1782, lieutenant des habitans de la ville de Reims. En 1790, il était conseiller-d'état. Les orages politiques de 1793 le forcèrent à s'expatrier, mais il resta peu de temps sur le sol étranger, et se fixa dans ses terres loin des agitations publiques. Il a donné : 1° *Eloge de M. Rogier de Mauclin, lieutenant de la ville de Reims*, 1755; 2° *Vie du chancelier de L'Hôpital*, Londres, 1764, in-12; 3° *Eloge de Charles Bonnet*, imprimé en Allemagne, lorsque M. Lévêque de Pouilly s'y était réfugié; 4° *Théorie de l'imagination*, Paris 1803, in-12.

LÉVÊQUE DE POUILLY (N.), membre de la chambre des représentans pendant les *cent-jours*, en 1815, est fils du précédent. Député à cette assemblée par le département de l'Aisne, il y manifesta des principes sages mais énergiques, et occupa plusieurs fois la tribune. Il proposa que les chefs et les majors des légions fussent invités à se rendre dans l'assemblée, et que l'on réglât, par une loi, la suspension momentanée de la constitution dans quelques parties du territoire, le maintien de l'ordre public l'exigeant alors impérieusement. La chambre ayant été dissoute par l'effet de la seconde restauration au mois de juillet de la même année, M. Lévêque de Pouilly est rentré dans ses foyers.

LEVERT (JEANNE-ÉMILIE), actrice du Théâtre-Français, est née à Paris; elle débuta fort jeune dans les ballets de l'Opéra, où elle obtint peu de succès. M. Picard, aujourd'hui membre de l'institut, qui avait alors la direction du théâtre Louvois, eut occasion de lui entendre réciter plusieurs rôles; il lui trouva d'heureuses dispositions pour la comédie, et s'empressa de lui offrir de débuter sur son théâtre. Elle y fut très-bien accueillie, et y resta plusieurs années. Un petit procès judiciaire avec M. Clauzel, acteur de ce théâtre, puis de l'Odéon, de la province et enfin du Gymnase, ne l'empêcha pas de se destiner à la première scène de Paris, et on la vit sur le Théâtre-Français, le 30 juillet 1808, dans le rôle de Célimène du *Misanthrope*, et dans celui de Roxelane des *Trois Sultanes*. La faveur publique protégea ses débuts. Appelée à Saint-Cloud, elle y parut devant l'empereur dans la comédie du *Legs*. Trois mille francs de gratification, et son admission au Théâtre-Français comme sociétaire à demi-part, furent la récompense de l'intérêt qu'elle inspira. En 1810, après la retraite de Mlle Contat, et de Mme Petit-Vanhove, épouse de notre premier tragédien, le célèbre Talma, elle se trouva seule en possession des rôles de *grandes coquettes*, emploi qu'elle conserva jusqu'en 1812, et dans lequel elle obtint souvent des applaudissemens. A cette époque Mlle Mars,

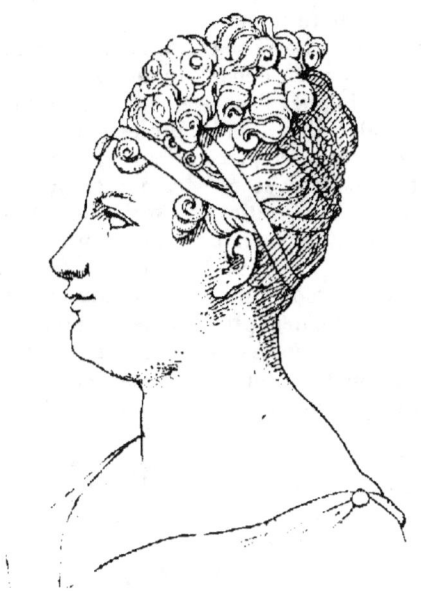

M.^{dlle} Emilie Leverd.

Romagnesi.   Fremy del. et Sculp.

si admirable dans les *ingénues*, ayant joué plusieurs rôles de l'emploi de Mlle Levert avec cette supériorité qui ne lui permet pas de compter de rivales, réclama l'emploi en chef. Mlle Levert disputa la possession qu'elle tenait d'un simple droit d'héritage. Un ordre impérial, daté de Moscou, défendait à tout comédien de remplir deux emplois en chef. Le public ne sanctionna pas la volonté du chef suprême de l'état, et après une lutte vive, mais inégale, Mlle Mars triompha et resta maîtresse du champ de bataille où son nom ne connaissait pas de défaites, et où il devait éloigner l'ambition même secondée d'un grand talent. Femme et grande coquette, Mlle Levert ne pouvait se remontrer vaincue; elle se retira. Eloignée d'une scène, le monde entier pour elle, Mlle Levert s'aperçut qu'on l'oubliait trop promptement. Son mécontentement prolongé pendant plusieurs mois céda enfin au besoin de se retrouver en présence de ce public qui l'aimait, mais qui donnait la palme à Mlle Mars. Elle fit sa rentrée dans l'*Intrigante*, de M. Étienne, et n'eut point à se plaindre de l'accueil qu'elle reçut; mais ses efforts n'obtinrent jamais que l'honorable place de seconde actrice du Théâtre-Français. Mlle Levert a de précieux avantages. Un physique agréable, du mordant, et ce qu'on appelle peut-être dédaigneusement de l'instinct dramatique. Elle est très-remarquable dans Mme Everard du *Vieux Célibataire*, dans Mme Patrin du *Chevalier à la mode*, dans la *Femme jalouse*, dans la *Mère coupable*, etc. On lui reproche en général, et avec raison, un grasseyement inévitable, et ce qui s'accroît de jour en jour, un embonpoint qui n'est pas du domaine des *grandes coquettes*. L'emploi des *mères*, voilà son lot; c'est le vœu de la nature, et jamais on ne doit contrarier cette même nature, si bonne lorsqu'on suit son impulsion, si marâtre lorsqu'on veut absolument la méconnaître. Mlle Levert, revenue aux sentimens les plus raisonnables, ne trouve plus que des fleurs sur son passage. Elle a eu la sagesse de se dire : Moins d'ambition et plus de bonheur.

LEVESQUE (Pierre-Charles), professeur d'histoire au collége de France, membre de l'institut, ancien membre de l'académie des inscriptions et belles-lettres, naquit à Paris le 26 mars 1736. Ses parens le destinant à la carrière des beaux-arts lui firent apprendre le dessin; mais son goût le portait à l'étude de la langue latine. Il entra de leur consentement, n'ayant pas encore atteint sa 12me année, au collége Mazarin où il fit des progrès aussi rapides que brillans. Sa famille se retira en province, dont le séjour était plus convenable à la médiocrité de sa fortune, et pendant plusieurs années, le jeune Levesque vécut, dans la capitale, du produit de son travail comme dessinateur et graveur. Homme instruit, artiste honorablement connu, il obtint l'amitié de plusieurs hommes de lettres distingués, entre autres de Diderot, qui bientôt le recommanda puissamment à l'impératrice Catherine II. Levesque partit, en 1773, pour Saint-Pétersbourg, en qualité de professeur de belles-lettres à l'école des cadets-nobles. Plein de reconnaissance pour les bontés de l'impératrice, qui l'accueillit avec distinction, il forma le projet d'écrire l'*Histoire de Russie*, et à cet effet il étudia la langue russe et le dialecte slavon. C'est dans ce dialecte particulièrement que sont écrites les principales chroniques de l'empire. Il lui fallut un courage peu commun, pour débrouiller les vieux manuscrits qu'il se procura, non sans peine, et pour surmonter tous les genres de difficultés que lui présentait un travail de cette espèce. Enfin, après sept années de soins, de patience et d'études, il emporta avec lui, à son retour en France, les matériaux de son histoire qu'il livra à l'impression, et qui obtint le succès le plus flatteur. Elle lui ouvrit les portes de l'académie des inscriptions et belles-lettres, et peu de temps après, lui fit obtenir la chaire de professeur d'histoire au collège royal de France. Ce succès ne fut pas néanmoins sans quelques nuages pour l'auteur. « A peine elle venait de paraître, » dit Palissot, dans ses *Mémoires sur la littérature*, qu'il se répandit un *Prospectus* qui annonçait la même histoire par M. Leclerc. » On s'attendait à de nouveaux détails : mais on vit avec étonnement à la publication du 1ᵉʳ volume, que ce qui appartient véritablement à l'histoire de Russie, ne composait que la plus faible partie de l'ouvrage ; on vit avec plus de surprise encore, que cette partie n'était qu'un extrait de l'ouvrage de M. Levesque, et n'offrait aucun fait nouveau, aucune circonstance nouvelle, quoique les originaux en eussent fourni un grand nombre si l'auteur les eût consultés...... » Cependant M. Leclerc, en suivant fidèlement pour ne pas dire servilement, les pas de M. Levesque, s'est permis souvent de l'insulter. Si des reproches publics l'ont empêché de continuer à le copier depuis la fin du 16ᵉ siècle, il s'égare alors en prenant pour guides jusqu'au règne de Pierre-le-Grand, des livres français oubliés et qui méritent de l'être. » Il fit ensuite paraître une traduction des *Œuvres de Xénophon et de Plutarque*. Ces travaux importans le placèrent au nombre de nos plus habiles hellénistes. La révolution, dont il adopta avec sagesse les principes, lui fit perdre son traitement d'académicien, par suite de la dissolution des corps savans. Il trouva dans un travail plus assidu, et que son isolement lui rendait plus nécessaire, des ressources honorables contre la mauvaise fortune : c'est peut-être aux circonstances difficiles dans lesquelles il fut placé, qu'il dut l'un de ses principaux titres de gloire, sa traduction des *Œuvres de Thucydide*. Pendant le temps où il était occupé de ce travail, les orages de la révolution éclataient autour de lui. Il n'en fut point atteint, et à la réorganisation des corps académiques, il fut, un des premiers, nommé membre de l'institut. Son assiduité aux séances fut d'un bon exemple et d'un grand secours, à une époque où il fallait retremper le courage et l'amour des sciences, des lettres et des arts. Levesque a beau-

coup écrit sur la morale et l'histoire. Ses principaux ouvrages sont : 1° *Rêves d'Aristobule, philosophe grec, et Vie de Formose, philosophe français*, Paris, in-12, 1761; traduction en italien par M`me` la princesse d'Anhalt, Berlin, 1768; 2° *l'Homme moral ou l'Homme considéré tant dans l'état de pure nature que dans la société*, Amsterdam, 1775, in-12; traduit en allemand, sur la 4`me` édition corrigée, Nuremberg, 1776, in-8°; 3° *l'Homme pensant, ou Essai sur l'histoire de l'esprit humain*, Amsterdam, 1779, in-12; 4° *Considérations sur l'homme observé dans la vie sauvage, dans la vie pastorale et dans la vie policée*; 5° *Considérations sur les obstacles que les anciens ont apportés aux progrès de la véritable philosophie*; 6° *Choix de poésies de Pétrarque*, traduction de l'italien, Paris, 1787, 2 vol. in-18. Cette traduction, quoique médiocre, a été plusieurs fois réimprimée; 6° *Pensées morales de Confucius*, et des auteurs chinois, traduction du latin; 7° *Caractères de Théophraste et Pensées de Ménandre; Sentences de Théogenis, de Phocylide, de Pythagore et des sages de la Grèce; entretiens de Socrate*, traduits du grec de Xénophon; 8° *Œuvres de Thucydide*, traduites du grec, Paris, 1795-1797, in-8° et in-4°. Chénier, dans son *Tableau de la littérature*, s'exprime ainsi à l'occasion de cet ouvrage : «La traduc-
» tion de M. Levesque est la seule
» qui jusqu'à présent soit digne de
» quelque attention... Le mérite
» M. Levesque, le sentiment pro-
» fond qu'il a des beautés de Thu-
» cydide, la sévérité modeste avec
» laquelle il juge sa propre traduc-
» tion, nous garantissent qu'il fera
» de nouveaux efforts pour la per-
» fectionner et la rendre digne, au-
» tant qu'il est possible, de cet ad-
» mirable historien.» Levesque a corrigé dans différentes éditions ce travail important, et l'a porté à un point de perfection remarquable. 9° *Histoire de Russie*, tirée des chroniques originales et des meilleurs historiens de cet empire, suivie de l'*Histoire des différens peuples soumis à la domination des Russes*, Yverdun, 1782-1783, 8 vol. in-12; nouvelle édition, corrigée et continuée jusqu'à la fin du règne de Catherine II, Hambourg et Paris, 1800, 8 vol. in-8°. MM. Malte-Brun et Depping ont donné une 4`me` édition de cet ouvrage, continué jusqu'à la mort de Paul I`er`; ils y ont joint des notes, un atlas et 60 planches, Paris, 8 vol. in-8°, 1812. Après avoir loué cette excellente histoire, dom Clément, auteur de *l'Art de vérifier les dates*, continue ainsi : « C'est à la peine qu'a prise
» cet estimable historien, que notre
» littérature est redevable de cette
» nouvelle lumière. Nous lui de-
» vons nous-mêmes presque tous
» les changemens que nous avons
» faits à notre chronologie histori-
» que de la Russie.» Palissot, comme dom Clément, reconnaît les obligations qu'il a à Levesque. Il dit, dans ses *Mémoires sur la littérature* : « C'est à lui que nous
» sommes redevables de plusieurs
» remarques curieuses et intéres-
» santes dont il a bien voulu enri-
» chir le volume intitulé *Histoire
» de Russie sous Pierre-le-Grand*,
» dans notre édition commentée de

» Voltaire. D'après les renseigne-
» mens peu fidèles qui avaient été
» donnés à Voltaire par l'impéra-
» trice Élisabeth, il s'était souvent
» trompé dans le cours de cette
» histoire, et M. Levesque indique
» non-seulement ces erreurs, mais
» il les corrige en conservant tou-
» jours envers l'auteur la circons-
» pection décente dont la critique
» ne doit jamais s'écarter, surtout
» envers un homme supérieur. »
10° *Histoire de France sous les cinq premiers Valois*, depuis la mort de Philippe de Valois jusqu'à celle de Charles VII, Paris, 4 vol. in-12, 1787. « Cet ouvrage, dit Pa-
» lissot, est surtout remarquable
» par une introduction remplie de
» recherches curieuses, dans la-
» quelle l'auteur suit les révolu-
» tions et les progrès de la monar-
» chie depuis le règne de Pepin
» jusqu'à la mort de Charles-le-
» Bel. Cette introduction prouve-
» rait seule combien il est appelé
» au genre historique. Il y réfute
» des erreurs accréditées, et nous
» connaissons peu d'ouvrages écrits
» avec plus de raison, de sagesse
» et de vérité. » 11° *Histoire critique de la république romaine*, Paris, 1807, 3 vol. in-8°; 12° *Études de l'histoire ancienne et de l'histoire de la Grèce*, Paris, 1811, 5 vol. in-8°; 13° *Éloge de Mably*, qui a partagé le prix extraordinaire proposé par l'académie des inscriptions et belles-lettres, Paris, 1787, in-8°. Levesque trace avec beaucoup de talent un beau et judicieux portrait de Mably : « Si parmi nous
» il était singulier, dit-il, ce n'est
» pas qu'il affectât de l'être : c'est
» que son caractère, son esprit, sa
» façon de penser, ses vertus, n'é-
» taient pas de notre siècle ; c'est
» qu'il était formé sur des modèles
» qui ne sont pas les nôtres. Dans
» les beaux jours d'Athènes, il au-
» rait été confondu dans la foule
» des citoyens estimables, parce
» que tous lui auraient ressemblé.
» Dans les beaux jours de Sparte,
» il aurait été encore moins remar-
» qué. Parmi nous, il était comme
» ces figures antiques, dont la sa-
» ge attitude et la sévère beauté
» contrastent avec les statues ma-
» niérées des modernes. » On accusait l'abbé de Mably d'entêtement. Voici comme Levesque l'en justifie : « Il est bien aisé de n'a-
» voir pas d'entêtement, quand on
» n'a jamais réfléchi; quand on a-
» dopte aujourd'hui les pensées de
» l'un, pour les changer demain,
» contre celles de l'autre; quand
» on n'a de couleur que celle des
» objets dont on s'approche; quand
» on parle sans idées, et seulement
» pour ne pas garder le silence ;
» quand sans cesse on dément ses
» discours par sa conduite, et ses
» opinions d'un instant par celles
» de l'instant suivant; quand on est
» prêt à penser comme tout le
» monde, parce qu'en effet on ne
» pense jamais. » Cet éloge de Mably a été réimprimé par M. Bérenger, à la tête de *l'Esprit de Mably et de Condillac*, Grenoble (Paris), 1789, 2 vol. in-8°; 14° continuation du *Dictionnaire des arts*, par Watelet; 15° plusieurs *Extraits* dans le *Journal des savans*; 16° des *Analyses* dans les *Notices des manuscrits* de la bibliothèque du roi; 17° des *Articles* dans la *Biographie universelle*, entre autres, celui de l'impératrice de Russie *Catherine I*re*; 18° enfin, l'*Éloge de Legrand-*

d'*Aussy*. Levesque mourut en 1812, âgé de près de 76 ans. Son *Éloge* a été prononcé à l'institut par M. Dacier.

LEVESQUE (Mademoiselle Rose), fille du précédent et femme de M. Pétigny de Saint-Romain, née à Paris, le 5 novembre 1768, s'est fait connaître, dès l'âge de 15 ans, par un petit recueil publié sous le titre de : *Idylles et Contes champêtres*, 1 vol. in-12, Paris, 1786; 2.me édition, Paris, an 11, 2 vol. in-18. Palissot, dans les *Mémoires sur la Littérature*, dont nous avons parlé à l'article de M. Levesque, en porte ce jugement : « Ce recueil, comme » nous eûmes occasion de le dire » dans une lettre adressée aux au- » teurs du *Journal de Paris*, res- » pirait la candeur et la douce sen- » sibilité du premier âge. Jamais » enfant n'avait présenté aux Mu- » ses des prémices plus aimables. » Les Idylles de M.lle Levesque ont été traduites en allemand par M. Reinhart. M.me Fortunée B. Briquet, dans son *Dictionnaire historique des Françaises célèbres*, dit que Florian vantait beaucoup les Idylles de M.lle Levesque, et que Gessner la nommait sa petite fille. M. Barbier lui attribue *Aurélie, ou l'intéressante Orpheline*, Paris, 2 vol. in-8°, 1806.

LEVEUX (N.), négociant, ancien maire de la ville de Calais, président du tribunal de commerce et membre de la légion-d'honneur, mérite d'être rappelé à l'estime et au souvenir de ses concitoyens, par la fermeté, la prudence et la justice dont il fit preuve dans l'exercice de ses fonctions administratives et judiciaires. Maire de la ville de Calais, à diverses époques critiques de la révolution, il sut, dans toutes les occasions, prévenir ou apaiser les émeutes que les garnisons ou les équipages du port excitèrent quelquefois au milieu de cette ville constamment heureuse et forte de l'union de ses habitans. Il répondit un jour aux grenadiers d'un régiment insurgé, qui s'étonnaient, de ce qu'un homme si petit de taille pût montrer tant de vigueur et d'énergie : « Apprenez, » mes camarades, que plus un bâ- » ton est court, moins il est facile » de le rompre. » Comme président du tribunal de commerce, M. Leveux se montra sur le siège de la justice avec les mêmes qualités qu'il avait développées comme magistrat civil, et le long exercice de ses fonctions publiques ne lui suscita ni envieux, ni ennemis. Lorsque M. le duc d'Angoulême se rendit à Calais, la vénération publique lui désigna M. Leveux comme l'homme qui méritait le plus et honorait davantage les distinctions que le gouvernement pouvait accorder, et le prince le décora de la croix de la légion-d'honneur. Cette noble récompense, décernée à un magistrat philantrope, sembla être personnelle à chacun de ses concitoyens. M. Leveux succomba, en 1816, à une attaque de paralysie. Il a laissé un fils unique qui obtient, dans les opérations commerciales, la confiance que lui méritent des vertus héréditaires.

LÉVIS (le duc Pierre-Marc-Gaston de), lieutenant-général, pair de France, fils du maréchal de Lévis, était à peine âgé de 25 ans, lorsqu'il fut nommé député aux états-généraux par la noblesse du bailliage de Dijon. Il adopta d'abord les principes de la révolution, mais avec modération. Le 12 mai, avant que les états-généraux ne se formassent en une seule chambre, il crut devoir à ses principes de protester dans la chambre de la noblesse, avec 15 de ses collègues, contre les opérations de la majorité, qui marchait à son but et suivait avec la même ardeur le plan qu'elle s'était formé, quoique la députation de la noblesse de Paris et de quelques autres bailliages n'eût point encore paru à l'assemblée, ce qui rendait incomplètes les délibérations de cet ordre. Un autre motif déterminait encore l'opposition de M. de Lévis : il s'était élevé des doutes sur la régularité de la nomination du duc d'Orléans, et il fallait, suivant M. de Lévis, attendre, pour prendre un parti, que les pouvoirs fussent vérifiés. Le 25 mai, la majorité de la chambre ayant arrêté qu'il serait adressé une déclaration au tiers-état, que la noblesse faisait abandon de ses priviléges pécuniaires, le duc de Lévis annonça, au nom de la noblesse dijonnaise, qu'elle était résolue à cet abandon, mais qu'elle le subordonnait à l'établissement de la constitution. Dans le cours de l'assemblée constituante, fidèle à la marche qu'il s'était proposée, M. de Lévis vota le plus souvent avec le côté gauche, mais il n'hésita pas à s'en séparer, quand l'objet en discussion contrariait ses vues. Par exemple, il s'opposa à la publication d'une déclaration des droits, parce que, selon lui, elle était dangereuse. Il voulut ensuite que cette déclaration, au lieu de précéder la constitution, la suivît, si l'on était absolument décidé à en rédiger une. Lors de l'affaire du marquis de Favras, il désirait que l'on répandît sur une cause aussi grave le plus grand jour, et demandait en conséquence que le comité des recherches de l'assemblée se concertât avec celui de la ville; mais on n'eut aucun égard à sa proposition. Il ne paraîtra pas étonnant, d'après cette conduite, qu'il ait signé les protestations de la minorité contre les actes de l'assemblée. Après les événemens du 10 août 1792, il quitta la France, et se rendit à l'armée des princes, où il servit comme simple soldat. Il se trouvait à l'expédition de Quiberon, où il fut blessé au commencement du combat. Depuis il se retira en Angleterre, et y publia une *Oraison funèbre de Louis XVI, et de la reine Marie-Antoinette*. M. de Lévis revint en France après le 18 brumaire an 8; mais il se tint éloigné des affaires publiques, et ne s'occupa que de littérature; il fit paraître successivement différens écrits, parmi lesquels on distingua son livre des *Souvenirs et portraits*, publié en 1813, ouvrage dont toutes les parties ne sont pas aussi curieuses à beaucoup près que les renseignemens que lui avaient procurés ses anciennes liaisons avec le vieux maréchal de Richelieu, sur Louis XIV et sur le règne de son successeur, et auxquels, en les reproduisant, il sut ajouter un intérêt nouveau. Compris, à l'époque de la restauration, en 1814, dans la première promotion des pairs, il devint, au mois de juin de cette année, successivement président et secrétaire des divers bureaux de la chambre. Ce fut lui qui fut chargé de faire le rapport du projet de loi qui fixait la liste civile, projet qui, sur sa proposition, fut adopté, sauf quelques légères modifications. En 1815, M. de Lévis présida le collège électoral du Pas-de-Calais. L'année suivante, parut son ouvrage des *Considérations morales sur les finances*, matière aride, mais que l'auteur a su rendre intéressante, en y mêlant les vues de l'ordre le plus élevé. Les principes qu'il y développe furent reproduits dans son opinion émise lors des débats du budget de 1816; il avait été appelé à le discuter dans les conférences particulières qui précédèrent la session; c'est ce qui le détermina à en voter l'adoption sans amendement. Une ordonnance du 19 septembre l'ayant nommé membre du conseil privé, il présida, en cette qualité, la commission que l'on chargea d'examiner l'opération des rentes confiées au sieur Ouvrard, et qui conclut unanimement au maintien intégral de tous les résultats du traité fait par le précédent gouvernement avec ce fournisseur. Il fut nommé à l'académie française, par l'ordonnance royale de 1816. M. de Lévis a pris part, depuis 1817, à tous les objets d'intérêt général, tels que les finances, le budget, le crédit public. En demandant l'entière suppression du droit d'aubaine et de détraction: « Ce droit, disait-il, » est contraire à nos intérêts politiques et financiers... La morale » des gouvernemens ne doit pas » différer de celle des particuliers: » or, ceux-ci ne pourraient sans » injustice s'emparer des biens de » leurs voisins... Ce droit empêche » les étrangers de faire des spéculations en France; sa suppression favoriserait le crédit public, » la propriété, la culture des terres, en mettant les étrangers à » même d'acquérir de vastes possessions. » On est fâché de voir M. de Lévis regarder les grandes propriétés comme propres à améliorer l'agriculture: il est désormais prouvé qu'elles produisent un effet contraire, et on pense généralement que les progrès que l'agriculture a faits en France, sont dus surtout à la subdivision des propriétés. Quand elles sont en petites portions, elles sont mieux surveillées, mieux cultivées, mieux fournies d'engrais, et répondent mieux aux vœux du cultivateur; d'immenses propriétés peuvent servir d'autres intérêts, mais jamais ceux du commerce ni ceux du peuple. Lorsqu'il fut question de modifier l'article 351 du code d'instruction criminelle, un membre ayant dit qu'il valait mieux conserver un abus en totalité, que de le réformer partiellement, M. le duc de Lévis réfuta cette étrange assertion, et il le fit avec autant de force que d'urbanité. On a remarqué que lorsqu'il s'agit d'ouvrir un crédit aux ministres, ou de voter sur les budgets, M. de Lévis se prononce ordinairement pour le ministère. Il a publié: 1° *Maximes et réflexions sur diffé-*

rens sujets, 2™° édition, 1808, in-12; 4™° édition, 1812, 2 vol. in-12; 2° *Voyages de Kanghi, ou Nouvelles lettres chinoises,* 1812, 2 vol. in-12. Cet ouvrage n'est qu'une fade contrefaçon des *Lettres persanes.* 3° *Notice sur Senac de Meilhan* (à la tête de l'édition des *Portraits et caractères*) 1813, in-8°; 4° *Suite des quatre Facardins et de Zénéide,* 1812, in-8° (dans la nouvelle édition des Œuvres d'Hamilton, donnée par M. Renouard); 5° *Souvenirs et portraits,* 1813, in-8°; 1815, in-8°; 6° *l'Angleterre au commencement du* 19™° *siècle,* 1814, in-8°; 7° *Considérations morales sur les finances,*, 1816, in-8°. On a encore de M. de Lévis des réflexions sur les emprunts de 1818. S'essayant aussi dans le genre dramatique, il a composé une tragédie sur la *Mort d'Henri IV.* Lady Morgan rapporte dans l'ouvrage qu'elle a publié sur *la France,* une anecdote piquante sur la famille de M. le duc de Lévis. Cette famille prétendrait descendre de la fameuse et antique tribu de Lévi. Pour en conserver l'honorable tradition, un des ancêtres du noble pair l'aurait consacrée par un tableau que lady Morgan assure avoir vu dans le château de Lévis. Il représente la Vierge Marie disant à un personnage qui est devant elle, la tête nue : « Mon cousin, couvrez-vous. » A quoi celui-ci répond : « Ma cousine, c'est pour ma commodité. »

LEVIZAC (JEAN-PONS-VICTOR LECONTZ, ABBÉ DE), littérateur, d'une famille noble de la ci-devant province de Languedoc, embrassa fort jeune l'état ecclésiastique, et fut nommé à un canonicat du chapitre de Vabres. Il avait beaucoup de goût pour la poésie, à laquelle il consacrait tous ses loisirs. L'abbé de Levizac débuta en 1776, dans la carrière littéraire, par le *Bienfait rendu,* idylle qui remporta le prix à l'académie des jeux floraux. Il quitta la France à l'époque de la révolution, et se retira successivement en Hollande et Angleterre. Fixé à Londres, il s'y fit professeur de langue française. On lui doit : 1° *l'Art de parler et d'écrire correctement la langue française, ou Grammaire raisonnée de cette langue à l'usage des Français et des étrangers,* Londres, 1797, 2 vol. in-8°. La 6™° édition de cet ouvrage, l'un des meilleurs en ce genre, a été revue par A. Drevet, censeur des études au collége de Henri IV, Paris, 1818, 2 vol. in-8°. 2° *Abrégé de la grammaire,* etc., Londres, 1798, 1 vol. in-12; 3° *Traité des sons de la langue française, suivi du traité de l'orthographe et de la prononciation,* Londres, 1800, un vol. in-8°; 4° *Bibliothéque portative des écrivains français, ou Choix des meilleurs morceaux extraits de leurs ouvrages.* Il publia ce recueil conjointement avec son ami, M. Moysant, Londres, 1800, 3 vol. in-8°; la 2™° édition, revue seulement par l'abbé de Levizac, est enrichie de nombreuses additions, 6 vol. in-8°. 5° *Theoretical and practical grammar of the french tongue,* réimprimé à Paris, en 1815; 6° *Dictionnaire français et anglais,* 1808, un vol. in-8°; 7° *Dictionnaire des synonymes*, 1809, un vol. in-12; 8° *Essai sur la vie et les écrits de Boileau.* L'abbé de Levizac est un des estimables ecclésiastiques qui, forcés par les événemens de s'expatrier, ont soutenu à l'étranger l'honneur du caractère français, en se vouant à des occupations utiles qui les ont honorés à tous les yeux, et leur ont permis de rentrer dans leur patrie, dignes du moins de l'estime publique, leur noble récompense.

LEVOYER D'ARGENSON. (*V.* ARGENSON.)

LEVRIER (N.), littérateur, correspondant de l'institut (académie royale des inscriptions et belles-lettres), membre de l'académie d'Orléans, est né à Genève. Sa famille était originaire d'Italie. M. Levrier exerçait, à l'époque de la révolution, l'office de lieutenant-général du bailliage de Meulan. Il ne prit aucune part aux événemens politiques, et se livra exclusivement à des travaux littéraires. En 1787, il avait déjà fait paraître une *Chronologie historique des comtes Génevois*, ouvrage où l'on remarque une saine critique et des opinions philosophiques. En 1790, il publia dans le *Journal des Savans* un *Mémoire sur le jugement par jurés*, dans lequel il démontre que cette forme judiciaire avait déjà été établie en France en 1211. Il a fourni de nombreux articles au *Magasin encyclopédique*, et a coopéré à la 3.me édition de l'*Art de vérifier les dates*. On assure que M. Levrier s'occupe depuis long-temps d'une *Histoire du moyen âge*, et qu'il possède des matériaux rares et curieux sur celle du Vexin et du Thimerais.

FIN DU ONZIÈME VOLUME.

SUPPLEMENS.

DECOUZ (le baron), lieutenant-général, commandant de la légion-d'honneur, naquit à Annecy, en Savoie, ci-devant département du Montblanc, le 18 juillet 1775. Il entra au service de très-bonne heure, et fut nommé, en 1793, sous-lieutenant dans un des premiers bataillons des volontaires nationaux du Mont-Blanc. Il fit toutes les campagnes du Piémont et d'Italie dans l'armée aux ordres du général en chef Bonaparte, et passa lieutenant dans le 69ᵐᵉ régiment de ligne. Il s'embarqua à Gênes pour l'expédition d'Égypte, dont il a fait toutes les campagnes; fut nommé capitaine après la bataille des Pyramides, et chef de bataillon au siége de Saint-Jean-d'Acre. Aide-de-camp du général Lannes, et chargé par lui d'une mission importante auprès du pacha de Syrie, il fut ensuite nommé adjudant-commandant. De retour en France, il occupa, pendant quatre années, la place de chef d'état-major de la 7ᵐᵉ division militaire à Grenoble. Employé à l'armée d'Allemagne en 1805, comme sous-chef d'état-major du corps d'armée du maréchal Lannes, il prit part à la bataille d'Austerlitz, où il eut 2 chevaux tués sous lui. L'empereur lui confia le commandement du 21ᵐᵉ régiment d'infanterie de ligne, qu'il commanda en qualité de colonel aux batailles et combats d'Iéna, de Friedland, de Palhutsk, et de Ratisbonne. Il a fait toutes les campagnes de Prusse, de Pologne, etc., sous les ordres du général de division Gudin, qui le chargea particulièrement, avant la bataille de Wagram en 1809. de la prise d'une des îles du Danube; mission dont il s'acquitta glorieusement, en faisant prisonniers le colonel autrichien de Saint-Julien et environ 600 hommes, et en s'emparant de plusieurs pièces de canon. Il fut nommé, immédiatement après cette bataille, général de brigade, et l'un des commandans de la légion-d'honneur. Vers le milieu de l'année 1810, envoyé dans le royaume de Naples à l'armée destinée à l'expédition de Sicile sous les ordres du général en chef Murat, et nommé commandant supérieur à Otrante, il eut ensuite une mission particulière de l'empereur pour la surveillance des ports de l'Adriatique. Il revint en France à la fin de 1812, et passa, au commencement de 1813, colonel du 1ᵉʳ régiment de chasseurs à pied de la vieille garde, et assista, en cette qualité, aux batailles de Lutzen et Bautzen; nommé après général de division, il commanda une division de la jeune garde aux batailles de Dresde et de Léipsick. A la retraite de Léipsick, il fit partie de l'arrière-garde commandée par le maréchal Oudinot. Dans la campagne de France en 1814, une balle lui traversa la jambe à l'affaire de Brienne. Ne voulant pas se retirer, il reçut, une demi-heure après, dans la poitrine, la blessure mortelle à laquelle il succomba au bout de quelques jours. Le général Decouz fut un des plus braves officiers de l'ancienne armée, et gagna ses différens grades sur le champ de bataille. Il fut regretté de l'empereur et de tous ses compagnons d'armes.

Son dernier et son plus vif regret fut de voir sa patrie au pouvoir de l'étranger. Trois de ses frères, que l'armée entière estimait, ont péri sur les champs de bataille : le premier, à la bataille de Raab; le second, à celle de Dresde; et le troisième, à Waterloo; ce dernier était chef de bataillon dans la vieille garde.

La notice sur M. Dentzel (*voyez* ce nom) contenant des faits inexacts, nous y substituons celle-ci, où les erreurs sont rectifiées d'après des renseignemens véridiques.

DENTZEL (George-Frédéric, baron), ex-législateur, maréchal-de-camp, officier de la légion-d'honneur, est né à Durkheim, ancienne principauté de Linange, ville du département du Mont-Tonnerre, le 25 juillet 1755. Sa famille, qui appartenait à la religion réformée, l'envoya à l'université d'Iéna, où il fit de très-bonnes études. Il entra dans le régiment de Deux-Ponts au service de France, et y fut nommé aumônier, avec rang d'officier, à l'époque où ce corps fut embarqué pour l'Amérique, lors de la guerre de l'indépendance. A son retour en France, en 1783, il fut nommé ministre protestant de la ville de Landau, et le département du Bas-Rhin le choisit, en 1792, pour l'un de ses députés à la convention nationale. Envoyé en mission dans ce département, il était absent lors du jugement de Louis XVI, et ne vota point dans ce mémorable procès. Après avoir organisé la garde nationale et réuni un grand nombre de communes étrangères au département du Bas-Rhin, il reçut le grade d'adjoint aux adjudans-généraux de l'armée du Rhin. Le 9 juillet 1793, lors de la retraite de cette armée dans les lignes de Weissembourg, le représentant du peuple Dentzel, jugeant inévitable le blocus de l'importante forteresse de Landau, considérée comme la clef de l'Alsace, il se jeta dans cette place pour coopérer par sa présence à la conserver à la république, en soutenant le zèle et le courage des habitans et de la garnison. Il réussit dans cette entreprise, et apaisa par sa fermeté les troubles qui agitèrent la garnison, et compromirent souvent la sûreté de la place. Les habitans rivalisèrent de courage avec les troupes pour défendre leurs remparts, et lorsque la disette vint à se faire sentir, ils partagèrent avec elles leurs provisions. A cette époque, il existait une faction occulte, ennemie de la liberté, dont elle prenait le masque, et par toutes sortes de violences et de perfidies excitait des émeutes, et s'opposait ainsi à son établissement. Pendant les troubles qui agitèrent la garnison de Landau, le représentant Dentzel, ayant reconnu qu'ils étaient suscités par un petit nombre d'individus, parvint à découvrir que c'était un officier qui les dirigeait. Il le fit arrêter et enfermer dans la prison de la maison commune : dès cet instant l'ordre fut rétabli. La place se défendit pendant 5 mois de siége, contre 60,000 Prussiens, jusqu'au moment où le brave général Hoche vint la débloquer. Le député Dentzel rentra dans le sein de la convention, qui décréta que lui et la garnison de Landau avaient bien mérité de la patrie. Peu de temps après, l'officier contre lequel il avait fallu sévir, vint à Paris dénoncer le député Dentzel, en répandant le conte ridicule qu'il avait été enfermé par lui dans une cage de fer. Cette prétendue cage de fer n'était autre chose qu'une chambre de la maison commune, laquelle, servant de prison, avait une fenêtre grillée et une porte doublée d'une feuille de tôle pour éviter l'évasion des prisonniers. Mais nous étions arrivés à cette époque malheureuse où les délateurs étaient déjà accueillis et récompensés pour calomnier les hommes qui avaient le mieux rempli leur devoir et servi leur patrie. Le représentant Dentzel fut arrêté et jeté dans les cachots de la terreur. Sa détention fut maintenue pendant dix mois, et ne cessa qu'après le 9 thermidor an 2, lors de la chute de Robespierre. On lui rendit justice, en le nommant adjudant-général chef de brigade, le 16 pluviôse an 4, pour le récompenser des services qu'il avait rendus à la patrie, en sauvant la ville de Landau de l'occupation de l'ennemi et de l'anarchie qu'on aurait voulu y faire régner pendant le siége. Comme secrétaire de la convention nationale, il fut un des signataires de la constitution de l'an 3. Devenu membre du conseil des anciens, il y parla sur différens objets d'un intérêt général, et particulièrement contre l'établissement de la loterie. Il combattit vivement, dans deux discussions, la loi qui établit un impôt sur le tabac. Il termina ses travaux législatifs en faisant créer les légions du Nord, des Francs, la légion Italique et la légion Polonaise. Il déploya toujours à la tribune l'énergie d'un véritable ami de la liberté, pour laquelle il combattit et fut blessé pendant la guerre de l'indépendance des États-Unis d'Amérique. Il fit, comme adjudant-général, les campagnes de Prusse, de Pologne, d'Autriche, d'Espagne, de Russie, de Saxe et de France, et malgré son âge avancé, il fit encore la campagne de 1815, pour défendre l'intégrité du territoire, et se trouva à la bataille de Mont-Saint-Jean. Il fut chargé, par l'empereur Napoléon, dans les différentes campagnes, de la diplomatie militaire, de l'échange des prisonniers de guerre, etc.; il s'acquitta avec humanité de cette dernière mission. L'empereur de Russie, pour lui témoigner sa satisfaction, lui envoya la croix de commandeur de Sainte-Anne, avec une lettre de sa main; le grand-duc de Hesse le fit commandeur de son ordre. Dans la campagne de Wagram, ayant été nommé commandant de Vienne, la municipalité lui offrit, au nom des habitans, une médaille en or, comme un témoignage de la reconnaissance de cette ville, pour l'ordre, la justice qu'il y fit observer pendant la durée de son commandement. Napoléon le nomma général de brigade, officier de la légion-d'honneur et baron de l'empire. Après le second retour de Louis XVIII, il fut mis à la retraite comme maréchal-de-camp. Il est rentré dans la vie civile, ainsi qu'il en était sorti, avec une fortune modique et l'estime de ses concitoyens.

ÉBLÉ (JEAN-BAPTISTE, COMTE), lieutenant-général, premier inspecteur-général de l'artillerie, naquit le 21 décembre 1758, à Saint-Jean-de-Rosbach, département de la Meuse. Son père était officier au régiment d'Auxonne artillerie, et l'y reçut canonnier, le 21 décembre 1767. Depuis l'âge de 9 ans jusqu'à celui de 54, où il est mort, le général Éblé donne le singulier exemple d'une carrière militaire de 45 années sans interruption de services, de succès et de gloire. Son éducation militaire fut sévère, comme le service de l'arme à laquelle il était voué en naissant. Son caractère naturellement franc, noble, généreux, dut à ses premières impressions l'austérité que, dans sa carrière militaire, dans sa vie politique et privée, il exerça constamment envers les autres et envers lui même. Sergent en 1775, sergent-major en 1779, lieutenant en 3me en 1785, lieutenant en 2me en 1791, lieutenant en 1er en 1792, et 3 mois après capitaine au 6me régiment d'artillerie à pied, ce ne fut qu'en 1793, après 26 ans de service, à l'âge de 35 ans, qu'il fut nommé chef de bataillon à l'état-major-général de son arme. Vingt campagnes, depuis la première année de la guerre de la liberté jusqu'à la fin de 1812, aux armées du Nord, de Rhin-et-Moselle, du Rhin, de Hanovre, à la grande-armée en Prusse et en Pologne, à l'armée d'Allemagne, à celle de Portugal, et enfin à la grande-armée de Russie, ont illustré le général Éblé, soit par d'importans services, soit par des actions d'éclat, soit par les hautes fonctions militaires dont il a été successivement revêtu. Toute la vie du général Éblé fait partie de l'histoire militaire de la France. Ses événemens principaux vont justifier, aux yeux du lecteur, les regrets et le respect attachés à la mémoire d'un de nos généraux les plus distingués, et, nous osons le dire, d'un de nos meilleurs citoyens. Éblé n'était encore que lieutenant quand il fut envoyé, par Louis XVI, au roi de Naples, sous les ordres de M. de Pommereuil, pour organiser l'artillerie napolitaine à la manière française. En 1782, il avait déjà été désigné pour diriger les opérations du siége de Genève, qui fut entrepris par le canton de Berne, la Sardaigne et la France. Ainsi, dès cette époque, il passait déjà pour un officier instruit et distingué. Il remplit à Naples les fonctions de major; il y était encore, en 1792, quand la coalition se forma contre la France. Le ministre Acton, tout-puissant dans le royaume de Naples, offrit au major Éblé le grade de colonel et la direction de l'arsenal, pour l'attacher au service de Ferdinand; mais Éblé n'oublia pas qu'il était Français, il revint prendre le commandement d'une compagnie dans son régiment. L'amour, le danger de la patrie ne lui permirent pas de balancer un moment entre l'honneur et les honneurs. Depuis cette mémorable époque de la guerre de la révolution, Éblé n'a cessé de commander en chef l'artillerie des corps d'armées, ou des armées de la république et de l'empire. En 1793, il avait formé, à l'armée de Dumouriez, une compagnie d'artillerie à cheval, avec laquelle il combattit vaillamment à l'avant-garde de l'armée du Nord. Il était chef de bataillon dans son arme, à la bataille de Hoondscoote, et au déblocus de Dunkerque. Général de brigade, en 1793, il commanda l'artillerie pour la conquête des Pays-Bas et de la Hollande; un mois après, nommé général de division, il organisa comme par enchantement d'immenses équipages de campagne, et un parc de siége sous Lille. Les siéges d'Ypres et de Nieuport furent conduits avec le plus brillant succès par le général Éblé. Les siéges de l'Écluse, de Bois-le-Duc, de Crevecœur, de Nimègue et de Graves décidèrent de sa réputation, et des succès de l'armée du Nord commandée par le général Pichegru. L'hiver rigoureux de 1794 à 1795 devint, pour le commandant de l'artillerie, la source d'une gloire toute nouvelle. Il osa faire passer sur la glace l'artillerie de l'armée, qui foudroya les villes, tandis que la cavalerie française prenait les flottes, et la Hollande fut conquise. Six cents bouches à feu enlevées à l'ennemi furent envoyées par le général Éblé dans nos arsenaux. Les immenses services qu'il rendit, en 1796, à l'armée de Rhin-et-Moselle furent appréciés par le général Moreau, et l'associèrent à toutes les grandes actions et à la fameuse retraite dont la gloire illustre cette campagne. En 1797, le général Éblé fut chargé de la défense du fort de Kehl, assiégé si opiniâtrément par l'archiduc Charles. L'année suivante, appelé à l'armée chargée de la conquête du royaume de Naples, il la trouva sans artillerie, et ne put former son équipage de campagne qu'avec les pièces prises sur l'ennemi. Ce fut à Gaëte qu'il organisa l'artillerie nécessaire à la prise de la forte ville de Capoue, qui capitula le 10 janvier 1799. Le siége de Naples, qui ouvrit ses portes le 23 du même mois, ajouta encore à la réputation du général Éblé. En 1800, rappelé sous les ordres du général Moreau, il commandait en chef l'artillerie de l'armée, et triompha par l'habileté de ses dispositions de la supériorité numérique en artillerie, que les Autrichiens lui opposèrent pendant cette campagne. Dans son rapport sur les opérations de sa campagne, le général Moreau, après avoir signalé les services rendus par l'artillerie, ajoutait : « C'est un hommage bien » juste à rendre au général Éblé, » qui la commande et qui doit être » compté, dans cette arme, comme un des meilleurs officiers de » l'Europe. » A la paix de Lunéville, les arsenaux de Strasbourg, Metz et Neufbrisac reçurent du général Éblé d'immenses approvisionnemens en matériaux pour son arme, et la France dut à ses succès dans la dernière guerre, comme à sa direction, la plus belle artillerie qu'elle eût encore possédée. En 1803, le général Éblé fut appelé en Hollande pour y prendre le commandement en chef de l'artillerie que la république batave s'était engagée à entretenir pour l'armée française. En 1804, il fut nommé grand-officier de la légion-d'honneur. Alors, le général Éblé commandait l'artillerie du camp d'Utrecht, et jusqu'à la fin de 1805, il commanda celle de l'armée de Hanovre, qui prit, l'année suivante, le nom de 6me corps. Nommé, en 1807, gouverneur de la province de Magdebourg, il y laissa des souvenirs si profonds de la vénération qu'il avait inspirée aux habitans, que 13 années plus tard, en 1820, 6 ans après le retour de cette province à la domination prussienne, et 8 ans après la mort de ce général, les Magdebourgeois firent hommage à sa veuve du portrait qu'ils avaient fait faire de son mari pendant son gouvernement. En 1808, le général Éblé fut nommé à l'inspection générale de l'artillerie sur toute la ligne de Huningue à Anvers. A la fin de la même année, l'empereur, frappé de la nécessité de donner au royaume, qu'il pouvait appeler sa frontière westphalienne, une organisation militaire respectable, consentit, sur la demande de son frère Jérôme, à lui donner le général Éblé pour ministre de la guerre. Ce général entra et resta Français au service westphalien. Il conserva, dans l'armée française, son grade de général de division, et refusa de prêter serment au roi. Le comte Éblé apporta au ministère qui lui était confié, une sévérité de principes jusqu'alors inconnue dans l'administration de ce royaume, et cette ténacité laborieuse, qui caractérise à la fois et la volonté ferme et le talent de faire le bien. En peu de mois, par l'opiniâtreté d'un travail de 18 heures par jour, et par l'inflexibilité de ses déterminations, le général Éblé parvint à liquider le ministère de la guerre, à organiser une excellente armée, et à mettre sur un pied respectable la puissance militaire de Westphalie. Les temps devenaient menaçans, s'ils n'étaient pas encore orageux. L'année suivante, en 1809, le partisan Schill, à la tête d'une troupe nombreuse, fit insurger la population de la Hesse, et 20,000 paysans, réunis sous son commandement, menacèrent la capitale. L'activité du ministre de la guerre sut promptement étouffer ce mouvement, et en prévint le développement qui pouvait devenir si fatal. Un an après, le général Éblé jugea que sa mission en Westphalie était terminée, et il le sentit d'autant plus vivement, que la terrible guerre de la péninsule espagnole et portugaise occupait ses compagnons d'armes de toutes les armées où il avait servi. Il demanda, obtint son retour en France, et fut nommé commandant en chef de l'artillerie de l'armée de Portugal aux ordres du maréchal Masséna. Les services qu'il rendit au siège de Ciudad-Rodrigo, à celui d'Almeida, et à Santarin pour le passage du Tage, sont signalés particulièrement dans les rapports des maréchaux Ney et Masséna, et dans les bulletins de l'armée. Après avoir attaché son nom depuis 20 ans aux plus brillantes opérations de nos armées dans toute l'Europe, il ne manquait plus au général Éblé que de faire partie de celle qui devait être si fatale à la France et à lui-même, et il fut appelé à la grande-armée de Russie, le 7 février 1812, en qualité de commandant en chef de l'équipage des ponts. En avant de Smolensk, il fit jeter 5 ponts sur le Dniéper, et au retour de Moscou, il fit construire ceux de la Bérésina. L'activité qu'il déploya dans cette construction est au-dessus de tout éloge. Alors elle sauva l'armée. Mais les fatigues incroyables que lui imposait dans cette désastreuse retraite l'emploi toujours renaissant de ses pénibles fonctions, avaient ruiné insensiblement les forces du général Éblé. Nommé, le 18 septembre 1812, en remplacement du général Larihoissière, mort à Kœnigsberg, au commandement en chef de l'artillerie de la grande-armée, trois jours après il succomba dans la même ville, honoré des regrets de la malheureuse armée française, qui depuis 2 mois pleurait sur elle-même. La nouvelle de sa perte n'était pas encore parvenue à l'empereur, qui, par le décret du 3 janvier 1813, le nomma premier inspecteur-général de l'artillerie. Cet honneur, le plus élevé de ceux qui appartiennent à cette arme, cet honneur rendu à la cendre d'un grand militaire, mort au milieu du deuil de l'armée française, à 350 lieues du souverain, qui voulait récompenser 40 années de services et de vertu, est un des plus touchans monumens de la justice humaine. Nous qui écrivons cette notice, qui avons connu particulièrement le général Éblé, qui avons partagé sa vie privée et politique, il nous appartient d'ajouter ce qui se dérobe à l'histoire d'un illustre guerrier. Son caractère sérieux et sévère aux armées et dans les affaires, était doux, facile, enjoué même dans la vie privée. Son austérité naturelle ne s'appliquait qu'aux choses d'un devoir rigoureux, telles que la discipline, le courage, la probité. L'exemple qu'il en donnait lui-même, était pour ses inférieurs et même pour ses égaux une sorte de justice inflexible. Hors de ce cercle vraiment redoutable, il était indulgent : et bien qu'il parût souvent un peu étranger dans la société, il savait se ployer à ses usages, et lui pardonner franchement le sacrifice qu'il lui faisait de ses goûts sédentaires et de ses habitudes domestiques. Il n'y avait pas d'homme plus connu à la guerre que le général Éblé, ni de plus ignoré à la paix. Quand il se maria, ce ne fut pas pour s'arracher à la solitude, ce fut pour la partager et pour l'embellir. Il avait 50 ans, et peut-être s'aperçut-il qu'il n'avait pas encore aimé. Il trouva dans la femme distinguée, qui ne crut point lui faire un sacrifice de sa jeunesse, un bonheur qu'il n'avait pas connu, et que certainement il n'avait jamais rencontré aussi parfait chez les autres. La douceur de la paternité fut une ivresse pour le général Éblé, et chaque jour il s'étonnait de ce que son âme perdait en stoïcisme et gagnait en sensibilité. Jamais plus homme de bien, jamais militaire plus dévoué, n'ont mieux rempli dans aucun pays les devoirs du citoyen et ceux de l'homme public. Les Égyptiens lui auraient donné, comme au général Desaix, le beau surnom de *Sultan juste*, et ne fût-ce que comme écrivain moraliste, Plutarque aurait recueilli sa vie.

JOURDAIN (Amable - Louis-Marie - Michel Brechillet), orientaliste distingué, naquit à Paris le 25 janvier 1788. Sa famille, privée par la révolution d'une fortune honorablement acquise, le destina au barreau; mais ne pouvant lui faire suivre des études régulières, elle lui donna un maître de latin, et le plaça ensuite dans une étude de notaire. Le jeune Jourdain se sentait peu de dispositions pour cet état. Les éloges donnés au mérite de son oncle maternel Anquetil du Perron (*voy.* ce nom), firent naître en lui le désir de parcourir la carrière des sciences. En 1805, il fut admis à suivre les cours de l'école des langues orientales, et il mérita, par son assiduité et son application, l'intérêt et bientôt l'estime et l'amitié de MM. Langlès et Sylvestre de Sacy. Sur le témoignage favorable que ces maîtres rendirent du zèle et de l'aptitude de Jourdain, le ministre de l'intérieur, le comte de Montalivet, créa la place de secrétaire-adjoint de l'école des langues orientales, et lui en confia les fonctions, qu'il a remplies jusqu'à sa mort, arrivée le 19 février 1818. Jourdain a publié les ouvrages suivans : 1° *Mémoire sur l'observatoire de Méragals et les instrumens employés pour y observer*, Paris, in-8°, 1810. L'auteur fut aidé dans ce travail par les conseils du célèbre astronome Burckhardt; et son *Mémoire* traduit en allemand, par M. Worms, professeur à Stuttgard, qui l'accompagna de remarques critiques, a été inséré dans les n°⁵ de janvier et février 1811, du *Monatliche correspondanz*. 2° *Notice du jardin de la sûreté*, histoire universelle, composée en persan par Mirkhoud, insérée dans le tome 9 des Not. et Ext. des Man., et tirée à part, 1 vol. in-4°. Cette notice, demandée par M. Sylvestre de Sacy, fut revue et corrigée par lui. 3° *La Perse, ou Tableau de l'histoire du gouvernement, de la religion, de la litterature, etc., de cet empire; des mœurs et coutumes de ses habitans,* etc., 5 vol. in-18, avec un grand nombre de figures, Paris, 1803, ouvrage le plus capital de l'auteur, qui l'a composé d'après les auteurs originaux, et où il a montré qu'il possédait parfaitement son sujet. 4° *Recherches sur les ouvrages d'Aristote, et de quelques autres philosophes grecs dont on doit la première connaissance aux Arabes*. Jourdain obtint, par ce mémoire, le prix proposé en 1817 par l'académie des inscriptions et belles-lettres de Paris, sur cette question : *Quels sont parmi les ouvrages des anciens philosophes grecs, et en particulier parmi les ouvrages d'Aristote, ceux dont la connaissance a été répandue en Occident par les Arabes, etc.?* Le mémoire de Jourdain est remarquable surtout par la quantité de recherches auxquelles l'auteur s'est livré pour éclaircir divers points de l'histoire littéraire. L'ouvrage n'a point encore été publié. 5° L'édition et la révision de la traduction française de l'*État de la Turquie* de Thornton, Paris, 1812, 2 vol. in-8°; 6° *Notice sur le géographe Aboul-Féda, sa famille et ses ouvrages*, insérée dans les *Annales des voyages*, tome XIV ; 7° *Vie d'Avicenne*, extraite et traduite de l'historien Khondemiet, et accompagnée du texte persan, insérée dans les *Mines de l'Orient*, tome IV; 8° traduction de longs extraits de la *Chronique d'Ibn-Ferat*, et de la table détaillée de cet ouvrage immense qui avait été transféré de la bibliothèque impériale de Vienne dans celle de Paris. 9° *Histoire de l'élévation et de la chute des Barmécides*. Cet ouvrage, rédigé d'après les auteurs orientaux, était entièrement terminé et même livré aux presses de l'imprimerie royale long-temps avant la mort de l'auteur. 10° Différens articles dans le *Moniteur*, et des extraits, mémoires, etc. , d'auteurs arabes dans l'*Histoire des croisades* de M. Michaud.

JOVEN-DE-SALAS (DON JOSEPH-IGNACE), conseiller-d'état espagnol, et l'un des plus savans jurisconsultes de l'Europe, né dans les environs de la ville de Jaca, au pied des Pyrénées. Sa famille qui le destinait au barreau, lui fit faire toutes les études convenables à cette profession. Il en profita si bien, qu'à peine sorti de l'enfance, et déjà instruit sur toutes les matières judiciaires, sa réputation engagea les personnages les plus importans de l'Espagne à le choisir pour défendre leurs intérêts dans les causes les plus difficiles. Malgré sa probité et sa moralité reconnues, des hommes, que le vrai mérite importune, le dénoncèrent à l'inquisition comme ayant lu des livres défendus. Une enquête fut ordonnée, mais comme il n'en résulta aucune preuve, don Joven-de-Salas ne fut point traduit devant le redoutable tribunal. Il n'avait pris part à aucune des révolutions politiques, ni aux troubles qui venaient d'agiter l'Espagne; mais son amour pour la paix lui fit une loi de se soumettre au nouveau gouvernement établi en 1808. Le roi Joseph, qui appréciait son mérite, l'appela à son conseil, ce fut sans doute la cause qui porta Ferdinand VII , en remontant sur le trône, à le bannir de sa patrie. Ce jurisconsulte, aussi estimable par ses vertus que par ses talens, vint établir sa résidence à Bordeaux en 1814.

Plusieurs omissions importantes ayant été remarquées dans le court article du général Kellerman fils (duc de Valmy), inséré pag. 64, tom. X de cet ouvrage, nous nous sommes procuré des matériaux plus exacts, et nous rétablissons ici les faits principaux, qui distinguent la vie d'un guerrier citoyen couvert de gloire sur les champs de bataille, et qui s'honore également aujourd'hui dans une autre carrière, comme membre de la première chambre du gouvernement représentatif.

KELLERMAN (DUC DE VALMY), membre de la chambre des pairs, lieutenant-général, etc., avait d'abord dirigé ses études vers la

diplomatic; et, quoique nommé
sous-lieutenant du régiment de
Colonel-Général hussards, prévoyant que la carrière des armes
lui offrirait peu de chances favorables, à une époque où les principaux grades étaient le partage
exclusif de la haute noblesse, il
passa aux États-Unis en 1791, avec l'ambassade du chevalier de
Ternau, et y resta jusqu'en 1793.
Rappelé alors en France pour servir près de son père, il le rejoignit
au moment où celui-ci reprenait
le commandement de l'armée des
Alpes et d'Italie, devint son aide-de-camp, fit la campagne des Alpes et le siége de Lyon, et partagea la disgrâce de son chef destitué et jeté dans les prisons de l'Abbaye, sous la tyrannie de Robespierre. Il ne fut point cependant
incarcéré avec son père, et put,
pendant quelque temps, le voir et
lui donner ses soins; mais cette
consolation lui fut bientôt ravie,
et il fut forcé de quitter Paris. Il
se décida alors, pour être encore utile à sa patrie, de renoncer
au grade de lieutenant-colonel
et de servir comme simple soldat.
Après avoir ainsi passé 6 mois
dans le 1ᵉʳ régiment de hussards, la
mise en liberté du général fut suivie de la réintégration de son fils
dans son grade. Le général alla
aussitôt reprendre le commandement du bataillon des chasseurs
des Alpes dont il était chef; et son
père, ayant, 6 mois après, été de
nouveau nommé général en chef
des deux armées réunies, le rappela auprès de lui. Reprenant alors les fonctions de premier aide-de-camp, il les remplit jusqu'au
moment de l'invasion de l'Italie
par le général Bonaparte. Attaché
à cette armée victorieuse en qualité d'adjudant-général, il prit une part active à toutes ses glorieuses opérations, joignit Bonaparte
au passage du Pô, l'accompagna
à Milan, rentra avec lui dans Pavie révoltée, et qui en fut sévèrement punie. Mais les fonctions de
l'état-major lui convenant peu, il
fut bientôt attaché à la division
Masséna. Ce fut surtout sous cet
habile maître, que le jeune Kellerman acquit toutes les connaissances qui l'ont depuis, en tant
d'occasions, distingué dans sa carrière militaire. Honoré de la confiance et de l'amitié de cet illustre
chef, il fut chargé de toutes les expéditions et reconnaissances qui
avaient pour objet d'éclairer les
mouvemens de l'ennemi. Il se
trouva, avec Masséna, aux batailles de Bassano, d'Arcole, de Rivoli, de Mantoue et de la Favorite.
Blessé de plusieurs coups de sabre
au passage du Tagliamento, il fut
choisi pour porter à Paris les drapeaux conquis sur l'ennemi. Il en
revint avec le grade de général de
brigade, que le directoire balança
cependant à lui donner, vu sa jeunesse. Il n'avait que 26 ans. Il fit
ensuite partie de l'expédition de
Rome, avec les généraux Berthier,
Saint-Cyr et Macdonald. Il commandait l'avant-garde de ce dernier à l'époque où le général Mack
envahit l'État romain, et annonçait fastueusement qu'il chasserait
bientôt les Français de la Basse-Italie. Macdonald répondit à cette
forfanterie par la fameuse proclamation qui électrisa tous les esprits, et qui commençait par ces
mots : « Soldats! un roi parjure a

» détrôné, etc. » Alors eut lieu cette brillante campagne où 15,000 Français résistèrent d'abord à 60,000 Napolitains, dissipèrent ensuite cette armée, ainsi que les masses innombrables d'insurgés qui l'appuyaient, et conquirent enfin Naples même. Le 27 frimaire, le général Kellerman surprit l'avant-garde de l'armée ennemie à Monte-Rossi, et revint prendre position dans un poste avantageux, à Nepé. Le surlendemain, il fut attaqué à son tour par un corps de 6,000 hommes; il n'en avait alors sous ses ordres que 600 d'infanterie, 150 de cavalerie et 2 pièces de canon. Non-seulement il soutint tous les efforts de l'ennemi, mais le voyant découragé et jugeant bien ses adversaires, il chargea lui-même cette colonne, la rompit, enleva son artillerie, ses équipages, le trésor de toute l'armée, et poussa les fuyards, avec sa cavalerie, jusqu'aux portes de Rome, éloignée de 36 milles du champ de bataille. Il n'eût point hésité à entrer dans cette ville et à enlever le roi de Naples avec toute sa cour, s'il n'avait eu lieu de croire que le général Burckard et le comte Roger de Damas, chacun à la tête d'un corps considérable, se joindraient derrière lui, et lui couperaient la retraite, les autres colonnes de l'armée française étant encore éloignées; mais, instruit que le général de Damas se retirait sur Orbitello, il se mit à sa poursuite, l'atteignit à Montalto, culbuta sa division et le chassa des Etats romains. Le général le plus brave et le plus habile de l'armée ennemie fut grièvement blessé pendant le combat. Après cette affaire brillante, le général Kellerman se hâta de revenir sur Viterbe, et eut le bonheur de soumettre cette ville et de délivrer un grand nombre de Français que les insurgés y retenaient prisonniers, et menaçaient à chaque instant d'égorger. Lors de l'attaque de Naples, le général Kellerman pénétra le premier dans l'intérieur de la ville, enleva le point central, opiniâtrément défendu; ouvrit les communications avec le château Saint-Elme, dégagea les patriotes napolitains qui s'en étaient saisis, et traversa la ville de Naples aux acclamations des habitans de la rue de Tolède, heureux de se voir délivrés d'une réaction terrible et du pillage des lazzaronis. Il s'empara ensuite des deux forts de l'OEuf et du Château-Neuf, ce qui compléta l'occupation de la ville de Naples. Dans la journée mémorable de Marengo, le général Kellerman commandait un corps de cavalerie qui se trouva bientôt réduit à 400 hommes. Après avoir fourni plusieurs charges, lorsque l'épuisement d'hommes et le manque total de munitions forcèrent l'armée française à céder le terrain aux Autrichiens, qui débouchaient en masse d'Alexandrie, il eut le bonheur d'arrêter leurs premiers efforts, et de couvrir la retraite pendant 2 heures, jusqu'à l'arrivée du corps du général Desaix, fort de 4 à 5,000 hommes. Le général Savary lui remit l'ordre du premier consul, de se reporter à la hauteur de la droite de Desaix, et d'appuyer son mouvement. Ce dernier se porta en avant; mais arrivé à la hauteur de Cassina-Grossa, sa faible ligne, donnant sur la masse énorme des Autrichiens, fut rompue et le général Desaix tué. L'ennemi croyant la victoire assurée, s'abandonna inconsidérément à la poursuite des fuyards. C'est dans ce moment critique, mais décisif, que le général Kellerman, par la plus heureuse inspiration, s'élance sans délibérer à la tête de ses 400 braves, tombe sur le flanc gauche des Autrichiens, les surprend sans feu dans leurs armes, et en désordre. Cette charge brillante décida la victoire. En un instant toute la colonne ennemie a mis bas les armes, le reste de l'armée épouvantée fuit précipitamment vers la Bormida, et dans moins de 10 minutes tout a changé de face. Le vainqueur de Marengo devint de nouveau, et pour long-temps, l'arbitre souverain des destinées de l'Italie et d'une partie de l'Europe. Quatre cents hommes obtinrent cet étonnant résultat. Ce qu'il y eut dans le moment de très-remarquable, c'est que l'infanterie des deux armées étant en pleine déroute, cette poignée de braves se trouva seule pendant une heure sur le champ de bataille, jusqu'à ce que l'on fût parvenu à y ramener quelques troupes françaises. Le lendemain, le général autrichien demanda un armistice, et ne l'obtint qu'en remettant entre les mains du vainqueur toutes les places fortes de l'Italie. Le général Kellerman eut, pendant les 2 années de paix suivantes, l'inspection de la cavalerie en Italie, et lors de l'invasion du Hanovre, il commanda celle de l'armée du maréchal Bernadotte, qui avait oc-

cupé ce pays. Ce corps ayant ensuite eu ordre de joindre la grande-armée, il marcha sur Munich, pendant que l'empereur forçait le général Mack de capituler à Ulm. Commandant l'avant-garde de l'armée de Bernadotte, le général Kellerman entra dans Munich, effectua le passage de l'Inn à Wasserburg, en présence de l'arrière-garde de l'armée autrichienne, s'empara des salines de Hallein, des défilés et du fort de Passeluck, joignit ensuite l'empereur la veille de la bataille d'Austerlitz. Dans cette journée, il exécuta avec sa valeur ordinaire plusieurs charges de cavalerie. Grièvement blessé, et la jambe gauche fracassée d'un coup de feu, il fut pendant un an éloigné du théâtre de la guerre par suite de cette blessure. En 1807, il passa à l'armée de Portugal, commandée par le général Junot, et entra avec elle à Lisbonne. La conquête du Portugal avait peu coûté, mais il devint difficile de s'y maintenir après les revers essuyés en Espagne, la capitulation du général Dupont à Baylen, les insurrections de l'intérieur et l'entrée de l'armée anglaise. La funeste journée de Vimien rendit la position de l'armée française insoutenable. Par suite des délibérations d'un conseil de guerre tenu à Torres-Vedras, le général Kellerman fut chargé de se rendre auprès du chef de l'armée anglaise, et de lui proposer des arrangemens pour l'évacuation du Portugal. La convention qu'il parvint à conclure fut honorable pour l'armée française, mais elle excita un mécontentement général en Angleterre, et une fureur extraordinaire en Portugal. Le traité fut cette fois exécuté loyalement par les Anglais, et leurs vaisseaux transportèrent l'armée française dans le golfe de la Biscaye, d'où elle débarqua dans la péninsule espagnole, un mois après en être sortie. Il ne tint point cependant au général Beresford que cette armée n'éprouvât le sort du corps du général Dupont. L'empereur confia ensuite à Valladolid, au général Kellerman, le commandement de la division de dragons du général Grouchy, et lorsque le maréchal Bessières fut rappelé en France avec la garde impériale, il lui succéda dans son commandement, qui s'étendait le long de la frontière du Portugal et de la Galice. Il rouvrit des communications avec le 6ᵐᵉ corps commandé par le maréchal Ney, qui se trouvait isolé, lui amena des renforts, et concerta avec lui l'invasion des Asturies. Le maréchal Ney pénétra par Penaflor à Oviedo, et le général Kellerman, par Léon et Pola de Lena. Le corps de la Romana, fort de 20,000 hommes, fut alors dispersé, et les débris s'en sauvèrent dans l'Estramadure espagnole. Le 6ᵐᵉ corps de l'armée française était venu reprendre position à Salamanque, où il ne tarda pas à être inquiété. Les Espagnols avaient reformé plusieurs armées. Le duc Del Parque, à la tête de 35,000 hommes, força les Français à évacuer Salamanque, et à se replier sur Valladolid. Le maréchal Ney était alors absent de son corps; le général Kellerman, comme le plus ancien, en prit le commandement,

y réunit sa cavalerie, et vint présenter le combat au duc Del Parque, à Medina del Campo. Celui-ci refusa de l'accepter, décampa dans la nuit, et se retira précipitamment à Ciudad-Rodrigos. Vivement poursuivi, son arrière-garde, forte de 10,000 hommes, fut atteinte, le 29 novembre, à 3 heures après midi, sur les hauteurs d'Alba de Tormès, où elle se croyait en sûreté. Le général Kellerman, à la tête de sa redoutable cavalerie, lui laissa à peine le temps de reprendre ses armes; il se précipita sur ce corps, qu'il détruisit en un instant; le carnage fut terrible, et le reste de l'armée du duc Del Parque profita de la nuit pour se sauver en se dispersant de tous côtés. Le lendemain on n'en trouvait plus de vestiges. A peine avait-on fait 20 prisonniers dans ce sanglant combat; mais, par une circonstance extraordinaire, le célèbre Quiroga, qui avait vaillamment combattu de sa personne, se trouvait de ce petit nombre. Échappé comme par miracle au massacre général, il était sans doute réservé à une autre destinée que l'impénétrable avenir couvre encore de ses voiles. Désigné pour faire partie de la funeste expédition de Moscou, le général Kellerman quitta l'Espagne avant les désastres qui amenèrent l'évacuation de la péninsule. Mais une maladie grave, suite de fatigues excessives, l'arrêta en chemin. Il ne put reprendre un service actif qu'au commencement de 1813. Il commanda alors l'avant-garde du corps du maréchal Ney, au combat de Rippach, qui précéda de 24 heures la bataille de Lutzen;

eut une part glorieuse à cette victoire mémorable, où il soutint le premier les efforts de l'ennemi; fut blessé et eut 3 chevaux tués ou mis hors de combat sous lui. Une forte contusion qu'il eut à l'attaque du village de Klix, dont il s'empara à la tête de l'avant-garde du maréchal Ney, ne l'empêcha pas de prendre part à la bataille de Bautzen, où il eut encore 2 chevaux tués sous lui. Pendant toute la désastreuse campagne de 1813, il commanda la cavalerie du 8me corps, composé en grande partie de Polonais, sous les ordres du digne et valeureux prince Joseph Poniatowsky. Dans la campagne de 1814, il détruisit, par une charge de cavalerie, le corps russe du général Pahlen; culbuta à Saint-Paves au-delà de Troyes, le corps de Saint-Julien, le jeta sur Bar-sur-Seine, et lui fit 1,500 prisonniers. Le 28 février, au combat de Bar-sur-Aube, il chargea l'armée prussienne, et l'empêcha de déboucher des hauteurs dont elle s'était emparée. Le 20 mars 1815, il marcha à la tête de l'avant-garde du duc de Berri, sur Fontainebleau, pour s'opposer à l'arrivée de Napoléon; mais la défection des troupes, autant que le mouvement de retraite qui lui fut ordonné, ne lui permit pas d'essayer une résistance probablement inutile. Au mois de juin, même année, il marcha, avec toute l'armée, au-devant des étrangers qui se disposaient à rentrer en France. Au combat du 16, il enfonça plusieurs lignes d'infanterie anglaise, et s'il avait été soutenu à propos par la nombreuse cavalerie que le maréchal Ney avait à sa disposition, l'armée anglaise eût peut-être reçu un échec décisif qui l'eût empêchée, deux jours après, de livrer la bataille de Waterloo. Le général Kellerman assista encore à cette journée, où les dispositions furent telles qu'il ne put trouver l'occasion de se signaler, et où se termina sa carrière militaire.

LAFITHE (LE CHEVALIER JEAN-BAPTISTE), colonel, officier de la légion-d'honneur, chevalier de Saint-Louis, est né à Castelnau, rivière basse, département des Hautes-Pyrénées. Il commença à faire connaître son patriotisme et ses dispositions pour l'état militaire, dès les premières années de la révolution. Sous-lieutenant au 2me bataillon des Pyrénées le 12 février 1792, capitaine le 12 avril suivant, il servit d'abord sous le général Dugomier, aux Pyrénées-Orientales; en Espagne, sous les ordres du général Rey, il dissipa les fortes bandes de Longa et de Campanillo qui désolaient Bilbao et toute la province de Biscaye, et contribua aux succès des campagnes en Italie, en 1795 et 1796. Devenu aide-de-camp du général Noguer, gouverneur de Sainte-Lucie, il trouva, à la glorieuse défense de cette île, une nouvelle occasion de signaler son courage, et il en reçut les témoignages publics les plus flatteurs. Il revint en France, et l'empereur, satisfait de sa conduite intrépide à la bataille de Friedland, où en l'absence du colonel il commanda le 3me régiment de ligne, le nomma membre de la légion-d'honneur. A la bataille de Thann, sous les yeux du prince d'Eckmühl, il marcha le premier à l'ennemi, et enleva une position avantageuse, n'ayant avec lui que 6 grenadiers. Il arrêta de sa main, à la bataille d'Eckmühl, un major, et 100 hommes qui l'accompagnaient. Ce brave, blessé par un boulet de canon à la bataille d'Esling, ne contribua pas moins à repousser l'ennemi hors de ses retranchemens. Officier de la légion-d'honneur, chevalier de l'empire en 1809, chef de bataillon, major au 2me régiment de ligne en 1811, colonel du 124me en 1812, il partagea la gloire et les malheurs de la campagne de Russie. Le colonel Lafithe commanda le 2me régiment de ligne, le 18 août et le 18 octobre, devant Polotsk, au passage de la Bérézina, et à la journée du 28 novembre, sous les ordres du général Maison. Les plus honorables suffrages l'appelèrent à faire partie de l'arrière-garde d'une armée qui avait tout perdu par l'inclémence de la saison, sans avoir compromis sa gloire immortelle. Renfermé dans Wesel, il défendit courageusement cette place contre une partie de l'armée prussienne. Le colonel Lafithe n'a dû son avancement et les dotations de l'empereur, qu'à des actions d'éclat. En 1814, il fut nommé chevalier de Saint-Louis; depuis cette époque, il s'est retiré dans sa ville natale, où il jouit d'une considération méritée, autant par ses services sur le champ de bataille et ses qualités personnelles, que par son zèle pour le perfectionnement de l'agriculture, à laquelle il se consacre exclusivement.

LAMARCK (LE CHEVALIER JEAN-BAPTISE-ANTOINE-PIERRE MONET DE), savant naturaliste, membre de l'ancienne académie des sciences, et ensuite de l'institut, naquit en Picardie, vers 1745, d'une famille noble. Après avoir fait de bonnes études, il entra au service dans le régiment de Beaujolais infanterie, vers 1760. Un accident grave qu'il éprouva dans un de ces jeux, si communs entre les jeunes gens qui comptent trop sur leurs forces, l'obligea de venir chercher des secours à Paris. Mais sa guérison tardant à s'effectuer, il quitta le service, et chercha à entrer dans une carrière qui pût suppléer à l'aisance que lui avait refusée la fortune, et lui assurer une honorable indépendance. Il se livra d'abord à l'étude de la médecine; mais il l'abandonna bientôt, distrait par un phénomène commun qui fixa son attention. Du logement élevé qu'il occupait, en 1776, et d'où il n'apercevait guère que le firmament, il fit plusieurs observations astronomiques. Il crut reconnaître, entre autres, que les nuages qui passaient au-dessus de sa tête s'amoncelaient ou se divisaient d'après des lois particulières qui pouvaient, étant mieux connues, servir à pronostiquer, avec quelque probabilité, les changemens de temps. Il fit part, en 1778, de ses observations à l'académie des sciences, qui l'encouragea à en suivre le cours. Ce fut cependant dans une autre carrière qu'il devait s'illustrer davantage. Abandonnant momentanément l'étude du ciel pour se livrer avec la même ardeur à celle des productions de la terre, il suivit les herborisations que le célèbre naturaliste, Bernard de Jussieu, rendait si intéressantes à cette époque. M. de Lamarck, instruit des différentes méthodes employées jusqu'alors pour enseigner la botanique, en fit sentir les défauts, et en proposa une autre qui lui paraissait meilleure, et la développa avec tant de netteté et de précision que tous ceux qui l'entendirent l'engagèrent, d'une voix unanime, à suivre le plan qu'il venait d'ébaucher. Il le fit, et il résulta de ses méditations un système général qui embrassait l'universalité des plantes de la France, et bientôt il put présenter à l'examen de l'académie des sciences, sa *Flore française, ou Description succincte de toutes les plantes qui croissent en France*. Ce livre, digne des éloges qu'il reçut, fut apprécié par le gouvernement, qui fit les frais de l'impression au bénéfice de l'auteur. L'édition parut, en 1780, sous la date de 1778, 3 vol. in-8°. C'est le premier traité spécial où l'on vit exposées les richesses végétales du sol français; il nous justifia auprès des autres nations de l'Europe, de la négligence qu'elles nous reprochaient à cet égard. Trois choses étonnèrent dans le discours préliminaire: l'ensemble du système, les vues nouvelles qu'il présentait, et surtout le style. Ce dernier mérite appartenant à M. Haüy, M. de Lamarck se hâta de le déclarer: il suffisait d'ailleurs à sa gloire d'avoir imaginé la méthode la plus facile pour parvenir à la connaissance des plantes. La nouvelle édition qui parut, en 1793, n'était qu'une réimpression de la première. Celle que M. Decandolle a fait paraître, en 1805, porte le même titre, mais semble offrir un ouvrage neuf. M. de Lamarck voulut alors effectuer un projet qu'il avait annoncé dans sa *Flore*, c'était de composer un ouvrage général sur les plantes; mais pour l'effectuer, il lui fallait des matériaux; il se mit à en recueillir, et eut le bonheur de se procurer de très-riches herbiers, et entre autres celui de Sonnerat. Il voulut encore faire des excursions en France, et parcourir en botaniste des contrées qu'il avait autrefois visitées en curieux, et s'adjoignant plusieurs amateurs, M. Thouin entre autres, il explora l'Auvergne avec la plus scrupuleuse exactitude. De retour à Paris, au moment de mettre en œuvre ses nouvelles richesses, il en fut encore détourné par un autre travail. Panckoucke, qui avait formé le plan d'une *Encyclopédie par ordre de matières*, et qui avait recherché les savans les plus distingués dans chaque partie, ne manqua pas de s'associer M. de Lamarck; celui-ci répondit avec zèle à cette confiance, et dès 1783, il fit paraître un demi-volume, précédé d'une introduction, où l'on trouve une histoire abrégée de la science; et, continuant ce travail avec la même rapidité, il publia le 2me volume en 1788. Tout faisait espérer que l'ouvrage entier serait bientôt terminé; deux obstacles imprévus s'y opposèrent: le libraire désirait une suite de planches qui présentassent le caractère de tous les genres connus, et il en fit la proposition à M. de Lamarck; celui-ci aurait aussi voulu que les plantes eussent été rangées par famille; Panckoucke s'y refusa, parce qu'il avait un autre plan, et les plantes parurent suivant le système de Linné. L'ouvrage est encore incomplet sous un autre rapport : l'explication devait suivre chaque livraison de 100 planches; ces livraisons n'ont été continuées que jusqu'à la neuvième, et la première seule a été suivie d'une explication. Au moment de la révolution, M. de Lamarck n'étant que sous-démonstrateur, devait être compris dans les réformes projetées pour l'établissement du Jardin du roi, les professeurs en titre devant être seuls conservés. Mais on crut devoir partager la zoologie en deux parties : la première, comprenant les animaux parfaits ou à sang rouge; et la seconde, les imparfaits. M. de Lamarck se chargea de ces derniers, d'après la proposition qu'on lui en fit; et voulant se mettre en état de remplir dignement cette nouvelle fonction, il se livra à des études qui le détournèrent du travail de *l'Encyclopédie*. Il prit alors différens collaborateurs, avec lesquels il conduisit cette entreprise jusqu'au 5me volume exclusivement. Les travaux de M. de Lamarck ne se bornent pas à ces ouvrages importans; on a de lui plusieurs mémoires, consignés dans le recueil de l'académie, un, entre autres, *sur les Classes des plantes*, 1785; un autre *sur le Brucea et le muscadier*, 1788; enfin, il s'associa plusieurs savans distingués pour la composition d'un *Journal d'histoire naturelle*, qui commença en 1762, et qui se borne à 2 volumes. Nous avons vu avec quelle distinction M. de Lamarck a parcouru la carrière de la botanique; voyons maintenant comment il parcourra celle de la zoologie. Pour tracer une ligne exacte entre la partie qui ne lui était pas attribuée et celle qui lui était dévolue, il se détermina par l'absence ou la présence de la colonne vertébrale; de là les animaux *vertébrés* et les *invertébrés*. On sent déjà combien il rendit service à la science par cette distinction. Mais en exposant dans ses cours, avec la sagacité qui lui est propre, la suite des animaux invertébrés, il prit bientôt un vol plus hardi : il adopta l'existence des générations spontanées, et chercha à indiquer la route que la nature a prise pour s'élever depuis le point animé, que le microscope saisit à peine, jusqu'à l'animal le plus parfait. Or, il ne faut, selon lui, qu'une masse gélatineuse *souple*, mais cependant *brute*, qui soit traversée par les fluides environnans, pour produire un mouvement permanent; s'il est privé d'irritabilité, il devient le type de toutes les plantes; s'il en est pourvu, c'est celui des animaux : quant aux nouveaux organes qui rendent l'être de plus en plus parfait, leur existence est déterminée par l'usage et les circonstances; voici l'exemple qu'il en donne : « Un » oiseau que le besoin attire sur » l'eau pour y trouver sa nourri- » ture, écarte les doigts de ses » pieds pour frapper l'eau; la peau » qui les unit s'élargit insensible- » ment, de là les larges membra- » nes qui forment les nageoires des » oies et des canards. Si au con-

» traire un oiseau se perche sou-
» vent, ses doigts s'allongent. »
On voit au premier coup d'œil
combien ce système se rapproche
de celui de Maillet dans son *Tel-
liamed*, lorsqu'il prétend qu'étant
originairement poissons, notre
queue s'est changée en pieds,
lorsque nous nous sommes trouvés sur le sec; ou de celui de Buffon, qui veut que la nature se soit
essayée pour la formation des animaux, et que les premiers étaient
tellement imparfaits qu'ils n'ont
pu se propager. Mais ces systèmes, réfutés depuis long-temps,
ne servent plus aujourd'hui qu'à
faire admirer la brillante imagination de ceux qui les ont inventés.
Ces principes exposés d'abord de
vive voix par M. de Lamarck dans
ses cours, l'ont été ensuite dans
le discours d'ouverture de 1800,
qui sert de discours préliminaire
au *Système des animaux sans vertèbres, ou Tableau général des
classes, des ordres et des genres
de ces animaux*, 1 vol. in-8°, Paris, 1801. Il les a développés ensuite dans sa *Philosophie zoologi-
que*, 2 vol. in-18, écrit servant
de base à *l'Histoire naturelle des
oiseaux sans vertèbres, etc.*, dont le
premier volume a paru au mois de
mars 1815. Cet ouvrage doit être
porté à 6 volumes, et sera le plus
complet de tous ceux qui sont
sortis de la plume de ce savant
écrivain. Ici, comme dans les ouvrages précédens, il divise les a-
nimaux en trois classes : les apa-
thiques, les sensibles et les intelli-
gens; celle-ci comprend tous les
animaux vertébrés jusqu'aux qua-
drupèdes, et par conséquent l'homme. Mais après s'être servi de sa

raison pour leur faire suivre la
progression par laquelle il suppo-
se que la nature les a conduits à
la perfection, plein de respect
pour l'Être suprême, il s'arrête
tout-à-coup, et ne regarde plus
celle-ci que comme l'expression
de sa volonté. M. de Lamarck a-
vait publié, en 1794, *Recherches
sur les causes des principaux faits
physiques*, 2 vol. in-8°, dans lesquels il cherche à expliquer la
marche du calorique, contre la
nouvelle doctrine des chimistes,
et deux ans après, il donna, dans le
même sens, sa *Réfutation* de la
théorie pneumatique, ou de la
doctrine nouvelle des chimistes
modernes, 1796, in-8°. Il a encore publié une suite à cet ouvrage
dans ses *Mémoires de physique et
d'histoire naturelle*. Enfin, pour
rassembler ses observations mé-
téorologiques, il fit paraître son
Annuaire météorologique pour
1799, et le continua jusqu'en
1809. Il pensait, comme Toaldo
et beaucoup d'autres, que la lune
influait sur les changemens de
temps : il s'appliqua en conséquence à combiner ses phases avec les
différens degrés d'éloignement de
la terre et son obliquité, et parvint à prédire les changemens de
temps avec une sorte de précision; mais on le regarda comme
un successeur de Mathieu Laens-
berg, parce qu'on attacha trop
d'importance à des prédictions
qu'il ne donnait que comme des
probabilités, et Napoléon même,
imbu, dit-on, de cette idée, lui en fit
publiquement des reproches dans
une réception de l'institut. M. de
Lamarck a depuis suspendu la
publication de son annuaire. Les

services qu'il avait rendus à la botanique lui méritèrent les honneurs d'usage : on attacha son nom à plusieurs plantes. Un arbuste fut nommé *monetia* par Lhéritier ; mais ayant déjà été nommé *azima* par Lamarck lui-même, il ne conserva pas l'autre. Richard nomma ensuite *lamarkea* une plante de Cayenne ; il n'eut pas plus de succès que Lhéritier. Manch fut plus heureux : il appela de ce nom une graminée d'un aspect agréable qui paraît l'avoir conservé.

LAMBALLE (MARIE-THÉRÈSE-LOUISE DE SAVOIE-CARIGNAN, PRINCESSE DE), née dans le Piémont, le 8 septembre 1749, fut mariée à Louis-Alexandre-Joseph-Stanislas de Bourbon-Penthièvre, prince de Lamballe, fils du duc de Penthièvre et frère de feu la duchesse d'Orléans. Cette illustre alliance semblait promettre le bonheur. Les vertus de la jeune princesse, son inaltérable douceur et sa beauté, en lui attirant de nombreux hommages, ne purent pas cependant toujours fixer le cœur de celui qu'il lui importait le plus de s'attacher. La mort vint bientôt mettre le comble à sa douleur, en lui enlevant l'époux qu'elle chérissait. Le prince de Lamballe, à la fleur de son âge, succomba à une maladie de langueur. Sa jeune veuve, malgré les offres les plus brillantes, persista dans la résolution qu'elle avait dès-lors annoncée, de ne plus former d'autres liens. Chérie de tous ceux qui l'entouraient, et particulièrement de son beau-père, le vertueux duc de Penthièvre, respectée dans sa famille, elle obtint aussi bientôt la tendre affection de la reine Marie-Antoinette, et voua, de son côté, à cette princesse, un attachement dont elle ne cessa jusqu'à sa mort de lui donner les preuves les plus signalées. Nommée surintendante de la maison de la reine, la princesse de Lamballe était citée comme un des plus beaux ornemens de la cour de France, lorsque la révolution éclata. Au commencement de juin 1791, la cour avait repris le projet de s'éloigner en secret de Paris. La princesse de Lamballe ne devait pas accompagner la reine, qui désirait n'avoir point une suite nombreuse ; mais elle devait, de son côté, se rendre dans l'étranger, d'où elle pourrait ensuite rejoindre la famille royale. Dans la soirée du 10 juin, la reine l'avertit que le départ aurait lieu dans la nuit même. On sait comment cette malheureuse fuite fut arrêtée à Varennes. La princesse de Lamballe partit le 21, à une heure du matin, et prit la route de Dieppe, où elle s'embarqua et parvint heureusement en Angleterre. Tous les dangers étaient passés pour elle, et dans cette terre, alors hospitalière, elle aurait pu vivre en une sécurité parfaite. Sa fortune était encore considérable ; ses amis la sollicitèrent vainement à ne plus exposer ses jours : son cœur l'entraînait vers l'infortunée princesse à qui elle avait dévoué sa vie. Dès qu'elle apprit que Louis XVI avait accepté la constitution de 1791, perdant alors l'espoir de retrouver la reine dans l'étranger, Mme de Lamballe, contre de plus prudents avis, et connaissant bien les hasards

La P.ᵐᵉ Lamballe.

qu'elle allait courir, résolut de les braver tous pour rejoindre son amie et partager son sort, quel qu'il fût. Revenue à Paris, elle eut au moins la consolation de ne plus quitter la reine jusqu'aux événemens du mois d'août 1792. Après la journée du 10 août, elle suivit la famille royale au Temple; mais dès le 19 du même mois, elle en fut arrachée par la commune de Paris, qui la fit jeter dans les prisons de la Force. Les horribles journées de septembre se préparaient alors. Le 3 au matin, lorsque des flots de sang ruisselaient déjà aux portes de sa prison, on lui annonça qu'elle devait être transférée à l'Abbaye. « J'ai- » me autant rester dans cette pri- » son, dit-elle, que d'aller dans » une autre. » Mais un misérable, revêtu de l'habit de garde national, s'approche de son lit, et lui crie de se lever, ajoutant que sa vie dépendait de sa prompte obéissance. Saisie d'effroi, elle demanda quelques instans pour reprendre la force de s'habiller. Un tumulte affreux régnait au dedans comme au dehors de la prison. La chambre de l'infortunée princesse, située dans le quartier des femmes, était cependant éloignée des guichets, et il est vraisemblable qu'elle n'entendit point les cris des victimes qu'on égorgeait au dehors; mais l'horreur et la consternation qu'exprimaient quelques figures, les regards farouches et les propos atroces des geôliers, ne lui présageaient que trop qu'un sort affreux menaçait les prisonniers. Elle appela enfin l'homme qui lui avait annoncé qu'elle allait être transférée à l'Abbaye, prit son bras, et se laissa conduire au fatal guichet. Là, elle se trouva en présence des scélérats qui s'étaient érigés en juges de leurs victimes, et entourée d'autres monstres dégouttant de sang. On lui fit plusieurs questions sur la reine. « Hélas! s'écria-t-elle, je n'ai rien » à répondre; un peu plus tôt, un » peu plus tard m'est indifférent, » je suis toute préparée. — Ah! » elle refuse de répondre, » dit alors le juge-bourreau qui présidait à ce tribunal de sang. *A l'Abbaye!* Ces mots étaient la sentence de mort des prisonniers de la Force, comme ceux *A la Force!* l'étaient des prisonniers de l'Abbaye. Violemment entraînée hors des guichets, à peine eut-elle franchi le seuil de la porte qu'elle fut frappée d'un coup de sabre derrière la tête. On la soutint encore pour la faire passer sur plusieurs cadavres, au milieu desquels on la laissa tomber, et où elle fut égorgée. Cette mort cruelle n'assouvit point la rage des bourreaux. Ils outragèrent son corps, séparèrent la tête du tronc, déchirèrent le sein et en arrachèrent le cœur. Les assassins formant ensuite un horrible cortége, précédé de fifres et de tambours, portèrent sa tête au bout d'une pique à travers les rues de Paris, passèrent plusieurs fois devant l'hôtel de Toulouse (aujourd'hui la Banque de France), où avait demeuré la princesse, traversèrent le Palais-Royal, et portèrent enfin cet épouvantable trophée au Temple, sous les fenêtres de la reine, qu'ils appelèrent à grands cris, pour lui montrer les restes sanglans de son amie. Ainsi tomba d'un rang élevé et périt misérablement, une femme digne du plus heureux sort. Elle s'était montrée sage et modérée au sein de la faveur et de la fortune ; aussi n'avait-elle point d'ennemis personnels. C'étaient les ennemis acharnés de Marie-Antoinette qui avaient marqué cette déplorable victime, et qui arrachèrent d'abord le cœur de son amie pour frapper plus douloureusement le sien, préludant ainsi à sa propre perte. Les adversaires de la révolution, et un parti fougueux qui poussait à tous les excès, qui en soudoyait souvent les aveugles instrumens, et qui, d'accord avec l'étranger, encourageait en secret le crime pour déshonorer la cause de la liberté, tous les fauteurs de troubles enfin se réjouirent de cette mort. Au récit des exécrables forfaits de septembre comme à ceux qui les suivirent, une joie qu'on ne put réprimer éclatait sur les bords du Rhin et de l'autre côté de la Manche. On y regretta depuis la fin trop hâtée de Robespierre. C'était dans des flots de sang français qu'on espérait étouffer l'odieuse révolution. Les plus généreux défenseurs des droits du peuple étaient voués à l'échafaud, ou devaient périr par les mains même d'un peuple égaré, et le régime féodal enfin, dans sa noble pureté, devait renaître des cendres des plus illustres victimes.

LAS AMARILLAS (LE MARQUIS DE), lieutenant-général espagnol, vice-roi du royaume de Navarre, est né dans la Vieille-Castille, d'une famille ancienne et célèbre dans les fastes de cette monarchie. Après avoir terminé ses études, il entra, jeune encore, dans la carrière militaire, et s'y fit remarquer par ses talens et son courage. Il était déjà officier-général, lorsqu'en 1793, il fut choisi pour commander, sous le comte de La Union, un corps de troupes destiné à agir contre les Français. A Boulou, le 21 décembre de cette année, il pénétra dans nos retranchemens après le combat le plus meurtrier. A l'attaque du fort de Bellegarde, au mois de septembre 1794, la fortune lui fut tout-à-fait contraire, et il éprouva une défaite complète. On rapporte que, par ordre du général en chef, le comte de La Union, il fit décimer une colonne de ses troupes, qui s'était mal conduite dans cette affaire. Dans le combat de Port-Vendre, le 19 novembre 1794, le marquis de Las Amarillas fut grièvement blessé. Là se termina sa carrière militaire. Il fut nommé vice-roi de la Navarre, et partit pour sa destination. Il mérita dans son gouvernement l'estime générale, par son administration sage et éclairée. Le roi Joseph Napoléon étant monté sur le trône d'Espagne en 1809, le marquis de Las Amarillas fut nommé conseiller-d'état; mais il exerça peu de temps ces fonctions, et rentra ensuite dans la vie privée. Son fils fut désigné, en juillet 1814, pour le ministère de la guerre, en remplacement du général Éguia.

LEBORGNE DE BOIGNE (LE COMTE BENOÎT), maréchal-de-camp des armées françaises, lieutenant-général au service du roi de Sardaigne, chevalier de la légion-d'honneur et de Saint-Louis, grand'croix de l'ordre de Saint-Maurice et de Saint-Lazare, etc., est né en 1753, à Chambéry en Savoie, d'une famille honorable. Il reçut une éducation soignée, étant destiné au barreau, carrière dans laquelle se faisaient remarquer plusieurs de ses parens. Entraîné par l'activité de son esprit et par un goût prononcé pour les armes, il servit successivement en France et en Russie. Fait prisonnier par les Turcs, il trouva le moyen de se soustraire à la captivité, et se dirigeant par l'Égypte et l'isthme de Suez, il arriva à Madras. Lord Hastings, gouverneur-général de ce pays, l'admit, dans son grade de capitaine, au service de la compagnie des Indes. Ce n'était point dans ce poste obscur que M. Leborgne de Boigne pouvait développer le courage et les talens dont l'avait doué la nature. Il lui fallait un champ plus vaste, et ce fut lui-même qui le découvrit. Il quitta le service de l'Angleterre, et conduit par d'heureuses circonstances, il entra à celui de Madadji-Scindiah, l'un des princes mahrattes les plus puissans. On a prétendu, mais à tort, que M. Leborgne de Boigne avait servi dans les troupes de Typoo-Saëb. C'est encore faussement qu'on a regardé ce prince comme l'unique souverain de l'Inde, car il n'était que *Nisam*, ou gouverneur du Mysore, province relevant de l'empire Mogol. A cette époque (en 1784), Madadji-Scindiah, de caste indoue, guerrier d'un mérite rare et politique profond, s'occupait des moyens de reconquérir les provinces enlevées, dans des temps malheureux, à la puissance mahratte par les Mogols de race mahométane. Scindiah connaissait tous les avantages de la tactique militaire des Européens, et sentait combien il était important pour lui d'avoir des officiers capables de le seconder dans ses grands projets. Ayant eu d'ailleurs l'occasion d'apprécier le mérite de M. Leborgne de Boigne, dans une circonstance où sa propre fortune parut menacée, il prit tous les moyens de se l'attacher, et le nomma général en chef de son infanterie. En peu de temps, Scindiah eut une armée bien disciplinée et organisée à la manière des Européens. Cette armée composée de 30,000 hommes, divisés en 3 brigades, avait un train d'artillerie de 60 pièces de canon, et un corps de cavalerie régulière. Tous les soldats étaient parfaitement équipés et régulièrement payés, et les différens corps comptaient à leur tête des officiers européens, que M. Leborgne de Boigne avait appelés sous ses drapeaux. C'est avec cette armée que le général soumit le pays de Radjepont, celui des Scehidans, le Pendy-Abb, qu'il se maintint en possession de la ville importante de Delhy, où il établit son quartier-général pendant plus de 8 ans, qu'il étendit les états de Scindiah, et qu'il consolida son empire. Nous ne citerons point les combats multipliés et les faits d'armes auxquels donna lieu la conquête de ces pays, qui rentraient sous l'autorité de leur ancien souverain. L'Hindoustan rappelle surtout avec orgueil la célèbre bataille de Patan, gagnée le 20 juin 1790, par le général Leborgne de Boigne, sur Ysmael-Begg, réuni aux Radjepouts. Non-seulement les résultats de cette victoire dont on trouve les détails dans la *Gazette de Calcutta*, du 30 juillet 1790, furent immenses et décisifs, mais cette journée fut regardée comme réparant la trop funeste défaite que le patam ou empereur de Delhy, Ybrahim Lody, sultan, fit éprouver aux Mahrattes le 7 janvier 1761. Cinq cent mille âmes, y compris les femmes et les enfans qui suivaient l'armée, périrent dans cette défaite. Madadji Scindiah, alors âgé de 17 ans, y fut dangereusement blessé. Les opérations militaires du général Leborgne de Boigne sont consignées dans un ouvrage de M. Tone, colonel d'un régiment d'infanterie mahratte, ouvrage qui a été traduit par M. Langlès, membre de l'institut de France. On les trouve plus développées dans l'histoire du règne de Sha-Allem, empereur du Mogol, par le capitaine Franklin, officier au service de la compagnie des Indes; l'ouvrage du colonel Tone a été imprimé à Bombay, en 1796, et l'histoire du règne de Shah-Allem, qui est très-estimée, a été publiée à Londres en 1798. Les auteurs de ces deux ouvrages rendent le témoignage le plus éclatant au mérite supérieur du général Leborgne de Boigne, et avouent que le caractère noble et généreux qu'il montra dans toutes les occasions, ne contribua pas peu à augmenter l'influence prodigieuse qu'il acquit par ses succès que préparait la sagesse de ses plans, et que soutenait sa rare intrépidité. Aussi Madadji Scindiah lui avait-il accordé toute sa confiance, et trouvait-il toujours un nouveau plaisir à parler de ses grands talens et des services éminens qu'il lui avait rendus. C'est ce que rapporte M. Langlès dans ses notes à la suite de l'ouvrage de Tone. Sous les rapports des honneurs et de la fortune, il le traita magnifiquement, car il lui accorda, pour l'entretien de son armée dans le Dou-Ab, un Djahguir comprenant 52 districts et donnant un revenu annuel de 30 à 40 millions de francs, et il y joignit, pour le général personnellement, un autre fief à peu près d'un produit égal. Une mort subite et imprévue termina, en 1795, les jours de Madadji, parvenu au plus haut période de la puissance : il dominait depuis les limites du Lahor jusqu'au golfe de Cambaye. Il était aussi regardé comme le chef le plus influent de la grande confédération mahratte, formée, en 1780, pour renverser la puissance britannique dans l'Inde ; mais il avait abandonné ce projet important, qu'il aurait pu mettre à exécution avec beaucoup plus d'avantages que Typpoo-Saëb, et avait tourné les armes contre les Mahométans. C'est sûrement la connaissance de ce projet qui a donné lieu, à quelques écrivains anglais, de supposer, sans aucun fondement solide, que l'armée du général Leborgne de Boigne avait été formée et agissait par l'influence de la France, liée secrètement avec les Mahrattes, sous le dernier ministère avant la révolution; et quoique la France ait été engagée depuis dans une lutte terrible contre toutes les puissances de l'Europe, qu'elle ait été forcée d'abandonner entièrement ses intérêts dans l'Inde, et qu'aucun acte d'hostilité n'ait troublé, pendant cette longue période de temps, l'harmonie subsistant entre les Mahrattes et les Anglais, il n'est pas invraisemblable de penser que le souvenir de cet ancien projet, et l'envoi de quelques troupes françaises à Pondichéry, après la signature du traité d'Amiens, n'aient été la cause de la guerre que déclara, en 1803, l'Angleterre aux Mahrattes. La mort de Madadji n'apporta aucun changement dans la position du général Leborgne de Boigne. Dowlut Row Scindiah, neveu de Madadji et héritier de ses vastes états, accorda comme son oncle, au général, une confiance illimitée, et conserva toutes choses sur le même pied où elles étaient sous le précédent gouvernement. Cependant les plus grands coups avaient été portés au Mogol; Delhy, capitale de cet empire, était depuis 1788 au pouvoir des Mahrattes, et par conséquent, les expéditions militaires devenaient moins importantes. D'un autre côté, la guerre active faite par le général Leborgne de Boigne, toujours en personne, à la tête de son armée, avait altéré sa santé, au point que le climat d'Europe fut jugé l'unique remède propre à la rétablir. Ce motif, et peut-être encore le désir irrésistible de revoir sa patrie, déterminèrent le général Leborgne de Boigne à partir de Delhy en 1796. Il s'embarqua à Calcutta et arriva en Angleterre, à la fin de la même année. Chéri comme un père par les habitans des pays nombreux qu'il avait soumis, il emportait aussi les regrets d'une armée qui lui était dévouée, et l'estime des souverains qu'il avait servis avec tant de succès. La fortune, toujours favorable à ses desseins, voulut encore qu'il ne fût pas témoin des événemens qui affligèrent bientôt l'Inde, soit par la chute de Typpoo-Saëb arrivée en 1799, soit par les divisions qui éclatèrent entre les princes mahrattes, et qui préparèrent le renversement de l'empire regardé comme le boulevart de l'indépendance en Asie, et à l'établissement duquel il avait si puissamment concouru. Ce fut surtout en Angleterre qu'il connut, par la considération dont il fut environné, l'opinion honorable qu'on s'était formée sur son compte, et l'idée que, d'après des rapports fréquens avec l'Inde, on avait conçue de sa sagesse et de sa loyauté. Sa maison devint, à Londres, le rendez-vous de tous les officiers principaux qui avaient servi dans l'Inde, et des personnages les plus distingués de la Grande-Bretagne. Après la paix signée à Amiens en 1802, il se rendit en France, et en 1804, il se fixa dans la Savoie, où il était né. C'est là qu'il se réservait sans doute le bonheur de donner un nouveau lustre à sa gloire, en multipliant dans sa patrie les actes de bienfaisance. Il a mis un grand discernement dans tout ce qu'il a fait pour le bien de l'humanité, et pour contribuer aux progrès des arts et des sciences. On lui doit plusieurs hôpitaux et établissemens de bienfaisance, et un hospice spécial dans lequel doivent être reçus 5o à 6o personnes des deux sexes. Les fonds affectés à sa dotation, non-seulement peuvent parer à tous les évènemens extraordinaires, mais ils sont encore suffisans pour assurer chaque année une dot à 4 jeunes filles pauvres, mais vertueuses, et pour subvenir aux frais de l'éducation de 6 jeunes garçons qui se destineront aux arts et aux sciences. Enfin, regardant la mendicité comme la source d'une infinité de vices, il a affecté un fonds jugé nécessaire pour éloigner ce fléau de la Savoie. Après avoir donné de l'étendue aux institutions destinées à l'instruction de la jeunesse, il s'est occupé de l'embellissement et de l'assainissement de la ville de Chambéry, et a affecté, à ces divers objets d'utilité générale, un capital de 1,3oo,ooo francs, sur lequel sera prélevée la somme nécessaire pour faire une belle façade à l'Hôtel-de-Ville. Les détails de ces différens actes ont été consignés avec le plus grand intérêt dans les journaux du temps. Les rois de Sardaigne ont donné au général Leborgne de Boigne les témoignages les plus flatteurs de leur satisfaction. Victor-Emmanuel l'a créé comte, et a ordonné de sculpter en marbre son buste, qui est placé dans la bibliothèque de Chambéry. Victor-Félix, frère de ce prince, aujourd'hui occupant le trône, a créé M. Leborgne de Boigne grand'croix de l'ordre de Saint-Maurice et de Saint-Lazare, et lieutenant-général de ses armées.

ERRATA.

Des erreurs se sont glissées dans la notice du général Chalbos (*voy.* ce nom); elles doivent être rectifiées ainsi : 1° son prénom est *Alexis*, et non pas *François*; 2° il n'était pas gendarme au commencement de la révolution. Il servait déjà depuis quarante ans : ce fut en 1751 qu'il fit ses premières armes dans le régiment de Normandie infanterie; peu d'années après, il les continua dans le régiment du Roi cavalerie. Avant la révolution, il était chevalier de Saint-Louis et capitaine-titulaire au 8me régiment de chasseurs à cheval. 3° Au lieu de s'arrêter à cette assertion : « Le général Chalbos fit la guerre de la Vendée, » où, après avoir éprouvé différens revers, etc., » il faut recourir au passage du mémoire imprimé sous le titre de : *Campagne du général Chalbos dans la Vendée*, adressé au gouvernement, en mars 1794 (1re décade de ventôse an 2), où, à la suite du précis des batailles qu'il eut à livrer, il ajoute : « Mais je dois dire que j'avais été presque tou-» jours victorieux, car de 14 combats que j'ai eus dans six mois de temps, » j'en ai gagné 12, dont 9 ont été très-chauds, et auxquels je comman-» dais en personne. » Ce mémoire paraît avoir eu pour objet de détruire plusieurs assertions graves, qui dénaturaient des actions de l'armée, répandues dans un écrit imprimé au nom d'un officier-général employé sous les ordres du général Chalbos.

À l'article de M. Delaître (*voy.* ce nom), ancien préfet d'Eure-et-Loir et de Seine-et-Oise, et membre de la chambre des représentans en 1815, pour le premier de ces départemens, cet honorable citoyen est désigné comme ayant également représenté le département de la Seine-Inférieure à la même assemblée; ce fait est inexact : c'est M. Delaistre, conseiller-référendaire à la cour des comptes, propriétaire dans ce département, que ses compatriotes avaient chargé de cette mission.

La notice sur M. Huzard (*voyez* ce nom) contient différentes inexactitudes que l'on pourra rectifier, en lisant en même temps la note dont la transcription suit :

M. Huzard est né à Paris, le 3 novembre 1755, d'une famille originaire des environs d'Alençon, qui exerçait la maréchalerie, ou l'art vétérinaire, à Paris, depuis plus d'un siècle, et à laquelle appartenaient aussi les Lafosse, père et fils, qui se sont illustrés dans cette carrière avant la création des écoles vétérinaires. Il entra à celle d'Alfort, en février 1769, à 13 ans, et fut nommé professeur à 16; il revint à Paris, à la fin de 1774, et il y a constamment exercé l'art vétérinaire. M. Huzard n'est point, comme le prétendent les ouvrages biographiques, directeur en chef de l'école d'Alfort; cette place serait incompatible avec celle d'inspecteur-général des écoles vétérinaires qu'il a remplie sous différens titres depuis 1793. Appartenant à l'ancienne société royale de médecine, il a publié un grand nombre d'articles sur l'art vétérinaire dans le *Dictionnaire de médecine de l'encyclopédie méthodique*, rédigé par des membres de cette société; quelques articles lui sont communs avec Vicq-d'Azyr. Outre les ouvrages indiqués dans notre notice, il a publié plusieurs *Mémoires sur la jurisprudence et sur la littérature vétérinaire*; une *Instruction sur les soins à donner aux chevaux, pour les conserver en santé sur les routes, dans les camps*, etc., qui a été réimprimée un grand nombre de fois; une nouvelle édition de l'ouvrage de Daubenton sur les moutons; quelques autres instructions populaires sur les maladies des chevaux et des bestiaux; enfin, il a travaillé au projet du *Code rural*, qui nous manque encore. Depuis 40 ans, M. Huzard remplit les fonctions d'expert-vétérinaire près des tribunaux à Paris; et il est parvenu à recueillir et à former une bibliothéque spéciale de zoologie et de science vétérinaire, composée de 50,000 volumes. Il est chevalier des ordres royaux de Saint-Michel et de la légion-d'honneur, membre titulaire de l'académie royale de médecine, et d'un grand nombre de sociétés regnicoles et étrangères. Le père de Mme Huzard, M. Vallat la-Chapelle, long-temps attaché à la grande-chancellerie, était libraire des écoles vétérinaires depuis leur fondation; il est auteur d'un *Calendrier des lois de la France*, qui a paru en 7 volumes petit in-12, 1762-1770. Sa fille n'a jamais quitté cet état, ainsi que l'imprimerie, qui lui a été utile pour élever honorablement sa nombreuse famille.

C'est par erreur que dans le tome X, à la notice sur le comte Charles de LABÉDOYÈRE, on a annoncé qu'il descendait du comte de Labédoyère, si connu par l'éloquence avec laquelle il défendit un mariage contracté malgré le vœu de ses parens. Ce mariage eut lieu dans une autre branche. La mère de l'infortuné Charles de LABÉDOYÈRE était Mlle DESBARRES, d'une famille illustre de Bourgogne, et son aïeule, Mlle de SAINT-SUPPLIX, portait un nom fort connu dans la ci-devant province de Normandie.

FIN DES SUPPLÉMENS ET DE L'ERRATA.

SUPPLÉMENT

DU TROISIÈME VOLUME.

BLANIAC (Guillaume-Joseph, Lafond de), né à Villeneuve-d'Agen, d'une famille qui a produit des magistrats et des militaires distingués, entra au service en 1792, comme sous-lieutenant au 5ᵐᵉ régiment de chasseurs à cheval, et fit ses premières armes à l'armée du Nord. Il ne tarda pas à se faire remarquer par ses dispositions militaires et l'activité de son zèle; et après la bataille d'Honscoòte, on lui offrit un avancement rapide, que sa jeunesse et la difficulté des circonstances lui firent refuser. Il fut blessé le jour de la prise de Furnes, à la fin de 1793, et continua de combattre. Suspendu de ses fonctions, au commencement de 1794, comme tous les militaires de l'armée du Nord qui appartenaient à la classe privilégiée, il fut, à la fin de la même année, rappelé au service et placé dans le 18ᵐᵉ régiment de dragons. Ce corps, après la paix d'Espagne, ayant rejoint l'armée d'Italie, à la première action où il se trouva à Anguiari sur l'Adige, le jeune Blaniac, quoique déjà blessé au visage, combattit corps à corps un commandant de hussards hongrois, le terrassa, le fit prisonnier, et à la demande des nombreux témoins de ce fait, il fut promu au grade de capitaine sur le champ de bataille, et appelé à l'état-major de la cavalerie de l'armée dite d'Angleterre, et désigné ensuite pour faire partie de l'expédition d'Égypte. Le général Alexandre Berthier, chef de l'état-major-général de l'armée, le fit embarquer avec lui sur le vaisseau amiral, et se l'attacha particulièrement comme aide-de-camp. Il assista à la prise d'Alexandrie; fut grièvement blessé au combat de Damanhour; et à son arrivée au Caire, exerça près du général de la cavalerie les fonctions de chef de son état-major, et ne tarda pas à être fait chef d'escadron au 20ᵐᵉ régiment de dragons. Il commandait une partie de ce régiment pendant la campagne de Syrie : s'y étant fait remarquer par plusieurs faits d'armes, il fut mis, au retour, par le général de la cavalerie, au nombre des candidats proposés pour le commandement du 15ᵐᵉ régiment de dragons alors vacant. Le général en chef voulant lui donner de l'avancement, mais avec l'intention de le lui faire acheter, l'employa en partisan contre les Arabes, en lui confiant des commandemens de troupes au dessus de son grade, et M. de Blaniac eut constamment des succès. Après la bataille d'Héliopolis, le général Rampon, chargé de marcher à grandes journées sur Damiette, pour y arriver avant les Turcs, et s'en emparer, lui donna le commandement de l'avant-garde de sa division; et quand il s'en fut rendu maître, il le détacha avec un escadron de dragons, un bataillon d'infanterie et deux pièces de campagne, et le chargea d'aller chasser de la province de Manfoura les Turcs qui s'y étaient réfugiés, et les Arabes qui les secondaient. En peu de jours M. de Blaniac livra plusieurs combats, et reconquit la province dont on lui laissa le commandement. Il y réorganisa les autorités et l'administration; s'y fit craindre par une juste sévérité; gagna l'estime générale par son désintéressement, et quand l'ordre fut rétabli, se fit chérir par sa douceur. Nommé adjudant-général et chef de l'état-major de la cavalerie, sous les ordres du général Roize, qui la commandait à la bataille d'Alexandrie, contre les Anglais, il mit en mouvement les deux brigades de dragons, et chargea à la tête de la réserve; enveloppé de toutes parts, blessé d'un coup de fusil qui lui fut tiré à bout portant, percé de plusieurs coups de baïonnettes, il refusa opiniâtrément de se rendre, et se fit jour à coups de sabre. Colonel du 14ᵐᵉ régiment de dragons; il soutint honorablement de nouveaux combats, quand il put monter à cheval vers la fin du siége; reçut de nouvelles blessures, et rentra en France avec son régiment. Il fit en Allemagne la campagne de 1805, avec ce corps, et après la bataille d'Austerlitz, ayant reçu l'ordre de se rendre à Rome, près du prince Joseph, dont il était écuyer, il assista à la conquête du royaume de Naples. Promu au grade de général de brigade, il fut envoyé, au commencement de 1807, sur les confins de la Calabre, pour y combattre des rassemblemens nombreux d'insurgés. Par son activité, sa persévérance, quoique très-inférieur en force, il parvint, en moins de deux mois, à détruire ces masses, et à pacifier le pays dont il se concilia l'affection et l'estime. Rappelé à Naples, après l'heureuse issue de cette expédition, il fut nommé commandant de cette capitale, et chef d'état-major du gouvernement. Il passa ensuite en Espagne, et en 1810, fut nommé gouverneur de Madrid. Remplacé dans ce poste par le général Jourdan, il eut le commandement de la division d'avant-garde de l'armée du centre, et le gouvernement de la Marche. Arrivé dans cette province à la fin d'une année de disette, il y trouva les magasins et les caisses vides; et entouré par plus de 15,000 hommes de troupes ennemies, auxquelles il pouvait à peine en opposer 3,000, il fit vivre sa division, payer les contributions arriérées et courantes, sans pressurer le pays, et se maintint trois mois au milieu de difficultés sans nombre. Isolé de toute communication, il s'opposa victorieusement aux entreprises des ennemis, et souvent même les attaqua, suppléant au nombre par la rapidité des marches. Quand il reçut l'ordre d'évacuer ce pays, il effectua sa retraite en présence des troupes espagnoles, à petites journées, et sans perdre un homme ni un caisson. Lorsqu'au mois de juillet 1812, le prince Joseph partit de Madrid avec des troupes pour aller renforcer l'armée de Portugal, il confia de nouveau au général Blaniac le gouvernement de cette capitale; et y joignit celui des troupes qui se trouvaient à Tolède et à Guadalaxara, formant en tout de 8 à 9,000 hommes; malgré l'infériorité de ce nombre, opposé à celui de 45,000 hommes qui occupaient la rive gauche du Tage, sous les ordres du duc del Parque et de MM. de Zayas, de Montijo, etc., malgré la nouvelle de la perte de la bataille des Aropiles, la fermeté de sa contenance maintint l'ennemi dans sa position; les habitans de Madrid et de la nouvelle Castille n'osèrent rien tenter, et tout resta dans le calme le plus profond. Rentré en France avec l'armée, après la bataille de Vittoria, en 1813, il fut envoyé en Italie pour y prendre en sa qualité de général de division, le commandement de la cavalerie de l'armée du prince Borghèse; en 1814, il eut celui de la 1re subdivision de la 11me division militaire, et fut inspecteur-général de cavalerie en 1815. Il vit aujourd'hui retiré dans les environs de Bordeaux, et trouve dans la culture des arts et des lettres le noble délassement de ses longs travaux militaires.

FIN DU SUPPLÉMENT.

ERRATA DU TROISIÈME VOLUME.

M. le marquis de Blosseville a fait réclamer contre plusieurs assertions de l'article qui lui a été consacré dans le troisième volume. Nous en transcrivons la rectification sans en garantir l'exactitude ni en accepter la responsabilité.

« 1° Ce fut comme prévenu d'assassinat en 1817 et non en 1815, que Wilfrid Regnaud fut condamné.
» 2° Il ne fut point défendu par M₈ Odillon-Barrot.
» 3° Enfin la note transmise au *Journal des Débats*, et non représentée au procès » en calomnie, a été insérée dans cette feuille, non pas au moment où le » jury allait prononcer, mais après la condamnation. »

www.ingramcontent.com/pod-product-compliance
Lightning Source LLC
Chambersburg PA
CBHW050559230426
43670CB00009B/1192